李伯森 ◎ 主编

中国殡葬史

第一卷
史前·先秦

于海广　李慧竹　钱益汇　陈以凤　著

社会科学文献出版社
SOCIAL SCIENCES ACADEMIC PRESS (CHINA)

本书出版受中央财政重大专项资助

《中国殡葬史》编撰委员会

总顾问 刘庆柱
主　任 李伯森
副主任 袁　德　张齐安　肖成龙（常务）
委　员 刘魁立　陈高华　史金波　宋德金　徐兆仁　刘一皋　刘　军
　　　　　宋大川　杨　群　徐思彦　王贵领　于海广　余新忠　徐吉军
　　　　　陈华文　张国庆　闵祥鹏　路则权　宋亚芬　徐福全　钮则诚
　　　　　尉迟淦　刘易斋　杨国柱　丁新豹　邓开颂　闫志壮　左永仁
　　　　　王　琦　孟　浩　王　玮　李　欣　光焕竹　姜海龙　冯志阳
　　　　　王瑞芳　裴春悦　马金生（常务）

《中国殡葬史》审定委员会

主　任 刘庆柱
委　员 刘魁立　徐兆仁　杨　群　徐思彦　刘　军　刘一皋　宋大川
　　　　　王贵领

《中国殡葬史》编审办公室

主　任 李伯森
副主任 肖成龙（常务）　马金生（常务）
成　员 刘　娟　胡道庆　景力生　周传航　王颖超　刘　杨　张　楠
　　　　　曾寒柳

主编简介

李伯森 1965年生，山东诸城人，中国民主建国会会员，1988年毕业于上海财经大学财政专业，现任民政部一零一研究所所长、民政部生态安葬重点实验室主任。主要科研成果：2003年以来，组织完成91个国家科研项目（课题）；组织制修订32项国家和行业殡葬标准；组织完成"十一五"国家科技支撑计划项目"殡葬领域污染物减排和遗体处理无害化公益技术研究与应用"，其中作为课题第一责任人，主持完成"殡葬园区生态规划与生态建设关键技术研究"课题；主持完成科技部下达的"建立善后保证金制度、完善社会保障体系"国家软科学课题；组织完成国家环保公益"殡葬行业污染控制与环境技术体系研究"重大专项；组织开展"十二五"国家科技支撑计划"殡葬行业节能减排技术与规范"项目、"中国殡葬文化与科技公共服务网络平台建设"（2014～2017）、"殡葬文化建设"等国家财政重大专项等科研工作。在着力加强殡葬自然科学和软科学的并重研究，着力开展殡葬标准化体系建设，着力进一步推动科技成果转化和推广应用，着力搭建多功能、宽领域的科技创新平台建设，着力抓殡仪场所环境监测和产品质检工作，着力开展殡葬文化建设、拓宽殡葬研究新领域等方面，为提升我国殡葬科研的整体水平做出了突出贡献。

本卷作者简介

于海广 1948年生，山东大学教授，博士生导师。主要从事中国考古、文化遗产保护、博物馆学等的教学与研究，曾主持发掘泗水尹家城、日照两城镇和济南平阴周河等遗址。曾任山东大学博物馆馆长、考古系主任，山东省考古学会理事、省博物馆学会副理事长。主持教育部课题一项、中美合作课题一项。出版《田野考古学》、《泗水尹家城》、《中国文化遗产保护概论》等著作和教材10余部，发表《山东龙山文化大型墓葬分析》等论文50余篇。

李慧竹 女，1967年生，历史学博士，山东大学博物馆副馆长、副研究馆员、硕士生导师。研究方向：考古及博物馆学、中韩古代关系史。在《管子研究》、《中国博物馆》等刊物发表论文10余篇，参与撰写《图说考古》、《山东半岛与韩国古代交流》等多部著作。

钱益汇 1977年生，历史学博士后，首都师范大学教授，博士生导师，美国加州大学洛杉矶分校访问学者。入选北京市委组织部、北京市教委青年拔尖人才计划。主要从事商周考古学、手工业考古、博物馆策展、文化遗产等教学与研究。曾主持国家社科、中国博士后基金、教育部、科技部、福特基金、国家文物局等课题。主编著作1部，合编3部，在《考古》、《文物》、《第四纪研究》等发表论文30余篇。曾获北京市高校第七届青年教师教学基本功比赛一等奖。

陈以凤 1981年生，山东曲阜人，历史学博士，孔子研究院副研究员。研究方向：先秦、两汉儒家文献。在《史学史研究》、《北方论丛》、《中华文化论坛》、《孔孟月刊》等刊物发表论文15篇，著有《孔安国学术研究》（山东人民出版社，2013），参与撰写《汉晋孔氏家学与伪书公案》、《正本清源说孔子》、《儒家故事》等多部著作。

总导论

刘庆柱[*]

一 为什么编写殡葬史

1. 中国殡葬史是中国历史的重要组成部分

人类的历史至今有两百多万年,而有文字记载的历史不过几千年。以中国为例,长期以来,人们认为中国有着"五千年"的悠久历史,近代考古学传入中国以后,经过中国考古学家近一个多世纪的努力,已经可以肯定地说,中华民族先民的历史绝不只是"五千年",中国大地之上的人类历史同样已经有两百多万年。[①]以往所说的"中国五千年文明史"是指有文字记载的历史,其中在"五千年文明史"中还有一千多年的"传说时代"历史。就是按照"五千年文明史"而言,充其量也不过是人类全部历史(包括中国历史)的0.25%,而没有文字记载的史前史却占了人类历史(包括中国历史)的99.75%,[②]对于后者而言,其历史探索只能通过考古学完成。考古学对近两百多万年的华夏与中华民族先民遗存做的田野考古调查、勘探、发掘,正在一步一步地寻找、获取"复原"人类历史的物质文化资料,在这些考古资料中,绝大多数是先民墓葬资料。进入新石器时代以后,先民的"遗址"资料数量与内容均有所增加,但是墓葬资料仍然是占较大比重。由此可以看出,史前时代历史在很大程度上是通过先民的各种各样墓葬资料考古发现与研究去完成的。而这些史前时代的墓葬作为殡葬史的组成部分,大大丰富、扩充了我们的历史时空,使华夏、中华民族历史更为完整。科学家正是通过史前时代的墓葬资料,使我们知道了人类如何从群婚到对偶婚,又

---

[*] 中国社会科学院学部委员,中国社会科学院古代文明研究中心专家委员会主任。
[①] 刘庆柱主编《中国考古发现与研究(1949~2009)》,人民出版社,2010,第8页。
[②] 刘庆柱:《考古学视阈下的马克思主义唯物史观》,《中国史研究》2016年第2期。

如何发展到氏族、家庭、家族，人类如何从"蒙昧"走向"野蛮"，从"野蛮"走向"文明"。这种墓葬变化，成为阶级社会出现、形成的科学物证，奠定了人类社会从原始社会到阶级社会的马克思主义唯物史观的科学基石，而这正是殡葬史研究的科学意义之所在。

中华民族及其先民把"生老病死"视为人生历史的"全过程"，"生死"又被视为其中最为重要的历史"节点"，而"死"比"生"更为人们及社会所重视，因为"死"是人生的终结，"生"则仅仅是人生的起点。人类的"生"与"死"是完全不同的两个人生时空，在华夏与中华民族历史文化中却被赋予"意义"相近而"形式"相反的两个"世界"，即"阳间"与"阴间"的"二元世界"。所谓"阳间世界"就是人们现实生活着的世界，"阴间世界"则是人去世后的虚拟"世界"，"阴间世界"是人类在"阳间世界"去世之后"灵魂"之"生存"空间。人们生前在"阳间世界"的一切，死后延续到了"阴间世界"，因此"事死如生"成为中国古代殡葬文化中一个极为突出的特点。国王、皇帝生前在都城、宫城、大朝正殿统治着国家，死后其陵墓也要仿照其生前的宫室等进行建设与开展祭祀活动，这也就是古代文献《吕氏春秋》所说的"陵墓若都邑"。从安阳殷墟西北岗的商代王陵"亚字形"墓，到秦始皇陵墓室之中"以水银为百川江河大海，机相灌输，上具天文，下具地理"的天象与地域国家象征，[①]以及反映秦始皇生前政治、文化、军事等诸多方面的秦始皇陵园与陵区之中"兵马俑坑"等180多座陪葬坑。[②] 汉武帝茂陵的平面方形陵园、覆斗形陵墓封土的"方上"与"方中"的墓室所体现的"崇方"、"尊中"理念；霍去病、卫青、金日磾等茂陵陪葬墓所反映的汉武帝及其周围政治家、军事家等丝绸之路开拓者的丰功伟绩；唐太宗昭陵一百多座陪葬墓所折射出的唐代初年贞观盛世的政治气象；唐高宗乾陵"三重阙"所象征的大唐都城宫城、皇城、外郭城的三重正门，以及乾陵石像生中的64尊"蕃酋像"所反映的中外友好的"丝绸之路"盛况；等等。这些墓葬文化成为那个时代的历史文化的物化载体，可以说"阴间世界"是"阳间世界"的一面历史"镜子"，殡葬史在某种程度上可视为社会历史的"缩影"，它们浓缩着华夏与中华民族的相关

---

① 司马迁：《史记·秦始皇本纪》，中华书局，1959，第265页。
② 陕西省考古研究所、始皇陵秦俑坑考古发掘队编著《秦始皇陵兵马俑坑一号坑发掘报告（1974～1984）》，文物出版社，1988；陕西省考古研究所、秦始皇兵马俑博物馆编著《秦始皇帝陵园考古报告（1999）》，科学出版社，2000；陕西省考古研究所、秦始皇兵马俑博物馆编著《秦始皇帝陵园考古报告（2000）》，文物出版社，2006；陕西省考古研究院、秦始皇兵马俑博物馆编著《秦始皇帝陵园考古报告（2001～2003）》，文物出版社，2007。

重要历史信息，构成中华民族五千年不断裂的礼制文明史，蕴含着中华民族历史文化的核心"遗传基因"。

夏商周至明清时代的历史尽管已经有丰富的文献记载，但是传统历史文献（尤其是"正史"）基本为"官方"的社会政治活动内容，缺乏鲜活、生动、真切的历史细节。而中国古代殡葬"事死如生"理念所体现的"阴间世界"则实际上是"阳间世界"更具"生气"的"活灵活现"、"有血有肉"的历史缩影。又因殡葬活动是人类历史上与任何人、任何时候都密切相关的，因此殡葬所遗留历史信息的"全面性"、"生动性"、"真实性"等，对于我们全面、深入、科学解读、认知中华民族历史有着重要的科学意义。

中华民族及其先民的墓葬资料，其物化载体已经成为中华民族历史文化遗产的重要组成部分。中国是世界文化遗产大国，列入文化遗产名录中的古墓葬有安阳殷墟王陵、秦始皇陵、高句丽王陵与贵族墓葬、湖南永顺老司城墓葬与贵州海龙屯老司城墓葬、明清皇家陵寝（明十三陵、明孝陵、明显陵、清东陵、清西陵）、关东三陵（沈阳北陵、东陵与新宾永陵）等墓葬群，中华人民共和国国务院公布的全国重点文物保护单位中的古墓葬多达392处，至于全国各省、自治区、直辖市级的文物保护单位中的古代墓葬更是数以几万计。其中的"黄帝陵"、"炎帝陵"、"禹陵"、秦王陵、齐王陵、赵王陵、西汉帝陵、东汉帝陵、洛阳北邙古代帝王陵墓群、唐十八陵、藏王陵、巩义宋陵、西夏王陵、辽陵、金陵及许多古墓群均作为全国重点文物保护单位，成为中华民族历史上的重要文化遗产。这些墓葬资料是中国殡葬史研究的科学资料，同时也是全面了解、研究、传承中华民族历史文化过程中极为重要与珍贵的物化载体。在当代革命文物中，民族英雄、革命烈士等相关的文物占有相当大的比重，对这些与殡葬相关的遗存进行研究，无疑有着更为重要的现实意义。

基于以上所述，可以说，中国殡葬史是中国历史不可或缺的组成部分，而且历史越久远，殡葬史之于中国历史的重要性就越突出，所占"历史权重"越大；殡葬史越是接近当代，与社会现实的政治、文化、经济等诸多方面关系越密切，涉及的社会层面越广泛，它们成为近现代史及其近现代文化遗产的重要组成部分。

2. 中国殡葬事业发展需要一部具有时代科学水平的"中国殡葬史"，从而达到以史为鉴的目的。在中国殡葬史的基础之上，建立"殡葬学"学科，进而为新时期的殡葬事业提供坚实的科学支撑

中国现在乃至今后相当长的时间内都将是世界上人口最多的国家，而中国的殡葬事业自然也是世界上涉及人数最多、规模最大的。加之中国有着久远殡葬历史文化传

统，对于殡葬事业的重视是中华民族历史文化的重要特点之一。在中华民族的悠久历史长河中，殡葬被视为国家大事。先秦时代的《左传·成公十三年》记载："国之大事，在祀与戎。"《左传·文公二年》又载："祀，国之大事也。"所谓"戎"即国家"军事"，"祀"为"祭祀"礼仪，礼仪包括吉、凶、宾、军、嘉五礼，对此《礼记·祭统》认为："礼有五经，莫重于祭"。《礼记·昏义》云："夫礼始于冠，本于昏，重于丧祭，尊于朝聘，和于射乡。"如何在继承优秀历史文化传统的同时，使殡葬事业科学地发展，现在仍然是我们当前和今后相当长时间内的重要任务。殡葬事业与其他社会事业一样，都有其自身发展的规律，研究历史，探索历史规律，服务于社会发展是历史科学的基本任务。但是我们至今还没有一部全面的、科学的"中国殡葬史"，这与我国的悠久殡葬历史文化及当今中国作为拥有十几亿人口大国的殡葬事业发展是很不相称的。

从中国古代历史可以知道，殡葬事业历来被视为国民的"大事"，它关系到社会秩序的稳定、道德情操的培育、家国情怀的凝聚、"友好型"生态社会环境的形成。因此对于殡葬事业我们必须给予充分重视。基于殡葬事业在社会生活中的重要性、广泛性，以及殡葬事业涉及哲学社会科学、自然科学诸多领域，我们必须以正确的理念、科学的方法，将其上升为"科学学科"之一——"殡葬学"。以科学态度、科学方法、科学理论构建当代"殡葬学"，这是使殡葬事业能够健康有序发展的科学支撑与保障。"学科"的学术发展史——"殡葬史"是"殡葬学"的学科发展基础，这也是我们编著《中国殡葬史》的又一缘由。

3. 考古学、历史学所涉及的殡葬学的发展与积累，以及殡葬学自身的学术研究深化，均为编撰中国殡葬史提供了科学条件

重视殡葬活动是中华民族的历史文化传统，上至皇室、王室与达官显贵，下到庶民百姓，莫不如此。从国家层面来看，西周时代官方已经设置了管理殡葬的官吏，如"墓大夫"、"冢大夫"等。对于国王、皇帝的陵墓，中央政府有专门的机构负责修建。秦始皇陵的修建就是丞相李斯总理其事。汉代皇室少府设有"东园"，专门负责制造帝王陵墓之中的明器，汉文帝霸陵陪葬坑出土的明器有"东园"陶文戳印。汉文帝去世之后的埋葬，由国家设置的"覆土将军"张武负责。不但陵墓修建有专职官员负责，陵寝祭祀与陵园、陵邑的管理也有相应机构专司其职。关于秦汉时代的国家殡葬管理制度，《史记》、《汉书》、《后汉书》中多有记载，尤其是《后汉书·礼仪志》记载更为详尽。进入秦汉帝国时代，殡葬问题已经被国家最高统治集团置于重要位置，两汉时代的汉宣帝、汉章帝亲临著名的"石渠阁"与"白虎观"会议，参与讨论与殡

葬相关的礼制、理论工作。一些在历史上有影响与作为的皇帝，如"文景之治"的奠基者汉文帝、"一代枭雄"曹操、大唐王朝开创者唐太宗李世民等，还为殡葬专门颁布诏书。有宋一代编制了《开宝通礼》、《礼阁新编》等多部有关丧葬礼仪的典章，使国家的殡葬制度规范化、法制化。殡葬为历代王朝所重视，因此中国古代历史上的殡葬文化源远流长，中国历史上殡葬文化的研究亦多为社会所关注。我们研究古代殡葬史是为了"以史为鉴"，做好现在涉及千家万户的殡葬事业，使殡葬事业与时俱进、科学有序地发展。

中国古代历史文献中涉及殡葬的内容很多，如《仪礼》、《礼记》、《周礼》、《左传》等先秦文献，"正史"之中的《礼仪》、《祭祀》等相关部分及《通典》、《通志》、《文献通考》等典籍中的殡葬内容。

近代曾有不少学者做了一些中国殡葬史的研究工作，获得不少学术成果，如文藻《中国丧礼沿革》[①]、祝止岐《中国丧葬制度考略》[②]等。但是中国殡葬史研究的大发展，应该始于20世纪70年代末80年代初，这一学术发展至今方兴未艾。

20世纪70年代后期以来，关于古代墓葬的历史学、考古学、民俗学等领域著作大量出现，[③]无疑推动了殡葬史研究。但是我们也注意到，目前有关中国殡葬史方面的学术著作虽然不少，但是绝大多数仅仅限于殡葬史某一方面的内容，其研究内容的广度与深度均显得较为薄弱，更缺少一部"时空"完整、"内涵"系统、理论深刻的

---

① 《新东方》（上海）第2卷第4期，1941年6月。
② 《国民杂志》第1卷第8期，1941年8月。
③ 如谢敏聪《中国历代帝王陵寝考略》，台北：正中书局，1976；罗哲文、罗杨《中国历代帝王陵寝》，上海文化出版社，1984；杨宽《中国古代陵寝制度史研究》，上海古籍出版社，1985；刘庆柱、李毓芳《西汉十一陵》，陕西人民出版社，1987；孙中家、林黎明《中国帝王陵寝》，黑龙江人民出版社，1987；罗开玉《中国丧葬与文化》，海南人民出版社，1988；邓子琴《中国风俗史》，巴蜀书社，1988；黄展岳《中国古代的人牲人殉》，文物出版社，1990；徐吉军、贺云翱《中国丧葬礼俗》，浙江人民出版社，1991；霍巍、黄伟《四川丧葬文化》，四川人民出版社，1992；邓卓明、邓力《中国葬俗》，重庆出版社，1992；严昌洪《中国近代社会风俗史》，浙江人民出版社，1992；张捷夫《中国丧葬史》，台北：文津出版社，1995；李如森《汉代丧葬制度》，吉林大学出版社，1995；何彬《江浙汉族丧葬文化》，中央民族大学出版社，1995；陈明芳《中国悬棺葬》，重庆出版社，1996；黄景略《丧葬陵墓志》，上海人民出版社，1998；万建中《中国历代葬礼》，北京图书馆出版社，1998；徐吉军《中国丧葬史》，江西高校出版社，1998；王夫子《殡葬文化学——死亡文化的全方位解读》，中国社会出版社，1998；韩国河《秦汉魏晋丧葬制度研究》，陕西人民出版社，1999；陈华文《丧葬史》，上海文艺出版社，1999；丁凌华《中国丧服制度史》，上海人民出版社，2000；印群《黄河中下游地区的东周墓葬制度》，社会科学文献出版社，2001；贺西林《古墓丹青——汉代墓室壁画的发现与研究》，陕西人民美术出版社，2001；王计生主编《事死如生——殡葬伦理与中国文化》，百家出版社，2002；周吉平《北京殡葬史话》，北京燕山出版社，2002；徐吉军《长江流域的丧葬》，湖北教育出版社，2004；石奕龙《中国民俗志·丧葬志》，山东教育出版社，2005；贺云翱、郭怡《古代陵寝》，文物出版社，2008；陈华文、陈淑君《吴越丧葬文化》，华文出版社，2008；刘毅《中国古代陵墓》，南开大学出版社，2010；陈华文《浙江民间丧俗研究》，上海文艺出版社，2011；李玉洁《先秦丧葬与祭祖研究》，科学出版社，2015。

"中国殡葬史"。

近年来在殡葬史相关著作出版的同时,中国古代殡葬文化研究的基础性科学研究工作,即古代殡葬资料的新发现,取得了丰富成果,它们集中反映在中国境内从史前时代到历史时代(即先秦至明清时代)的田野考古发现的各类古代墓葬资料。这些浩如烟海的考古资料,许多已经通过资料整理、综合研究,编写出考古发掘报告,现在已经出版了几百部之多。这些殡葬学的科学资料涉及的时代从史前至明清,涵盖的空间从内地到边疆,包括的内容从帝王陵墓、达官显贵墓葬到一般庶民墓葬及墓地,甚至还有一些社会特殊阶层的"刑徒墓"、"太监墓"等。以此为基础出版的科学著作包括:史前时代重要墓葬的大型田野考古发掘报告《西安半坡:原始氏族公社聚落遗址》、《姜寨——新石器时代遗址发掘报告》、《舞阳贾湖》、《秦安大地湾:新石器时代遗址发掘报告》等;① 夏商周时期的重要墓葬考古发掘报告:《辉县发掘报告》、《殷墟妇好墓》、《张家坡西周墓地》、《天马—曲村:1980~1989》、《曾侯乙墓》等;② 秦汉时代的古代墓葬考古发掘报告《秦始皇陵兵马俑坑一号坑发掘报告(1974~1984)》、《汉杜陵陵园遗址》、《西安龙首原汉墓(甲编)》、《长安汉墓》、《西安东汉墓》、《满城汉墓发掘报告》、《长沙马王堆二、三号汉墓(第一卷):田野考古发掘报

---

① 河南省文物考古研究所:《舞阳贾湖》,科学出版社,1999;甘肃省文物考古研究所:《秦安大地湾:新石器时代遗址发掘报告》,文物出版社,2006;中国科学院考古研究所、陕西省西安半坡博物馆:《西安半坡:原始氏族公社聚落遗址》,文物出版社,1963;西安半坡博物馆、陕西省考古研究所、临潼县博物馆:《姜寨——新石器时代遗址发掘报告》,文物出版社,1988;青海省文物管理处考古队、中国社会科学院考古研究所:《青海柳湾——乐都柳湾原始社会墓地》,文物出版社,1984;宁夏文物考古研究所、中国历史博物馆考古部:《宁夏菜园:新石器时代遗址、墓葬发掘报告》,科学出版社,2003;北京市文物研究所:《宁夏菜园:新石器时代遗址、墓葬发掘报告》,文物出版社,2007;中国社会科学院考古研究所编著《大甸子:夏家店下层文化遗址与墓地发掘报告》,科学出版社,1996;新疆文物考古研究所:《新疆察吾呼:大型氏族墓地发掘报告》,东方出版社,1999。

② 中国社会科学院考古研究所:《殷墟妇好墓》,文物出版社,1980;江西省博物馆、江西省文物考古研究所、新干县博物馆:《新干商王大墓》,文物出版社,1997;中国社会科学院考古研究所编著《滕州前掌大墓地》,文物出版社,2005;中国科学院考古研究所:《沣西发掘报告》,文物出版社,1963;中国社会科学院考古研究所:《张家坡西周墓地》,中国大百科全书出版社,1999;北京市文物研究所:《琉璃河西周燕国墓地:1973~1977》,文物出版社,1995;北京大学考古学系商周组、山西省考古研究所编著《天马—曲村:1980~1989》,科学出版社,2000;广西文物考古研究所、南宁市博物馆:《广西先秦岩洞葬》,科学出版社,2007;河南省文物考古研究所、三门峡文物工作队:《三门峡虢国墓》,文物出版社,1999;河南省文物考古研究所编著《新郑郑国祭祀遗址》,大象出版社,2006;山西省考古研究所、太原市文物管理委员会:《太原晋国赵卿墓》,文物出版社,1996;湖北省博物馆:《曾侯乙墓》,文物出版社,1989;《云梦睡虎地秦墓》编写组:《云梦睡虎地秦墓》,文物出版社,1981;湖北省荆州地区博物馆:《江陵雨台山楚墓》,文物出版社,1984;湖北省荆沙铁路考古队:《包山楚墓》,文物出版社,1991;河北省文物研究所:《厝墓:战国中山国国王之墓》,文物出版社,1996;浙江省文物考古研究所、绍兴县文物保护管理局编著《印山越王陵》,文物出版社,2002;山东省文物考古研究所《临淄齐墓(一)》,文物出版社,2007;中国科学院考古研究所编著《辉县发掘报告》,科学出版社,1956。

告》、《西汉南越王墓》、《广州汉墓》、《汉魏洛阳故城南郊东汉刑徒墓地》等；①魏晋南北朝时期的重要墓葬考古发现报告《大同南郊北魏墓群》、《磁县湾漳北朝壁画墓》、《西安北周安伽墓》等；②中古时代及以后的古代墓葬考古报告《唐睿宗桥陵》、《唐长安城郊隋唐墓》、《南唐二陵发掘报告》、《北宋皇陵》、《白沙宋墓》、《西夏陵——中国田野考古报告》、《辽陈国公主墓》、《北京金代皇陵》、《定陵》等。③此外还有边

---

① 咸阳市文物考古研究所：《任家咀秦墓》，科学出版社，2005；咸阳市文物考古研究所：《塔儿坡秦墓》，三秦出版社，1998；陕西省考古研究所、始皇陵秦俑坑考古发掘队：《秦始皇陵兵马俑坑一号坑发掘报告（1974~1984）》，文物出版社，1988；陕西省考古研究所、秦始皇兵马俑博物馆：《秦始皇帝陵园考古报告（1999、2000、2001~2003）》，科学出版社、文物出版社，2000~2007；中国社会科学院考古研究所：《汉杜陵陵园遗址》，科学出版社，1993；西安市文物保护考古所：《西安龙首原汉墓（甲编）》，西北大学出版社，1999；西安市文物保护考古所、郑州大学考古专业：《长安汉墓》，陕西人民出版社，2004；西安市文物保护考古所：《西安东汉墓》，文物出版社，2009；中国社会科学院考古研究所、河北省文物管理处：《满城汉墓发掘报告》，文物出版社，1980；大葆台汉墓发掘组、中国社会科学院考古研究所编《北京大葆台汉墓》，文物出版社，1989；徐州博物馆、南京大学历史学系考古专业编著《徐州北洞山西汉楚王墓》，文物出版社，2003；河南省商丘市文物管理委员会、河南省文物考古研究所、河南省永城市文物管理委员会编著《芒砀山西汉梁王墓地》，文物出版社，2001；湖南省博物馆、湖南省文物考古研究所：《长沙马王堆二、三号汉墓（第一卷）：田野考古发掘报告》，文物出版社，2004；湖南省博物馆、湖南省文物考古研究所、长沙市博物馆、长沙市文物考古研究所：《长沙楚墓》，文物出版社，2000；广州市文物管理委员会、中国社会科学院考古研究所、广东省博物馆：《西汉南越王墓》，文物出版社，1991；广州市文物管理委员会、广州市博物馆：《广州汉墓》，文物出版社，1981；广西壮族自治区博物馆：《广西贵县罗泊湾汉墓》，文物出版社，1988；广西壮族自治区文物工作队、合浦县博物馆：《合浦风门岭汉墓：2003~2005年发掘报告》，科学出版社，2006；中国社会科学院考古研究所：《汉魏洛阳故城南郊东汉刑徒墓地》，文物出版社，2007。

② 朱希祖等：《六朝陵墓调查报告》，线装书局，2006年影印本；山西大学历史文化学院、山西省考古研究所、大同市博物馆编著《大同南郊北魏墓群》，科学出版社，2006；中国社会科学院考古研究所、河北省文物研究所编著《磁县湾漳北朝壁画墓》，科学出版社，2003；山西省考古研究所、太原市文物考古研究所：《北齐东安王娄睿墓》，文物出版社，2006；咸阳市文物考古研究所：《咸阳十六国墓》，文物出版社，2006；员安志：《中国北周珍贵文物：北周墓葬发掘报告》，陕西人民美术出版社，1993；陕西省考古研究所：《西安北周安伽墓》，文物出版社，2003。

③ 〔德〕美茵兹罗马-日尔曼中央博物馆、陕西省考古研究所：《唐睿宗桥陵》，德国（Dam Stadt）出版，2002；陕西省考古研究所、陕西历史博物馆、礼泉县昭陵博物馆：《唐新城长公主墓发掘报告》，科学出版社，2004；中国社会科学院考古研究所：《唐长安城郊隋唐墓》，文物出版社，1980；中国科学院考古研究所：《西安郊区隋唐墓》，科学出版社，1966；陕西省考古研究院、西北大学文博学院：《陕西凤翔隋唐墓（1983~1990年田野考古发掘报告）》，文物出版社，2008；陕西省考古研究所、临潼县文物园林局：《唐惠昭太子陵发掘报告》，三秦出版社，1992；山西省考古研究所、太原市文物考古研究所、太原市晋源区文物旅游局：《太原隋虞弘墓》，文物出版社，2005；中国社会科学院考古研究所编著《六顶山与渤海镇：唐代渤海国的贵族墓地与都城遗址》，中国大百科全书出版社，1997；中国社会科学院考古研究所、呼伦贝尔民族博物馆、海拉尔区文物管理所编著《海拉尔谢尔塔拉墓地》，科学出版社，2006；南京博物院编著《南唐二陵发掘报告》，文物出版社，1957；冯汉骥：《前蜀王建墓发掘报告》，文物出版社，1964；四川省文物考古研究所、成都市文物考古研究所、泸县文物管理所：《泸县宋墓》，文物出版社，2004；四川省文物考古研究院、广安市文物管理所、华蓥市文物管理所：《华蓥安丙墓》，文物出版社，2008；河南省文物考古研究所：《北宋皇陵》，中州古籍出版社，1997；宿白：《白沙宋墓》文物出版社，1957；宁夏文物考古研究所、许成、杜玉冰编著《西夏陵——中国田野考古报告》，东方出版社，1995；宁夏文物考古研究所：《闽宁村西夏墓地》，科学出版社，2004；内蒙古自治区文物考古研究所、哲里木盟博物馆：《辽陈国公主墓》，文物出版社，1993；河北省文物研究所编著《宣化辽墓：1974~1993年考古发掘报告》，文物出版社，2001；北京市文物研究所编《北京金代皇陵》，文物出版社，2006；中国社会科学院考古研究所、定陵博物馆、北京市文物工作队：《定陵》，文物出版社，1990；北京市文物研究所：《北京工商大学明代太监墓》，知识产权出版社，2005。

疆地区及其族群的古代墓葬考古报告。[①]

至于相关考古新发现的发掘简报、中篇报告更是数以万计，它们绝大多数发表在《考古学报》、《考古》、《文物》、《考古与文物》、《华夏考古》、《中原文物》、《南方文物》、《四川文物》、《江汉考古》、《东南文化》、《文博》、《文物春秋》等考古、文博类专业期刊之上。

近百年来积累的上述考古发现资料与考古学研究成果，基本涵盖了中国古代各个地区、各个时代、各个民族的古代墓葬概况，相对传统历史文献记载而言，这些墓葬考古资料更加细化、深化和科学化，最大限度地减少了"人为"之"干扰"。我们还应该注意到，上述考古资料主要与"葬"相关，涉及"殡"与"祭"的内容极少。考古报告更多关注资料的描述与类比，这在学科建立初期阶段是必然的，但是资料积累到一定阶段，应该更要重视墓葬考古资料所揭示的墓葬修建者的意图及其产生的社会作用。再者，有些考古资料本来可以对"殡"、"葬"、"祭"三方面进行综合研究，而多年来有些考古学家往往只是局限于对"墓葬"本体的遗迹与遗物的研究，对实施墓葬活动主体的"人"与"墓"的前后之"殡"与"祭"相关的活动研究似有不足，然而这些活动恰恰蕴含着更为深刻的思想，有着更为丰富的历史内涵。近百年来中国考古学在墓葬考古方面所取得的丰富成果，无疑向我们提出了在新时期撰写中国殡葬史的更高要求。

二 殡葬史写什么

殡葬史是人类殡葬活动的历史，兼具"精神"与"物质"两方面的内容。其"精神"方面包括探索人类殡葬意识、思维、观念、思想的产生、发展，以及殡葬制度、礼仪与礼俗等；"物质"方面涵盖了与殡葬活动相关的"殡"、"葬"、"祭"活动中的物化载体，如墓地、坟丘、墓室、葬具、陪葬品等，还有"殡"与"祭"的场所及"殡"、"葬"、"祭"的活动过程。通过开展中国古代殡葬史研究，揭示其历史发展规律，可以"以史为鉴"，在新时代更为科学地发展殡葬事业。

[①] 成都文物考古研究所：《成都商业街船棺葬》，文物出版社，2009；四川省博物馆：《四川船棺葬发掘报告》，文物出版社，1960；云南省博物馆：《云南晋宁石寨山古墓群发掘报告》，文物出版社，1959；云南省文物考古研究所、昆明市博物馆、官渡区博物馆编著《昆明羊甫头墓地》（壹~肆卷），科学出版社，2005；云南省文物考古研究所、玉溪市文物管理所、江川县文化局：《江川李家山：第二次发掘报告》，文物出版社，2007；贵州省文物考古研究所：《赫章可乐：2000年发掘报告》，文物出版社，2008；内蒙古自治区文物考古研究所编《内蒙古地区鲜卑墓葬的发现与研究》，科学出版社，2004；吉林省文物考古研究所、集安市博物馆编著《集安高句丽王陵：1990~2003年集安高句丽王陵调查报告》，文物出版社，2004。

1. 殡葬意识、思维、观念、思想的产生、发展及其所反映的社会历史发展变化

从人类历史发展来看，墓葬不是与人类同时"诞生"的，人类在自己的"幼年"、"童年"时代，一直没有"墓葬"的意识、观念、思想。随着历史的发展，人类"群体"、"个体"的"亲情"、"感情"意识的产生并逐渐得以确认，以及其中"逝者"在生者的"梦境"中的多次再现，于是生者认为"人"是"二元"的"人"，即"肉体"的人与"灵魂"的人。在我们的先民看来，"肉体"的人有"生"与"死"两种状态，"灵魂"的人则是"永生"的。对"人"之"灵魂"永恒存在的推测，在出现基本"定居"的生存状态下，产生了对故去成员遗体的"埋葬"活动。所以说殡葬是人类发展到一定时期的历史产物，殡葬是人类与动物的重要区别之一，是作为生物界的人所特有的意识、思维、思想、经济发展的结果，是人类从"蒙昧"向"野蛮"时代发展的标识。

墓葬的出现是人类发展与进步的体现，人类虽然有着两百多万年的历史，但就世界历史而言，目前所知最早的墓葬，发现于欧洲尼安德特人的文化遗址中，距今约75000～35000年之间的旧石器时代中晚期。属于这一时期的墓葬考古发现多在欧洲，如法国中部多尔多涅地区飞拉西（Ferrassie）洞穴、法国谢卑尔奥珊洞穴（Chapelle-aux saints）和雷兹的拉沙伯尔村洞穴，以及乌兹别克斯坦的捷希克-塔什（Teshik-Tash）洞穴等处旧石器时代中期墓葬。旧石器时代中晚期人类居住在洞穴中，死后就埋葬在其居住的洞穴之下。

中国境内目前发现的最早的墓葬是旧石器时代晚期的北京山顶洞人墓葬，距今约18000年。山顶洞遗址是山顶洞人的居址与墓地，遗址上部（即"上室"）为山顶洞人的"房屋"，遗址下部（即"下室"）是山顶洞人的墓葬。墓葬中的三个成年人为一男二女，他们周围的"随葬品"有其生产活动的工具（石器），也有骨坠、河蚌、穿孔介壳、钻孔兽齿、石珠等装饰品，这些应该是当时人们的重要生活、生产构成物。[①]山顶洞人的"上室"与"下室"是当时人们"二元世界"——"阳间世界"与"阴间世界"的空间载体。考古学家把山顶洞遗址的下室墓葬称为"居室葬"是有道理的。这种"居室葬"是旧石器时代晚期与新石器时代早期流行的墓葬形式，如新石器时代早期的黑龙江省依兰县倭肯哈达洞穴[②]、江西万年仙人洞遗址[③]、广西桂林甑皮岩洞穴

---

① 贾兰坡、甄朔南：《原始墓葬》，《史学月刊》1985年第1期。
② 李文信：《依兰倭肯哈达的洞穴》，《考古学报》第7册，中国科学院，1954。
③ 江西省文物管理委员会：《江西万年大源仙人洞洞穴遗址试掘》，《考古学报》1963年第1期；江西省博物馆：《江西万年大源仙人洞洞穴遗址第二次发掘》，《文物》1976年第12期；彭适凡：《万年仙人洞新石器早期文化的几个问题》，《江西历史文物》1981年第2期；严文明、彭适凡：《仙人洞与吊桶环——华南史前考古的重大突破》，《中国文物报》2000年7月5日。

遗址中发现的墓葬①，均属于"居室葬"。"居室葬"是中国乃至世界古代墓葬的最早形式。房屋之中为人们的居室，居室之下就是其死后的墓室，形成人的生死两界空间。这种埋葬方式一直延续到新石器时代中期，如内蒙古赤峰市敖汉旗兴隆洼遗址，在180余座房屋遗址中，考古发现有"居室葬"墓葬30余座，②但是这些"居室葬"被发掘者认为是墓葬制度中的一种特殊形式，是生者对死者祭祀崇拜的反映。③

从新石器时代中期开始，随着人类技术的进步、社会经济的发展、社会组织的变化、贫富差距的出现、人群的分层、阶级的分化，部落、家庭与家族、氏族相继出现，墓葬的内容与形式也发生了相应改变。从已经取得的田野考古资料来看，新石器时代中期开始，一般墓葬与居址已经分开，"阳间世界"与"阴间世界"不再是"上下重叠"，而是各有其地，如湖南澧县八十垱聚落遗址发现的百余座墓葬，均分散在居址周围，没有形成聚落"墓地"。④但是在黄河中下游地区考古发现的新石器时代中期的遗存中，"墓地"已经广泛出现，其中裴李岗文化墓地最具特色，它们反映在河南新郑裴李岗遗址⑤、郏县水泉遗址⑥、舞阳贾湖遗址的几处墓地⑦。

从墓葬发展历史可以看出，墓葬出现之后，随着人类历史发展而不断变化，墓葬从房屋之内（居室葬）发展到房屋之外，又从房屋附近发展到聚落之旁。墓葬的组成由旧石器时代中晚期至新石器时代早期的"单体型"，变成新石器时代中晚期的"聚合型"，由个人墓葬发展为家族、氏族墓地；新石器时代末期的墓葬随着社会生产力的发展、财富的进一步增加、穷人与富人的分化、人群的分层，墓葬规格、随葬品及墓地规模也出现了巨大变化。

---

① 广西壮族自治区文物工作队、桂林市革命委员会文物管理委员会：《广西桂林甑皮岩洞穴遗址的试掘》，《考古》1976年第3期；中国社会科学院考古研究所、广西壮族自治区文物工作队、桂林甑皮岩遗址博物馆、桂林市文物工作队：《桂林甑皮岩》，文物出版社，2003。
② 中国社会科学院考古研究所内蒙古工作队：《内蒙古敖汉旗兴隆洼遗址发掘简报》，《考古》1985年第10期；中国社会科学院考古研究所内蒙古工作队：《内蒙古敖汉旗兴隆洼聚落1992年发掘简报》，《考古》1997年第1期。
③ 杨虎、刘国祥：《兴隆洼居室葬俗及相关问题探讨》，《考古》1997年第1期。
④ 湖南省文物考古研究所：《湖南澧县梦溪八十垱新石器时代早期遗址发掘简报》，《文物》1996年第12期；中国社会科学院考古研究所：《中国考古学·新石器时代卷》，中国社会科学出版社，2010，第168、172页。
⑤ 开封地区文管会、新郑县文管会：《河南新郑裴李岗新石器时代遗址》，《考古》1978年第2期；中国社会科学院考古研究所河南一队：《1979年裴李岗遗址发掘简报》，《考古》1982年第4期；中国社会科学院考古研究所河南一队：《1979年裴李岗遗址发掘报告》，《考古学报》1984年第1期。
⑥ 中国社会科学院考古研究所河南一队：《河南郏县水泉新石器时代遗址发掘简报》，《考古》1992年第10期；中国社会科学院考古研究所河南一队：《河南郏县水泉裴李岗文化遗址》，《考古学报》1995年第1期。
⑦ 中国社会科学院考古研究所《中国考古学·新石器时代卷》，第139页；李友谟：《裴李岗文化墓葬初步考察》，《中原文物》1987年第2期。

当我们祖先告别了原始社会之际，他们的另一个世界——"阴间世界"也就从"墓葬"发展为"三位一体"的"殡"、"葬"与"祭"。

"殡"是人去世之后，置于葬具（如棺椁）之中，在棺柩下葬之前，需要将柩放在某一地方停留一段时间，这称为"殡"。"殡"是社会发展到一定阶段的产物，新石器时代晚期或末期，"殡"伴随着社会分层而出现。社会发展、贫富分化，"事死如生"的墓葬自然也就出现了"分层"、"分级"，层级越高的墓葬，修建的工程越大、随葬品越多、葬具越复杂，与之相应的是祭祀礼仪安排得越来越多、越复杂，①于是等待埋葬的时间越长。

历史文献记载，死者身份、地位不同，"殡"的时间长短、形式与礼仪等也不一样。《礼记·王制》载："天子七日而殡，七月而葬；诸侯五日而殡，五月而葬；大夫庶人三日而殡，三月而葬。"《礼记·丧大记》载："君殡用辁攒，至于上，毕涂屋；大夫殡以帱攒，置于西序，涂不暨于棺；士殡见衽，涂上，帷之。"就是殡的礼仪活动中使用的粮食种类、数量也因死者"级别"不同而不一。《礼记·丧大记》云："熬，君四种八筐，大夫三种六筐，士二种四筐，加鱼腊焉。"国君用黍、稷、稻、粱，大夫用黍、稷、粱，士用黍、稷。

在殡的活动期间，举行各种各样的祭祀，其中主要的就是朝夕奠、朔月奠、荐新奠等，还有卜筮葬地、葬日，以及安排随葬物品。

所谓"葬"就是"藏"，即埋葬死者，而埋葬死者的空间为"墓"。《中国大百科全书·考古学卷》认为："人类将死者的尸体或尸体的残余按一定的方式放置在特定的场所，称为'葬'。用以放置尸体或其残余的固定设施，称为'墓'。在中国考古学上，两者常合称为'墓葬'。"②考古学上所说的"墓葬"也就是殡葬文化中的"葬"。所谓"墓葬"与"坟墓"不是一个概念，我们现在通常所说的"坟墓"有"墓"与"坟"两个方面内容，"墓"是地面之下安葬死者的设施；"坟"是"墓"之上"墓葬"的"标识性"设施。如果说"葬"（即"墓葬"）早在旧石器时代中期已经出现的话，

---

① 关于"殡"的产生原因，学术界也有不同说法，如李玉洁《先秦丧葬与祭祖研究》（科学出版社，2015，第242页）认为："我国古代丧葬之礼中这种先殡后葬形式可能与原始社会的'二次葬'有一定的渊源关系。远古时期的人们认为，如果人死了，那么死者的肉体留在人世，灵魂可以到另一个世界上去。春秋战国时期，在人死后，停留一定的殡期再行埋葬，可能是人们不愿意亲人死后，马上就到那个幽深的世界，希望死者继续在亲人身边一段时间，再去阴间生活。实行二次葬俗的原因主要是受原始的灵魂不死观念的支配。周人的这种先殡一定时期，再行埋葬的风俗可能是原始部落先民的二次葬俗演化而来的。殡，也可能是表示对死者的留恋。"

② 《中国大百科全书·考古学》，中国大百科全书出版社，1986，第665页。

那么"坟"的出现应该是很晚的了，上古时代墓上没有封土，所谓"古之葬者，厚衣之以薪，藏之中野，不封不树"。① 由于没有丘垅，甚至西汉时代的人们也不知道殷汤葬在什么地方。对于周、秦时代的一些著名历史人物，像周文王、武王和周公，以及秦穆公、樗里子等，西汉大学者刘向也是只知葬地，却找不到墓冢。②《礼记·檀弓》记载："国子高曰，葬也者，藏也。藏也者，欲人之弗得见也。"③ 大概这是不起坟的原因之一。生活在距今2500年的孔子曾经对当时社会上修建"坟"的现象不满，发出了古代"墓而不坟"的感慨，责难古风不存!④

关于墓葬封土的出现时代，考古资料揭示应该比上述文献记载要早一些，有封土的墓葬早在商代已经出现。在河南罗山县蟒张乡天湖村考古发现的商代晚期墓葬（M41）为长方形竖穴土坑木椁墓，残留封土高约30厘米，推测原封土高约1.5米。⑤ 在殷墟发现的妇好墓以及大司空村商代墓葬，均在墓圹的上部发现有和填土相连的夯土台基以及柱洞、砾石柱础等遗迹。⑥ 发现的东周时期最早的封土墓是春秋早期黄君孟暨夫人合葬墓，在河南光山县宝相寺，封土高七八米；⑦ 河南省固始县侯古堆春秋晚期墓葬的坟丘高7米、直径55米。⑧ 出现如此高大的坟丘，可能是受吴越地区大土墩墓的影响。春秋战国之际，高大墓冢发现较多，如安徽淮南蔡家岗的蔡国大墓和湖北、湖南和河南等地的楚墓等，这与文献记载是一致的，《墨子·节葬》曰："王公大人有丧者，曰棺椁必重，埋葬必厚，衣衾必多，文绣必繁，丘陇必巨。"

至于现在仍保存着的国君陵墓封土，最早的是战国时代的，如咸阳的秦惠文王公陵、安徽寿县的楚幽王墓、湖北随州的曾侯墓、河北邯郸的赵王陵、河北易县燕下都的燕王陵和山东临淄的齐王陵等。秦始皇为自己建造的陵墓，封土非常高大，可以说在中国古代帝陵封土中登峰造极。西汉帝陵的封土，就是在前代基础上发展而来的。

考古资料已经证实，墓上筑造高大坟丘之前，在一些大型墓葬上往往有"享堂"一类建筑，享堂基址一般坐落在墓上，前者面积大于后者，如安阳大司空村墓地的

---

① 《周易》卷8，《十三经注疏》，中华书局，1982，第87页。
② 《汉书》卷36《楚元王传》，中华书局，1962，第1952页。
③ 《十三经注疏》（上），第1292页。
④ 《礼记·檀弓（上）》："吾闻之，古也墓而不坟。"
⑤ 河南省信阳地区文管会、河南省罗山县文化馆：《罗山天湖商周墓地》，《考古学报》1986年第2期。
⑥ 中国社会科学院考古研究所：《殷墟的发现与研究》，科学出版社，1994，第71页。
⑦ 河南信阳地区文管会、光山县文管会：《春秋早期黄君孟夫妇墓发掘报告》，《考古》1984年第4期。
⑧ 固始侯古堆一号墓发掘组：《河南固始侯古堆一号墓发掘简报》，《文物》1981年第1期。

311号墓和312号墓,①近年发现的妇好墓,其上均有享堂的遗迹。②至于商代王陵,从1001号大墓发掘情况来看,墓上亦建有享堂。③就目前所知,墓上建享堂这种情况最迟在商代就出现了,一直延续到战国时期,在邯郸的赵王陵中,有的陵墓封土上有许多战国时代的瓦片等建筑材料,推测这是当时封土之上享堂之类的建筑遗物。④从考古发掘探明,河北平山的中山国王陵的享堂规模已相当大。⑤享堂的地基处理,由简单、低矮到逐渐复杂、高大。到了后来,随着高台建筑的流行,享堂也采用了这种建筑形式。春秋、战国时代流行的高大墓冢,实际上是从高台建筑的享堂发展而来。随着墓上高大土冢的兴修,在墓上就不太常建享堂了。此后具有享堂性质的建筑不在墓上,而是移至坟墓之旁。

从战国时代开始出现并逐渐流行的帝王陵墓的大型封土建筑,显然是受了当时盛行的高台宫殿建筑风格的影响,如考古发现的秦咸阳宫第一号宫殿建筑遗址⑥、燕下都南北排列在一条主轴线上的1~4号高台建筑基址(1号武阳台、2号望景台、3号张公台、4号老姆台)⑦、邯郸赵王城西城的龙台(现存东西宽264米、南北长296米、台高15.6米)⑧、齐临淄城宫城的桓公台(现存东西96米、南北108米、高14米)⑨、号称"天下第一台"的楚灵王章华台等,由于陵墓是宫殿的缩影,封建王朝最高统治者营建高台宫殿建筑与构筑高大陵墓,显然都是为了显示自己拥有至高无上的权力,因此《礼记·礼器》认为上述社会现象均说明"有以大为贵者,宫室之量,器皿之度,棺椁之厚,丘封之大,此以大为贵也"。

国君、帝王陵墓不但封土高大,而且这样的情况成为一种特权,由此发展到墓葬封土的高低成为社会地位高低的标志。⑩历史文献记载:"天子即位,明年将作大匠营陵地,用地七顷,方中用地一顷,深十三丈,堂坛高三丈,坟高十二丈。"⑪西汉一代

---

① 马得志等:《一九五三年安阳大司空村发掘报告》,《考古学报》第9册,1955年。
② 中国社会科学院考古研究所:《殷墟的发现与研究》,第71页;杨鸿勋:《战国中山王陵及兆域图的研究》,《考古学报》1980年第1期。
③ 梁思永、高去寻:《侯家庄第二本1001号大墓》,台北:中研院历史语言研究所,1962。
④ 河北省文物管理处邯郸市文物保管所:《赵都邯郸故城调查报告》,《考古学集刊》第4集,中国社会科学出版社,1984。
⑤ 河北省文物研究所:《厝墓:战国中山国国王之墓》,文物出版社,1996,第13~22页。
⑥ 陕西省考古研究所编著《秦都咸阳考古报告》,科学出版社,2004,第283~356页。
⑦ 河北省文物研究所:《燕下都》,文物出版社,1996,第22~28页。
⑧ 河北省文物管理处邯郸市文物保管所:《赵都邯郸故城调查报告》,《考古学集刊》第4集。
⑨ 山东省文物考古研究所:《临淄齐故城》,文物出版社,2013,第30~33页。
⑩ 《礼记·月令》记载:"饬丧纪,辨衣裳,审棺椁之厚薄,茔丘垄之大小、高卑、厚薄之度,贵贱之等级。"
⑪ 孙星衍等辑《汉官六种》之《汉旧仪》,中华书局,1990,第106页。

帝陵考古发现也证实了上述记载，西汉帝陵封土高为30~32米（除汉武帝茂陵封土高48米之外）。西汉时期的帝陵附近陪葬墓很多，但是至今没有发现一座官员的墓葬封土高度与帝陵封土相同者，他们均低于帝陵陵墓。[①]不但墓葬封土高低根据死者生前地位有着明显等级区别，就是坟墓之上种植的树木种类也不相同，有着严格的规定。[②]在唐代帝陵的陪葬墓之中，不同级别官员与贵族封土高低也有着明文规定，唐代规定一品官陪葬帝陵时，其坟墓高一丈八尺；二品官以下，每低一品，其坟高减低二尺。显然，封土成为当时墓主人地位的标志，就此而言封土要比墓主人在墓室中的随葬品更为引人关注。

国君把葬身的陵墓视作生前宫殿，而且从建筑规模上来说，帝王陵墓的封土远远超过其高台宫殿建筑，这更可以看出他们多么重视自己的葬仪。

坟的出现是殡葬发展史上的一个重要节点，它标示着殡葬文化的政治性、标识性功能的凸显与强化。殡葬已经从过去生者对逝者的怀念发展到对逝者生前的社会资源、政治资源的进一步开发、利用。坟是阶级社会的殡葬文化从地下的感情寄托、哀思表达，发展到地上的服务于生者社会、政治需要的载体，古代社会的坟越来越变成社会等级的政治符号与标识。

人类从开始对逝者埋葬，到形成殡葬经过了漫长历史。真正的殡葬活动，从考古发现来看，可能在人类社会历史"文明形成"之后，也就是上古的夏商时代。而殡葬作为一种成熟礼仪，大约在西周时期，那时有关的丧礼、丧服制度已具雏形。春秋战国时期，中国古代殡葬礼仪全面形成，对此后两千多年的中国古代社会产生了巨大而深远的影响。

"殡"、"葬"之后的"祭"，是殡葬文化的重要组成部分。一般来说，"祭"是从"墓祭"发展为"庙祭"，后来又专门设置祭奠故人的活动日期。所谓"墓祭"就是在坟墓附近的祭祀，这种祭祀活动应该是从帝王、达官显贵到一般百姓的殡葬文化之中普遍存在，并且延续的时代很长，有些至今依然以各种各样形式表现出来。过去的传统历史文献记载"古不墓祭"是不准确的，[③]其实古代历史文献中也有关于"墓祭"活动的记载，如《史记·周本纪》："武王上祭于毕"。《集解》马融认为："毕，文王墓地名。"至于考古发现的"墓祭"活动，时代更早，如考古工作者在安阳殷墟王陵区的东区勘探和发掘了191座祭祀坑。这些祭祀坑，根据其排列的疏密、深浅和大小，

---

① 刘庆柱、李毓芳：《西汉十一陵》，陕西人民出版社，1987，第216页。
② 《白虎通·崩薨篇》引《礼纬·含文嘉》载："天子坟高三仞，树以松；诸侯半之，树以柏；大夫八尺，树以栾；士四尺，树以槐；庶人无坟，树以杨柳。"
③ 《后汉书·祭祀志》（下），中华书局，1965，第3199页。

可分为22组，每组多者47坑，少者仅1坑。这些坑分布在王陵东区的几座大陵墓之间，应是若干次祭祀陵墓后的遗迹。①这里属于商王室在王陵区祭祀先祖的公共祭祀场所。不管它用以祭祀整个王陵区中的王陵，还是祭祀其中某个王陵，两者的性质都一样，即属于"墓祭"活动遗存。这表明，商代已出现了对陵墓的祭祀。再如，已经考古发现的安阳殷墟商王武丁后妃的妇好墓之上有"房屋"类建筑遗存，②在20世纪50年代初安阳大司空村商代墓葬之上也考古发现了用于祭祀活动的建筑遗迹。东周时代的秦公陵园之中，考古发现多座君王或其后妃的墓上有"房屋"一类建筑遗存。河南辉县固围村战国时代魏国大墓之上也发现了建筑遗存。特别是河北平山县战国时代中山王厝墓出土的一件错金银"兆域图"铜版，它实际上就是中山国王陵陵园"规划图"，其上标示出"王堂"、"哀后堂"、"王后堂"，它们分别是中山国王与哀后、王后的"堂"。根据《礼记·礼器》记载："设祭于堂"，中山国王陵出土"兆域图"上的刻铭"堂"应该是用于"祭祀"的。这也就是历史文献记载中的"享堂"。这里的王陵之上考古发掘"堂"的遗址也佐证了"兆域图"关于"享堂"的刻文。

进入秦汉时代，陵墓的祭祀活动则由墓葬之上的"享堂"移至陵墓之旁的寝园或陵庙之中。汉代有的墓葬附近设置了祠堂之类"墓祭"建筑。

中国古代殡葬制度可以追溯到先秦时代，然而作为国家统一规制的系统殡葬祭祀礼仪，应该形成于秦汉时代，此后一直为历代王朝所沿用，只是随着时代发展，更加强化以社会等级、地位为核心的殡葬祭祀的重要社会功能。祭祀礼仪是维护封建社会统治与宗法社会体系的根本需要，当然其中也有一些值得重视的中华民族传统优秀文化，如殡葬礼仪文化中所体现的"孝"、"节葬"思想等，他们或者增加了社会、家庭与家族、国家的凝聚力，或者反映了朴素的唯物史观与进步的政治理念。

2. 殡葬礼制与殡葬民俗

关于殡葬活动，古人制定了很多的"礼"，它们贯穿在殡、葬、祭活动的全过程。《周礼》、《礼记》和《仪礼》（合称"三礼"）是研究殡葬礼仪最为重要的历史文献，而"三代"以后的殡葬礼仪，基本上是承袭"三礼"中的《礼记》所记载的礼制。上述有关殡葬礼仪的历史文献，是中国古代社会殡葬礼制文献的基础，它们支撑了长期以来的中国殡葬礼仪活动，也成为中国殡葬史研究的基础性文献。但是特别需要指出的是，"三礼"与先秦、秦汉及其后历代关于殡葬礼仪的文献，与近年来的相关考古

---

① 中国社会科学院考古研究所:《殷墟的发现与研究》，科学出版社，1994，第115~117页。
② 中国社会科学院考古研究所:《殷墟的发现与研究》，第71页。

发现与研究所取得的认识，存在着一定差距，这是以往殡葬史研究很少关注的。随着时代的发展、科学的进步、不同学科的"互补"，历史学学科的局限性在缩小，科学性在增强，因此关于殡葬礼仪研究中的"多学科"结合是我们当代撰写殡葬史必须予以充分重视的。

"殡"礼的内容比较多，如丧者亲属服丧期间之衣食住行等方方面面。

从国家层面而言，中国古代殡葬礼制是"早熟"的，它是维护国家秩序的法制的延续。但是涉及广大民众的殡葬活动，基本上是以不同时期社会主导文化为基础的殡葬礼制与地方民间葬俗相结合形式进行。民间葬俗是因各个地区社会发展进程不同、自然地理环境不同、生活内容不同、文化背景不同、宗教信仰不同而各自形成的，但是各地的不同殡葬民俗只是中华民族殡葬历史文化"大同"之中的"小不同"，或谓"大同"之中的"小异"。所谓华夏与中华民族殡葬文化"大同"之实质，就是殡葬中的"阴阳"二元世界的哲学理念、宗法社会的等级观念、父系社会的家族信念等。

3. 墓地与坟墓

墓地是墓葬的空间载体，墓地的选择是墓葬的前提。从长时段来看，墓地与居址的选址原则基本相同，即居高临下、背山面水。古人这样选择，不是因为什么"风水"问题，主要是居址的实际需要在墓地选择上的表现。在远古时代，人类驾驭周围环境的能力十分有限，充分利用"地利"是其必然选择。居高临下、背山面水是为了居址与居住者的生活安全、方便、舒适。而墓地又是作为人们的"阴宅"，其仿照"阳宅"进行规划、营造是中国古代殡葬文化的重要特点。墓地与居址的相对位置，时代越早，二者距离越近，最早的墓葬就在居室之下，称为"居室葬"。随着时代发展，居室葬发展为家族、氏族墓地，居址规模越来越大，墓葬及墓地被安排得与居址越来越远，但是所谓"越远"也不过是在族群聚落空间范围之内，而不会置于其外。新石器时代中期开始，墓葬已经置于房屋之外的居址与聚落附近。新石器时代晚期，在聚落之旁已经形成专用的家族或氏族墓地（墓区），这种传统一直延续到近代，近代大多数农村农民的墓葬，安排在其村庄附近。这是与中国古代的宗法制社会一致的，或者说宗法制社会影响着墓地与居址的空间布局形制。

帝王陵墓的墓地选择也是遵循上述原则，百姓"叶落归根"，葬于其故地。帝王以国为家，都城是国家的缩影与代表，自然帝王去世要葬于都城附近，陵墓成为其都城的组成部分。

从古代帝王陵墓的考古发现来看，时代越早的帝王陵墓与都城越近，时代越晚距离越远。已经考古发现的殷墟商王陵在都城宫殿区西北部2.5公里的西北岗，其地势高于殷墟宫殿区的小屯一带。洛阳东周王陵分为周山、王城和金村3个陵区。周山位于东周王城西南约5公里处，因东周王陵位于此山而得名。相传这里有周敬王、悼王、定王和灵王的陵墓。王城陵区位居东周王城东北，这里考古发现有高规格的东周时代大型墓葬，墓中出土有"天子"文字的玉圭。金村陵区在汉魏洛阳城北部偏西的金村一带。秦陵包括春秋战国时代秦都雍城和咸阳附近的秦国君陵墓。秦国国君均葬于今凤翔县尹家务至宝鸡市阳平的三时原上。根据陵园内的兆沟设置，可分为14座分陵园，每座分陵园由数量不等和类型不同的大墓有机地组成。国君陵区与首都雍城隔雍水南北相望。[1]战国时代中期，秦孝公迁都咸阳，秦王室分别在咸阳城西北与咸阳城东南的芷阳城东建造了王室陵区。咸阳陵区在秦咸阳城西北部，以前古人多认为这里的大墓为"周陵"，20世纪70年代以后考古工作者通过田野考古工作，已经确认那些大墓为战国时代秦王陵。[2]芷阳陵区位于咸阳以东（或相对雍城先秦秦陵区以东），故名"东陵"，设有东陵侯。东陵区位于今陕西省西安市临潼区斜口乡东南，灞水从其左流过。陵区背山面水，西邻芷阳城，与都城咸阳隔渭水相望。目前共发现4座陵园。[3]战国时代的田齐王陵位于临淄齐故城东南11.5公里处的临淄齐陵镇和青州东高镇、普通镇一带，地处泰沂山脉东北麓。陵区之内的齐王陵中以四王冢和二王冢最著名，此外还有田和冢、点将台与南辛庄古冢。上述5处古陵墓可能分别属于战国时代的5位齐国国君陵墓。[4]赵王陵主要应分布在赵国首都邯郸城西北部约15公里处，即今邯郸市西北的丘陵地带，现在分别隶属于邯郸县三陵乡、工程乡和永年县两岗乡。秦始皇的陵墓位于陕西省西安市临潼区晏寨乡。西汉11座帝陵，9座分布在汉长安城北部的咸阳原上，汉文帝霸陵与汉宣帝杜陵分别位于汉长安城东南部的白鹿原与杜东原之上，咸阳原、白鹿原、杜东原地势均高于汉长安城。[5]汉魏洛阳城分布在洛阳北邙山之南，而当时的东汉、曹魏、西晋与北朝帝陵均在洛阳北邙原上，如北魏孝文帝太和十八年（494）迁都洛阳，在北邙山上筑长陵，宣武帝葬景陵，孝明帝葬定陵，

---

[1] 韩伟、焦南峰：《秦都雍城考古发掘研究综述》，《考古与文物》1988年第5、6期合刊。
[2] 刘庆柱：《咸阳地区历史文物概况》（内部资料），陕西人民出版社，1973；刘庆柱、李毓芳：《西汉十一陵》，第121页；卫鹏、岳起：《咸阳塬上"秦陵"的发现和确认》，《文物》2008年第4期。
[3] 张海云：《芷阳遗址调查简报》，《文博》1985年第3期；陕西省考古研究所：《秦东陵第一号陵园钻探简报》，《考古与文物》1987年第4期；陕西考古研究所：《秦东陵第二号陵园调查钻探简报》，《考古与文物》1990年第4期；陕西省考古研究所秦陵工作站：《秦东陵第四号陵园调查钻探简报》，《考古与文物》1993年第3期。
[4] 张学海：《田齐六陵考》，《文物》1984年第9期。
[5] 刘庆柱、李毓芳：《西汉十一陵》，第144页。

孝庄帝葬静陵，这些陵墓左右毗连，形成北魏皇室陵墓区。①东晋定都建康城，即今南京市。东晋11位皇帝的陵寝均在南京附近钟山余脉富贵山南麓与鼓楼岗南麓之九华山。南朝（420~589）包括宋、齐、梁、陈四个朝代，先后建都于建康。有遗迹可寻的南朝帝陵有15处，大多在建康城附近，选择于土山丘陵的半麓。②隋代帝陵在隋朝都城大兴城（今西安市）以西的陕西省武功县。唐长安城北部的关中北山山脉及其南麓，分布着唐十八陵，它们距唐长安城77~108公里。③北宋帝陵位于都城西部的嵩山之北、洛河以南之地，以今巩义市芝田镇为中心。④西夏建都兴庆府，即今宁夏银川，西夏王陵位于宁夏银川市西约25公里处贺兰山东麓的洪积扇上。⑤朱元璋定都南京，他的陵墓明孝陵修建于南京紫金山南麓独龙阜玩珠峰下。明成祖迁都北京之后，明代13位皇帝的陵墓均安置在今北京市昌平区天寿山南麓，南距皇城约50公里。⑥清东陵位于河北省遵化市马兰峪西的昌瑞山下，陵区北靠雾灵山，南临天台山和烟墩山，东自马兰峪，西至黄花山。清西陵位于河北省易县城西永宁山下。⑦都城附近帝王陵墓之间的距离越来越大，是因为帝陵及其陵园的规模越来越大，规模变大的原因有二：一是都城附近没有足够空间容纳，必须向更为广阔的地带发展；二是后代王朝帝王追求比前朝帝王墓地地势更高的思想。如西安地区是周秦汉唐四大王朝所在地，根据历史文献记载，西周王陵在都城丰镐遗址附近的"毕"；战国时代秦国王陵先在都城咸阳城之旁西北部，而后置于都城东南的芷阳附近高地，秦始皇陵则筑于骊山山麓；西汉帝陵陵区主要在汉长安城北部的咸阳原之上；而唐代十八陵就东西排列修筑于北山之南麓，其高程超过西汉帝陵近一倍之多。

4. 墓室及葬具与随葬品

如果说墓地象征着死者的宅基地，那么墓室则类似死者的房屋居室。就一般墓葬而言，各地因自然环境不同，墓室的做法、形制与建筑材料也有所不同。中国古代大部分地区流行的是竖穴土坑墓，有的地方土洞墓较为流行。还有一些地区以不同石材构筑墓室。新石器时代中期墓室多为墓坑，墓坑体积小，仅容死者尸体，埋葬浅。这

---

① 刘庆柱、李毓芳：《陵寝史话》，社会科学文献出版社，2011，第101页。
② 罗宗真：《魏晋南北朝考古》，文物出版社，2001，第93~103页。
③ 刘庆柱、李毓芳：《陕西唐陵调查报告》，《考古学集刊》第5集，中国社会科学出版社，1987。
④ 河南省文物考古研究所：《北宋皇陵》，中州古籍出版社，1997，第6页。
⑤ 宁夏文物考古研究所：《西夏陵》，东方出版社，1995，第6~12页。
⑥ 刘毅：《明代帝王陵墓制度研究》，人民出版社，2006，第80~99页。
⑦ 刘庆柱、李毓芳：《陵寝史话》，第179~185页。

种墓室反映了当时社会生产力的低下，联系到当时不少居室为半地穴式建筑，显然那时的埋葬浅、体积小墓坑与其同时期半地穴居室关系密切。新石器时代晚期，随着社会的发展、财富积累的增加、贫富差距的加大，有的居室已经是"大房子"或"里外屋"的形式。与此同时，考古发现了这些遗址附近出现了一些规模较大、规格较高的墓葬，其墓室中有木棺、木椁，有的棺、椁之上还有涂漆痕迹。①新石器时代末期的龙山文化考古发现的一些大型墓葬中，有的还不只是一棺一椁，已经出现一棺两椁（或称"重椁"），②甚或在棺椁之间还安置有木制边厢，其中有大量陪葬品，③这些大型墓葬的墓主人生前应该是社会地位特殊的人。学者根据考古发现和古代墓葬资料研究认为，大型墓葬多重棺椁制度的滥觞在西周至春秋时代早期，而《礼记》等历史文献记载的多重棺椁制度应该形成于春秋时代中期至战国时代早期。④战国时代晚期出现的"挟天子以令诸侯"的社会政治变化，使标志死者政治地位的多重棺椁制度也面临挑战，僭越现象普遍出现。秦汉时代，在高等级墓葬中，多重棺椁制度变为代之而起的"黄肠题凑"、"多室墓"。秦汉时代以后，墓葬的重点从地下逐渐转移至地上，墓室中的棺椁葬具的权重越来越小。墓室相对陵墓封土及陵园、陵寝建筑的重要性已经大大下降。

作为一般墓葬的墓室形制，除了以上所述的居室葬、土坑墓之外，在不同时期、不同地区出现了多种多样的形式，如土洞墓、石棚（亦称"支石墓"、"石桌坟"）、石棺墓、石板墓、瓮棺葬、悬棺葬、土墩墓、船棺葬、砖室墓、崖墓、画像石墓、画像砖墓、壁画墓等。

我国西北地区黄土高原古代流行的土洞墓，是一种很有地方特色的墓室形式，它们应该是据当地先民"窑洞"居址仿造而来的。洞室墓的做法是先由地面向下挖一圆形或方形竖坑，再在一侧挖成侧室安置死者。长期以来这种墓葬被认为是战国时代的，甘肃兰州土谷台考古发现的史前时期马家窑文化半山至马厂类型墓葬中的土洞墓改变了那种传统看法，使土洞墓时代可以上溯到新石器时代晚期。⑤

---

① 洛阳市第二文物工作队：《河南伊川县伊阙城遗址仰韶文化遗存发掘简报》，《考古》1997年第12期。
② 山东省文物考古研究所：《山东20世纪的考古发现和研究》，科学出版社，2005，第239~241页。
③ 山东文物考古研究所等：《临朐县西朱封龙山文化重椁墓的清理》，《海岱考古》第1辑，1989年；中国社会科学院考古研究所山东工作队：《山东临朐朱封龙山文化墓葬》，《考古》1990年第7期。
④ 赵化成：《周代棺椁多重制度的研究》，《国学研究》第5卷，北京大学出版社，1997。
⑤ 甘肃省博物馆等：《兰州土谷台半山—马厂文化墓地》，《考古学报》1983年第2期。

以石板为材料构建的墓室种类比较多，有石棚、石棺墓、石板墓等，这与那些地区先民以石板构筑房屋有关。石棚与石棺墓均流行于新石器时代晚期至铁器时代早期，前者在中国主要分布在辽东半岛一带，后者多为游牧民族地区使用。石板墓始于新石器时代晚期，盛行于春秋战国时期，下限到中古时期。

瓮棺葬以陶瓮、陶罐等陶容器为葬具，其中尤以陶瓮使用较多，因此使用这类葬具的墓葬一般称为"瓮棺葬"。瓮棺葬在史前时代已经出现，一直延续到秦汉时代，个别瓮棺葬的时代延续得更晚。瓮棺葬主要是作为儿童与"二次葬"者的墓葬。

悬棺葬主要分布在福建、江西、浙江、台湾、湖北、湖南、四川、云南、贵州、广西等地，公元前2000年出现，流行于青铜时代与早期铁器时代。悬棺葬在有些地区延续至明清时代，台湾的耶眉人迄今仍保存着这一葬俗。

土墩墓是在平地之上修建土墩，然后在其上造墓。土墩墓主要分布在长江中下游地区和福建北部，在北方的山东东南部也发现有这类墓葬。前者时代偏早，早至新石器时代晚期的良渚文化，晚到汉代，主要流行于西周至春秋时代。传统埋葬应该在地高土厚之处，但是由于当地地势很低，地下水位又很高，为此人们修建"土墩"安置墓葬。

船棺葬因其棺如船形而得名，战国秦汉时代在四川地区流行。

砖室墓是用小型长方形砖砌筑的墓室，因此而得名。一般认为始于西汉中晚期，东汉以后普及流行。砖室墓分为单室墓和多室墓，规模越大，墓室越多、结构越复杂。砖室墓应该是死者生前居室、府第的缩影。中古时代以后，出现仿木建筑结构的砖室墓。砖室墓是从土坑墓、木椁墓发展而来，是墓葬进一步生活化、世俗化的结果。

崖墓出现于西汉，盛行于东汉至南北朝时期，影响至以后的一些高等级墓葬形制。崖墓于山崖中开凿出墓室，其出现有可能受到悬棺葬的影响。一般崖墓在四川巴蜀地区比较流行，而且多以为家族合葬墓地。近年来考古发现的"因山为陵"（或"依山为陵"）的徐州西汉楚王陵、河北满城汉墓（中山王陵）、山东曲阜鲁王陵、河南永城梁王陵等，有的学者认为可能受到崖墓一定影响。

画像石墓、画像砖墓、壁画墓以画像装饰墓室的墓壁，一方面是以画代物，另一方面是把物所不能表达的历史、神话故事、祥瑞、天象等形而上内容置于墓室之中。画像石墓出现于西汉中晚期，东汉时代流行，汉代以后销声匿迹。画像石墓分布范围很广，其中以徐州、南阳、陕北和四川四个地区画像石墓数量最多，并形成四个各具特色的画像石墓分布区。画像砖墓是画像石墓的简化形式，盛行于东汉，魏晋南北朝以降逐渐衰落。画像砖墓在甘肃、四川、河南、江苏等地区均有发现。目前见到时代最早的墓室绘制壁画的墓葬是梁共王刘买（前144~前136在位）墓。①在西安、洛阳一带发现了一些西汉晚期壁画墓，东汉时代壁画墓已经广为流行，中国古代壁画墓发展到唐代达到顶峰。中古以后，壁画墓越来越少。

在墓室建筑及其装饰与棺椁葬具之外，还有随葬品。一般而言，古代墓葬中的随葬品有着从少到多、从真到假、从实到虚、从物质到精神的历史发展变化过程，这些充分反映了中华民族殡葬理念的进步。史前社会由于生产力的低下，人类生产活动只能解决自己最低的生存问题，尽管那时已经出现了墓葬，但是墓葬中的随葬品基本上是逝者生前使用的物品。随着生产力发展，社会财富积累增加，社会出现了贫富不均，墓葬的随葬品也发生了重大变化，有的墓葬不但有逝者生前用品，还有"奢侈品"、象征权力与社会地位的礼器等。与此形成鲜明对比的是，一些人去世之后，只是"挖坑"而埋，连墓室都没有，更谈不上棺椁葬具，至于随葬品就无从谈起。安阳殷墟的西北岗王陵与其附近的平民墓葬就是鲜明对比，至于贵族与奴隶的墓葬，二者更是天壤之别。

人类的殡葬历史发展不是朝着一个方向一直不断向前，而是往往出现反复，但是这种反复不是简单的重复，而是发展中的否定之否定的螺旋式历史上升。墓葬中的随葬品变化就说明了这点。人类墓葬之中的随葬品从无到有，从少到多，然后再从多到少。虽然墓室之中的随葬品少了，但是墓室之外却增加了大量陪葬坑，陪葬坑中有着各种各样的陪葬品。如秦始皇陵的墓室之外已经勘探发现有180多座陪葬坑，有的一座陪葬坑的面积之大甚至超过墓室，秦始皇陵第一号兵马俑坑的面积约13000平方米，其中陪葬的兵马俑多达数千件，陶俑身高1.8米。汉景帝阳陵、汉武帝茂陵的陪葬坑更是多达数百座。陪葬坑的陪葬品多了，但是陪葬品的明器化越来越突出了，从殷墟的人殉到东周的陶俑，从秦始皇陵的比真人高大的兵马俑到西汉帝陵仅有真人三分之一高度的汉代陶俑，再到三国时代曹操墓的7厘米高的陶俑，中古以后陶俑又被纸人所代替；从西汉时期的真金白银，到以后的冥币（涂金泥饼等）、纸币等，莫不体现了这一点。

汉代以后帝王陵墓不再设置陪葬坑，墓室及其附近地下随葬品大大减少。代之而

---

① 河南省商丘市文物管理委员会、河南省文物考古研究所、河南省永城市文物管理委员会：《芒砀山西汉梁王墓地》，文物出版社，2001，第181~247页。

起的是陵园地面之上规模庞大的陵寝建筑群，以及神道石像生。石像生由开始的少数几件，发展到以后的几十件、上百件。石像生种类由两三种发展为几十种。一般墓葬的地面之上也设置了祠堂等祭祀性建筑。如南朝宋齐梁陈的帝陵石像生只有石柱、翼兽各一对；唐代初年的唐高祖献陵陵园四门各置石虎一对，神道有华表、犀牛各一对；唐太宗昭陵北司马门主要有"昭陵六骏"、"十四蕃酋像"等，而唐高宗与武则天的乾陵陵园四门各置石狮一对，陵园南门之外神道东西分列王宾像各三十二尊，石碑一对，石人十对，仗马与控马者各五对，鸵鸟及翼马、石柱各一对，北司马门之外神道两侧现存仗马等石刻。

5. 祭祀

祭作为殡、葬之后的礼仪、礼俗活动，随着历史发展，活动内容与"平台"越来越多、社会影响越来越大。殡葬的活动重点由对逝者的后事安排，越来越改变为对逝者的纪念。纪念逝者通过祭祀活动，为了祭祀活动的开展，设置了各种各样的祭祀"平台"，如墓祭（今"扫墓"）、堂（"享堂"）、寝园、寝殿、便殿、祠、石殿、陵庙、庙、献殿、上宫、下宫等。社会形成特定祭祀节日，如清明节，清明节又从社会节日发展为国家节日。

死者埋葬之后的祭祀活动首先从"墓祭"开始，所谓"墓祭"就是在墓葬所在地进行的祭祀活动。关于史前时期墓祭遗存线索，考古学者一直在追寻。良渚文化的大型贵族墓地附近考古发现的各种各样的祭祀坑，如果可以认定其时代有的晚于其附近墓地、墓葬时代的话，那么就可以说，那些祭祀坑就是祭祀逝者的祭祀遗存。先秦时期的"殡葬祭"之"祭祀"活动物化载体，以殷墟西北岗商王陵区的大量祭祀坑最为突出。它们可能不是某个王陵的祭祀坑，而似乎是对王陵墓地的整体祭祀。这种祭祀活动应该是延续了相当长的时间。墓祭不但在殷墟王陵区发现，在殷墟的其他高等级墓、贵族墓之上也发现了与祭祀相关的遗迹，如妇好墓、大司空村商墓之上的祭祀建筑遗迹。降及两周时期，墓祭遗存更是多有发现，如春秋时代的陕西凤翔雍城秦公陵墓上建筑遗迹、战国时代河北平山中山王陵"墓祭"建筑遗迹与墓中出土的"兆域图"、河南辉县魏国高等级墓葬、新郑郑韩故城附近的王陵、河北邯郸赵国都城附近王陵之上的建筑遗存等。秦汉时代的墓祭活动遗存已经极为普遍，从帝王陵墓，到一般墓地，祭祀建筑平台从"墓上"改变为在"墓旁"。秦始皇陵园之内西北部考古发现的陵寝礼制建筑遗址，一改以前的"墓上"祭祀传统做法。"汉承秦制"，已经考古勘探、发掘的西汉杜陵陵园遗址，其皇帝陵园与皇后陵园之外，附近各有寝园，寝园之中有寝殿与便殿。在帝陵陵园与皇后陵园东西之间的北部设置了陵庙。高等级墓葬与其他一些墓葬之旁则设置有祠、石殿等祭祀性建筑。普通百姓的墓葬附近是否有祭祀性建筑，目前还不清楚，但是"定期"或在社会、国家"法定日期"进行墓祭则一直延续到近代。

6. 中国殡葬史是统一国家的多民族殡葬历史

中国幅员辽阔，地理环境各异，远古时代形成的殡葬文化各个地区各具特色。作为多民族统一国家，中国殡葬史显得尤为丰富多样。

人类历史越是久远，环境对人类文化的影响越是突出。从遥远的古代殡葬文化出现之后，广袤中国大地之上的各个族群有着不尽相同的殡葬文化，他们多因区域、生业、宗教不同而殡葬各异。在远古时期的新石器时代，中原的周边地区各地族群的殡葬文化异彩纷呈，从新石器时代晚期至战国时代，我国西北地区流行土洞墓，东南地区流行土墩墓，辽东半岛沿海地区流行石棚，西南地区流行石棺墓，国家边疆地区流行火葬。先秦至近代，福建及长江流域至云贵地区流行悬棺葬，战国秦汉时代四川地区流行船棺葬等。汉代以后佛教的传入，对中国古代周边地区的人们产生了重要影响，殡葬文化发生了反反复复的变化，女真人从土葬变为火葬，尔后又回归至土葬；蒙古族的传统是土葬，因佛教影响而流行天葬、火葬，有的地区从游牧时代的无坟丘，到农牧与农耕时代构筑坟丘，凡此种种，殡葬文化的发展直接与社会历史（地域特色、生态环境、生业结构、宗教信仰、"国家文化"影响等）变化密切相关。可以说殡葬文化作为人类历史文化的一部分，它们与人类历史一样，随着时代发展、社会进步，自身也在不断发展与变化，这是历史发展规律所决定的。就人类的殡葬史而言，发展与变化是绝对的，世界上没有一成不变的殡葬文化，中国殡葬史也是一样。殡葬文化的多样性，与历史发展的科学性是相统一的。

7. 中国古代殡葬史发展规律与启示

通过对中国古代不同时期、不同地区的殡葬活动分门别类研究，我们可以探索中国古代殡葬史的发展规律，进而得到有益启示，以便更好地开展当前及今后的殡葬工作。

（1）殡葬与社会发展同步

人类墓葬出现于旧石器时代中晚期，当时对应的墓葬形制为居室葬，那里只有逝者的遗体与其生前极为简单的生活、生产用品等。这些居室葬反映了逝者与居室生者的亲情关系。人类社会进入新石器时代中期，大多墓葬已经从居室之内移至居室之外的附近地方，显然这时的墓葬仍然与其附近居室主人（或称死者与生者的家庭）有着密切关系。新石器时代中晚期，墓葬从居室附近移至聚落（"村庄"）之旁的墓地，这些墓地是"阴间"的聚落，聚落墓地之中的墓葬又成组分布，这是"阴间"的"家庭"、"家族"、"氏族"等社会。

新石器时代晚期社会生产力发展、财富增加、贫富分化，通过当时的墓葬可以清楚看到原始社会末期，社会不同阶层与阶级的出现。反映在墓葬上，则是其规模、随葬品数量与质地有着巨大差异，这些墓葬现象证明了马克思主义关于阶级与国家起源学说的科学性。

夏商周王国时代与秦汉至明清王朝的帝国时代，近四千年来的殡葬文化更为复杂，殷墟西北岗王陵区附近大量被杀的奴隶或战俘随葬坑，数十人被葬于一坑之中，或身首异处，或活埋、腰斩，再现了那时社会的残酷。与此同时，国王与贵族墓葬之中放置了大量玉器、青铜器等随葬品，不少随葬品成为死者身份与地位的象征与标识，其中以各种青铜礼器与玉礼器最为突出，这是社会等级制度在墓葬中的反映。与上述墓葬形成鲜明对比的是一般百姓墓葬，它们在形制大小、随葬品多少方面与达官显贵墓葬比较，有着天壤之别。尤其是从考古发现的那些奴隶尸骨可以看出，这些人谈不到"墓葬"，他们与随葬在贵族墓葬中的牛羊猪狗没有两样，甚至还不如那些能够有个完整尸体的牲畜。

从先秦时代至明清王朝，四千多年来殡葬历史发生了巨大变化，自然这种变化主要是由从王国时代到帝国时代社会生产力发展、人们之间社会关系变化与社会制度变化所导致的。秦汉至明清王朝的帝国时代以地缘政治为主、血缘政治为辅，政治层面突出国家至上，作为国家最高统治者的皇帝至上，反映在殡葬制度方面，主要就是墓葬的重点由地下转至地上，由墓室转至封土，由地下随葬坑转至地上寝园、寝殿、便殿、陵庙、献殿、上宫与下宫等礼制建筑，陪葬墓的安排成为统治者的政治工具。在这样的殡葬制度变化中，随葬品从王国时代的真金白银、各种贵重玉器、青铜器（尤其是各种礼器）及殉葬人等，逐渐变为随葬品的"明器化"及"明器微型化"，各种各样的青铜礼器、玉礼器、陪葬坑等"退化"、"淡化"，直至"退出"殡葬活动。

19世纪中叶至20世纪上半叶，中国历史进入半殖民地半封建社会，相应的殡葬制度也发生了重大变化，留下了这个时代最具特色的殡葬文化。作为国家行为的国家最高统治者的殡葬礼仪与殡葬活动，深刻反映了殡葬活动、殡葬制度与社会发展的一致性。民国时期的袁世凯墓，其墓葬封土、陵园、神道及石像生制度延续了帝国时代帝陵形制，但是又进行了极大的精简；而陵墓、陵园等相关建筑则采用了西方的建材与工艺。可以说袁世凯墓（今称"袁林"）就是"中西"（中国与欧洲）、"古今"（封建主义与资本主义）殡葬文化的结合，它清楚地折射出当时半殖民地半封建社会的性质。

至于民国时期的一般民众或城市殡葬，其既有传统的明清时代以来的殡葬文化特色，又有西方舶来殡葬文化的特点。城市中有杠房，也有万国公墓。广大农村的殡葬文化则大部分依然保存着千百年来的宗法制社会的殡葬制度与习俗。

新中国成立之后，社会主义社会的政治制度本质使中国殡葬制度发生根本性转变，其中最为突出的是作为"国家殡葬文化"开创了中国殡葬史的新时代特色。奴隶社会、封建社会与半殖民地半封建社会的殡葬文化被送进了"历史博物馆"。殡葬不再被社会作为区分贫富、贵贱、官民身份高低的指示物，国家倡导人们在殡葬面前的平等，提倡全社会以火葬、海葬代替土葬，倡导文明、环保祭祀与网上祭祀，取代造成环境污染的香火祭祀，全新的殡葬文化从国家与社会层面得到推广，社会主义殡葬制度越来越为社会广大群众认同、接受并实施。这突出反映了社会主义殡葬制度的特色。

（2）殡葬的变化是绝对的，不变是相对的

在人类文化中，殡葬文化处于最为保守的文化之列，但是绝不是一成不变的。人类殡葬历史发展说明，人类的殡葬活动是从无到有，从简单到复杂，然后又从复杂到简约。殡葬文化的变化可以说是绝对的，不变才是相对的。殡葬文化作为人类文化的一部分，它必将随着人类社会的发展而变化，不可能独立于社会发展变化之外。中国殡葬发展史揭示，墓葬从先秦时代以前的"墓而不坟"到战国时代以后社会上层流行"大作丘垄"，再到汉文帝、光武帝、曹操及其后的唐太宗李世民等著名政治家提倡"不封不树"，毋庸置疑的殡葬历史是社会主导文化并不支持"大作坟丘"。殡葬发展史上的墓葬形制也不是一成不变的，而是在不断发生着变化，当传统的土葬占据着主体之时，不同地区也在流行着火葬等葬法，就是在同一地区土葬与火葬并行的现象也不鲜见。人类的殡葬活动一直在发生着变化，而总的变化趋势是越来越简化，越来越从物质追求转向精神诉求。上述殡葬史所揭示的殡葬历史发展规律，无疑是我们当今进行殡葬事业改革的科学依据与支撑。

三 殡葬史怎么写

1. 以唯物史观为指导

殡葬史属于历史，历史研究必须以马克思主义唯物史观为指导。长期以来殡葬史研究中对于历史上的殡葬现象的发展与变化原因关注不够，很少注意殡葬与其相同时空的客体世界的环境与物质变化关系，更多关注精神层面的研究。这里的物质包括人们的生产方式、生产关系、科技发展水平，以及由物质生活决定的哲学社会科学认知能力。从人类墓葬的起源来说，它不是迷信的产物，而是人类社会发展到一定阶段的历史必然。表面来看，墓葬源于人类的情感，其实是人类生存组织形式的变化导致人类"情感"的出现，产生人类的单体墓葬。随着社会发展，人群社会组织发生相应的变化，家庭、家族、氏族等社会组织相继出现，墓葬又从单体墓葬发展到原始墓地。

墓葬伴随着人类从"蒙昧"走向"野蛮"而来到"人间"，当人类告别"野蛮"迈向"文明"时代，随着社会生产力的发展，贫富分化、社会分层的出现，"阴间"的墓葬也同样出现了大小不同、规模不一，这是客体世界决定先民墓葬变化的根本原因。不同阶层、阶级的人之墓葬在棺椁、墓室、随葬品、祭祀活动方面的差距进一步加大，并被赋予社会规制而推行实施，导致先民死后的"后事"状况截然不同。安阳殷墟西北岗王陵区的国王墓葬与其殉葬坑的死者有着天壤之别的埋葬"待遇"，是由二者经济状况、财富多少所决定的，也是由各自政治权力与阶级地位的不同而决定的。这同样不应被视为人们"迷信"程度的加深。

不同地区一般大众的墓葬，因各自环境的不同，决定了先民文化的多样性，正如马克思谈到自然环境的不同而导致的人类文化差异时指出的："不同的共同体在各自的自然环境中，找到不同的生产资料和不同的生活资料。因此，它们的生产方式、生活方式和产品，也就各不相同。"① 如古代洞室墓以西北地区较为发展，这与那里先民的"窑洞"居室传统有关；汉代砖室墓则是当时民居的缩影；东南地区的土墩墓流行则取决于当地低平而潮湿的自然地理环境。

至于墓葬中的随葬品，上至帝王将相，下至黎民百姓，完全是各自现实生活的浓缩版。帝王陵墓出土的各种玺印，是其身份的标志。如吕后陵附近发现的"皇后之

---

① 马克思：《资本论》第1卷，人民出版社，2004，第407页。

玺";广州南越王墓出土19枚印章,有金印、包金铜印、玉印和玛瑙印等多种,其中在墓主身上就发现了8枚印章,最大的一枚是龙钮金印。皇帝和皇后陵墓中的随葬品,几乎包括了衣食住行各个方面,如陶俑、食物、器皿、动物、竹简等等。大量陶俑,象征皇帝、皇后生前的卫士、仆从、宫女、奴婢和仪仗队等。甲胄、刀剑、干戈、箭镞等兵器,则守卫着帝、后的安全。帝王为了"多藏食物,以歆精魂",①于是随葬了数量众多、品种齐全的食物。王莽毁坏孝元傅昭仪陵时,由于陵中"多藏食物,腐朽猥发",以至"臭憧于天,洛阳丞临棺,闻臭而死",②可见随葬食物之多。随葬食物,包括粮食、酒、糖等。粮食有黍、稷、麦、粱、稻、麻、菽和小豆,此外还有醯(醋酸)、醢(肉酱)等。食物放在瓮、鳜里,置于陵墓中。唐代帝王陵墓之中的壁画则以"画"代"物"与"人"等,如懿德太子墓壁画中的"阙楼图"、"仪仗图",章怀太子墓壁画中的"马球图"、"客使图"、"宫女扑蝉图"、"狩猎图",永泰公主墓壁画中的"天象图"、"仕女图"等,可谓社会百态应有尽有。中国殡葬史中,随葬品从史前时期与夏商周时代墓葬中的实物、活人、真金白银,发展到春秋战国时代及其以后墓葬中的明器、俑、冥币,中古以后又进一步发展为纸质明器、纸人、纸动物俑及纸质冥币等。从唯物史观考察上述殡葬文化现象,这些应该是人类丧葬观进步的反映。当然,相对现在殡葬活动中的网上祭祀、环保祭祀、绿色祭祀,古代的"烧纸钱"应该加以改变,这种与时俱进是唯物史观在殡葬活动中的体现。

2. 以社会发展史为基础

以往的殡葬史研究大多只是将其作为文化史、风俗史的一部分,而对殡葬史作为社会发展史的必要组成部分则忽略。虽然近年来有一些学者力图通过自己的研究改变这一学术现状,但收效甚微。

史前时代的墓葬是人们生产发展的结果,也是相对较为固定群居的出现及人与人之间意识、思维、观念、思想的形成与发展之派生物。社会发展进入邦国时代后,生产力进一步发展,出现了人与人之间的贫富不均,人们的经济地位不同导致了墓葬的大小不一、规制各异。王国时代使殡葬打上了鲜明的当时社会历史发展的烙印,统治阶级对财富的贪婪由其墓葬之中大量随葬品与奴隶的殉葬可以清晰反映出来。当以地缘政治为主、血缘政治为辅,地缘政治与血缘政治相结合的帝国时代到来,以皇帝为代表的统治阶级墓葬,从单一的财富(随葬品与人殉多少)追求与地位标志,发展为

---

① 王充:《论衡》卷23《薄葬篇》,上海人民出版社,1974,第352页。
② 王充:《论衡》卷21《死伪篇》,第331页。

权力的象征，殡葬重点从"地下"转移至"地上"，从主要作为"哀思"的墓葬，改变为政治后继者的权力合法性的历史见证。此时殡葬的规模越来越大，墓葬之内随葬品日益"明器化"，"明器"的"微型化"越来越发展，以"画"代"物"、以"字"代"物"越来越突出，殡葬越来越成为统治阶级的政治工具。从王国时代的"墓而不坟"到帝国时代秦汉帝王坟墓的"积土为冢"，再到唐代及其以后的"依山为陵"；从早期墓葬的地下随葬品的大量放置，到秦汉以降历代帝王陵墓构建庞大陵寝建筑，再到唐宋至明清帝陵神道众多石像生的配置，凸显出帝国时代中央集权理念的强化，成为帝国时代物化政治的缩影。统治者陵墓与广大贫苦大众墓葬形成极为鲜明对比，这恰恰是统治阶级与被统治阶级社会地位反差巨大的反映。

当清王朝被西方殖民主义侵略而使中国成为半殖民地半封建社会之后，当时统治者的墓葬也打上了时代的历史烙印，袁世凯的陵墓——"袁林"就是最好的例证。20世纪上半叶社会上层的殡葬，则反映了半殖民地半封建社会殡葬文化之两重色彩。

20世纪50年代以后，社会主义新中国殡葬文化一步步"回归"殡葬文化的"本体"，即人们通过殡葬活动表达对故去亲人与为人民、国家做出贡献的逝者的哀思、悼念。数千年来的以死者身份、地位决定殡葬活动的分层与形式的不平等理念，被新中国的殡葬平等理念所取代。利用殡葬显示死者及其亲属身份、地位的现象被国家与大众所不齿。这也就是新中国殡葬事业与社会主义社会历史发展一致性的充分体现。新中国成立所带来的殡葬变化，开启了中国历史上前所未有的殡葬事业发展的新时代，殡葬文化的改革，使殡葬真正回归到其历史的"原点"。随着人类对于环境文化的认识深化，环保意识的加强，对自然的敬畏，诸如火葬、海葬、树葬等一系列殡葬形式新变化的文化内涵、科学理念与方法，逐渐为人民所认同、为社会所提倡。这些是当今社会历史发展的必然。

3. 多学科相结合

21世纪编著中国殡葬史，应该以多学科结合的方式进行，最大限度地吸收考古学、历史学、环境学、人类学、民族学、民俗学、社会学、法学、哲学等有关古代殡葬文化研究方面的新资料、新成果、新理论、新方法，这是现代科学研究从分学科走向多学科、跨学科结合的发展趋势所决定的，只有这样才能保障当代编撰的中国殡葬史占据学术前沿，也只有一部具有与时代同步的科学方法、理论体系为学术研究基础编撰的中国殡葬史，才能为我们当代的殡葬事业提供强有力的科学创新支撑。

总之，中国殡葬史应该是一部殡葬文化的发展史，发展就是"否定之否定"，发展需要在继承与扬弃中进行，殡葬发展史是华夏先民、中华民族的殡葬活动从无到有、从低级向高级发展的历史，是殡葬事业不断改革的历史。

殡葬的历史说明，随着社会历史发展，作为社会发展史重要组成部分的殡葬史也在发展，从殡葬在历史上出现至今，可以说殡葬是在不断随着时代发展而变化，也就是殡葬在适应社会历史发展中不断"改革"。殡葬改革是殡葬作为社会文化一部分所决定的，社会发展变化是历史之必然，作为"社会的"殡葬理所当然也要变化，殡葬发展与变化是其永续"存在"的必然。

中国殡葬史不是"迷信史"、"落后史"，殡葬史是人类文明史的重要组成部分，中国殡葬史是中华民族文化史的有机组成部分。一部以马克思主义唯物史观为指导编著的中国殡葬史，是中国殡葬学与国家殡葬事业发展的科学基石之一。

《中国殡葬史》的编写使情系万家的殡葬事业能够更好地继承中国殡葬事业发展史的优秀历史文化传统，为当代殡葬事业发展、创新提供科学的理论支撑。

2016 年 9 月

目　录

导　论 …………………………………………………………………… 001

第一章　殡葬观念 …………………………………………………… 023
第一节　时代背景 ……………………………………………………… 024
第二节　社会思想观念与殡葬礼俗 …………………………………… 031
第三节　"二元"世界中的殡葬形态发展 …………………………… 054
第四节　厚葬观与薄葬观的争鸣 ……………………………………… 078

第二章　史前时期的殡葬习俗 ……………………………………… 097
第一节　居住形态和埋葬形式 ………………………………………… 100
第二节　葬俗 …………………………………………………………… 123
第三节　葬式葬法 ……………………………………………………… 158
第四节　葬具 …………………………………………………………… 178

第三章　夏商时期的殡葬习俗 ……………………………………… 196
第一节　埋葬习俗 ……………………………………………………… 197
第二节　公共墓地 ……………………………………………………… 205

第三节　殉葬与祭祀 …………………………………………………… 224
第四节　墓葬所见等级差异 …………………………………………… 239

第四章　两周时期的殡葬礼俗 …………………………………………… 267
第一节　殡葬礼俗 ……………………………………………………… 268
第二节　墓地制度 ……………………………………………………… 277
第三节　等级制度 ……………………………………………………… 313
第四节　殉葬与祭祀 …………………………………………………… 349
第五节　遗体保护方式 ………………………………………………… 367
第六节　边远地区殡葬习俗的差异 …………………………………… 371
第七节　余论 …………………………………………………………… 381

第五章　随葬品的多重价值 ……………………………………………… 383
第一节　随葬品在年代学研究中的作用 ……………………………… 383
第二节　对随葬品的类别、数量与质量的解读 ……………………… 388
第三节　随葬品所提供的研究信息 …………………………………… 402
第四节　随葬品在生产技术研究中的价值 …………………………… 413

结　语 ………………………………………………………………………… 427

参考文献 ……………………………………………………………………… 442

索　引 ………………………………………………………………………… 451

后　记 ………………………………………………………………………… 456

导 论

人有生就有死，这是一条不以人的意志而改变的规律。把死者按照一定的习俗或制度进行安葬，在今天看来是很正常的事情，但是有意识地安葬死者，并非随着人类的出现就存在，是人类社会发展到一定阶段的产物。根据考古发现，在欧洲旧石器时代中晚期距今约 75000～35000 年属于尼安德特人的文化遗址中，发现了迄今所见人类发展史上最早埋葬死者的遗迹；[①]在中国则是在北京房山周口店山顶洞遗址，属于旧石器时代晚期的遗存中有了埋葬死者的墓葬，距今约一万八千年左右。[②]有意识地埋葬死者，是人类社会发展中的一件大事，是人类文明进程的重要进步，意味着人类社会开始了不仅为"事生"，而且也为"事死"这两件大事而忙碌和奔波的历程，使人类社会更加完整和丰富。所以，殡葬现象和殡葬文化是人类社会诸多因素中最为重要的组成部分。

研究证明，自从殡葬现象出现至今，所有的殡葬习俗都是在一定的思想观念影响下存在并不断变化的。特定的社会环境会催生相应的殡葬理念，社会环境发生变化，人们的殡葬表现也必然发生变化以与之适应，所以梳理和解读历史进程中的各种殡葬表现，是探索古代社会面貌、阐释殡葬观念的钥匙。古代中国，由于历史悠久、地域辽阔、民族众多的背景和条件，所产生的"事生"和"事死"的活动都含有深厚的文化底蕴，在世界文化史特别是殡葬发展史上也都占有重要地位和举足轻重的影响。在不同的历史阶段、不同的生存环境下，人们的生产、生活方式各有不同，各具特点，因而殡葬表现也有明显差别；另外，随着社会生产力水平的不断提

---

① 转引自大百科全书编委会《中国大百科全书·考古学》，中国大百科全书出版社，1986，第351页。
② 贾兰坡：《山顶洞人》，龙门联合书店，1951。

高，人们之间的关系在不断变化，这对殡葬礼俗也有直接的影响；随着各地相互联系、交流的加强，彼此间互有影响，殡葬观念和殡葬表现也必然在不断变化中，由此中国的殡葬现象表现出多样性、复杂性，这也是中国传统文化绚丽多彩、丰富多样的主要原因和重要体现。由此我们说探索中国殡葬史是一项非常重要的研究课题，是十分有意义的工作。

研究中国殡葬史，首先就要涉及"殡"、"葬"、"墓"、"祭"、"殡葬史"、"殡葬文化"等概念及其所涵盖的意义，这是理解各种殡葬现象的基础。对这些概念，学术界和人们的习惯认识虽然大致相近，但由于观察视角或传统习惯等方面的影响，也会存在某些不同之处，我们首先对此进行简要解读，以利于统一认识和把握。

所谓"殡"，是指人死亡后，从停放尸体、筹办丧事直到把死者送往安葬地点（场所）的过程。在不同时代、不同地区其繁简程序虽然有所不同，但都包含从人死亡到运送至安葬地的葬俗、礼仪，至今人们仍把死者尸体从停放处送往安葬场所叫作出殡、送葬，也叫发丧，现代社会停放并火化死者的场所叫殡仪馆。

所谓"葬"，葬者藏也，是指在安葬地点，按照当地（当时）的习俗或制度来安葬死者的仪式。例如现今通常说参加×××的葬礼，是在尸体安葬前向死者作最后告别、并慰藉死者亲属，对生者是送葬，对死者是下葬。现今人们习惯将"殡"、"葬"合称殡葬。

所谓"墓"，是按一定的习俗或制度安置死者的场所和设施。墓既有挖建于地表之下的，也有筑于地表的，有的地区还把墓置于悬崖峭壁上。

所谓"祭"，是对已死亡的先人的追念，寄托哀思，并祈祷福祐。不同时代进行祭礼时，有的是在死者安葬地，犹如现今在清明节、死者祭日的扫墓，有的是在追祭人住地或祖庙。从广义上来说，"祭"还包括对神灵的祭奠祈祷。

从研究角度来说，探索殡葬现象的产生、发展变化过程，总结其发展规律，把握其发展趋势，引导文明殡葬的内容和使命，就是"殡葬史"研究的内容。探索各时代殡葬现象，剖析殡葬现象与当时政治、经济、文化、思想等方面的关系，并对各种殡葬现象进行科学的解读和宣传，也就是说要"知其然"，又要"知其所以然"，则称之为"殡葬文化"。

如果翻阅有关学科的专业论述，例如考古学领域对殡葬概念的专业解读，则侧重于从考古学研究视角进行阐释。例如《中国大百科全书·考古学》卷将"墓"和"葬"表述为："人类将死者的尸体或尸体残余按一定的方式放置在特定的场所，称为

'葬'。用以放置尸体或其残余的固定设施，称为'墓'。"①考古学者在发掘和研究中，多习惯将死者称为"人体骨骼"、"尸体"、"尸体残余"，这是因为考古发掘时所见的死者已仅存骨骼，而且有完整和不完整之别，是客观介绍发现时的原貌。有的学科或学术著作，也多用考古学使用的称谓。

在本卷的叙述中，较多使用考古学资料和研究成果，也不断提及各考古学文化名称。在考古学领域，习惯把分布在某一区域内、延续一定的时间段、与周边同时期遗存有明显差别、有自身特点的文化共同体，称为独立的考古学文化，其具体名称对史前时期的多以首先发现的地点给以冠名，②例如仰韶文化、良渚文化、红山文化等；进入历史时代的考古学文化命名，除延续史前命名方法外，只要朝代或国别（诸侯国）清楚的，则以朝代或国名为主，如夏代文化、早商文化、晚商文化、齐文化、晋文化等。被命名的考古学文化，其内涵主要由两部分组成，一是生者世界的各种遗存，即人们为生产、生活需要而建造或制作的遗迹和遗物；另一类是安置死者的遗存，即各种形式的墓葬（墓地），也包括各种殡葬礼仪的遗留。有关祭祀遗存，本是生者的活动内容，但有些历史阶段也用人作祭品，这种在祭祀场所处置的死者遗存也是他们墓葬所在地，同样是殡葬资料的一部分。

研究中国殡葬史，是一项科学性、学术性很强的任务。首先，探讨殡葬历史很早就受到学术界和社会的关注，是一个常议常新的问题。其次，探究中国殡葬史要求有长期的学术积累，较扎实的历史文献把握，对考古发现的认知，以及要有古人类学、民族学与民俗学等相关学科的知识，同时要对殡葬发展过程有科学的诠释和理解，方能为推进殡葬文明进程、为中国殡葬改革做出应有的贡献，所以这也是一项很困难的研究工作。

本卷所论及的时段为史前时代和先秦时代两大阶段。史前时代是指尚没有文字、没有当代文献记载的历史阶段，是以人类出现为始。但是在中国直到旧石器时代晚期才发现有意识安葬死者的实例，距今不足 2 万年的时间，而且也只有北京周口店山顶洞一例，直到进入新石器时代埋葬死者才逐渐普遍出现，所以史前时代殡葬主要还是对新石器时代的殡葬研究。先秦时代是指夏商周三代，依据夏商周断代工程的研究成果，划定夏王朝始建于公元前 2070 年，可为先秦时代的上限，其下限则为秦王朝建立之年，即公元前 221 年。至于史前时代与历史时代的分界点，是一个重大的研究课

---

① 大百科全书编委会《中国大百科全书·考古学》，第 665 页。
② 夏鼐：《关于考古学上文化定名问题》，《考古》1959 年第 4 期。

题，在史学界至今仍有不同见解，本卷对史前和先秦两个时代的年代分界以夏王朝建立为分界点，或可视为一家之说。

在这里需要说明的一点是，史前时代和先秦时代的时间跨度大，占据了中国殡葬史的绝大部分时间，而且史前和先秦是社会性质、殡葬习俗明显不同的两个阶段，在审稿时有专家建议把本卷分为史前和先秦部分两个分卷，这是很有见地的意见；本卷作者在接受写作任务时也曾提出过分为两卷本的想法。但鉴于课题组的统一规划，在写作过程中还是按一卷本的体例去组织材料进行写作的。另外，史前时代和先秦时代在殡葬理念和殡葬习俗方面也确实有许多相同、相近和承袭之处，两个阶段之间的发展、变化也是密切相关的，作为一卷本来写作也是一种编排方式。本卷最终还是采用了不再分卷，而是从章节架构上进行编排，有分有合，对本课题各卷的体例保持一致是有益的。

一　殡葬概述

（一）演变脉络

1. 从无葬到有葬的过渡

自从考古学者在欧洲旧石器时代中晚期的尼安德特文化遗址中发现了迄今所见最早的埋葬死者的遗存，在中国的北京周口店山顶洞人遗址发现埋葬死者的墓葬，被视为是在世界不同地区陆续开始了有意识安置死者的历史，完成了从无葬时代到安葬死者的历史性转变，从而也为殡葬史研究找到了源头，多人合葬、用土掩尸、有少量随葬品、使用赤铁矿粉等葬俗成为中国早期墓葬的基本表现，受到研究者的格外关注。

新生事物都有一个从无到有的转化过程，不可能毫无因由地突然出现，要有一个酝酿的阶段，墓葬的产生也是如此。如何知晓无文献的史前早期的酝酿过程，古代先哲作了尝试性探索。《孟子·滕文公》曰："盖上世尝有不葬其亲者，其亲死，则举而委之于壑"，这虽然是后人对"上世"不葬其亲的谴责批评之语，但也符合无葬时代的实际。该篇文献又继续说："他日过之，狐狸食之，蝇蚋姑嘬之，其颡有泚，睨而不视，夫泚也，非为人泚，中心达于面目，盖归反虆梩而掩之。"这段文字极为生动，是说日后路过此处，见亲人尸体被禽兽啃食，爬满蝇蛆，面部血肉模糊，惨不忍睹，让人不敢正视，实在于心不忍，于是拿来工具重新掩埋，活灵活现地把一个不葬其亲者的转变过程跃然纸上。如何掩埋死者，应有何礼俗，后世文人也有臆想之词，

《周礼·系辞下》篇说："古之葬者，厚衣之以薪，葬之中野，不封不树，丧期无数"，是说远古之时，安葬死者，是用柴草裹尸，葬于野外，不起坟丘，不立标志，无固定丧期，同样也是推测之词。但此类说辞的可取之处，在于可以使研究者把远古时代对死者从"委之于壑"到"厚衣之以薪"这些后人无法见到的置尸方式，与山顶洞人之时，在居住的洞穴用土掩埋死者的现象相结合，从而勾勒出从酝酿阶段到规范意义墓葬的出现的合理过渡。

2. 从简单到复杂的变化

史前时代的墓葬面貌，属于旧石器时代晚期的，仅发现山顶洞一个实例，此后有数千年的空缺，尚无在时间上直接沿袭的墓葬资料。直到进入新石器时代，墓葬资料才逐渐丰富，为研究和梳理殡葬发展脉络奠定了基础。考古工作者在江西、广西、广东和北京等地区发现了数处距今1万年左右的墓葬地点。① 其面貌特点与山顶洞的发现有相似之处，基本反映出早期阶段的特点。想必从山顶洞到新石器时代早期，都是延续了在居住址就地掩埋死者这一习俗。

距今大约9000年前，墓葬和墓地的发现逐渐增多。例如主要分布于河南的裴李岗文化，在已发现的70~80处地点中，经过发掘的10余处，都发现这个时期的墓葬，特别是在舞阳贾湖遗址，属于裴李岗文化的墓葬就有445座，其他地点也有上百座或数十座墓葬被发现。② 距今7000~4000年，各地的考古学文化发展序列框架已基本清楚，在调查和发掘中，都有相当丰富的墓葬资料，例如在山西襄汾陶寺的龙山文化墓地就发现墓葬千余座。③

综观新石器时代的墓葬，仅从墓室结构方面，其演变脉络也表现得十分清楚。首先是从无穴到有穴的变化，从年代更早的山顶洞到广西、广东、北京所见的新石器时代初期的墓葬，多在居室或近旁就地堆土掩埋，或仅挖出极浅的小坑穴放入死者；到相当于裴李岗文化时期，不仅发现的有穴墓葬数量明显增多，而且墓穴有明显的加深加大的趋势；到仰韶文化、大汶口文化时期，随着葬具的使用，墓室空间进一步扩大，整个墓室可以分割成棺（椁）室空间和其上填土掩埋的空间；发展到龙山文化时代，人类社会组织的分化导致墓葬礼仪的变化，大型墓葬在各地都有发现，这一变化

---

① 江西省文管会：《江西万年大源仙人洞遗址的试掘》，《考古学报》1963年第1期；莫稚：《广东南路地区新石器时代遗址》，《考古》1961年第11期；广西壮族自治区文物工作队：《广西桂林甑皮岩洞穴遗址的试掘》，《考古》1976年第3期；周国兴等：《北京东胡林村的新石器时代墓葬》，《考古》1972年第6期。
② 河南省文物考古研究所：《舞阳贾湖》，科学出版社，1999年。
③ 中国社会科学院考古研究所：《山西襄汾县陶寺遗址发掘简报》，《考古》1980年第1期、1983年第1期。

规律非常明显。例如山东地区，在济南章丘的小荆山遗址发现相当于裴李岗文化年代的后李文化墓地，其墓室一般长不及 2 米，宽仅 30～40 厘米，发现时的保存深度多在 30 厘米或更浅（这也有后世破坏的因素），而山东龙山文化的大墓，如在山东临朐西朱封，① 泗水尹家城的大型墓，② 墓室长 5 米，宽 4 米以上，保存深度也在 1.2～1.5 米，两者相比，面积相差 30 多倍。

在墓葬形制结构方面，由简单到复杂的变化更为明显。从仅有狭小浅穴，逐渐出现壁龛（在墓壁处挖出一个或数个小龛）、洞室（在竖穴墓的一端或一侧再掏挖出放置死者尸体的洞穴）、墓道（在主墓室一侧挖出通向墓室的通道）、生土或熟土二层台（多为有棺或椁的墓葬，在墓室底部四周的土台）。这些现象的陆续出现，使墓葬的形制、结构更为复杂，有的则表现为地域或时代特点。

伴随着上述内容的变化，随葬品逐渐复杂化则体现了更多的内涵。早期墓葬内往往只用简单的装饰品或几件生产工具随葬，是一种象征性的表示。然而随着时代的发展，随葬品的类别和数量逐渐丰富齐全，而且当时社会最贵重的物品也集中在墓内。在墓内放什么、放多少、放置在什么位置，都有特定的含义，都是当时丧葬礼俗的反映。根据不同的时段，不同的地区使用随葬品的情况，对探索新石器时代各发展阶段的思想、文化、经济、社会关系都是重要的实物资料。

到夏商周时期，墓葬的复杂化程度又随社会的变化更加复杂，在新石器时代晚期的基础上向规范化、制度化演变。例如墓穴的大小和深浅，虽然现在还不能用具体数字来表示其差别，但墓间规模大小、墓穴深浅反映的等级差别是明显的。在墓葬的形制上的演进，反映最清楚的是有无墓道及墓道的数量。从新石器时代晚期开始出现短墓道，也只是在局部地区和部分墓葬中存在，主要是为下葬方便。而到夏商周时代，有墓道的墓分别有一条、两条和四条，而且墓道加宽、加长，长度从几米到几十米不等，有的呈斜坡型通向墓室，有的修成台阶状，可以拾阶而下，有的二者兼用；而且墓道也成为放置随葬品、殉人殉牲的地方，随葬品有的埋入填土中，有的在墓道底挖坑放置。在随葬品的放置上，夏商周时代也更加复杂和多样。在新石器时代的墓中，随葬品主要放置在死者周围或身上，当有棺、椁葬具后，则有了在棺内、棺椁之间、二层台上来放置不同的随葬品。而夏商周时代，则出现腰坑内有殉人、殉牲或放置随

---

① 中国社会科学院考古所：《山东临朐西朱封龙山文化墓葬》，《考古》1990 年第 7 期；山东省文物考古研究所：《临朐县西朱封龙山文化重椁墓的清理》，《海岱考古》第 1 辑，山东大学出版社，1989。

② 山东大学考古专业教研室：《泗水尹家城》，文物出版社，1990。

葬品的情况；在墓室有头箱、脚箱、边箱分类放置随葬品更为多见，而且发展到除墓室内，还在墓室近旁挖建车坑、马坑或车马坑。夏商周时代的墓葬，从不封不树（即不设立标志），到出现墓上建筑，起封土立墓冢，种植不同品种的树木，到用围墙、壕沟建立单独的陵园，都是复杂化进程中的主要表现。

当然各种墓葬因素（现象）在发展过程中，并非出现了一种新因素、有了新的发展，原来的表现形式就消失了，而是伴随着新因素继续存在。例如墓室规模逐渐扩大后，狭小的墓室依旧存在。有了形制复杂的墓葬，最简单的墓室仍然流行。随葬品丰富的墓葬与只有数件随葬品甚至是一无所有的墓葬并存于同一墓地。变与不变是相对的，变化发展是社会进步的表现，是社会复杂化的反映。

3. 从单一到多样的递进

史前和先秦时代的殡葬，经历了从单一到多样的发展变化。首先从葬法来说，自从殡葬现象产生，直到新石器时代早期，都是在居室（洞穴）或居室口（洞穴口）掩埋死者，延续为后来普遍在墓地挖墓穴安置死者。这类埋葬方式，充分体现了当时人们"众生必死，死必归土，此谓之魄。骨肉毙于下阴为纾土，其所发扬于上为昭明"（《周礼》）、"魂气归于天，形魄归于地"（《礼记》）的死亡观和灵魂观。而到新石器时代中晚期，除土葬外又出现了火葬法。火葬也有不同的葬法，除架尸焚烧，还有在葬穴中先火化再就地埋葬，架尸焚烧后也有把骨灰放入容器再行埋葬，这实际上还是火葬与土葬相结合的葬俗；火葬法到夏商周时代不仅仍然在东北、西北的部分地区流行，而且除用土掩埋火葬残余外，还有用石块、石板掩盖，火葬成为土葬外的另一种葬法。另外，悬崖葬是自商代开始出现的另一种葬法，这是一种有大面积山体断崖又临江河地区环境下出现的葬法，多是利用在崖壁上的洞穴、台阶、夹缝，有的是在壁面上凿孔打桩、放置木棺的葬法。除中国江南地区外，在印度支那半岛、印度尼西亚、菲律宾等地都有存在，流行的时代也很长。在我国从商代始见，延续到明清，所以这不是古代某一民族的葬俗，而是地域性殡葬方式。究其思想根源，也还是灵魂永存的观念，即希望死者的灵魂早日升天，并能居高临下福祐后代的原始宗教思想。

这种从单一到多样的递进，在史前和先秦时期殡葬中还有诸多体现。例如在随葬品的功能方面，从最初使用随葬品一直到新石器时代的早期，虽然随葬品的种类有生产工具、生活用具（包括装饰品），但都是当时人们日常使用的物品。而到新石器时代中晚期则开始出现为死者随葬的明器（这里所指的明器是指专门为死者作随葬品的器皿），而且礼仪性器皿（如玉琮、高柄杯、彩绘陶）也多用于随葬，使随葬品包括了更多的文化内涵。

4. 从平等向分化的变化

从研究的角度，观察某一历史阶段人们之间的相互关系，分析同一时段、同一区域的墓葬是一个重要方面。在史前和先秦时代，墓葬资料对人们之间由平等向分化再到对立的变化有直观的反映。旧石器时代晚期的墓葬发现较少，没有可对比的资料。而到新石器时代初期，大约距今12000～9000年的墓葬，与旧石器时代晚期的葬俗基本一致，多是就地掩盖"使人不得见"为目的，随葬品或有或无，都是简单的日常使用器，从中既看不出埋葬习俗有何不同，更看不到死者之间有何差别，完全是一种平等关系的体现。到距今9000～6000年，墓葬资料已经比较丰富，公共墓地已普遍存在。虽然在不同时段或不同地域，在殡葬习俗方面已有许多不同，但在同一个墓地，甚至同一个考古学文化区，各墓葬间的共性非常突出，例如习惯使用单人葬的墓地，各墓葬的规模大小、深浅、使用随葬品的数量、种类大致是相同的。即使有的墓葬稍显优越，也往往是因为死者或年龄大或少年早亡，但也只是表现为随葬品数量稍多，基本不见有特殊随葬品，这是"威望"或"呵护"的表现，并没有人们之间尊贵与卑贱的划分。然而在新石器时代中晚期，伴随着社会的变化，人们的相互关系由平等而出现分化。部落领袖的"威望"逐渐变为权力，由此引起公共墓地中各墓间的差别明显，这种差别到夏商周时代更为突出，统治与被统治的关系在埋葬中赤裸裸地反映出来。这种由平等到分化，由分化到对立的社会关系，成为殡葬礼仪发展中殡葬演变脉络中的一条主线。

（二）基本表现

1. 以土葬为主流的埋葬方式

在"入土为安"及"众生必死，死必归土"观念的影响下，自从殡葬产生，就使用土葬法埋葬死者。旧石器时代晚期山顶洞的殡葬开其先河，到新石器早期仍沿用这种葬法，在广西、广东及北京地区所发现的距今1万年左右的墓葬都是土葬墓。在此后的史前、先秦时代乃至整个中国殡葬发展历程中，以土掩尸是最主要的殡葬方式，是中国殡葬文化的主流葬法。在漫长的史前和先秦时代，土葬也有不同的表现方式，有的是受地域影响，有的是时代的特点。

首先是无穴掩尸和有穴埋葬。自从出现有意识安置死者，就是在居室或居室近旁直接用土掩埋死者，是殡葬的原始形态，而且这种方式延续的时间很长，特别是在长江流域表现得更为突出，例如新石器时代的马家浜文化、河姆渡文化、崧泽文化、良渚文化、屈家岭文化遗址中，都普遍发现这种无穴墓葬；进入到夏商周时代，这种葬法也比较常见，例如两周时期在江苏、浙江、安徽等地发现的土墩墓，就是无穴墓的新形式。有穴墓葬是在坑穴中埋葬死者，这种坑穴有的是专门为死者挖建的墓穴，有的则是利用居室（多为地穴式房址）埋葬死者，很显然有穴墓是受当时人们居住地穴式房舍的启发而出现的土葬新方式。最具说服力的是在内蒙古兴隆洼文化遗址发现的距今约8000年的居室葬，在这里发现的30余座半地穴式房址中都埋葬着死者。①而在人们居住的村落附近挖墓穴埋葬死者，并形成集中的氏族公共墓地，正是这种居室葬影响的产物，而且这种依血缘关系维系的墓地得以长期的延续和发展。

另外是用土直接掩尸和用葬具敛尸再行填埋的区别。在安置死者时，不管是无穴掩尸还是在墓穴内掩埋死者，早期都是用土直接掩埋。直到距今7000~6000年，陆续出现使用葬具的习俗。葬具有陶质的，被称为瓮棺葬，主要是埋葬夭折的儿童；另一种是木质的，用木板做成木匣状的称为木棺，用木料（方木）垒成的木框称木椁。经考古所见，最早的木棺发现于距今6000年左右的仰韶文化半坡遗址中，在152号墓的墓壁四周有木板灰痕，被认为是最早的木棺；②在大汶口文化墓地，发现了木椁的痕迹。③而到新石器时代晚期的龙山文化时代，在许多地点都有木质棺、椁，有的还椁内套棺。有无葬具最大的区别是死者的遗体（或残余）是否直接埋在土中，有葬具的则意味给死者一个空间，犹如在人世间那样。所以有文献解释棺是床，椁是房。到夏商周时代，有无葬具（主要指木质棺椁）以及层数的多少，不仅是死者（家族）富有程度的象征，而且还是等级高低的体现。

随着时代的发展，土葬墓的结构形式也在不断变化中，例如土坑墓从最简单的竖穴墓陆续出现洞室、壁龛、腰坑、墓道及墓上建筑。其中洞室墓有的是利用窑洞式房址安葬死者，有的是在竖穴坑一侧挖出侧洞，放入死者后把洞口用木料封堵，再填土掩埋。挖建墓道原本是为下葬方便，而到夏商周时代则出现一条、二条和四条墓道的墓，都是规格较高的墓葬，墓道条数的多少也成为殡葬等级制度的一种象征。墓上建筑也成为享堂，是为墓祭而建造的。

土葬是此时埋葬礼俗的一种最主要的殡葬方法。在史前和先秦时代，虽然还有火葬法和悬崖葬，但数量最多、流行面积最广、延续时间最长的还是土葬，而且土葬

---

① 内蒙古文物考古研究所：《内蒙古文物考古文集》，中国大百科全书出版社，1994。
② 中国科学院考古研究所、陕西省西安半坡博物馆：《西安半坡：原始氏族公社聚落遗址》，文物出版社，1963。
③ 山东省文物管理处等编《大汶口：新石器时代墓葬发掘报告》，文物出版社，1974。

法在流传过程中变化最多，是殡葬文化中影响最大的埋葬形式。史前和先秦时期的火葬，也往往是与土葬相结合的殡葬方式，或者是把火葬后的骨灰盛入骨灰罐中埋葬，或者是在竖穴坑中进行火化后再填土掩埋，与土葬的关系也是密切相关。实行悬崖葬的地区，也是一部分人使用悬崖葬方式，其他人还是使用土葬。

2. 根深蒂固的墓地安葬习俗

"生相近，死相迫"，是古代人固有的观念，而且流传久远，在史前和先秦时代，都延续着这一传统的习俗。在氏族社会，氏族是社会的基本单位，是人们进行生产活动和日常生活的基础。从利用天然洞穴为居所，到建造原始村落，都是"生相近"。当殡葬产生之后，同一氏族的死者，或在洞穴或在村落近旁进行安葬，即所谓"死相迫"。这种同族集中安葬死者的葬俗，是中国殡葬史的主要表现，也是重要内容。

从氏族社会产生到繁荣时期，由于中国的地域辽阔，各地的自然环境有很大差别，对生产力水平尚不发达的氏族集团有着直接的影响，造成了各地、各氏族集团的生活、生产方式多有不同，但由于都有"生相近，死相迫"的共同理念，所以在殡葬礼俗方面有基本的共性。首先表现在原始村落近旁有属于自己氏族的公共墓地，在公共墓地集中安置本氏族的死者，是这一时期最突出的殡葬表现。凡经过科学调查和发掘的地点，往往都发现有独立的墓葬区，少则几座、十几座、几十座，多则数百甚至上千座墓集中在一起。今天之所以称这类墓葬（墓地）为氏族公共墓地，是因为它们具有氏族组织的基本要素和条件。例如在西安半坡发现的250余座仰韶文化早期墓葬，除儿童瓮棺葬外，170座成人墓不仅集中在一起，而且排列整齐；① 在山东王因发现的大汶口文化早期墓葬800余座，也是在墓地中成排分布；② 最为典型的是在陕西华县元君庙墓地发现的57座仰韶文化墓地，其中有45座分为六排整齐排列，经研究认为前三排为一组，按埋葬早晚顺序排列；后三排为一组，也按时代顺序排列，而且这两组在时间上基本上是同步的，说明是两个组织体，共同使用这片墓地，各有区域，各自安排，是有意识刻意而为的结果。③ 另外在同一墓地或墓地中某一集中区，在埋葬方向、葬式等方面也有一致性，如同方向为主，其他方向极少；或者以集体合葬为主，或者以单人葬为主，这都说明死者所在的氏族所遵循着本氏族传统的信仰，也是"死相迫"的殡葬表现。

---

① 中国科学院考古研究所、陕西省西安半坡博物馆：《西安半坡：原始氏族公社聚落遗址》，文物出版社，1963。
② 中国社会科学院考古研究所：《山东兖州王因新石器时代遗址发掘简报》，《考古》1979年第1期。
③ 北京大学历史系考古教研室：《元君庙仰韶墓地》，文物出版社，1983。

在社会发展中，由于生产力水平的提高，以氏族为单位的社会组织在逐渐改变，特别是随着私有观念的产生及私有财产的出现，人们之间以平等为主的社会关系也出现分化，这种变化在墓葬中都有清楚的反映。考古发现的墓葬资料中，大约在距今5500～4000年，体现富者与贫穷者差别的墓葬，即大型墓、中型墓、小型墓越来越普遍，反映了新阶段的社会特点。其表现一方面是男性在墓葬中的优势位置，在大汶口文化晚期、仰韶文化晚期，成年男女的合葬墓（一男一女或一男二女）屡有发现。其共同特点是男左女右，或女子在左右两侧，有葬具的男子在棺内，女子在棺外，随葬品也多在男子身边，说明这时男子在家庭（家族）中已占主导地位。另一方面是随社会分化而产生的贫富不均在墓地（墓葬）中有所表现，这在龙山文化时代诸文化中反映得非常清楚。最典型的实例是山西襄汾陶寺龙山文化的墓地资料，在这里发现的千余座墓葬的墓地，明显有分区、分组的现象，而且墓葬间也多有"打破"关系。研究者把这批墓葬分为大型、中型和小型三大类，其数量比例大致为1∶9∶90，而墓中随葬品的比例则成反比，而且该墓地所出的精致的、带有礼仪性质的物品几乎都在占比例很少的大型墓中，社会分化的痕迹清楚无误地反映出来。① 又如在山东临朐发现的龙山文化大墓、在泗水尹家城发现的大型墓，在同时代的其他墓葬中都是罕见的。② 然而这些明显的变化还没有完全冲破氏族公共墓地的传统葬俗，如同一墓地（或墓地中的一个片、区）的墓葬，其方向、葬式等反映共同信仰的习俗仍然遵循。有的墓地在排列分布方面仍保存了早期习俗，例如河南陕县庙底沟龙山文化墓地发现的145座墓仍然是"排列整齐"的。③ 这说明在社会变革中，其过渡时期甚至新制度产生之初，传统习俗与新因素也处于"交接"的状态。

　　夏商周时的殡葬礼俗方面，虽然承袭了史前社会以血缘关系为基础的墓葬制度，但这时的墓葬内涵却发生了深刻的变化，社会的政治导向不仅直接影响人世间，同样也影响和改变了殡葬礼俗。新石器时代晚期墓葬制度中的"变化"因素得以继续发展，而传统因素进一步"淡化"，新时代的殡葬礼俗在新的环境中逐渐成形并不断完善。夏商周时代的宗族与族权、国家与政权、宗教与神权相交融，世袭继承制的核心是保证权力不旁落，这对掌权者所属的宗族显得格外重要，把传统的血缘关系的观念与政权世袭制结合在一起，成为掌权集团的优势条件。然而以阶级分野，与氏族社会

---

① 中国社会科学院考古研究所：《1978～1980年山西襄汾陶寺墓地发掘简报》，《考古》1983年第1期。
② 山东大学考古专业教研室：《泗水尹家城》，文物出版社，1990。
③ 中国社会科学院考古研究所：《庙底沟与三里桥》，文物出版社，2011。

以平等关系相处毕竟是两种社会形态，阶级对抗是社会关系的基本现实，在殡葬礼俗方面，适应这种社会现实的表现是原来的氏族公共墓制演变为族坟墓制度。

夏代时期的墓葬发现较少，特别是大片的墓地尚无发现，进行系统研究的条件尚显不足。但仅就已发现的墓葬，偃师二里头遗址所发现的夏时期墓葬，已经有了比较清楚的阶级对立的体现。[①]商代时期的墓葬和墓地资料比较丰富，族坟墓制度在这时已见端倪，最具代表性的是安阳西北冈晚商王陵墓地，显然是公墓地的规制和布局。殷墟西区大片墓地则是邦墓地的集中表现，考古工作者对发现的2000座墓葬发掘了近千座，整个墓地分为多个小区，各区之间有一定空隙为间隔；各区或各群的墓葬数量不同，除少数墓有一条墓道外，其他多为小型墓；同一墓区或墓群多有"打破"关系，在葬式、方向等方面存在明显的不同，显然是多个族团共有的墓地，说明各小区、小群是"各依其族埋葬死者"，符合"万民之墓"的邦墓性质。

从西周初年，周王室实行分封制，分封大小诸侯，遍布全国各地。"天子建国，诸侯立家，卿置侧室，大夫有贰宗，士有隶子弟"（《左传·桓公二年》），从天子、诸侯及以下各级官吏，各有管辖领地，也有埋葬之所，天子、国君有国家指定并由专人管理的公墓地，其他各级官吏及家族也有国家划拨也是专人管理的邦墓地。在目前考古所发现两周时期各诸侯国封地，既有属诸侯级别的公墓地，以山西曲沃晋侯墓地为典型代表，其他如在北京房山、浚县辛村等地都发现各属国国君（及家族）的公墓地。也发现级别在国君之下的各级贵族（及家族）至平民的"万民之墓"，即邦墓地。不同规格的墓地，从清理时发现的墓室规模、墓道的有无及墓道数量、棺椁层数、用器规格及出土器物的内证（主要是青铜铭文），分别说明了墓葬的级别和墓地的属性，也佐证了文献所载族坟墓分别有公墓和邦墓的客观事实。

列国争霸、礼崩乐坏，成为东周特别是战国时期的社会变革的主要表现，反映在墓地制度中，则是从公墓地中"脱颖而出"了陵园，邦墓地中更突出了家族墓地，成为族坟墓制度的最新体现。在陕西雍城的秦公陵、河北平山的中山国王陵所出现的陵园，成为陵园制的先声。

3. 从简朴的安葬习俗到厚葬隆丧的殡葬表现

"葬者，藏也者，欲使人不得见也"，"死而弃之沟壑，人之情所不忍也，故有葬死之义"。为了使被弃的亲人尸体免遭禽兽噬食而面目全非，就开始有意识地安葬死

---

① 中国社会科学院考古研究所编著《二里头（1999～2006）》，文物出版社，2014。

者，这是从朴实的亲情观产生殡葬现象的主要原因。但是随着社会的发展，社会的复杂化带动了人们思想观念的复杂化，朴实无华地安置死者的习俗，逐渐发展为既为安葬死者，也为生者需要的殡葬礼俗，甚至成为完全为了生者的殡葬行为。这一殡葬现实，贯穿在先秦殡葬发展过程中。

从殡葬产生到新石器时代前期，氏族集团还处于要"相依为命"的时代，殡葬完全是一种朴实、真诚、量力而行的丧葬表现，从最初在居住的洞穴就地掩埋，到后来逐渐挖墓穴埋葬死者，所挖的墓穴只因是合葬或单人葬而有大小之不同，而绝无为显示、为奢华之意；为死者在墓中放置随葬品，也是依当时的生活实际，为达到慰藉死者、满足灵魂不死的原始信仰，把实用的生产工具和生活用具提供给死者，达到让不死的灵魂能福祐生者的朴素感情。所以在距今约7000年之前的早期墓中，同一墓地不仅埋葬习俗以共性为主，而且简朴也是一个显著特征。例如在河南新郑裴李岗遗址发现的裴李岗文化墓地中，清理出墓葬114座，除合葬墓面积稍大外，单人葬面积大都比较接近；有随葬品的墓中，有陶器的102座，有石器的58座。特别值得注意的是，随葬的陶器主要有壶、罐、钵以及少量的碗、鼎、豆、盘，都是当时的日常用器；随葬的石器中主要是磨盘和磨棒，另外还有石铲、镰、斧等，也是日常使用的加工工具和生产工具；在随葬品数量上，除去合葬墓的因素外，墓中没有显著的差异[1]。另外在山东章丘小荆山发现的后李文化墓地，发掘时仅存的12座单人墓中，几乎全都没有随葬品，说明在生产力水平较低的时代，虽然无力提供随葬品，但是只要按当时的习俗，在居住村落近旁的氏族公共墓地上，按传统信仰统一埋葬方向（东偏南），采用仰身直肢的葬式，恭敬、虔诚地让死者入土为安，也是很正常的现象。[2]

然而当社会生产力水平有一定提高时，平等和谐的社会关系就遭到破坏，显示富有或贫穷的差别在殡葬礼俗中开始出现，至少在距今5500年的新石器时代，这种差别在各地几乎同步出现。在考古发现的属于仰韶时代中晚期、龙山时代的诸文化墓地及墓葬中，墓葬间的差别已经背离了最初的殡葬理念，各地都出现了规模明显较大、规格明显较高的墓葬。多数墓地都可以划分出大型、中型和小型墓，远不单是"葬者藏也"，也不限于"欲使人不得见"的初衷，而明显是财富和权势的显示。而且墓地的大型墓中，实用的生产工具普遍减少甚至不见了，日常使用的生活用品往往制作得更加精致，有些已经非日常生活化了。特别是礼仪性器物，如彩陶器、玉器等，则集

---

[1] 中国社会科学院考古所河南一队：《1979年裴李岗文化发掘报告》，《考古学报》1984年第1期。
[2] 章丘县博物馆：《山东章丘县小荆山遗址调查简报》，《考古》1994年第6期。

中埋藏于大型墓中，在中型墓中则比较少见或数量很少，小型墓中基本不见。从宏观的视角观察，这一时期的墓地，大型墓犹如"鹤立鸡群"，这类墓葬一经发现，人们能立即联想到墓中的死者在当时不同一般的社会地位。

夏商周时代，不仅统治者拥有至高无上的权威，被统治者一无所有的境地，在殡葬实践中得以全面反映，而且统治集团内部各等级之间的"标准"、"规格"也在殡葬礼俗中有充分的体现。文献所记载的等级规范在实际发掘中一一得到印证。复杂化的社会关系在墓葬中直接或间接地反映出来，在墓室规模、形制结构、使用葬具、用器制度等方面都有严格的规定。如在商周时期盛行的人殉与人祭现象，在当时社会的思想观念、殡葬礼俗中，以帝王、国君为主要代表的贵族死亡后，其近臣、侍者或妻妾为其"上司"殉葬，是一种正常的殡葬现象，甚至可理解为是自愿的，但年富力强又有优越生活条件的被殉者，其内心的复杂与无奈也只有其本人知道；而被作为牺牲的人祭者，或被残杀或被捆绑活埋，其愤怒与无助是可想而知的。一座高级贵族墓内，放置数千上万件物品，仅从为了满足到另一个世界享用去解释是远远不够的，社会制度及殡葬思想才是其根源。

二 殡葬资料与研究现状

（一）殡葬资料及其特点

1. 殡葬资料的范围与基本内涵

历史的车轮碾压之后，印迹逐渐模糊，古代社会的光辉在耀眼之后也渐渐淡化。如何把历史的本来面貌再现于今天，怎样把古代社会的殡葬礼俗、丧葬观念客观地梳理出来，是古代殡葬史研究的首要任务。研究中国殡葬发展史，探讨殡葬文化，很重要的一项基础工作就是积累和收集资料，吸收前人的研究成果，站在新的起点，有所建树。简单说来，要收集和参考的资料来源，可以归纳为以下三个主要方面。

第一是古代文献中记载的有关史料。中国的史籍素有浩如烟海之称，年代最早并已可释读的商周时期的甲骨文是第一手资料。有学者统计，商代甲骨文中，有关人祭的卜辞近2000条，累计用人祭14000余人，这些仅与商王有关的部分史料已揭示出商代晚期人祭制度的盛行。[①]甲骨文中记载的这一现象得到了在安阳殷墟王陵区祭祀场遗址考古发掘的印证。在甲骨文中所见人祭的方法有"伐祭"、"陷祭"、"燎祭"

---

① 胡厚宣：《中国奴隶社会的人殉与人祭》，《文物》1974年第8期。

等十多种。①而传世的先秦文献包括先秦之后的文献对史前、先秦时代有关殡葬的追述，如"盖上世尝有不葬其亲者，其亲死，举而委之于壑"（《孟子·滕文公》）；有早期社会殡葬观念的叙述，如"众生必死，死必归土"，以及"三年之丧"、厚葬与薄葬等；更多的则是对两周时代等级制度在殡葬方面的规范，如对使用棺、椁层数的规定，使用乐器的规定，使用青铜鼎的规定等，为后人的殡葬研究奠定了早期文献的依据。

第二是考古发现的殡葬实物资料。1900年前后，就有外国人来中国进行考古调查，间或也进行小规模的发掘，并陆续有不少重要的发现，由此启发中国学者除以文献史料研究历史外，也重视用田野考古的方法获取实物资料，丰富了中国自北宋以来金石学者以传世铭文器物为对象的研究道路。田野考古在中国陆续展开，例如1921年在河南渑池仰韶村的发掘、1926年在山西夏县西阴村的发掘、1928年至1937年在河南安阳的连续发掘，以及在山东章丘龙山城、日照两城的调查和发掘，都是史前和先秦时代考古的重要地点，也分别取得了重大收获，开启了中国历史研究的新纪元。自此，中国考古学取得的成就引起全球瞩目，许多埋葬死者的遗存在考古学家的手铲下被揭示出来，经百年之积累，史前、先秦殡葬资料越来越丰富，极大地弥补了文献资料的不足，这在中国殡葬史研究中显得尤为突出和重要。

考古发现的史前和先秦时代的殡葬实物资料非常丰富，除旧石器时代晚期有个别发现外，进入新石器时代乃至整个夏商周时代，每个时间段都有大量的殡葬实物资料。例如在新石器时代各考古学文化中，多有与遗址相邻的氏族公共墓地，反映出新石器时代各发展阶段或不同地域的丧葬特征；在夏商周时代，除夏代墓葬相对较少外，其他各时期的殡葬发现都很丰富。

第三是前人研究成果。学术无止境，研究无终点，历史是古代人在长时间内造就的，今天要总结历史经验，复原历史的本来面貌，也要随着学术研究的不断深入，认真吸收前人的研究成果，并以之作为新的起点。对先秦殡葬史的研究，习惯认为主要在历史学、考古学等学科门类中。随着学术研究的深入，涉及殡葬观念及殡葬表现的研究已经大大拓宽，体质人类学、社会学、医学、艺术学等学科研究中，往往也都论及殡葬史的问题，这些学科中，凡与殡葬有关的研究成果都对今天的研究有一定的指导和参考价值，充分吸收最新研究成果，拥有更高更宽的视野，才能使殡葬史研究不断取得新成果。

---

① 孟鸥：《从卜辞看商代的人祭之法》，《青岛大学师范学院学报》2000年第1期。

2. 殡葬资料的学科特点

从宏观角度来说，殡葬文化和殡葬发展史研究，属人文科学的范畴。而为达到这一目的所采用的研究手段和方法，则涉及包括自然科学在内的多个学科领域。对古代文献中有关的殡葬资料的梳理和释读，是以文献史料为主要研究对象的历史学的任务；通过考古调查去发现、考古发掘去清理揭露各时代的墓葬是考古学的重要任务，这两者是取得殡葬资料的基本手段和主要方法。然而要对这些文献史料和实物资料进行更深入的分析研究，揭示其内涵和特点，则涉及更多的学科。例如对发掘的墓葬资料的年代判断，除考古学的传统方法外，还要利用现代测年的技术方法，这就需要物理学、化学等学科的知识；要对发现的死者遗体（或遗体残余）做进一步的分析，如性别、年龄、死因、体质特征等方面信息，就需要体质人类学的专业知识；要复原墓葬形成时代的自然环境，就要对与墓葬有直接关系的土壤进行采样分析，对并存的动物、植物标本进行微观观察和比较鉴定，这又涉及环境学、古生物学、土壤学的内容。另外，在对殡葬资料的研究中，例如要对某一研究对象（如地域的、时段的）的研究方法中，量化统计和量化比较是非常直接和明显的研究方法，在目前许多墓葬个案研究中使用，都需用统计学的方法；又如对墓葬随葬品的研究中，由于墓中的随葬品多可以修复完整，而且有些又是在当时很有代表性和典型性物品，分析其制作工艺有多方面的研究意义，这又需要如金属类、陶瓷类、玉石类、漆木类等多种专门的制作工艺的知识。由此来看，对殡葬资料的研究是需要多学科参与及合作才可进行的。

（二）研究现状

经过多年的探索，史前和先秦时代殡葬史研究已经取得了一系列的重要成果，主要表现在以下几个方面。

1. 构建史前、先秦殡葬史基本框架

从在山顶洞遗址发现最早安葬死者到秦王朝建立，在这一漫长的历程中，除旧石器时代晚期殡葬发现较少外（这其中有考古发现的因素），整个新石器时代和夏商周时代都有大量安葬死者的遗存被发现，成为该时代文化的重要组成部分。中国著名考古学家苏秉琦先生最重大的学术贡献之一，就是提出了"区系类型"学说，他把中国古代文化（主要指史前和先秦时代）划分为六个区块，即以关中（陕西）、晋南、豫西为中心的中原地区，以山东地区为中心的东方地区，以环太湖为中心的东南部地区，以鄱阳湖–珠江三角洲一线为中轴的南方地区，以洞庭湖与四川盆地为中心的西南部地区,以燕山南北长城为中心的北方地区^①。这一观点是以大量的考古发现成果为基础提出的,而且其中殡葬资料也占有重要作用,并在中国史学界都有重大影响,这一"区块"学说首先是对中国古代文化"横"向的划分,每个区块中又有若干个考古学文化为"纵"向发展。例如以山东为中心的东方区块,在旧石器时代有沂源、新泰、日照等地的旧石器文化地点,新石器时代有扁扁洞文化、后李文化、北辛文化、大汶口文化和山东龙山文化前后相连接,进入到夏商周时代则有岳石文化、商文化以及齐、鲁、莒、滕、莱等周代诸国文化,其他各区块也同样有本地区的文化发展序列,由此形成了中国史前至先秦时代的古文化框架。在这个框架体系中,既有当时人们生活、生产的活人世界的丰富资料,也有安葬死者"天国"的丰富遗存。纵观对这一时期的研究成果,不仅各区块横向关系已很明确,而且纵向发展也很清楚,尤其是"死者世界"的发展变化脉络,其框架体系已经建立起来。

2. 理清史前和先秦殡葬的面貌特征

在多年发现和研究的基础上,同一时期各地区的殡葬文化因素,体现出丰富多样、绚丽多彩的特点,也被人们所认识。从安葬方式来说,有土葬、火葬、悬崖葬等不同葬法,是安葬死者的主要方法。即便使用同一葬法,除共性之外,也还有许多个性表现,例如使用悬崖葬的葬法,分别有在峭壁上、在峭壁上的天然洞穴内、在洞穴口放置死者棺木等不同葬法;同样是使用火葬法,有火化后是否将骨灰及残余再行埋葬或者在墓穴内进行火化的差别;使用范围最大的土葬法,更有诸多的不同和变化,其墓穴是直穴埋葬还是洞室埋葬,有无葬具及使用什么葬具,墓穴规模的大小、埋葬方向、葬式及随葬品等方面,都依时代或地域不同而表现出各自的特点,这些相同或不同、共性与个性为进一步研究殡葬礼俗奠定了基础。

3. 梳理殡葬表现与当时思想观念的关系

殡葬表现是当时人们思想观念的反映。在殡葬出现之前,"盖上世尝有不葬其亲者,其亲死,则举而委之于壑"(《孟子·滕文公》),这固然是后世的推测之言,但也符合远古时代不葬死者的实际。自从山顶洞人开始"葬其亲者"之后,各种殡葬表现都是在人们当时思想观念指导下的行为。根据对文献的记载和实际发现的研究,尽管殡葬有多种多样的表现,例如有的墓地有葬具,有的墓地没有葬具,有的是正常死亡后安葬,有的是为殉葬而作为牺牲,对此,学者们都结合当时的时代背景,以生产力

---

① 苏秉琦:《关于考古学文化的区系类型问题》,《文物》1981年第5期。

水平为基础,以当时的思想、习俗为前提,做出了符合历史面貌的科学解读。特别是史前时代血缘关系在殡葬中的纽带作用,进入历史时期随着人们社会地位、等级观念的产生和分化而产生的殡葬变化,成为今天理解殡葬表现的基础。

4. 殡葬研究著述丰富、硕果累累

殡葬研究是历史研究中的一个重要组成部分,长期以来受到学界和世人关注,在多年积累的基础上,可以说已取得累累硕果。研究成果主要表现在以下几个方面。首先是对早期文献中有关先秦殡葬资料的整理和研究,主要涉及哲学思想、宗教观念、殡葬礼俗等领域,这类成果集中体现在先秦史、先秦思想史的诸多专著和论文中。另外是对史前和先秦殡葬资料的考古发掘和研究,经考古学家梳理,把发掘对象的时代、表现和特点进行学科的规范和归纳总结,使我们对各时代的殡葬实物资料有了宏观的把握,这方面的研究成果集中见于考古学领域的书刊杂志中。在此基础上,针对殡葬文化的专题研究成果也非常丰富,尤其是近些年来更为集中,有的以时代为基础研究,如史前殡葬、夏商周墓葬的研究成果;也有综合性的研究,即丧葬史、殡葬史等成果。此外还要提及的是,近年来,宣传媒体的作用也是不可忽视的,像电台、报刊、电视等媒体,屡屡把重要发现形象生动地表现出来,这既是一种面向社会的宣传,同时也是对研究工作的推动。

三 殡葬研究方法

殡葬作为一种社会文化现象,人们社会生活的一项重要内容,对其发展过程的表现及规律的研究,越来越受到人们的关注和重视。在史前和先秦时代,由于文献资料的空白或不足等原因,与其他时代相比较,在研究方法上也有其自身的特点,即更多地依赖考古发现和考古学研究,随着考古事业的普及与深入,越来越多的地下墓葬被揭示出来。但如何将这些沉睡了数千年甚至上万年的殡葬资料恢复"活力",再现当年的原貌,还需要用科学的方法去解读和阐释。在殡葬文化研究中,从单纯的对文献资料的考证、解析,对偶尔发现的殡葬现象的介绍,到今天逐渐形成了一个科学的研究体系。

1. 墓葬年代判断法

在考古发掘中,准确判断墓葬的下葬时间是研究的基础和关键,尤其是对史前时代的墓葬,主要是依靠考古年代学的研究方法进行分析和判断,对夏商周时代的墓葬年代,还要重视内证资料的充分利用。概括起来主要有以下几个方面:用考古地层学和类型学判断相对年代的方法；用内证资料判断绝对年代的方法；用文献史料与考古实物资料相结合的研究方法；以及传统方法与现代技术手段相结合等研究方法。

考古地层学是指导发掘的方法论，是依据遗迹（如墓葬）在文化层中所在位置来断定相对年代的方法。例如在某个遗址中，开口第二层下的墓葬晚于开口第三层下的墓葬，如果开口于同一层的两座墓有相互打破的现象，则说明被破坏的要早于破坏它的墓葬，没有打破关系的可暂时视为同时，待发掘完成后再比较包括随葬品在内的其他因素，与其他的同类现象相比较来判断。相对年代可以解决哪些早、哪些晚、哪些是同时的年代顺序。所谓内证资料主要是历史时期的埋葬中，随葬有带文字特别是有纪年的物品，例如西周时期墓葬中有些青铜器上铸有铭文，有的标明是哪个周王时期制作的，或记录某个历史事件，都可作为判断绝对年代（即具体时间）的依据。文献史料与实物资料相结合的方法，是考古学断代研究的重要手段，例如，据文献记载，商代晚期"自盘庚迁殷，至纣之灭，二百五十三年，更不徙都"（《史记·殷本纪》正义引《竹书纪年》），说明盘庚至商纣王的都城在殷，而殷在河南安阳"洹水南岸"，具体位置即今安阳小屯村一带。虽然也有人认为这里是先商河亶甲的迁都地，但随着甲骨文从"龙骨"中被辨认出来，出土地点就在小屯，从而引发了1928到1937年的发掘，而且在这里发现的十几座晚商大墓，被认为是商王陵，成为文献记载与实际发现互相印证的典型实例。传统方法与现代技术手段相结合进行断代是考古学发展的趋势，传统方法注重考古地层学、考古类型学以及结合文献史料来断代，经过几十年的积累，对中国考古资料的研究已形成一个年代学框架体系，现代科学技术手段可以在此基础上对考古发掘提供的多种标本进行微观研究、年代测定，成为现代考古研究的新手段，例如收取木质葬具标本、死者骨骼采样进行测年，测出的年代数据可能会有修正值，但大致年代还是准确的。使用上述方法（包括不同方法的相互参照），绝大多数殡葬资料的年代都可以确定下来。

2. 墓葬与社会环境相结合的研究方法

殡葬是社会生活的缩影，不同时代创造出不同的文化，这在殡葬现象中同样表现得非常明显。例如在私有观念产生之前，血缘关系是维系社会存在的基础，人们之间基本维系平等关系，共同劳动、共同享用，血缘关系亲近的成员死亡后葬在一起，形成氏族公共墓地，同一墓地表现出基本平等的关系，也是这一时代的集中反映。随着私有观念产生、私有财产出现，人们的思想观念中，有了"你的"、"我的"之不同，我的财产归我所有，死后由自己的子女继承就成为理所应当、天经地义之事。在殡葬表现中就有了大墓与小墓之分、富墓与穷墓之别，虽然氏族公共墓地的形式还存在，但原来人们之间的平等关系已经改变，如良渚文化中被称为"玉敛葬"的大墓与仅能容身、一无所有的小墓就是生动的对比。进入到阶级社会，首先是统治者与被统治者的对立，尊贵者与贫贱者的差别在殡葬中明显表现出来。贵族成员死后，要有人为之殉葬，还要定时用人牲去祭祀；在统治集团中则用等级制度来维系，不同权位的人生活期间权力大小不同，所享有的待遇也不相同，死亡后的各种殡葬礼制也要与之相适应，这在夏商周时代几乎所有的贵族墓中都有清楚的反映。另一方面，各种葬俗既有时代因素，也有地域环境的制约，实行土葬的崇奉"入土为安"，实行悬崖葬的是希冀灵魂早日升天"登遐"。所以只有把各种殡葬现象回归到当时的时代、生存环境、思想信仰中，才能得到科学的解释。例如在土葬葬法中，我们看到死者的摆放姿势，有的仰身、有的侧身、有的俯身，有的直肢、有的屈肢，有的人用一次葬，有人是二次葬，都是各有道理的。在两周时期的贵族墓地，随葬用鼎之所以会有九鼎墓、七鼎墓、五鼎墓、三鼎墓、一鼎墓之不同，是因为其是死者身份的象征和标志。

3. 从个案到整体、从局部到全局的研究方法

在历史学研究中，仅一条史料被视为孤证，而有多条史料相互印证，则更具备说服力，大大提高了可信度。同样，每发现一个前所不知的殡葬表现，我们称为个案，如果同时代有了多个类似的表现，则被认为是一种时代（或地域）特点。例如在新石器时代晚期，最早发现成年异性二人或三人合葬时，也只被认为是前所未有的个别现象。但随着资料的积累，这种现象屡次出现，而且都是男左女右，男性为主，人们就将其概括为一种时代特点，并与当时的私有观念、私有财产、男性在社会生产中的作用以及男性社会地位的提高联系起来。又如在墓葬结构方面，有的有二层台，有的没有二层台，有的是生土二层台，有的是熟土二层台，这类差别往往与有无葬具、葬具的构筑方式有直接关系。例如只有一棺为葬具的，挖建墓室至接近墓底时，只需按棺室体积下挖，周围就形成生土二层台；而有木椁的墓，因为木椁是将加工好的木料在墓中垒砌而成的，为了垒砌方便并稳固，则需要一边垒砌，一边在外侧用土支撑加固，逐层加高，所以二层台也就是熟土（回填土）夯筑而成的。

在各种考古学研究方法中，最有说服力的是用统计学的方法。有了以统计学为基础的量化对比，其基本面貌、特征规律则清晰无误地显现出来。现在出版的考古学报告中，在文字介绍的基础上，往往都附有统计的表格，例如1997年出版的《大汶口续集——大汶口遗址第二、三次发掘报告》，就附有大汶口遗址墓葬一览表、大汶口

文化随葬陶器陶系与地层关系表、大汶口文化随葬石器质料鉴定表等多种表格，这些表格配合文字、图纸、照片全面反映出大汶口遗址、大汶口文化墓葬的全貌，成为继续研究的科学依据。这种研究方法，现已成为普遍和不可缺少的内容。2011年，由科学出版社出版的《商系墓葬研究》一书中附有各种统计表、一览表、对照表共28个。[①] 近期出版的大型考古报告《二里头（1999～2006）》中，除大量的线图、照片外，还有各类统计表格多达60个。[②] 从多个不同角度进行统计量化，由此得出一些只有通过量化才可发现的事实，所以这种研究方法，现已成为学界普遍使用的手段。

多学科综合性研究方法。进行殡葬研究，固然首先要以殡葬资料为依据，以考古学的手段和方法为基础，但是由于殡葬资料反映了人类社会多方面的内容，是诸多文化信息的交汇点，只有通过多学科的综合性研究，才能充分展示出殡葬资料的多元性内涵。例如殡葬与文化人类学研究方面，要阐释人类社会发展进程中的社会组织状况、婚姻形态的变化及产生变化的原因，各地区人们的生活、生产方式和特点，不同地区的文化、艺术表现，原始宗教信仰的物证，甚至包括古代居住点、聚落区的人口情况等方面的问题。从文化人类学视角进行的研究中，史前和先秦时代殡葬资料起着特别重要的支撑作用。史前时代的氏族公共墓地、先秦时代族坟墓墓地，反映了史前和先秦时代社会组织状况、人们之间相互关系的变化；墓葬中所揭示的多人合葬、成年异性二人（或三人）合葬、异穴并葬（异穴合葬），对了解不同社会阶段的婚姻形态提供了重要证据；各时代墓葬随葬品的种类、组合、放置位置，不仅说明了当时的葬俗，而且为当时人们的社会生产、生活状况的研究，都提供了丰富的实物资料。多年来，考古学家、文化人类学家利用殡葬资料进行了大量的、多角度的研究，为全面展示殡葬礼俗取得了可喜的成果。又如殡葬与民族学研究也占有重要的位置。民族学家注重以民族志资料为基础，对民族群体或地区进行田野调查，由此来梳理和展示民族发展史和文化特征，特别是对传统的文化习俗与早已遗失但在考古发现可以见到的古代同类文化现象进行比对研究，既是对现存的传统文化流传的一种探求，也是对古代文化因素内涵的一种解说。摩尔根的《古代社会》是民族学研究的经典之作；[③] 马克思和恩格斯在论及氏族社会时也引用印第安人的墓地作为依据。[④] 现代民族学、民俗学也利用古代殡葬资料在本学科研究中开阔了视野，推动了学术研究。

---

① 郜向平：《商系墓葬研究》，科学出版社，2011。
② 中国社会科学院考古研究所编著《二里头（1999～2006）》，文物出版社，2014。
③ 〔美〕摩尔根：《古代社会》，杨东莼等译，三联书店，1957。
④ 《马克思恩格斯选集》第4卷，杨东莼等译，人民出版社，1972。

近年来，随着学科的发展、考古发掘技术的改进，对重要遗迹和遗物的保护有了可喜的进展。在考古发掘特别是在高规格墓葬清理中，会遇到一些复杂现象，如漆木制品、纺织品（痕迹）、组合构件、彩绘图案等，在现场清理是相当困难的，多有边清理边损伤的情况；另外受发掘现场光照、风吹及日夜温差、湿度变化、自然状况下暴露时间过长等因素的影响，就会造成褪色、开裂、起皮甚至破损等情况，对完整获取重要资料及信息十分不利。在通常情况下，考古工作者虽然也积极采取措施，如及时照相（录像）、绘图、保湿、覆盖等方法，但最终能完整提取和保护还是很困难的。为了克服这一现象，在加强对考古遗迹、遗物"保护为主、抢救第一"理念的指导下，有的科研单位如中国社会科学院考古研究所成立文物保护实验室中心，对考古发掘中遇到的上述现象，采用整体套箱提取，运至有控制温度、湿度的实验室，并固定在可以调整翻转的设备上，精心进行清理，取得了理想的效果，获取了过去无法想象的珍贵资料，对考古遗迹、遗物的长期保存、保护也达到新水平。当然采用这种技术手段，需要有现代化的设备、专业水平较强的研究人员，还要有较多的经费保障，目前也只有少数单位有这种条件，而且也只能对少数特别重要的发现采用这种方式。但这是一种发展趋势，也是研究方法的创新。

第一章
殡葬观念

人类社会人们的各种活动，都是在当时社会和自然条件下，为达到某种目的而进行的。史前、先秦时代是一个漫长的历史时期，经历了旧石器时代、新石器时代和夏商周时代。这一历史时期，生产力水平、社会组织形态都在不断发生变化，与之相适应的殡葬行为也从无到有，其方式方法也随年代的推移而不断产生新的内容。自从有意识地安置死者的殡葬产生后，各种殡葬表现都与当时社会有直接的关系，是殡葬观念的直观反映。从对死者的无葬阶段到开始埋葬死者，从简单的就地掩埋到复杂的殡葬礼俗，都反映了社会的发展变化，是对与殡葬并存社会环境的折射。

在史前时代的早中期，人们对死亡现象处于无知、茫然的状态。直到旧石器时代晚期，人类进入到氏族社会，基于血缘关系在共同生活中产生了亲情观念，同时萌生人死灵魂不灭、祖先神灵不仅有知而且还能主宰人世的观念。在亲情观和灵魂观的影响下，由此产生了集中安置死者的氏族公共墓地，并逐渐形成厚葬和隆祭的现象。

随着生产力水平的提高，社会分化、分层现象出现并加剧。从新石器时代晚期到先秦时代，对处于不同地位、不同身份死者的安葬，都凸显出时代的印记，现今考古发现的各种殡葬现象，也成为解读当时社会环境和特征的注脚。

早期及后世历史文献对史前、先秦时代有关殡葬行为的记载（或追述），内容若明若暗，今人对先秦古籍的理解也多有歧义，而丰富的考古发现为佐证文献记载，梳理史前、先秦殡葬观念发挥了主要作用。

第一节 时代背景

　　自 19 世纪中叶起，就有历史学家根据发现的人类活动地点和实物，以生产工具为标尺，对人类历史进程进行了阶段划分的研究。丹麦学者汤姆森在 1863 年提出了古代社会经过了石器时代、青铜时代和铁器时代三大阶段。① 在此基础上，英国学者卢伯克在 1865 年又把石器时代划分为旧石器时代和新石器时代，至今仍被人们所沿用，并且在资料日益丰富，研究更为深入的条件下，划分得更为细致。例如在中国，旧石器时代又可分为早期、中期和晚期；新石器时代在全国范围内划分为若干个文化区，② 每个区都有数个前后衔接的考古学文化单元，进而对每个考古学文化进行分期的研究，形成古代中国几个主要文化序列及每个单元的面貌特征。夏商周时期的考古发现与文献记载相结合，由此使我们对史前和先秦时代的文化面貌特征有了比较清楚的认识，也为研究殡葬行为的历史背景奠定了基础。

一　殡葬礼俗产生与初步发展的史前时期

　　距今 200 万年左右，中华大地上已经有人类活动，根据考古发现，最早的人类遗存主要有云南元谋的上那蚌、山西芮城的西侯度、安徽繁昌的人字洞、重庆巫山的龙首坡、河北阳原的马圈沟等地点，③ 经现代测年技术测定，其年代都在距今 170 万～200 万年。由此之后，人类活动地点逐渐增多，分布面积也明显扩大，北京周口店、陕西大荔、山西许家窑、辽宁鸽子洞、内蒙古河套、山西峙峪、四川资阳、广西柳江、台湾左镇等地点的考古发现分别是旧石器时代早、中、晚阶段的典型代表。④ 在旧石器时代，远古人类选择向阳、近水、通风以及距生存资源较丰富的天然洞穴为居住地，依靠集体的力量，从事采集、捕捞、狩猎等方式获取食物，居住在一个洞穴的成员共享食物，完全是一种攫取式经济方式，或者叫自然经济模式。适应自然、改造自然是

---

①　G. D. Daniel, *A Hundred and Fifty Years of Archaeology* (London: Duch-worth, 1975).
②　苏秉琦:《中国文明起源初探》，商务印书馆，1997 年。
③　分别见胡承志《云南元谋发现的猿人牙齿化石》,《地质学学报》1973 年第 1 期；贾兰坡、王建《西侯度——山西更新世早期古文化遗址》，文物出版社，1978；金昌柱、刘金毅主编《安徽繁昌人字洞——早期人类活动遗址》，科学出版社，2009；黄万波、方其仁《巫山猿人遗址》，海洋出版社，1991；蔡保全、李强、郑绍华《泥河湾盆地马圈沟遗址化石哺乳动物及年代讨论》,《人类学学报》2008 年第 2 期。
④　以上地点均参见大百科全书编辑委员会《中国大百科全书·考古学》，中国大百科全书出版社，1986。

人的天性之一，也是推动社会发展进步的动力，人类在早期阶段，使用工具进行劳动是人与其他动物的根本区别。旧石器时代的人们用自己加工制作的石器、木器、竹器等取得食物。在旧石器时代早中期，人类繁衍还处于无序的自然状态，根据民族学资料，那时同一居住群体的异性，都是性伴侣，[①]被称为"乱婚"阶段，这样生育的后代存在诸多先天隐患。根据在北京周口店中国猿人遗址的资料，发现的40个人骨个体中有1/3的死亡年龄不超过14岁。近亲繁殖、恶劣的环境，造成人类生存的艰难，加上人们的思维能力还处于低级阶段，对死去的人尚无安置的理念，甚至还会出现食人的情况。直到旧石器时代晚期（距今5万年至1万年），人类的婚姻方式经过"乱婚"、"辈行婚"（即只能在年龄相近的异性中，禁止子女辈与父母辈之间的性行为）之后，进入"族外婚"阶段，即一个居住地点的男子只能到附近另一个居住地点寻找异性，禁止同一居住群体内异性的性关系，这样生育的后代归母亲集团，而父亲仍属原居住集团，由此氏族社会产生。由原始群落进入氏族社会的变化，是社会发展进程中的一大进步，北京周口店山顶洞埋葬死者的现象，虽然在中国只是个案，但这种出现最早的殡葬行为是社会发展的必然。

距今约1万年左右，人类社会陆续进入新石器时代，人们的居住方式由自然洞穴改为在平坦的地面建造房舍，并形成原始村落。人们的生产方式由攫取经济发展到生产经济，种植农业、畜牧业产生并快速发展。在手工业生产方面，对打制石器进行磨制，更方便使用，有的还在器体上再行钻孔，提高了效率；早期制陶技术的发明改变了人们的生活方式，提高了生活质量；其他如制作加工骨、角、蚌器的技术也愈加成熟。社会的发展进步，使人们的思维更为活跃，原始宗教观念也更丰富，新石器时代的殡葬也呈现出丰富多样的局面。

首先是氏族社会的血缘亲情与灵魂不灭的观念，导致了氏族公共墓地的出现。同一氏族的成员居住于一个原始村落，或者几个氏族共居于一个氏族村落中，但本氏族成员的房舍相对集中，在村落近旁选择出一块地来埋葬死者，形成生时同居、死后聚葬的村落格局。这种氏族公共墓地，或者是一个氏族单独占有，或者是居住同一村落的几个氏族墓地相邻为伴而各自相对集中，这在新石器时代的早、中期表现得非常明显。长年的考古发现中，在原始村落附近多有同时代的公共墓地，同一墓地或同一墓地各墓区内的埋葬习俗相同或基本一致，表现在墓葬排列、埋葬方向、死者葬式、有

---

① 〔美〕摩尔根：《古代社会》，杨东莼等译，三联书店，1957。

无葬具以及随葬品的数量类别及在墓内的放置位置等方面。①

其次是居住方式对墓葬形制的影响。由于中国地域辽阔，各地的环境条件有一定差异，甚至区别很大，这对生产力尚不够发达的新石器时代人们有很大的制约，也迫使人们适应。要适应自然环境首先体现在居住和生产方式上，同时也表现在殡葬实践中。例如北方广大地区，在新石器时代早、中期，人们普遍居住半地穴式的房子，即在挖出的地穴坑上搭建成窝棚式的房舍，使用的土、木材料可就地取用，挖建难度也不大，所以流行地域广泛；与这种居住方式相适应的则是北方地区普遍使用的地穴式墓葬，虽然各地在墓室的大小、深浅的传统习惯上会有不同，但用竖穴土坑的形式却是一致的。在长江中下游地区，由于水资源丰富，江河湖泊纵横交错，有的地方地下水位很高，不适于挖穴建房，聪慧的古代人因地制宜，采用干栏式的房舍，即利用竹、木资源丰富的优势，把房舍搭建成类似阁楼的形式，居住面高于地面，也有很好的防潮通风作用，居住面以下的空间还可以堆放杂物或圈养牲畜；与这种居住方式相适应的墓葬是堆土葬，即安葬死者时不挖墓穴，而在地势较高的地方直接堆土掩埋，或者把地面垫土加高后再堆土掩埋，这就避开了挖土出水、无法葬尸的困难。这种葬法流传很久，到商周时期，则发展为土墩墓。另外在西北地区，由于该地区具有黄土堆积厚的特点，自新石器时代中晚期就有利用黄土断崖挖洞建房的习俗，安葬死者也采用洞室墓，即先挖一短墓道或小竖穴坑，然后再掏挖洞室放入死者，封闭洞口再填上土，有的就直接利用废弃的居住洞穴。②这意味着以活人生活的方式为模本为死者创造埋葬环境。

再次是生产力水平的提高，为丰富墓葬随葬品奠定了基础。新石器时代，随着原始农业、畜牧业的出现和发展，人们的生活保障有了明显提高，氏族集团有能力组织和加强手工业生产，生产技术和质量都有了显著提高。随着社会生产力快速发展，人们的安置死者、敬畏神灵的观念和追求也随之变化，放置更多的随葬品、制作敬畏神灵的高质量物品也成为可能，所以在新石器时代早期只见有少量日常使用的生活用具、生产工具随葬，而到新石器时代中晚期，不仅随葬品的数量普遍增多，专用于随葬和祭祀活动的礼仪器皿也相继出现，数量和种类不断增加。③例如，玉器中的玉琮，在当时的条件下制作难度相当大；又如制作得特别精致的蛋壳陶器，并没

---

① 中国社会科学院考古研究所：《中国考古学·新石器时代卷》，中国社会科学出版社，2010。
② 中国社会科学院考古研究所：《中国考古学·新石器时代卷》。
③ 中国社会科学院考古研究所：《中国考古学·新石器时代卷》。

有日常使用的价值,但在墓葬中屡有发现,这都是以生产力水平的提高为基础带来的殡葬新特点。

最后是与社会变革相适应的史前殡葬。中国的新石器时代有 5000～6000 年的时间,在这一历史时期,社会在平稳或剧烈地变化着,最明显的变化是人们之间由平等向不平等的转变。原来,氏族成员"有福同享,有难同当",共同劳动,共同享受劳动收获,然而随着社会生产力的提高、生产经济的发展,私有观念滋生,财产私有也随之出现。氏族首领原来的权威转变为强制性权力,并成为占有公共和他人财产的人,特别是通过战争获得的财物,首先被有权者所拥有,氏族成员内部之间也出现了穷者愈穷、富者愈富的局面。同样随着私有观念的产生,在生产活动中占主导地位的男性成员,为使私有财产能长期占有并传给自己的子女,致使婚姻形态也发生了变化,男娶女嫁,女性要到男性氏族,子女归男性家族,改变了长期以来子女"知母不知父"的传统。这种新的社会面貌,在殡葬方面的表现就是氏族血缘关系相对淡化,虽然氏族公共墓地依然存在,墓地里已包括娶来的其他氏族的妻子和他(她)的子女;此外在氏族公共墓地,原来以各墓间共性、无差别埋葬为主,转变为各墓葬间贫富分化非常明显。所以说随着生产力的提高,推动了社会组织结构的改变,而这种改变也直接引发了殡葬礼俗的变化。

二 殡葬礼制的形成与先秦时代的阶级社会

古代中国何时进入阶级社会,史学界至今还没有一致的认识,对由原始社会进入到阶级社会的时间分界点还多有歧义。但对古代文献所记载的夏代史迹和夏王朝的存在,已成为共识。夏商时代已进入早期国家阶段,突破了传统的血缘管理,扩大了管理领地,形成了血缘管理与地域统治的新模式,一种全新的社会秩序已经出现,国家管理体系和制度已具雏形,并不断发展和完善,以国王为主要代表的官吏队伍、国家统帅的军队、为国家政权服务的监狱等国家机器也不断强化。这一阶段由国家制定的各种制度,虽然由于文献缺乏而不明确,但考古发现的夏商遗存中,说明夏商社会已经用社会规范来治理国家和进行社会活动。以分封为主要手段来加强国家管理是西周王室的基本策略,与这种管理模式相适应的是宗法制,从中央到各诸侯国甚至到基层,形成以周天子为核心的管理网络,达到了预定结果。但随着时间的推移,各诸侯国势力增强,周王室与诸侯国的血缘关系密切程度也逐渐减弱,周王的绝对"天子"权威受到挑战,于是周王室又采用加强规章制度即各种礼制规范的方法,以达到驾驭各诸侯国的目的。但天高皇帝远、利益的驱使、"君命有所不受",使周王室的地位日益衰落。到春秋战国时期,弱肉强食、列国争霸,西周初期"以藩屏周"的分封策略走向了自己的反面,周王室沦落到一般小国的地步。到战国时期,随着铁工具登上历史舞台,新开垦的土地面积大增,私田数量快速增加,以"公田"为主的农业生产体系受到相当大的冲击。为适应新形势下的发展趋势,许多国家都制定了变法措施,极大地限制了旧贵族的特权,为解放生产力、迎接新时代铺平了道路。先秦时代复杂的社会局面,在殡葬变现中都有明显的反映。

第一,社会基本矛盾双方的殡葬。在先秦时代,统治集团与被统治集团之间的矛盾始终是社会的基本矛盾,而且随着时间的变化,矛盾时而激化、时而得到暂时的缓和。例如夏代晚期,由于夏王室利用王权不仅指挥军队大肆扩张,而且还残酷地榨取广大奴隶和下层平民创造的财富,贪欲的极度膨胀和无度的骄奢淫逸,到夏桀时达到了令民众忍无可忍的程度,民众发出"时日曷丧,予及汝皆亡"(《尚书·汤誓》)的呐喊,即"社会如此昏暗,如果能让你完蛋,我情愿与你一起死亡"。同样至商末,商王室的残酷压榨造成怨声载道、众叛亲离,周武王借此机会,经过精心准备,一举灭商,建立了周王朝。夏、商、周各王朝,国家、地方政权中的官吏队伍及他们的家族组成贵族集团,而一般民众和奴隶处于社会的最下层,前者拥有国家赋予的财产或特权,并受国家法律的保护,即"刑不上大夫,礼不下庶人"(《礼记·曲礼上》),后者的劳动果实部分或全部被统治者所控制,而且还要受到"禹刑"、"汤刑"的威胁,甚至毫无人身自由。考古所见先秦时代各时期的墓葬中,统治集团死者与被统治集团死者的"待遇"有着天壤之别。贵族阶级不仅有国家划定的墓地,高级贵族死者有庞大的墓葬,数量巨大的随葬品,多重棺椁,而且还有众多的殉人,就连中小贵族墓中,也不乏青铜、玉石礼仪用品,有木制葬具,甚至也有殉人。殉人在晚商表现得尤为突出。而被统治集团中的死者,其遗体或散见于灰层、灰坑中,即使有墓穴者,也是在仅能容身的墓中,有1~2件随葬品,或者一无所有。更有甚者成为贵族墓内、墓外,大型建筑中的人殉、人祭,被杀头埋葬、被捆绑活埋。由此可见,阶级对立的无情不仅表现在人世间,也见于幽灵世界。

第二,与宗法制相适应的墓地制度。宗法制形成于西周,但在夏商时期已有萌芽,西周时则比较规范和严格。以治水而享盛名的大禹,是有崇氏部落的军事首领,治水成功后,名声大振,军事力量也得以壮大,特别是通过征讨南方地区的三苗集团,不仅扩大了疆域,还获得了大批财产和战俘,于是在阳城建立都城(今河南登封告成），名为夏，禹也成夏王朝的第一位夏王。大禹死后，他的儿子启继承了王位，把传统的禅让制度变为世袭，由此遭到反对。夏启先对东方的反对者伯益集团用武力镇压，即史籍所载"益干启位而启杀之"（《晋书·束皙传》引《竹书纪年》），又对西方有扈氏集团的起兵反抗进行了"剿绝"，使禅让制被迫退出了历史舞台。夏商时期的王位继承是父死子继或兄终弟及，夏代共471年，经历16代17王，商代历554年，先后有17代33王，夏代以父传子为主，商代以兄传弟为多。兄弟相传的次数越多，与早期国王的血缘关系越远，"家天下"的目的则难以"纯洁"。而西周宗法制的核心是嫡长子继承制，即周王室的最高权力是周王的嫡系一脉，使家天下的世袭制得以纯洁。西周初年的分封诸侯，各封地的君主原来多是国王的嫡、庶兄弟及部分非姬姓功臣。周天子为大宗，各诸侯国君为小宗；而诸侯国同样也是嫡长子继承，国君则为大宗，其下的卿大夫则为小宗，世代如此，这样就形成了历代周天子都在塔尖的统治网络。

殡葬制度与这种政权体系相适应。史前时代的氏族公共墓地，其核心是同一氏族成员集中使用一块墓地，突出了生死相聚的血亲关系。而夏商周时代的世袭制，与氏族社会的血缘关系有相合之处。在考古发现中，夏代的墓葬特别是高等级墓葬发现不多，其全貌还难以窥见。商代的墓地发现较多，墓葬数量也很多，较清楚地反映出与史前氏族公共墓地的异同。首先是同一墓地或一个墓地中各墓区的墓葬有大致相同的葬俗，如墓葬形制、埋葬方向，说明这些墓地是有共同信仰、有血缘关系人群的墓地，这是史前氏族公共墓地埋葬习俗的延续。另外商代的许多墓地都明显可分为若干个区块（即组别），规格高的墓葬或占据中心位置（上位），或高规格墓葬集中在一起，周围是中小型墓葬，这显然是经规划所致，这种现象在殷墟及其他地区大都如此，是一种新殡葬礼制的表现。特别是在殷墟西北岗王陵墓区，除成片的祭祀坑外，主要是商代晚期的商王大墓，排列有序，规格基本一致，是专门为商王所规划的墓区。这是西周时代实施的公墓、邦墓制度的雏形，西周时期则通过"礼"（规章制度）使之更为规范。两周时代的公墓地是为周王及各地诸侯国君分别划定的墓区，有专人管理，邦墓也有专人规划的"万民之墓"，按族属各有区位。综观夏商周各时期的墓地和墓葬，包括被用作殉葬、祭祀的死者，散见于灰层、灰坑的埋葬，殡葬礼俗都与社会面貌相适应，真实体现出"墓葬是社会的缩影"。

第三，社会地位与殡葬规格。作为阶级社会的夏商周时代，统治阶级与被统治阶级之间是对立、对抗的性质，在殡葬方面的表现也有天壤之别，贵族集团成员生前条件优越，死后仍有丰厚的随葬品放在墓中，而被统治集团成员辛劳终生，死后有的仅有一个狭小的墓穴，有的则死无葬身之地，被丢弃在灰层、灰坑中，甚至被砍杀、活埋成为人殉、人祭的牺牲。统治集团成员在其内部也有等级之别，分别处于管理网络体系中某一个等级位置，如夏王室以夏王为核心，设有六卿辅助夏王，其下还有事臣、牧臣、扈臣、兽臣、仆夫等官吏各管一方，组成夏王朝的国家管理机构；[①]商代的管理机构比夏代更为完备，除直接辅佐商王的重臣外，还有各级"尹"、"保"、"臣"、"宰"、"巫"等专职官员，也形成从中央到地方的管理体系；[②]两周时期，除王室外，各诸侯封地，则有国君、卿、大夫、士的级别。各级官吏的职权对于稳定国家政权，维护社会正常秩序有重要作用。为保证管理队伍的正常秩序，便于对各级官员的使用和控制，体现君臣有上下、尊卑有差别的等级规范也必不可少。夏商时期由于文献缺乏其有关规定尚不太清楚，两周时代在先秦古籍中已有记载，特别是在"三礼"（《周礼》、《仪礼》、《礼记》）中更为具体，考古发现则有更直观的体现，尤其是其中的殡葬资料，更为丰富和直观。

例如，从人死亡到发丧的待殡期间，不同等级身份的死者都有相应的葬礼规范，就连对死的称谓也各不相同。除文献记载外，考古发现了大量夏商周时期不同等级的贵族墓（墓地和墓葬），它们之间的墓葬形制、大小，葬具的层数及装饰标准，使用随葬品的配置及数量，都有相应的等级体现。至于各地（如各诸侯国）之间的差异，多是地方传统习俗或财富占有程度所致，但基本标准还是大致相同的。到春秋战国时期，所出现的不合礼制标准的"越礼"现象，则是社会变革、统治秩序遭到破坏等原因造成的，是殡葬礼制与社会发展不相适应的表现。例如自殡葬产生以来，从在整个新石器时代流行的氏族公共墓地葬制，到夏、商、西周和春秋时期的族坟墓制度，血缘纽带关系成为统治阶级利用的工具，但至少在表面上还维系着公共墓地的格局；而到战国时代，从墓地中为国君单独划出一块墓区，到为某国君独立选定墓区，并建围墙、挖壕沟来进行保护，为后世的陵园制开辟了道路，说明随着社会发展，殡葬礼俗也相应变化。

第四，文化多样性与特殊的殡葬礼俗。文化的多样性有诸多的表现，例如居住人群所处的特殊自然环境要求人们必须去适应；又如某种特殊的环境条件，使人们不得已采取相应的措施。如悬崖葬这种葬法，始见于商代，存在于南方地区临江河的崖壁

---

① 王贵民：《商周制度考信》，河北教育出版社，2014。
② 王贵民：《商周制度考信》。

上。有的利用天然洞穴或崖壁的狭窄平台，有的人工在崖面凿洞插桩为支撑，把敛尸的木棺安置其中。它源于灵魂可以升天、灵魂可以福祐后人的观念，而这种殡葬观念和方式是与人们的居住环境相适应的。又如江南地区的土墩墓葬俗，流行于江苏、安徽、浙江、福建等地的夏商周时代，因为这一地区地下水位高，有些地方不宜挖坑埋葬，于是人们采用就地安置，或者先在地面铺垫出土台，再挖墓穴或者在土台上直接掩埋死者形成土墩，有的一墩一墓，有的一墩数墓，还有的逐层埋葬，有些贵族大墓或多人多层埋葬的，形成一个个墩包，故取名土墩墓，这也是顺应当地自然条件的殡葬现象。再如在夏商周时代的少数墓葬中存在的碎器现象，即把随葬品有意打碎，把打碎的陶片撒在尸体周围或身上，有的把青铜器也打破，兵器折断放入墓中，被称为碎器习俗。这种现象不是某一文化的普遍习俗，存在数量也很少，具体是什么原因，虽已有学者有一定的推想或判断，可以肯定这种现象与死因有密切关系，但仍是一个有待今后的继续发现，有一定数量的积累，再探究其目的和意义的课题。

第二节 社会思想观念与殡葬礼俗

殡葬是处理死者的方法和过程。它是随着人类历史发展到一定阶段而产生并不断演进的，其发展变化都与社会的组织结构、生产力发展水平、意识形态、伦理思想息息相关。具体而言，原始社会时期的亲情思想与灵魂观念催发殡葬的萌芽与产生，同时殡葬活动又受社会思想观念的影响不断变化逐渐形成特定的礼制习俗。基于灵魂不灭思想，原始先民对鬼魂有着崇拜和敬畏之心，由此形成了敬鬼神的原始宗教思想。鬼神观念广泛流行于夏商周三代，《墨子》、《礼记》等文献中多有记载，这对当时的殡葬理念与习俗深有影响。

一 亲情观与殡葬的产生

（一）亲情观与殡葬习俗的产生

殡葬并不是自人类诞生就出现的，早期原始人类并没有安葬死者的习俗，而是随意弃尸于野外。《周易·离卦》中九四爻辞曰"突如其来，焚如，死如，弃如"，按郭沫若先生的解释，当为上古人弃尸的习俗。这种习俗，从文字上也可略见一二，如《说文解字》中所录"殇"字，"弃也。从歺，奇声。俗语谓死曰大殇"，含有人死后弃尸于野的意思。又如《战国策·赵策》载"愿及未填沟壑而托之"，即以"填沟壑"

婉称"死",可见古人曾有直接抛尸于沟壑的习惯。

"从无意识的处理、埋葬到有意识的安葬死者,期间大约经历了十几万年乃至几十万年的过程。"① 从考古发掘所见,目前世界范围内发现最早的、有意识的殡葬活动,见于欧洲旧石器时代中期的尼安德特人遗址中。尼安德特人不仅有意识地埋葬死者,并且已有一定的殡葬礼俗,如以头东脚西的方向安放死者,将燧石、石英以及野牛、驯鹿与之共葬在一起,故而最晚在旧石器时代中期阶段,人类已经出现了殡葬的萌芽。在中国,至迟在旧石器时代晚期出现了殡葬活动。20 世纪 30 年代,我国考古工作者发现了山顶洞人遗址,上室为居住区,下室为埋葬死者的墓地,在这里发现了有意识埋葬本氏族的死者的遗存。② 这个时期,人们把死者安放在洞穴的下室,不同年龄的男女葬在一起,这是原始先民的血缘亲情在处理死者遗体中的最初表达与流露,说明殡葬的产生与人类亲情观念密切相关。这一点虽无明确的文献记载,但从后世典籍中不难推知。《孟子·滕文公上》载:"盖上世尝有不葬其亲者。其亲死,则举而委之于壑。他日过之,狐狸食之,蝇蚋姑嘬之。其颡有泚,睨而不视……盖归反藁梩而掩之。"这里孟子追溯了殡葬的起源,古人埋葬尸体是为免于兽食虫叮,发乎于不忍之心,其根源在于潜在的血缘亲情。又《吕氏春秋·孟冬纪》中记载:"孝子之重其亲也,慈亲之爱其子也,痛于肌骨,性也。所重所爱,死而弃之沟壑,人之情不忍为也,故有葬死之义。葬也者,藏也。"也是从亲情角度阐述殡葬的由来,葬死发乎于生者对"所重所爱"的不忍"弃之沟壑"之情,故而藏之尸体。

有学者分析人类殡葬心理的最初产生,需要三个方面的条件。第一,同类之间形成一个相互密切交往的生活群体;第二,在交往中的过程中,能够将自己、同伴与外界条件区分开来,在受到刺激后,具有萌芽状态的自我意识;第三,相互间因交往中的种种事件而产生感情,尤其是母子之间的感情,并随着群体生活的发展,这种感情向兄弟姊妹、同伴之间扩展。在密切交往的群体中出现个体死亡时,眷念之情激发智力活动,产生殡葬心理和行为。③ 检之远古人类的发展演变情况,以上三个条件不断得到体现,尤其是亲情观念的萌芽和发展,对于殡葬的产生意义重大。

现代人类学家认为,"人类开始其生存时,既无经验,又无武器,而被凶猛的野兽所包围",④ 鉴于"凡人之性,爪牙不足以自守卫,肌肤不足以捍寒暑,筋骨

---

① 徐吉军:《中国丧葬史》,武汉大学出版社,2012,第 9 页。
② 贾兰坡:《山顶洞人》,龙门联合书局,1951,第 21 页。
③ 朱金龙编著《殡葬学导论》,中国社会出版社,2008,第 107~108 页。
④ 〔美〕摩尔根:《古代社会》,第 20 页。

不足以从利辟害，勇敢不足以却猛禁悍"（《吕氏春秋·恃君》），故而后代史家或典籍大都猜测人类最初是处于群居混处的状态。如《吕氏春秋·恃君》云："昔太古尝无君矣，其民聚生群处。"唐代柳宗元在其《封建论》中称初民"近者聚而为群"。依赖群的集体力量，原始人"裁万物，制禽兽，服狡虫，寒暑燥湿弗能害"（《吕氏春秋·恃君》）。群居生活中的原始人共同劳动，朝夕相处，是亲情萌生的重要基础。

人类在原始群阶段还没有任何的社会组织形式，随着社会的发展，在群居生活中逐渐产生了血缘家族。马克思说："直系和旁系的兄弟和姐妹之间的群婚由此产生血缘家族（家族的第一个阶段），它产生马来式亲属制和姻亲制。"[①]血缘家族是一个共同劳动、共同生活的群体，是人类社会的第一个社会组织，从婚姻家庭发展史上看，也是第一种家庭形态，其内部只有同辈男女之间才能允许发生婚姻关系。[②]从旧石器时代中期开始，由于生产力的发展和族外婚的开始实行，原始人类的社会结构再次发生变化，逐渐走向氏族社会阶段。如恩格斯所言："一切兄弟和姐妹间，甚至母方最远的旁系亲属间的性交关系的禁例一经确立，上述的集团便转化为氏族了"。[③]氏族组织一经出现，便成为社会的基本单位，它既是以共同血缘关系结合而成的血族团体，又是生产劳动的单位。开始时，其规模很小，一般可能只有几十人或百余人，这种状况至少持续了数万年之久。这一时期生产技术进一步发展，人们的物质生活条件得到一定改善，但总体来说，为了共同的生存发展，氏族社会内部实行的是生产资料公有制，劳动产品平均分配，几乎没有剩余产品，一切资料和生产成果都为全体氏族成员共有，自然也没有阶级和剥削的观念。在当时社会生产力的现实状况下，氏族公社的人们生息在一起，无君无臣，如《庄子·盗跖》记载人人"耕而食，织而衣，无有相害之心"，共同劳动，共同抗拒各种灾难，彼此相互依靠，人们都被氏族的血缘纽带紧密地联系在一起。血缘之爱也成为维持氏族内部关系及此群体所赖以存在的基础。

在旧石器时代中晚期，人的思维能力得到了进一步提高，精神生活中萌生了感情。基于对血亲的认同，同一氏族成员在共同生活中有着朴素的平等博爱思想，"人不独亲其亲"，彼此相互关怀，凝聚着深厚的亲情。而当朝夕相处，食寝与共的同氏族人死去时，悲痛哀悼之情油然而生，由此出现对死者的尸体进行有意识地掩埋处理

---

① 马克思：《摩尔根〈古代社会〉一书摘要》，中国科学院历史研究所翻译团译，人民出版社，1965，第46页。
② 林耀华主编《原始社会史》，中华书局，1984，第73页。
③ 《马克思恩格斯选集》第4卷，人民出版社，1974。

行为，随之这种处理死者尸体的活动常态化、普遍化，殡葬活动由此产生。在氏族内部亲情的感召下，他们认为同氏族的人不仅生时是同一个族团，生活在一起，死去之后灵魂也一样需要像生前那样的聚居，以便像活着时那样互相关照。正如宋兆麟先生所说："同一氏族的人，都是一个根子中所生出来的，有共同的祖先，有着骨肉关系，活着在一起，死了也要在一起。"① 基于这一思想，氏族成员把死者埋葬在一起，就像居住的村落一样，氏族墓地也由此产生。雷中庆评述道："氏族有公共墓地这个事实，反映出人们是按世间的社会结构来臆想灵魂世界的社会结构，他们相信生前属于同一氏族的人，死后在灵魂世界仍是同一氏族，氏族公共墓地就是死者灵魂共同生活的聚落。"②

（二）敬老爱幼思想与殡葬习俗

亲情为人间至情，敬老爱幼是其典型表现。远古时期自然条件恶劣，在艰苦的环境下进行生产、生活需要借助老者的智慧指导，因此人们对有丰富经验的前辈怀有敬重爱戴之情，形成了尊老敬老传统。同时为了文明的代代传递和人口的繁衍发展，人们对尚无生活能力和劳动能力的幼儿尽心抚育，由此逐渐形成了爱幼护幼的朴素观念。在社会发展中，古代的亲情观尤其是敬老爱幼思想对人们的殡葬活动深有影响，并逐渐形成了特定的殡葬习俗。

1. 敬老思想与殡葬习俗

敬老思想是随着生产力发展到一定程度而逐渐强化的社会观念。据文献记载，虞、夏、商、周时期已经传承着尊老敬老的习俗，《礼记·祭义》载："昔者有虞氏贵德而尚齿，夏后氏贵爵而尚齿，殷人贵富而尚齿，周人贵亲而尚齿。"其中的"尚齿"，《辞源》释为"尊崇老年人"。虞、夏、商、周四代的价值标准，经过了德行、爵位、财富、亲情的不同转变，唯一不变的是"尚齿"，即敬老风俗一直在延续。

敬老又和孝道密切相关。孝观念的本义是追思祖先，祭祀祖先，后被引申为子女善事父母，如《说文解字》释为"善事父母者，从老省，从子，子承老也"。有学者亦从孝字本身指出这一层含义。"从孝为会意字看，它由'老'字的上半部分和'子'字构成，意为子在下面搀扶上面的老人，引申为子女对于长辈的敬事。"（图1-1）③

---

① 宋兆麟:《云南永宁纳西族的葬俗——兼谈对仰韶文化葬俗的看法》，《考古》1964年第4期。
② 雷中庆:《史前葬俗的特征与灵魂信仰的演变》，《世界宗教研究》1982年第3期。
③ 李聪:《"孝"观念在中国古代丧葬文化中的演进》，《社会科学战线》2011年第6期。

第一章 殡葬观念

孝　　　孝　　　孝

金文　　　小篆　　　楷体

图1-1　"孝"字的字体演变

实际上，人们对老年人的尊敬大多笼罩在孝的光环下。而对死者的敬与孝，从本质意义上说，就是重视殡葬的形式、时间与质量。在敬老观念的影响下，先秦时期兴起了厚葬风气，形成了一套烦琐的殡葬礼仪，并萌生了三年之丧等方面。

一般认为中国古代的殡葬习俗，厚葬整体上占主导地位。先秦时期厚葬风气就已兴起，且相当盛行，与对亲情的重视尤其是对孝道的提倡密不可分。春秋末年，以孔子为代表的儒家对孝道思想积极阐发，内容丰富。但其所提倡的孝道并不只限于父子关系，还扩大到贵老、尊长、睦族等。"所谓贵老，为其近于亲也。所谓敬长，为其近于兄也"（《吕氏春秋·孝行》），"事兄悌，故顺可移于长"（《孝经·广扬名》），"睦于父母之党，可谓孝矣"（《礼记·坊记》），继而扩大为"老吾老以及人之老"（《孟子·梁惠王上》）。不仅孝敬血缘关系上的长辈，同时还要尊养社会上所有长者和老人。故而，从一定意义上说，敬老尊老思想包含于孝道之中。殷海光先生曾指出："在中国社会文化里，长老享有特殊的地位、权利和尊敬。老人是父亲意象之活生生的发祥地，而父亲意象又回过头来营养、加强、扩大和巩固老人的地位和权利。"[①] 也就是说，尊老的原则是直接从孝亲推演而来的，从"吾老"到"人之老"。

又，《论语·为政》："孟懿子问孝。子曰：'无违。'樊迟御，子告之曰：'孟孙问孝于我，我对曰无违。'樊迟曰：'何谓也？'子曰：'生，事之以礼；死，葬之以礼，祭之以礼。'"《礼记·祭统》载："孝子之事亲也，有三道焉；生则养，没则丧，丧毕则祭。"可知儒家的孝道思想贯穿于生死的全过程，不仅表现为现世的赡养，而且在父母、长辈死后，也要一如既往地奉行孝道，按照礼仪进行殡葬与祭祀。《论语·学而》说："慎终追远，民德归厚矣"，即要求人们谨慎对待父母的丧事。《中庸》说："事死如事生，事亡如事存，孝之致也"，强调侍奉死者应同侍奉生者一样，才是孝顺。

正是在孝道伦理这一文化因素影响下，子女后辈对待父母、长辈的丧事十分重视，为表示对逝去亲人的孝敬，厚葬便是行孝的最佳方式之一。孟子曾云："养生者不

[①]　殷海光：《中国文化的展望》，中国和平出版社，1988，第140页。

足以当大事,惟送死可以当大事。"(《孟子·离娄下》)把送死看得比养生重要。他本人就是厚葬的积极践行者,据《孟子·公孙丑下》记载,孟母去世后,孟子为尽孝敬之心进行厚葬,认为厚葬"非以为观美也",而是只有厚葬了父母,子孙才算尽了礼,否则就是不孝,不齿于人类,不容于天地之间。可见,当时的厚葬冠有"礼"与"孝"的美名,可谓敬老的重要表现。包含敬老在内的孝观念是厚葬的思想根源,随后甚至于发展为殡葬的厚薄程度成为判断子女是否孝敬的标准,因此也导致厚葬之风普遍存在并愈演愈烈。到春秋战国时期,厚葬成为一种颇为时髦的社会风尚,上自王公贵族,下至匹夫庶人,对于殡葬皆"侈靡者以为荣,节俭者以为陋",进而"国弥大,家弥富,葬弥厚"(《吕氏春秋·节丧》)。《史记·宋微子世家》载:"二十二年,文公卒,子共公瑕立,始厚葬。"

除厚葬外,在殡葬中还有许多礼仪细节展现了人们的亲情观。《荀子·礼论》:"事生,饰始也;送死,饰终也;终始具,而孝子之事毕,圣人之道备矣。"认为殡葬礼仪是后代子孙对长辈最后尽孝的一种形式,事生送死都做得完满,才完成了孝子该做的事宜,因此殡葬虽然是"身后事"的礼俗,但表达了活人尊亲敬亲的思想,受到社会各个阶层普遍重视。对殡葬的重视则引发出繁缛复杂的各种殡葬礼仪。考诸文献可知,古代的殡葬礼仪在周朝已经非常完善,形成了一整套规范的仪式仪规。据《仪礼》的《士丧礼》记载,士的殡葬一般要经过以下程序:属纩、复、楔齿、缀足、设奠、易服、帷堂、讣告、吊唁、沐浴、饭含、袭尸、设铭旌、设重、设燎、小敛、大敛、大敛奠、成服、朝夕哭奠、卜宅兆葬日、穿圹、陈器、祖奠、反哭、虞祭、卒哭、祔庙、小祥、大祥、禫祭等。这一套殡葬礼仪隆重而繁缛,事无巨细,面面俱到,充分反映了生者对殡葬的重视。

比如初丧礼仪之中沐浴更衣这一细节,《礼记·丧大记》载:"始死,迁尸于床。帙用敛衾,去死衣。"沐尸时先设袭床,将死者要穿的衣服放在上面,再设浴床,将尸体移至浴床上面,脱去死者病时所穿的衣服及覆盖在身上的复衣。"御者四人抗衾而浴,袒第。"(《仪礼·既夕礼》)为死者沐浴时要由四名御者举着敛衾以遮蔽尸体,同时要把床第上的席拿掉,以便沥水。"浴用巾,挋用浴衣。澡灌弃于坎。蚤揃如他日。鬊用组,乃笄,设明衣裳。"(《仪礼·士丧礼》)用巾为死者洗澡,洗毕用浴衣将死者身上擦干,死者沐浴的水,要倒在堂下阶间所挖的坑中。沐浴后,还要把死者的手脚指甲和胡须修剪整理得和生前一样,然后用丝带为死者束发髻,发髻中插上笄,再为死者穿上明衣裳。如此细致地为死者沐浴修整,一方面是让死者干干净净地到达阴间，为祖先所收；另一方面也是生者最后一次侍候死者，寄托了生者对死者的深情。

又如饭含仪式。饭，指在死者口中放入米贝、玉贝及饭食之物；含，又作琀，指在死者口中放入珠玉。《周礼·地官·舍人》郑玄注："饭所以实口，不忍虚也。"《公羊传·文公五年》何休注曰："孝子所以实口也，缘生以事死，不忍露其口。"可见举行饭含仪式是为表达孝子敬亲爱亲的心情，不忍长辈空口而去，饿着肚子到阴间受罪。

再如朝夕奠、朔望奠。按古礼，自成服之后，死者亲属每天要在日出及日落时举行两次祭奠，"如平日朝晡之食，加酒果"。如遇月朔，也要设馔祭奠。祭奠时，成服的孝子们还要哭踊、跪拜，如此直到下葬时止。这一礼仪也展现了生者对死者的敬重，秉承了儒家的"事死如生"精神。

简言之，繁缛而细碎的殡葬仪式仪规是后辈"事生"的后续行为，每一处细节都体现了孝子贤孙对长辈的孝敬之情与哀戚之心。

另外，守丧亦深深体现了生者与死者之间的亲情。它是人们为表达对于死者的哀悼之情而产生的一种殡葬习俗。根据与死者关系的亲疏远近，守丧的行为也表现出相应的差别，关系越近，守丧时间越长，节制就越多。"三年之丧"是守丧制度中最为隆重的一种，是子女后辈为至亲者所守的丧期。关于三年之丧，《论语·阳货》中有所表达：

宰我问："三年之丧，期已久矣。君子三年不为礼，礼必坏；三年不为乐，乐必崩。旧谷既没，新谷既升，钻燧改火，期可以矣。"

子曰："食夫稻，衣夫锦，于女安乎？"曰："安。""女安则为之！夫君子之居丧，食旨不甘，闻乐不乐，居处不安，故不为也。今女安，则为之！"宰我出。子曰："予也不仁也！子生三年，然后免于父母之怀。夫三年之丧，天下之通丧也。予也有三年之爱于其父母乎？"

宰我认为三年之丧时间太久，根据自然规律，一年即可。孔子却阐述了推行三年之丧的原因——"子生三年，然后免于父母之怀"。基于对父母的朴素的报恩意识，故为人子者要为双亲服三年之丧，回报至亲，否则于心不安。从亲情角度而言，三年之丧所传达是人的自然情感。在先秦儒家那里，三年之丧作为孝道的重要实践形式备受推崇。孔子曰:"夫三年之丧,天下之通丧也。"(《论语·阳货》)孟子云:"三年之丧,齐疏之服,饘粥之食,自天子达于庶人,三代共之。"(《孟子·滕文公上》)荀子亦以为:"(三年之丧)是百王之所同,古今之所一也。"(《荀子·礼论》)

敬老是孝的衍生,最基本的表现即是尊敬孝顺自己的父母。"三年者,称情而立文,所以为至痛极也。"(《礼记·三年问》)服丧三年,是适应人情而制定的礼,用来表达人的极度哀痛之情。因此三年之丧亦可以看作敬老的重要表现。考诸史料,以三年之丧来表达敬老之意的事例在先秦时期亦有发生。

如《孟子·滕文公上》载:"昔者孔子没,三年之外,门人治任将归,入揖于子贡,相向而哭,皆失声,然后归。子贡反,筑室于场,独居三年,然后归。"孔子弟子为表达对恩师孔子的崇敬哀悼之情,皆服丧三年,三年之丧完毕才诀别痛哭而去。独子贡又于孔子墓旁结庐而住,又守丧三年,以报厚重师恩。

又如晋国赵武在老仆程婴自杀后,为表达对其尊敬之意,亦服三年之丧。《史记·赵世家》载:"服齐衰三年,为之祭邑,春秋祠之,世世勿绝。"

三年守丧期间也有相应的行为要求,"斩衰,苴杖,居倚庐,食粥,寝苫,枕块"(《礼记·三年问》)穿不缝齐毛边的丧服,挂黎黑色的杖,住在倚墙搭建的草庐里,喝稀饭,睡草苫,枕土块,以这些行为充分表达孝子的哀悼、伤痛、尊敬之心。《礼记·三年问》云:"故三年之丧,人道之至文者也,夫是之谓至隆。"儒家认为三年之丧,是人情在丧礼上的最完美表现,是最为隆重的。故而,从一定意义上说,三年之丧亦可作为殡葬习俗中亲情观的最高表现形式。

2. 护幼思想与殡葬习俗

幼儿如同老人一样都是社会的特殊群体。爱幼护幼是人类思想情感的本性表达,是亲情观的集中体现。殡葬活动作为一种社会文化行为,深受社会思想观念的影响。史前和先秦时期出现的瓮棺葬、为未成年人服丧等殡葬习俗,清晰地表达了人们爱护幼儿的思想。

瓮棺葬,是古代以瓮或罐类陶器作为葬具来安置死者的一种特殊葬俗,绝大多数用来埋葬婴儿和儿童,表达了古人的爱幼情感。这一葬法于文献中亦有记载,《礼记·檀弓上》云:"周人以殷人之棺椁葬长殇,以夏后氏之堲周葬中殇、下殇,以有虞氏之瓦棺葬无服之殇。"其中"瓦棺",即是瓮棺在古代的名称,所葬对象为无服之殇者,即3个月至8岁的幼儿。

幼儿死后用瓮棺埋葬的历史悠久。据考古发现,"在新石器时代的早期偏晚,黄河、长江流域的主要文化类型中就几乎是同时地最早出现了瓮棺葬这种习俗"，[①]在李家村文化遗址、仰韶文化遗址、龙山文化遗址、大溪文化遗址、屈家岭文化遗址、石家河文化遗址、河姆渡文化遗址、马家滨文化遗址的发掘中都有瓮棺葬。不难看出，瓮棺葬作为对夭折儿童的一种葬俗普遍流行。

葬俗是人们精神文化面貌的重要体现之一，展示着人们的思维意识、伦理观念。瓮棺葬作为古代众多葬俗之一种，也毫不例外。它是新石器时代先民在艰苦的生存条件和环境中的一种文化行为。在同时期的殡葬中，成人尚且有无棺者，幼儿却有瓮棺，充分展现了先民对幼子的珍爱。

瓮棺葬的埋葬位置。根据考古发现，绝大多数是埋在居住房屋内或近旁，或者有专门的儿童瓮棺葬墓地，极少数与成人葬在一起。至于人们将早逝的幼儿埋在自己住屋的周围，大概是由于"亲子之情"，其亲不忍远离，怀着对死去孩子的眷恋与不舍，将其葬在亲人的附近便于时刻照拂，对幼儿的体贴和呵护之情展露无遗。值得注意的是，绝大多数作为瓮棺盖子的陶盆或陶钵底部中间，多有一个直径约0.8～2厘米左右的小孔。这一小孔的目的和用意，目前学界一般认为，是基于原始的宗教信仰而给死者的灵魂留的出入口，是灵魂观念在殡葬习俗上的具体体现。瓮棺上的小孔有的呈规则圆形，有的则呈不规则状，从其形态上看显然是当时人刻意凿制或敲击而成，这也充分显示先民对幼儿灵魂的特殊关照。

古人对幼儿的关爱在服丧制度中亦有体现。在古代，男女未成年而去世称为"殇"，汉郑玄云："殇者，男女未冠笄而死，可哀伤者。"古代男20而冠，女15而笄，作为成年的象征，所谓未冠笄，则是指未满15岁。未成年而亡，对于父母及整个家族而言是件极其哀伤的事情，为表达对死去幼者的哀思，在先秦时期另有一套特殊的服丧制度。《仪礼·丧服》载："盖未成年也，年十九至十六，为长殇；十五至十二，为中殇；十一至八岁，为下殇。不满八岁以下，皆为无服之殇……故子生三月，则父名之，死则哭之。未名则不哭也。"可知，在先秦时期按照未成年人去世的年龄，分为长殇（19岁至16岁）、中殇（15岁至12岁）、下殇（11岁至8岁）、无服之殇（8岁至3个月）四个不同等级。长殇、中殇、下殇三者，相应的服丧制度为"大功殇九月"、"大功殇七月"、"小功殇五月"三种。

具体说来，"大功殇九月"与"大功殇七月"，所着丧服皆为大功服。"大功布衰

[①] 许宏：《略论我国史前时期的瓮棺葬》，《考古》1989年第4期。

裳。牡麻绖。无受者。"(《仪礼·丧服》）用大功布做衰裳，用牡麻做首绖和腰绖。其中"无受者"，即终丧一服，葬后不再更换轻服。章景明先生指出："无受"的原因在于丧未成年人，礼俗比较简单，所以不变服，这是与已成人者在服制上的一项重要区别。① "大功殇九月"为长殇者所服，"其长殇皆九月，缨绖"（《仪礼·丧服》），即为长殇者服大功九个月，首绖上缀有绳缨。"大功殇七月"为中殇者所服，"其中殇之七月，不缨绖"（《仪礼·丧服》），为中殇者服大功七个月，首绖上不缀绳缨。父亲为夭亡（11岁以上）的子女则应服此大功丧服，即《仪礼·丧服》所言"子、女子子之长殇、中殇"。

"小功殇五月"，所着丧服为小功服。"小功布衰裳，澡麻带绖，五月者。"用小功布做衰裳，用经过濯洗的麻做带和首绖、腰绖，丧期五个月。其与成人的小功服时间上一样同为五月，但服制有区别，成人小功服用牡麻绖，有变服，三个月变麻为葛。祖父为下殇的嫡孙即服此小功丧，即《仪礼》载"嫡孙之下殇"。

对于年龄更小者（3个月至8岁），实行的是无服之殇，《仪礼·丧服》云："无服之殇，以日易月。以日易月之殇，殇而无服。故子生三月则父名之，死则哭之，未名则不哭。"郑玄云："以日易月，谓生一月者，哭之一日也。"可知对于八岁以下夭亡的幼儿，不必服丧，但视其所生月数而哭，生一个月则为之哭一天。如果生下来三个月，父亲已为他取名夭亡的婴儿，仅哭而已；未起名，则不哭。

总体而言，在先秦时期，未成年死亡，同成年人一样有着严格的服丧制度，依其血缘关系的亲疏、地位等不同的情况，决定服制的轻重。虽然其服制轻于成人，如即使最亲的子女、弟妹、叔父、姑母，其长殇也只服大功九月，但这一套特殊的服丧制度存在，彰显了对未成年人的爱护与重视，进而言之则是人们血缘亲情的表达。

二 灵魂不灭观与殡葬礼俗

（一）史前时期的灵魂不灭观

"灵魂"二字，是从西方引进的词，在中国古代文献中里并不一起使用。中国典籍中所称的鬼魂或魄与之相当，亦可通用。在古人的眼中，灵魂与人的体魄相伴随，如同人们生活的自然界诸多的"神"，它们都是永存的，既使人的肉体已经不存在，灵魂却无时不在左右并察看后人的生活，这就是灵魂不灭观念。

---

① 章景明：《先秦丧服制度考》，台湾中华书局，1971，第168页。

在人类诞生之初，只有动物的本能而没有思维意识。中国先哲称为："天降生民，空洞颛蒙。"（《汉书·扬雄传》）。经过同大自然的斗争，原始人不断丰富着对自然界与自身的认识，思维能力逐渐提升。大约在旧石器时代中晚期，原始人的灵魂观念开始萌芽并发展起来。梦对原始人灵魂思想的产生有着重要诱发作用。人们在梦中常常看到自己和别人，包括已经离世的族人。由于当时他们不清楚自己的身体构造以及在此基础上的生理与心理活动，进而对梦产生出一种充满崇敬甚至恐惧的幻想，好像除了自己的身体之外，还有一个看不见、摸不着的幻影，具有超越于现世和肉体本身的力量。虽然对于梦与灵魂的关系当时并没有文献记载，但从后世文章典籍中，我们不难做出推测。南朝曹思文《难神灭论》中分析庄子梦为蝴蝶的现象时说："其寐也魂交，故神游于蝴蝶，即形与神分也；其觉也形开，蘧蘧然周也，即形与神合也。"即认为人体有灵魂，做梦时灵魂与形体分离，独立活动，梦醒则灵魂与肉体合一。

面对死亡，原始人更是困惑，直接促成灵魂观念逐渐形成。他们不能理解一个与自己朝夕共处的亲人为什么会终止一切活动，呼之不应。"起初死亡被认作是不醒的睡眠，生者要对于自己'入睡的亲人'加以照顾，但尸体的腐烂是摆在原始人面前一个不能解决的问题，面对'睡眠的人'逐渐消灭的事实，他最初有着茫然失措的感觉。"①英国文化人类学家泰勒指出，当原始人还处于低级文化阶段上，"他们力求了解，第一，是什么构成生和死的肉体之间的差别，是什么引起清醒、梦、失神、疾病和死亡？第二，出现在梦幻中的人的形象究竟是怎么回事？看到这两类现象，古代的蒙昧人——哲学家们大概首先就自己做出了显而易见的推论，每个人都有生命、也有幽灵"。②这种幽灵可以独立于身体而存在，即使死后也永存不灭。原始人关于灵魂的观念，即此而生。对此，恩格斯在《路德维希·费尔巴哈与德国古典哲学的终结》一文中有过精辟的论述："在远古时代，人们还完全不知道自己身体的构造，并且受梦中景象的影响，于是就产生一种观念：他们的思维和感觉不是他们身体的活动，而是一种独特的、寓于这个身体之中而在人死亡时就离开身体的灵魂的活动。从这个时候起，人们不得不思考这种灵魂对外部世界的关系。既然灵魂在人死时离开肉体而继续活着，那末就没有任何理由去设想它本身还会死亡；这样就产生了灵魂不死的观念。"③

---

① 柯斯文：《原始文化史纲》，张锡彤译，人民出版社，1955，第179页。
② 爱德华·泰勒：《原始文化》，连树声译，上海文艺出版社，1992，第416页。
③ 《马克思恩格斯选集》第4卷，人民出版社，1974，第219~220页。

值得注意的是，灵魂观念创生后，在古人那里并不是一个具体的对事物本质属性概括，而且由于世界各地原始人所处的环境和境遇不同，他们对灵魂的看法也各不相同。如有的原始人把躯体的影子当成它的灵魂。如赤道上的人因在中午投不下影子，因此他们不敢在中午走出自己的矮屋，害怕失去灵魂而死去。有的原始人认为人死后灵魂是不死的，死后灵魂必须附在某物上面，可以附在骨骼上面，也可以附在动物或植物上面。①

总之，灵魂观念是"蒙昧时代蒙昧人由于生产力低下"的虚幻产物。由于原始人对自身以及自然认识的不足，对灵魂产生了既崇拜又畏惧的心理。不管怎样，先民有关于灵魂的认识，对今人了解古人的生死观和殡葬观有重要的意义。它是人类在死亡文化的探索历程中迈出的颇具历史意义的第一步，影响深远。诚如有的学者所言："灵魂观念乃是人类第一个系统的世界观，第一个哲学形态，也正是灵魂观念给人类提供了每一条通往超越死亡之路，并为后世一切死亡哲学准备了一个基本命题：'生命永恒'。"②

原始人有了灵魂观念之后，慢慢又将这种认识精细化：人不独有灵魂，且灵魂不随肉体的消逝归于消亡，而是永存不灭的。人活着时灵魂附着于肉体，死后，作为精神之气的魂漂浮于空中，升到天上，叫作神；人的肉体失去精神与灵气，所剩的魄为阴气，尸体腐烂，魄归于土，称为鬼。即如《大戴礼记·曾子天圆》卢辩注曰："神为魂，灵为魄，魂魄者，阴阳之精。有生之本也。及其死，魂气上升于天为神，体魄下降于地为鬼，各反其所出也。"其他文献亦有类似记载，如《礼记·祭义》云："生必死，死必归土，此之谓鬼。骨肉毙于下，阴为野土。"《楚辞·国殇》："身既死兮神以灵，子魂魄兮为鬼雄。"同时古人对于灵魂或者鬼魂的作用产生臆想：附在活人身上的灵魂，除对自身有保护作用外，对其他任何人并不起作祟或保护作用，但是人死后，鬼魂离开人体以后，却具有超人的能力，可以对自身以及自身以外的人起到保护的作用。鬼神是灵魂的变身，有意识，能分辨善恶，有祸福人类的威力。③他们还认为，鬼或神同人一样有喜、怒、哀、乐的情绪，有情欲等需求，每当愿望得到满足，感到欢愉，就能庇佑赐福于人；反之，人们无意中得罪了它们，懈怠了对它们的祭祀和奉献，鬼或神就会出来作祟，降祸于人。古人迷信鬼魂的超能力在于它能变化

---

① 许赐芳：《灵魂观的演变》，《学海》1996年第1期。
② 王治国：《殡葬文化学：死亡文化的全方位解读》，中国社会出版社，1998，第87页。
③ 朱天顺：《中国古代宗教初探》，上海人民出版社，1982，第183页。

形态，在暗中起作用，而活人无法觉察，于是人们把一些好事当成鬼魂的庇佑，把坏事和怪事当成鬼魂在作祟。①这一思想于后世文献的记载中可与印证。《春秋左传·昭公七年》载："及子产适晋，赵景子问焉，曰：'伯有犹能为鬼乎？'子产曰：'能。人生始化曰魄，既生魄，阳曰魂。用物精多，则魂魄强。是以有精爽，至于神明。匹夫匹妇强死，其魂魄犹能冯依于人，以为淫厉。'"子产认为人的生命由两部分组成，一部分称为魄，构成人身体的生命力；另一部分是人的魂，主管人的意志、情绪和智力。一个人在生活中保养好魄和魂，身体和智力都会强壮。当人死去，魄与魂便会分散。但是如一个人壮年时突然死去，他的魂魄还可能聚而未散，并有能力做坏事。

人死亡后灵魂不灭，自然界的诸神也威力无穷，所以人们必须对它们虔诚相待，以期盼得到这些神灵的庇护。这种观念在史前和先秦时代，集中表现在安置死者以及对祖先、诸神的祭祀活动中。殡葬是人们根据社会现实生活而对鬼魂幽冥间生活做出的安排，其起源与发展同原始人类灵魂不死的信仰密切相关，如学者所指出，"丧葬是灵魂观念的产物。中国灵魂观念的主体趋势，是灵魂永存"。②

（二）夏商周时期的鬼神观

基于灵魂不灭观，在夏商周时期，多数人相信在人类和自然之外，尚存一鬼神世界，继而形成一种崇敬鬼神的信仰。从文化人类学的角度来说，亦可称之为朴素的原始宗教。这种信仰对当时的殡葬礼俗有着直接的影响。

鬼神信仰的来历，学界通常认为：原始人类意识生成的依据，皆直接来自生活的实际和主观经验的积累，思维过程中受限于对自身构造、疾病与生死事件或梦幻的费解，以及对黑暗的恐惧等，遂产生了鬼神信仰。鬼神信仰的主要内容有三：一是相信人死后灵魂不灭；二是认为灵魂有超人的能力，生者畏惧它，但也能依赖它；三是按照人的生活和社会关系现实，也想象有一个类似的鬼魂世界；由此产生了各种带观念形态的葬俗葬制、祭祀仪式等。③

鬼神信仰在传世的史籍多有体现，如《礼记》所载，早在夏代就有"事鬼敬神"的文化特征，商人"尚鬼"，"尊神，率民以事神，先鬼而后礼"，"敬鬼神畏法令"，④

---

① 朱天顺：《中国古代宗教初探》，第184页。
② 罗开玉：《丧葬与中国文化》，三环出版社，1990，前言。
③ 朱天顺：《中国古代宗教初探》，第181页。
④ 从殷墟甲骨卜辞中的"鬼"字和向祖先占卜的次数非常频繁来看，同样体现了商人的灵魂信仰。参见徐吉军《中国丧葬史》，武汉大学出版社，2012，第59~61页。

周人则"事鬼敬神而远之",①尤其敬事祖先神灵。可见鬼神的观念盛行于上古三代。据《周礼》记载,古代祭祀对象分天神、地祇和人鬼三类,其中人鬼指先王。三代之时,人们笃信鬼神,凡事多向鬼神、先祖询问。原始崇拜,占卜之术为始。在殷墟中发现大量甲骨卜辞中,多为商人卜问祸福吉凶的记载,向后人展示了一个贵族信奉鬼神相当浓烈的生活世界。商人视鬼魂有善、恶之分。甲骨文载:"今夕鬼宁"、"多鬼梦不至祸"、"兹鬼坠在庭"、"贞□亡疾,王占曰:兹鬼魅"(皆见《甲骨文合集》24987、17451、7153、13751)。若从卜辞和其他古籍(如《礼记》)来看,在商周时代,人鬼除了先王,还包括先公、先妣、诸子、诸母和旧臣及厉(即无后乏祀或横死冤死之鬼)。②如果说一种历史现象的存在要远远早于其形诸文字的时代,那么崇敬鬼神的信仰和原始宗教观,出现的时代应该早于夏商。按《国语·楚语下》所载,据说上古三代之前,曾经历"民神不杂"至"民神杂糅"的变化,出现"夫人作享,家为巫史"的情形。复经重、黎各属神民,绝地天通,民间对神灵的祭祀归专人管理。虽然对此记载,我们不可全然当真,但在巫史文化兴盛的上古时代,鬼神崇拜的兴盛亦可想而知。

确切来说,至晚不过姬周,鬼神思想就已经是一种相当流行的观念。如《易经·睽》载:"见豕负涂,载鬼一车。"似乎讲了一个关于梦境中的鬼故事,由猪拉着一车鬼,云云。而到了春秋战国时代,关于鬼的故事、观念更盛于以前。从内容和形式两方面看,鬼神信仰广泛存在当时的社会中。如彭生死后为鬼报冤、魏武子妾亡父化魂报恩、黎丘奇鬼等故事。

彭生变鬼报冤,讲的是冤死之彭生变鬼报复齐王的事。鲁桓公十八年(前694年)偕同夫人文姜来到齐国,会见齐襄公。文姜为齐襄公的妹妹,与襄公通奸。鲁桓公知道后怒谴文姜。文姜将此告诉齐襄公,齐襄公乃设宴将鲁桓公灌醉,命公子彭生将桓公杀死。鲁国问罪,要求惩办凶手,齐襄公又杀了彭生以谢罪。到鲁庄公八年(前686年)十二月,齐襄公到姑棼贝丘游览、打猎。见一大猪,随从说:"这是已经亡故的公子彭生变化而来。"齐襄公怒道:"公子彭生怎敢现形?"用箭射杀之,猪

---

① 详见《礼记·表记》所载:"夏道尊命,事鬼敬神而远之,近人而忠焉,先禄而后威,先赏而后罚,亲而不尊;其民之敝,蠢而愚,乔而野,朴而不文。殷人尊神,率民以事神,先鬼而后礼,先罚而后赏,尊而不亲;其民之敝,荡而不静,胜而无耻。周人尊礼尚施,事鬼敬神而远之,近人而忠焉,其赏罚用爵列,亲而不尊;其民之敝,利而巧,文而不惭,贼而蔽。"
② 详见陈梦家《殷虚卜辞综述》,科学出版社,1956,第562页;林富士《汉代的巫者·引言》,台北:稻乡出版社,1999,第1~2页。

如人一样直立啼叫。襄公害怕，掉下车，摔坏了脚，丢了鞋子。被冤死的人能变鬼报冤，这是春秋时人的看法。

魏武子妾亡父化魂报恩，指的是鲁宣公十五年（前594年）七月在秦晋交战中发生的结草报恩故事。当时，秦、晋两国在辅氏一地开战，晋将魏颗受到一位神秘老人的帮助，俘获力士杜回。原来，其父魏武子（魏颗之父魏犨）生前有爱妾，无子嗣。在病时魏武子曾对其子魏颗说等他死后把妾嫁出去，到病危时又改口说把她殉葬。等魏武子死后，魏颗没有听从父亲病危所嘱殉葬其妾，而让她改嫁了。后在辅氏一战中，魏颗见有一老人把草打成结来遮拦威猛无比的杜回，把他绊倒在地，使魏颗轻而易举地抓到这位秦国力士。夜里，他梦见老人说："我是你所嫁女子的父亲。你执行先人清醒时的命令，我以此作为报答。"这个故事也是史家结合当时听闻所编，此老者当为魏武子改嫁之妾的亡父，能化为鬼神报答有恩于其女儿的魏颗。

黎丘奇鬼出自《吕氏春秋·疑似》，讲一老翁因鬼误杀其子的故事。据说梁地黎丘有一个奇怪的鬼，喜欢装成别人的子女。某日有一邑的老者从集市上喝醉而归。此鬼化装成其子的模样，搀扶老者回家，并捉弄他，令其苦不堪言。老者回家清醒后，责其子说："我是你父亲，难道不慈祥吗？为什么在我醉了的时候你在半路上为难我？"儿子听说了，觉得奇怪，跪地泣道："根本无此事，当时我去东边邻村讨债，您不信，就问问那里的人。"父亲相信了，说："那一定是传说中的奇鬼所为。明天我再去集市喝酒，回来遇上这个鬼就把他杀掉。"第二天，他一早至集市上又喝醉。他的孩子担心父亲被鬼打败，回不了家，于是在路上迎接。老者见其真的儿子，以为是那个鬼，故拔剑刺去，于是儿子就这样被这位糊涂的父亲要了命。

以上三个传说故事见载于先秦时期的典籍中，都说明了当时人们相信世上有鬼的事实。即使当时一些具有朴素的唯物主义认识、重视人道的思想家，也对鬼神有肯定的论述。如主张"天道远，人道迩"的思想家子产，在回答赵景子的问题"伯有犹能为鬼乎"时，也不讳言人能为鬼："人生始化曰魄，既生魄，阳曰魂。用物精多，则魂魄强。是以有精爽，至于神明。匹夫匹妇强死，其魂魄犹能冯依于人，以为淫厉，况良霄，我先君穆公之胄，子良之孙，子耳之子，敝邑之卿，从政三世矣。郑虽无腆，抑谚曰'蕞尔国'，而三世执其政柄，其用物也弘矣，其取精也多矣。其族又大，所冯厚矣。而强死，能为鬼，不亦宜乎？"（《左传·昭公七年》）大意是说：人刚死去叫作魄，阴神变成魄，阳神为魂。他活着时享用的物品精美丰富，魂魄就强壮。因此就能够现形，一下反而成为神明。普通男女不得好死，其魂魄会依附在别人身上，为非作歹。而伯有是我国先君穆公的后代,子良的孙子,子耳的儿子,敝邑的卿,执政已经三世了。郑国虽然不富有,或许如谚语所言"小小的国家",但三世执掌郑国国政,享用之物很多,取得其精亦多。其族大力雄,而又不得善终,故他能变成鬼魂,不是很正常吗?

受当时鬼神论风气盛行的影响,在春秋战国时期,主张不语怪力乱神,"未能事人,焉能事鬼"的儒家人物也探究鬼神之道,曰"精气为物,游魂为变,是故知鬼神之情状"、"鬼神害盈而福谦",讨论鬼神是何物。① 而且他们从祭祀之诚敬与专一上,主张"祭如在,祭神如神在"(《论语·八佾》)、"非其鬼而祭之,谄也"(《论语·为政》),特别是在政治的意义上主张"神道设教"(《周易·观》)、"敬鬼神而远之"(《论语·雍也》)、"慎终追远,民德归厚矣"(《论语·学而》)、"人谋鬼谋,百姓与能"(《周易·系辞》),等等。至于墨子及其后学更是坦认灵魂不灭,并专门在《明鬼》篇中极尽其能事论证世界鬼神有天、地(即山水)、人三类,且"鬼神之能赏贤而罚暴",力图勾勒一个有人格意志的鬼神世界,对当时及以后的鬼神思想发展产生了深远的影响。

另外,鬼神信仰在先秦个别地区相当盛行,表现出浓郁的地域文化特色,如战国时期的楚地。在《楚辞·国殇》中,就有"身既死兮神以灵,子魂魄兮为鬼雄"的说法。《列子·说符》云:"楚人鬼。"《汉书·地理志下》说楚地之人"信巫鬼,重淫祀"。据学者研究,楚人狂热的巫鬼崇拜有四个突出的表现:遍设鬼祠,尊崇厉神,隆祀国殇,祷求先祖。② 楚人丧葬中的招魂、引魂习俗,洋溢着浓烈的灵魂不灭观念。从现在出土的楚墓帛画中可见,画面表现的母题多为龙、凤、龙舟、四象、北斗和天、地、幽都三界。学者们认为:四象、北斗图像的功用是给灵魂指引升天的方向及路径,龙、凤、龙舟是引导灵魂升天的工具,而天、地、幽都三界表现了升天的全过程,都与灵魂信仰密切相关。从现在的两幅楚帛画来看,一为湖南长沙陈山楚墓出土的人物龙凤图,表现的是女墓主"希望飞腾的神龙、神凤引导或驾驭的幽灵早日登天

---

① 《礼记·祭义》篇中记载了一段发生在孔子与弟子宰我之间的故事,宰我曰:"吾闻鬼神之名,不知其所谓。"子曰:"气也者,神之盛也。魄也者,鬼之盛也。合鬼与神,教之至也。众生必死,死必归土,此之谓鬼。骨肉毙于下,阴为野土。其气发扬于上为昭明,焄蒿凄怆,此百物之精也,神之著也。因物之精,制为之极,明命鬼神,以为黔首则,百众以畏,万民以服。圣人以是为未足也,筑为宫室,设为宗祧,以别亲疏远迩;教民反古复始,不忘其所由生也。众之服自此,故听且速也。二端既立,报以二礼:建设朝事,燔燎膻芗,见以萧光,以报气也。此教众反始也。荐黍稷,羞肝肺首心,见间以侠甒,加以郁鬯,以报魄也。教民相爱,上下用情,礼之至也。"这里我们固然不可断论是孔子师弟之间的真人真事,但言其为儒家内部关于鬼神思想的讨论,是大致无错的。

② 参见宋公文、张君《楚国风俗志·巫觋篇》,湖北教育出版社,1995,第397~403页。

图1-2 楚墓人物龙凤帛画

资料来源：陈绍棣《中国风俗通史·两周卷》，上海文艺出版社，2003，彩图52。

图1-3 楚墓人物驭龙图

资料来源：陈绍棣《中国风俗通史·两周卷》，彩图51。

升仙"。① 另一为长沙子弹库一号楚墓出土的人物御龙图，表现的是男墓主驭龙、灵魂登天成仙的情景（图1-2、1-3）。②

从多有记载丧制祭礼的《礼记》和大倡明鬼祀神的《墨子》，可帮助我们进一步了解先秦时人们敬鬼神的原始宗教观及其对殡葬的潜在影响。

1.《礼记》中所述的鬼神观

《礼记》多谈丧礼祭祀，与敬鬼神的原始宗教观密切相关。所谓"祷祠、祭祀、供给鬼神，非礼不诚不庄"（《礼记·曲礼上》），无论临时的祭祀和定期的祭祀，供奉鬼神若没有礼则不虔诚、不庄重。"夫祭有十伦焉：见事鬼神之道焉，见君臣之义焉，见父子之伦焉，见贵贱之等焉，见亲疏之杀焉，见爵赏之施焉，见夫妇之别焉，见政事之均焉，见长幼之序焉，见上下之际焉。此之谓十伦。"（《礼记·祭统》）先秦时人

---

① 熊传新：《对照新旧摹本谈楚国人物龙凤帛画》，《江汉论坛》1981年第1期。
② 陈绍棣：《中国通史图说·春秋战国卷》，九洲图书出版社，1994，第363页。

认为祭祀的意义大致有十项：体现与鬼神交通的方法，体现君臣关系的大义，体现父子关系的道理，体现贵贱关系的等级，体现亲疏之关系，体现赏罚的实施，体现夫妇之别，体现政事的公平，体现长幼的次序，体现上下之间的关系。

其实，礼的本义就是盛玉器以礼神灵，含有人文理性的礼乐文明即从巫史文化、鬼神崇拜中演变而来，所谓"明则有礼乐，幽则有鬼神"（《礼记·乐记》），"天下之礼，致反始也，致鬼神也，致和用也，致义也，致让也。致反始，以厚其本也。致鬼神，以尊上也"（《礼记·祭义》）。礼的诸多作用中，致鬼神亦在其列，礼使人报答鬼神，以尊敬长上。《礼记》多处阐述礼之本义，将礼与鬼神信仰的密切关系揭示得相当充分，①如《礼运》篇载："是故夫礼，必本于大一，分而为天地，转而为阴阳，变而为四时，列而为鬼神，其降曰命，其官于天也。""故礼义也者，人之大端也，所以讲信修睦而固人之肌肤之会、筋骸之束也，所以养生、送死、事鬼神之大端也"，"是故夫礼，必本于天，淆于地，列于鬼神"，"礼者，君之大柄也，所以别嫌明微，傧鬼神，考制度，别仁义，所以治政安君也"。《礼器》篇亦言："社稷山川之事，鬼神之祭，体也。丧祭之用，宾客之交，义也。"皆阐述了一个道理：礼是养生送死、事鬼神之最基本的指导原则和依据，是中国人生死哲学的核心，而鬼神则是死亡文化中首先关切的对象，目的在于孝敬亡故的先祖亲人。

据《礼记》所载可见，先秦时人祭祀的对象较广，天地四时，日月星辰，旱涝之灾，山川丘陵等，祭祀的物品多所不同，并从中诞生了早期的鬼神观念。如"山林、川谷、丘陵能出云，为风雨，见怪物，皆曰神。有天下者祭百神，诸侯在其地则祭之，亡其地则不祭。大凡生于天地之间者皆曰命。其万物死皆曰折，人死曰鬼，此五代之所不变也"（《礼记·祭法》）。在先秦人的眼里，山林川谷丘陵能出云气、兴风雨、现怪物，这些都叫作神。统治天下者，要祭天下诸神。做诸侯者，在其封地就要祭诸神，失去封地后可不祭。大凡生存于天地之间的都叫作命，其中万物死去都叫作折，人死了称为鬼，这些名称是三皇五帝以来都不曾改变的。

先秦儒家认为鬼神亦有德，是为政需要关注之事。如《礼记·中庸》载子曰："鬼神之为德，其盛矣乎！视之而弗见，听之而弗闻，体物而不可遗。使天下之人齐明盛服，以承祭祀，洋洋乎如在其上，如在其左右。"鬼神的德行盛大啊！看不见，听不见，但万物都体现着它而无可遗漏，使天下人都穿上整洁的盛装，以奉行祭祀，

---

① 《礼记》中关于鬼神信仰的叙述多于我们仅仅见到提及的"鬼神"或"鬼"、"神"字眼的语段。限于篇幅，本书只谈确切提到鬼神的段落，余不赘述。

仿佛鬼神如在人的上面，如在人的左右。"故君子之道，本诸身，征诸庶民，考诸三王而不缪，建诸天地而不悖，质诸鬼神而无疑，百世以俟圣人而不惑。质诸鬼神而无疑，知天也；百世以俟圣人而不惑，知人也。"君子要行之大道，先从自身做起，示范于民众，并以三代圣王的教诲来考校而无错，立于天地之间而不违背，在鬼神面前验证也无可怀疑，百世之后待圣人出来也无疑惑。在鬼神面前验证无可怀疑，是了解天意；百世之后待圣人出来检验也无疑惑，是了解人意。儒家这种将鬼神与政治联系起来的认识，被墨家发挥得淋漓尽致，儒墨作为战国时期的两大显学，在很大程度上反映了当时学者和世人浓郁的鬼神观念。

2. 墨子学派所述鬼神观

墨子学派在《墨子》一书的《天志》、《明鬼》等篇中提出明天鬼、敬事鬼神的观点，阐述了自己的神鬼观，是先秦诸子中对鬼神崇敬表述得最为明显和充分的学派，加之有相对严格的组织和对外活动，故其宗教团体的色彩也比较突出。进而言之，墨家是先秦时期具有最丰富的鬼神思想内容的宗教性流派。

墨子认为世界上存在鬼神，他列举了诸如周宣王时杜伯死后为鬼等很多古代的鬼故事，以证明"鬼神之有"。对于无鬼神论者所言"鬼神者，固无有"，墨子辩驳道："今天下之王公大人士君子，实将欲求兴天下之利，除天下之害，故当鬼神之有与无之别，以为将不可以明察此者也。"并建议不信鬼神论者"何不尝入一乡一里而问之，自古以及今，生民以来者，亦有尝见鬼神之物，闻鬼神之声，则鬼神何谓无乎？若莫闻莫见，则鬼神可谓有乎？"（《墨子·明鬼下》）他从政治治理的角度指出鬼神存在的意义：当今天下的王公大人、士君子者，如果真想要为天下人谋福利、除祸害，那么对于鬼神的有无，是不可不考察清楚的。同时，他也从民间信仰的角度谈鬼神存在的现实性，以为如果人们不相信鬼神，可以到一个乡里，问问当地的居民，若他们回答，从古到今，自有人生存以来，就曾经有人见到鬼神之形状、听到其声音，那么怎么能说没有鬼神呢？如果没听到、见到过，那么怎么能说鬼神是有的呢？

墨子将鬼分为天鬼、山水鬼神、人死而为鬼者，认为鬼神是有意志的，能惩恶扬善，治国利民，"鬼神之明，不可为幽间广泽山林深谷，鬼神之明必知之。鬼神之罚，不可恃富贵众强、勇力强武、坚甲利兵，鬼神之罚必胜之"（《墨子·明鬼下》），"尝若鬼神之能赏贤如罚暴也，盖本施之国家，施之万民，实所以治国家、利万民之道也"（《墨子·明鬼下》）。在墨子看来，鬼神无处不在，神明无比，秋毫可查，能除暴安良，替天行道。鬼神无论是幽深隐微、浩渺广阔之处，还是山林深谷掩蔽之地，都能体察知道。无论是富贵势众、勇武强悍，抑或拥有坚铠利刃之武器者，鬼神都能战胜、惩罚他们。鬼神如此赏贤能、惩暴恶，普施于国家治理民众之中，则为利国利民之根本。

墨子视尊明鬼神为"圣王之道"，认为三代圣王禹、汤、文、武"欲以天之为政于天子，明说天下之百姓，故莫不犓牛羊，豢犬彘，洁为粢盛酒醴，以祭祀上帝鬼神，而求祈福于天"，要"上事尊天，中事鬼神，下爱人"（《墨子·天志上》）、"明天鬼之所欲，不避天鬼之所憎，以求兴天下之利，除天下之害。是以率天下之万民，齐戒沐浴，洁为酒醴粢盛，以祭祀天鬼"（《墨子·尚同》）。查明鬼神之所需，不回避鬼神之所恶，事鬼神而后兴利除害。这就是为何尊祀天地成物中之鬼神的原因，仍然是立足于治国安邦平天下的角度而论鬼神之用。对于墨学一派，学界通常认为它集中反映了当时下层劳动人民的诉求。诚如此，则这种鬼神思想在战国时期的民间有很大的市场，代表着一种价值观、一种信仰，亦当影响到殡葬。但与儒家敬鬼神且主张厚葬不同的是，墨家主张薄葬（具体内容见第五节的相关论述），开启了此后薄葬论思想的先河，影响深远。

总之，上述文献记载反映了先秦时古人的生死鬼神观和功利性的目的。而这些认识的基本前提就是古人认为人死后会变成鬼，魂魄尚在，或保佑后人或为害于世，故生者不惜重金去安葬死者，并祭奠祖灵鬼神，祈求庇佑后昆，换得生人的平安，为子嗣提供一点精神上的慰藉。

三 灵魂观念影响下的殡葬礼俗

人猿相揖别之初，社会生产力水平极端低下，原始人的思维能力欠发达，蒙昧无知，他们对于人生中生老病死等很多问题不甚明了，对于死者一般弃尸于野。灵魂和灵魂不死观念产生后，原始人出于对灵魂的敬仰与畏惧，对死者的尸体不再是随意遗弃而要妥善处理，殡葬之俗便产生了，并且灵魂存在、永恒不灭的理念不断地体现于且影响着殡葬礼俗的发展。就现在出土的考古资料来看，从旧石器时代晚期至整个新石器时代（氏族社会），诸如尸体埋葬地方的选择、周围铺垫红色粉末、瓮棺留有小孔、建立共有的墓地、必要的随葬品、不同的葬式乃至杀殉制等，皆表明当时人们浓郁的灵魂信仰及对死者灵魂的妥善安置。[1]类似情形在世界其他各地

---

[1] 陈华文：《丧葬史》，上海文艺出版社，2007，第6~7页。

亦有。总之，殡葬，从表面上看是属于死者，但实质上却是活人世界对宗教信仰、死亡观念的直接表达，人们根据主观上对灵魂与尸体关系的种种想象及灵魂在另一世界生活的幻想，安置死者尸体，祭奠死者，进而产生了各种葬法、葬式以及殡葬习俗仪规。

《礼记·檀弓下》载："葬于北方北首，三代之达礼也，之幽之故也。"在史前和先秦时代，被葬者的姿势头向有特殊含义，可能反映了"之幽之故"的灵魂不灭观念。从现在的出土资料来看，不同地区的公共墓地中，墓坑中死者的头向不尽相同，但整体上单个墓葬区则保持大体一致，均反映了时人的灵魂信仰。

春秋战国时期，在《礼记》等典籍所述的世人殡葬程序中，从当初的复魂、招魂，至最终迎魂入祖庙，都与灵魂不死观密切相关。如复魂、招魂，史书有载，"及其死也，升屋而号，告曰：'皋—某复。'然后饮腥苴孰。故天望而地藏也，体魄则降，知气在上。故死者北首，生者南乡，皆从其初"（《礼记·礼运》）。大意是说：人死后，其亲人就到屋顶上，拉长了声音对天呼告："某，回来吧。"然后用生米为死者行饭含礼，用蒲包包裹熟肉为死者送葬。望天招魂，葬地藏尸，身体虽降入地下，精气却升到天上。因此，今天死人，头朝北而葬，活人屋朝南而居，都是从初民的习俗沿袭下来的。①在被学者视为"宝贵的关于先秦时期葬俗的诗歌"②的《楚辞·招魂》篇中，为我们提供了更详细的关于春秋战国时期殡葬礼俗中巫觋为帝招魂的情形，摘录其中部分描述如下：

（巫阳）乃下招曰：魂兮归来！去君之恒干，何为乎四方些？舍君之乐处，而离彼不祥些。魂兮归来！东方不可以托些。长人千仞，惟魂是索些。十日代出，流金铄石些。彼皆习之，魂往必释些。归来归来！不可以托些。魂兮归来！南方不可以止些。雕题黑齿，得人肉以祀，以其骨为醢些。蝮蛇蓁蓁，封狐千里些。雄虺九首，往来倏忽，吞人以益其心些。归来归来！不可以久淫些。魂兮归来！西方之害，流沙千里些。旋入雷渊，麋散而不可止些。幸而得脱，其外旷宇些。赤蚁若象，玄蜂若壶些。五谷不生，藂菅是食些。其土烂人，求水无所得些。彷徉无所倚，广大无所极些。归来归来！恐自遗贼些。魂兮归来！北方不可以止些。增冰峨峨，飞雪千里些。归来归来！不可以久些。魂兮归来！君无上天

---

① 杨天宇：《礼记译注》，上海古籍出版社，2004，第269~270页。
② 晁福林等：《中国民俗史·先秦卷》，人民出版社，2008，第295页。

些。虎豹九关，啄害下人些。一夫九首，拔木九千些。豺狼从目，往来侁侁些。悬人以娭，投之深渊些。致命于帝，然后得瞑些。归来归来！往恐危身些。魂兮归来！君无下此幽都些。土伯九约，其角觺觺些。敦脄血拇，逐人駓駓些。参目虎首，其身若牛些。此皆甘人，归来归来！恐自遗灾些。魂兮归来！入修门些。工祝招君，背行先些。秦篝齐缕，郑绵络些。招具该备，永啸呼些。魂兮归来！反故居些……酎饮尽欢，乐先故些。魂兮归来！反故居些。

其辞大意为：巫阳于是下界招魂说，灵魂啊回来！为什么离开躯体四处游荡？离弃你的乐土，却遭受那些灾殃。灵魂啊回来，不能到东方安身啊。巨人族高达千仞，专门索要灵魂啊。十个太阳交替出现，金属石块全能销熔啊。它们都习惯了高温，灵魂一到必然离散啊。回来吧，那里不能落脚啊。灵魂啊回来，不能在南方停留。土著们在额头刺青，涂黑牙齿，以人牲祭，用人骨作肉酱啊。毒蛇丛聚，巨狐驰骋千里啊。九头雄蛇转瞬来去，吃人满足它们的贪欲啊。回来吧，不要长时间逗留啊。灵魂啊回来，西方险恶，有方圆千里的流沙啊。裹挟流入雷渊便会被碾成碎末，千万不能逗留啊。即便侥幸逃脱，外面是人迹罕至的荒野啊。红蚁如象一般庞大，土蜂鼓腹与葫芦相仿啊。各种谷物不能生长，它们只能以丛生的菅草为食啊。这里的地温能将人蒸烂，水源到处找寻不到啊。徘徊游荡无所凭依，广阔辽远走不到尽头啊。回来吧，恐怕你招来祸害啊。灵魂回来吧，不能在北方停留啊。冰山高耸，雪花飘飞弥漫千里啊。回来吧，不要再耽搁了啊。灵魂回来吧，不要登上天去啊。虎豹把守九座关口，吞噬伤害下界的人啊。有怪物长着九个脑袋，一口气拔掉树木九知啊。豺狼眼睛倒竖，群来群往片刻不停啊；将人悬挂起来戏弄，然后投到深渊里去啊。它们向天帝复命，之后才能小睡一会儿啊。回来吧，去了恐怕危及生命啊。灵魂啊回来吧，不要北上到日没的幽暗之处啊。土神剑戟森森，头角锐利啊。厚厚的脊背，血淋淋的手爪，急速地追着人们乱跑啊。他有虎头三眼，身体像牛一样啊。这些都以人为美味，回来吧。恐怕要自受其害啊。灵魂啊回来，从郢都国门进入啊。巫祝为你招魂，他背对前方，倒走为你作先导啊。秦地竹笼，齐地丝线，用郑国丝絮做成的灵幡啊。招魂的器具一应全备，再就是长声叫喊啊。灵魂回来吧，回到你的故园啊……欢乐醉酒不留遗憾，娱乐祖先，宴会故旧啊。灵魂啊回来吧，回到你的故居啊。[1]

---

[1] 林家骊注译《楚辞》，中华书局，2009，第207~221页。

从这篇招魂辞中，我们既可见当时人们对鬼神恐惧有加，亦见其通过种种娱神的方式舒解、缓和这种恐惧感，但根本前提是他们承认万物有灵、灵魂不灭。有学者分析这篇招魂辞，认为："歌曲中反映了当时人们心目中四方荒远之地是如何的危殆，以及天上、地下境界的可怖。古人认为'复，尽爱之道也，有祷祠之心焉；望反诸幽，求诸鬼神之道也；北面，求诸幽之义也'（《礼记·檀弓下》）招魂之俗与人们的这种观念直接相关，它是人们为挽救死者以免除其极大苦难的最后一次努力。"[①]如《礼记》所释，招魂其实是孝子向亲人尽爱心的方式，有祈祷鬼神以求亲人复生的心情。招魂时望着幽暗处，这是祈求鬼神的方法。招魂时面朝北方，正是向幽暗处招求遵从亡灵的意思。

而从根本上来看，人们事死如生的态度和所采取各种殡葬形式，很大程度上取决于活跃在时人心中的灵魂观念。在儒家看来，殡葬丧礼就是事死如生、以生饰死、极其哀敬。这一点，荀子说得比较清楚："丧礼者，以生者饰死者也，大象其生以送其死也。故事死如生，事亡如存，终始一也。始卒，沐浴、鬠体、饭唅，象生执也。不沐则濡栉三律而止，不浴则濡巾三式而止。充耳而设瑱，饭以生稻，唅以槁骨，反生术矣……故圹垄、其貌象室屋也；棺椁、其貌象版盖斯象拂也；无帾丝歶缕翣，其貌以象菲帷帱尉也。抗折，其貌以象槾茨番阏也"（《荀子·礼论》）。大意为：所谓殡葬丧礼，是生者为死者送终修饰的事情，最大程度上模拟生人的形式来安葬故人。所以，对待死者如其仍然活着一样，即使亡去仍然如存在一样，始终如一。这些寓意体现在殡葬的各方面，如刚刚去世时为其沐浴、整洁身体、嘴里含饭，如同其人生前一样对待。如果没办法沐浴，则通过其他方式象征性地示以已沐。耳朵放置玉器、嘴里含饭，都是希望死者能复生……之后下葬的坟地墓穴，也是模仿生前所居；棺椁及内外装饰，同样出于这样的考虑。

由古至今，人有灵魂，多为世人所笃信。灵魂观念一直伴随着人类社会的发展，即使在科学技术高度发达的今天也并没有就此湮灭。"魂不附体"、"失魂落魄"、"魂飞魄散"、"万物有灵"、"天意不可违"等现代词汇，都是古代神灵观的延续和演变。不过时至今日，在马克思主义辩证唯物论的传播与普及下，灵魂观念的影响逐步消退，以"灵魂不死"为基础的传统殡葬活动虽然存在，但人们已经更科学地正视死亡，理性处理死者后事。

---

① 晁福林等：《中国民俗史·先秦卷》，第 295 页。

第三节 "二元"世界中的殡葬形态发展

殡葬是现实社会的移植和缩影，具有鲜明的时代特征，反映了特定时期人们对于死亡、对于生活的认识，同时也展现了当时的生产生活与社会发展状况。就史前和先秦时代的殡葬而言，无论是氏族公共墓地或族坟墓，还是土葬、火葬等各具特色的葬法，抑或繁简不一、等级鲜明的殡葬礼俗都是当时社会生活、信仰理念的直观反映。

一 部落、聚落与氏族公共墓地

（一）村落与氏族公共墓地产生

马克思指出："物质生活的生活方式决定社会生活、政治生活以及精神生活的一般过程。"① 殡葬作为意识领域的产物，其产生和发展取决于社会生产力的提高。传统学界对于原始社会之分期，大致分为原始群、血缘家族、氏族公社三个阶段。殡葬与原始社会的组织变化关系，最集中地表现在墓地上。

在原始群阶段，人类"还不知道用火，人们没有发音分明的语言，也没有人工制造的工具……依靠……地面上野生的果实"，② 几乎完全处于蒙昧状态中，群内成员们的劳动协作，是最初的本能劳动形式，这时既没有婚姻规则，没有任何的社会组织形式，也没有殡葬活动。随着生产力的发展，原始人在群居生活中有了初步的婚姻规则，排除双亲与子女、祖父母与子孙发生婚姻关系，实行同辈男女之间互相婚配，由此产生了血缘家族。马克思说："由血缘家族所指明的社会状态，证明以前有一种杂交状态存在……一俟原始群为了生计必须分成小集团，它就脱离杂交状态而形成血缘家族；血缘家族是第一个社会组织形式。"③ 血缘家族内部人人平等，集体劳动、共同生产、共同消费。这一时期殡葬活动已经产生，当时人们一般居住在洞穴里，同时也将死者埋葬其中，由之产生了最早的墓地，后人将之称为居室葬。如北京周口店山顶洞人的墓穴中，上室为生者的居所，下室即为死者的墓地。同时这种居室葬在其他早期遗址也有发现，如黑龙江依兰县倭肯哈达洞穴墓地、江西万年仙人洞墓地和广西桂林

---

① 《马克思恩格斯选集》第1卷，人民出版社，1972，第341页。
② 马克思：《摩尔根〈古代社会〉一书摘要》，中国科学院历史研究所翻译团译，人民出版社，1965，第49～50页。
③ 马克思：《摩尔根〈古代社会〉一书摘要》，第50页。

甑皮洞穴墓地中皆是就在洞穴或洞口处掩埋死者。从此亦可知居室葬是最早存在的埋葬形式。

　　从旧石器时代中期开始，生产力和生产技术进一步发展，为了适应人口繁衍和生产生活之需要，血缘家族分成较小的集团，多为相邻而居的两个集团，彼此之间进行婚配，促成族外婚的产生，新的社会组织——氏族应运而生。氏族是建立在血缘关系上的一种稳定的社会组织，为原始社会的基本单位。作为一个统一的整体，氏族的统一性在各个方面均有表现，对同一氏族来说，不仅内部的血亲关系是密切的，同时经济生活也是统一的，各种活动都以氏族为单位进行。这种社会现实状况反映在当时的墓葬习俗方面，受灵魂观念和亲情思想的支配，即是实行统一的埋葬制，把同一氏族成员的死者埋葬在同一块墓地中，是氏族成员生死不离观念的体现，充分反映了氏族成员之间的血缘关系。可以说，氏族公共墓地就是氏族成员共同的灵魂安息地。在当时，每一个氏族都有自己的公共墓地。曾骐先生说："到了新石器时代，氏族社会处于发展、繁荣阶段，受灵魂观念支配的墓葬，在发展过程中逐渐形成制度，每个氏族有自己的公共墓地，有一定的埋葬形式。"[①]恩格斯在论述易洛魁人的氏族时也提到了这种氏族墓地："氏族有共同的墓地……在其他印第安人中间，这种墓地还保存着……但在墓地上，每一个氏族有独特的排，所以，总是把母亲而不是把父亲和子女埋在一排。"[②]这说明氏族公共墓地并不只在中国存在，而是人类历史发展中的普遍现象。各地的公共墓地规模不尽相同，有的数百座甚至近千座墓葬集中在一起，有的一座合葬墓共同埋葬竟达七八十人之多。当时不仅每一氏族都有一个只供本氏族成员使用的共同墓地，在具体的埋葬习俗上也几近一致。故而，氏族公共墓地因社会组织之变化而产生，直观地反映了当时的社会意识和组织形态。

　　氏族公社时期，又有诸多部落的存在。恩格斯在《家庭、私有制和国家的起源》一书中曾指出："正如几个氏族组成一个胞族一样，几个胞族就古典形式来说则组成一个部落。"部落属于特定历史的产物。"它不是一个单纯的婚姻集团，也不是一个简单的人类群团的集合体。原始社会中的部落是一个建立在氏族血缘关系基础之上，有着共同领土、共同语言（部落方言）、共同文化宗教习俗的原始人们共同体。不仅如此，它还有着自己的一整套行政和军事管理机构——部落议事会、部落酋长和军事首

---

① 曾骐:《我国史前时期的墓葬》,《史前研究》1985年第2期。
② 《马克思恩格斯选集》第4卷,人民出版社,1972,第84页。

领，具有了初步政治权力的萌芽。"① 同时因地缘关系和血缘关系，这一时期出现了很多聚落。相较于部落这一社会组织而言，聚落更具空间意义。《中国大百科全书》写道："聚落 Settlement，人类各种形式聚居地的总称。古代指村落，近现代泛指一切居民点。"② 据学者研究，新石器时代聚落的群聚现象不仅是当时人类社会一种普遍存在的组织形态，也是一种生活方式，而且还是旧石器时代人类群聚现象的延续与发展。群聚现象的基本属性与人类的血缘和婚姻关系密切相关。其中，聚落可能以氏族为组织单位，聚落群可能属于部落，而聚落群团则可能是部落群或部落联盟。③ 同时需指出的是，在新石器时代，聚落的形成与原始农业的产生发展也有着密切关系。原始农业产生后，人们生产有一定模式，生活得到保障，从四处游走转为在某一地点定居下来，以氏族血缘关系为基础的聚落逐渐形成。"以聚落为中心的一块区域是氏族成员生存和活动的空间，在这个区域内从事着共同的经济生活和宗教生活。"④ 从现有的考古资料看，这一时期的聚落建造已有统一的规划、明确的分区，每个聚落无论面积大小，一般都由生活居住区、公共活动区、墓葬区以及防护设施组成。"专用氏族公共墓地的辟建，是氏族丧葬制度的一大发展，像对待氏族成员集体生活一样，同时重视起死后的集中安置，显示除了血缘纽带的牢固性和氏族的平等原则"⑤。基于聚落内部共同的精神信仰和图腾崇拜，公共墓地大都整齐标准，排列有序，制度比较严格，在地理位置、埋葬头向、葬式、随葬物等方面皆几近一致。

考古发现，新石器时代遗址近旁，大多都有独立的公共墓地。⑥ 从地理位置上，公共墓地大多分布在原始聚落附近，有的墓地与居住区由自然河道或人工壕沟相隔。据如在山东地区，新石器时代早期的后李文化比较典型的墓地发现于小荆山遗址，墓葬多集中分布于该遗址的东南部，北距居住区约 30 米，虽被破坏，但仍发现排列有序的后李文化墓葬 12 座。⑦ 又如仰韶文化的西安半坡墓地在居住地的北部，这里有 174 座成人墓，墓地与居住区之间隔着一条宽深各 5~6 米的壕沟。⑧ 临潼姜寨遗址有三处公共墓地位于居住区的东、东北、东南面，出土有 170 多座成人墓葬，有宽深约

---

① 彭英明:《部落及其产生浅探》,《中南民族学院学报》1985 年第 5 期。
② 《中国大百科全书》(简明版)，中国大百科全书出版社,1998,第 2537 页。
③ 裴安平:《史前聚落的群聚形态研究》,《考古》2007 年第 8 期。
④ 龚书铎总主编、李瑞兰主编《中国社会通史·先秦卷》,山西教育出版社,1996,第 165 页。
⑤ 孟慧英:《中国原始信仰研究》,中国社会科学出版社,2010,第 51 页。
⑥ 中国社会科学院考古研究所:《中国考古学·新石器时代卷》,第 124 页。
⑦ 王守功、宁荫堂:《小荆山遗址第二次发掘的收获》,《中国文物报》1994 年 3 月 27 日。
⑧ 中国科学院考古研究所等编《西安半坡：原始氏族公社聚落遗址》,文物出版社,1963,第 198 页。

两米的水沟与居住地隔开，迁葬墓的葬地集中在村落中心偏西北。①马家窑文化的墓葬，在兰州王保保城、天水师赵村、民和核桃庄、同德宗日等地均有发现，墓地多与居住地毗邻或相近，也有与居址相距稍远单独公共墓地。如同德宗日墓地即与居址分开，生活区集中在沟东区第四坪台，墓葬区集中第二阶地的坪台前沿上。②这是当地地形地貌的特殊性造成的。

同一处公共墓地在死者头向上也具有统一性，排列有序。如仰韶文化的半坡墓地内，墓穴排列比较整齐，埋葬方向基本一致，多数向西或者接近向西。③华县元君庙氏族墓地的布局规整有序，有45座南北成排布置，分为6列安葬，死者头向全部朝西。④同样，齐家文化的氏族公共墓地也多是如此，大的墓地有二三百座墓葬，小的亦在几十座以上，墓地中的墓坑都是成组成行排列。如永靖秦魏家墓地，其南部墓地的99座墓葬中，分成六排平行排列，方向一律朝向西北；北部墓地的29座墓葬分三排平行排列，方向一律朝西。⑤北辛文化的东贾柏遗址东部的墓地有23座墓葬，头向为东偏北，多在82～87度。⑥

同一个氏族公共墓地大多都有一种主要的葬式，其他葬式均为少数。如半坡墓地共发现250座墓葬，除73座儿童瓮棺葬外，其中150多座墓葬皆为单人仰身直肢葬，占87%以上，此外还有少量俯身葬、屈肢葬及数座合葬墓。山东大汶口遗址的氏族公共墓地1959年发掘出133座墓葬，其中单身仰身直肢葬有116座，也占87%。而在常州圩墩新石器遗址发现的墓葬，葬式以单人俯身直肢葬为主，63座墓葬中，其中有52座是俯身直肢葬。另外，马家窑文化半山类型的广河地巴坪墓地发掘有66座墓葬，全是单人侧身屈肢葬，方向多为头东脚西。

从根本上说，殡葬是社会的一面镜子，公共墓地的出现及其安葬习俗都是当时氏族、部落或聚落社会生活以及原始人们思想意识的直观表现。随着社会的发展，社会分工的不同及其社会分层的萌动，聚落成员之间贫富与地位出现了差异，公共墓地也随之产生变化。新石器时代早期的公共墓地制度比较严格，如墓坑排列整齐有序，死者头向相同或相近，葬式以一种为主，小孩、婴儿用瓮棺葬，基本上不进入墓地等。

---

① 西安半坡博物馆等：《姜寨：新石器时代遗址发掘报告》，文物出版社，1988。
② 青海省文物管理处、海南州民族博物馆：《青海同德县宗日遗址发掘简报》，《考古》1998年第5期。
③ 中国社会科学院考古研究所：《中国考古学·新石器时代卷》，第255页。
④ 张忠培：《元君庙墓地反映的社会组织初探》，载《中国考古学会第一次年会论文集》，文物出版社，1980。
⑤ 中国科学院考古研究所甘肃工作队等：《甘肃永靖魏家齐家文化墓地》，《考古学报》1975年第2期。
⑥ 中国社会科学院考古研究所：《中国考古学·新石器时代卷》，第276页。

但是到了新石器时代晚期,氏族公共墓地制度走向松弛,渐趋衰亡。如近年考古工作者在襄汾陶寺遗址东南发掘的龙山文化墓地,虽然墓葬集中,但墓群中出现了相互叠压、互相打破的现象,已不是早期阶段非常整齐、规范的样子,昭示着当时的公共墓地制度已经趋于瓦解。随着财富观念增强,到贫富分化、地位不平等的阶级社会形成之时,墓葬也成为体现财富和地位的重要形式,加剧了氏族制的瓦解,新的墓地形式开始形成,并逐步取代了氏族公共墓地。

(二)原始宗教信仰与殡葬习俗

殡葬活动本身是一种文化行为,其产生与发展除受生产力和社会组织的支配外,同时也深受社会文化思想的影响。原始宗教信仰即是影响殡葬行为的重要因素。原始社会初期,生产力极端低下,受智力发展的限制,原始人类对自然万物缺乏科学的认识,对一些自然现象如山崩地震、洪水干旱、狂风雷电等无法解释,并充满畏惧。在灵魂观念促动下,他们认为世界万物如同芸芸众生,皆有灵魂。如《礼记·祭法》中载:"山林川谷丘陵,能出云为风雨,见怪物,皆曰神。"恩格斯评述道:"在原始人看来,自然力是某种异己的、神秘的、超越一切的东西。在所有文明的民族所经历的一定阶段上,他们用人格化的方法来同化自然力,正是这种人格化的欲望,到处创造了许多神。"[①]并且在人们心中,万物背后的灵魂能力超强,远高于人,可以赐福或降祸,故而要对其顶礼膜拜,以期获得它们的庇护,原始宗教信仰随之产生。广义的原始宗教信仰是指原始社会中人们的各种信仰现象,具体又包括万物有灵信仰,灵魂观念,图腾信仰、自然崇拜、祖先信仰、鬼神信仰等。这些信仰在出土文物及传世文献中皆可找到依据(表1-1、图1-4)。

表1-1 先秦时代神灵一览

种类	类别	对象	备注
自然神	天神	日、月、星辰等	考古实物
	气象神	风、雨、雷、电、云等	考古实物
	火神	火焰、祝融、回禄	考古实物、文献
	地神	土地、山石	考古实物、文物
	水神	江、河、湖、海等	考古纹饰
图腾	动物	鱼、龟、鸟、凤、蛇、龙、虎、熊等	考古实物
	植物	树、葫芦、花草等	考古实物
	人神	人形、男根、女阴等	考古实物、文献

---

① 《马克思恩格斯选集》第3卷,人民出版社,1972,第354页。

图1-4　史前、先秦时代神灵形象图概览

中国原始宗教信仰最早可以追溯到旧石器时代晚期。北京周口店山顶洞穴中下室中出土了合葬的人类头骨和一些躯干骨，在人骨的附近，撒有赤铁矿粉末，身上还有随葬装饰品，有穿孔的兽牙、石珠、蚌壳、鱼骨做的骨坠等。这虽是远古时期简陋的墓葬，但其中蕴含着丰富内涵。据学者分析，其中包含着以下宗教痕迹：一是已经有了埋葬死者的习俗；二是随葬的装饰品用兽牙、蚌壳和鱼骨做成，代表着关于灵物的巫术信仰；三是在尸骨周围撒有赤铁矿粉末，表现了关于血液信仰和保佑灵魂生力的信仰；四是陪葬观念已经产生。[①]

此后，随着人类认识能力的提高，原始宗教信仰更进一步深化，并不断影响、渗透到当时的殡葬习俗中。下面略举数例论之。

首先在葬法上，除普遍流行的土葬外，在史前和先秦时代，还先后出现过火葬、悬崖葬等葬法。土葬，与"入土为安"观念密不可分。《礼记·礼运》云："魂气归于

---

① 孟慧英：《中国原始信仰研究》，中国社会科学出版社，2010，第51页。

天，形魄归于地。"古人认为人死之后，灵魂与形体各有所归，其魂气归于天，形体归于地下。死者的形体必须入土安息，脱离形体的灵魂方能升天。而火葬则是以"灵魂登遐"观念为基础的。根据《说文解字》的解释："遐，远也。"这里的"登遐"就是灵魂升天之意。随着焚烧尸体袅袅上升的青烟，亲人的灵魂也升上了天空，去到了另一个遥远的世界。可见其产生与原始先民对于灵魂的信仰密切关系。固然传统的火葬往往留不下痕迹，只有火葬后再将骨灰埋葬，或者是在墓坑中先火化后掩埋，才可能被今人发现。但有关火葬的文献记载以及民俗学材料，都让人们相信，火葬在史前时代就已经在某些地区存在。① 悬崖葬初见于夏商之时，也是使灵魂升天、福祐子孙观念下的一种殡葬表现。②

其次，埋葬时死者的头向选择。大量的考古发现证明，在史前和先秦时代的墓地中，不管是整个墓地还是一处墓地中的集中聚集区，绝大多数死者的头向是一致的。例如仰韶文化区的大多数墓地，死者头向以向西为主；大汶口文化区的大多数墓地则以向东为主。其他各考古学文化区的墓地，也都有多数死者头向一致的现象，人们一致认为这是埋葬的主向。但在各墓地或墓区，也普遍存在有少数墓葬其头向与主向相反或者明显偏为其他方向，被认为是逆向。墓葬的主向，各地一般有朝日出或日落方向、朝向固定地理方位（山顶或者河道）、朝向故乡或迁徙方向等，各有其特定内涵。如墓葬方向朝向日落方向，原因在于原始人认为生死犹如太阳东升西落一样，因此埋葬时应背东面西；朝向故乡或迁徙方向，则因原始人认为人死后，灵魂需要回到原来的或者传说中的老家去，属于"灵魂返祖"信仰。而逆向墓，亦别具含义。目前考古发现在仰韶、大汶口、大溪、马家浜文化里都存在有 3%～10% 的逆向墓，这些逆向墓多没有规范的葬式，没有统一的方向，也没有专用的随葬品，死者多是非正常死亡的人，学者指出这是人们对非正常死亡者恐惧而产生的禁忌性的信仰行为，希望通过这样的埋葬方式使之不会对氏族产生不利的影响。③ 王仁湘先生对我国新石器时期墓葬方向作了分析探索，指出：墓向表面上决定于天文地理的某些要素，实质上还是决定于人们的某些信仰……总起来说墓葬方向是祖先崇拜和灵魂信仰的表现之一。④

---

① 饶学刚：《我国火葬源流初探——兼评"中国火葬习俗来自印度"说》，《黄冈师专学报》1992 年第 2 期。
② 参见石钟健《悬棺葬研究》，转引自蒋炳钊、吴绵吉、辛土成《百越民族文化》，学林出版社，1988，第 374 页。
③ 孟慧英：《中国原始信仰研究》，第 80 页；王仁湘：《我国新石器时代墓葬方向研究》，田昌五、石兴邦主编《中国原始文化论集》，文物出版社，1989。
④ 王仁湘：《我国新石器时代墓葬方向研究》，田昌五、石兴邦主编《中国原始文化论集》，第 326、331 页。

再次，埋葬时还存有特殊的葬仪。在考古发掘清理墓葬人骨时，凡没有被破坏的，一般都可见到完整的人骨架或者人骨腐朽后的骨痕。但有时也会发现人骨缺失的现象，或缺失手指骨，或缺少脚趾骨甚至部分肢骨。这种虽然不是常见但确实存在的现象，也格外引起学者的关注。有分析认为，除死者生前就有残疾的原因外，还存在一种"割体"葬仪。① 因为在墓内填土或随葬陶器的器体内，曾发现缺失的人骨，而且民俗学资料中，也有为死者割指为礼的传统习俗。究其原因，这一葬俗的出现是原始宗教信仰所致。在原始人心里，人死之后将变成鬼，而那些非正常死亡如夭殇、自杀、凶殴、恶疾等人则容易变成厉鬼或者怪煞，为避免厉鬼四处乱跑，危害活着的亲属乃至整个氏族的成员，便割下死者的手足，以达到镇恶的目的。

另外，对婴幼儿死者实行瓮棺葬、用牲畜随葬、使用随葬品，甚至用人陪葬等习俗也皆有特定的文化内涵。如瓮棺葬中，鼓腹的葬具即象征母亲的子宫，把死去的孩子放入其中，犹如重回子宫进而获得转生的机会。学者认为，在新石器时代，鼓腹的陶器有象征母腹的传统，与当时人类繁衍、农作物繁盛的信仰相关。② 葬猪则是新石器时代的普遍习俗，除有财富的象征意义外，也内含着灵物崇拜的意思，反映了人们对于猪"护卫神"的信仰。

凡上所举，不难得知，原始社会的葬法、墓向、葬仪、随葬品、葬具等皆源自宗教意识，镌刻着原始人宗教信仰的烙印。殡葬习俗和制度虽主要取决于当时的社会发展、天文地理等各种因素，但终归属于意识形态范畴，深受人们宗教信仰的影响，展现着人类对生与死的思考。故而有学者认为殡葬是"宗教"的产物。进而言之，殡葬更是宗教文化的表现形式。

二 宗法制下的族坟墓

先秦时代（包括夏、商和两周）是中国古代历史上社会变革最为频繁、最复杂的时期，经历了由原始社会到阶级社会的重大转变，伴随社会转变的还有政治制度的变革与意识形态的深刻变化。殡葬是社会的直观映像，它既始于社会的发展，同时又伴随着社会的发展而演进。具体到先秦时期殡葬的重大变化，最主要的则是墓地制度上实现了由氏族公共墓地到族坟墓的转变。

---

① 孟慧英：《中国原始信仰研究》，第80页。
② 孟慧英：《中国原始信仰研究》，第77页。

（一）三代社会的宗法制

自夏朝开始，我国历史发展进入新的历史阶段。夏王朝在部落兼并战争中建立，有学者认为："夏启代替父禹成为天下共主，没有触动社会组织结构和部族关系，由氏族元点出发同步而逆向发展的上升中的父系家长权力和社会基本生活生产单位的下移，进入阶级社会后，前者形成公共权力，后者定位于宗族组织。"①有关夏代宗族情况，文献记载很少，《史记·夏本纪》记载："禹为姒姓，其后分封，用国为姓，故有夏后氏、有扈氏、有男氏、斟寻氏、彤城氏、褒氏、费氏、杞氏、缯氏、辛氏、冥氏、斟戈氏。"结合考古资料，学界对夏代的宗族组织作了论析归纳：第一，血缘性的宗族集团是社会组织的主体，内部呈多级状态。第二，宗族成员的社会政治地位呈金字塔状，主要体现为阶级对立，这种对立包裹在亲族血缘的胞衣之内。第三，族长的权力与国家的权力合二为一，家国一体。第四，世袭制已成为族权与王权的主要传承方式。②总之，在夏朝，宗族成为社会的基本组织单位，统治者利用宗族血缘关系维护政治权力，巩固自己的统治，社会政治生活笼罩着浓重的血缘气氛。

商代夏而兴，已经拥有发达的宗族体系。有关商代宗族之存在可于殷墟卜辞中得到印证，其中"族"、"王族"、"子族"、"多子族"、"某族"、"三族"、"五族"等名称屡见不鲜。如"乎王族先"（《录》589）；"戊寅卜，又子族"（《甲》273）；"丁酉卜，王族爰多子族立于召"（《南明》224）；"令周氏子族……"（《前》6·63·1）；"眾令三族"（《宁》1·506）；"己卯卜，允贞，令多子族比犬族扑周，俎王事"（《虚》5·2·2）；"□丑卜，五族戍弗雉王众"（《邺三》39·10）；"叀族马令往"（《粹》1291）。这一时期宗族不仅仅是血缘群体，而且与国家政权紧密结合，是一个政治群体、军事群体和阶级群体，宗族可谓是其立国基础。在宗族政治体制下，商王具有多重身份，他既是王国的首领，又是同姓宗族的大族长，亦是异姓宗族的君主，集王权、族权、政权于一身。各级宗族，族长是宗族的首领，在宗族具有至尊地位。商代的族权与王权、宗族组织与国家行政组织合二为一，构成了家国一体的国家形态。

西周代商之后，保存并利用了商代的宗族组织，将之纳入新的国家机器之中，服务于新的统治秩序。周王灭商后，"封建亲戚，以藩屏周"（《左传·僖公二十四年》），派遣王室子弟或其他贵族到各地建立大大小小的诸侯国，以拱卫王室，建立以周王室为中心的统治网络形成了众星拱月式的政治格局。分封制与宗法制密切相关，当时，

---

① 龚书铎总主编、李瑞兰主编《中国社会通史·先秦卷》，第122页。
② 龚书铎总主编、李瑞兰主编《中国社会通史·先秦卷》，第125页。

不仅仅是天子分封诸侯，诸侯、卿大夫在其封国或封地上也进行分封，即如《左传·桓公二年》所载："故天子建国，诸侯立家，卿置侧室，大夫有贰宗，士有隶子弟，庶人、工、商，各有分亲，皆有等衰。"天子分封诸侯建国，诸侯立卿大夫，卿立下级之卿或大夫，大夫立下级大夫，士以其子弟为隶级，庶人不再分等级而以亲疏为若干等级之别，由此构建了周天子、诸侯、卿大夫、士等各阶层等级鲜明的宗族社会结构，形成了"大邦维屏，大宗维翰，怀德维宁，宗子维城"（《诗·大雅·板》）的局面。宗法制下的大宗与小宗之分，二者皆是相对而言。周天子是天下之共主，也是所有姬姓贵族的大宗；诸侯相对于周天子而言是小宗，在其封国内相对于卿大夫而言又是大宗；卿大夫对诸侯而言是小宗，在其封地内相对士而言又是大宗。西周是宗法社会的鼎盛时期，据学者研究，其发达的宗族体系具有以下几个基本特征：第一，具有共同的始祖和宗庙，有其特定的祭祀。第二，宗族各有族长，谓之"宗子"或"宗主"，宗主是宗族的统治者，宗邑是宗族祖庙的所在地，也是宗族的统治基地，由宗主直接控制。第三，具有共同的姓氏。第四，宗族有公共族产，同宗共财。第五，有共同的墓地。[①]共同的墓地即是当时广泛存在的族坟墓，它是宗法制度在殡葬领域的具体体现。

（二）族坟墓制度与墓葬等级

1. 族坟墓制度

族坟墓制度，是指在等级社会中具有血缘关系的同一家族成员按照一定的礼制规定埋葬在同一墓地之中。族坟墓是社会发展到一定阶段的产物，它由原始社会氏族公社的"公共墓地"演变而来。到新石器时代末期，氏族社会由盛转衰，婚姻形式也由对偶婚演进到比较稳定的一夫一妻制，个体家庭开始出现并逐渐成为社会的基础组织单位。这一时期，氏族墓地在血缘上的统一性便开始打破，墓地的形式已由氏族公共墓地演变为父系家族的墓地。例如，大汶口文化刘林遗址的墓地上，两次发掘了197座墓葬，大致可分为六个墓群，每一个墓群的人骨架排列都相当整齐，头向基本上一致。[②]

与此类似的情况，在山东胶县三里河遗址一期文化的墓地（属大汶口文化）中也同样存在，这里已发现的60多座墓葬"主要分属南北二个墓区，葬式是以单人头西

[①] 田昌五、臧知非：《周秦社会结构研究》，西北大学出版社，1996，第23~26页。
[②] 尹焕章、张正祥：《江苏邳县刘林新石器时代遗址第一次发掘》，《考古学报》1962年第1期；尹焕章、袁颖、纪仲庆：《江苏邳县刘林新石器时代遗址第二次发掘》，《考古学报》1965年第2期。

脚东的仰身直肢葬为主……墓葬排列较整齐"。①夏之乾先生认为,在上述两遗址的墓地中,又各划分为几个"墓群"或"墓区"的现象并非偶然,结合当时的社会发展阶段去考虑,这正是父系家族墓地存在于氏族公共墓地之中的表现。②

进入阶级社会后,私有观念进一步强化,氏族社会晚期的贫富不均被已经出现的阶级对立所代替。统治阶级为了维护统治秩序,强化统治权力,镇压异己,除了必要的军事力量和监狱外,"血缘纽带"也成为可资借用的重要工具。这一时期宗法制逐渐形成,宗族关系得以强化。在新的生产关系及严密的宗法制度的影响下,墓地制度也随之发生了根本性的变化。有血缘关系的宗族成员,他们生前聚族而居,死后也居族而葬,实现"同宗者,生相近,死相迫"的愿望。《周礼·地官·司徒》所载:"以本俗六安万民,一曰嬺宫室,二曰族坟墓","四闾为族,使之期葬",便指这种族坟墓。死者按宗法关系,在由国家政权指定的公共墓地中同族而葬,集中体现了现实社会中宗法制度的特征与面貌。由于夏代时期资料欠缺,族坟墓形态尚不够清楚,在商周时期便盛行公墓与邦墓。墓葬中不仅新增添阶级的内容,而且严格的阶级和等级差别也十分突出。

"公墓"指王室即国王、诸侯国君的墓地,《周礼·春官·冢人》载:"冢人掌公墓之地,辨其兆域而为之图。"郑玄注曰:"图,谓画其地形及丘垄所处而藏之。"贾公彦疏云:"谓未有死者之时,先画其地之形势、豫图出其丘垄之处。"③公墓规格最高,归冢人掌管,事先有一定的规划,确定墓地的范围并绘成图样。在公墓中,又按照宗法等级关系,排定墓位次序。《周礼》又载:"先王之葬居中,以昭穆为左右,凡诸侯居左右以前,卿大夫士居后,各以其族。"④"族"在这里显然是指宗族。"各以其族"表明了"公墓"的族墓地之属性。"昭穆",用来分别宗族内部长幼、亲疏和远近。如《礼记·祭统》云:"夫祭有昭穆。昭穆者,所以别父子、远近、长幼、亲疏之序,而无乱也。"每个墓位的确定也有一定制度,即依族而葬,左为昭,右为穆。诸侯居前,卿大夫士居后。"凡有功者居前,凡死于兵者不入此域。"有功者墓位在前以示表彰,战败无勇者、死于战争者不能再进入墓地以示处罚。可见墓地制度是非常具体而严密的。当然这里的昭穆制度不仅仅在公墓中运用,在邦墓也有体现。从根本上说,公墓制是血缘关系和等级关系的集中表现,是为统治阶级高级贵族的根本利益服

---

① 吴汝祚:《山东胶县三里河遗址发掘简报》,《考古》1977年第4期。
② 夏之乾:《氏族公社时期墓地的演变及其同氏族组织演变的关系》,《民族研究》1980年第5期。
③ 郑玄注《周礼注疏》,阮元校刻《十三经注疏》,第786页。
④ 郑玄注《周礼注疏》,阮元校刻《十三经注疏》,第786页。

务的，遵循着"子孙各就其所出王，以尊卑处其前后"①的基本原则，其金字塔式的等级结构是当时社会等级制度的基础。公墓比氏族社会的公共墓地在布局结构上更为复杂，一个本质性区别是氏族公共墓地为全体氏族成员皆有资格进入的安息之地，但公墓制度规定，只有王、侯及其家庭成员才能埋入，即便有贵族身份的其他人也不可进入公墓。

安阳殷墟武官村一带的王陵区是已知商代最典型的公墓地。这里发掘了10座大墓、200多座小墓，10多座大型陵墓按照一定的布局排列，中小型墓属于大墓的陪葬墓和殉葬坑。其中的武官村大墓是建国后在殷墟发掘的最大墓葬，中字形墓葬，南北两端各有一条长墓道，总计殉人多达79人，说明墓主人拥有很大的政治、经济力量，并对无权者具有生杀予夺的权力，很可能是一个殷王。②

西周时代的公墓发现就更多了，典型的如山西晋侯墓地。这一墓地位于天马—曲村遗址中心，从1962年至今，共发掘晋侯及夫人墓19座，祭祀坑40余座，还有小型墓3座。这3座小型墓的墓主皆为女性，是陪葬墓。③整个墓葬区排列有序，分为南北三排，大墓属诸侯一级，两两并列或三座一组，为前后相继9位晋侯与夫人并穴合葬墓。墓葬形制都为长方形竖穴土圹墓，大多有墓道，墓主头多朝向北。墓地的整体埋葬顺序也颇有规律，墓地的墓位依父子先后顺序排列。每组大墓旁边都有一个车马坑。墓葬中出土的青铜器铭文也表明墓主人是晋侯身份。由此可知，北赵晋侯墓地当是由诸侯墓、与之对应的诸侯夫人墓及陪葬墓所构成多等级高级公室贵族族葬墓地，诸侯居于核心地位，且一位诸侯可以有一位或两位夫人陪葬，同时夫人墓本身还有陪葬墓。并且在晋侯墓地的南北均有一条壕沟，似与其他墓地相隔离，形成了一个相对独立的墓区，表明这是"晋侯及夫人专用的墓葬区"④。综而观之，这一墓地范围清楚，墓群排列有致，正如《周礼·春官·冢人》郑玄注所言"子孙各就其所出王，以尊卑处其前后而以并昭穆"。死者的身份地位有着明显的尊卑区别，其墓次亦按地位亲疏、高低规范化排列，展示着公墓的基本特征。

"邦墓"是万民之墓地，即国王、诸侯国君以外的墓地，由墓大夫负责掌管，亦按宗法关系实施族葬。《周礼·春官·墓大夫》载："墓大夫掌凡邦墓之地域，为之图，令国民族葬，而掌其禁令；正其位，掌其度数，使皆有私地域。凡争墓地者，听其狱

---

① 《周礼·春官宗伯·冢人》郑玄注，见《周礼注疏》，阮元校刻《十三经注疏》，第786页。
② 郭宝钧：《一九五〇年春殷墟发掘报告》，《中国考古学报》第5册，1951。
③ 孙崇宁、孙庆伟、张奎：《天马—曲村遗址北赵晋侯墓地第三次发掘》，《文物》1994年第8期。
④ 李伯谦：《从晋侯墓地看西周公墓墓地制度的几个问题》，《考古》1997年第11期。

讼，帅其属而巡墓厉，居其中之室以守之。"郑玄注曰："古者万民墓地同处，分其地使各有区域，得以族葬后相容。"①可知邦墓即王、侯以外的贵族、平民的墓地。在此墓地上按族属划区域，依族而葬，继续保持着亲族关系。关于邦墓与氏族公共墓地的区别，有学者做了分析，认为邦墓与氏族公共墓地的区别在于，氏族公共墓地尽管在后期出现了权贵人物分区埋葬，在墓葬排列上也居于突出位置等现象，但这些权贵人物并未脱离氏族公共墓地，氏族公共墓地中容纳着各种身份、等级的人，而邦墓则安葬王、侯以外各种身份的社会成员。②

从考古资料证实，确实存在着以血缘关系为纽带的"邦墓"，典型者如陕西宝鸡斗鸡台墓地、鲁国故城西周墓（乙）。斗鸡台墓地上有一处36座西周墓组成的族墓地，大都是小型墓，为南北方向，各墓间都无打破关系，依据其排列情况看，墓地又可分为2～6墓不等的各组。③每组各墓间应该存在比较密切的关系，加之它们采用的葬制、葬俗几乎别无二致，表明死者间有着比较密切的血缘关系，应是同一大家族内的不同家庭，墓主人的身份大都属于同一阶层，即自由民阶层。曲阜鲁国故城乙组墓共51座，其中西周墓39座。西周墓多为小型竖穴土坑墓，墓圹相对较窄，除个别被晚期墓打破外，都未经扰乱，随葬的青铜器包括少量容器、兵器、车马器，陶器有鬲和罐。显而易见，两者都属于"万民所葬地"，死者中没有较大的贵族，绝大多数属于同一阶层，墓葬的规模、随葬器物等也大体相同。墓地之内虽然囊括有存在血缘关系的同一家族不同分支的墓葬，但死者的身份似乎没有显著的高低之分，因而墓位的排列也没有主次之别。

宗法制度维系着族坟墓制度，族坟墓则从埋葬制度上彰显着宗法制度的存在，二者相辅相成，共存于世。同时族坟墓制度与"溥天之下，莫非王土"的土地制度密切相联系，墓地由国家划分，并派遣专职官员管理，不同宗族、不同身份的人死后按自身应有规格葬入划定的区域。这一制度在西周、春秋时期达到鼎盛，到战国时期，已越来越不严格，处在动荡破坏之中，并随着宗法制的瓦解而衰亡，最终为家族茔地所取代。

综上所述，自旧石器时代晚期墓葬出现后，墓地在史前和先秦时期不断地发展演变，经历新石器时代氏族公共墓地制，夏商周、春秋、战国时代的族坟墓制度。墓地制度是当时社会关系的反映，体现着人们生前的相互关系。氏族公共墓地和族坟墓又

---

① 贾公彦注疏《周礼注疏》，阮元校刻《十三经注疏》，第786～787页。
② 印群：《西周墓地制度之管窥》，《辽宁大学学报》（哲学社会科学版）2007年第4期。
③ 参见苏秉琦《斗鸡台沟东区墓葬》，国立北平研究院史学研究所，1948；《斗鸡台沟东区墓葬图说》，中国科学院，1954。

昭示了不同的社会内涵。"原始社会氏族墓地体现的是平等的人际关系，而商周时代族葬墓地把人们生前统治与被统治的阶级关系也带入了阴间社会。"[①]从连续发展的观点来看，族坟墓的"公墓"和"邦墓"皆可被视为从氏族公共墓地分化而来，其中氏族贵族墓区从氏族公共墓地中分离出来，发展成为"公墓"，而一般氏族成员的墓区则延续演化为"邦墓"。这种分离是阶级分化的结果，体现了阶级社会的特点，本身也是墓地制度的一大发展。

2. 殡葬礼仪与社会等级

自夏代起进入阶级社会，中华先民结束了漫长的原始群居生活和氏族平等协作的生活。阶级社会本质上是等级社会，人世间的芸芸众生分属于不同的社会阶层，有高低贵贱之别。处于早期国家的夏代由贵族、自由民和奴隶三大集团构成。夏王居于社会等级最顶端，以下的贵族大约有卿、大夫、士的划分。商代的社会阶级由贵族、平民、奴隶构成，贵族为统治阶级，包括商王、王室宗族、官僚和诸侯邦伯等。西周实行分封制，社会等级更加细致，天子、诸侯、卿大夫、士构成一座高耸的金字塔，其中天子、诸侯、卿大夫、士为统治阶级，平民和奴隶处于最低层为被统治阶级。

人间的等级秩序也影响到鬼神世界。人们因生前地位不同，死后的待遇也千差万别，进而通过各项殡葬礼仪规则，将现实社会中的等级关系移植到了鬼魂生活的冥界。殡葬制度本于政治秩序和伦理秩序而生的，进入阶级社会后，在史前殡葬理念的基础上，更鲜明地体现出浓厚的等级色彩。殡葬活动中的等级差异不仅仅存在于统治阶级与被统治阶级之间，而且于统治阶级内部从天子到诸侯再到卿大夫、士各阶层之间也广泛存在。具体说来，墓地中墓室的大小、随葬品的多寡、棺椁的层数以及殡葬仪式的繁简等都清晰地显示着等级差异，展现了墓主生前的身份、等级及财富的占有状况，成为社会等级制度的真实反映和直观摹写。

（1）墓室规模形制差别显著

原始社会时期，氏族实行同地埋葬，拥有共同的墓地，墓地通常在居住区的边缘地带，是原始村落不可缺少的一个组成部分。墓室大多颇为简单，通常是在地下挖一长方形或方形的土坑墓圹，除多人合葬墓外，规模一般不大，仅能容尸而已，没有等级制的意义。随着时间的推移，贫富差异和阶级对立的产生，墓地中各墓葬之间的差别已明显产生。进入夏商周时期，贵贱等级区别鲜明的墓地和殡葬规则已经制度化。

---

① 徐吉军、贺云翱:《中国丧葬礼俗》，浙江人民出版社，1991，第231页。

墓室规模的大小、有无墓道等成为死者生前地位、权力、财富的直观体现。

夏代的墓葬资料相对较少，现在还难以视其全貌。但商代墓葬已发现的数量很多，学者们以各自研究课题的需要，从不同的视角进行分类研究，已论述其基本面貌和时代特征。综观各种分类方法，从商代墓葬反映当时等级观念的角度，通常以墓室的规模、结构为基础，结合葬具、随葬品等因素，并参考可见的文献资料来进行概括。例如著名考古学家邹衡先生把商代墓葬分为大型、中型和小型三大类，大型墓又分为甲种、乙种两类，中型墓分为丙种、丁种两类，小型分为戊种、己种和庚种三类。根据各类墓的共性，由此得出大型墓为商王或各地的最高君长，中型墓为各级贵族墓，小型墓当为贫民墓葬。邹先生还根据各类墓中有无殉人、殉人多少以及祭祀坑中的死者尸骨，认为这是当时的奴隶和战俘。这一研究成为商代等级制度在墓葬表现上最有影响的研究成果。[①]其他各种分法，也通常以墓室的规模和结构为主，并与葬具、随葬品相结合，大都采用小型墓、中型墓、大型墓的分法。商代墓葬从面积不足1平方米的小墓到占地数百或近千平方米的大墓，除规模差距外，葬具、二层台、腰坑、随葬品等方面都同步发生变化。规格最高的大型墓之间，也有明显的差别。大型墓是指带有墓道的墓，墓主是殷王、殷王室成员或高级贵族。就目前发掘的情况来看，殷商时期的王墓往往带有四墓道，其形像"亚"字，被称为亚字形墓；其次是带两条墓道，其形像"中"字，被称为中字形墓；有一条墓道者，其形像"甲"字，又称甲字形墓。大型墓占地面积在数百平方米（加上墓道所占面积），有的竟达千平方米。与其他小型墓相比，其面积大小在数十、数百倍以上。20世纪30年代以来，在殷墟的王陵区清理了十余座商王陵墓。这些王陵的形制、结构、规模虽不尽相同，但都包括墓道、墓室和椁室等几部分。另外，1976年发掘的殷墟5号墓（妇好墓），虽然位置不在王陵区内，面积不足24平方米，没有墓道，但从其所出土的高规格精美丰富的随葬品看，完全是大型墓的级别。

西周初期的墓制承袭商代，并进一步规范化。因身份、地位的不同，贵族阶级和平民使用大小不同的墓室。按墓室规模的大小，具体可以划分为大型、中型、中小型、小型四类。大型墓墓室规模较大，面积为32~95平方米，深度为6.6~11.6米，都设有椁室和墓道，并附设车马坑。中型墓的墓室面积一般在10~30平方米，墓内棺椁齐全，有的有墓道。中小型墓的墓室面积一般在5~10平方米，多无墓道，多数

---

① 邹衡：《商周考古》，文物出版社，1979。另，中国社会科学院考古研究所《夏商考古》一书中在这方面也进行了深入研究。

棺椁齐全，小型墓的墓室面积均在 5 平方米以下，墓长最小的不到 2 米，宽度不到 1 米。① 贵族成员所使用的大墓，墓道的条数又因地位的不同而不一。据考古发掘，西周使用墓道的情况是：周天子、封国之君可以使用四条墓道，国君、国君夫人以及地位相当的贵族既可以使用双墓道，又可以使用单墓道。在周代，朝廷还设有专管墓地的机构和职官。据《周礼》记载，王室的墓地称为"公墓"，由"冢人"管理；万民的墓地称为"邦墓"，由"墓大夫"掌管。各类墓地事先都经过规划设计，有严格的制度。

春秋战国时期，坟丘式墓葬在中原流行开来，并在坟周围种树，作为墓的标识。墓冢封土便成为殡葬制度中新的等级标准，是显示墓主人身份地位的重要标志。当时坟高也尊卑有别，有严格的规定，与死者生前的地位、财富密切相连，即所谓"以爵等为丘封之度，与其树数"（《周礼·春官·冢人》）。身份越高，坟丘越大，树木越多；反之，身份越低贱，坟丘越小，树木越少。因此死者尊贵的身份和地位即可通过"高大若山"、"树之若林"的形式清晰展示。春秋战国时期坟丘墓及植树的具体要求，现存文献略有记载。《商君书·境内》记载了秦国在商鞅变法时规定："小夫死，以上至大夫，其官级一等，其墓树级一树。"《周礼·春官》疏引《春秋纬》载："天子坟高三仞，树以松；诸侯半之，树以柏；大夫八尺，树以栾；士四尺，树以槐；庶人无坟，树以杨柳。"其中"仞"为长度单位，古时七尺或八尺为一仞，"树"即种树之意。这一记载表明战国时代坟丘的高低、大小与墓主的身份高低有着密切的关系，考古资料对此也可证明。湖北楚都纪南城附近的楚墓分布于约 20 平方公里的大小丘陵之上，西北部有众多土冢，越是大墓坟丘越高，已发掘的天星观 1 号楚墓坟丘最大，残存长、宽有三四十米，高 9 米以上，墓主人为邸阳君番乘力，相当于诸侯的上卿，地位非常显赫。② 故而《墨子·节葬下》记载当时王公大人墓葬"丘垄必巨"，《吕氏春秋·节丧篇》云："世之为丘垄也，其高大若山，其树之若林，其设阙庭、为宫室、造宾阼也若都邑。"只是岁月流逝，冢墓的高度和体积已有很大变化，远不是原来的规模，形制也失去原来的面貌。

夏商周时代大量的奴隶，或者被杀戮后埋于贵族墓内为殉葬，或者在祭祀、奠基时作为牺牲，甚至死后被丢弃于荒野、灰坑，在墓葬分类中完全没有踪迹。

（2）随葬品数量多寡悬殊，质量优劣差别突出

随葬品是随同死者遗体一起放入墓中（有的则埋入墓旁）的物品、器具等。文献

---

① 徐吉军：《中国丧葬史》，第 76~77 页。
② 湖北省荆州地区博物馆：《江陵天星观 1 号楚墓》，《考古学报》1982 年第 1 期。

中关于随葬品的记载相当匮乏，但在考古发现中却非常丰富并直观。同一时期并存的墓葬，特别是在同一墓地的各墓中，对随葬品的统计量化并加以对比，对于分析当时人们之间的社会关系是非常重要的。

新石器时代早期的墓葬，已普遍有为死者放置随葬品的习俗，是当时的死亡观和灵魂观念的反映，表达了人们对死者的感情。通过考古发现，在新石器时代早期的诸多墓地中各墓葬所使用的随葬品其种类和数量虽然并非绝对一样，但差别也并不明显，表明了人们之间平等的关系。其差别往往表现为男性墓中多随葬生产工具如刀、斧、铲之类，而女性墓中多见陶质或石质的纺轮，这还是自然分工的表现。而到新石器时代晚期，大约是仰韶文化后期和龙山文化时代（距今5500～5000年到夏王朝建立），随着生产力水平提高所引起的社会关系的变化，私有观念和私有财产、权贵阶层的出现，在墓葬礼俗方面必然有相应的改变。虽然公共墓地上仍以血缘关系维系，但从随葬品来说，早期阶段的平等关系已经不见，代之而来的是数量、质量的差别。如仰韶文化、大汶口文化晚期墓之间，随葬品少者数件，甚至一无所有，多者则数十件甚至达百件以上。而且品质优良的随葬品出现在大墓中，如玉器类随葬一般不见于小墓。到龙山时代各地的墓葬之间，这种差别更为突出，集中表现在礼仪性器具的有无方面，这同样也反映出人们之间关系的改变，昭示着以社会地位和拥有财富多少来衡量人的时代已经到来。

到夏商周时代，有无及使用多少随葬品、使用什么随葬品，已经与社会制度、殡葬礼俗紧密联系在一起。人们之间的阶级属性已经非常清楚，贵族集团的等级也在随葬品中反映得越来越明显。夏代的墓葬发现不多，但从已发现的墓葬随葬中仍可以清晰看出阶级对立与等级差别，如青铜器、玉器，尤其是其中礼仪性器物，多见于规模较大的墓中，而小型墓中或者仅有数件日用器，或者没有随葬品①。由于缺乏夏代殡葬礼仪的文献佐证，还难以作全面分析。但人们之间的尊卑贵贱仍可以从有无青铜质的爵、觚、斝、盉等，玉质的铲、戈等随葬中得以启示。

到商代，按尊卑礼制进行随葬的制度基本成型，夏代贵族墓中尚不见的青铜鼎逐渐占据突出位置，除了中型墓中多有1~2件铜鼎，高级贵族的墓葬中鼎在随葬的青铜器中也数量大增。例如在殷墟，商代王陵或多数王室墓被盗，其用鼎数量不清，而保存完好的如妇好墓中，共出土不同型制的青铜鼎足32件，②举世闻名的司戊母大方

---

① 中国社会科学院考古研究所编著《二里头（1999~2006）》。
② 中国社会科学院考古研究编著《殷墟妇好墓》，文物出版社，1980。

鼎也出土于商王墓中，充分反映这时鼎作为权力象征物的观念已经形成。

进入西周，早期在用器随葬方面，还较多沿用商代礼俗，但从中期开始，代表周王朝自身的殡葬礼制在随葬品方面得以展现。其中重要的一个表现就是随着器类增多，青铜礼器基本组合的变化，夏商代注重爵、觚、斝、角等饮酒器，尊、卣等盛酒器普遍见于贵族墓中，并以数量（或套数）的多少论高下。到西周中期以后，酒器类数量减少，而食器类增多，特别是用青铜鼎已成为要严格执行的制度，以此表达墓主人身份高下的指示物，有了鲜明的等级特色，如《礼记》、《仪礼》中都有根据官位级别使用鼎的记载，从天子到士，分别以9件、7件、5件、3件、1件作为身份标准。考古学家郭宝钧结合考古发现与文献记载，提出了列鼎的概念。① 俞伟超、高明等学者则在此基础上，经进一步深入研究，概括出两周时代的用鼎制度及变化轨迹。他们都以考古发现为依据，结合两周社会面貌，对西周中期以来的用鼎制度作为周代礼制的重要组成部分做了深入分析，并对春秋战国用鼎制度的变化与社会变革的关系也有精到的论述。而且还依据《礼记·郊特牲》所载的"鼎俎奇，笾豆偶"的原则对周代用鼎制度中鼎与簋的配伍以及考古发现的鼎簋配伍作了深入解读，指出九鼎配八簋、七鼎配六簋、五鼎配四簋、三鼎配二簋及一鼎一簋的配制是用鼎制度的基本要素。②

乐器在先秦时期也是一项重要的随葬品，被赋予了政治内涵，作为死者生前身份地位的标志，直观地反映社会的等级制度。常用的随葬乐器为编钟（钟有甬钟、钮钟、镈钟三种形态）与编磬，文献中对它们的使用情况有所记载。《周礼·春官·小胥》载："正乐县（悬）之位，王宫县，诸侯轩县，卿大夫判县，士特县。"郑玄云："宫县，四面县。轩县，去其一面。判县，又去一面。特县，又去一面。四面象宫室，四面有墙，故谓之宫县。轩县三面，其形曲，故《春秋传》曰：'请曲县、繁缨以朝'，诸侯之礼也。"此处讲殡葬中钟磬悬挂的位置与数量，宫县是四面悬挂，轩县是三面悬挂，判县是两面悬挂，特县是一面悬挂，悬挂数量为每面悬挂一套编钟，每套的数量不等，按等级递减。所内含的等级规定为：王"宫县"（悬四面），悬挂四套编钟；诸侯"轩县"（悬三面），三套编钟；卿大夫"判县"（悬两面），两套编钟；士"特县"（悬一面），一套编钟。编磬，据《仪礼·大射仪》规定，只有天子或者诸侯才能使用，清代学者

---

① 郭宝钧：《山彪镇与琉璃阁》，科学出版社，1959。
② 俞伟超、高明：《周代用鼎制度研究》，《北京大学学报》（哲学社会科学版）1978年第1期、第2期，1979年第1期。

金鄂在《求古录礼说·特磬考》中云:"诸侯惟有编磬,以石为之。"

使用车马和车马配件,也是体现等级制度的随葬品种类之一,并逐渐制度化。用车马随葬是指用真车、马或车马器随葬的殡葬礼俗。这一现象始见于商代晚期,周代承袭并发展规范,成为等级制度在殡葬方面的重要表现内容。车马坑在商代集中发现于殷墟地区,先后在小屯东北地、西北冈王陵区、大司空村、孝民屯、白家坟西北等墓地,数量已近50多座。大凡只要有车马坑,其近旁一定会有高等级贵族大墓。说明用车马(坑)陪葬一开始就有鲜明的等级性。而且车马坑多为在有墓道的墓葬附近,说明墓主人的地位是很高的,多为殷代王室集团成员。但是在晚商,并不是所有的王公显贵都一定要有车马随葬,有的墓葬规格很高,却没有车马坑,如殷墟五号墓的主人,是商王武丁的配偶,出土文物的数量巨大,质量精美,多有王室气魄的重器,但该墓并无车马坑,仅有少量马饰。有研究认为,这种现象可能是因为埋葬车马尚属开始,还没有形成一套严格必行的制度。在埋葬过程中还没得以普遍推行。[1]但从实际发现来看,墓葬规格与随葬车马的多少还是有直接关系的,如在殷商早期,有四条墓道的大墓同穴仅埋有一车,有两条墓道的大墓同穴或有一车,或有马而无车。到殷墟晚期,四条墓道大墓同穴埋车两辆,单墓道墓内则只有一车。[2]说明最高级别的一墓要有全套的车马,而一条墓道的墓,虽然级别也不低,却只有一车,仍然是规则上的礼俗。

到西周时期车马殉葬制度有了进一步的发展,车马随葬现象的数量大大增多,发现车马坑也很普遍。在西周多处贵族墓地里都发现有车马坑。如浚县辛村、沣西张家坡、山西曲沃、北京琉璃河、宝鸡竹园沟等地的墓地里,车马坑陪葬比较多见。用车马器随葬更是普遍,地位稍高的贵族墓中往往都随葬有车马器。如在洛阳北窑墓地发掘的330座西周时期的大中型墓葬中,其中203座墓葬都随葬有车马器。[3]而且有的墓车马坑中放置车马的数量也比较多,如浚县辛村3号车马坑是M17的陪葬坑,使用了12辆车、72匹马,[4]与晚商时期即使商王的墓也仅随葬1~2辆车马不可同日而语。这种变化趋势说明西周社会使用和殡葬中随葬车马制度的规范化。

西周时期的车马随葬呈现出制度化倾向。具体表现是依墓主人身份的高低而随葬

---

[1] 参见郭宝钧《浚县辛村》,科学出版社,1964。
[2] 参见郭宝钧《洛阳北窑》,科学出版社,1964。
[3] 郑若葵:《试论商代的车马坑》,《考古》1987年第5期。
[4] 参见郭宝钧《浚县辛村》,科学出版社,1964。

数量不等的车马，且有一定的规律可循，等级差别明显。至于具体的随葬车马制度，先秦主要是东周文献中也略有记载，如《仪礼·士丧礼》云："云其数各视其命之等者。案《周礼·大行人》云：'上公贰车九乘，侯伯贰车七乘，子男贰车五乘'"。《礼记·檀弓下》："国君七个，遣车七乘；大夫五个，遣车五乘。"《礼记·少仪》："贰车者，诸侯七乘，上大夫五乘，下大夫三乘。"这说明先秦时期，按照地位高低，国君、上大夫、下大夫使用不同数量的车随葬，等级分明。学者们也结合考古对此问题进行论析，如印群先生指出西周时期的车马制度在商代的基础上进一步发展，当时存在着与贵族等级相对应的随葬车马制度，墓主身份与随葬车马数的对应关系比商代更清晰：从诸侯至士一级，随葬车数由 7 乘降至 1~3 乘，驾车马数一般由驾 4 马、骖 2 马降到了驾 2 马。随葬车数和驾马数皆有明确的差别，等级构成更复杂。[①]

春秋时期，车马制度随着宗法等级关系的发展进一步发展，制度化、规范化更加清楚。如上村岭虢国墓地发现的车马坑埋葬车马之数就各有等差，与用鼎制度相对应，反映出了严格的等级关系。墓地中发掘的八座车马坑，M1052 号墓是虢太子墓，随葬 7 鼎，其车马坑出土了车 10 辆、马 20 匹；M1706 号墓和 M1810 号墓，各随葬 5 鼎，车马坑各出土了车 5 辆、马 10 匹；M1721 号墓随葬 3 鼎，车马坑出土了 3 辆车 6 匹马，1 鼎墓用 1 车 2 马作陪葬。[②]可见春秋时期车马随葬相当严格，贵族内部在随葬车马数量多寡上与墓主等级地位高下关系密切。概言之，商周时期的车马作为随葬品，已经成为身份等级的象征，往往是墓主身份地位越高，墓葬规模越大，随葬车马的数量和比例就越高。当然考古发现中，从随葬车马数量与墓葬的等级对应关系并非严格遵循着文献记载，但商周时期存在着一套逐渐严格完善的车马随葬制度是毋庸置疑的。

综上所述，先秦时代墓葬中的随葬品，是在史前时代的殡葬习俗的基础上继承和改变的，适应着夏、商、西周与东周的社会环境。以青铜鼎为代表的礼容器制度，以钟磬为基本组合的乐器制度，以及车马制度，在先秦文献中都有或简或繁的记载，可以与考古发现作对比研究。另外，在随葬品门类中还有陶器、玉石器、骨角蚌器等常见的随葬品，但在文献中罕有记载，我们将在后文中详述。在此还要进一步说明，本节所提及的随葬器类，不管是青铜礼器类、乐器类，还是车马器类，都是分门别类独立介绍的，而在实际埋葬中，它们却是综合的，以立体形式展现出来，使人们对先秦

---

① 印群：《黄河中下游地区的东周墓葬制度》，社会科学文献出版社，2001，第 190~243 页。
② 中国科学院考古研究所编著《上村岭虢国墓地》，科学出版社，1959，第 42~44 页。

时代各发展阶段的殡葬制度及变化有宏观的认识，由此对先秦的殡葬理念和表现会有更具体和详细的把握，这将会在后面章节展开分析与论述。

(3) 棺椁制度等级分明

棺椁最早产生于新石器时代中晚期，仰韶文化、大汶口文化时期已经出现了使用木质的椁或棺的现象，并且这种木质葬具的出现是与当时社会的贫富分化联系在一起的。到龙山时代，双重棺椁已经出现，为棺椁制度的产生奠定了基础，或者说已经是棺椁制度的雏形。龙山文化时期，随着城址的普遍出现和社会的分化与分层，棺椁由两重发展到三重，开始成为地位、权力和身份的标示物，其使用趋向于等级化。①

棺椁制度在夏商时期得到了进一步完善，两周时期更加严格和规范化。在商代，棺椁的使用范围进一步扩大，故而《礼记·檀弓上》有"有虞氏瓦棺，夏后氏堲周，殷人棺椁"的记载。尤其是商晚期上层奴隶主贵族，都要使用棺椁，已经出现多重葬具和大型的木构椁室，并对葬具进行精心装饰，俨然是一座豪华的木屋。如武丁时期，殷墟妇好墓内既有棺，又有椁，由原木做成，且棺盖上有多层黑红相间的漆皮，漆皮上还有一层粗麻布，外又有一层薄绢，建造工艺极为考究，是商代贵族棺椁墓的典型代表。②到周代，棺椁使用的等级分化更为明显，规范化程度更高，棺椁制度逐渐成熟。其中最能体现等级差别的是棺椁的重数。先秦文献中多有记载。《礼记·檀弓上》载："天子之棺四重，水兕革棺被之，其厚三寸，杝棺一，梓棺二，四者皆周。"郑玄注曰："尚深邃也，天子棺四重，诸公三重，诸侯再重，大夫一重，士不重。"《荀子·礼论》曰："天子棺椁十重，诸侯五重，大夫三重，士再重。"《庄子·杂篇·天下》云："天子棺椁七重，诸侯五重，大夫三重，士再重。"

虽然上述古籍记载的棺椁制度各不一样，但其所规定的等级制确是显而易见的。对于具体的棺椁重数，学者们多有分析。如赵化成先生结合《礼记·丧大记》等有关棺椁的记载，认为郑玄注与《礼记》原意不符，所载"天子之棺四重"应理解为四层棺，根据其他记载，推论周代的棺椁多重制度应为：天子三椁四棺，诸侯二椁三棺，大夫用一椁二棺，士用一椁一棺。并结合考古发现，指出周代的棺椁多重制度在西周至春秋早期尚处于滥觞阶段，春秋中期至战国时期才逐步形

---

① 参见栾丰实《史前棺椁的产生、发展和棺椁制度的形成》，《文物》2006年第6期。
② 参见中国社会科学院考古研究所编著《殷墟妇好墓》。

成制度。①

除棺椁的重数，周代的棺椁制度还包括棺椁的大小、色彩、厚度、棺束等几方面。有关棺椁重数厚度的规定，可见《礼记·丧大记》的记载："君大棺八寸，属六寸，椑四寸。上大夫大棺八寸，属六寸。下大夫大棺六寸，属四寸。士棺六寸。"国君之棺三重，大棺在最外面，属在大棺之内，椑又在属之内，文中的寸数是以厚薄而言。即国君的大棺厚八寸，属棺厚六寸，椑棺厚四寸；上大夫的大棺厚八寸，属棺厚六寸；下大夫的大棺厚六寸，属棺厚四寸；士的棺厚六寸。棺椁的颜色、用具及棺束，则另有规定："君里棺用朱、绿用杂金鐕。大夫里棺用玄、绿用牛骨鐕。士不绿。君盖用漆，三衽，三束。大夫盖用漆，二衽，二束。士盖不用漆，二衽，二束。"据学者研究，"绿"当为"琢"，谓错琢贴着于棺里的朱缯。②详细来说，即国君的棺用朱缯衬里，用杂钉把缯钉住；大夫的棺用玄缯衬里，用牛骨钉把缯钉住；士的棺不用衬里。国君的棺用漆把盖与棺之间的缝隙涂住，三处设衽，捆束三道；大夫的棺用漆把盖与棺之间的缝隙涂住，两处设衽，捆束两道；士的棺盖与棺之间的缝隙涂住不用涂漆，两处设衽，捆束两道。棺椁的材质，《礼记·丧大记》亦有说明："君松椁，大夫柏椁，士杂木椁。"国君的椁用松木，大夫的椁用柏木，士的椁用杂木。

概言之，死者等级身份地位越高，棺椁尺寸越大越厚，棺束多，材质好；反之，棺椁尺寸越小越薄，棺束少，材质差。

（4）殡葬礼仪规范繁简有别

据文献记载，到战国时期，中国古代的殡葬礼仪已基本完备，其突出的特点细节烦琐，等级森严。举凡死的名称、殡葬的时间、敛衣的袭数及陈放位置、饭含之用品及数量、招魂的复衣及人数、遣车的数量等皆依死者的身份地位有着严格的规定，不同等级有不同的处理方式，仪式的繁简迥然有别。

同样是死亡，由于死者身份的不同而名称各异。《礼记·曲礼下》云："天子死曰崩，诸侯曰薨，大夫曰卒，士曰不禄，庶人曰死。"孔颖达对此作了详细的注疏，其曰："崩者，坠坏之名，譬若天形坠压然，则四海必睹。王者登遐，率土咸知，故曰崩。薨者，崩之余声也。诸侯卑，死，不得效崩之形，但如崩后余声，劣于形压也。卒，毕竟也。大夫是有德之位，毕了生平，故曰卒。士禄以代耕，而今遂死，是不终

---

① 赵化成：《周代棺椁多重制度研究》，《国学研究》第5卷，北京大学出版社，1998，第27~60页。
② 杨天宇：《礼记译注》，上海古籍出版社，2004，第592页。

其禄。死者,澌也。澌是消尽无余之目,庶人极贱,生无令誉,死绝余芳,精气一去,身名俱尽,故曰死。"①由此可知"死"的各种不同名称,内含着不同的含义,显示出天子、诸侯、大夫、庶人等各阶层的身份贵贱。

不同的身份等级,其停殡待葬的日期不相同。"天子七日而殡,七月而葬。诸侯五日而殡,五月而葬。大夫、士、庶人,三日而殡,三月而葬。"(《礼记·王制》)即天子死后七日进行殡殓,殡七个月而下葬;诸侯死后五日进行殡殓,殡五月而下葬;大夫、士、庶人,死后三日而殡殓,殡三月而下葬。身份越尊贵,地位越高,殡葬时间越长,反之则越短。

殡的形式和礼节也因身份等级的不同而有着显著的区别。"殡"在这里指出殡、发丧之意。《礼记·丧大记》载:"君殡用輴,欑至于上,毕涂屋。大夫殡以帱,欑置于西序,涂不暨于棺。士殡见衽,涂上,帷之。"国君出殡用輴车载棺柩,用树枝丛集上面,然后全部涂封起来如屋形。大夫出殡用绣有黼纹的幕布覆盖在棺柩上,用树枝丛集在上面而贴着西序放置,涂封时不涂到棺柩。士的殡用使棺衽以上的部分露出地面,然后涂封起来,再用帷帐把棺遮掩起来。

在具体的饭含仪式中,死者的身份不同,所含物品不同。《周礼·地官·舍人》规定:"君(诸侯)用粱,大夫用稷,士用稻。"即使是饭含同一类物品其数量也不同,《礼记·杂记下》载:"天子饭九贝,诸侯七,大夫五,士三。"即为天子饭含用九只贝壳,诸侯用七只贝壳,大夫用五只贝壳,士用三只贝壳。

死者大小敛所用的敛衣因死者身份的不同而有严格的等级规定。据《礼记·丧大记》记载,大敛时所用敛衣的数量与陈放位置有明显区别:"君陈衣于庭,百称,北领,西上。大夫陈衣于序东,五十称,西领,南上。士陈衣于序东,三十称,西领,南上。"即国君的敛衣陈放在堂下庭中,共100套,陈放时衣领朝北,以西边为上位;大夫的敛衣陈放于东序的东边,共50套,衣领朝西,以南边为上位。士的殓衣陈放在东序的东边,共30套,衣领朝西,以南边为上位。小敛无论死者尊卑,通用一条被,但被面质地按身份不同而有差别,《礼记·丧大记》云:"君锦衾,大夫缟衾,士缁衾。"国君小殓用锦面的被,大夫用白面的被,士用黑面的被。大小敛所用的席子,同样因死者身份的不同而不同,"君以簟席,大夫以蒲席,士以苇席"(《礼记·丧大记》),国君用竹席,大夫用蒲席,士用苇席。

---

① 《礼记正义》,阮元校刻《十三经注疏》,中华书局,1980,第1269页。

为死者招魂用的复衣亦因死者身份不同而区别开来。《礼记·丧大记》曰："小臣复，复者朝服。君以卷，夫人以屈狄，大夫以玄赪，世妇以襢衣，士以爵弁，士妻以税衣。"即小臣招魂，招魂的小臣穿朝服；为国君招魂用衮服，为国君夫人招魂用屈狄；为大夫招魂用玄赪，为大夫的世妇招魂用襢衣；为士招魂用爵弁服，为士妻招魂用税衣。招魂的人数及地点亦有明显的区别，据《周礼·典命》和《仪礼·士丧礼》贾公彦疏载：为天子招魂，需要12人，在明堂的皋、库、雉、应、路5门及四郊招魂；为诸侯招魂9人或7人，招于库、雉、路3门；为大夫以下的人招魂，4个人自庙门以内，即庙及寝而已。士人和庶民百姓只能用一人。

遣车亦有所区别，数量依尊卑等级而定。"君之嫡长殇，车三乘，公之庶长殇，车一乘，大夫之嫡长殇，车一乘。"（《礼记·檀弓下》）诸侯国君的嫡子长殇三辆遣车，公之庶子长殇一辆遣车，大夫的嫡子长殇一辆遣车。

（5）服丧时间长短不一、规格轻重有别

丧服制度是指人们在居丧期间的服饰制度，属于殡葬礼仪的一个重要组成部分。具体而言，丧服制度分为五等，包括斩衰、齐衰、大功、小功、缌麻。从表面上，服丧时间长短、规格主要与血缘亲情相关系，即死者与服丧者的关系越亲密，时间越长。细究之下，其实丧服制度中也内含着等级差异，即死者生前的地位越高，身份越贵，服丧时间越长。这从五等丧服制度的具体规定中可窥见一斑。

斩衰为丧服制度中最高者，服期3年。服此丧的人群有：儿子为父亲，诸侯为天子，臣为君，父为长子，妻妾为丈夫，未出嫁的女儿为父亲，虽已出嫁但因夫丧或其他原因返回娘家居住的女儿为父亲，卿、士大夫的众臣为有地之君。所着丧服为"斩衰裳、苴绖、杖、绞带、冠绳缨、菅屦者"（《仪礼·丧服》），即用裁割后不缝边的布做衰裳，用麻做首绖和腰绖，用竹做衰杖，用麻做绞带，丧冠用麻绳做冠缨，穿草鞋，服丧期间要身着这样一种丧服，从头到脚都有着详细规定。儿子为父亲，未出嫁的女儿和出嫁后又回娘家的女儿为父服斩衰3年，是基于血缘关系，体现了至亲之间的骨肉亲情，无可厚非。而诸侯为天子服斩衰3年，原因在于"天子至尊"（《仪礼·丧服》）同于父也。郑玄注曰："天子诸侯及卿大夫有地者皆曰君。"此处的君指有封地的天子、诸侯和公卿大夫。臣为有地之君亦服斩衰3年，原因在于有地之君亦尊也。显而易见，诸侯为天子，臣为有地之君服丧饱含着社会政治含义，凸显着天子、诸侯、公卿大夫、臣之间的尊卑等级。

齐衰，服期有3年、1年和3个月三种。一般的人为伯父母、叔父母、子、兄弟、兄弟侄子所服的丧制为齐衰3个月。但是如果服丧者是大夫，而死者身份只是士，则所服丧制应由齐衰降为大功。详见《仪礼·丧服》载："大夫为世父母、叔父母、子昆弟、昆弟之子为士者。传曰：何以大功也，尊不同也。尊同则得服亲服。"丧制为什么降成大功，原因在于服丧者的身份大夫高于士，地位尊卑不同，故丧降一等，丧期缩短；尊卑相同则按规定服齐衰。丧服制度中的尊卑等级原则于此展露无遗。

这一等级原则被称为"尊尊"，即根据身份地位的尊卑高下来确定丧服轻重。《礼记·大传》云："服术有六：一曰亲亲，二曰尊尊，三曰名，四曰出入，五曰长幼，六曰从服。""尊尊"是服丧制度一项重要原则，如臣民为国君服丧，透露了现实社会中人与人之间不平等的关系，是阶级社会等级观念的鲜明体现。

凡上所举的各种细节，中国古代殡葬礼仪的等级色彩显而易见。从对不同地位的人死亡的称呼、葬期的长短到墓室的规模形制、丧事的仪式、服丧时间都有不同的规定。简言之，即死者社会地位越高，殡葬时间越长，服丧时间越长，丧礼越繁缛，规格越高越隆重。这类殡葬礼仪，在中国古代影响深远，商周秦汉乃至更晚，都遵循这类礼仪，只不过不同的时代，会稍有变化。

在周代，中国古代的殡葬已向系统化、程序化、制度化的方向发展。从《周礼》、《仪礼》和《礼记》等典籍记载中，我们可以清晰地看到当时殡葬制度的等级化。需要指出的是，这些典籍成书时间学界存有歧义，内容上不乏后人追述，且成书年代越晚，描述越详尽，说明汉代仍承袭这些殡葬礼仪，并有所发展和丰富。

第四节　厚葬观与薄葬观的争鸣

厚葬观与薄葬观是思想领域的两种殡葬观念，其基础是对死亡、置丧的理解和处置态度，其表现是置丧的具体实施。而在实际生活中，民间和官方虽然有共同之处，但存在着许多繁简之别。在我国漫长的历史中，关于厚葬与薄葬的讨论和争辩不绝如缕，由此形成厚葬观与薄葬观的争鸣。这种争鸣基于厚、薄葬两种社会习俗并存、并争于世的现实而生，是社会经济与生活水平发展到不同阶段的产物。就二者的起源，厚葬约产生于新石器时代晚期（私有财产、私有观念产生的氏族社会后期），此前无所谓厚葬与薄葬。在夏商周时期，我国历史跨入阶级社会，两种葬俗并行于世。厚葬多存于富贵的上层社会，薄葬则为下层民众所行，体现了殡葬中社会地位与贫富程度的差别。

据学者研究，历史上曾经历几个"明显的厚葬高潮和相对的薄葬期"①。究其根源，如果从文化学的视角来看，亦与我国基于小农经济之上的传统宗法社会中以仁者爱人、亲亲为大的儒家伦理为主导的文化特质密切相关。从社会史的角度来看，"一是社会需求，它们构成隆丧厚葬的可能性，即是说，它不必然导致这一社会结果；二是社会机制，正是它们的存在才使之成为现实性。大体上，造成中国隆丧厚葬传统的最浓厚的原因在于：精力过剩、财富充裕、社会安定、祖先偶像崇拜、孝道、宗法制，这些因素的综合作用造成了以'孝道'为基调的隆丧厚葬的社会结果"②。而与殡葬密切相关的孝道，从学理上而论，其产生与定型大致需要具备以下几个条件：从经济上来看，生产力发展到一定程度，产品有所剩余；从社会层面看，个体对偶婚制的确立，以亲缘关系为核心的个体家庭不断涌现；从政治角度看，宗法传子制度和尊祖敬宗祭礼的实行；从文化角度而论，与生殖崇拜和祖先崇拜密切相关。③总体而言，这些条件在商周时期基本已经具备，故孝道与殉葬互为倚重，皆迎来空前的发展高峰。

夏商周时期特别是春秋战国之时，厚葬久祀兴盛，形成中国历史上又一次厚葬高潮。相应地，理论界出现部分学者针对厚葬的不同讨论，如孟子、荀子等坚持厚葬，管子、墨子、庄子等反对厚葬，力倡薄葬。从先秦殡葬礼俗的整体发展而论，人们根据自己的经济实力和控制财富的能力，选择厚葬，故其居于主流地位；薄葬多局限于学者的讨论，在理论和舆论上有一定的影响，但在实践层面上居于弱势地位，而在社会下层的平民集团，只能因财施葬，似乎不太受厚葬观与薄葬观的影响。这种情形与上层社会殡葬礼俗厚葬兴盛，薄葬只存于社会下层的历史发展轨迹大致相类。

一　占据主流的厚葬观

（一）先秦厚葬习俗的发展史

厚葬观是针对厚葬习俗而论，大致来看，厚葬以私有观念及由此产生的等级分化

---

① 罗开玉：《丧葬与中国文化》，三环出版社，1990，第 88~91 页。依此说，在先秦时期，第一次厚葬高潮在商代，西周至战国为第一个相对的薄葬期。秦汉时期为第二厚葬高潮期，三国两晋南北朝为相对薄葬期。唐代为厚葬期，五代十国之后至明清，为一薄葬期。当然这种分法只是一家之说。有的学者不完全同意，认为宋元明清之时仍为厚葬期。参见陈华文《丧葬史》，上海文艺出版社，2007，第 47~54 页。
② 王治国：《殡葬文化学：死亡文化的全方位解读》，中国社会出版社，1998，第 260 页。
③ 参见矫海霞《孝道研究综述》，《学术月刊》2002 年第 3 期。

为基础，约产生于氏族社会后期（约相当于新石器时代晚期），发展于夏商西周，初盛于春秋战国。

在氏族社会后期，生产较前进步，劳动产品有所增加，出现了财富的占有和被占有，氏族内部分化并产生特权阶层，为体现特权者的尊崇地位，厚葬由此萌生。包括殡葬在内的世间事物，平均是相对的，有差别、不平均则是绝对的。诚如学者研究成果所见，从新石器时代特别是新石器时代晚期以来，墓葬中随葬器物渐多，同一氏族墓地内的墓葬，有的规模大、葬具好、随葬品多，有的则墓穴狭小、仅能容尸、无葬具，没有或很少随葬品。"这既反映出当时私有制产生、贫富不均现象出现，同样是厚葬意识萌生的表征。"[①] 从我国仰韶、大汶口、龙山、红山、良渚、齐家等诸文化遗址中均可见部分死者墓葬物品之丰盛、厚葬礼俗之萌生。

此后进入阶级社会，在中国的商、西周、春秋时期，厚葬风气兴盛。属于夏代的墓葬发现较少，不能见其全貌，而商代大墓发现较多，在河南、山东、江西、河北等地发现的商王室、诸侯方国贵族墓，其豪华程度令人叹为观止。如1976年发掘的妇好墓，虽规模较小，但棺椁多层，殉人殉牲众多，随葬品堆积如山，而且多为稀世罕见的珍品，后妃随葬品如此丰厚，商王的墓葬可想而知。曾在殷墟王陵中出土的司母戊大方鼎重875公斤，如此重器，在制作时要耗费巨大人力物力，但也埋入墓中，与高贵的墓主人相依为伴。另外，殷墟武官村大墓，面积约340平方米，容积为1615立方米，墓中有人殉79具，此外还有马、禽兽等，因被盗过，各类陪葬品难以计量。商代以人殉厚葬，这在现存的甲骨卜辞中也不乏其例。

周初依然推行厚葬，但不再大量运用人殉、人牲陪葬，注意力转向如何以礼制来规范殡葬，遂有《仪礼》等礼书所载的大量丧葬、祭祀等规定，其中对不同阶层死者的丧仪、墓穴、葬具及随葬品等都有明确规定，体现出严格的等级。从现在发掘的西周贵族墓葬来看，随葬器种类繁多，以组合有序的不同青铜礼器为主，有烹肉煮饭的鼎、鬲、甗，饮酒用的爵、斝、觥、觯，盛水盥洗的盘、匜，盛放食品的盉、盨、豆，奏乐用的编钟以及田猎巡游的车马器具，其豪华已是贵族集团殡葬之常态，并受到周礼的保护。当然，制度为周初所设，但到后期出现礼乐崩坏的端倪，故诸侯卿大夫不遵礼制、僭越旧礼的情形亦渐多，厚葬之风也愈烈。

春秋战国时期，天子权威渐衰，礼乐征伐自诸侯、卿大夫乃至家臣出，整个周代

---

① 罗开玉：《丧葬与中国文化》，第87~88页。

礼乐文化陷入崩坏之状,周天子天下共主的时代不复存在,原有的礼制对于整个社会政治的强大约束一去不返,各国诸侯大兴土木,大建城池,对于自己或亲人的后事安置,隆重不已,纷纷超过周礼规定的标准,客观上形成了历史上又一个厚葬高峰。在传世文献与出土墓葬资料中,有不少厚葬的记载和实物资料,可为明证。

传世文献如《墨子·节葬下》中描述:"此存乎王公大人有丧者,曰棺椁必重,葬埋必厚,衣衾必多,文绣必繁,丘陇必巨。存乎匹夫贱人死者,殆竭家室。存乎诸侯死者,虚车府,然后金玉珠玑北乎身,纶组节约车马藏乎圹,又必多为屋幕,鼎鼓几梴壶滥,戈剑羽旄齿革寝而埋之,满意,若送从。曰天子杀殉,众者数百,寡者数十;将军、大夫杀殉,众者数十,寡者数人。"大意为:厚葬久丧这样的事发生在有丧事的王公大人之家,棺椁一定要多层,葬埋一定要深,随葬的衣服一定要多,棺椁的纹饰一定要讲究,坟堆一定要高大。对于办丧事的贫贱人家来说,几乎要倾家荡产。对于诸侯有死亡的,就要耗尽府库之财,然后将金玉珠玑缀满死者全身,用丝絮组带装束,将车马入墓随葬。还一定要多做些帷幕、钟鼎和鼓、几席、壶鉴、戈矛刀剑、鸟羽牛尾、象牙兽皮陪同尸体一起埋葬,装得满满的,送葬就像搬家一样。天子杀人殉葬,多的几百人,少者几十人;将军大夫杀人殉葬,多者几十人,少者几个人。①我们从中可见当时社会各阶层安置亡灵后事,随葬品种类多,涉及衣食住行用,甚至包括人殉。再如《左传·成公二年》:"八月,宋文公卒。始厚葬,用蜃炭,益车马,始用殉。重器备,椁有四阿,棺有翰桧。"公元前589年,宋文公卒,宋执政卿华元用天子之礼厚葬其君,用蚌蛤和木炭,增加陪葬的车马,开始用活人殉葬,并用很多器物陪葬。椁有四面呈坡形,棺有翰、桧等装饰。

考古发现中更提供出众多实例,如20世纪80年代后期,山西太原金胜村曾发掘出土编号为M251的春秋大墓,在主墓东北侧,有南北长12.6米、东西宽2.75~3米、深约4米的车马坑,内葬马有44匹。②另外,在河北平山县发现的战国时期中山国王室墓葬,各种随葬品近2万件,其中有相当数量的珍贵物品。③又如湖北随县发现的战国时期曾侯乙墓,随葬品种类丰富,有乐器、青铜礼器、容器、杂器、兵器、车马器、木、竹用具、金、玉服饰、金制小器皿、竹简等等,总数达七千余件。仅青铜

---

① 译文参照谭家健、孙中原《墨子今注今译》,商务印书馆,2009,第138~139页。
② 参见山西省考古研究所、太原市文物管理委员会《太原金胜村251号春秋大墓及车马坑发掘简报》,《文物》1989年第9期。
③ 河北省文物研究所:《战国中山国灵寿城:1975~1993年考古发掘报告》,文物出版社,2005。

器的重量就有10吨之多，其中65件编钟重达2500公斤。①曾国、中山国只是东周时小国，其王室之丧葬就如此奢华，其他中等或大国，可以想见。所谓"国弥大，家弥富，葬弥厚。含珠鳞施，夫玩好货宝，钟鼎壶滥，舆马衣被戈剑，不可胜其数。诸养生之具无不从者，题凑之室，棺椁数袭，积石积炭，以环其外"(《吕氏春秋·节丧》)，应实有其事。

当然，上述厚葬现象的出现，是建立在春秋以来贵族人家具有相当丰富的物质财富基础上的。从经济方面来看，春秋战国时期，铁农具等生产工具的不断推广使用，国野之别的消亡和公私田制的改革带来大量充满生机的劳动力，加之各国努力拓展疆土、鼓励垦荒与人口生产，所以生产水平和物质财富得到大力提升，为厚葬的盛行提供了强大的物质基础。因此之故，东周以来，厚葬之风大行，以致在战国后期的某些地区，出现"侈靡者以为荣，节俭者以为陋"(《吕氏春秋·节丧》)、"布帛尽于衣衾，材木尽于棺椁"(《韩非子·内储上》)的偏至之俗，有的对国计民生产生了很大的负面影响，以致当政者不得不动用政治力量去整治。②受此影响，关于厚葬的讨论和系统的阐述也渐渐多起来，儒家尤然。兹就其厚葬观，作一论述。

（二）先秦儒家的厚葬观

儒家是上古葬俗的忠实继承者和积极推广者，他们提倡厚葬，以礼送死，事从忠厚；士庶有别，上层厚葬；大象其生，以送其死。先秦儒家的厚葬观既有丰厚的历史资源（如礼乐文明中治丧方面的思想）作依托，又与其主张事死如生，惟"送死可以当大事"的孝道思想密切相关。先秦儒家的厚葬观主要有以下三方面：

1. 以礼送死，事从忠厚

在儒家眼里礼是"所以养生、送死、事鬼神之大端也，所以达天道、顺人情之大窦也"(《礼记·礼运》)，突出其"大端"、"大窦"，显示礼的重要性。殡葬属丧礼、凶礼，为"送死"之属，亦为礼之"大端"。孔子曾主张："生，事之以礼，死，葬之以礼，祭之以礼。"(《论语·为政》)《孟子·滕文公上》载："曾子曰：生，事之以礼；

---

① 湖北省博物馆：《曾侯乙墓》，文物出版社，1989。
② 如齐国曾出现"布帛尽于衣衾，材木尽于棺椁"的厚葬习俗，桓公患之，以告管仲曰："布帛尽则无以为蔽，材木尽则无以为守备，而人厚葬之不休，禁之奈何？"管仲对曰："凡人之有为也，非名之则利之也。"于是乃下令曰："棺椁过度者戮其尸，罪夫当丧者。'夫戮死无名，罪当丧者无利，人何故为之也？"(《韩非子·内储说上》)此事，系于齐桓公时期，但《管子》的成书有个较长过程，主体内容的撰著成书年代当在战国中晚期，故此记载反映的可能是战国前后事，非春秋初期。

死，葬之以礼，祭之以礼，可谓孝矣。""葬之以礼"，彰显了儒家以礼送死、事死如生的核心理念。这种观点至荀子时，又得到进一步发展完善。他从礼学和道义的高度阐述殡葬丧祭要诚自内心，忠厚敬文，所谓"礼者，谨于治生死者也。生，人之始也，死，人之终也。终始俱善，人道毕矣。故君子敬始而慎终，终始如一，是君子之道，礼义之文也"，认为"事生不忠厚，不敬文，谓之野；送死不忠厚，不敬文，谓之瘠。君子贱野而羞瘠"（《荀子·礼论》）。即礼是事关生死大事，就死者后事的安排而论，要做到忠厚敬文，不可简陋。后人评论儒家主张厚葬，荀子的忠厚论也列在其中。

2. 士庶有别、上层厚葬

儒家认为礼是区分社会等级、建立人伦纲常的规范。礼书所论"礼者为异"、"礼辨异"（《礼记·乐记》），"夫礼者，所以定亲疏，决嫌疑，别同异，明是非也"（《礼记·曲礼上》），表明礼讲求等级差异，贵贱有别，上下有序，这在殡葬方面有充分的体现。如相对下层民众的简单，上层统治者在殡葬方面则非常讲究，各阶层的人士有不同的规格，多属厚葬之列。孟子曾经说过殡葬的规格，主张君子"不以天下俭其亲"，公开鼓励厚葬。他在母亲去世后，向弟子充虞交代置办棺椁时，谈到自己的殡葬观："古者棺椁无度，中古棺七寸，椁称之。自天子达于庶人，非直为观美也，然后尽于人心。不得，不可以为悦；无财，不可以为悦。得之为有财，古之人皆用之，吾何为独不然？且比化者，无使土亲肤，于人心独无恔乎？吾闻之：君子不以天下俭其亲。"（《孟子·公孙丑下》）孟子认为上古三代的殡葬没有尺度，只要尽于人心而非美观、排场。要做到不吝啬钱财以葬父母，才算尽孝心、守孝礼。荀子也讲"丧祭械用皆有等宜"（《荀子·王霸》），他认为士庶有别，社会上层人士应隆以厚葬，显贵贱有别，利于维持等差有序的政治。如荀子所论："故天子棺椁十重，诸侯五重，大夫三重，士再重。然后皆有衣衾多少厚薄之数，皆有翣菨文章之等，以敬饰之，使生死终始若一。一足以为人愿，是先王之道，忠臣孝子之极也。天子之丧动四海，属诸侯；诸侯之丧动通国，属大夫；大夫之丧动一国，属修士；修士之丧动一乡，属朋友；庶人之丧合族党，动州里。"（《荀子·礼论》）从中可见，自天子及庶人乃至刑徒，皆有丧葬规制，层层递减，士庶有别的葬俗是为等级不同而设，如天子的棺材有七层，诸侯士大夫分别为五层、三层、两层。衣服被子方面有多少、厚薄的数目规定，棺木装饰也有等级差别。用这些来恭敬地安顿死者，使他们生前和死后、结束此生时与开始彼生时一样，使之始终如一地满足人们的愿望，这是古代圣王的原则，也是忠臣孝子的最高准则。天子之丧牵动全天下，使诸侯云集送葬。诸侯丧事则牵动友好国家派使节或大夫来送葬。大夫丧事动一国，使上士聚集而来送葬。士与庶人之丧牵动乡里、族党亲友来送葬。这些殡葬礼仪等差有别，从一个侧面集中地反映了儒家思想浓厚的政治伦理特色。即"荀子希望通过这丧葬中的等级关系，达到'生死始终若一'的政治目的，从而使封建等级制度和伦理纲常成为神圣不可侵犯的东西"。①

3. 大象其生，以送其死

先秦儒家提倡事死如生、事亲为大，所谓"养生者不足以当大事，惟送死可以当大事"（《孟子·离娄下》）、"事亲为大"（《孟子·离娄上》）、"事死如事生，事亡如事存，孝之至也"（《礼记·中庸》），即后世所言"厚资多藏，器用如生人"。故孝子应该像厚养生前父母一样对待死后双亲。怎样体现这种主张呢？如前所述，古人认为死者灵魂不灭，化为鬼神后仍活在另一个世界，需要一些生活必备品。荀子主张在殡葬中，"大象其生，以送其死"，即模仿现世生活，制造大量"貌而不用"的明器以备亲人异域之用，慰悼哀心。如"设亵衣，袭三称，缙绅而无钩带矣。设掩面儇目，鬊而不冠笄矣。书其名，置于其重，则名不见而柩独明矣。荐器，则冠有鍪而毋继，瓮庑虚而不实，有簟席而无床笫，木器不成斫，陶器不成物，薄器不成内，笙竽具而不和，琴瑟张而不均，舆藏而马反，告不用也。具生器以适墓，象徙道也。略而不尽，貌而不功，趋舆而藏之，金革辔靷而不入，明不用也。象徙道，又明不用也，是皆所以重哀也"（《荀子·礼论》）。这里所言大意是指给死者穿上内衣，再穿上三套外衣，把朝板插在腰带上但没有钩紧腰带的钩子了。裹上遮脸的白绢和遮眼的黑色丝巾，束起头发而不戴帽子、不插簪子。把死者的名字写在狭长的明旌上，然后把它覆在死者的临时神主牌上，那么他的名字就看不见而只有灵柩十分明显了。送给死者的随葬器物，戴在头上的有头盔似的帽子而没有包发的丝巾，瓮、甑空着不放东西，有竹席而没有床上的竹铺，木器不做加工，陶器不制成成品，竹子芦苇做成的器物不中用，笙、竽具备而不调和，琴、瑟绷上弦而不加调节，装运棺材的车子随同埋葬而马却牵回，这些都表示随葬的东西是不中用的。准备好了生前的用具而送到墓中，这是模拟搬家的样子。随葬的器物简略而不完备，这些都是为了加重哀悼之情的。②

---

① 徐吉军：《中国丧葬史》，第 105 页。
② 译文参照张觉《荀子译注》，上海古籍出版社，1995，第 418～419 页。

在古代文献对厚葬评论时，认为厚葬礼俗得以盛行，在很大程度上归之于儒家的推动。这主要是因为儒学内含有丰富的孝亲厚葬思想和理论主张，流传甚广，影响亦大。但这不等于说厚葬是儒家独创发明，进而将厚葬归为儒学之弊。"厚葬久丧以送死，孔子之所立也"（《淮南子·氾论训》）的观点，直指儒家有"崇丧遂哀，破产厚葬，不可以为俗"（《史记·孔子世家》）之弊，以为"厚葬久丧，重为棺椁，多为衣衾，送死若徙，三年哭泣，扶后起，杖后行，耳无闻，目无见，此足以丧天下"（《墨子·节葬下》）。在我们看来，此种说法，有失公允，比较片面，原因如下：

第一，厚葬并非源于儒家。如上文所言，它是整个社会、经济、政治、文化与风俗发展到一定阶段的历史产物，夏商时期已盛行，儒家只是在此基础上加以理论论证，并在实际中加以推行，所以儒家并非厚葬观的始作俑者。

第二，儒家早在孔子时也主张孝子在亲人的殡葬中既要发乎情，"死事哀戚"；也要止乎礼，"毁不灭性"，只有这样才能使"生民之本尽矣，死生之义备矣，孝子之事亲终矣"。"死事哀戚"，是指孝子对亡亲故去表达发自真情的哀悼，拒绝一切有碍表达哀伤的事情，"子曰：孝子之丧亲也，哭不偯，礼无容，言不文，服美不安，闻乐不乐，食旨不甘"（《孝经·丧亲》）。孝子的父母亡故，哀痛而哭，不要让哭声拖腔拖调，行动举止不再讲究仪态容貌，言辞谈吐，不再考虑辞藻文采，穿着漂亮艳丽的衣服，心中不安；听到音乐也不会感到愉悦快乐；即使有美味的食物，也不会觉得可口惬意。孔子又主张丧礼中主要的是真情，所谓"丧礼唯哀为主矣"（《礼记·问丧》），"丧礼与其哀不足而礼有余也，不若礼不足而哀有余也。祭礼，与其敬不足而礼有余也，不若礼不足而敬有余也"（《礼记·檀弓上》），哀伤之情优先于礼仪。"毁不灭性"，是指以礼约束哀伤之情的宣泄，防止其过犹不及。所谓"三日而食，教民无以死伤生。毁不灭性，此圣人之政也。丧不过三年，示民有终也"（《孝经·丧亲》），父母死后三天，孝子应当开始吃饭，这是教导人民不要因为哀悼死者而伤害了生者的健康。尽管哀伤会使孝子消瘦羸弱，但绝不能危及孝子的性命，这是圣人的政教。为父母服丧，不超过三年，这是告示人民丧事是有终结的。这种中正、中和的丧葬观显示出孔子的中庸思想。在孔子之后，他的弟子仍以一种清醒、中正的态度对待殡葬，主张丧之中庸，尽哀而止，所谓"始死，三日不怠，三月不懈，期悲哀，三年忧，恩之杀也。圣人因杀以制节，此丧之所以三年，贤者不得过，不肖者不得不及。此丧之中庸也，王者之所常行也"(《礼记·丧服四制》),"丧礼,哀戚之至也。节哀,顺变也,君子念始之者也"(《礼记·檀弓下》)。

第三,儒家认为丧礼要量力而行、称家之有无,而绝非倾家荡产地进行厚葬。流传于孔子师徒中间的两个故事,可以为证。其一,子游问丧具,夫子曰:"称家之有亡。"子游曰:"有无恶乎齐?"夫子曰:"有毋过礼,苟亡矣,敛手足形,还葬,县棺而封,人岂有非之者哉?"(《礼记·檀弓上》)其二,子路曰:"伤哉,贫也!生无以为养,死无以为礼也。"孔子曰:"啜菽饮水尽其欢,斯之谓孝。敛手足形,还葬而无椁,称其财,斯之谓礼。"(《礼记·檀弓下》)这两则故事,第一则是孔子针对弟子的殡葬器具之问而作答,认为与自己家庭的财力相当,不作非礼之举。第二则是孔子有感于弟子贫穷无以孝亲的感叹而论如何行孝,生事爱敬,死事哀戚,即与其有限的经济实力相当就是符合礼,事父母哪怕和你过清贫的生活也非常快乐。这些都表明儒家殡葬观是从实际出发,约之以礼,量力而行,以愉悦父母身心为先,重视情感的合适表达,显然并不是一味无原则地厚葬。

既然如此,那么大力主张厚葬者始自何人?在论者看来,它可能始于后儒如孟子、荀子等人,而他们也是基于当时厚葬成风的现实,从理论上作进一步论述而已,客观上起到推动的作用。对于儒学与厚葬的关系,有学者总结道:"作为倡导仁学、孝道的儒家学说确实为中国古代社会隆丧厚葬之风提供了一个最好的理论'借口',一面'旗帜',并以此给那些本不主张隆丧厚葬者形成舆论压力。"[①] 这种说法大致不错。简言之,儒家仅从理论上论证厚葬之俗的合理性和必要性,非厚葬礼俗的始作俑者。至少,孔子的殡葬观主张不执着于一端,而是执两用中,不无圆融;至后儒则剑走偏锋,鼓吹厚葬。

对于儒家的厚葬观,在百家争鸣的战国时期,有不少学者提出批评与修正。墨子是最为鲜明的代表,他和道家、法家一起反对厚葬、力主薄葬。后来孟子、荀子等儒者又加以反击和辩护。往复之中,儒、墨、道、法四派的学者之间在战国时期形成一种相当热烈的学术讨论局面。

(三)厚葬观与孝道

儒家提倡厚葬,既有丰厚的历史资源(如礼乐文明中治丧方面的思想)作依托,

---

① 王治国:《殡葬文化学:死亡文化的全方位解读》,中国社会出版社,1998,第264页。

又与其主张事死如生、唯送死可以当大事的孝道思想密切相关。①儒家主张孝道，包括事生与事死两方面：一为对在世父母的孝；二为对去世先祖的孝，殡葬礼俗对应的是后者。而在孝道观念产生之初，其主要含义和作用恰恰是敬事祖先之神。

"孝"道观念的产生经历了相当漫长、复杂的发展过程。关于孝的起源，因为儒家尊崇上古三代礼乐文明，好古、复古的情绪相当浓烈，所以他们多将其溯自虞夏甚至更早的舜时，学者通常认为这仅是一种推测，不可尽信。但现在从史前考古遗址中发现有原始部落祭祀遗迹，其中既有祭天地万灵，也包括祭祀先祖。就此而论，儒家所言并非全然臆测，而是对远古时代祭祖礼俗现实的文化回溯与追忆。从目前所见的出土文献与传世文献等材料可知，"孝"字最早见于商代卜辞，仅一例，且用于地名；传说中有商王孝己（商王武丁之子），也只是人名。作为伦理意义上的孝观念形诸文字，且有大量文献可征之时，当在周代，孝亲特别是祭祀意义上的孝观念之兴起且正式见于文本记载，亦当始于周，如图 1-5 所示现在发现的一些鼎铭中所见。

图1-5　颂壶铭文中的"孝"字

据今人李裕民考察，西周金文讲孝的共有 64 器，如西周礼器金文出现"用龚义宁侯覸考于井（邢）"（麦尊）、"克奔走上帝无终，令于有周追考"（邢侯簋）、"用享孝于前文人"（追簋）、"用追孝于皇考己伯"（兮仲钟）、"用享用孝于皇祖、文考"（仲自父盨）等记载②，都是针对已亡先祖而言的，前两例中的"考"与"孝"互通。也有学者考证发现，两周金文 10 余处"享孝"用例及 30 余例"孝"字用例，几乎无一例外都作祭祀讲。③另外，在传世文献如《诗》、《书》中亦有"孝思维则"、"永言孝思"、"永世克孝"、"是用孝享"和"追孝于前文人"、"肇牵车牛，远服贾用，孝养厥父母"等记载，《中庸》所云"武王、周公，其达孝矣乎"，《周易·萃·彖传》载"'王假有庙'，致孝享也"等说法，绝大部分是讲追思去世长辈。总之，孝的本

---

① 从根本上来说，儒家提倡厚葬与其仁礼相成、教化天下的主体思想一致。因为儒家主张人而有仁、有礼方为人，而孝为仁之本、礼义文理，为人子者在父母生前要敬之、爱之，待其死后仍要以事死如生的敬爱之道为其送葬、哀悼、祭祀，其中就包括精心地为亡亲操办体面的殡葬礼仪。
② 参见李裕民《殷周金文中的"孝"和孔丘"孝道"的反动本质》，《考古学报》1974 年第 2 期。
③ 舒大刚：《〈周易〉、金文"孝享"释义》，《周易研究》2002 年第 4 期。

义就是祭祀故去的先祖，向祖神献物行礼。我们从中似乎看不出"孝的观念由生而及死，由父母而及祖先的一点痕迹"①，恰恰相反，孝当初是对死去历代祖先的追思，后来又衍生出对在世父母的孝道。

"孝"道观念在思想层面丰富了早期殡葬礼俗的萌生与发展，并规范其主要内容。特别是在西周时期的殡葬程序中，"孝"贯穿始终。至战国时期，已经非常具体、完备，如士人的殡丧葬礼，据《仪礼》的《士丧》、《既夕》、《士虞》等文献记载，仅从始死到既殡这一阶段，包括的主要程序就有43项之多，简化而言，大致分四个阶段。1.初丧礼仪：复、讣告、沐浴、饭含。2.治丧礼仪：设铭旌、魂帛、吊丧、赗赙、入殓、成服、朝夕哭奠。3.出丧礼仪：卜兆宅葬日、启殡、朝祖、陈明器、送丧、反哭、虞祭、卒哭。4.终丧礼仪：小祥、大祥、禫礼。而崇奉夏商西周时期礼乐文化的儒家对丧葬之礼的格外重视，又在客观上推动了厚葬礼俗的兴起与发展。

在上述的殡葬礼仪中，从为死者招魂至将灵魂入庙，始终都体现出"死，葬之以礼、祭之以礼"、"孝莫重于哀"、"事死者如事生"等孝敬亡亲的观念，彰显了以礼葬亲、送死、事死为大的核心理念。在儒家的重要典籍《孝经》、《礼记》和《大戴礼记》等中对此有相对集中的论述，关于孝子之事亲的丧祭篇章，占据了非常重要的位置，如《孝经·丧亲》载："生事爱敬，死事哀戚，生民之本尽矣，死生之义备矣，孝子之事亲终矣。"父母生前，以爱敬之心奉养他们，父母去世之后，以哀痛之心料理后事，能够做到这些，就算尽到孝道，完成了生前与死后应尽的义务，孝子奉事父母到这里也算是结束了。《大戴礼记·曾子本孝》云："孝之于亲也，生则有义以辅之，死则哀以莅焉，祭祀则莅之以敬；如此而成于孝子也。"曾子认为，孝顺的子女不仅要在父母长辈活着的时候"事之以礼"、"义以辅之"，任劳任怨地奉养父母长辈，而且在父母长辈辞世以后也要"葬之以礼，祭之以礼"，哀痛虔诚地为他们办理后事，尊敬诚心地按照礼仪举行祭祀。正是基于丧祭在孝亲中的重要地位，所以在儒家的一些礼仪诠释方面的书籍中，他们将事死奉为孝之至大者，"事死如事生，事亡如事存，孝之至也"（《礼记·中庸》），"养生者不足以当大事，惟送死可以当大事"（《孟子·离娄下》），而且认为"凡不孝生于不仁爱也，不仁爱生于丧祭之礼不明，丧祭之礼所以教仁爱也"（《大戴礼记·盛德》），丧祭之礼意义重大，不孝在于无仁爱之心，而

---

① 参见陈苏镇《商周时期孝观念的起源、发展及其社会原因》，《中国哲学》第10辑，三联书店，1983。

无仁爱之心原因在于不明白丧祭之礼。"夫祭祀致馈养之道也，死且思慕馈养，况于生而存乎？故曰丧祭之礼明，则民孝矣。"（《大戴礼记·盛德》）祭祀在于表达馈养之道，对于死去的亲人都思慕馈养，何况身边生活的亲人呢，所以丧礼和祭礼明晰，世人则孝顺。不管先秦思想家如何隆崇孝道祭亡亲，都说明孝道观念与丧祭殡葬的密切关系。诚如有的学者所论：

> "孝"观念对于中国传统丧葬文化而言，乃属生者之事，而生者在丧葬祭中所面对的却是死者，生者与死者经由"孝"观念在丧葬文化中得以沟通。死者通过生者在丧葬祭中的孝行，获得死亡的尊严，而生者则通过在丧葬中对于死者的敬事，更能体认"生死大事"的真实意义。至此，"孝"观念在中国古代丧葬文化的演进最终得以完善，它是事生方面之德性不断完善的必要补充，而在不断渗透于丧葬文化的过程中，也使得中国丧葬文化具有了特殊的社会意义与伦理价值，从而使"孝"观念真正成为"德之本"。①

总之，先秦儒家承上古礼乐文化之余绪，大力弘扬"孝"道，在很大程度上丰富和规范了殡葬礼俗，助长了厚葬之风的兴起与发展，影响深远。

二 舆论范畴的薄葬观

（一）先秦薄葬习俗的发展史

薄葬是相对于厚葬而言的。置丧之初时，人们量力而行，无"厚"、"薄"之意，但有了私有财产、贫富分化，才有了穷墓与富墓之别，才出现厚葬观与薄葬观的博弈。

和厚葬一样，薄葬也是社会生产和文化发展至一定水平的产物。在远古时代，经济文化程度较低，弃尸不葬或薄葬现象较普遍。如史载，"盖上世尝有不葬其亲者，其亲死，则举而委之于壑"（《孟子·滕文公上》），"古之葬者，厚衣之以薪，葬之中野，不封不树，丧期无数"（《易传·系辞下》），"太古薄葬，棺厚三寸，衣衾三领，葬田不妨田"（《荀子·正论》），"古者，瓦棺容尸，木板堲周，足以收形骸，藏发齿而已。及其后，桐棺不衣，采椽不斫"（《盐铁论·散不足》），"古者帝王之葬，皆陶人瓦器，木车茅马"（《后汉书·光武帝本纪》）。以上材料都证明早期

---

① 李聪：《"孝"观念在中国古代丧葬文化中的演进》，《社会科学战线》2011年第6期。

人类的殡葬多因地制宜，有的相当简陋原始，如弃尸不葬、用薪遮盖、火葬等。这是薄葬出现之初的大致情形，但严格意义上的薄葬，应该是相对于后世兴起的厚葬而论。

薄葬在不葬的基础上产生，传说尧舜禹时代尚不事繁华，如《墨子》载："昔者尧北教乎八狄，道死，葬蛩山之阴；衣衾三领，榖木之棺，葛以缄之，既犯而后哭，满垆无封；已葬而牛马乘之。舜西教乎七戎，道死，葬南已之市；衣衾三领，榖木之棺，葛以缄之；已葬而市人乘之。禹东教乎九夷，道死，葬会稽之山；衣衾三领，桐棺三寸，葛以缄之，绞之不合，通之不垆，土地之深，下毋及泉，上毋通臭；既葬，收余壤其上，垄若参耕之亩，则止矣。"（《墨子·节葬下》）这里墨子描述了尧舜禹时代王者的殡葬情况：尧到北方教化少数民族，在路上去世，即葬在蛩山北面，随葬衣被仅有三件，棺材木料亦差，用葛条简单捆扎。下葬之后才举哀哭灵，只用土填平墓穴，无坟堆。埋葬完毕后，牛马照常在上面行走。舜到西方去教化少数民族，也死在路上，葬于南已市中，随葬衣被三件、棺材木料亦差，用葛条捆扎，埋葬完毕后，市民们照常在上面行走。禹到东方教化少数民族，死于路上后葬于会稽山上，随葬情形和前两位君王一样的简陋。绑缚不求密合，引导棺木入葬不修墓道。墓穴入地的深度，只要求底下不挖到泉水、上面不冒出臭气。下葬之后，把剩余的泥土堆积在上边，坟宽三尺，这就够了。尧舜禹时代王者的殡葬如此简单，这是墨子对历史的回顾，当然未必完全属实，但在当时人类文明初期，物质财富相当有限的情况下，薄葬是必然的。

但这种殡葬从简的情形至夏商周时期便不复存在。因为生产发展和阶级社会的来临及特权阶层的产生，社会经济和政治地位的不同在丧葬规格上差别明显，出现富贵者厚葬，贫贱者薄葬的现象。厚葬见前文所论。贫者薄葬，根据现在的出土材料可见战国时期平民殡葬的大致情形，如银雀山汉简中的《田法》篇载："岁十月，卒岁之食具，无余食人七石九斗者，亲死不得含。十月冬衣毕个，无余布人四十尺者、余帛人十尺者，亲死不得为。中□之木把□以上，室中不盈而枚者，亲死不得为郭（椁）。无井者，亲死不得浴。无堂者，亲死不得肂。"[①]这种简陋连亲人死后嘴里的饭含、沐浴都难保证，有棺无椁或无地停柩，凡此种种，其薄葬程度可想而知。

---

① 银雀山汉墓竹简整理小组：《银雀山竹书〈守法〉、〈守令〉等十三篇》，《文物》1985 年第 4 期。

从上可见，在先秦时期，殡葬经历了不葬独行—薄葬渐行—厚薄葬并行的三个阶段，并以礼的形式加以确定，规范葬制。关于历史悠久的薄葬习俗，春秋战国时期的学者从不同角度加以关注、讨论，形成了独特的薄葬观。在此，仅以薄葬思想较为丰富的墨家为主略述当时的薄葬观，并对其他诸家殡葬观略作陈述。

（二）先秦墨家的薄葬观

墨家崇奉上古三代先王之道，主张和平主义、普爱大众，志于贯通天地神人，力倡所有学说要"兴天下之利，去天下之害"，并树义以立说立行，即"不义不富，不义不贵，不义不亲，不义不近"（《墨子·尚贤上》）。薄葬观作为其学说的重要组成部分之一，亦遵循其上主张。史学家司马迁称墨家"其送死，桐棺三寸，举音不尽其哀，教丧礼，必以此为万民之率"（《史记·太史公自序》）。墨子的薄葬思想主要体现在《墨子·节葬下》、《墨子·天鬼》等篇中，它是基于惠利天民鬼神的实用主义和符合先王之道的历史主义而论，如《墨子·贵义》中言"凡言凡动，利于天鬼百姓者为之；凡言凡动，害于天鬼百姓者舍之。凡言凡动，合于三代圣王尧、舜、禹、汤、文、武者为之；凡言凡动，合于三代暴王桀、纣、幽、厉者舍之"。凡是言论和行动，有利于天地鬼神百姓的就做；不利于天地鬼神百姓的则舍弃。凡是言论和行动，符合夏商周三代圣王尧、舜、禹、商汤、周文武王之道的就做，而符合三代暴王夏桀、商纣、周幽王、厉王的就舍弃。

墨子主张的薄葬论，首先是针对社会风气而论。在墨子生活的时代，社会上下盛行厚葬之风，所谓"棺椁必重，葬埋必厚，衣衾必多，文绣必繁，丘陇必巨"、"然后金玉珠玑比乎身，纶组节约车马藏乎圹，又必多为屋幕，鼎鼓几梴壶滥，戈剑羽旄齿革寝而埋之，满意，若送从"、"必大棺、中棺，革阓三操，璧玉即具，戈剑、鼎鼓、壶滥、文绣、素练、大鞅、万领、舆马、女乐皆具"。对此，墨子大加批评，认为厚葬无益民生，"存乎正夫贱人死者，殆竭家室；存乎诸侯死者，虚车府"、"此为辍民之事，靡民之财"（《墨子·节葬下》）。如果任其发展，就会导致天下各阶层不从本业，诸事荒废的境地。比如实行三年之丧，"使王公大人行此，则必不能蚤朝。五官六府，辟草木，实仓廪。使农夫行此，则必不能蚤出夜入，耕稼树艺。使百工行此，则必不能修舟车，为器皿矣。使妇人行此，则必不能夙兴夜寐，纺绩织纴"（《墨子·节葬下》）。王公大人这样做，必定不能早朝；士大夫这样就不能治理五官六府，开垦荒地，充实粮仓。农民这样做，必不能早出晚归耕地中作。如果百工这样做，必不能修舟车，制作器皿。妇人这样做，必不能起早贪黑，织布缝衣。如此上行下效的厚葬之风蔓延开来，为政者和庶民只能越来越贫穷，国无以持，民不聊生，这是墨子最担心的事情。

厚葬，不仅使民众无力承受、财力匮竭，而且可能因使人力减少，不利于社会与经济的发展，直接危害政治的稳定。故墨子论道："今惟毋以厚葬久丧者为政。国家必贫，人民必寡，刑政必乱。若法若言，行若道，使为上者行此，则不能听治，使为下者行此，则不能从事。上不听治，刑政必乱；下不从事，衣食之财必不足。若苟不足，为人弟者求其兄而不得，不弟弟必将怨其兄矣；为人子者求其亲而不得，不孝子必是怨其亲矣；为人臣者求之君而不得，不忠臣必且乱其上矣。"（《墨子·节葬下》）大意指：现在，若让主张厚葬久丧的人治政，国家必然穷困，人民必然减少，政治必然混乱。倘若遵照他们的主张，实行其办法，则上层统治者不能去治理政事，下位者不能从事自己的本业。这样一来，在上者不理政事则陷入混乱，在下的民众则无法保证穿衣吃饭。如果用度不足，弟弟向哥哥有所索取而无法得到，那么弟弟就会埋怨兄长。做儿子的向父母索要而不得，则会埋怨父母。臣子向国君请求而不得，也会埋怨君主，犯上作乱。天下大乱的一个重要原因，墨子归结出是厚葬久丧所致，这是针对当时确实存在的厚葬风气而论。

正因为一国内部如果为厚葬所困，会形成巨大的内耗，故难以在战国时期弱肉强食的天下大乱中立足。对这一点，墨子看得格外清楚，认为"今惟毋以厚葬久丧者为政。国家必贫，人民必寡，刑政必乱……若苟贫，是无以为积委也；若苟寡，是城郭沟渠者寡也；若苟乱，是出战不克，入守不固。此求禁止大国之攻小国也，而既已不可矣"（《墨子·节葬下》）。若让主张厚葬久丧的人治国理政，国家必然穷困，人民必然减少，刑政必然混乱。如果国家贫穷就没有粮食来储备，如果人民减少，则修筑城郭、沟渠的劳动力就减少；如果刑事与政务混乱，则出战不会胜利，退守不会牢固。而以厚葬久丧来制止大国攻打小国，却是不可能的。概言之，厚葬久丧是国贫民少、刑政大乱而邦国濒临危亡的重要因素。

除了以上诸多不利之外，墨子还认为厚葬对于国家的教化事业如敬天、事神亦有害无益。因"以厚葬久丧者为政，国家必贫，人民必寡，刑政必乱。若苟贫，是粢盛酒醴不净洁也；若苟寡，是事上帝鬼神者寡也。若苟乱，是祭祀不时度也。今又禁止事上帝鬼神"，若让主张厚葬久丧的人治政，国家必然穷困，人民必然减少，刑事政务必然混乱。则会使祭祀的器具不干净、祭祀的人数变少、祭祀不能按时举行，这些都是上天和鬼神不想看到的，薄待天神，必然遭到惩罚，"降之罪厉之祸罚而弃之"

(《墨子·节葬下》)。

当时有人对墨子从功利的角度谈厚葬提出不同看法,他们从历史、道义和伦理的角度指出厚葬是古圣王之道,体现仁义孝道,故得流行。墨子对此予以驳斥,举例说明三代圣王皆从简殡葬,对于所谓的仁义孝道,墨子认为仁孝可兴天下,但与厚葬无关,直言厚葬、久丧不可富贫众寡、定危治乱,非仁、非义、非孝子之事。

从上述可知,墨子以是否有利于家国天下出发,即"富贫、众寡、定危、治乱",讨论厚葬习俗无益于国民[①]。以此为准,在他看来,当时流行的厚葬、久丧之俗不利国计民生,不合古制,亦非仁义孝举,继而主张节用、节葬的薄葬思想,认为复"古圣王制为葬埋之法"、"圣王之法",心存敬哀,孝思不匮,"垄足以期其所"即可。如其所言,"棺三寸,足以朽骨;衣三领,足以朽肉。掘地之深,下无菹漏,气无发泄于上,垄足以期其所,则止矣",棺材只需三寸厚,则足以使尸骨腐烂;衣服只要三件足以使肌肉腐朽。挖掘墓地的深度,只要下边不渗水,上边不漏气,坟堆足以标识所在之地,就可以了。"死则既以葬矣,生者必无久哭,而疾而从事,人为其所能,以交相利也",死者既以安葬,活者的人就不要长久地哭泣,而应该赶快做事,每个人都做自己能做的事情,并用来使大家相互获利。如此则"不失死生之利",达到死不妨生,生致敬死的双赢目的。所以墨子认为,凡意欲在修齐治平、内圣外王的道德、事业方面做出成就者,无不以节葬、节用、节丧上下功夫,即如其所言"将欲为仁义,求为上士,上欲中圣王之道,下欲中国家百姓之利,故当若节丧之为政,而不可不察者,此也"(《墨子·节葬下》)。

总之,墨子从利民利国的功利主义和历史伦理主义等多方面反对厚葬,力主薄葬,并示以复古色彩较重的圣王之道,为薄葬论者提供了多重角度和足够的深度与高度去宣行薄葬思想,其理论贡献和历史影响深远。

当然,墨子的薄葬节丧思想,很快遭儒家的批评。如视墨学若洪水猛兽之害的孟子曾云:"墨子治丧也,以薄为其道也"(《孟子·滕文公上》),荀子亦曰"刻死而附生谓之墨"(《荀子·礼论》)。儒、墨两家在殡葬观上针锋相对,但墨家所主张,和

[①] 对墨子的厚葬必然引起国民经济的不振,也有不同意者,如战国时期的齐地学者集体编纂之作《管子》中指出:厚葬在某种程度可能是拉动国民经济增长的途径,"众而约,实取而言让,行阴而言阳,利人之有祸,言人之无患,吾欲独有是,若何?是故之时,陈财之道可以行。今也利散而民察,必放之身然后行。公曰:谓何?长丧以毁其时,重送葬以起身财,一亲往,一亲来,所以合亲也。此谓众约。问,用之若何?巨瘗培,所以使贫民也;美垄墓,所以文明也;巨棺椁,所以起木工也;多衣衾,所以起女工也。犹不尽,故有次浮也,有差樊,有瘗藏。作此相食,然后民相利,守战之备合矣"(《管子·侈靡》)。

所有诸子一样，从现实出发，"务为治"，是迫于当时的厚葬形势发出"不胜愤嫉"的批判之音，未必全然与儒家（特别是孔子）主张故意对立。如张舜徽先生在《周秦道论发微》中所言："墨子之学，与儒家异趣，其持论尤与儒者不同而致后世讥弹者，则在短丧薄葬。然细绎墨子节葬之说，实亦有为而发，盖墨子目视当时天下诸侯淫侈用殉之酷，不胜愤嫉，欲以除易其弊，与孔子所云'死欲速朽'，为桓司马言之，用意正同。"①

（三）其他学派的殡葬观

除儒家、墨家特色显明的殡葬观之外，道家看透生死，齐万物，同生死，也力主薄葬，甚至不葬。法家则对儒、墨二家的厚、薄葬观均表不满，多有批判。杂家综合论之，认为节丧安死、生死两安为宜。

在反对厚葬的道家中，庄子是一个典型。如《庄子·至乐》："庄子妻死，惠子吊之，庄子则方箕踞，鼓盆而歌。惠子曰：'与人居，长子老身，死不哭亦足矣，又鼓盆而歌，不亦甚乎？'"庄子妻子去世后，他不以埋葬为要事，反而箕踞鼓盆而歌。惠子指责庄子与妻子共同生活这么久，不哭也罢，反而鼓盆而歌，太过分了。庄子曰："不然。是其始死也，我独何能无概！然察其始而本无生，非徒无生也而本无形，非徒无形也而本无气。杂乎芒芴之间，变而有气，气变而有形，形变而有生，今又变而之死，是相与为春秋冬夏四时行也。人且偃然寝于巨室，而我嗷嗷然随而哭之，自以为不通乎命，故止也。"庄子于此阐述了自己生死观，认为人在未有生命之前，既无形骸，亦无成为人的那种气，然后在自然之道的作用下，才产生气，产生形骸，形成生命。现在妻子的死亡如同春夏秋冬四季之流转，由有生命再回复到无生命，是一个自然过程，她于天地"巨室"间"偃然"睡卧，我嗷嗷大哭，这就是不懂天命。

即便在他将死之时，弟子提出欲厚葬之的请求。庄子还是坚持自己的生死观和殡葬思想，曰："吾以天地为棺椁，以日月为连璧，星辰为珠玑，万物为赍送。吾葬具岂不备邪？何以加此！"弟子曰："吾恐乌鸢之食夫子也。"庄子曰："在上为乌鸢食，在下为蝼蚁食，夺彼与此，何其偏也。"（《庄子·杂篇·列御寇》）在他看来，世界万物都是相对的，生死、是非、可与不可皆然。就生死而论，他认为"生死转换"、"生死同一"，人死后，就是躺在天地之间长眠休息，故其主张不葬。因

---

① 张舜徽：《周秦道论发微》，中华书局，1982，第304~305页。

为在庄子看来，假以时日，死者被露天与埋于地下，都面临着尸体被禽兽食掉或蚁虫啮食，最终结果别无二致。此观点似乎通脱，但难为民众接受。故后世仿效者，寥若晨星。

法家对儒墨的厚、薄葬观多有批判。如韩非曾评价"墨者之葬也，冬日冬服，夏日夏服，桐棺三寸，服丧三月，世主以为俭而礼之。儒者破家而葬，服丧三年，大毁扶杖，世主以为孝而礼之。夫是墨子之俭，将非孔子之侈也；是孔子之孝，将非墨子之戾也"，视二家丧葬观为"愚诬之学、杂反之辞"（《韩非子·显学》），认为如果当政者兼听杂学谬行同异之辞，则天下大乱。韩非的这种批判，对于薄葬与厚葬都进行了一定的修正，但也有对早期儒家殡葬观的误解之处。

杂家以吕不韦手下的宾客为例，他们主张知死安死，不以死害生，认为对待殡葬，慈亲孝子要以生人之心虑之，慎重对待，得葬之情矣。像古人一样，选好合适的地方、作好棺椁以避蝼蚁蛇虫即可。对于战国末期的厚葬乱俗，他们亦有针砭，"今世俗大乱，人主愈侈其葬，则心非为乎死者虑也，生者以相矜尚也。侈靡者以为荣，节俭者以为陋，不以便死为故，而徒以生者之诽誉为务，此非慈亲孝子之心也"（《吕氏春秋·节丧》）。这一派所追求的是一种内心敬重长爱、思念亡亲之情，从心丧、心哀的精神性悼念方面开拓丧葬思想，"父虽死，孝子之重之不怠；子虽死，慈亲之爱之不懈"（《吕氏春秋·节丧》）。从这一点上来说，与孔子的主张大致相仿。后世如《韩诗外传》言"椎牛而祭，不如鸡豚之逮亲存也"，说的也是这个意思。不过，这种诚敬致神（不管是祖先神还是天地鬼神）受福巨大的思想，似非后儒独创，早在《易》产生的时代即有之。如《周易·既济》之九五爻辞所言"东邻杀牛，不如西邻之禴祭，实受其福"，显然是早于儒家之言。而后世儒者在《象》传中的解释"'东邻杀牛'，不如西邻之时也。'实受其福'，吉大来也"，仅为诠释性地继承与发扬这种思想罢了。

其实，不管厚葬还是薄葬，都是与当时社会经济文化发展水平保持一致的殡葬习俗，而这种葬俗本身的起源，从亲缘心理上讲，是不仁之心与仁心的较量所致。即孟子所言："盖上世尝有不葬其亲者，其亲死，则举而委之于壑。他日过之，狐狸食之，蝇蚋姑嘬之。其颡有泚，睨而不视。夫泚也，非为人泚，中心达于面目。盖归反蔂梩而掩之。掩之诚是也，则孝子仁人之掩其亲，亦必有道矣。"（《孟子·滕文公上》）如果我们承认各种葬俗的要义在于：弘扬血亲伦理，仁者爱人，亲亲为大和事死哀敬，那么恢复古风，弘扬理性、不厚不薄的中庸作法，应该是未来推行文明殡葬礼俗的必由之路。即确立科学的生死观、理性的殡葬观，做到"事生尽爱，送死尽哀"(《盐铁论·散不足》)。

总之，以上关于厚葬、薄葬抑或对二者的批判等各种殡葬观念，是在春秋战国时代各学派不同观点的表现，在某些时期呈现出针锋相对、互相博弈的情形。但它们各有优劣，各存利弊，而且随着时代的发展而不断丰富，在发展中互相影响、互为表现，是一种复杂的殡葬现象在不同时代、不同学派思想中的反映。

最后做一点说明，本章使用的历史文献，除先秦古籍之外，还有部分后世的资料，有的内容在后卷中也会使用。这一方面说明传统殡葬文化的延续性，另外也有后世著者对先秦的"追述"。这些都是古代文献资料普遍存在的现象与问题。

第二章
史前时期的殡葬习俗

　　史前时期与历史时期相对而言，是指没有文献记载的历史阶段，传统的观点以夏王朝的建立为界，在此之前称为史前时期，之后则为历史时期。随着史学研究的深入和丰富的考古发现，不断有新的观点出现，对史前期和历史期的临界点进行新的解说，在此不多作讨论。

　　史前时期是一个漫长的阶段，按照对这一时期的考古学分期，分为旧石器时代和新石器时代两个阶段，即丹麦学者汤姆森三段论中的第一个阶段——石器时代的进一步细化。按照人类体质进化及社会组织演进，古人类学家把这一时期分为猿人阶段、早期智人（即古人）阶段、晚期智人（即新人）阶段、现代人阶段。人类的社会组织也从原始群逐渐进入氏族社会（即旧石器时代晚期到新石器时代）。旧石器时代在世界各地起始与终结的时间互有不同，依据考古发现的资料，史学界普遍认为，距今约200万年左右，地球上已经有人类活动，完成了从猿到人的转变。在中国，最早的人类活动遗存的发现也近200万年。在史前时期，人类的思维从愚昧到开化、从简单到复杂和理性的进步过程中，对血缘关系的理解越来越清晰，同一氏族成员之间除生存依赖外，亲情观念也越加浓厚，并逐渐对人死亡这种自然规律也有了更多的想象和假定，产生了鬼魂意识、灵魂不灭思想、先人的灵魂会祸福后辈等观念。所以就改变过去把同类死者弃之于野甚至食人的现象，开始进行有意识的安葬。这是人类社会发展历程中具有划时代意义的变化和进步，从而开始了从孕育新生命到安葬死者的完整人生旅途的全过程。

　　在整个石器时代，属于旧石器时代的殡葬现象发现很少，而且也只在旧石器时代晚期，我们难以窥其全貌。但自从进入新石器时代，安葬死者不仅已成为普遍现象，而且呈现出或因时代不同、地区不同的种种差别，这种多样性和复杂性，在中国殡葬表现中也是很有特点、异常丰富的。因而对史前殡葬的研究，其重点也主要是新石器时代殡葬文化的探索。

由于史前时期没有文献记载，即使历史时期早期文献中有涉及三代之前的史迹，在史学界也称为"历史的影子"。民俗学调查和研究成果固然可以为史前研究提供借鉴，但毕竟只能作为参考。而今天之所以能对史前时期的历史有比较系统或者说是比较深入的了解，主要是依靠考古学的手段来收取实物资料。考古学是打开史前史、史前文化之门的钥匙，对史前殡葬文化的研究，同样也是依赖考古学为基础的。而且史前殡葬作为史前文化的重要组成部分，在研究过程中也是与其他文化现象的研究相辅相成的，其研究成果也紧密地结合在一起。由此而言，本章也只是在史前史和史前文化中侧重殡葬文化而已。

对史前文化的概况，用考古学方法建构起了一个框架，尤其是新石器时代，已经命名了许多考古学文化，它们像一枚枚棋子分别镶嵌在中国新石器时代的棋盘中，各考古学文化，有的持续数百年，如龙山文化大约距今4600～4000年；有的长达2000年，如仰韶文化、大汶口文化，大约距今6400～6500年至距今4600年（表2-1）。

随着史前考古学的普及与深入，中国史前时代的文化面貌越来越清晰，特别是新石器时代，除个别地区、个别时段尚有空缺，总体的框架体系已经建立。在各考古遗址的发掘中，清理出大量以土葬为主的殡葬资料，其表现形式丰富多样，使中国新石器时代文化，犹如夜空的群星精彩纷呈。审视史前时期的殡葬资料，可以发现在发展过程中表现出来的时代特征和发展变化规律。

在山顶洞遗址，发现了8个聚集在一起的死者个体遗骸，说明当时在居住地近旁已有埋葬死者的固定地点，是氏族公共墓地的雏形；进入新石器时代，除因发掘面积小或后世破坏等，少数地点只有零星的墓葬外，绝大多数地点都是多座墓葬聚集在一起，或一个墓坑中埋葬多人，是整个新石器时代沿袭的氏族公共墓地的表现。这一特点既与生产力水平的提高有关，也与各地的环境有关，更重要的是受当时居住形态的影响；又如各地安置死者的姿势、方向的不同，是族团信仰、原始宗教观念所致；再如从无葬具到有葬具、葬具从简单到复杂的变化，首先是仿照生人的居住方式为死者创造一个"活动空间"为目的，进而又成为富有程度、身份地位的象征。至于共性外出现的特殊葬俗，则属于非常见的殡葬现象，当然也不排除我们今天尚不理解、无法解读的因素。本章将集中对史前时期的氏族公共墓地为主要的殡葬表现做进一步的分析和解读。

表2-1 中国新石器时代文化发展序列表

分期		华北地区					西北地区	东北地区	华中地区		华南地区	距今年代（年）
	分区	关中地区	陕豫晋交界地区	郑洛区	冀南豫北地区	海岱地区			长江中游	长江下游		
新石器时代 初期阶段					南庄头遗址	扁扁洞遗址			仙人洞、玉蟾岩遗址等	小黄山、上山遗址等	庙岩遗址等	约10000
早期阶段 早期		老官台文化		李家寨遗址	磁山—北福地文化		大地湾一期文化	小河西文化	彭头山文化	跨湖桥文化	甑皮岩遗址	9000~7000
早期阶段 中期				裴李岗文化		后李文化		兴隆洼文化	皂市下层文化	河姆渡文化 马家浜文化		7000~6000
中期阶段 早期		仰韶文化	半坡类型	王湾一期类型	后岗一期类型	北辛文化	大地湾遗址仰韶遗存	赵宝沟文化	大溪文化		金兰寺下层	6000~5500
中期阶段 晚期			庙底沟类型 西王村类型	大河村类型 秦王寨类型	大司空一期类型	大汶口文化		红山文化		崧泽文化		5500~5000
晚期阶段 早期		案板三期文化	庙底沟二期文化	大河村五期	孟庄早期遗存		马家窑文化	小河沿文化	屈家岭文化	良渚文化	石峡文化	5000~4500
晚期阶段 晚期		客省庄文化	陶寺文化 三里桥类遗存	王湾三期文化	后岗二期文化	龙山文化	齐家文化		石家河文化	广富林文化	昙石山文化	4500~4000

第一节　居住形态和埋葬形式

经过漫长的不葬死者的阶段，有意识地安置死者，首先是从无坑穴的就地掩埋遗体开始的，当人们学会建造房屋后，即进入新石器时代，才出现挖坑建墓埋葬死者。有穴墓出现后，墓穴则是从浅到深，这是早期殡葬现象的一个规律。

一　史前居室与墓穴

居室是生者的安居之处，墓穴是死者的安息之所，据《后汉书·宦者传·侯览》："又豫作寿冢，石椁双阙，高庑百尺，破人居室，发掘坟墓。"可见居室和墓穴在人们心目中的地位同样重要。在人类发展史上，史前居室从无到有，从简陋到复杂，与之相对应，葬所也是如此。

（一）无殡葬的早期人类

在人类社会的发展过程中，确凿的考古发现证明，早期人类还不懂埋葬死亡的同伴，在猿人阶段的遗址中，至今未发现有意识埋葬死者的遗存。

中国作为人类起源和成长的摇篮之一，发现旧石器时代早期文化遗存和猿人化石地点多达 70 多处，分布在河北、河南、辽宁、山西、陕西、山东、湖北、贵州、云南、安徽和北京等省市。例如在山西芮城县西侯度[①]、云南元谋上那蚌[②]、安徽繁昌人字洞[③]、重庆巫山龙骨坡[④]、陕西蓝田陈家窝[⑤]、河北阳原马圈沟[⑥]等地点，都发现中国旧石器时代最早期人类活动地点。根据对取样标本的年代测定，有的距今 180 万～170 万年，有的早到距今 200 万年。

直至北京猿人出现，早期人类尸骨的发现非常稀少和零散。1965 年在云南省元谋县上那蚌村发现属于晚期猿人的两颗门齿化石，属一个成年人，牙齿石化程度很深，经测定距今已有 170 万年，是中国境内所见最早的人类遗骨。1963 年，在陕西省蓝田县陈家窝发现一个完好的猿人下颌骨化石，属于一个老年女性；次年，又在公王岭发

---

① 贾兰坡等：《西侯度——山西更新世早期古文化遗址》，文物出版社，1978。
② 胡承志：《云南元谋发现的猿人牙齿化石》，《地质学报》1973 年第 1 期。
③ 金昌柱等：《安徽繁昌县人字洞发现更早更新世早期旧石器》，《人类学学报》1991 年第 1 期。
④ 黄万波：《巫山猿人遗址》，海洋出版社，1991。
⑤ 吴汝康：《陕西蓝田发现的猿人头骨化石》，《古脊椎动物与古人类》第 10 卷第 1 期。
⑥ 蔡保全等：《泥河湾盆地马圈沟遗址化石哺乳动物及年代讨论》，《人类学学报》2008 年第 2 期。

现一个不很完整的猿人头骨化石，属于一个 30 多岁的女性个体。前者约在 65 万年前，后者约在 80 万~75 万年，二者泛称蓝田猿人。① 从 1975 至 1990 年经多次发掘，河北郧县发现两具完整的头骨化石，距今 90 万至 80 万年；② 江苏南京汤山经发掘也先后发现 2 件直立人头盖骨和一枚直立人牙齿化石，距今 35 万年；③ 近年来河南栾川④、云南富源⑤、河南灵井⑥、贵州盘县⑦等地又有古人体牙齿残骨等发现。发现早期人类尸骨较多的，是举世闻名的北京猿人遗址，年代距今 70 万年直至 30 万年，从 1927 年开始发掘迄今已发现了 40 多个个体猿人化石，在总数量上居世界之首。它位于北京市西南房山周口店的龙骨山，在周口店第 1 地点，地层堆积达 40 多米，发掘出代表 40 多个代表不同性别和年龄的北京猿人化石，以及 10 万件左右的石制品以及丰富的骨器、角器和用火痕迹；猿人化石共有较完整的头盖骨 6 块、头骨碎片 9 块、下颌骨 15 个、股骨 7 段、肱骨 1 段、锁骨 1 段、牙齿 152 颗。但这些人骨化石同石器和动物化石混在一起，没有单独掩埋迹象，不仅如此，根据发现有经火烧的人骨，参考民族学资料，有学者认为当时可能有食人之风。⑧ 以上所述，虽然都是珍贵的人骨资料，但都不能确定是有意识安置的死者（图 2-1）。根据对北京猿人化石的统计，死于 14 岁以下的儿童占 39.5%，死于 50 岁以上者仅占 2.6%。⑨ 由于随时会出现有人死亡现象，使早期人类对生命的存在与消失习以为常，对死后的处理同样也较草率。

图 2-1　北京人头骨模型

资料来源：王幼平《旧石器时代考古》，文物出版社，2000，彩图 3。

---

① 吴汝康：《陕西蓝田发现的猿人头骨化石》，《古脊椎动物与古人类》第 10 卷第 1 期。
② 李天元等：《湖北郧县人颅骨化石初步观察》，《史前研究》1990、1991 年合集。
③ 穆西南等：《南京汤山古人类化石的发现及其意义》，《古生物学报》1993 年第 4 期。
④ 洛阳市文物考古研究院等：《河南栾川孙家洞旧石器洞穴遗址——河南境内首次在中更新世时期出土有明确地层的直立人牙齿化石》，《中国文物报》2013 年 1 月 4 日，第 8 版。
⑤ 吉学平等：《大河洞穴之魅——富源大河旧石器遗址揭秘》，《中国文化遗产》2008 年第 6 期。
⑥ 河南市文物考古研究所：《许昌灵井旧石器时代遗址 2006 年发掘报告》，《考古学报》2010 年第 1 期。
⑦ 斯信强等：《盘县大洞发掘简报》，《人类学学报》1993 年第 2 期。
⑧ 贾兰坡：《远古的食人之风》，《化石》1979 年第 1 期。
⑨ 贾兰坡：《北京人》，《中国历史的童年》，中华书局，1982，第 57 页。

说到北京猿人头盖骨，有一个让人心痛而费解之谜。自1929年12月2日北京人头盖骨问世，引起了学术界和世人的关注。1937年抗日战争爆发，为保护好这批珍贵文物，中美双方商定运往美国自然博物馆暂时保管，就在1941年11月北京人头盖骨和山顶洞人化石资料被精心包装，运送到协和医院总务长办公室的当天被转运到F楼4号保险室内，过了一夜又被运走，之后便神秘地消失，计划接运这批文物的美国"哈里森总统"号轮船在来中国途中，因太平洋战争爆发，被日本人击沉，这批文物也未曾上船，半个多世纪过去了，人们费劲心血、绞尽脑汁的追寻仍无结果，虽然至今人们对其"人间蒸发"有种种推测和猜想，但追寻这批珍贵文物的下落的工作仍未停止。①

从北京人化石的珍稀性也可看出，古人类化石很难保存至数十万年后的今天，这既有时间久远的原因，也与早期人类没有安葬尸骨的意识有关。至今，世界各地都没有发现旧石器时代早期古人类化石有殡葬现象存在。

（二）早期墓葬的发现与人类居所的影响

旧石器时代晚期，随着石器制作技术进步，生产力水平提高，促进了人口增殖，人的智力发展与寿命延长，也使相互之间情感复杂化。群体观念加强，氏族社会出现，人们对生死的认识有了更多的思考，与肉体相对的灵魂观念开始产生，怀着对逝去亲人的眷念之情，也希望他们能在另一个世界生活得更好，并能庇护子孙，有意识埋葬死者的殡葬观念便开始出现，墓葬也因此产生。

人类最早有意识地埋葬出现于旧石器时代中期的欧洲，早期智人开始埋葬死去的同伴，并安放随葬品，法国尼安德特人创造的莫斯特文化中出现最早埋葬死者的现象，而且可能还为死者举行了某种形式的丧葬仪式。1908年法国考古学家在科雷兹的布里夫东南约40公里的拉沙伯尔村的一个洞穴中发现了尼安德特人的墓葬。墓坑里有一具成年男性的遗骨，头东脚西，侧身屈肢，右手手掌枕在头下，很像睡眠的姿态，旁边还有一些石器和驯鹿、野牛等兽骨。考古学家还在乌兹别克的切舍—塔什洞发现了尼人小孩遗骸，头骨周围安放着六对山羊角，排列成一圈。有学者认为，这种现象表明，当时的人们曾经为这个8岁的儿童举行过葬礼②。这些零星的墓葬表明，在旧石器时代中期，随着人类社会的发展和灵魂观念的产生，人们对同伴的死亡表现出悲哀和深切的怀念，他们把死者生前用过的生活用具、生产工具作为随葬品，希望死

---

① 贾兰坡：《未解的"北京人"失落之谜》，《法律与生活》1998年第10期；贾兰坡：《我所了解的"北京人"遗骨丢失的内幕》，《文史杂志》1986年第4期。
② 转引自大百科全书编辑委员会《中国大百科全书·考古学》，第351页。

者的鬼魂能够继续享用。在世界各地迄今已发现有这一时期的墓葬约 30 多座，到旧石器时代晚期，墓葬的发现地点和数量明显增加。① 中国迄今所知最早的墓葬发现于 20 世纪 30 年代发掘的旧石器时代晚期北京周口店山顶洞人遗址，墓葬与住所共处于同一洞穴，距今 1.8 万年之久。

1. 洞穴居住与山顶洞人墓葬的发现

天然洞穴是原始人类最早的居所。旧石器时代晚期无论中国的南方还是北方，都处在温暖而湿润的气候条件下，为人类居住生存提供了良好的自然条件。北京周口店中国猿人所居住的洞穴是最典型的洞穴遗址，另外在辽宁、山东、贵州、山西、广东、湖北、浙江等地也有发现，可见天然洞穴在当时无论南方还是北方，都是被人类利用作为居所的一种较理想方式，因此也自然地被当作安置死者之地。

由于生产力水平的限制和当时居住状况的影响，早期墓葬极其简单，以屏蔽或掩盖尸体为主要殡葬方式。安置死者的方式极其简单粗陋，仅仅"厚衣之以薪"，用草木或土把尸体掩藏起来，用以满足"葬者，藏也，欲使人不得见也"的基本要求。正如《说文解字》所记"葬，从死在草中"，尸体在草中称为葬，身上盖的是草，身下垫的也是草。这种殡葬方式，只见于后世的追述，是只可信其有、不能见其存的殡葬萌芽。只有在山顶洞遗址的真实发现呈现于人们的面前，我们才可以说，有意识安置死者的历史开始了。

山顶洞遗址的文化堆积可分为四个部分：洞口、上室、下室和下窨（图 2-2）。洞口的最大堆积和北京人化石产地的顶部堆积相连。上室地面的中间发现一堆灰烬，洞壁的一部分也经烧灼，说明上室是山顶洞人居住的场所。下室在洞穴的西半部稍低处，深约 8 米，堆积中发现 3 具完整的人骨化石和一些躯干骨，全部材料包括 8 个不同的男女个体，其中有 5 个成年人、1 个少年、1 个 5 岁小孩、1 个婴儿，3 具头骨在形态上都具有不同程度明显的蒙古人种特征。在这些人骨周围散布有赤铁矿粉末及随葬品，说明下室是一处葬地。下窨未发现其他文化遗物，但发现许多没有经过扰动的保存完整的脊椎动物化石，尤以肉食类为多，推测它们是人类入居之前，偶然坠入这个天然"陷阱"之中的。死者的随葬品主要是装饰品，包括穿孔兽牙、穿孔石珠、钻孔石坠、骨管和穿孔海蚶壳等。其中 7 件穿孔石珠，是在一个女性头骨外的土中发现的。石珠的原料是白色的石灰岩，表面染有红色的赤铁矿粉末，石珠样式不甚规则，形体不一，

---

① 吴汝康：《古人类学》，文物出版社，1989，第 189～190 页。

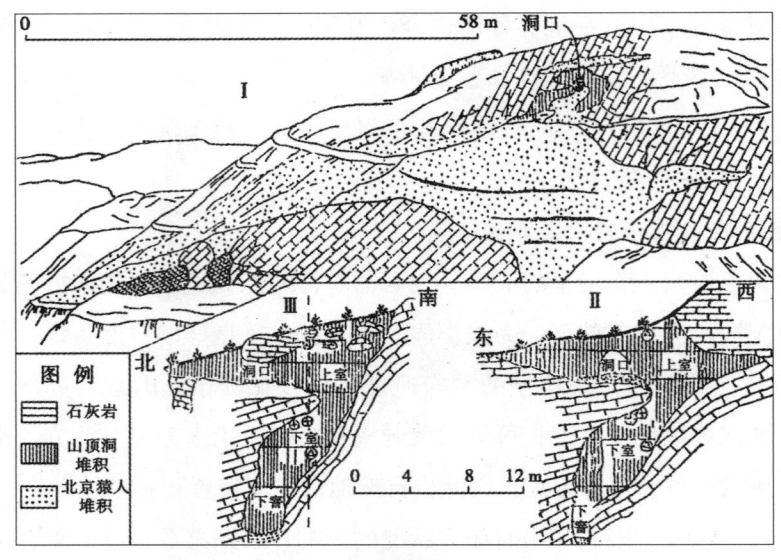

Ⅰ. 北京人洞穴剖面图；Ⅱ、Ⅲ. 山顶洞剖面图

图2-2　山顶洞遗址堆积

资料来源：张之恒、吴建民、黄建秋《中国旧石器时代考古》，南京大学出版社，2003，第347页。

是一种颈部饰物，类似串珠之类。[①]经研究判断，山顶洞遗址的上室是居住场所，下室是其墓地，显然是有意识的埋葬。从山顶洞遗址发现的8个个体化石判断，山顶洞人的寿命比北京猿人长，死亡率比北京猿人小，20～40岁者占24%，死于60岁的占14%。遗憾的是，山顶洞遗址下室的墓葬遭到啮齿类动物严重的扰乱，尸骨离散，已非原位，难以窥探其葬仪全貌。但仍可确知是公共墓地，葬有青年女性、中年女性和老年男性各一人，男女老少合葬，也意味着氏族成员一律平等。为死者放置装饰品随葬表明了他们对死者的哀思和寄托。在死者身上或身旁撒赤铁矿粉的习俗，更备受人们的关注，学者对此也有不同解释，有认为野兽怕红色，撒上赤铁矿粉，以防野兽对死者的侵害；更多的人认为红色象征血液，在当时人们的思想意识中，红色是生命的来源和寄生处，而尸骨上及周围撒上赤铁矿粉末和随葬装饰品，是与他们对死亡归宿产生了灵魂观念相关，他们希望亲人有一个固定的居所并能在另一个世界继续生活下去。当年的人们究竟是一种什么目的，我们只能推测，在生产力水平较低的社会状况下，将尸体安葬在没有地下墓穴设施的墓地上，成为真实所见的人类最早埋葬方式。

这种在居住的洞穴中埋葬死者的做法，直至新石器时代初期华南地方仍比较流

---

① 贾兰坡：《山顶洞人》，第64页。

行。由于华南岩溶地形发育良好、岩洞众多,利用天然岩洞安葬死者的习俗不仅开始较早,而且延续时间很长,如江西万年仙人洞[①]、广东封开黄岩洞[②]、广东灵山市石塘墟滑岩洞[③]等均有发现。

更具典型的是广西桂林甑皮岩洞穴遗址,发现有使用的红烧土遗迹,在第三层新石器文化层中共发现18具人骨骨骼,其中13具保存比较完整,葬式清楚,有屈肢蹲葬10具、侧身屈肢3具、二次葬2具。人骨多数分布在灰土层和红烧土旁,这些墓葬均无坑圹痕迹,分布密集,没有葬具和埋葬坑,绝大多数没有发现随葬品,仅D区1号墓人骨附近出有两件蚌刀;在B区2号墓头骨和D区3号墓盆骨上,发现有赤铁矿粉末;D区1号墓和B区5号墓、7号墓的人头骨附近,都发现鹅卵石和青石板(图2-3)。该遗址年代距今9000年左右。[④]该遗址的墓地和住所同处一洞,大概是人们

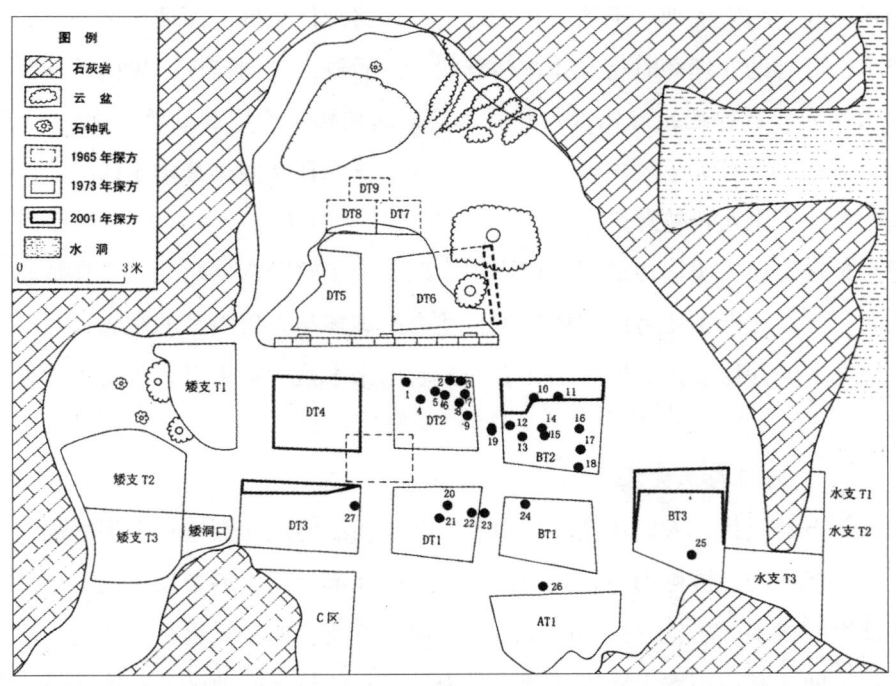

1.DT2M5;2.DT2M9;3.DT2M8;4.DT2M6;5.DT2M7;6.DT2M3;7.DT2M2;8.DT2M1;9.DT2M4;10.BT2M8;11.BT2M9;12.BT2M1;13.BT2M4;14.BT2M2;15.BT2M3;16.BT2M5;17.BT2M6;18.BT2M7;19.BT2西隔梁;20.DT1M3;21.DT1M1;22.DT1M2;23.DT2M4;24.BT1M1;25.BT3M1;26.AT1M1;27.DT3M1

图2-3 桂林甑皮岩遗址墓葬平面分布图

资料来源:中国社会科学院考古研究所等编《桂林甑皮岩》,文物出版社,2013,第28页。

---

① 江西省文管会:《江西万年大源仙人洞遗址的试掘》,《考古学报》1963年第1期。
② 莫稚:《广东南路地区新石器时代遗存》,《考古》1961年第11期。
③ 莫稚:《略论广东的新石器时代文化》,《中国考古学会第三次年会论文集》,文物出版社,1984。
④ 杨锡璋、高炜:《桂林甑皮岩》,中国社会科学出版社,2003年,第28页。

居住一段时间后移居他处，旧居当作墓地使用。这种集体合葬，显然是旧石器时代埋葬习俗的延续。在广西除甑皮岩遗址外，其西北部山区的南丹县一带，至宋代甚至明清时期，仍较流行岩洞墓，形成显著的地域性葬俗。

把居室和墓地就近合为一处，也可从民族学资料得到佐证，东南亚及我国台湾省的许多土著民族都流行居室葬俗。台湾 10 个土著民族中有泰雅、排湾、卑南、邵族等 8 个在 20 世纪初叶还盛行这种古代保留下来的墓地制度。如泰雅族在人死时，一般即在室内自己睡床底下掘穴仰卧深埋，认为睡在死人上面可以得到亡灵的保佑，对家人有好处；也有若父母去世，埋葬毕，留在身边的子女就要放弃原屋，另择新地盖房居住，表示把旧屋让给父母居住。布农族人在老人或病人断气后，要立即从床上抬到地上，并扶其坐起，将下肢屈曲于胸前，用藤皮或布带缚紧，于当日就在屋内死者生前的睡床底下挖穴深埋。平埔族在人死后，即将尸体裹好，深埋于床底下；因室内地方窄小，故有的在埋葬时将尸体作蹲踞状，然后放入穴内掩埋。卑南族通常把居室南隅灶边作为死者葬地，待死者入葬后，其配偶须移床于埋葬处所之上，陪伴亡灵。鲁凯族将男、女分别葬于屋内前半部和后半部。曹人在屋内掘墓蹲坐而葬。邵族认为是爱惜死者，不愿死者被野兽咬伤。①

把墓地选择在人类居住的洞穴或屋内，既反映了殡葬初始时代人类在情感上不愿离开死者，并设法保护死者的尸体免遭自然力的破坏与野兽啃啮的观念；另一方面又反映了原始人的深层意识，即害怕死者的灵魂出来干扰危害生者，于是极力地讨好死者的理念。

2. 地穴式房址与土坑墓

进入新石器时代，人们逐渐走出山洞，开始在山前或河旁选择平坦地面，用挖地穴的方式建造住房，被称为地穴式房址。地面以上部分用木料架顶，用干草覆盖，由多座房址组成村落。居住方式的改变启发人们安置死者的方式也相应变化。在新石器时代，除早期还有使用堆土掩埋死者，或因地下水位较高的地区不宜挖穴外，古代中国采用土葬习俗的广大地区，逐渐按照建房的方式挖出墓穴来安置死者，而且成为此后长期的埋葬方式，即普遍流行的土坑墓。

从堆土掩尸到挖坑建墓，是殡葬习俗的重大变革，这种土葬方式特别是挖坑埋葬死者，最容易被人们接受，所以成为流行地域最广、延续时间最长的丧葬方式，也最

---

① 陈国钧：《台湾土著社会婚丧制度》，台北：雄狮书店，1961，第 131 页。

能与人们的死亡观、鬼魂观相结合，如后世文献记载，"葬也者，藏也，欲使人所不得见也"（《吕氏春秋·孟冬纪》）；"众生必死，死必归土，此谓鬼，骨肉毙于下，阳为野土；其气发扬于上为昭明"（《礼记·祭义》）；"人死曰鬼，鬼者归也，精气归于天，肉归于土"（《韩诗外传》）等，都是在新石器时代就形成的土葬方式与殡葬观念相互印证的文献解读。

地穴式房址中的深穴式，挖建时比较费力，但房顶则相对简单，只需在地穴中建立一中心柱，可支撑顶面，用料也节省；浅穴式挖建时比较省力，但为了保证室内有足够的空间，需要在房子周边栽多个木柱，用草拌泥糊墙，留出门道，形成木骨泥墙，一周的木骨还要支撑房顶。借鉴这两种房屋形式在挖坑建墓时也就有了浅穴墓与深穴墓之不同，都被称为竖穴土坑墓。

3. 干栏式建筑与平地堆土墓

堆土墓可分为两种类别，一种是在居住的洞穴内堆土掩埋死者；另一类是在平地堆土掩埋死者。利用天然洞穴作为墓地的埋葬形式，是最早见到的安置死者的方式。平地堆土墓是把尸体直接放置在平地上，用堆土来掩埋的殡葬方式，在新石器时代主要发现在我国长江中下游地区，如考古学命名的马家浜文化、崧泽文化、良渚文化、薛家岗文化、屈家岭文化的墓葬中。

这一区域河流纵横、水网密布，地下水位很浅，不宜由地面向下挖穴造墓，于是人们采取在地面上堆土掩埋尸骨的埋葬方式，形成了这种具有浓郁地域特色的堆土墓。在浙江余姚河姆渡遗址共发现27座墓葬及两座瓮棺葬，仅见一例有长方形墓坑，其他都是平地掩埋。① 这也与当地人们的居住方式有直接关系。在河姆渡遗址，发现的河姆渡文化房址，是在地面打桩，在木桩上构筑木（竹）质房舍，即干栏式建筑，平地堆土墓地也是与之相适应而产生的。同样上海青浦崧泽遗址，墓地在一土墩之上的671平方米范围内，清理了100座墓，普遍采用平地掩埋，随着土墩的自然坡度，人骨架略带倾斜，有的头高足低，有的侧身斜躺。在人骨架之下，一般都有一片灰层，铺于地面之上，人骨架上面往往覆盖一堆不规则的黄土，其中有两座在人骨架下有一片炭化的草类编织物。其中91座墓有随葬品，大都放置在人骨架的头前和足后。但也有放在人骨的四周或左右两侧的，甚至有的从头到足叠压在人骨架的上面。如21号墓，距地表1.76米，人骨架上有一层不规则的黄土覆盖，人骨架下

---

① 浙江省文物考古研究所：《河姆渡：新石器时代遗址考古发掘报告》，文物出版社，2003，第386页。

为一片自然凝结的青黄硬土，墓主为一中年男性，仰身直肢，骨架左高右低，头骨偏右寸余，似和体骨脱离，随葬品有17件，分置人骨架四周，还发现有动物骨骼（图2-4）。①

这种平地掩埋的堆土葬在长江流域的有些地方，一直延续到两周时期，都是与这一地区地下水位高有直接关系，也与这一地区人们居住高出地面的干栏式建筑形式相适应。在长江流域，由于水系充裕，地下水位高不宜挖坑穴，人们居住则采用干栏式建筑，堆土埋尸的习俗延续下来，随着时间的推移，堆土葬尸也随之变化，土堆筑得更大、更高，甚至用夯打方式堆筑，成为名副其实的土墩墓。

图2-4 崧泽21号墓

资料来源：上海市文物保管委员会《崧泽：新石器时代遗址发掘报告》，文物出版社，1987，图版5.1。

4. 石室房址与积石墓

在新石器时代北方有的地区，由于石料来源充足，人们常用石块、石条建造石室居住，比土木墙体更加牢固，启发人们用石块或土石结合来埋葬死者，由此也出现了积石墓。积石墓主要流行于东北地区，一般用砾石或卵石铺底，石块砌壁并封顶。受此启发，墓室也用石料建造，如辽宁红山文化的牛河梁积石冢，采取天然风裂石块使用压缝交叠的方法在地面筑成墓室，积石的石料多采用灰白色的硅质灰岩，以石垒墙，以石筑墓，以石封顶，平面有方形、圆形等，其形成似乎出于某种特定的礼仪。②辽宁半岛小珠山文化晚期旅顺四平山和老铁山也发现有积石墓。③这类墓多分布在山梁或高坡上，墓内埋有数人至数十人不等。积石墓始自史前时期，一直延续到南北朝时期，是东北地区具有显著的地域特征的墓葬。

牛河梁遗址位于辽宁凌源、建平两县交界处，距今约5000多年，经调查发现十余处遗迹地点，包括祭祀址和墓葬群，遗存面积分布达1.2平方公里。已发掘的第一

---

① 上海市文物保管委员会：《崧泽：新石器时代遗址考古发掘报告》，文物出版社，1987，第12页。
② 辽宁省文物考古研究所：《辽宁牛河梁红山文化"女神庙"与积石冢群发掘简报》，《文物》1986年第8期。
③ 旅大市文物管理组：《旅顺老铁山积石墓》，《考古》1978年第2期。

地点为"女神庙"祭祀址；位于第二地点的积石冢墓地，共有四座积石冢，东西一行排列，位于牛河梁主梁顶南端斜坡上，范围总长110余米。各冢虽然都是以石构筑，但其形制、构造都不相同（图2-5）。其中1号冢为形制规整的长方形，现东西长26.8米、南北宽19.5米，有内、外两道石墙，内墙外南侧清理出成群排列的小型墓葬，计15座，各墓以石板、石块为葬具，均东西向，排列密集，大致成行，往往二墓共用一壁。如7号墓的南壁和5号墓北壁相邻，平面凸字形，整个墓室主要由石灰岩石块堆砌而成。出土猪龙形玉佩的7号墓为长方形石板墓，四壁由较规则的砂岩石板立置而成，微外敞，内葬1人，仰身直肢，两腿膝部相叠压，墓内随葬三件玉器，墓盖东端出土彩陶筒形器的大块残片（图2-6）。

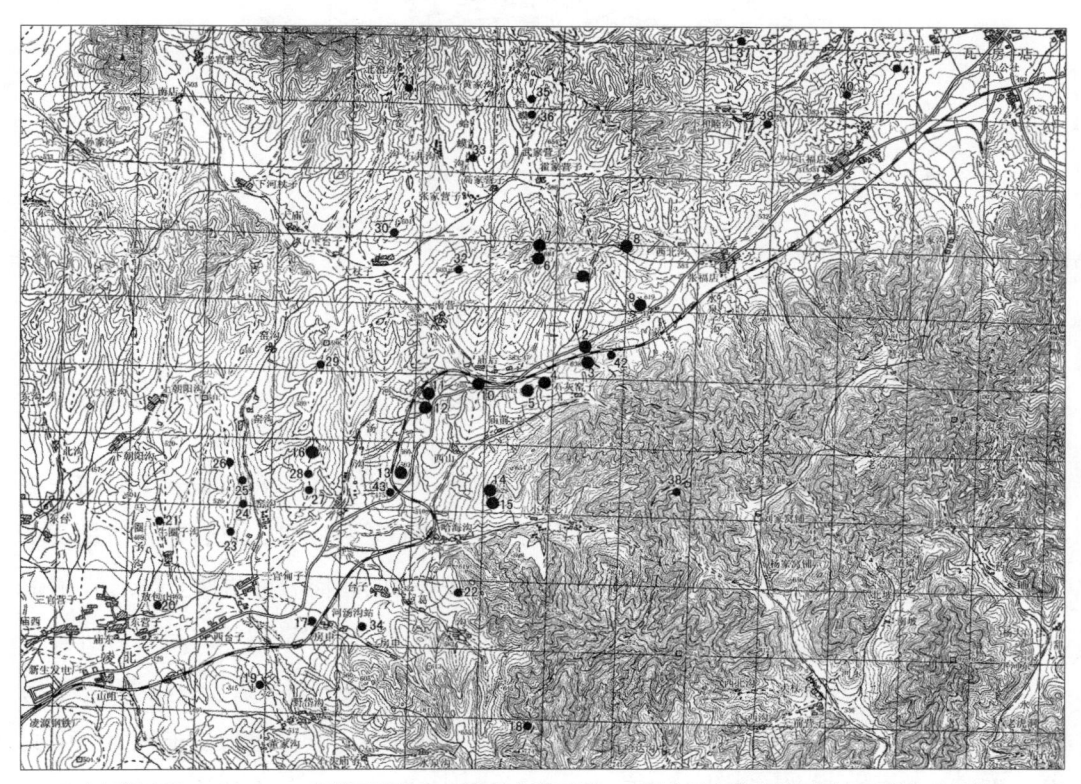

1~16.牛河梁遗址N1~N16；17.车站下遗址；18.大东山积石冢；19.西台子东南山积石冢；20.敖包山遗址；21.石头盖子积石冢；22.葛沟北山台地遗址；23.三官甸子北山积石冢；24.甸北西梁遗址；25.三官甸子西山遗址；26.窑沟西梁遗址；27.杏树林遗址；28.城子山下遗址；29.窑沟东梁遗址；30.大杖子北梁积石冢；31.北窑沟东梁积石冢；32.南营子东梁积石冢；33.白土沟山顶积石冢；34.二十八亩地遗址；35.刘家沟南梁东积石冢；36.刘家沟西梁积石冢；37.南梁垭口遗址；38.哈海沟南山遗址；39.东峰山积石冢；40.药王庙后山遗址；41.金洞子山积石冢；42.马家沟西北遗址；43.河汤沟东梁遗址

图2-5　牛河梁遗址分布图

资料来源：辽宁省文物考古研究所《牛河梁红山文化遗址发掘报告：1983~2003年度》（上），文物出版社，2012，图4。

1、4.玉环；2、3、5.玉璧

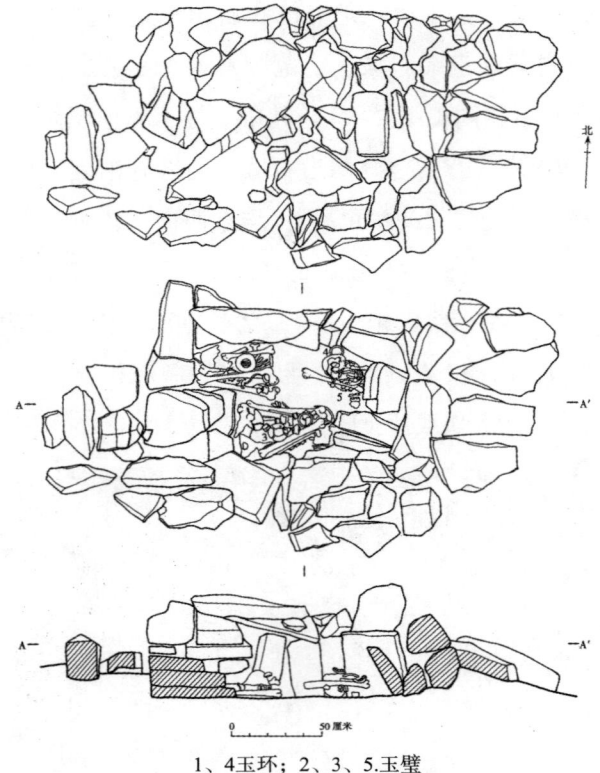

图2-6 牛河梁遗址7号墓平剖面图

资料来源：辽宁省文物考古研究所《牛河梁红山文化遗址发掘报告：1983~2003年度》（上），第84页。

牛河梁第十六地点4号墓是已知牛河梁遗址群中规模最大、营造最费工时的一座墓葬，与一般平地堆砌石块的积石墓不同，这是一座石圹积石墓，仅岩石开凿量就多达30立方米。其营造是直接将墓穴壁凿于山体最坚硬的花岗岩的岩脉上。石穴圹南北长390厘米、东西310厘米、深468厘米。南壁陡直，北部呈坡状并起有台阶。在接近墓口处用石板砌筑一多角形小石"井"，石板封盖，底平铺石板。石棺壁用17层石板平铺叠砌，底铺石板，石板封盖。墓中随葬6件玉器，其中玉人、玉凤为红山文化玉器中新发现的器类，玉人高度写实，对研究宗教祭祀活动、人的体态、形体特征等都十分重要。玉凤造型简洁生动，线条优美，枕于头下。[①]在当时的生产力水平低下，开凿这样的石穴，使用质地考究、造型生动、寓意深邃的玉器为随葬品，实在是值得深思的现象。4号墓的发现为综合研究红山文化积石冢群的布局、各冢及冢内墓葬结构、葬俗、玉器组合以至分期提供了不可多得的新资料（图2-7）。

---

① 辽宁省文物考古研究所：《牛河梁第十六地点红山文化积石冢中心大墓发掘简报》，《文物》2008年第10期。

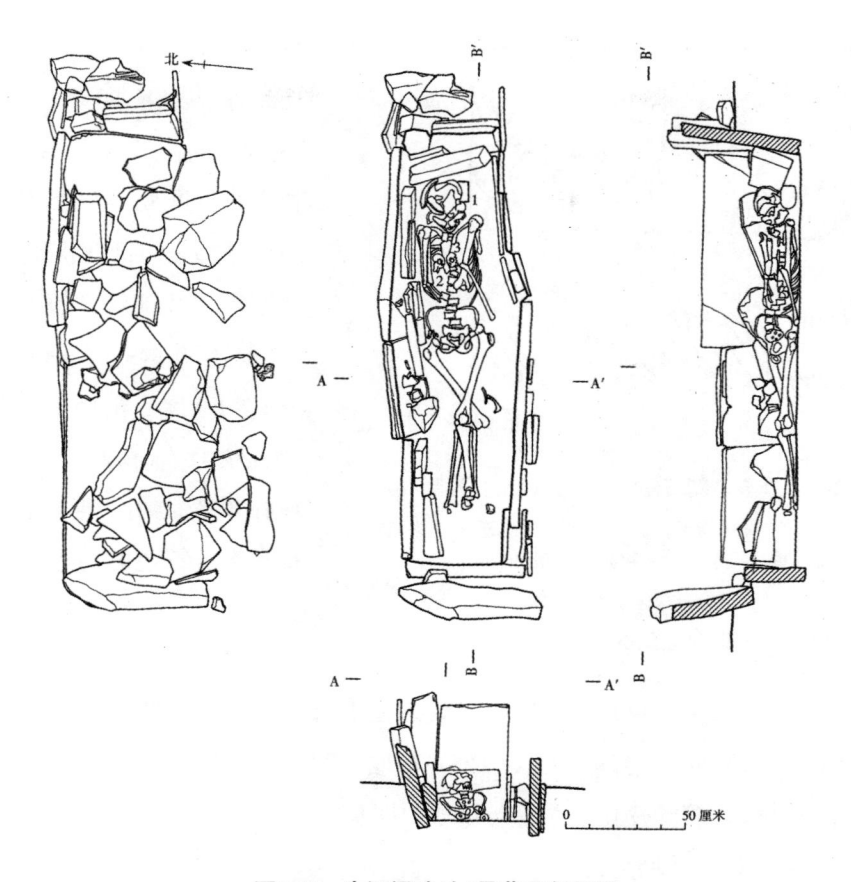

图2-7　牛河梁遗址4号墓平剖面图

资料来源：辽宁省文物考古研究所《牛河梁红山文化遗址发掘报告：1983~2003年度》（上），第80页。

5. 贝丘墓

在我国东南沿海部分地区的史前殡葬，还流行不需挖穴而利用贝壳堆积埋葬死者的贝丘墓，用贝壳填充为墓冢。这一地域天气炎热，人们居住设施较为简单，墓葬的构筑也如此，不建造专门的墓穴，直接在平地以贝壳掩埋，称为贝丘墓，具有浓厚的地方特点，被后世长久沿用。如在粤东一带分布有较多的贝丘遗址，其中以广东潮安陈桥村[①]和池湖凤地[②]、鲤鱼墩、罗山咀、深湾等遗址为代表。位于广东省北部湾东岸的遂溪县江洪镇东边角村东南之鲤鱼墩贝丘遗址，由贝壳堆积，形似鲤鱼而得名。文化堆积分为6层，除表土外，第2~6层为新石器文化层，由贝壳堆

---

① 莫稚：《广东潮安的贝丘遗址》，《考古》1961年第11期。
② 潮安县博物馆：《潮安池湖凤地新石器贝丘遗址》，《汕头文物》1980年总第4期。

积而形成，距今六七千年。该遗址东西最长80米，南北最宽35米，共发现墓葬8座，出土物主要有贝类、鱼骨和兽骨。其中1号墓为仰身直肢葬，墓的底部有狮蚶片铺垫，随葬有石锛、纺轮、穿孔狮蚶壳和螺壳饰物等（图2-8）；罗山咀墓葬随葬有穿孔鳖甲饰物。① 这些死者均埋在贝壳之中，形成滨海地区具有显著特色的墓葬形式。

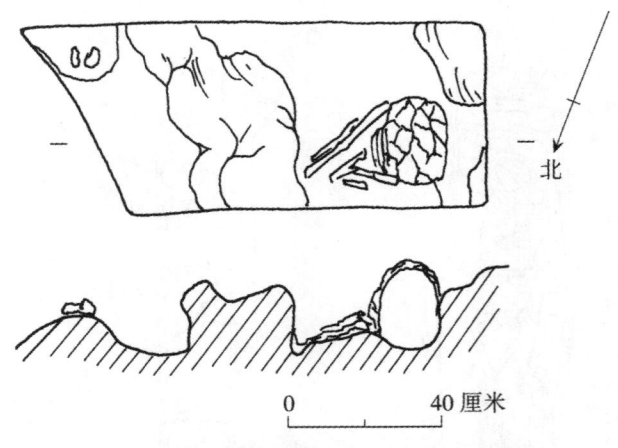

图2-8 鲤鱼墩新石器时代贝丘遗址1号墓

资料来源：广东省文物考古研究所等《广东遂溪鲤鱼墩新石器时代贝丘遗址发掘简报》，《文物》2015年第7期。

二 史前聚落与墓地

聚落与墓地的关系有两层含义：一是表现在聚落与墓地的位置、布局方面，如居室墓，氏族居住场所（如村落）与氏族公共墓地方面的关系和意义；二是新石器时代发展进程中，社会面貌的变化在聚落与墓地中同步的反映。

（一）早期共处的居所与墓地

人类的居所与安置死者在一处的埋葬习俗，发现最早的是在北京山顶洞。遗址的上室是居住场所，下室是其墓地，集中安葬死者，可见自有埋葬之始，这种习俗就已形成了。旧石器时代晚期和新石器时代之初，墓地和居住地并无明显的区分，除山顶洞人遗址外，江西仙人洞、广西甑皮岩等遗址，居址和墓地同处一所，并无严格的区分，前已有述。特别值得一提的是被称为"华夏第一村"的内蒙古兴隆洼聚落遗址，发现了成批的居室墓葬，该遗址总面积3万余平方米，清理出不同时期的兴隆洼文化半地穴式房址170余座、窖穴400余座，其中有30余座居室墓葬，是中国史前时期很有特色的埋葬习俗，被称为居室葬。兴隆洼遗址聚落内的所有房址成排分布，外围环绕椭圆形壕沟，是中国已揭示的最完整的原始村落，也是距今8000年中国建筑史上的奇迹；房址均为圆角方形，房址中间是灶址，四周和居住面还有保存食物、火种的小龛和袋状炕。房址大小不一，小的有几十平方米，最大的有140余平方

---

① 杨式挺：《广东新石器文化及其相关问题的探讨》，《史前研究》1986年第1~2期。

米。所发现墓葬除一座外，均位于房址内，通常一座房址内仅有一座居室墓，居室墓在室内的位置比较固定，墓壁一侧依房内壁下挖，打破居住面及生土，墓葬皆为长方形竖穴土坑墓，葬式为仰身直肢单人葬，墓主头向依墓葬在房址中位置不同而有别，有的向西北，有的向东北。墓穴四壁与房址穴壁基本平行，多数墓葬填土内发现有居住面残块，开口部分却为经过砸实的硬面，与居住面连成一体，表明该房址埋入死者后，又整平地面。[①]这种以居室作为埋葬死者的方式，体现出生者对死者浓重的亲情观念，也反映了将墓地与居住地合为一处的习俗延续（图2-9）。

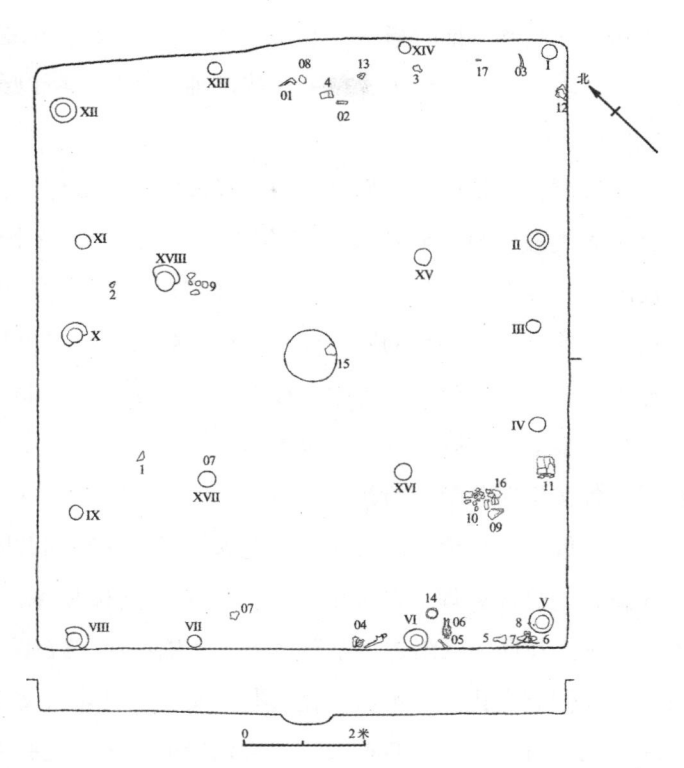

Ⅰ~ⅩⅦ.柱洞；1、2.石刀；3、5~8.石锄形器；4.磨石；9、10.陶罐；11~13、15、16.陶片；14.陶罐底；17.骨锥；01.动物下颌骨；02、05.兽骨；03.鹿角；04.鹿下颌骨；06.猪头骨；07~09.石块

图2-9 兴隆洼聚落遗址房址内居室墓

资料来源：中国社会科学院考古研究所内蒙古工作队《内蒙古敖汉旗兴隆洼聚落遗址1992年发掘简报》，《文物》，1997年第1期。

（二）后期分离的居住与墓地

把死者掩埋居室内或居室近旁，固然与"弃之沟壑"相比是一种进步，但因为早期埋葬主要是以土掩埋，不挖墓穴，待尸体腐烂之时，生出蝇蛆甚至引来野兽扒啃仍是不可避免的。于是把在离开居室而又与居住区不远的地方，集中埋葬死者，则成为新的埋葬方式，大约距今9000~8000年，在居住区近旁的公共墓地就陆续出现，并逐渐成为一种普遍的葬俗，只有早亡的幼儿埋葬在居所旁边。随着氏族制度的逐渐完善和聚落规划的形成，墓地和居住地开始分离，并成为聚落的组成部分之一，在以氏族为单位的聚族而葬的埋葬制度下，普遍出现了氏族公共墓地。恩格斯在叙述美洲易

---

① 中国社会科学院考古研究所内蒙古工作队：《内蒙古敖汉旗兴隆洼聚落1992年发掘简报》，《考古》1997年第1期；刘国祥：《兴隆洼文化居室葬俗再认识》，《华夏考古》2003年第1期。

洛魁人的氏族特征时指出："氏族有着共同的墓地……在其他印第安人中间，这种墓地还保存着……在墓地上，每一氏族都独成一排，所以，总是把母亲而不是把父亲和孩子埋在一排。"

氏族社会是以氏族血缘为纽带形成的社会群体，在生产力极其低下的情况下，氏族是人类战胜自然和赖以生存的组织形式，它是每个氏族成员赖以生存的保护力量，反映在墓葬上，便是氏族内部的死者葬在一起，这是因为原始人相信人死之后灵魂不灭，生前有血缘关系的同一氏族成员，死后在灵魂世界仍在一起生活，故人死之后要葬于一处，甚至由于种种原因而客死于他乡者，也要设法将尸骨运回归葬。因而，氏族公共墓地，实则象征灵魂世界的氏族聚落，也是史前乃至以后相当长的时期内各地区、各文化埋葬制度的共同原则。

氏族公共墓地为同一氏族的鬼魂提供了在阴间共同生活的场所，只能埋葬本氏族成员，这是氏族埋葬制度的一项传统的规范和习俗。史前时期的氏族都有公共墓地，一般选择在居住区附近，墓葬集中，连成一片或数片。

在仰韶文化、大汶口文化、龙山文化、马家窑文化、齐家文化、马家浜文化、崧泽文化、石峡文化等新石器时代文化遗址中多发现有大片的氏族公共墓地，其中尤以仰韶文化时期的氏族公共墓地最为典型，清楚展现了村落与墓地共同构成的聚落格局。例如半坡聚落遗址的面积南北300余米，东西200余米，分为三个区域：南面是居住区，包括46座房屋；居住区的东面是制陶窑场；北端是墓葬区；居住区和窑场、墓地之间有壕沟隔开。死者的墓地位于居住区之外。半坡遗址共发现墓葬250座，其中成人墓174座，都葬在围绕居住区的壕沟之北，形成整片的墓地，婴儿则多葬在居所近旁（图2-10）。[①]

陕西临潼姜寨遗址与半坡基本同时代，也是仰韶文化前期聚落遗址中保存较好而且发掘面积较大的地点，前后经过11次连续发掘，其第一期原始聚落的总体布局分为居住区、烧制陶器的窑场和墓地三个部分，与西安半坡十分相似。居住区位于中央，周围有壕沟环绕，村西靠近临河岸边有一不大的窑场。聚落平面呈椭圆形，面积大约2万平方米，居住区内房屋布局比较整齐，最大特点是围成圆圈形，圆圈状布局的房屋建筑群由大、中、小型三种房子组成5个单元，每单元房屋的门向都朝向中央，

[①] 中国科学院考古研究所、陕西省西安半坡博物馆：《西安半坡：原始氏族公社聚落遗址》，文物出版社，1963。

而中央则是一个空旷的广场，面积有 5000 平方米，广场西边是牲畜夜宿场。村东越过壕沟即是墓地，三片墓地分布在居住区围沟之外的东部、东北及东南部，经发掘清理发现墓葬近 400 座，有土坑墓和瓮棺墓两种，土坑墓集中在氏族公共墓地内，埋葬在这三片公共墓地绝大多数为成人墓；瓮棺葬多为幼儿，多分布在居住区的房屋附近，只有少数埋葬在公共墓地内（图 2-11）。[①]

图 2-10 半坡遗址聚落分布

资料来源：《西安半坡》，文物出版社，1982，图版 5。

氏族墓地在墓葬方向上有着高度的一致性，由于观念、信仰等方面的原因，不同文化的墓向有所不同，但同一文化的同一墓地的墓向则基本相同。如甘肃永靖秦魏家齐家文化墓地的墓向均向西北方向；山东兖州王因墓地发现大汶口文化早期墓葬800 多座，方向多为东西向一

图 2-11 姜寨遗址第一期原始聚落总体布局

资料来源：西安半坡村博物馆、陕西首考古研究所、临潼县博物馆《姜寨：新石器时代遗址发掘报告》（下），文物出版社，1988。

般都是成排地埋葬在一起，充分体现了氏族社会的血缘关系。史前时期埋葬制度的这一原则为商周及以后的历史时期所承袭，成为中国古代长期流行的最基本的埋葬制度。

这种氏族公共墓地中分行整齐排列的墓葬形式，在一些民族学资料中也可以看到。摩尔根的《古代社会》一书在谈到易洛魁人的图斯卡罗腊部落的公共墓地

---

① 西安半坡博物馆等：《姜寨：新石器时代遗址发掘报告》，文物出版社，1988，第 350 页。

时说:"这个部落有一个公共的墓地,其中凡是同一氏族的死者都葬在同一行墓地里。有一行是海狸氏死者之墓,有两行是熊氏死者之墓,有一行是苍狼氏死者之墓,有一行是大龟氏死者之墓,如此分属各氏族者共有八行墓地。"氏族公共墓地反映了当时的社会状态和社会意识,是氏族血缘观念的集中体现之一。当时的人们,"以为同氏族的骨与骨,肉与肉,应该是互相结合在一块的",他们"都是一个根子中生出来的,有共同的祖先,有着骨肉关系,活着在一起,死了也要在一起"。①

(三) 氏族公共墓地的变化与发展

新石器时代社会面貌的变化在聚落与墓地中有着明显的同步影响。氏族墓地制度伴随着氏族社会的发展也有一个发展变化的过程。

1. 在墓地的管理上,在母系氏族社会繁荣阶段,氏族公共墓地制度比较严格,如墓坑排列整齐,埋葬方向大致相同,小孩、婴儿另行瓮棺葬基本上不进入公共墓地等。而至新石器时代晚期,传统的氏族墓地制度开始松弛,渐趋瓦解。因此,在这一时期的居址附近已很难发现排列整齐的氏族墓地。例如,考古工作者在襄汾陶寺遗址东南发掘的一处龙山文化墓地,墓葬密集,但墓群中出现了复杂的叠压、打破关系,有的一组的打破关系多达十几座,这种现象就说明当时的氏族公共墓地制度已趋于瓦解。

2. 在墓主关系上,由于母系氏族实行对偶婚形式的外婚制,夫妻双方分属不同的氏族,故死后不会合葬或埋于同一墓地。反映在考古发现上,这一时期的合葬墓,多为男女多人混合葬,或同性合葬,而绝不见可称为夫妻的成年男女合葬。到了新石器时代晚期,由于社会逐渐过渡到父系社会,婚姻形态也变为较为稳定的一夫一妻制,女嫁男家,夫妻双方属同一氏族,故出现了可能是夫妻的成年男女合葬墓。有的氏族墓地内甚至出现了相对独立的家族墓群,如山东大汶口墓地的西北部有一组 11 座墓的葬区,随葬品都比较丰富;东部一组有 3 座墓,随葬品也较多;而南部一组 4 座却随葬品很少。这种富者皆富、穷者皆穷的现象表明拥有私产的父系家族已经崛起,并成为以原始共产制为基础的氏族社会制度的分裂力量,就在氏族墓地内出现了相对独立并贫富不均的家庭墓群。

---

① 宋兆麟:《云南永宁纳西族的葬俗——兼谈对仰韶文化葬俗的看法》,《考古》1964 年第 4 期。

3. 在墓葬等级上，新石器时代早期的村落与墓地呈现出公共集体管理的特点，社会平等，基本没有明显的财富、地位差别。至新石器时代晚期，城址开始出现，墓葬贫富分化严重。这种变化在仰韶文化、大汶口文化晚期和龙山、齐家等文化时期所发现的氏族公共墓地都有所反映，如1959年发掘的山东泰安大汶口遗址氏族公共墓地，多数分布在发掘地点西南部，墓葬十分密集，在南北长100米、东西宽30米的范围内，就有墓葬104座，其余29座墓葬零星地散布在周围。墓葬排列整齐而集中，葬式基本统一，以仰身直肢为主。在埋葬习俗上，多为男女分别单独埋葬，也发现几座成对成年男女合葬，而且男性占主要位置，说明出现了以父亲血缘

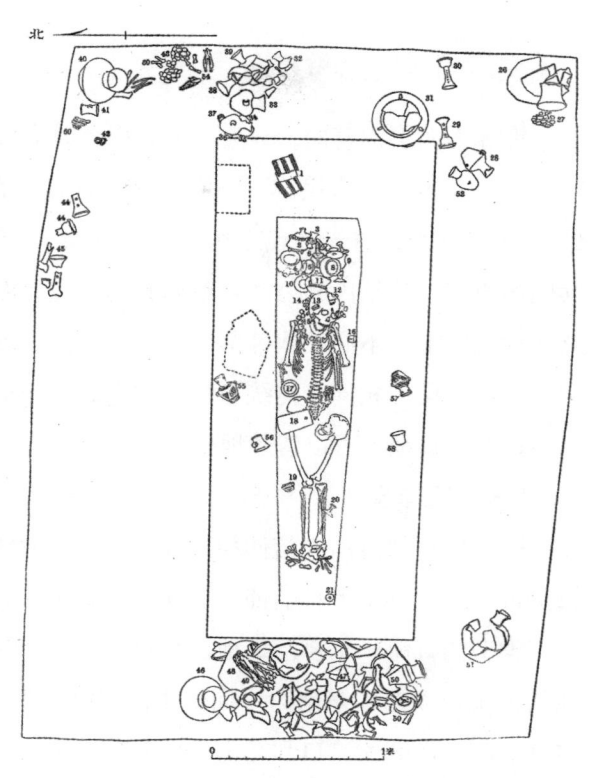

图2-12　大汶口遗址10号墓

资料来源：山东省文物管理处，济南市博物馆编《大汶口：新石器时代墓葬发掘报告》，文物出版社，1974，第24页。

为纽带的氏族制度。墓葬中随葬品数量明显反映出这一时期贫富差别的悬殊，少数富有的墓坑很大，随葬品往往超过百件。其中10号大墓不仅随葬了80余件精美的陶器，还有象牙梳、雕花象牙筒、玉璧环、指环和铲，以及成串大理石、绿松石制成的头饰和颈饰等。这一时期家畜饲养业已经发展起来，家猪的饲养量很大，普遍流行用猪下颚随葬，而随葬数量的多少也成为衡量财富多少的标志（图2-12）。与此相反的是，多数墓葬只有很少的随葬品，或者没有随葬品。如62号墓只随葬1件獐牙，114号墓随葬陶鼎、壶各1件。据统计，随葬陶器10件以下的墓葬能占所有墓葬总数的一半以上。①

---

① 山东省文物管理处等编《大汶口：新石器时代墓葬发掘报告》。

三 原始观念与墓向

埋葬方向也称墓向，一般指死者埋葬时的头向。墓葬方向作为埋葬制度的一个重要内容，在古今许多民族中均有严格的规定，在古籍中也有反映，如《礼记·檀弓》曰："葬于北方北首，三代之达礼也。"因此，史前时期诸文化在埋葬制度方面有一个共同的原则，就是氏族公共墓地有共同的埋葬方向。考古资料也说明，新石器时代在墓向的选定上，不同氏族部落由于观念、信仰等方面的不同，所选择的墓向也有所不同，但由于信仰相同和传统力量的约束，同一墓地或同一文化的主向则基本一致，概括各地史前墓地，可以清楚地梳理出各地氏族集团的墓向规律。

（一）同向原则

同一氏族部落由于信仰相同和传统力量的约束，表现在墓向上就比较一致。丰富的考古资料提供了大量的证据，如墓向朝东的有：黄河上游地区属马家窑文化半山和马厂类型的青海乐都柳湾墓地，数百座墓以东为主向；甘肃马厂类型的墓葬继承了本地的传统，以东和东南为主向，永昌鸳鸯池的189座墓多向东南；在黄河下游地区，如鲁南苏北地区大汶口和龙山文化墓葬，主向多为东向；黄河中游陕西横阵墓地仰韶文化大多数二次葬的人头骨向东方。长江下游的河姆渡、北阴阳营、薛家岗和良渚文化的近千座墓葬主向均为东和东北向。

墓向朝北的如：青海民和阳山发掘的具有从半山类型向马厂类型墓葬过渡性质的230座墓葬，以北为主向；长江下游马家浜文化墓葬主向也是向北。

墓向朝西的有：齐家文化的氏族公共墓地均向西和西北方向，以甘肃秦魏家最为典型。在遗址的西南，有南北六排墓葬，共107座，死者头一律朝西北。在它东边20多米处，另有一片规模较小的墓地，东西三排墓葬，共29座，死者头向一律朝西。此外甘肃大何庄、皇娘娘台等300余座齐家文化墓地的墓向都基本如此；半坡遗址墓葬多数与正西方向相差不超过20度，少数方向有异。华县元君庙氏族-部落墓地的布局规整有序，在已清理的57座墓中，有45座南北成排布置，分6列安葬，死者头向一律朝西。

墓向朝南的有：河南庙底沟的龙山文化氏族墓地，在1100多平方米内，发现145座墓葬，排列整齐，死者头一律向南。[①] 长江中下游地区，四川巫山大溪、湖北公安

---

① 中国社会科学院考古研究所：《庙底沟与三里桥》，文物出版社，2011。

王家岗等地发现的近 300 座大溪文化墓葬，主向为南和东南向。

仅从黄河流域（上、中、下游）、长江流域（中下游）的部分代表性墓地即可看出，在同一地区的各墓地之间，墓向多有不同，但同一墓地则有一个主向，是氏族集团（部族）共同遵循的埋葬方向。

表2-2　新石器时代墓葬主要墓向统计

	黄河流域地区	长江流域地区
东向	青海乐都柳湾马家窑文化半山和马厂类型墓地、甘肃永昌鸳鸯池马厂类型墓地、山东大汶口和龙山文化墓地、关东地区仰韶文化墓葬	河姆渡文化墓地、北阴阳营文化墓地、薛家岗遗址大溪文化和屈家岭文化墓地、良渚文化长江以北墓地
北向	青海民和阳山马家窑文化墓地	马家浜文化墓地
西向	齐家文化的氏族公共墓地、仰韶文化半坡、元君庙墓地	
南向	裴李岗文化墓地 河南地区仰韶文化墓地 河南龙山文化墓地	四川巫山大溪文化、湖北公安王家岗、良渚文化长江以南墓地

（二）定向原则

各氏族墓向的选定有东南西北各自不同的方向，但不是随意的，每一方向都与本氏族的祖先崇拜和灵魂永存等观念密切相关。关于史前墓葬的定向原则，在不同的族团中，大体来说有以下三种。①

1. 朝日出或日落方向

日出东方，墓向朝东，这一原则主要见于大汶口文化、石峡文化及崧泽文化的一些墓地。有人认为这是近海地区的习俗，但并不是所有分布在海岸附近的墓葬都向日出方向，如大汶口文化中离海岸最近的几个墓地主要墓向就不朝东，而恰恰在远离海岸的一些墓地里，如甘肃地区的半山类型墓葬、广河巴坪和景泰张家台两地的主要墓向都是朝向日出的。有的学者认为这与人的生死和太阳东升西落的信仰有关。②

日落西山，墓向朝西，就出现一些朝向西北和西南的墓。当然由于地理位置和季节的原因，人们观察日落的方向并不完全相同，故有时可能偏南，有时可能偏北。黄河中上游仰韶文化、齐家文化大多数墓的主要方向都朝向日落方向，如在仰韶文

---

① 王仁湘：《我国新石器时代墓葬方向研究》，田昌五、石兴邦主编《中国原始文化论集》。
② 中国科学院考古研究所、陕西省西安半坡博物馆：《西安半坡：原始氏族公社聚落遗址》。

化的墓地，无论是单人仰身直肢葬还是迁徙合葬，死者的头部大多头朝西方，就可能是受日落西山的启示。在世界上很多民族都认定西方——日落方向是亡灵的集中之所，是区别于人世的阴间世界，埋葬死者时就朝着另一世界所在的方向，人死后就应到那里去生活。如在中国古代，人们根据日暮于西，墓与暮音相同，故想象人死后的归宿也是到西方去，即所谓"归西天"。《汉书·郊祀志》有"东北神明之舍，西方神明之墓"的说法。张晏注："神明，日也。日出东北，舍为阳谷。日没于西，故曰墓。墓，蒙谷也。"因此，日暮于西，西方也就应是冢墓之地。马来半岛的色曼人认为，鬼魂是住在西海里的一座岛上的灵界里，死者头要向着日落的方向。①现今仍实行土葬的少数民俗中，如回族在举行宗教仪式埋葬死者时，仍是朝向西方。

2. 朝向固定地理方位

主要以氏族部落墓地周边地理方位为目标，一般指向高山、河流等自然物。朝向高山方向，由于很多新石器时代墓地都选择在山坡台地，其墓葬主向多是朝向山巅，或是向着台地中心。有些墓地虽不处山间，但其墓葬主向也遥指附近山坡，如大溪文化的巫山墓地北临长江、南为大山，墓向都朝着南方的山坡高处。青海乐都柳湾墓地，从半山类型到齐家文化不同时期的墓葬的主向都是朝着墓地所在的台地中心。另外，大汶口文化中的胶县三里河、日照东海峪和诸城呈子墓地，墓葬主向也都是山陵高台。朝向水流方向，多是埋葬地点附近有大江、大河，因为江河与人们的生产、生活有密切关系，所以成为确定墓向的标准，即使附近也有山地，仍选水流方向。如甘肃永昌鸳鸯池马厂类型墓地，北有龙首山，南有阴山，但其墓向并不朝山顶，而是向东南朝着附近东南方向的金川河。②

这些方位的定位是与每个氏族的灵魂观念密切相关的。他们认为世界有一个特殊的域界，人死之后就到那里去生活，因此，死者的头就朝着死者灵魂应去地方的方向。有的民族认为东方或高山是祖先灵魂的居所或祖先的发祥地，如台湾泰雅族埋葬死者时，使其头向东方，因为那里是祖先的发祥地；③贵州丹寨苗人认为高山是灵魂依托之所，人死后应头向高山，脚朝河流。④以河流决定墓向的例子在民族学上也能

---

① 乔治·彼得·穆达克：《我们当代的原始民族》，童恩正译，四川民族研究所，1980，第69页。
② 蒲朝绂、员安志：《甘肃永昌鸳鸯池新石器时代墓地》，《考古学报》1982年第4期。
③ 陈国钧：《台湾土著社会婚丧制度》，第131页。
④ 国家民委民族问题五种丛书编辑委员会：《中国少数民族》，人民出版社，1981。

找到，如云南迪曾独龙族将死者头北面东埋葬，同独龙江自北而南的流向一致。①20世纪末，为配合三峡水利工程，在四川开县进行考古调查发掘时，从当地农民那里了解到，时至现今他们的传统习惯是屋门朝对面山尖，墓葬要朝向山凹，即两个山峰之间远望是凹形。

这种以地理方位确定墓向的原则，也孕育了中国堪舆学即风水说的萌芽。"堪舆"民间亦称之为"风水"，"堪"为高处，"舆"为下处，指住宅基地或墓地的形势，亦指相宅相墓之法。风水一开始就与天文历法、地理环境结下了不解之缘，仰观天文，俯察地理，这是风水术的两大特征。《葬书》（晋人郭璞所著）曰："葬者乘生气也。气乘风则散，界水则止。古人聚之使不散，行之使有止，故谓之风水。"这是"风水"这个词第一次出现在中国古代的文献中。其实，研究风和水的根本目的，是为了研究"气"。《黄帝内经》曰："气者，人之根本；宅者，阴阳之枢纽，人伦之轨模，顺之则亨，逆之则否。"《易经》曰："星宿带动天气，山川带动地气，天气为阳，地气为阴，阴阳交泰，天地氤氲，万物滋生。"因此，可以看出气对人的重要性。自古以来，人们重视"风水"，究其原因，这是古人认为气与风水有着千丝万缕的密切联系。古书载："无水则风到而气散，有水则气止而风无，故风水二字为地学之最。而其中以得水之地为上等，以藏风之地为次等。"《水龙经》也有"水飞走则生气散，水融注则内气聚"，"未看山时先看水，有山无水休寻地"等，都说明了风和水的重要性。后世风水师们的主要工作，便是寻求能够藏风、得水、具有生气的吉地，用于安葬或是修建住宅，以便人们的发展繁衍。

在河南濮阳西水坡发现的距今近 6000 年的仰韶文化墓葬中，一具尸骨的左右两旁清晰可见用蚌壳摆塑的、图案极为清晰的"青龙"、"白虎"图形。②有学者认为，这两个图形是古人对于天上星象在地上投影的理解，这与后世的"左青龙、右白虎"的风水概念隐隐相合。因此，中国数千年的"风水"观念可能是从仰韶文化时期就萌芽了。

3. 朝向故乡或迁徙方向

这种墓向可能与灵魂的去向观念有关，这既是一种灵魂返祖的观念，也反映着传说中本氏族的故土方向。墓葬的方向在史前人类的心目中起着一种引导灵魂回归的作用，他们认为人死后，灵魂要回到原来祖先生活过的（或传说中的）老家或故乡去，

---

① 蔡家麒：《独龙族原始宗教考察报告》，《民族学报》（云南）1983 年第 3 期。
② 濮阳市文管会：《濮阳西水坡遗址发掘简报》，《文物》1988 年第 3 期。

因此，头就要朝着故乡的那一方向，这样的葬法便于死者的鬼魂找到回归故乡的道路，那里是一个可以让灵魂安息的特殊的域界，在举行葬礼时要将死者的头颅向着这个方向。如仰韶文化墓葬数以千计，头向都以西向或略偏西北向，而在它之前的大地湾文化和裴李岗文化，多数墓葬的头向也为西方，可见后来的仰韶文化居民所继承的正是这个传统。墓朝向故乡或迁徙路线的一致性不仅表现了氏族的内聚性，还说明当时的人们有了鬼魂飘动和"叶落归根"的观念。民族学资料表明，景颇族的丧葬中有送魂的仪式，将死者的鬼魂按祖先迁徙的路线送回老家。

还有一种特殊的同墓地男女两性异向现象，目前仅见于广东佛山河宕墓地，经人骨性别鉴定发现，该墓地19个男性头向均朝西，而27个女性头向全部朝东，男女两性正好完全背向。[①]这种按男女性别决定墓向的例子十分罕见，但也是研究史前埋葬制度时应予以注意的一个现象。

在死者头向观念支配下，对于那些凶死者和不幸遇难的死者，则采取了与正常人不同的埋葬方式。在发掘的各个墓地中，除发现呈一致性的主向埋葬外，还发现有一部分逆向墓存在，逆向是与主方向相对而言，他们在墓穴内的头向与大多数人不同，方向正相反，差别180度上下，至少在90度以上。它们一般在墓地里所占的比例都比较小，在通常情况下大多在10%以下。由此可以看出，逆向墓是限于极少数人的一种埋葬现象。它们在墓地或墓区中的位置一般都在边缘部位，与主向墓葬区别明显；有时在墓区中还有特定的埋葬方位，埋在与主向墓相反的方向；而且逆向葬死者的待遇也常与主向墓不同，没有或者只有极少量的随葬品。如大汶口墓地的133座墓葬中，有4座墓的头向与多数人的头向东不同，如128号墓头向南，墓中无任何随葬品。凶死者和非正常死亡者灵魂的归宿被认为是不同的，所以为其灵魂指路的墓葬的方向也不同，他们是没有权利归返故土的孤独的魂灵。

由上可见，尽管各文化共同体的信仰和传统不同，墓葬定向原则也各异，但在大多数情况下，墓向所指的都是所谓灵界或祖坟、祖居之地。因此，墓向是祖先崇拜和灵魂信仰的表现之一，也是一个文化共同体的重要表征。正因如此，不同考古学文化、不同地域、不同时期的新石器时代墓地，在墓向上存在着差异，这种差异总结起来也存在着一定的规律性。

在同一时期的不同区域，墓向具有双向性。如仰韶文化的墓葬主向，在关东地区

---

① 广东省博物馆、佛山市博物馆：《佛山河宕遗址——1977年冬至1978年夏发掘报告》，广东人民出版社，2006。

主要为向西或西北，而在河南地区则主要为南（偏西）向；大汶口文化近海岸区域墓地的主向为西北，而其他墓的主向却几乎全是东向。同样，良渚文化的墓葬主向也是很明显的双向，长江以北为东向，而长江以南为南向，这也应该是同一考古学文化划分不同类型的因素。

同一地区不同文化之间，由于各有前后承袭发展关系，墓葬方向的固有传统有时能不加改变地传承下来，所以墓向具有延续性。如陕西关中地区仰韶文化墓葬主向，继承了当地白家村文化西向的传统；河南仰韶文化墓葬主向则大都继承了同地裴李岗文化的传统，河南龙山文化也依然如此。而一些较大的墓地由于延续使用的时间很长，有的甚至跨越几个文化时代，文化发展变化了，但最初的墓葬主向却不加变更地被继承下来，如青海柳湾墓地半山、马厂和齐家文化时期的墓葬均为北向；山东胶县三里河、日照东海峪墓地的墓葬主向从大汶口文化到龙山文化时期都是西北向，等等。

相同地区相同文化的墓葬主向在不同发展阶段也会有所变动。一般来说，相同文化相同地区在不同时期埋葬方向应是相同的，但是也有相反的例子，表现出异向特征。如河南淅川下王岗仰韶文化墓地，第一期墓葬主向为西北，第二期就转到了西南；福建闽侯县石山墓地下层墓主向为北偏东，中层就变成了南偏西；闽侯西头墓地，早期墓主向东南，晚期则主向西向，都是正相反。这种变化往往与文化交流、人员流动而引起的信仰群体的改变有关，如裴李岗遗址墓葬早期阶段的头向都比较一致，而中晚期以后发生了变化，说明此时在居住群体上发生了变化。

第二节　葬俗

葬俗是指在当时社会环境生活条件下形成的有关殡葬的行为习惯，体现着生者对死者的哀悼方式。丧葬习俗是社会政治、宗教、经济、文化的折射，是民俗文化的重要组成部分。每一种葬俗都有其存在的特定时间、范围和意义。史前时期的葬俗随着社会时代的发展不断变化，包括有土葬、火葬等，以及一些特殊的葬俗。

一　葬俗的变化

葬俗是和当时社会生产力发展水平以及人们的思想观念相适应的，史前时期的殡葬大致可分为两个时期：社会共享时期和社会分化时期。社会共享时期是指新石器时代前期，人们依靠氏族社会组织，共同劳作，共同享用劳动成果，氏族成员之间是一种平等关系；社会分化时期是指新石器时代后期，出现了私有观念和财产私有，氏族成员及氏族之间有了分化，占有和被占有现象日趋明显。社会共享时期和社会分化时期的转折时期大约在距今 5500～5000 年。

（一）与社会共享时期相适应的殡葬

距今 10000 年前后，中国历史逐渐进入新石器时代。在这一时期，由于人类早期的社会生产力发展水平相对缓慢，因此处于社会共享时期的时段较长，从山顶洞人开始出现殡葬现象开始，直至新石器时代早期，人类以氏族部落为组织，生产工具简单，共同劳动，社会财富平均分配，人们生产所得仅能维持氏族成员生活消费的需要，几乎没有剩余产品，还不可能产生一部分人剥削另一部分人剩余产品的现象，大家共享生产资料、生产成果，社会关系平等，表现在殡葬习俗上，有以下几种现象。

（1）无明显差别的埋葬习俗。共享时期的墓葬，多集中在氏族公共墓地中，从考古发现的资料来看，有的是一个氏族有独立的墓地，有的是几个氏族同用一个墓地，但各自相对集中而成为几个小区。不管是独立的墓地各墓之间，还是各小区之间，其共同表现是墓室的规模大小、形制结构、有无随葬品，或是随葬品的种类、数量，都有相同、相近的共性，无明显的差别。例如距今 8000 年左右山东地区的后李文化中，在章丘小荆山遗址清理出 12 座墓葬，墓室均为长方形竖穴墓，长不足 2 米，宽 40 厘米左右，多为单人仰身直肢葬，除个别只有一件蚌壳外，均无随葬品，[①]反映出因当时生产力水平低，没有使用随葬品的能力，同时也说明死者之间的平等关系。又如与后李文化年代相当的裴李岗文化中，在裴李岗墓地发现墓葬 114 座，其中有随葬品的有 110 座，占墓葬总数的 95%。随葬品中的陶器主要有壶、罐、三足钵及碗、钵、豆、盘，在这批墓葬中，随葬陶器的有 102 座，占有随葬品墓葬的 93%，最少的 1 件多为壶，其他多在 2～4 件，超过 5 件的仅有 2 座；随葬的石器有铲、镰、刀、磨盘、磨棒、斧、锛、凿和磨石，出土石器的有 58 座墓，占 52%，一般只有 1 件，2 件或 3 件的各 1 座。而且这些随葬品都是日常生活、生产用具，说明裴李岗各墓之间也无明显的差别。[②]

（2）以母系血缘为纽带的合葬墓。这一时期除流行单人葬法外，合葬是以女性或

---

① 章丘县博物馆：《山东章丘县小荆山遗址调查简报》，《考古》1994 年第 6 期。
② 中国社科院考古所河南一队：《1979 年裴李岗文化发掘报告》，《考古学报》1984 年第 1 期。

母子关系为主，这是母系氏族制度在葬俗上的反映。母系氏族是以原始共产制为基础的生活单位，家族中的主体是几代有血缘关系的女性，她们各自的兄弟到族外过婚姻生活，但日常生活仍归母系，世系以母亲计算，这样就自然而然地确立了女性在现实和阴间世界的主导地位。当时夫妻还没有建立共同的经济纽带，双方始终属于各自所在的氏族，死后也归葬于本氏族的墓地。

3. 各地葬俗因地域而不一致。由于这一时期人们生产、生活的分散与闭塞，使各原始文化系统、各氏族部落之间的丧葬习俗多有不同。这种不同，首先表现为各文化系统的基本葬式的不同：如半坡、北首岭等仰韶文化墓地以仰身直肢葬为主；四川大溪文化墓地以屈肢葬为主；江苏常州圩墩马家浜文化墓地则以俯身葬为主，等等。即使同一文化系统内，各墓地之间在丧葬习俗上也存在一些差异现象。这种不一致性，是原始社会早期自发宗教信仰不同的体现，是当时历史条件下的必然产物，它与后来丧葬习俗的制度化是完全不一样的。

（二）与社会分化时期相适应的殡葬

到新石器时代晚期，社会生产发展速度明显加快，社会财富积聚加大，氏族社会成员间地位出现明显分化，社会分层现象产生。这些巨大而深刻的社会变化，也使原有的殡葬习俗发生明显改变，这种改变在埋葬中首先表现出死者生前地位的贵贱和贫富差异。这一时期的氏族公共墓地显露出贫富分区，墓葬规模差别明显，大墓拥有棺椁等多重葬具，小墓仅能容身，且无葬具；富者随葬品数量多且种类丰富，礼器、装饰品等增多，而贫者往往一无所有；合葬墓以男女成年异性合葬为主，男性地位较高，女性处从属地位，父系氏族晚期还在氏族墓地内出现了相对独立的家族墓地；这时还出现人殉和人祭，阶级开始产生。

山西襄汾陶寺文化墓地发现墓葬千余座，均为长方形竖穴土坑墓，可分为大、中、小型三种。大型墓仅9座，长约3米、宽2米多；中型墓有四五十座，长2米多、宽近1米；小型墓数量最多，长2米左右、宽近半米，随葬品的数量、质量与墓葬规模呈正比而不同。①

黄河下游山东泗水尹家城遗址共发现龙山文化墓葬65座，除4座无明显墓圹和5座破坏比较严重的之外，其余56座均为长方形或近似长方形的土坑竖穴墓，墓壁一般较直，四隅多直角，墓底平坦，墓室大小相差比较悬殊，成人墓最长者达5.8米，

---

① 中国科学院考古研究所山西工作队：《1978～1980年山西襄汾陶寺墓地发掘简报》，《考古》1983年第1期。

较短者只有 1.8 米。如 15 号墓为一座罕见的龙山文化大型墓葬，东西长 5.8 米，南北宽 4.36 米，现存深 1.55 米，墓内填五花土，非常坚硬，似经过夯打，该墓有熟土二层台，葬具为两椁一棺，棺室底部有散乱的人骨，头骨置于棺室西部，另有下颌骨、肋骨、肢骨和脊椎骨散放于棺室底部，说明这是一座二次葬墓。随葬品丰富，有精美陶器 23 件、猪下颌骨 20 付和鳄鱼骨板 130 余块等（图 2-13）。[①] 该墓从规模、葬具和随葬品等方面与当时发现的大多数墓显然不同，这类墓葬的出现标志着所有制的变化和私有财产的出现。

从这时墓葬中出土的礼器规格和组合来看，殡葬中的祭祀制度也已初步形成。在山西襄汾陶寺龙山文化的大、中型墓葬中，礼器在墓中的位置基本固定，一般安放置在棺前，上置有斝及觚、杯等酒器；"仓形器" 放置在死者头端上方，高柄木豆放置在死者头端右方，均奇数成组；彩绘木豆、陶豆群放置在墓坑前部棺左；盆形木盘、木勺与陶盆、陶盘放置在墓坑前部棺右；陶灶、大型陶斝和木俎、石刀放置在墓坑后端偏右；鼍鼓成对被放置在墓坑后端偏左，附近有特磬和土鼓；钺在棺内随身放置；成束的镞多立于左边墓壁下。良渚文化也呈现出以琮、璧、钺及作为某种神灵头部冠饰为主体的玉器组合特点。[②]

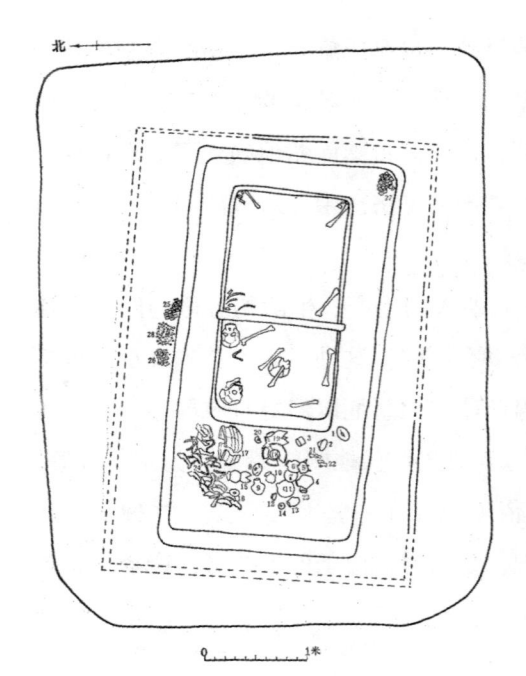

1、2、12、14、16.Aa型Ⅱ式覆碗形器盖；3、23.B型Ⅰ式筒形器盖；4、9.Ca型壶；5.Ac型Ⅱ式鼎；6.B型Ⅱ式直口罐；7.A型Ⅰ式平底盒；8.Ab型Ⅰ式覆盘形器盖；10、13.A型Ⅴ式中口罐；11.A型Ⅲ式匜；15.Aa型Ⅱ式甗；17.Aa型Ⅱ式鼓腹盆；18.A型Ⅳ式平底盒；19.B型Ⅱ式鬶；20.B型鬶盖；21、22.B型Ⅱ式高柄杯；24.猪下颌骨（20付）；25～27.鳄鱼骨板（130余块）；28.陶圆锥体（件）

图2-13 泗水尹家城遗址15号墓平面图
资料来源：山东大学历史系考古专业教研室《泗水尹家城》，文物出版社，1990，第45页。

二 置葬方式

置葬方式是指安葬死者的方式，在史前时期，主要有土葬法和火葬法。土葬法历史悠久，流行范围广而且随着时间推移及地域环境的不同在各地（各文化区）的表现

---

① 山东大学历史系考古专业教研室编《泗水尹家城》，文物出版社，1990，第41页。
② 宋建忠：《龙现中国——陶寺考古与华夏文明之根》，陕西人民出版社，2006，第98页。

也有所不同。无论采用土葬还是火葬哪种形式，都与当时当地的文化观念及殡葬理念密切相关。

（一）土葬

土葬是指以土掩埋尸体的形式，是世界各地最常见的一种葬法，在中国从迄今所知最早的山顶洞遗址墓葬开始，一直延续至今。

中国文献典籍中最早阐述古代土葬起源的是《孟子·滕文公上》，记载"盖上世尝有不葬其亲者，其亲死，则举而委之于壑。他日过之，狐狸食之，蝇蚋姑嘬之。其颡有泚，睨而不视。夫泚也，非为人泚，中心达于面目。盖归虆梩反而掩之。掩之诚是也，则孝子仁人之掩其亲，亦必有道矣"。这段文字生动形象地描绘出从无葬到有葬的变化，是从血亲成员间的亲情关系开始的。同时也说明有意识安葬死者是最早采用土葬的方式。

在这一万多年的发展史中，土葬的方式从简单到复杂。简单的一般将尸体置于平地，以土掩埋而葬，形成堆土墓；复杂的分为竖穴土坑墓、高台墓、土洞墓等，分别流行于不同地域。

1. 竖穴土坑墓

竖穴土坑墓在新石器时代最为流行，数量也最多，修造方法是由地面垂直下挖墓坑而成，放入死者后用土填埋，广泛分布于黄河流域及华北、东北、西北等地，及长江流域及华南的某些地区。墓坑平面的形状有长方形、方形、圆形或椭圆形、不规则形等，其中以长方形墓坑最多见。

长方形竖穴土坑墓特点是，墓坑呈长方形或圆角长方形，四壁竖直，口、底同大，也有口部略大于墓底。它是我国新石器时代各文化中发现数量最多的墓葬形式。墓坑的大小、深浅，各地情况不一。新石器时代早期的长方形竖穴土坑墓，多较小较浅，仅能容尸。中晚期墓穴随着葬具和随葬品的使用与增加，逐渐采取筑设墓穴侧坑和墓底二层台等方式进行摆放，致使墓圹规模不断加深扩大。二层台是指在土坑竖穴墓接近墓底的四周筑起台阶，如果是挖墓时预留出台阶，称生土二层台；如果是下棺后另行筑出台阶，称熟土二层台。二层台上常用于摆放随葬品，甚至埋葬殉人。

距今约1万年的北京西郊东胡林遗址的发现填补了山顶洞人以来安置死者的空白。1966年在该遗址清理一座属新石器时代早期墓葬，墓内人骨已石化但石化程度稍差，属于三个个体，一个为16岁左右的少女，另两个为成年男性个体，这些不同个体的骨骼互相叠压，体骨排列较为杂乱，为三人合葬墓。在女性遗骸上发现有 50 多枚穿孔小螺壳位于颈部，应是项链饰物，还有 7 枚扁骨管穿成的手镯在腕部，以及两片河蚌制品置于胸前。[①] 2005 年又在该遗址发掘了两座墓葬，其中 2 号墓墓坑呈圆角长方形，长 1.2 米、宽 0.45、存深仅 0.25 米，墓中人骨头向东北，仰身屈肢，在人骨附近发现随葬的磨光小石斧，胸腹部散落有多枚穿孔螺壳，应为死者生前佩戴的项链饰物。3 号墓被扰乱破坏。此墓地所发现的三座墓葬均为竖穴土坑墓，葬式分仰身直肢和与仰身屈肢两种。这种浅穴墓仅能容下无葬具的尸骨，修筑简单方便，但与无穴埋葬相比，也仍是一个进步，从殡葬发展史来说，这也是有重大意义的发展。在新石器时代早期的其他地点，也发现有墓穴的墓葬（图 2-14）。

图2-14　北京东胡林遗址2号墓（西北→东南）

资料来源：北京大学考古文博学院等《北京市门头沟区东胡林史前遗址》，《考古》2006年第7期，图版1。

在新石器时代各发展阶段，土坑墓穴逐渐加大、加深，同时葬具也随之出现并迅速增多，是土坑墓发展变化的一条规律，这也是保护尸骨的观念加强的反映。如渭水流域的老官台文化和仰韶文化墓葬一般都长约 2 米、宽 1 米左右，深多在 1~2 米。河南灵宝西坡遗址发现仰韶文化中期大型墓葬 2 座，规模和构造都极为引人关注，其中的 27 号墓为长方形竖穴土坑墓，墓口长约 5 米，宽约 3.4 米，头向西偏北。墓圹

---

① 参见周国兴、尤玉柱《北京东林胡村的新石器时代墓葬》，《考古》1972 年第 6 期。

内全以青灰色草拌泥封填，共有 16 块木板横搭在生土二层台上，覆盖墓室。盖板上发现有覆盖编织物的痕迹，大致为 3 幅。在东、西二层台盖板上部各一幅，经纬线较细密，类似麻布。盖板中部即墓室上部一幅，经纬粗疏，可能是粗麻布或草编物。墓主人为一成年男性，骨骼保存良好。①这座墓的墓室规模较大，用青灰色草拌泥封填，有盖板，覆盖编织物，既是竖穴土坑墓的新发现，同时也反映出下葬时的程序和仪式（图2-15）。从对该墓的形制、结构，可以复原当时下葬的程序：当墓主人死亡后，同族之人为他在墓地挖出墓穴，墓底四周预留生土二层台，并准备好 16 块木板和编织物；埋葬时，放入尸体，用木板封盖墓室，木板上铺上编织物，回填土至地表，这中间死者亲人免不了要哭泣以表达悲痛之情。

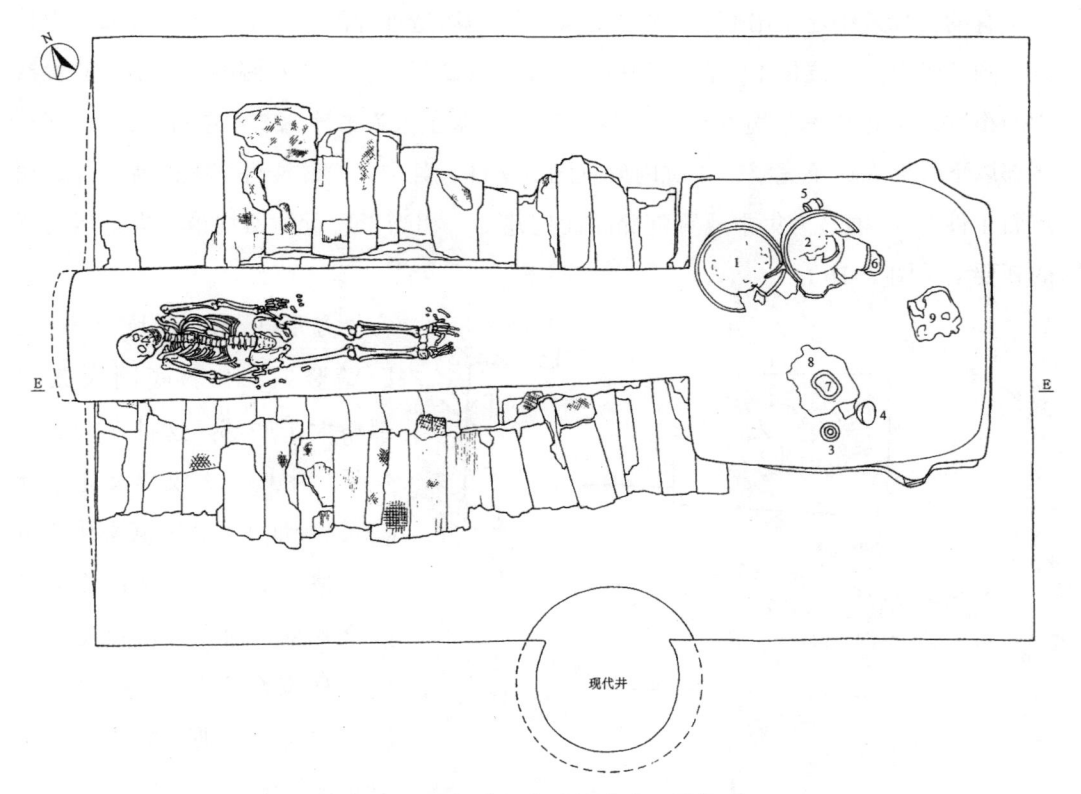

图2-15　河南灵宝西坡遗址27号墓

资料来源：中国社会科学院考古研究所、河南省文物考古研究所《灵宝西坡墓地》，文物出版社，2010，第86页。

---

① 中国科学院考古研究所、河南省文物考古研究所等：《河南灵宝市西坡遗址墓地 2005 年发掘简报》，《考古》2008 年第 1 期。

表2-3 浅穴墓与深穴墓发展对比

深度	年代	文化	墓号	规模
浅穴墓	距今10000年	北京东胡林遗址	2号墓	长1.2米、宽0.45米、深0.25米
	距今7000~5000年	甘肃秦安大地湾遗址仰韶文化墓地	216号墓	长1.8米、宽0.8米、深0.2米
	距今7000~6000年	河南濮阳西水坡仰韶文化早期遗址	45号墓	长4.1米、东西宽3.1米、深0.5米
深穴墓	距今6000~5500年	河南灵宝仰韶文化中期西坡遗址	27号墓	长5米、宽3.4米、深2米
	距今4600~4000	龙山文化尹家城遗址	15号墓	长5.8米、宽4.36米，现存深1.55米

有的在墓穴中还挖出侧坑，如甘肃秦安大地湾遗址仰韶文化墓地216号墓，为长方形圆角竖穴墓，坑长1.8米、宽0.8米、存深0.2米，在墓坑左侧中部挖出一放置器物的小坑，长0.82米、宽0.56米、深0.35米。墓主人为男性，25岁左右，仰身直肢，腰部以下骨骼保存不完整，小坑内放置陶器7件，其中红陶钵4件、夹砂罐2件、葫芦瓶1件。①小坑是为集中放置随葬品而挖建的，相当于后世的器物箱，也是竖穴墓的新要素（图2-16）。

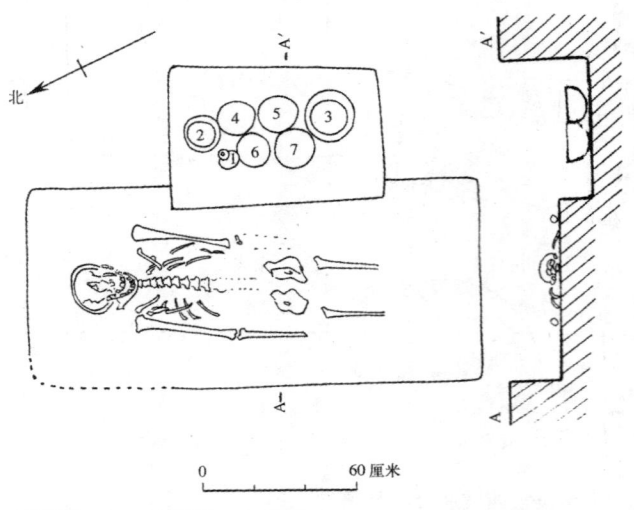

1.葫芦瓶；2、3.夹砂罐；4~7陶钵

图2-16 秦安大地湾遗址216号墓

资料来源：甘肃省文物考古研究所《秦安大地湾：新石器时代遗址发掘报告》，第269页。

方形土坑墓墓坑呈方形，四壁竖穴，口、底同大或口部略大于底部。这种在仰韶文化早、中期，大汶口文化早期（王因遗址），马家浜文化（草鞋山遗址）中，均被用作成年人合葬墓；而在大汶口文化中期、马家窑文化、齐家文化、崧泽文化中，则多被用作成年男女合葬墓（图2-17）。

不规则形墓有大有小，如河南濮阳西水坡仰韶文化早期的M45，平面呈人头形，南北

---

① 甘肃省文物考古研究所：《秦安大地湾》，文物出版社，2006，第208页。

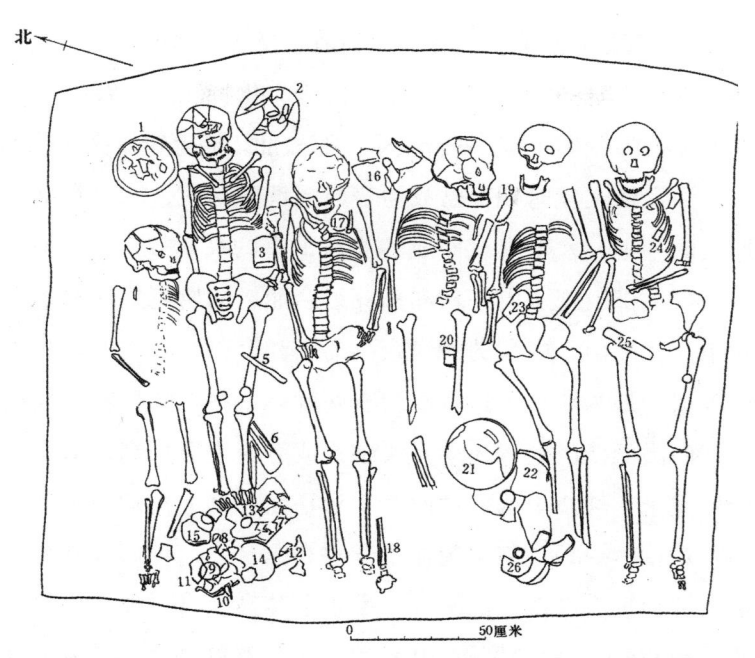

1.AbⅡ式豆；2.AaⅡ式豆；3.B型砺石；4、7、8、14、18.AbⅢ式觚形杯；5.骨栖；6.骨铲；9.BⅡ式钵；10、15.Ⅲ式釜形鼎；11.单把杯形鼎；12.C型罐形鼎；13、16、22、26.AbⅣ式豆；17.石纺轮；19.残石刀；20.AⅠ式石锛；21.AⅢ式三足钵；23.AⅡ式穿孔石斧；24.B型石锛；25.B型石斧

图2-17 大汶口文化M2002平面图

资料来源：山东省文物考古研究所《大汶口续集：大汶口遗址第二、三次发掘报告》，科学出版社，1997，图103。

长4.1米、东西宽3.1米、深0.5米；墓内埋葬4人；中间一人可能为墓主人，左右两侧发现有用蚌壳摆塑的龙虎图案，是一座性质比较特殊的墓葬。[①]

2. 高台墓

在自然高地或人工筑成的土堆上挖墓穴埋死者，这样的墓葬称为高台墓。这种埋葬方法源于地下水充裕的地区，是人们适应和改造自然环境的殡葬措施。在距今六七千年前的浙江余姚河姆渡遗址，发现的中国最早的干栏式建筑，即楼阁式的木构房舍，底面空间还可作饲养圈栏。其优越性是防潮、通风、向阳。生者的这种居住方式，也启示人们为死者构建高出地面的墓穴。例如在长江下游太湖周边地区的良渚文化，墓葬的修造方法是先在地面堆筑有一定高度的土堆，然后再在其上挖造墓穴，被称为高台墓。新石器时代早期的高台式墓葬无墓穴，堆土掩埋，属高台平地式。良渚文化已发现墓葬500余座，有高台式和平地式两种埋葬形式，前者是人工堆筑土台作

---

① 濮阳市文管会：《濮阳西水坡遗址发掘简报》，《文物》1988年第3期。

为墓地,并往往兼做祭坛;后者数量较少,一般选择居址边的高地为墓区,而良渚文化墓葬中有60%属于"土墩遗址",已成为良渚文化特殊的埋葬习俗。它起源于崧泽文化时期,在浙江嘉兴南河浜、安吉安乐、海盐仙坛庙等崧泽文化墓地都发现了人工营建的高台;到良渚文化时期,已成为普遍的埋葬形式,除少数墓地外,几乎都是这种坟山形式的墓地。人工堆筑而成的高台,有的高达6米,也有现存高度在2米左右。许多高台上都发现了由祭坛和墓葬组合而成的所谓祭坛墓地,尤以早期的江苏吴县赵陵山、张陵山,中期的浙江余姚瑶山和反山,晚期的江苏武进寺墩和上海青浦福泉山等遗址最为典型。这种高台有两种,一种是选择较高的独立山丘,对山岩进行修整,四周低凹的地方还用石块砌筑或夯筑土层加高,形成多台阶的祭坛状,顶层平台用泥土、红烧土构成"回"字形平面,其上构建一批墓葬,如瑶山遗址,显得特别壮观;另一种是完全用泥土营建高土台,这种形式既存在于原地已有年代更早史前遗址,也有在空旷的平地上搬土营建高土台。如反山遗址,是一座高约5米、东西长约90米、南北宽约30米的人工堆筑的高台,共发掘清理出7座良渚文化的长方形竖穴土坑墓(图2-18)。①完全用泥土营建高土台这种筑台方式还常

图2-18 反山遗址高台竖穴土坑墓分布(南→北)

资料来源:浙江省文物考古研究所《反山》,文物出版社,2005,彩版8。

---

① 浙江省文物考古研究所:《浙江余姚反山发现良渚文化重要墓地》,《文物》1986年第10期。

常利用原地的高台地为基础继续扩大面积和增加高度，形成阶梯状的高土台错位叠压状况，如在福泉山遗址，发现良渚文化的居民在崧泽文化遗址和墓地的高地上面，专为建造墓地而堆筑土墩，共发现10座墓，其中在早期文化层内发现3座堆土掩埋的墓葬，其余7座均发现在晚期人工堆筑土墩之上。这三座早期的墓应是崧泽文化无穴堆土墓葬俗的遗风，无穴的堆土墓和有穴的高台墓在长江下游一带先后出现，说明它们之间具有承袭、发展及演变关系。①这类高台式墓葬，虽然营建方式有所不同，但都是在当地自然条件的基础上加以利用，是古人适应自然、改造自然的智慧结晶。

3. 土洞墓

土洞墓有两种形态：一种是先挖一竖穴土坑，然后在坑底的一端或一侧挖一侧洞，下葬时把尸体放在洞内；另一种是建墓时先挖一较短的斜坡或台阶式墓道，再掏挖出较宽大的洞室空间。这种土洞墓在史前时期主要流行于西北地区的黄土高原地带，与较厚的土层和不易坍塌的土质环境有关，也与窑洞式居室有渊源关系。青海柳湾遗址共发现马家窑文化马厂类型墓葬872座，墓制以长方形竖穴土坑墓为主，其次是带长方形或梯形墓道的"凸"字形墓。长方形竖穴土坑墓较小，凸字形墓规模较大。这种凸字形墓共有387座，墓室四角呈圆弧形，有的弧度较大，平面几乎呈椭圆形，墓道与墓室之间常用成排的木棍或木板封闭，起着封门的作用，给死者留出一个空间。这种木棍或木板粗细宽窄不一，大者长达1.5米、宽0.2米，有的保存很完好，尚保留清晰的纹理痕迹。一般每排插木约有10根左右，宽近1米，也有的分前后两排排列，少数达三排，前后大体相等。如1065号墓，封门木由宽窄不同的木板并排排成，最宽的木板宽为0.2米，全排宽达1.3米，排列得比较整齐。②在这里要特别说明，这种凸字形墓制长期以来被认为是带短墓道的竖穴土坑墓，我们认为实际应属于土洞墓，封门的作用是为了防止墓道填土进入墓室而设置的，墓室四角、墓壁都是弧形也是洞室的特点。因年代久远发现时或因洞顶塌陷，或因原洞顶以上部分自然流失，或人为破坏，顶部不存在而误被认为是竖穴墓，再者如果不是洞室，墓道口则没有封门之必要。这种形制的土洞墓起源于史前时期，之后广泛流行于黄河流域及北方广大地区（图2-19）。

---

① 上海市文物保管委员会：《上海青浦福泉山良渚文化墓地》，《文物》1986年第10期。
② 青海省文物管理处考古队等：《青海柳湾：乐都柳湾原始社会墓地》（上），文物出版社，1984，第53页。

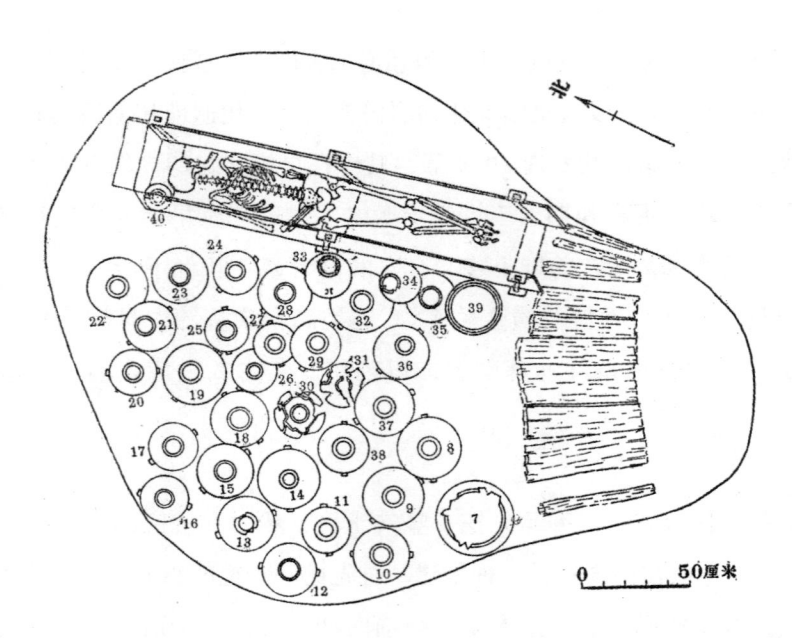

1.陶纺轮；2.侈口陶罐；3.粗陶双耳罐；4.单耳陶罐；5.侈口双耳陶罐；6、40.双耳彩陶罐；7、39.粗陶瓮；8~32、34~38.彩陶壶；33.长颈陶壶（1~6.均放在棺盖上，图中未表现）

图2-19　青海柳湾遗址马厂类型1065号土洞墓平面图

资料来源：青海省文物管理处考古队，中国社会科学院考古研究所编《青海柳湾：乐都柳湾原始社会墓地》（上），第65页。

甘肃临潭磨沟遗址的齐家文化竖穴偏洞室墓葬规模更大，结构也更复杂，一般是由长方形竖穴墓道和位置、数量不同的偏室组合而成，在墓道下部两端靠近偏室（或主偏室）一侧多挖有封门用的竖槽。多数竖穴墓设有头龛或脚龛、侧龛，多为一龛，极少同时拥有头龛和脚龛或拥有上下两个头龛者。这种由墓道、墓门、多个侧室、头龛、脚龛、侧龛组成的墓室结构，为后世带甬道、前后室、耳室的墓结构开了先河。龛内放置随葬器物，有些墓葬还有以侧龛埋葬死者的现象。偏洞以单偏室居多，也有部分双偏室或多偏室墓。单偏室以左偏室居多，有少数为右偏室。双偏室墓数量相对较少，可分为左右偏室和上下偏室两类，个别偏室口发现有木板封门痕迹。偏洞内有单人葬，也有合葬和叠压埋葬，一座墓内往往多次埋葬，有的墓道里还有殉人。在甘肃临潭磨沟遗址已清理的346座齐家文化墓葬，按照结构可分竖穴土坑和竖穴偏洞室两大类，其中以竖穴偏洞室墓数量居多，约占70%左右。墓葬共计16排，排列整齐，东西成列，但也存在略呈弧形排列或错位现象。墓葬方向基本为西北方向。埋葬方式以多人合葬为主，单人葬较少。合葬墓少则2~3人，多则10余人，成人、儿童皆有。根据人骨出土状况来看，合葬墓中有一次葬和多人多次葬，有些墓葬中人骨有被扰动的现象，系多人多次埋葬时人骨被聚拢成堆或部分移位导致。原因是继续埋入死者时偏室空间不足，便将先期埋入的人骨聚拢或向内推挤以腾出足够的空间，似乎表明合葬的意义尤为重要，以致可以不甚关注尸骨的具体安置方式。少数墓葬还存在殉人、殉牲现象。殉人 1~4 人不等，一般置于墓道之中，或在墓道底部再挖一浅坑埋人，然后填平压实，或直接置于墓道底部。多人者或直接相互叠压，或分数层埋葬。墓道人骨多俯身或屈肢葬，有的似坐于墓道，双手缚于后背，系被生殉的非正常死亡者；还有侧身屈肢以双手掩面者，似为活埋所致。只有少数人骨放置较为规整。综合诸多墓葬的葬式特点等，多数

M206全景

M206右偏室上部

图2-20　甘肃临潭磨沟遗址206号墓

资料来源：毛瑞林、钱耀鹏等《甘肃临潭磨沟齐家文化墓地发掘简报》，《文物》2009年第10期。

合葬墓则是在合葬过程最终完成后才填埋墓道，而此前可能仅在墓口部分进行封闭处理，便于再次打开以埋葬后来者，这些合葬墓一般是多人多次埋葬所导致的合葬现象（图 2-20）。甘肃临潭磨沟墓地，是洞室墓中规模大、形制复杂的典型代表，而且从其排列、结构来分析，都是按要求统一规划设计的，是某种殡葬理念的反映，也或许是当时的社会组织结构的丧葬表现。

（二）火葬

火葬，又称为"熟葬"，是把死者尸体包括葬具同时焚烧的殡葬方式。在史前时代是除土葬外的另一种葬法。1945 年考古工作者在甘肃临洮寺洼山遗址，在齐家文化的一座墓葬中随葬的陶罐内，发现盛有人骨被火化的骨灰，是火葬后又将骨灰埋葬

的遗存。①1949年以来，在中原地区的龙山文化，西北地区的马家窑文化、半山文化，东北地区的小河沿文化，江南地区的良渚文化，华南地区石峡文化等，均发现有火葬墓。河南淅川下王岗龙山时期的595号瓮棺葬，瓮内仅有数根人骨，骨骼均经过火烧。②青海大道上孙家寨马家窑文化的两座墓，墓内有烧焦的人骨残块和木炭，其中一座有随葬舞蹈纹彩陶盆一件。③青海循化苏呼撒半山文化有4座墓的木棺和尸骨被火烧过。内蒙古翁牛特旗石棚山小河沿文化墓葬，墓口多经火烧，有的腿骨和盆骨已烧成黑色。上海青浦福泉山136号墓、金山坟1号墓中的骨架经火烧成灰白色或灰黑色，墓口和填土有红烧土。广东曲江石峡文化墓葬，有40座单人二次葬，墓坑四壁有0.02～0.03米厚的红烧土，墓底或填土中有木炭、烧过的竹片和烧土块，尸骨破碎残缺。④香港深湾文化层中也发现许多碎骨经过高温火烧。⑤上述这些发现，表明新石器时代的火葬已经不是个别现象。除下王岗外，其他各处都有一个共同特点，即在墓坑内进行火葬的，焚烧时连葬具也一同烧毁，待烧到一定程度再掩埋。进行火葬的死者，似应是有一定身份或受到尊重的人。如陶寺火葬者，葬圹都较大，木棺较考究，填土中埋有动物牺牲；上孙家寨384号墓除舞蹈彩陶盆外，还有多件彩陶器和骨纺轮、海贝、骨珠等；福泉山和石棚山在焚烧时可能举行丧葬仪式。

近年来在山东即墨北阡遗址的大汶口文化墓地，也有火葬的遗迹。在该遗址的大汶口文化墓地中，发现墓葬200多座，其中有8座火葬墓，均为多人合葬，骨灰被烧成灰白色或黑色，是在墓穴进行火葬的实例。⑥另外20世纪末在青海日德县宗日遗址马家窑文化墓地，也发现与火葬有关的现象，该遗址有39座墓存在被二次扰乱，占墓葬总数的13%，被扰动的墓室内，有的头骨破碎，有的上半身骨骼散乱不全，更有特殊的是墓内棺椁被付之一炬，是被二次挖掘后再火烧的景象，扰坑中的葬具被焚烧后，余剩的木炭、草灰、烧土块、散乱的人骨及破碎的陶器，均清晰可见。尤其是发掘者认为，这些墓葬在初次埋葬时往往在墓上堆放"诸多石块为标志"，是为再次开挖、焚烧提供记号。⑦这似乎是一种令人费解的"火葬"方式，发掘现场所见及发掘者的解读，也提示是否存在通过二次葬才进行火化尸骨的习俗。

---

① 夏鼐：《临洮寺洼山发掘记》，《中国考古学报》第4册，1949。
② 河南省文物考古研究所等：《淅川下王岗》，文物出版社，1989。
③ 青海省文物管理处考古队：《青海大通县上孙家寨出土的舞蹈纹彩陶盆》，《文物》1978年第3期。
④ 广东省博物馆等：《广东曲江石峡墓葬发掘简报》，《文物》1978年第7期。
⑤ 杨式挺：《试论西樵山文化》，《考古学报》1985年第1期。
⑥ 郑禄红等：《山东即墨北阡遗址发现北辛——大汶口及周代墓葬》，《中国文物报》2014年7月18日，第8版。
⑦ 青海省文物管理处、海南州民族博物馆：《青海同德县宗日遗址发掘简报》，《考古》1998年第5期。

山西襄汾陶寺遗址一些墓圹较大的墓葬，墓内也残存被烧过的尸骨、炭块，墓壁四周还形成一层烧土。①

古代文献史前火葬有记载，《墨子·节葬下》中谈及"秦之西有仪渠之国者，其亲戚死，聚柴薪而焚之，燻上，谓之登遐，然后成为孝子"，这是对火葬最早的记录，说明在今天的青海、甘肃一带，直到春秋战国时代还沿袭火葬习俗，可认为是寺洼村火葬习俗的延续。

三　特殊葬俗

在史前历史进程中，由于各地区的自然环境各有特点，人们对生和死产生出种种想法，反映在人们的生活实践中，包括殡葬习俗在内，除了共性内容外，还会有地域特色的个性表现。仅就殡葬习俗而言，也存有比较少见的葬俗，尤其在史前时代表现得更为明显，这也是殡葬文化丰富多样的体现。诸如割体习俗、涂朱习俗、暖坑习俗、葬猪习俗等，这类被称为特殊葬俗的殡葬表现，有些能被今天所理解，有的因其少见和特殊，虽然对后世有重要影响，但至今仍是研究中的谜团，等待我们去发现、去阐释。

（一）割体葬俗

割体葬俗是把死者尸体的一部分（一般指部分四肢）在安葬前割掉的一种葬俗，新石器时代在很多地区都有发现，但又不是普遍存在的一种古老葬俗。这种葬仪在我国陕西、甘肃、黑龙江、福建等省新石器时代墓葬中均有发现，考古发掘时可见尚未扰动的骨架中腿骨、指骨或趾骨等部分缺失的现象。如在陕西半坡和姜寨遗址成人墓中，发现了有死者肢骨和指骨不全，残失的体骨有的在墓葬填土或随葬的陶器中发现。如半坡遗址的31号和59号墓尸骸均缺指骨；66号墓缺下腿骨；83号墓腿骨不全；8号墓填土中有几块指骨；27号墓陶罐内有指骨1节；153号墓随葬陶器间夹有1块趾骨；69号墓手指、足趾皆残缺。②姜寨遗址仰韶文化10号墓，约55岁男性死者的4块趾骨，放入随葬的一个陶罐内，经鉴定即为墓主本人右脚的趾骨；8号墓在骨架北10厘米处有2根上端砍断的男性股骨。③甘肃永昌鸳鸯池遗址，42号墓尸体骨架缺指骨，在彩陶罐底部有2枚人牙、2节指骨，在彩陶瓮内有趾骨；94号墓在尸体骨架

---

① 高炜：《中原龙山文化墓制研究》，《中国考古学论丛》，科学出版社，1993。
② 中国科学院考古研究所、陕西省西安半坡博物馆：《西安半坡：原始氏族公社聚落遗址》。
③ 西安半坡博物馆等：《姜寨——新石器时代遗址发掘报告》，第53页。

头顶部有 5 节指骨，随葬小陶罐内有 1 节趾骨。①黑龙江密山新开流遗址 6 号墓尸体骨架缺双手指骨。福建闽侯县石山遗址 9 座包括婴儿在内的小孩墓均缺指骨、趾骨，其中 3 号、7 号、10 号、12 号、14 号、16 号、20 号墓均无指骨、足骨；15 号墓无趾骨；30 号墓无足骨。②死者遗骨有缺失的现象，是一个比较复杂的问题，首先是所缺失的骨骼，是死者生前的残缺，还是埋葬时割体葬俗所致。即便是生前的残缺，也有一个是为死者献祭所致，还是生活、生产活动中的不慎原因造成的问题。从考古发现所见，如前面所举实例中的姜寨遗址仰韶文化 10 号墓，经鉴定，墓主人所缺的右趾骨，就放在该墓中随葬的陶罐内，说明割体葬仪是确实存在的。

这些墓中尸骨部分缺失的现象，引起人们的关注，有学者根据发现资料，分析有以下几种含义：（1）沟通灵魂，减少害怕心理；（2）使死者知道其亲属真诚地哀悼他；（3）使死者与生者保持体质上的联系；（4）使死者得血之助，加强到另一个世界去的力量；（5）表示生者对死者关切的一种祭祀；（6）祛污。③

具体来看，有学者认为是限制死者行动所采取的措施，即厌胜巫术说，认为所谓"割体葬仪"只能解说为氏族成员或亲属死后进行有意识有目的地割切尸体并加以分离性埋葬的行为或仪式。④原始人认为人死之后变成"鬼"，特别是夭折、自杀、凶殴、恶疾等非正常死亡的人很容易变成"怪"或"煞"，对氏族成员乃至直系血亲造成危害，因此要加以回避和镇压。解决这一问题的方法就是割下死者的手足等，不让他们到处乱跑，为非作歹。因此断指割腿葬实际是对非正常死亡者镇恶这种"厌胜巫术"活动的反映。

也有人认为死者缺失的指骨并不一定全是在葬仪中被人割掉的，更有可能是在生前早就献给了别的死者，或是亲人为其献肢的残留，即源于献祭牺牲说，这是在埋葬仪式中死者的亲属朋友的一种自我伤残行为。因为原始人信仰超自然的力量和灵魂不灭的观念，通过不同形式的献祭，在沟通人与神灵之间，生者与死者之间的关系方面起着重要的作用。⑤原始人献祭时所用的牺牲除了其他动物外，也有的用人牲，因为"人是最受神灵欢迎的牺牲"。任何形式的肌肤伤残，献祭者都会流血，而"血，特

---

① 蒲朝绂、员安志：《甘肃永昌鸳鸯池新石器时代墓地》，《考古学报》1982 年第 2 期。
② 福建省博物馆：《闽侯县石山遗址第六次发掘报告》，《考古学报》1976 年第 1 期。
③ 李健民：《中国新石器时代断指习俗试探》，《考古与文物》1982 年第 6 期。
④ 肖兵：《略论西安半坡等地发现的"割体葬仪"》，《考古与文物》1980 年第 4 期。
⑤ 容观复：《释新石器时代的"割体葬仪"》，《史前研究》1984 年第 4 期。

别是人血,是玉液琼浆,它把人同神以及人同人联结起来"。①在世界民族志资料中,在葬仪中伤残肌肤的形式很多,如割破头皮,抓破脸孔,烧烫胸、臂、腿、股,打去门齿,割舌切耳等。其中断指是最常见的形式之一,如美国学者摩尔根曾记述了美洲印第安人克劳部的断指习俗。克劳人把断指视为对友人馈赠的一种报答行为,或者举行某种祭祀时的一种奉献行为,"若是某人赠送一件礼物予其友人后而死,其友人必须举行某种为公众所公认的哀悼行为,如当举行葬仪之际,切断手指一节,不然需将礼物归还于死的赠送者之氏族"。②新几内亚西部伊利安加中央高地过着石器时代生活的高地人,家中如有人死亡,妇女们就得砍下一节手指以示哀悼,某家死亡的人愈多,妇女们的手指就愈少;访问过那里人说,没有一个高地女人的手是十指齐全的。③民族学资料表明,献祭手指的动机可能有以下几方面的含意:首先是用这种自我伤残的行为来感动超自然力量的神灵,祈求获得财富、威望和成就;其次是真诚地表示对死者的哀悼;再次是通过用献祭手指的行动来加强与死者的联系,减少生者因亲人死亡带来的恐惧、焦虑等情绪,从而保护自己。④半坡氏族部落的断指或割体的葬仪,也许与此同义,也许是另一种意义,或者是与死者诀别,或表示深切哀悼之意等。⑤

上述说法或许都有一定的道理,割体有可能施加于活人,也有可能是针对死者的行为。考古发现的尸骨残缺现象可能是由多种原因造成的,如战争和意外事故等,哪些是生前缺失,哪些是死后所为,不易判断。无论对割体断肢现象如何解释,但毕竟不是普遍存在的葬俗,如果是死亡后割体,可能是因为死者在生前有不同于常人之处;如果是活人割体,也同样是有某种特殊原因。因此,有关割体葬俗的意义还有待今后更加深入细致地发掘和研究。

无头葬与割体礼仪有所不同,缺失人头骨的现象在新石器时代墓地中也有发现。如宝鸡北首岭发现一具无头骨架,骨架仰身直肢,脊椎骨和下肢骨保存比较完整,肋骨及上肢骨残缺,骨架之上有明显的席子覆盖痕迹,头部位置侧放着一个画有黑彩符号的尖底陶器,下边有皮毛样灰痕,再下还有木板灰痕,敬重之意十分明显,看来画有黑彩装饰的陶器,是用以代替失去的头颅的。在陶器东侧,还撒有朱红颜料。此墓

---

① 保罗·拉法格:《宗教与资本》,王子野译,三联书店,1963。
② 摩尔根:《古代社会》,第181页。
③ 日本学习研究社:《世界民族大观》第1册(大洋洲),王志远等译,台北:自然科学文化事业股份有限公司,1978,第75页。
④ 容观夐:《释新石器时代的"割体葬仪"》,《史前研究》1984年第4期。
⑤ 石兴邦:《半坡氏族公社》,陕西人民出版社,1979,第128页。

经鉴定为成年男性，除头部陶器外，还有12件随葬品放在膝部以下（图2-21）。放在头颅位置的彩陶罐，可能是用以代替死者头颅的象征物，彩陶上的多种符号，也许具有祭奠亡灵的某种意义。陶器代替头颅，这在一定意义上蕴含有让死者"死而复生"之意。当时，人们或许认为，亡者无头会使灵魂得不到安宁和幸福。那么，人头哪里去了呢？对此，新石器时代晚期的一些墓葬提供了值得思考的线索。湖北房山七里河新石器时代晚期遗址中，发现在一座房子台阶下放有完整的人头，在一个椭圆形的浅坑内放有3个人头，在陶窑的火门内外各放一个人头。河北邯郸涧沟龙山文化遗址中，有两个灰坑中分别放有3个人头骨。另外，在山东伊家村和青海柳湾的墓葬中，也有埋葬人头的现象。这种现象可能与新石器时代晚期和铜石并用时代，一些地区流行的猎头习俗有关，这是一种特殊的宗教习俗，或许与当时的宗教祭祀活动有一定的联系。如果真的这样，那么，北首岭的无头葬的主人是否当时被猎去了头颅的不幸者呢？①

无论是在生活、生产中意外死亡而失去头颅，或是在战争中阵亡被砍去头颅，还是奠基活动中被猎头，但对于死者来说，身首异处都是一种特殊现象。而到夏商周时代这种现象不仅更多见，而且还是一种殉葬制度。

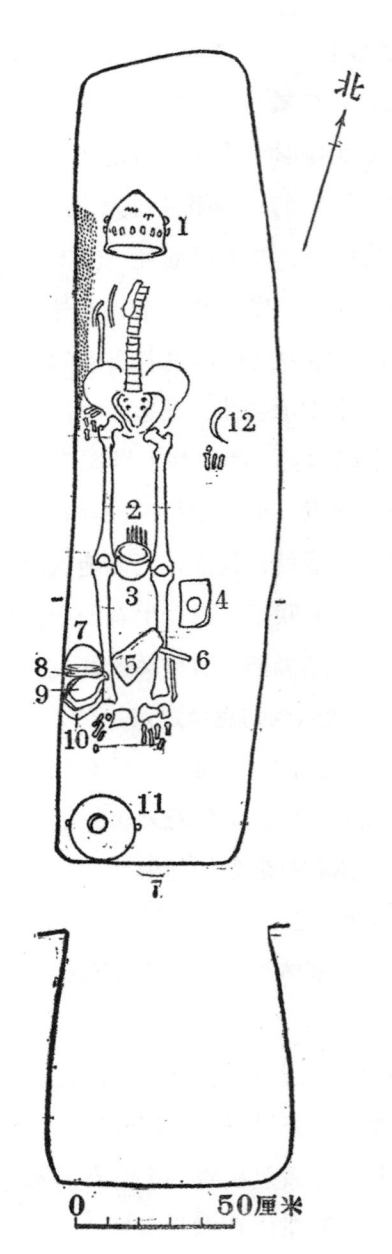

1.尖底器；2.成束骨镞；3.陶罐；4.石研磨盘；5、6.磨石；7、8.陶钵；9.陶壶；10.陶罐；11.陶瓶；12.牙饰；13.陶罐（在10号陶罐内）

图2-21 宝鸡北首岭遗址无头骨架

资料中国社会科学院考古研究所编著《宝鸡北首岭：中国田野考古报告集考古学专刊丁种第二十六号》，文物出版社，1983，第86页。

（二）施色葬俗

施色葬俗，即在死者身上或墓底涂、撒有色物质的习俗，包括赤铁矿粉、朱砂、红烧土块，以及在死者面部涂以红色或黑色的葬俗。这种习俗在我

---

① 中国社会科学院考古研究所编著《宝鸡北首岭：中国田野考古报告集考古学专刊丁种第二十六号》，第84页。

国起源很早，旧石器时代山顶洞人就曾采用赤铁矿粉。到新石器时代，涂朱习俗在丧葬中更为流行，在尸体上涂抹红色颜料，或涂在头部，或涂在肢体，有时也将颜料撒在人体周围。如洛阳王湾仰韶文化中共发现76座墓葬，人头骨有朱色现象较为普遍；① 陕西元君庙遗址仰韶文化墓地429号墓是一座用红烧土块铺砌墓底的土坑竖穴墓，内葬两位少女，其中一位少女的前额涂着大片红色颜料，在她的耳旁、头顶处还发现骨珠785颗。而陕西北首岭前述的无头墓葬，头部位置放有一个绘有黑色符号的尖底陶器，陶器一侧撒有红色颜料。此外，西安半坡、甘肃鸳鸯池和柳湾、山东三里河和西夏侯、湖北塞墩、山西襄汾陶寺等墓地也都发现尸骨上遗留有朱红颜料。

除尸体（或二次葬尸骨）上撒涂朱砂颜料外，有的墓葬填土中还有意掺入了不少红烧土颗粒，这种现象在陕西元君庙仰韶文化墓地及山东王因、岗上、大汶口、西夏侯、景芝等多处遗址的大汶口文化墓地均可看到。还有在葬具或随葬品上涂抹朱红的颜料，如山东呈子大汶口文化墓地中的一些墓室底部涂有朱红色，大汶口遗址墓地出土的一些龟甲也涂朱。

有人对这种常见的现象解释为，在死者身上撒涂朱砂的习俗是原始人灵魂不灭观念的具体反映。在古人眼中，红色象征着鲜血，而血又是生命的来源和灵魂的寄身之所。人死则血枯，在死者身上撒上红色的朱砂，表示给死者以新的血液，赋予新的生命。② 同时，可能还有祈求避灾图祥的含义。这一理念和做法在夏商周时期也仍然存在。

史前时期，与涂朱相近的还有"涂黑"的现象。在黄河流域新石器时代中晚期墓葬中，发现在人骨上附着黑颜料的现象，因而把这一时期和地域的人骨涂黑和涂朱称为"色葬"或"染骨葬"。渭南史家墓地发现了涂有黑色颜料的人骨，如11号墓为25人二次合葬，其中人骨涂黑者有5具；25号墓为26人二次合葬，有7具骨骼上涂黑。③ 究其原因，大概是在史前的氏族社会时期，人们以血缘为纽带组成生产、生活单位，人们相信，生前属于同一氏族的人，死后在灵魂世界仍是同一氏族，氏族公共墓地就是死者灵魂共同生活的聚落。然而人的死亡总是有先有后的，死亡的原因也是多种多样的。为了在灵魂世界表明死者的身份，在安葬或迁葬时，就把本氏族的图腾符号绘在死者身上或骨骼上，按本民族的习惯、以他们习用的颜料给死者进行绘身，然后再行安葬，正像签发给死者的一份"身份证明"。至于涂朱或涂黑，则决定于不

---

① 北京大学考古实习队：《洛阳王湾遗址发掘简报》，《考古》1961年第4期。
② 贾兰坡：《中国大陆的远古居民》，天津人民出版社，1978，第121页。
③ 西安半坡博物馆等：《陕西渭南史家新石器时代遗址》，《考古》1978年第1期。

同氏族对某种颜色的爱好或信仰，如人骨涂黑的史家人，在其所制作的彩陶中，多施黑彩；而人骨涂朱的元君庙、半坡、北首岭人的彩陶则多施红彩。当皮肉腐烂后，那些不易发生变化的矿物质绘身颜料（如赤铁矿等）就会沉积下来，部分或全部附着于人体骨骼上，成为我们今天所见到的"色葬"或"染骨葬"。①或者对二次葬死者，就是直接把颜色涂在骨骼上，至于为什么只发现部分人骨上有色染，大概是只对辈分高或生前是氏族首领的人作为本墓地死者的代表。而在夏商周时期，铺撒朱砂，在贵族墓葬则普遍存在，或许是一种制度。

（三）暖坑葬俗

所谓暖坑习俗，是指挖完墓坑后，用柴草烧燎墓坑，意在表示让死者长眠于暖和干燥的环境。这一习俗早在新石器时代就已经流行，尤盛于我国南方地区。如湖北黄梅塞墩遗址薛家岗文化墓地中，在一部分墓坑人骨架底下，发现有很薄的一层就地烧烤的草木灰烬，这便是原始人烧燎墓坑习俗的遗迹。②属樊城堆类型文化的江西新余拾年山遗址，多数竖穴土坑二次葬墓也发现有烧烤成厚2～3厘米的烧土硬壁，坑中还残留粗炭粒。③石峡文化的曲江石峡遗址下层，清理出的100座土坑墓，其中70%墓坑四壁均经烧烤成红烧土硬壁，有的墓地涂抹一层草拌泥，填土和墓底器物层中竟遗留有10～15厘米厚的炭灰红烧土块层。④此外，在大汶口文化的山东邹县野店、石家河文化的湖北房县七里河，也都发现几座墓底遗留有灰烬。无疑，这些都是当时燎烧墓坑习俗的遗迹。南方地区盛行的暖坑习俗，也与当地潮湿气候环境有关系，土坑墓中的潮湿不利于尸体的安放和保存，经烧燎后，既祛除湿气，还增加了墓底及壁的硬度。

暖坑习俗自新石器时代产生以来，一直沿袭流传。后世丧葬中所谓的"暖墓"、"圆坑"等习俗，便由此演变而来。按汉族民间习俗，在死者入葬的前一天夜里，其亲子要去墓坑里过夜，旨在用活人的热气驱走墓中的寒气，以便让死者安稳舒适地长眠其中，显示后代以身温暖先人的深情厚谊。

（四）殉猪葬俗

新石器时代中晚期墓葬中已发现很多用猪、羊、犬等家畜随葬的现象，由于家畜可食用、可交换，因而成为最早的私有财产。墓葬中出现家畜随葬，应是财产私有观

---

① 张宏彦：《"色葬"与绘身——仰韶民俗一瞥》，《庆祝武伯纶先生九十华诞论文集》，三秦出版社，1991。
② 中国社会科学院考古研究所：《黄梅塞墩》，文物出版社，2010。
③ 江西省文物考古研究所等：《江西新余市拾年山遗址》，《考古学报》1991年第3期。
④ 广东省文物考古研究所等：《石峡遗址——1973～1978年考古发掘报告》，文物出版社，2014。

念的重要表现。这其中最多见的是殉猪葬俗,即在墓葬中使用猪牙床、猪下颚乃至整头猪来为死者随葬。早在距今8000年左右的内蒙古兴隆洼遗址发掘中,就已发现用整猪随葬现象,如118号墓葬的人骨右侧有两具完整猪骨,自西北向东南依次顺放,四腿朝上,两前腿捆绑在一起,一猪长1.17米,为雌性;一猪长1.4米,为雄性,[①]意味着源源不断繁殖。这一时期,家畜饲养逐渐占据重要地位,墓主与两头整猪同穴并列埋葬,既体现出对于祖先灵魂的崇敬,也说明猪在人们生活中的重要作用(图2-22)。

图2-22 兴隆洼遗址118号墓葬(东北→西南)

资料来源:中国社会科学院考古研究所内蒙古工作队《内蒙古敖汉旗兴隆洼聚落遗址1992年发掘简报》,《文物》1997年第1期。

距今7000多年前的磁山文化时期,人们也开始在墓穴中有意识地葬猪或以某些肢体代替。到仰韶文化时期,葬猪的习俗开始流行,在陕西宝鸡北首岭、华县元君庙和河南陕县庙底沟等遗址墓葬出土有猪獠牙、猪颌骨、猪骨架。

黄河下游的大汶口文化早期的一些墓中出土有少量猪肢骨、蹄骨等遗物;从中期开始,随葬猪头、猪下颚之风兴起,成为当时常见的葬俗,并在龙山文化时期继续流行。如在大汶口墓地,1958年发掘的133座墓中随葬猪头的有43座,占30%,共随葬了96个猪头,随葬一头的21座,两头的10座,3头的6座,5头的3座,最多的是14头,发现在一座成年男女合葬大墓13号墓中,有大型葬具,坑长3.4

---

① 中国社会科学院考古研究所内蒙古工作队:《内蒙古敖汉旗兴隆洼聚落1992年发掘简报》,《考古》1997年第1期。

米、宽 1.9 米、深 1.47 米，四壁整齐，随葬器物 40 余件，包括陶器、石器及骨角牙器等，北壁东端置自东向西排列猪头 14 个；60 号墓随葬了有半只猪（图 2-23）。[①]
而胶县三里河遗址大汶口文化墓地 66 座墓中用猪下颌骨随葬的墓有 18 座，共 143 副，其中 302 号墓随葬有 37 副猪下颌骨。[②] 显然有无猪（头）及数量多少，已经是财富的象征。

图 2-23 大汶口遗址 13 号墓及随葬品

资料来源：山东省文物管理处等编《大汶口：新石器时代墓葬发掘报告》，第 14 页。

---

① 山东省文物管理处等编《大汶口：新石器时代墓葬发掘报告》文物出版社，1974。
② 中国社会科学院考古研究所：《胶县三里河》，文物出版社，1988，第 35 页。

地处黄河上游的马家窑文化、齐家文化也盛行葬猪习俗,甘肃临夏大何庄墓地有9座墓随葬有猪下颌,少者3块,多者可达36块。①黄河中游的陶寺墓地有14座墓随葬有猪下颌骨,最多的一座达30副以上。长江流域的马家浜文化、崧泽文化、良渚文化、屈家岭文化等也发现有用猪下颌随葬。此外,在黑龙江密山县新开流遗址的墓葬中,还发现有用鱼、野猪牙、鹿角等随葬的现象。②与长江流域、黄河上游地区相比,黄河中下游地区用猪随葬更为突出。

对于先民使用猪随葬的习俗用意,大多数学者都认为猪是财富的象征,葬猪的多少不均,正表明死者生前占有财富的不同。如高广仁先生认为:大汶口文化墓葬中出土的"这么多猪头、猪下颌,看来不是特意为死者临时宰杀的祭食,可能是私有财产的象征。如果当时社会上已出现财富的私人占有,并且成为值得炫耀的事情,那么人们就可以把食用后的猪头、下颌积累起来,以备死后随葬"。③但王仁湘先生指出:"埋葬习俗属于意识形态的范畴。要弄清葬猪的实在意义,单从经济的角度来考察是难得其解的。我们还须从另一个角度,从原始宗教的角度来认识。"④他通过研究古代文献和民族学资料,认为用猪头、猪颌骨随葬,其实是对死者灵魂的一种护卫。在新石器时代墓地里,随葬猪骨的多寡,原因是多方面的:其一与死者的身份、地位和经历有关,如果所养的猪是死者生前进行宗教祭祀后保留下来的,死者本身系巫师,那他就可能拥有较多的这种巫术道具了。其二与葬仪的规模有关,原始社会的葬仪多是隆重的,且是集体举行的;死者生前如果担负的社会公职或者近亲血缘关系较多,那么吊唁的人便多一些,所送的祭牲可能就要多一些,因此发现的猪颌骨自然就多,在一些墓地里随葬猪骨比较多的墓只是极少数的现象,也是体现了这一点。其三与埋葬方式有关,有的猪骨直接与死者葬在一个平面上,有的则埋在填土里,有的葬在墓坑附近另掘的小坑里。

(五)腰坑葬俗

腰坑一般是指在墓底中央墓主腰部的位置有意挖出的小坑,坑内殉牲或葬物。腰坑葬俗在我国肇起于新石器时代晚期。在北方地区的商和西周时期,这一葬俗文化极为流行,东周时期逐渐衰弱,战国以后消失。

史前时期腰坑发现不多,目前已知年代最早的有腰坑墓葬是河南尉氏椅圈马遗

---

① 黄河水库考古队甘肃分队:《临夏大何庄、秦魏家两处齐家文化遗址发掘简报》,《考古》1960年第3期。
② 黑龙江省文物考古工作队:《密山县新开流遗址》,《考古学报》1979年4期。
③ 高广仁:《大汶口文化的葬俗》,田昌五、石兴邦主编《中国原始文化论集》,文物出版社,1989。
④ 王仁湘:《新石器时代葬猪的宗教意义》,《考古》1981年第2期。

址，其6号墓墓圹长1.6米、宽0.8米、深0.7米，墓主单人仰身直肢，随葬彩陶双耳壶、镂孔豆各1件，腰下部有腰坑，内置一钵，该墓距今约6000年（图2-24）。① 此外还有河南淅川黄楝树遗址、湖北勋县青龙泉遗址、湖北秭归旧州河遗址、湖北房县七里河遗址、甘肃永登蒋家坪遗址、广东封开鹿尾村遗址等，但总体绝对数量不多。② 从地域上看，腰坑墓葬分布范围广泛，但在各自区域内数量很少，仅零星存在。甘肃永登蒋家坪遗址也是只发现一座属马厂类型中期的腰坑墓，随葬有30多件陶器，人骨架下挖有一近长方形深坑，内分层埋有猪、犬等4只；③ 黄楝树遗址④共发现18座屈家岭文化墓葬，包括3座有腰坑墓和15座无腰坑墓，两类墓葬在墓葬方向、墓室面积、墓主葬式、随葬品等诸多方面并无明显差异。腰坑内出土物多为陶器，陶罐内放有幼儿骨骼，其上覆盖陶豆、钵或陶片，应是瓮棺无疑。青龙泉遗址⑤也是如此，反映出这一地域史前腰坑有放置瓮棺的传统。关于在墓底设置腰坑的目的，可能来源于奠基的习俗，是一种原始宗教思想的反映。与部分房屋基址有奠基牺牲一样，墓葬腰坑的构建也是为保护墓主灵魂，防止地下鬼祟的侵犯，同时将会伴随有相应的祭奠祭祀礼仪来安葬逝者。

1.彩陶壶；2.陶豆

图2-24 河南尉氏椅马圈遗址第四期文化6号墓葬平面图

资料来源：郑州大学考古系、开封市文物工作队、尉氏县文物保管所《河南尉氏县椅圈马遗址发掘简报》，《华夏考古》1997年第3期。

（六）人殉葬俗

殉葬是指以牲畜甚至用人陪同死者葬入墓穴，以保证死者亡魂的冥福。人殉就是以活人或处死后的殉葬，一直被认为是中国古代一项残忍野蛮的制度。人殉习俗起源于父权氏族社会确立以后，其出现与私有制的产生密切相关，是社会出现等级差别、

---

① 郑州大学考古系等：《河南尉氏县椅圈马遗址发掘简报》，《华夏考古》1997年第3期。
② 郭志委：《史前时期腰坑葬俗试析》，《考古》2014年第6期。
③ 张学正等：《谈马家窑、半山、马厂类型的分期与相互关系》，《中国考古学会第一次年会论文集》，文物出版社，1980。
④ 长江流域规划办公室考古队河南分队：《河南淅川黄楝树遗址发掘报告》，《华夏考古》1990年第3期。
⑤ 李英华：《汉水中游地区史前腰坑与瓮棺》，《江汉考古》2010年第1期。

贫富分化后产生的殡葬理念和表现。当社会上层群体特别是掌握大权的首领,通过各种手段和途径大量聚敛财富,而且还对被奴役者直接占有其人身,掌握了生杀予夺之权,等级分化造成阶级对立,在葬俗中则出现残酷的人殉人祭现象。被殉者的生前身份各异,不仅是女性随夫殉葬,更多的是以战俘、奴隶、女仆等这样地位低下的人殉葬,或者是用某种宗教方式确定殉葬人,这也是后来商周社会广泛流行的一种葬俗。

考古发现,早在距今5000年就出现了人殉现象。河南濮阳西水坡仰韶文化大墓中已用人殉,45号墓平面为凸字形,墓坑内葬

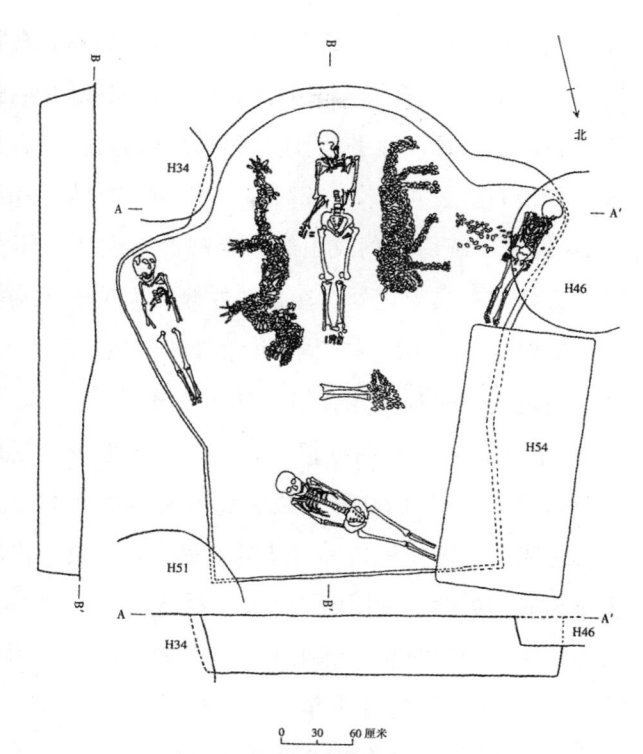

图2-25 河南濮阳西水坡仰韶文化45号墓葬平剖面图

资料来源:河南省文物考古研究所、濮阳市文物保护管理所《濮阳西水坡》(上),中州古籍出版社,2012,第113页。

有4人,居中为一壮年男性,其余3人为殉葬的青少年,分别葬在墓室东、西、北三面小龛内,有的头部有刀砍痕迹。墓主身体两侧用蚌壳精心摆塑龙虎图案,龙图在人骨架右侧,头朝北,背朝西,身长1.78米,高0.67米,昂首曲颈,弓身长尾,状似腾飞;虎在人骨架左侧,头朝北,背朝东,身长1.39米,虎目圆睁,张口露齿,四肢交错,如猛虎下山之势。[①]这些遗迹不仅是研究中国龙起源以及原始宗教的重要资料,也反映出45号墓主人生前的地位与权力,人殉的出现正是地位权力的产物(图2-25)。

在江苏新沂花厅遗址大汶口文化墓地中,已发现有8座人殉墓,从殉人的埋葬位置、布局、葬式、人数、年龄、性别等情况判断,大体上有一定规律。发掘者认为,殉葬人大致分为两种情况:一种为一个墓主而殉葬一家人,如60号墓,长方形土坑

---

① 丁清贤、张相梅:《1988年河南濮阳西水坡遗址发掘简报》,《考古》1989年第12期。

竖穴墓，长4.35米、宽3米、深2.2米，随葬品有陶器、玉器及骨石器共149件；墓主经鉴定系一位30岁上下的强壮男子，遗骸周围有80多件各类陶器，大多碎裂，碎片盖满墓主全身，似乎是有意识打碎并铺盖在死者身上的，这种特殊做法，可能与宗教和葬俗有关，可称为"碎器现象"或"碎器葬俗"；该墓主胸部有精美的玉项饰，由24件斑斓缤纷的鸟纹玉佩、半圆形玉璜和玉环、玉坠组成。墓坑内除在其脚后殉葬一头猪和一只犬之外，在墓的左侧（靠坑壁）殉葬中年男女骨架各一具，在女体的身旁依偎着一个10~12岁的儿童骨架，他们的头上方还有一具6~7岁幼儿骨架，在墓的南侧还有一具少儿骨架，骨架被挤压成扁薄状，紧贴在坑壁上，这座墓中竟殉葬5人，在大汶口文化时期极为少见，现象也较为复杂，有可能是一个家庭5个成员同时惨遭残害，而且60号墓位于墓地大型墓群中央，规格最高，埋得最深，随葬品最多，也表明了墓主地位和权势的显赫，这5具殉人的身份可能是家内奴隶。另一种墓主多为成年男性，都用两个少年个体来殉葬，如16号、20号、34号、35号、50号大墓，这种共性说明当时有流行用少儿殉葬的习俗。16号墓墓主的骨架不存，但左侧下方陪葬一个17岁以下男性少年，脚下放置7件精美陶器，而墓主脚后横置的一俯身少年女子则和犬及10余个堆叠的猪头埋在一起，可见殉人也有地位、身份差别，后者女子殉葬者地位更低下，与猪、犬共葬，体现出殉葬制从诞生之日起，就有视人如犬猪的极端野蛮性和残酷性（图2-26）。①

最初的人殉还表现为幼儿为成人殉死，女子为男子陪葬，反映了强者对弱者的主宰，男性对女性的奴役。在仰韶文化、大汶口文化、齐家文化等新石器时代晚期墓葬中，都有一个异乎寻常的现象，这些墓葬中的成人合葬墓体现出一个共同特点，即都发现了成年男女二人合葬中，男性死者仰身直肢，女性在左右侧身屈肢，面向男性。合葬墓的随葬品也是男性多于女性。这种成年男女合葬墓中男女明显有别的葬俗表明，当时已存在着一夫一妻制的婚姻状态，因此在合葬时尸体也有意安排成男主女从的葬式。对这种成年异性合葬的现象，也有待进一步研究。

在良渚文化的上海昆山赵陵山、福泉山，江苏吴县张陵山等墓地，有些墓坑的墓主葬具外，发现单放1个少年头骨或埋有蜷曲状的人架，有的是在墓坑口部填土中埋入1具人骨架，还有的是在主人墓坑外的下端另挖不到1平方米的小坑内挤塞两人，这也是殉人的遗迹。②

---

① 南京博物馆编著《花厅：新石器时代墓地发掘报告》，文物出版社，2003，第219~221页。
② 南京博物院：《赵陵山：1990~1995年度发掘报告》，文物出版社，2012。

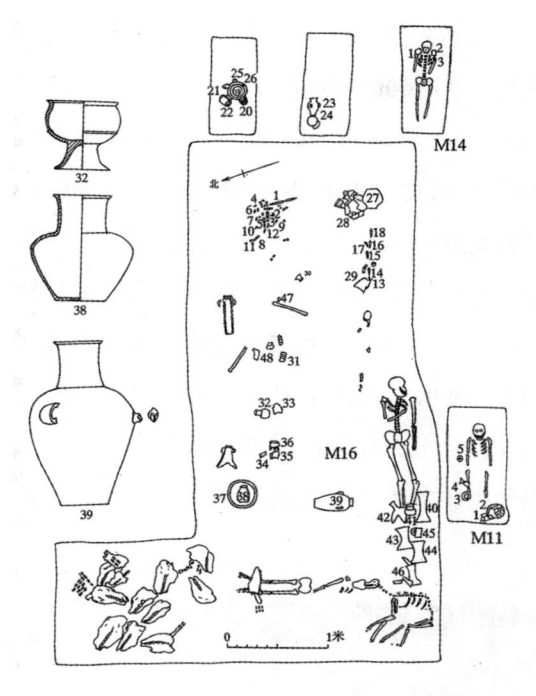

1.玉锥；2、3、7.玉管；4、8、12、26.玉饰片；5.项饰；6、9.玉珠；10、11、13~18、47.玉坠；19、29、40、43、44、46.陶豆；20、22.陶环；21、24、33、35.陶罐；23、27、28、38、39、41.陶壶；25.玉环；30、32、45.陶杯；31.残骨筒；34.有段石锛；36、42.陶鼎；37.陶钵；48.石刀
M11：1.残陶器；2.陶罐；3.陶钵；4.陶杯；5.玉镯
M14：1.陶鼎；2.陶杯；3.陶钵

图2-26-1　新沂花厅遗址大汶口文化墓地16号墓葬平面图及陶器组合

资料来源：南京博物院《花厅：新石器时代墓地发掘报告》，第55页。

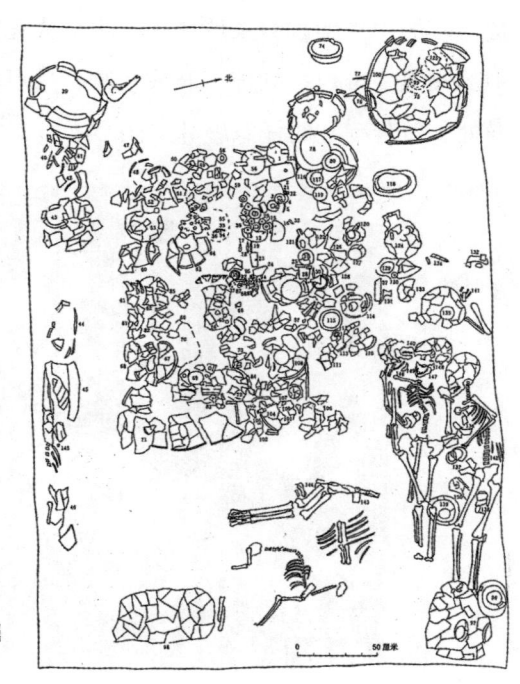

图2-26-2　新沂花厅遗址大汶口文化墓地60号墓葬

资料来源：南京博物院《花厅：新石器时代墓地发掘报告》，第55页。

（七）墓祭葬俗

所谓墓祭，即在墓地举行的有关祭祀祖先或神灵的活动。在新石器时代一些墓地近旁，曾发现与墓葬或祭祀有关的遗迹。如东北地区的辽宁牛河梁红山文化遗存，为单纯的祭祀和墓葬而不见居住遗迹。遗迹有特定的布局，其中"女神庙"居中心最显著的地方，积石冢环绕四周，形成冢、庙相互联系的有机统一体，反映出浓厚的宗教色彩。一般认为，所谓的"女神庙"，是以女神为主要祭祀对象的大型祭祀场所，但既居于墓群中心，其祭祀活动就必然与墓祭有一定关系，至少应是其中的内容之一。积石冢结构复杂，冢内排列石棺墓，大小有别，墓内随葬玉器，墓外排列彩陶筒形器，冢与冢相连，规模也很可观，这种带有宗教色彩的葬俗，参加者可能已远远超出以氏族为组织的范围，而是其周围区域生活人群共同的祭祀场所。①

上海昆山赵陵村遗址占地约1万平方米，为一海拔高10.5米的椭圆形土墩，为良渚文化早期大型土筑高台，其上共发现以良渚文化为主的墓葬94座，高台上的墓葬成排分布，并有大中小之别，少数大型墓群集在一起，大墓墓坑较宽且深，一般多有木棺和木椁，有的葬具上还涂有朱红色或赭红色漆和彩绘图案，随葬的玉器多且精美，少者数十，多者数百件，其中的神人鸟兽透雕玉饰尤其精湛，往往还有成套成组的玉礼器，仅77号墓就出土精美玉器125件，显示出大墓主人的高贵与富有。但数量最多的中小型墓葬墓坑狭小，很少或无随葬品。分布在外围南部和西北部的乱葬墓中的殉人，半数被砍掉下肢或双脚，这可能是为少数大墓祭祀的遗存。还有的是身首异处、肢骨凌乱的任意埋葬（图2-27）。②

图2-27　上海昆山赵陵村遗址77号墓葬

资料来源：南京博物院《赵陵山：1990~1995年度发掘报告》，文物出版社，2012。

黄河上游的甘肃临夏大何庄齐家文化墓地附近发现有5座用扁平砾石组成的"石圆圈"，直径约4米左右，旁边有卜骨、牛、羊骨架等；其中第1号"石圆圈"附近有一具被砍头的母牛及未出生的小牛；第5号"石圆圈"西边有一具羊骨架；第3号石圆圈"附近有两块卜骨"。③黄河中游的山西襄汾陶寺墓地，有4座墓旁另挖有小坑，

---

① 孙守道、郭大顺：《牛河梁红山文化女神像的发现与研究》，《考古》1986年第8期。
② 南京博物院：《赵陵山：1990~1995年度发掘报告》。
③ 中国科学院考古研究所甘肃工作队：《甘肃永靖大何庄遗址发掘报告》，《考古学报》1974年第2期。

分别埋有1~14件不等的猪下颌骨。①以上这些遗迹位于或临近墓地而又不同于一般墓葬，应同墓地的祭祀或埋葬等活动有密切的关系。

青海同德宗日遗址也发现有祭祀遗址，其一是墓上祭祀，墓葬上的地面有红烧土、草木灰、石块、陶片、兽骨等，这是针对单个墓葬的祭祀；其二是祭祀坑，散布在墓地边缘，10多个相邻，坑多呈圆形，圜底，直径80厘米、深30厘米，壁和底有烧烤痕迹，填以炭灰、陶片、兽骨和石块，这应是针对许多墓葬进行多次祭祀留下的遗迹。②

值得注意的是，把活人像牛、羊、犬一样当祭品，杀之以供祖先和神灵，在这一时期也出现了，它可能起源于远古人类的食人遗风。最早的人祭（也称人牲）当推辽宁喀左县东山嘴红山文化，发现了陶塑女像和一具完整的人骨架，还有大量猪骨和少量鹿骨遗存。据分析，这是一处原始的祭祀遗址，陶塑女神当为地母神，那具遗留下来的人骨架当是用来供奉地母神的人牲。人牲一般来源于战争中的俘虏或由俘虏变成的奴隶，这是一种野蛮的古代埋葬习俗。到了龙山文化时期，由于氏族、部落之间经常发生掠夺性的战争，为人牲来源创造了条件。在龙山时代遗址中，有时可以在灰坑或地层堆积中发现被砍杀的人骨。这些人骨架放置极为凌乱，如陕西客省庄遗址的96号灰坑中有3具人骨架和2具兽骨架，1号人骨架在灰坑西部，骨架凌乱；2号人骨架在灰坑中部，俯身，无头；3号人骨架在灰坑东北，仰身，四肢呈大字型；两具兽骨在坑的东北（图2-28）。③又如河

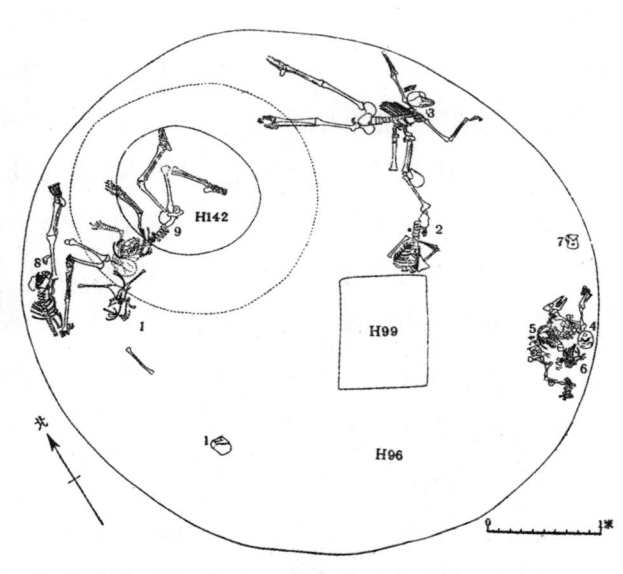

1.第1号人骨；2.第2号人骨；3.第3号人骨；4.第4号人骨的头骨；5.第1号兽骨；6.第2号兽骨（以上距坑口3.65米）；7.陶罐；8.第4号人骨（以上距坑口3.9米）；9.第5号人骨（在H142内，距坑口5.25米）

图2-28 陕西客省庄遗址96号和142号灰坑人骨、兽骨分布图

资料来源：中国科学院考古研究所《沣西发掘报告》，文物出版社，1962，第48页。

---

① 中国社会科学院考古研究所山西队：《山西襄汾县陶寺遗址发掘简报》，《考古》1980年第1期。
② 青海省文物管理处、海南州民族博物馆：《青海同德县宗日遗址发掘简报》，《考古》1998年第5期。
③ 中国科学院考古研究所：《沣西发掘报告》，文物出版社，1962，第48页。

北邯郸涧沟的一个直径约 1.8 米，深约 0.6 米的圆坑，在一层红烧土下有 10 具人骨架，无次序地叠压着，有的头骨上有被砍杀的痕迹，均为男性青壮年及 5 至 10 岁的儿童。该遗址的另一个圆坑也有人骨架 5 具，男女老幼都有，放置极不整齐，有的身首异处，有的作挣扎状。在该遗址的一个半地穴室的坑内，发现在一个烧灶的周围放置着 4 个人的头盖骨，有研究者认为，这些都极可能是一种猎头祭祀的习俗。①在当时，人们为了表示对本部战死者灵魂的安慰，往往在葬埋死者时以杀害战俘的方式来祭祀他们。另外，根据类似的埋葬现场，也有可能是因为掠夺战争被杀死后，草率地葬于灰坑中。

人牲除用于墓葬祭祀外，还被用于城墙和房址建筑中作为奠基。山东寿光边线王龙山文化城址的城墙基槽夯土层中，发现完整人骨架和猪、犬骨架用以奠基。②在河南安阳后冈、汤阴白营等龙山文化普通房址发现奠基人牲，大多数为 5 岁以下幼童，每座房子埋置 1~4 人。埋放具体位置主要包括房基居住面下的垫土里、室外散水下、墙基下、土墙中、柱洞底等处，人牲骨骼往往被碾压得变形或粉碎。河南登封王城岗发现了专门的埋人夯土坑 13 座，可能原为夯土建筑基址下面的人牲奠基遗迹，成年男女和儿童均有用于奠基者，埋人最多的一座奠基坑共填埋 7 人。此外，居住区内的乱葬坑遗迹，在很多遗址发现得相当普遍。坑内人骨少者 1 具，多者 10 具，葬式杂乱，相互枕压，有的作挣扎状，也有的肢体不全或身首异处，无随葬器物。而有些还与家畜（猪、犬）伴存。其中，排除可能因本人暴死等原因而将其完尸掩埋在坑穴里的情况之外，多数应属祭祀人牲遗迹。③

良渚文化时期宗教观念更为浓厚。在长江下游以太湖地区为中心的良渚文化中，已发现有 20 多处人工堆筑的祭坛墓地，被称为"土筑金字塔"。④其中以 1987 年在浙江省余杭县安溪乡瑶山发现的祭坛较为典型。瑶山的祭坛平面呈方形，从里到外由三部分组成，最里面是一座平面略呈长方形的红土台，东边长约 7.6 米、西边长约 7.7 米、南边残长 6.2 米、北边长约 5.9 米；往外是红土台四周的围沟，宽 1.7~2.1 米、深 0.65~0.85 米；最外部分是位于围沟外西、北、南三面，宽分别为 5.7 米、3.1 米、4 米的黄褐色斑土筑成的土台，台面上铺有砾石；整个祭坛外围每边长约 20 米，总面

---

① 孙德海等：《河北邯郸涧沟村古遗址发掘简报》，《考古》1961 年第 4 期。
② 杜在忠：《边线王龙山文化城堡的发现及其意义》，《中国文物报》1988 年 7 月 15 日。
③ 安金槐等：《登封王城岗遗址的发掘》，《文物》1983 年第 3 期。
④ 王奇志等：《良渚文化考古获重要成果》，《中国文物报》1995 年 6 月 25 日。

积约 400 平方米。在祭坛的南部分布有 11 座墓葬,分为南北两列;有的墓有棺椁之类的葬具,其中 12 号墓的随葬品最多,随葬玉器达 344 件,有钺、琮等。①有的学者认为坛筑在山顶,含有通天之意;坛作方形,与传统的"地方"说相一致,说明瑶山土坛是用来祭祀天地的祭坛(图2-29)。②但若考虑到良渚文化的贵族墓地多位于这类祭坛之上,而且这些墓葬中往往又随葬有很多玉质礼器,因此土坛的功能可能还与墓祭活动关系密切,也许就是专门为祭祀祖先神灵而建。

图2-29 瑶山祭坛

资料来源:浙江省文物考古研究所:《瑶山》,文物出版社,2003,彩图3。

四 非正常死亡的"特殊埋葬"

殡葬是生者对死者的安置方式。旧石器时代人类残骨多已遗失或与石器、兽骨混于一处,只有极少数得以在墓中遗留下来,新石器时代考古所发现的人类遗骸大部分发现于墓葬,少量存在于房址、城址或灰坑中,墓葬是保存遗骨的最佳遗存。但人类的死亡原因除生老病死得以埋葬之外,还有意外的离世没有给生者安置死者的机会,在考古发现中还有不多见的各种灾难死亡遗存,让后人感受到史前先民面对死亡的无奈和恐惧,并不是所有死者都能享受得到殡葬的尊严。内蒙古通辽哈民史前聚落遗址和青海民和喇家齐家文化、山东泗水尹家城等遗址,就是其中几处典型的非正常死亡的先民"特殊墓地"。

(一)内蒙古通辽哈民史前聚落遗址

哈民聚落遗址位于大兴安岭东南边缘,松辽平原西端,科尔沁草原的腹地。遗址总面积 10 万余平方米,目前已发掘清理房址 43 座、灰坑 38 个、墓葬 6 座、环壕 1 条,出土陶器、石器、骨器、蚌器和玉器等近千件遗物。发掘过程中,清理出因失火坍塌的房址,还有保存相当完整的房屋木构架痕迹,以及大批非正常死亡人骨的罹

---

① 浙江省文物考古研究所:《余杭瑶山良渚文化祭坛遗址发掘简报》,《文物》1988 年第 1 期。
② 张之恒:《中国新石器时代文化》,南京大学出版社,1992,第 229~230 页。

难场所。房址皆为半地穴式,遗址东南部的7座房屋因火烧完整或局部地保存了房屋顶部的木质构架结构痕迹,其中还有3座房址颇为奇特,房内出土有大量人骨遗骸,其现象极其触目惊心,当是草草敛尸后的聚葬,遗骸呈现出凌乱、残缺和焚烧等迹象。其中40号房址内可辨识的有不少于97具人骨遗骸,居室平面呈"凸"字形,圆角方形,进深4.25米、面阔4.44米、穴壁存高0.35~0.5米,人骨呈各种姿态,充塞整个居穴的东部并向西部倾斜,西部较稀,由壁穴后边向门道处逐渐堆压的人骨很多。部分肢骨、头骨散乱,人骨堆压西北低、东南高,落差0.13~0.45米。顶部人骨基本都有火烧痕迹,居室西北的人骨个体较完整;东部多为头骨,肢体较少;凌乱的肢骨堆压在南部,有两至三层。因屋顶构件坍塌着火,部分头骨和肢骨被烧黑或挤压变形,经鉴定很多为妇女和儿童,场面触目惊心。其他两座房址内分别发现人骨遗骸22具和13具。[①]按照发掘情况来看,40号房址这97具人骨遗骸在当时应该是非正常死亡,而且是在不同地方死亡后,被本族的人抬到这里集中,然后再把房子推倒放了一把火,所以这些人骨遗骸都是发黑、发红的。据现场情形分析,显然不是正常死亡,这里也不是死亡的第一现场。死亡原因据推测有战争、瘟疫、内部冲突、自然灾害等,遗址是因遭遇突发事件而废弃的,这是一处凝固了历史瞬间所保留原生状态的稀有场所,其谜底给人以巨大的想象空间。此外,在发掘的6个墓葬中还出土了8具人骨,应该属于正常死亡,是按照当时的风俗习惯埋葬的(图2-30)。

1. F40人骨堆积情况(俯拍)

2. F40局部(俯拍)

图2-30 哈民遗址40号房址人骨堆积情况

资料来源:内蒙古文物考古研究所吉林大学边疆考古研究中心《内蒙古科左中旗哈民忙哈新石器时代遗址2011年的发掘》,《考古》2012年第7期。

---

① 内蒙古文物考古研究所、吉林大学边疆考古研究中心:《内蒙古科左中旗哈民忙哈新石器时代遗址2011年的发掘》,《考古》2012年第7期。

（二）青海民和喇家齐家文化遗址

喇家遗址位于青海省民和县南端的黄河北岸二级阶地前沿，这是黄河上游一处河谷小盆地，海拔在1800米左右，分布着许多史前时期与青铜时代的古文化遗址。喇家村遗址因早年出土齐家文化大型玉璧和玉刀而被发现。中国社会科学院考古研究所甘青队与青海省文物考古研究所合作，在2001年的发掘中，揭露面积700

图2-31　喇家遗址4号房址（西北→东南）
资料来源：中国社会科学院考古研究所、青海省文物考古研究所《青海民和喇家史前遗址的发掘》，《考古》2002年第7期。

多平方米，清理出多处灾难场面。最多的4号房址内埋人骨14具，并发现了地震塌陷遗迹和地震裂缝穿过房址。房屋堆积的上部为洪水冲积的红胶泥土层，下部为窑洞坍塌的黄土层，人骨遗骸呈不正常姿势被埋没于黄土层之中，证明是房屋垮塌将人压砸而亡。[①]4号房址为半地穴式建筑，面积约14平方米，平面为方形，门朝北开，中心有圆形灶址。14具人骨一组组地呈不规则姿态分布在居住面上，他们有的匍匐在地，有的侧卧在一旁，有的相拥而卧，有的倒地而亡。中心灶址处一成年人两手高举过头顶，双腿为弓步，死亡时身体还未完全着地。西南部有5人集中死在一处，他们多为年少的孩童，其中有一年长者似用双手护卫着身下的4人，5人或坐或倚或侧，头颅聚拢在一起。这个房址中间有一个圆形火塘，斜倒在上面的青年男子应该是这里最重要的男人，他身体向前倾斜，跨开两腿，上举双手，左臂骨折，似乎是在坍塌之际欲支撑住窑洞的土顶。但是所有的努力都无济于事，就如同整个远古聚落的命运一样，他最终还是被压埋在房址之下。正东面墙壁上被确认是一对母子，母亲大约30岁，孩子只有1岁大，可以看到，在死亡来临的时刻，母亲紧紧地护卫着自己的孩子，至死也没有松开（图2-31）。在3号房里也有一对母子，而且状态惊人地相似。母亲双膝跪地，眼神凝视上方，似乎在乞求上苍留给她的孩子一条生路；在7号房里同样有

---

① 中国社科院考古研究所、青海省考古研究所：《青海民和喇家史前遗址的发掘》，《考古》2002年第7期。

一对母子,母亲俯卧在地,在她的左肩上方,露出一个小孩的头颅。可以想象,母亲正是用自己的身体挡住了某种沉重的撞击,保护着自己的孩子……

种种迹象表明,这是一场不可阻挡,令人恐怖的灾难!在经过了大量的调查取证后,地层关系表明,地震在先,洪水在后。在遗址其他多处地点也发现了地震裂缝、地面折皱起伏和地震的沙管现象,表明喇家遗址诸房址内的灾难现象应是地震所致。发掘显示,地震对遗址造成了灾难性的打击,洪水则对遗址造成毁灭性的冲击,被称为"东方的庞贝古城"。考古学家得出一个科学结论:连绵暴雨导致的泥石流,在强烈地震后接踵而来,席卷一切的洪水正是导致喇家遗址覆灭的真相,这是一处极为罕见的史前灾难遗址,也由此导致了中国古代黄河流域西北地区史前文明的衰落。

(三)山东泗水尹家城龙山文化遗址

上述两例死难遗迹有的属人祸,有的源于天灾,都是先民面对规模较大的灾难无法抗衡的真实惨烈场面。其实,在人类发展史上,各种灾难带来的非自然死亡情况,往往越是早期比例越大,导致有很多人得不到从容的下葬,不能遵行当时业已流行的殡葬习俗,只有尸骨留置或遗弃在各种遗迹里,甚至是本应活人居住的房址里,这类非正常死者的遗体埋葬现象,可认为是非正常"墓葬",如泗水尹家城遗址。

尹家城遗址位于山东省的中南部,属于龙山文化的遗迹主要有房基、灰坑和墓葬。在距今 4600～4000 年,殡葬习俗发展得已相当成熟,按照墓葬规模、葬具和随葬品等呈现出大、中、小的等级差别,大墓都有棺有椁,随葬品丰富,小型墓有的不仅无葬具,也没有随葬品。令人注意的是,在同属于龙山文化早期的部分房址内,发现有数量不一的人骨,同时还存在有较多陶器遗物的特殊现象。在所发现的早期 9 座房址内,共有 8 座存放有陶器,有 4 座发现有人骨,共有 6 人。经鉴定其中老人 1 名,13 岁以下的儿童 4 名,最小的只有 5 岁左右。5 具人骨身首异处,第 205 号房址内一老年死者,头在房屋中部,躯体位于西墙壁的南部,缺下肢;第 204 号的儿童骨骼,头在北侧中部,而身体在其东北,相距 0.6 米。此外,在 3 号房址地面之上还发现较多的枝条及草的灰烬(图 2-32)。①这几座房屋内的遗物较多且形态基本相同,说明这些同时期房址的毁坏或遗弃是在同一个较短的时间内,不是那种做好充分准备携带家产的迁移,而是遇到突发事件而被迫放弃的。这些老幼死者很有可能是在成年人外出之际,被人乘机袭击村落的遇害者,身首异处,肢体残缺,可想而知当时场景的惨

---

① 山东大学历史系考古专业教研室:《泗水尹家城》,第 306 页。

1、7、27.器盖；2、3、6、17、18、19、23、24、26.中口罐；4、5、8、10、12、15、16、20、25.鼎；9.三足罐；11、14、21.残陶罐；13.鬶；22.匜；28.三足盘

图2-32-1　尹家城遗址3号房址平剖面图

资料来源：山东大学历史系考古专业教研室《泗水尹家城》，第21页。

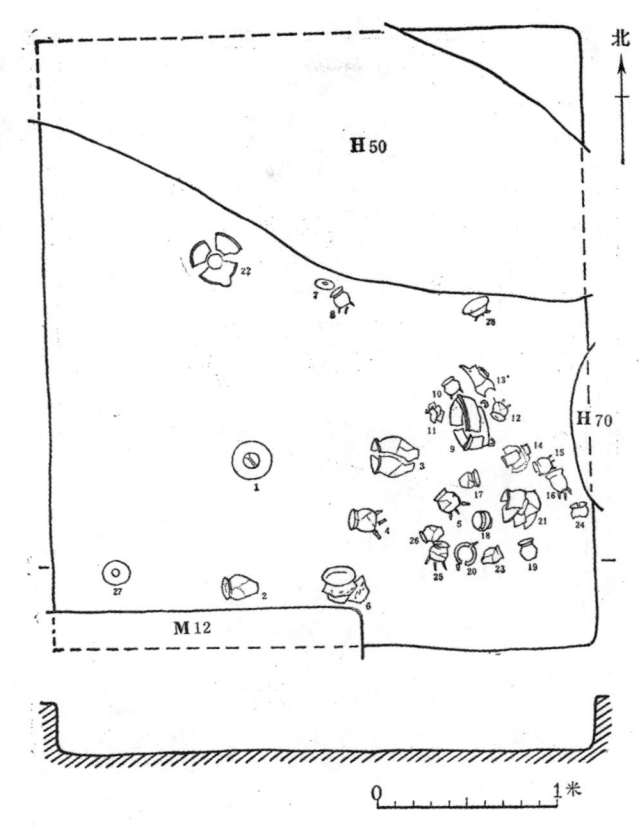

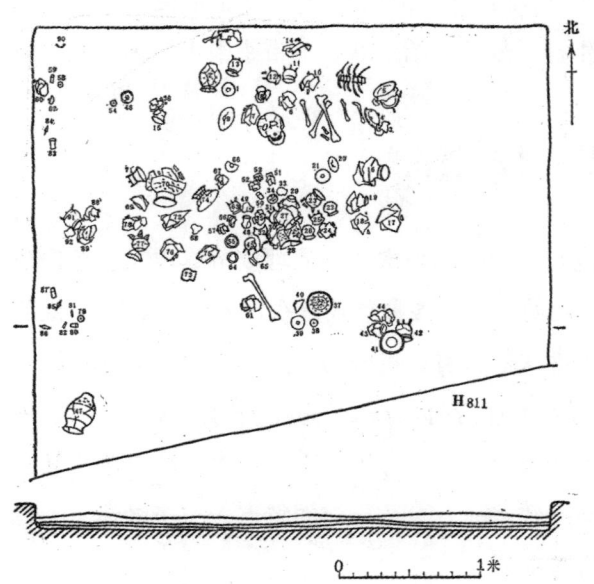

1、39、40.Ab型Ⅰ式覆碗形器盖；2、22、26、27、28、29、43、55、65.A型Ⅱ式中口罐；3、6、7、8、19、24、35、57、67、68、69、72、75、76、78、88.中口罐残片；4.A型三足盘；5、11、12、13、23、25、31、42、45、63、91.Aa型Ⅱ式鼎；9、20、21、46.Aa型Ⅰ式覆碗形器盖；10.鼎残片；14、74.A型圈足盘；15、71.Ⅰ式三足尊；16.B型Ⅰ式壶；17、18、30、44、52、53、56、60、61.残陶器；32.A型鬶；33.B型Ⅰ式觯形杯；34、37.C型Ⅰ式箅子；36、70.B型Ⅰ式高领罐；38、79.Aa型陶纺轮；41.B型三足盘；47、48.A、C型高领罐；49.A型Ⅱ式壶；50、59.A型Ⅰ式石锛；51.残高柄杯；54.Ab型陶纺轮；58.石型Ⅳ式石锛；81.B型Ⅱ式石镞；82.B型Ⅰ式石凿；83、87.C型Ⅰ式石锛；84、85.B型Ⅱ式石镞；86.C型蚌镞；89.C型瓮；90.石环；92.D型Ⅰ式高领罐

图2-32-2　尹家城遗址204号房址平剖面图

资料来源：山东大学历史系考古专业教研室《泗水尹家城》，第22页。

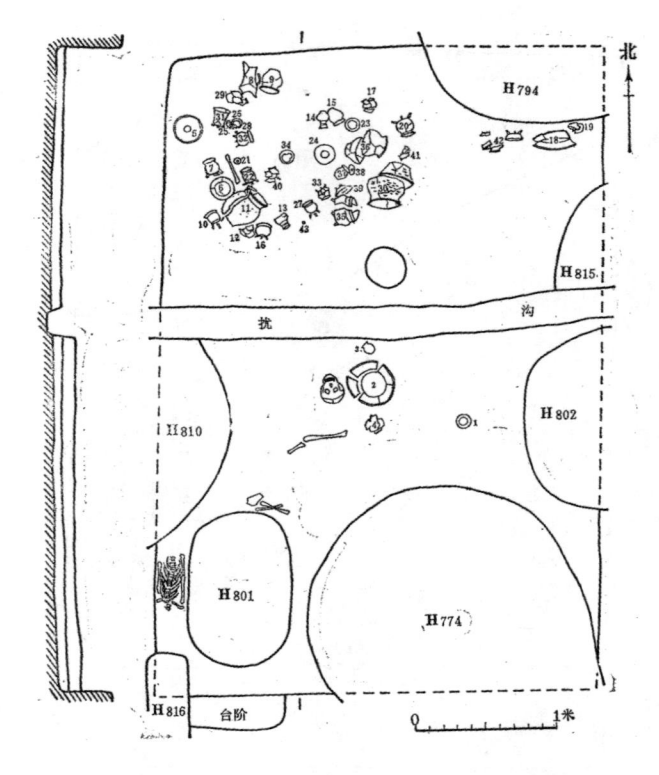

1.A型平底盘；2.A型Ⅱ式平底盘；3、15、23、30、37、44.（叠压于30之下）A型Ⅱ式中口罐；4、19、29.中口罐残片；5、25.Aa型Ⅰ式覆碗形器盖；6.C型三足罐；7、10、16、20、22、27、32、33、42.Aa型Ⅱ式鼎；8.A型鬲；9、11.C型、B型Ⅰ式高领罐；12、26、34.A型Ⅰ式带流罐；13、14.A型Ⅱ式、B型Ⅰ式壶；17.C型瓮；18、39.A型三足盘；21、38.Ab型Ⅰ式覆碗形器盖；24.B型三足盘；28.B型Ⅱ式陶纺轮；31.Ⅰ式三足尊；35.B型三足鼎；36.A型高领罐；40.残鼎；41.高柄杯残片；43.B型Ⅰ式陶纺轮

图2-32-3　尹家城遗址205号房址平剖面图

资料来源：山东大学历史系考古专业教研室《泗水尹家城》，第24页。

烈，可看出氏族社会部落战争的残酷程度。这些遇难者不仅死得无助，而且尸骨也没有被收拾安葬，也许他们的家人在这次重创之下不得不匆忙逃往他处。几千年来，这些房址就成为他们的安葬之地。类似的现象在新石器时代晚期并非罕见，说明这时期各村落（氏族间、部落间）不断发生掠夺战争，给一些村落带来毁灭性灾难。

第三节　葬式葬法

葬式即埋葬时遗体的放置姿势。包含死者的入埋次数、入埋姿势，以及墓坑中死者人数、埋葬方向等几方面的内容。在史前时代，各种葬式是在"入土为安"、"聚族而葬"的前提下的具体表现。从死者入埋次数来看，可分为一次葬、二次葬或一、二次混合葬；从死者入埋姿势来看，又可分为仰身直肢葬、仰身屈肢葬、侧身直肢葬、侧身屈肢葬、俯身葬等；从墓坑入埋人数来看，又可分为单人葬、多人葬等等；从死者入埋方向来看，多数墓地表现出方向一致、只有少数异向的特点，至于具体一个墓地的习惯方向，主要与本部族的某种信仰有关。

一 单人葬与合葬

单人葬和多人合葬是按照同一墓穴的埋葬人数区分的。按照埋葬次数还可以进一步分为单人一次葬、单人二次葬、一次性合葬和二次性合葬。

（一）单人一次葬

所谓单人一次葬即一座墓只一次性埋葬一人，即人死亡后就为其挖穴入葬的习俗，在史前时代大多数时间和地域的单人葬多为一次葬。如老官台文化、裴李岗文化、后李文化、仰韶时期的陕西西安半坡、宝鸡北首岭、临潼姜寨和龙山时期的山西襄汾陶寺等墓地，均以单人葬为主，且多为仰身直肢葬，这是当时处理正常成人尸体的通行方式，即单人仰身直肢葬。其他也有单人屈肢葬、俯身葬、侧身葬等。一次葬是对死者遗体只作一次性安置的埋葬，是中国史前时期最主要的埋葬方式，广泛流行于华南、华北、东北、西北各地。在实行火葬法的地区，如果完成火葬后不再处置骨灰，也属于一次葬，但这种现象没有遗存，也很难发现这类遗存（图2-33）。

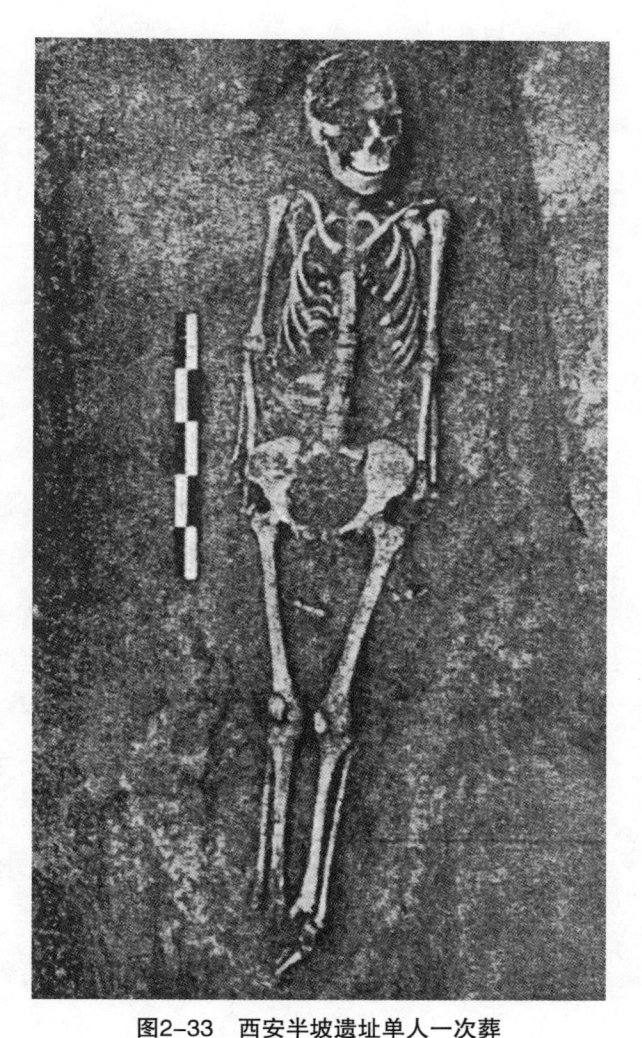

图2-33 西安半坡遗址单人一次葬

资料来源：西安半坡博物馆《西安半坡》，文物出版社，1982，图版178.1。

（二）单人二次葬

二次葬是对死者的尸体或遗骨进行两次或两次以上处理的埋葬方式，又称为迁葬、洗骨葬、拣骨葬、残骨葬，其共同点都是第二次埋葬习俗的称谓，之所以叫法不同，是研究者对这类葬法或者理解不同，或者是突出二次葬中的某种现象所致。

史前的单人二次葬发现较少，在黄河流域及东北、华南的一些地方有少量发现。单人二次葬多是将迁来的骨骼大体按照人体相应部位摆放，也有的集中地堆放在一起，把头骨放在最上面，如西安半坡和宝鸡北首岭等遗址的单人二次葬。在单人二次葬中，夭折的幼童一般实行瓮棺葬，但也有少量成人用瓮棺进行二次葬处置。姜寨遗址成人进行二次葬时，头骨放在中央，其下为盆骨、脊椎骨等，有的墓中只保留部分躯干，有的骨架放置成仰身直肢和屈肢葬式，有的则是在原墓坑内将尸骨集中起来就地原坑埋葬的二次扰乱葬。[①]这种单人二次葬实际上反映的是一种洗骨习俗，先把死者尸体暂埋入一处，待肉体腐朽只存骨骼后正式土葬（图2-34）。即灵魂离开肉体升天后，再埋葬遗骨的葬法。

图2-34　姜寨遗址成人二次葬

资料来源：西安半坡村博物馆、陕西省考古研究所、临潼县博物馆《姜寨：新石器时代遗址发掘报告》（下），图版108.1。

在史前时代，当一个氏族离开原居住地而迁往另外一个地方时，有的将同氏族死者遗骨进行异地迁葬，也有的可能是因生产活动在异地的死者，待同族人返回时，将其骨骼带回原地再行安置，或者为了使氏族中不同家族的死者能够集中一处埋葬而在整理墓地时进行的同墓地迁葬。这是"生相聚、死相迫"观念的殡葬表现，主要是为实行氏族合葬的需要而采取的埋葬措施。如同一氏族的人原先死后分别埋葬，不在一处，而后当某一氏族首领死后，人们为他举行葬埋时，又将与他同一氏族的死者从原先的墓中挖出埋葬在一起，这种迁葬习俗也可称为归葬，是氏族制度亲缘关系的反映。在新石器时代诸多墓地，如元君庙、新开流、草鞋山、呈子等墓地发现的二次葬和多次葬，便反映了这种以一次葬者为中心的归葬制度。

在陕西南郑龙岗寺墓地共发现423座仰韶文化半坡类型的墓葬，其中有23座单

① 西安半坡博物馆等：《姜寨：新石器时代遗址发掘报告》，文物出版社，1988。

人二次葬墓和 8 座多人二次合葬墓，还有 14 座虽有随葬品、但无尸骨或仅有极少量人体残骨的"空墓"[①]，当是迁葬的遗迹。山东王因遗址的北辛文化、大汶口文化中也有"迁出墓"。

在广东石峡文化墓地中已发现墓葬 100 余座，包括一次葬、二次葬和一次已迁出葬，以单人二次葬为主，反映石峡文化埋葬习俗流行二次葬。人骨多已腐朽，一次葬基本是头东脚西，二次葬的尸骨一般叠放在墓的东南角，头骨残片也置于东端，人骨上或近旁往往撒有朱红粉末。二次葬一般墓室较大，墓坑为东西向长方形竖穴土坑墓，用火烧过，墓里多有两套随葬品，一套是连同人骨从原一次葬的墓中迁来的残破陶器之类，有的分散放在墓底二次葬器物之下，有的还在上下新旧两部分器物之间用薄土层隔开，也有的是把一次葬时的破碎器物散埋在填土中。另一套是在迁葬人骨时新放进去的，排列整齐，保存较好。两次随葬的器物在种类、形式和数量上有许多相同，说明一、二次葬之间相隔的时间不会太久远，反映的也是迁葬的习俗。其中 43 号墓的二次葬随葬品 57 件，一次葬随葬品达 94 件，合计 151 件（图 2-35）。[②]

将遗体火化后，取其骨灰埋入墓中，也是二次葬的一种形式。

（三）一次性合葬

合葬是指在同一墓穴埋葬 2 个或 2 个以上的死者。一般来说，合葬墓数量在墓地中所占的比例不大，但也有少数墓地以合葬为主。从埋葬人数来看，考古所发现史前时期合葬墓，人数少者 2~3 人，多者可达数十人。从合葬者的姿势来看，可分为仰身直肢合葬、屈肢合葬、仰身直肢与侧身屈肢合葬、侧身直肢与侧身屈肢合葬、俯身直肢与侧身屈肢合葬等。从性别来看，可分为同性合葬、异性合葬两种。

从埋葬次数来看，合葬有一次性合葬、二次性合葬或二次合葬中夹杂极少数的一次性合葬。

一次葬基本上多为单人葬，仅有少数是一次多人合葬墓，合葬有 2 人或 3 人及以上。一次多人合葬，埋在一个墓坑中的人应该是同时或基本是同时死亡的，这种概率一般很小，所以一次性合葬墓数量不多。通常墓葬中如果数个死者尸骨排列自然整齐，符合人体学原则，即被视为一次葬。

早期一次合葬墓多为同性成年人合葬或母子合葬墓，既有女性合葬也有男性合

[①] 陕西省考古研究所：《龙岗寺：新石器时代遗址发掘报告》，文物出版社，1990 年。
[②] 广东省博物馆等：《广东曲江石峡墓葬发掘简报》，《文物》1978 年第 7 期。

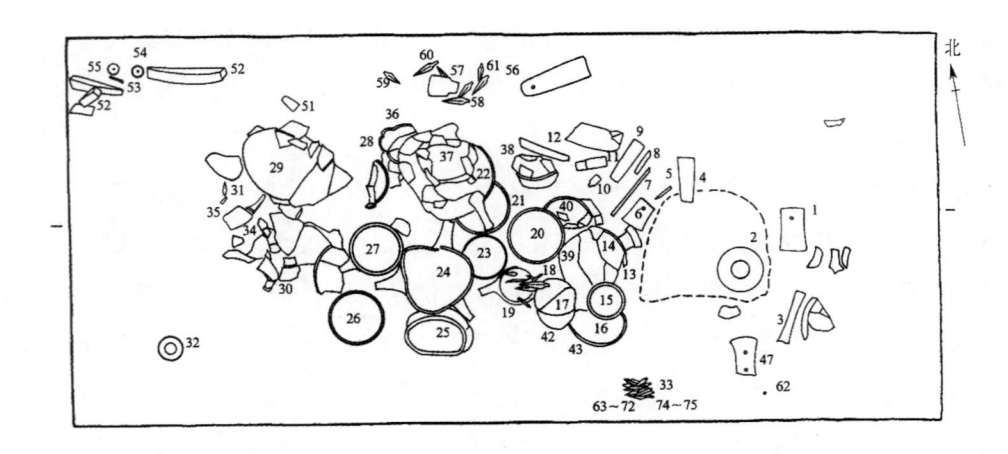

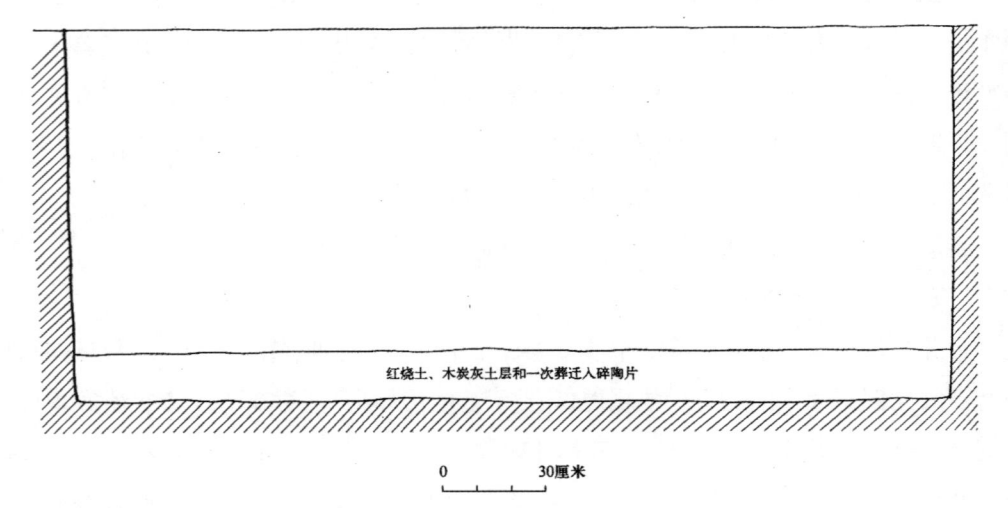

二次葬器物：1、6.B型Ⅰ式玉钺；4、7.B型Ⅱ式、A型Ⅰ式长身石锛；8、9、12.A型Ⅲ式、C型Ⅰ式、E型Ⅱ式石凿；10、57.B型Ⅱ式、B型Ⅰ式有肩石锛；11.A型Ⅰ式有段石锛 13、56.Ⅱ式、Ⅳ式石铲；47.D型Ⅳ式玉钺；51.A型Ⅰ式梯形石锛；52.C型Ⅲ式石；18、63、65、69、70、74、79、84.A型Ⅰ式石镞；66、67、72、80、82、85.A型Ⅱ式石镞；33、68、71~78、81、83.A型Ⅲ式石镞；64.D型Ⅱ式石镞；3、19、24.B型Ⅳ式、Ac型Ⅲ式、Aa型Ⅱ式盘形鼎；15、29.C型Ⅱ式、A型Ⅱ式釜；22、27.A型Ⅱ式釜形鼎；16.A型Ⅲ式夹砂盖豆；17、28.B型Ⅳ式夹砂盖豆；38.F型夹砂盖豆；21、23、26.30.Ab型Ⅰ式、Ab型Ⅳ式、Ab型Ⅲ式、Ab型Ⅵ式圈足盘；14.Aa型Ⅰ式豆；20、39、40.Ab型Ⅱ式豆；36.B型簋；54、55.A型Ⅱ式、A型Ⅰ式陶纺轮，2.玉璧；5.玉笄（锥形器）；62.玉珠

一次葬器物：46.A型Ⅲ式有肩石锛；53.石凿（残）；95~97.石片；50、87、93.A型Ⅰ式石镞；31、41、45、73、91、92、110.A型Ⅱ式石镞；44、48、49、86、89、90、94.A型Ⅳ式石镞；58、59、61、61、111.D型Ⅰ式石镞；60.D型Ⅲ式石镞；88.E型Ⅰ式石镞；25、107.Bb型Ⅲ式、Bb型Ⅳ式夹砂陶罐；42.Bb型Ⅲ式泥质陶罐；106.夹砂陶罐（残）；35.Ab型Ⅱ式盘形鼎；109.A型Ⅱ釜形鼎；108.A型Ⅲ式甑；34、100、102.C型Ⅱ式、A型Ⅳ式、B型Ⅳ式夹砂盖豆；99、101、103~105、113、114.夹砂盖豆（残）37.A型Ⅲ式三角形足三足盘；32.Aa型Ⅰ式器盖；43、98.Ab型Ⅱ式豆；112.凿形鼎足（刻划曲折纹）；115.釜鼎足

图2-35 石峡遗址43号墓平剖面图和随葬品

资料来源：广东省文物考古研究所、广东省博物馆、广东省韶关市曲江区博物馆《石峡遗址：1973~1978年考古发掘报告》，文物出版社，2014，第192页。

葬，如半坡 38 号墓为女性 4 人一次合葬墓；元君庙 457 号墓为母子一次合葬墓①。从旧石器时代中晚期至新石器时代早期，社会靠母系血缘维系，女性在社会生活中具有某些优势作用，在葬俗中也有明显表现。这段时期的合葬墓以同性合葬墓或男女集体合葬居多，但没有男女配偶合葬，同性多人合葬是母系血缘关系紧密的反映。男女分葬于氏族公共墓地，既说明他（她）们都是同一氏族的成员，又说明当时实行族外婚制，没有形成稳固的配偶小家庭，配偶双方分属于两个不同的氏族，所以死后不能葬在一起，要分别在本氏族墓地埋葬。如西安半坡遗址共有两座合葬墓，38 号墓埋葬 4 个女孩，年纪都不大，约 14～15 岁，且都是一次葬；39 号墓，埋葬 2 个成年男子，也都是一次葬。这两座墓死者头均朝西。一南一北并列埋葬。这大概是因疾病或部落战争等原因的死者（图 2-36）。

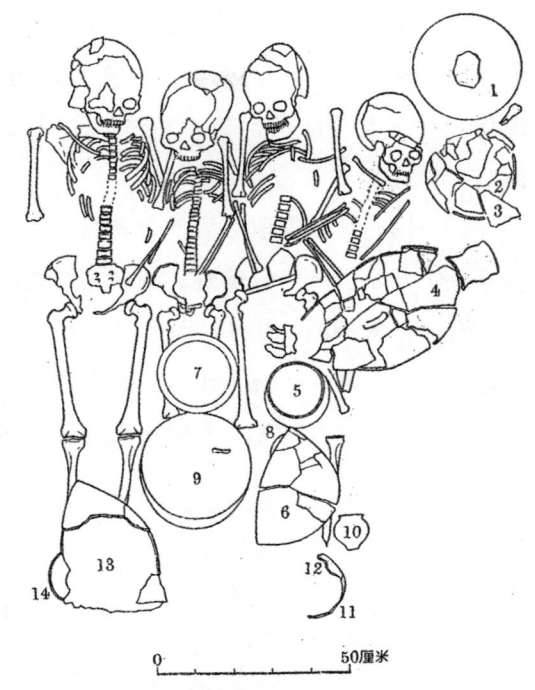

1、2、6、9、11.圜底钵；3、12.钵残片；4、13.尖底瓶；5、7.罐；8.盆；10、14.罐

图2-36 半坡遗址38号墓

资料来源：西安半坡博物馆《西安半坡》，文物出版社，1982年，第203页。

母系血缘和家族关系是将死者合葬的主要原则，因此每个氏族对女性的安葬都更为重视，女性随葬品相对多于男性，对女性（特别是幼女）实行厚葬。如姜寨遗址仰韶文化墓地，女性随葬品平均每人 6 件，男子平均每人只有 4 件。个别女性还有更多的随葬品，7 号墓的墓主是一位约 17 岁的少女，随葬品有陶、石器 18 件，骨管 1 件，玉坠饰 2 件和由 8577 枚骨珠组成的项链。②元君庙遗址 429 号墓埋葬的两个女孩，为二次合葬，以红烧土块铺垫墓底，按成年人的形式安葬，随葬 6 件陶器，还有 785 枚骨珠。420 号墓为一妇女与两幼女合葬墓，随葬品相当丰富，其中

---

① 北京大学历史系考古教研室：《元君庙仰韶墓地》，文物出版社，1983。
② 西安半坡博物馆等：《姜寨：新石器时代遗址发掘报告》，第 400 页。

一幼女的串饰用骨珠1147颗。[①]随葬品数量的差别说明了氏族成员的敬意和女性在氏族中的较高地位。直到大汶口文化时期，这种现象也还存在。对女性的重视还表现在一些子女与母亲合葬的墓葬中，因为子女是属于母亲的（图2-37-1、2-37-2、2-37-3）。

新石器时代晚期成年异性合葬以及父子合葬现象有所增加，父权氏族社会的特点在墓葬中开始得到充分体现。新石器时代晚期，由于农业和饲养家畜的发展，社会生产力有了很大提高，物质生活有了剩余，随着社会生产和家庭经济中男女所处地位的变化，父权制确立，开始出现私有制和贫富分化的现象，随之产生了男性主导和财产私有的观念，财富的私有和阶级对立也直接反映在合葬墓中，晚期出现有异性成年合

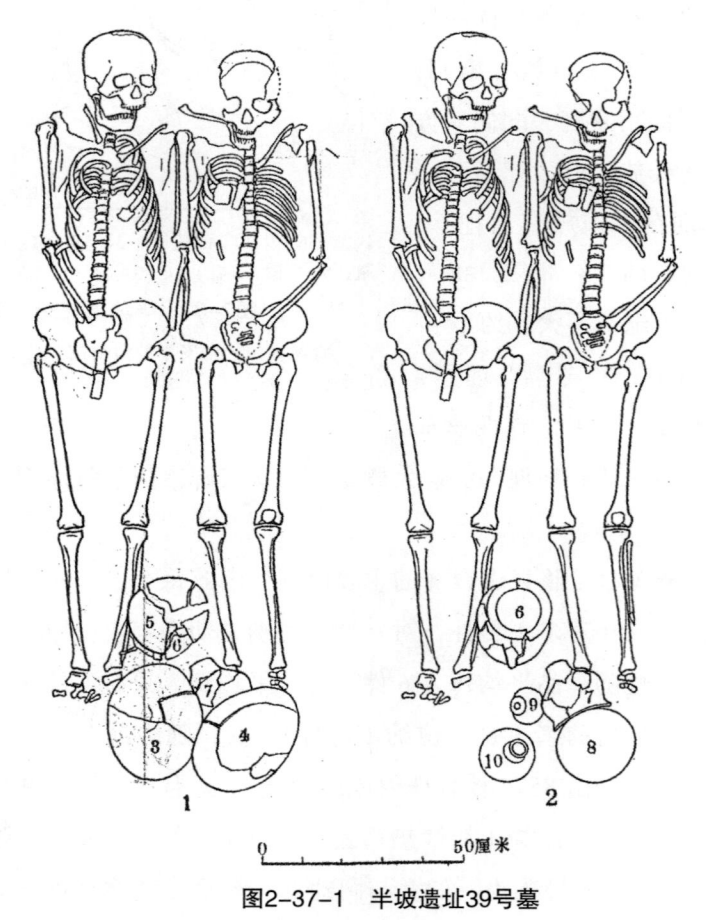

图2-37-1　半坡遗址39号墓

资料来源：西安半坡博物馆《西安半坡》，图版5。

[①] 北京大学历史系考古教研室：《元君庙仰韶墓地》，文物出版社，1983。

第二章 史前时期的殡葬习俗

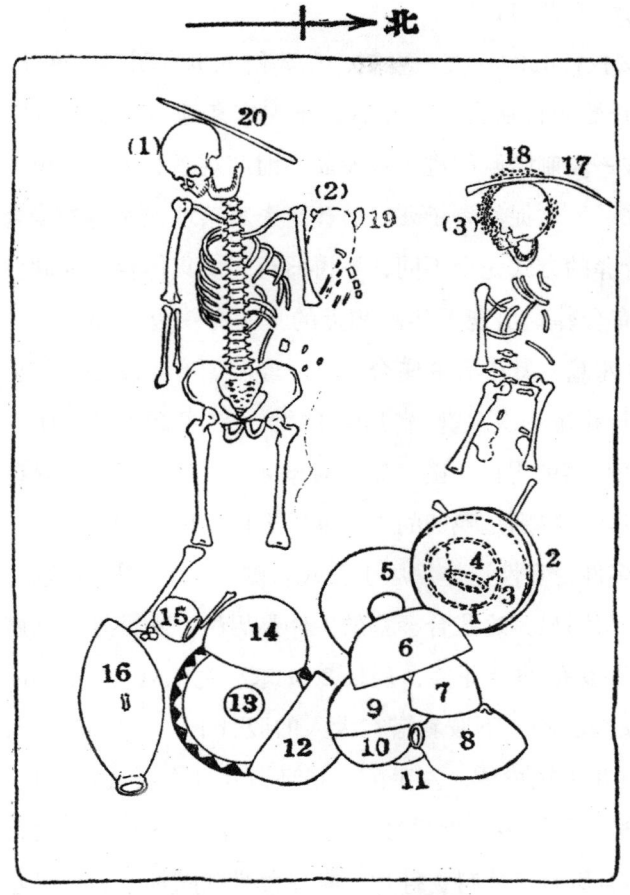

1、2.钵Ba；3、11.绳纹罐Ac；4.夹砂罐；5.盆b；6、9、10、12、14、23、24.钵Ab；7.钵Aa；8、16.小口尖底瓶c；13.罐a；15.弦纹罐Aa；17、20.骨笄；18.骨珠；19.穿孔蚌饰；21.弦纹罐Bb；22.碗Ac；25.夹砂罐；26.石球

图2-37-2 元君庙遗址420号墓

资料来源：北京大学历史系考古教研室、中国社会科学院考古研究所《元君庙仰韶墓地（黄河水库考古报告之四）》，文物出版社，1992，第74页。

1.小口尖底瓶a；2、5.钵Ab；3.钵Aa；4.绳纹罐Bb；6.弦纹罐A；7.骨珠；8.骨针

图2-37-3 元君庙遗址429号墓

北京大学历史系考古教研室、中国社会科学院考古研究所《元君庙仰韶墓地（黄河水库考古报告之四）》，第77页。

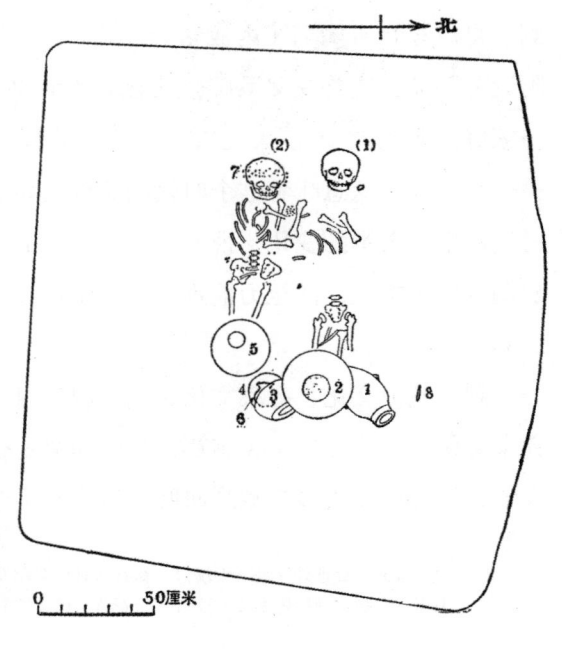

· 165 ·

葬，异性合葬有时表现为女性为男性死者殉葬。

当母系社会的对偶婚发展到父权社会的一夫一妻制，在葬俗上也有明显的变化。一夫一妻制的早期阶段，妻子已开始实行从夫居，死后葬于夫家墓地。到了氏族社会后期，随着父权制的建立和一夫一妻制婚姻的进一步发展，财产观念、男性地位的提高也在丧葬制度中逐渐确立起来了，这促使妻子死之后葬于夫家墓地或实行夫妻合葬习俗的产生。与母系氏族社会合葬的方式完全不同，不再盛行男女集体合葬或同性合葬，这时仍以单人葬为主，也有合葬，出现了年龄相近的（一夫一妻）异性合葬墓。如大汶口墓地，共发现了133座墓，其中有8座合葬墓，经鉴定有4座是成年男女合葬墓，均为男左女右仰身直肢并排一次入葬。①其中13号、35号和1号三座合葬墓，随葬品都偏于男性一侧。13号墓的男性，随身佩一对象牙琮，还有石铲、骨镖和骨匕等工具，女性仅手中握有獐牙。特别是晚期的1号墓，男性遗体安葬在墓穴正中，左侧放有陶器、石骨器等40多件，女性遗体偏居于正穴右侧扩出的小长方坑中，仅有一个小玉管和一对龟甲随葬。很明显，这些合葬墓的主体是男性，女性处于从属地位。35号墓是一对成年男女与一女孩的合葬墓，墓长2.21米、宽1.31米、深0.4米，男左女右，小孩紧倚在成年女性右侧，下肢斜搭在大人的股骨上。均为仰身葬，男性面部向左，双手抚于骨盆处，并手执獐牙，左手配一指环；女性右臂搂住女孩，左手放于骨盆处，头佩束发器。随葬器物多靠近男性一边，人头骨上方有一件大背壶，陶背壶右边有两壶一杯，左边有砺石、牙料、蚌片、零星兽骨和陶杯。男性身左侧，自肩至足有陶鼎（内放猪骨二块）、豆、壶、罐、砺石、猪头及陶器碎片，右脚附近一陶鼎。这是在父系氏族社会下产生的葬俗变化，这些变化反映的正是社会组织与家庭婚姻的改变。②大汶口文化的合葬墓，严格地限于一对成年男女，有的还有小孩一起合葬，这意味着这个时代的两性关系和婚姻形态，跟以母系为中心的同性合葬时代发生了根本的变化。说明一夫一妻制的稳固家庭已经出现，以男性为家长，女性配偶从属于丈夫，甚至为他殉葬，这是社会开始进入父权时代的一个明显的标志（图2-38）。

到了龙山文化、齐家文化时期，成年男女合葬墓数量增多。甘肃永靖秦魏家遗址齐家文化墓地共发掘183座墓，其中的男女合葬墓中，墓中男子多为仰卧直肢，居墓穴中心位置；女子多为侧卧屈肢，呈毕恭毕敬的屈从状，位于左侧，面向男子，这种

---

① 山东省文物管理处等编《大汶口：新石器时代墓葬发掘报告》。
② 山东省文物管理处等编《大汶口：新石器时代墓葬发掘报告》。

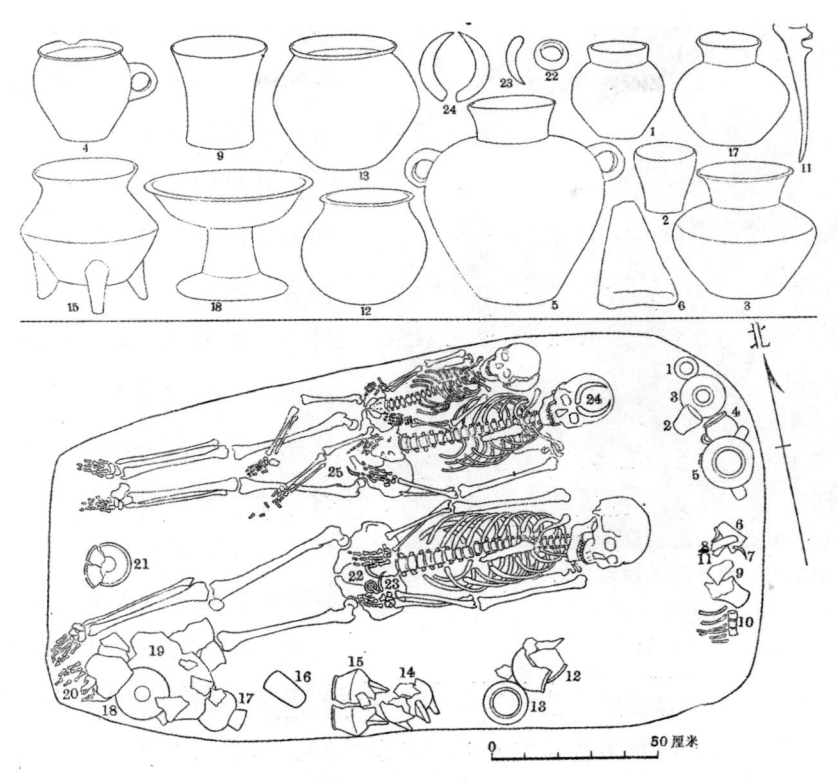

图2-38　大汶口遗址35号墓

资料来源：山东省文物管理处、济南市博物馆《大汶口：新石器时代墓葬发掘报告》，第30页。

葬式表明女性处于从属的地位。在武威皇娘娘台发现的 24 号成人合葬墓，为一男二女，男子居中仰身直肢，女性侧身屈肢处于男性两侧，均面向男性，墓中骨架都是一次埋葬。[①]有学者认为他们不可能同时死亡，可能是男子先死，女子被处死殉葬。三人合葬，还反映了一夫多妻的现象，妻妾殉葬业已形成。女子被迫殉葬，也表明女子地位的低下、屈从男性和男子占据统治地位的家庭关系。同时，与男子同坑埋葬的女子身份，是妻、妾抑或女仆，还是有待研究的（图 2-39）。

（四）二次性合葬

在仰韶文化和大汶口文化前期的合葬墓中，往往多采用一次葬与迁葬相结合的葬法，二次性合葬是在仰韶文化氏族部落时代流行的主要葬俗之一。迁葬时，对保存好的尸骨与一次葬者一样，摆成仰身直肢状；对保存不好的尸骨，一般按人体的

---

① 甘肃省博物馆：《武威皇娘娘台遗址发掘报告》，《考古学报》1960 年第 2 期。

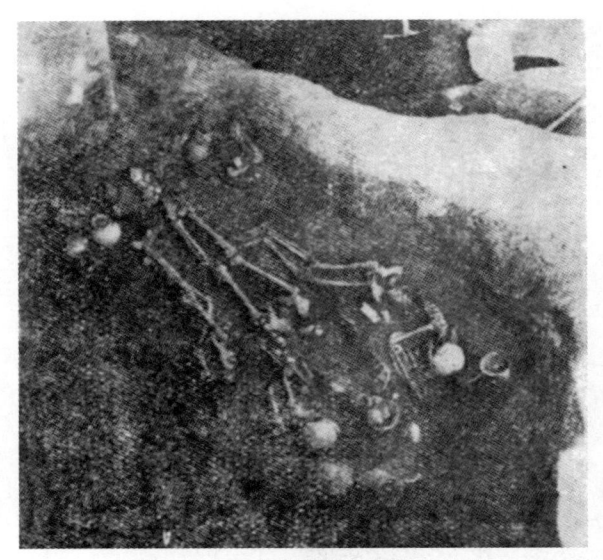

图 2-39　武威皇娘娘台遗址 24 号墓

资料来源：甘肃省博物馆《甘肃武威皇娘娘台遗址发掘报告》，《考古学报》1960 年第 2 期。

相对位置摆放；对待特别零散的尸骨只是进行堆放。这种二次埋葬的方式，并不代表着以后死者作为中心，其目的主要还是让同氏族先后的死者能把尸骨埋在一起，也就象征着灵魂在一起，体现了母系氏族社会家族成员之间的血缘关系，这种葬俗在当时起着维护氏族制度的作用。为使同一氏族不同家族的死者集中一处埋葬进行的迁葬，如广西桂林甑皮岩洞穴遗址中，B 区的 2 号死者与 3 号死者紧挨，没有葬具和埋葬坑，3 号死者为二次葬，骨骼散乱成堆，其中有残破半边的头骨、上颌骨以及完整的下颌骨，四肢折断，还有零散的其他骨骼，此具人骨大约是五六岁的小孩，而紧挨的 2 号死者，为一侧身屈肢的中年女性人骨，显然为母子合葬而迁葬（图 2-40）。[①]

二次性合葬依墓坑形制的不同，还可分为多人二次同坑合葬和多人二次套坑合葬。

多人二次同坑合葬墓是在同一墓穴中集中摆放或叠放数具到数十具人骨，骨骼多集中摆放成长方形的一堆，头骨放在上面。每个墓穴中骨架的数目不一，性别年龄不限，人骨位置也有所错乱，并有少量的随葬品，如仰韶文化的陕西渭南史家墓地、青海柳湾墓地，以及山东诸城呈子墓地，都有同坑合葬，但具体方式各有所不同。仰韶文化史家遗址是一处以多人二次合葬墓为主的墓地，在已清理的 43 座墓中，其中 40 座为多人二次葬，共有 707 具骨架。骨架的安排，有的并列堆放，有的则分层叠压排列，基本上骨架排列整齐，头向一致。每个墓坑少者 4 具尸骨，多者如 5 号墓达 51 人，以 20 具左右的为最多，男性女性都有，这些死者属同一母系氏族或母系亲族，包括不同辈分的兄弟姊妹，而不包括他们的丈夫和妻子（图 2-41）。[②]青海柳湾遗址马厂类型墓葬 872 座，其中合葬墓共 44 座，

---

① 广西壮族自治区文物工作队等：《广西桂林甑皮岩洞穴遗址的试掘》，《考古》1976 年第 3 期。
② 西安半坡博物馆：《陕西渭南史家新石器时代遗址》，《考古》1978 年第 1 期。

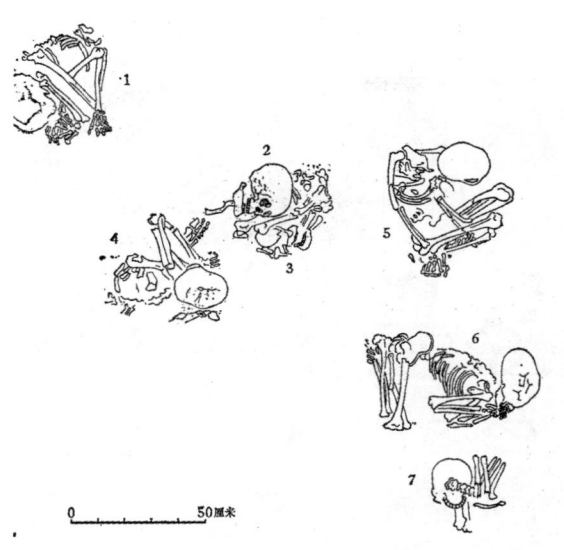

第二章 史前时期的殡葬习俗

1、4、5、7.屈肢蹲葬；2、6.侧身屈肢葬；3.二次葬

图2-40 甑皮岩遗址B区T2第三层人骨分布图

资料来源：广西壮族自治区文物工作队《广西桂林甑皮岩洞穴遗址的试掘》，《考古》1976年第3期。

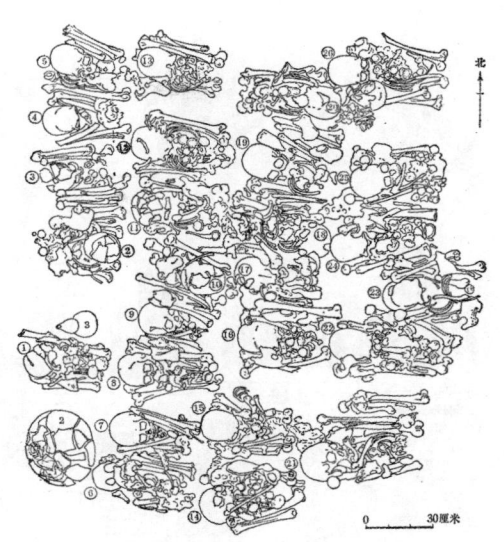

1.陶缶；2.陶钵 3.葫芦瓶；4.带盖罐；①~㉖ 人骨架

图2-41 史家遗址25号墓

西安半坡博物馆：《陕西渭南史家新石器时代遗址》，《考古》1978年第1期。

包括二人合葬墓27座，三人合葬墓10座，四人合葬墓2座，五人合葬墓1座，六人合葬墓4座。其中共对17座墓做了人骨鉴定，可辨别的二人合葬均系成年男女合葬墓，可看出当时已经从母系为中心的对偶婚阶段开始向一夫一妻制过渡了。在六人合葬墓中，1060号墓为长方形土坑竖穴墓，长4.15米、宽1.34米、深1米，长方形吊头木棺一具，保存较完整，长4米、宽1.24米。人骨架6具，均仰身直肢，从下往上一层压一层，人骨架虽不甚完整，但头骨保存得都比较完好，随葬品较丰富；93号墓也是长方形土坑竖穴墓，长2.32米、宽1.98米，人骨架6具，也是以成年男女为主，分上下两层埋葬，以屈肢葬为主要葬式（图2-42-1、2-42-2）。① 山东诸城呈子遗址的大汶口文化墓葬，同坑5人分层埋葬，无论多人还是二人，都是自下而上叠压埋葬，葬具和随葬品各人自有一套，也很具有典型性。② 类似这样的二次集体合葬墓，可能是一个氏族或胞族内的成员，这种葬法，无疑是血亲关系的反映，活着都是氏族成员，死后也离不开氏族集体。

多人二次套坑合葬，即在一个长方形大坑中，又挖若干小坑，每一小坑中集体

---

① 青海省文物管理处考古队等：《青海柳湾：乐都柳湾原始社会墓地》，第67~83页。
② 昌潍地区文物管理组：《山东诸城呈子遗址发掘报告》，《考古学报》1980年第3期。

· 169 ·

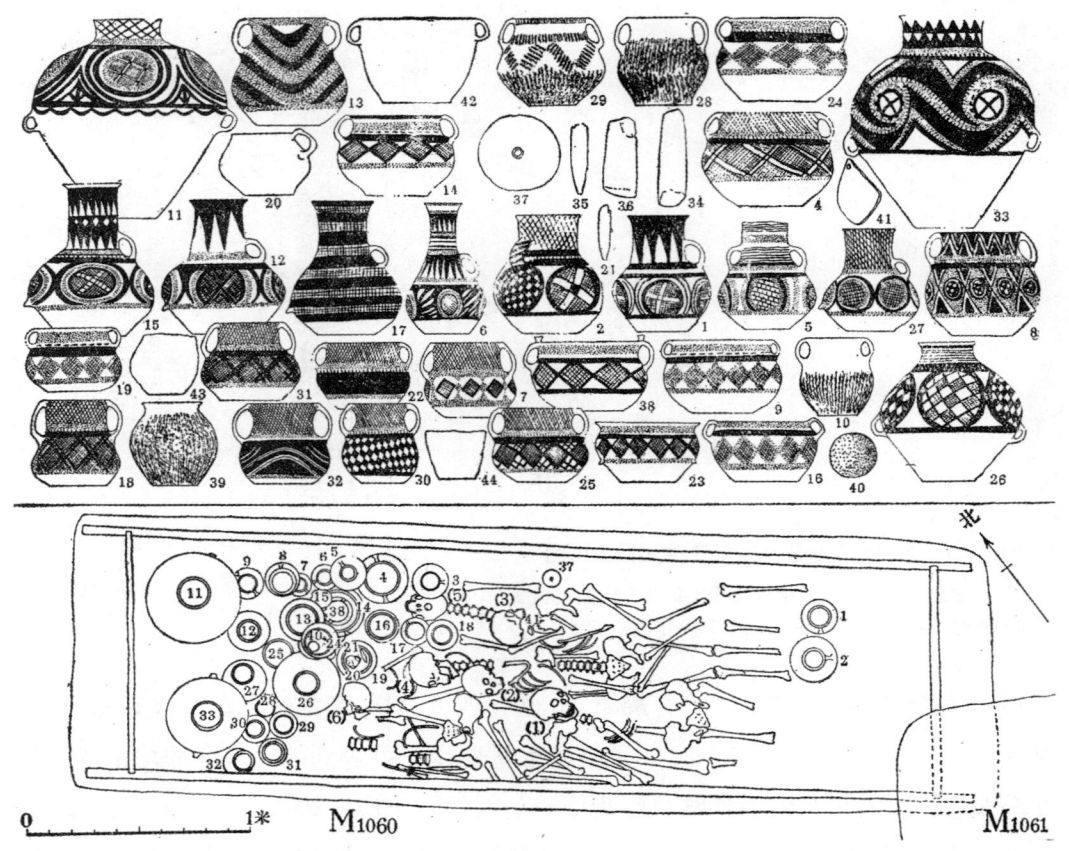

1、2、5、6、12、15、17、27.长颈陶壶；3、4、8、9、14、16、19、24、38.侈口双耳陶罐；7、13、18、22、25、30~32.双耳彩陶罐；10、28、29.粗陶双耳罐；11、13.彩陶瓮；20.单耳陶罐；21、35.石凿；23.陶盆；26.彩陶壶；34、36.石斧；37.陶纺轮；39.侈口陶罐；40.石球；41.绿松石饰；42.双耳陶罐；43、44.陶杯（10、22~24被压在20、21的下面，34~36被压在17、8下面，39、42~44被压在38、40下面，平面图未绘）

图2-42-1　青海柳湾遗址1060号墓

资料来源：青海省文物管理处考古队、中国社会科学院考古研究所编《青海柳湾：乐都柳湾原始社会墓地》（上），文物出版社，1984，第82页。

合葬数具到数十具尸骨。最典型的可举陕西华阴横阵村仰韶文化墓地，该墓地位于居址的东南部，发现墓葬24座，其中15座多人二次合葬墓分别套在三个大坑中，人骨成层放置，多有随葬品。其余9座虽不是套坑，但也多为二次合葬墓，分散于大坑之外。1号大坑长10.4米、宽2.8米、深0.7米，大坑中套5个方形小葬坑，每个小坑，长宽各1.8米左右，坑内人数不等，最多12具，最少4具，头向东，多作仰身直肢排列，5个小坑共有人骨架44具，小坑内均随葬陶钵、陶罐、尖底瓶等，这些随葬品为同坑者集体所有，而非一个人所有；2号大坑长11米、宽2.4米，内

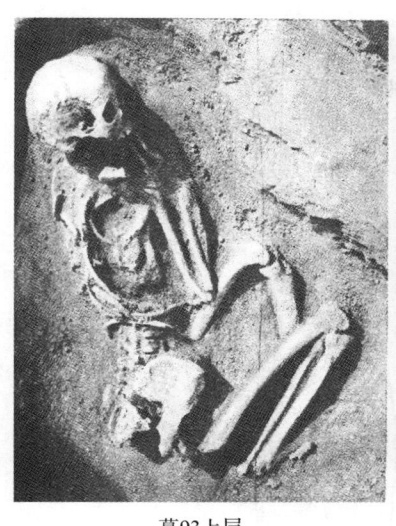

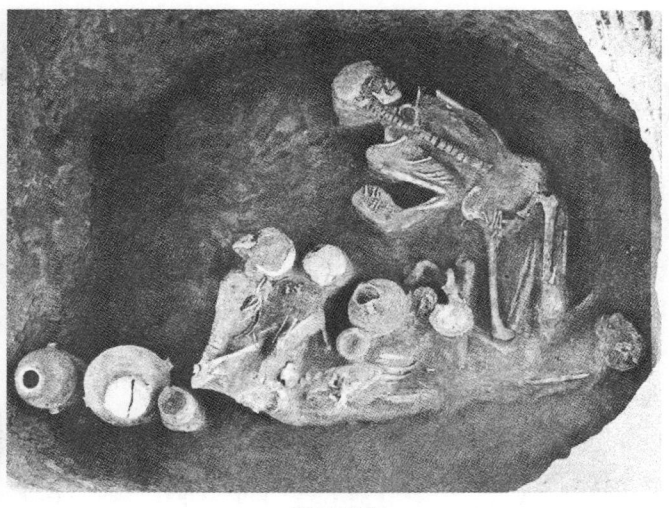

墓93上层　　　　　　　　　　　　　墓93下层

图2-42-2　青海柳湾93号遗址墓

资料来源：青海省文物管理处考古队、中国社会科学院考古研究所编《青海柳湾：乐都柳湾原始社会墓地》（下），文物出版社，1984，图版19。

套7个方形小葬坑，长宽各0.8米，共有人骨42具，也有随葬陶器，其中个别小坑，如437号墓的2号骨架腰部发现一件精致的小石斧；3号大坑因被灰坑破坏，仅剩3个小合葬坑（图2-43）。[①] 有学者认为这3个大葬坑是该氏族先后实行三次集体葬仪的结果，各大坑中所套的小坑，应分属于各母系家族，小坑内死者分层安葬，可能反映着死者间辈分的差别。氏族成员的死亡一般是陆续发生的，每次个别安葬，既多占土地，又不可能规整地表现死者生前的社会关系；而二次合葬却能为先民按氏族规则放置众多尸骨提供绝好的办法，所以二次合葬往往更能体现氏族血缘关系的特征。

二　直肢葬与屈肢葬

尸体放置在墓葬中的形态或姿势，在各个地区或不同文化中的表现各不相同，大致可分为直肢葬、屈肢葬和俯身葬。

（一）直肢葬：多见仰身直肢葬和侧身直肢葬

1. 仰身直肢葬是指面部向上、身体仰卧伸直、上肢平行放于两侧或两手放于

---

① 中国社会科学院考古研究所陕西工作队：《陕西华阴横阵遗址发掘报告》，《考古学集刊》第4集，1984。

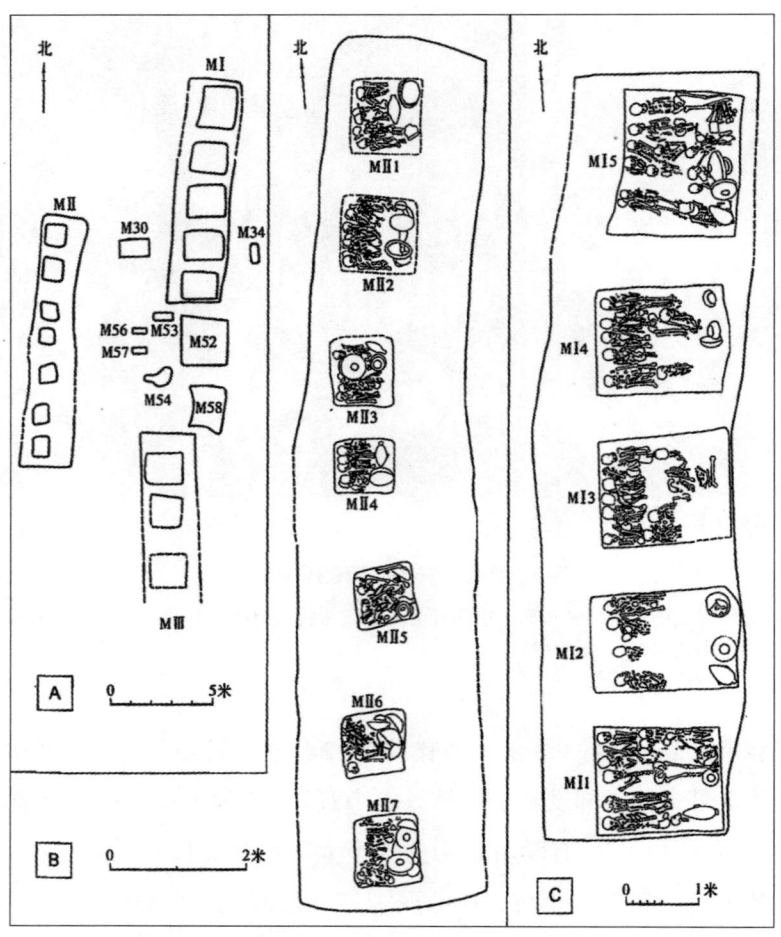

A.墓穴分布图；B.MⅡ平面图；C.MⅠ平面图

图2-43 陕西华阴横阵村仰韶文化墓地多人二次套坑合葬

资料来源：中国社会科学院考古研究所陕西工作队《陕西华阴横阵遗址发掘报告》，《考古学集刊》第4集，1984。

腹部的葬式。这种墓葬呈现的是人生前最自然的仰卧状态，是中国史前乃至以后历史时代各时期葬俗中放置尸体最常见的形式，普遍存在于各地考古学文化之中（图2-44）。

在北方地区，黄河中下游地区的裴李岗文化、仰韶文化、大汶口文化和龙山文化的居民对尸体的放置方式，多以仰身直肢为主；黄河上游马家窑文化的墓葬中，也多见这种葬式。例如河南新郑裴李岗文化的114座墓葬，以仰身直肢葬为主；[1]仰韶文化

---

[1] 中国社会科学院考古所河南一队：《1979年裴李岗文化发掘报告》，《考古学报》1984年第1期。

西安半坡遗址发现的174座成人墓中，绝大多数墓的葬式为单人仰身直肢葬；甘肃秦安大地湾遗址当中，属仰韶文化的墓葬共39座，除7座儿童瓮棺葬及少量二次葬外，葬式均为单人仰身直肢一次葬。① 山东大汶口遗址发掘的上百座墓葬中，大多数为单人仰身直肢葬；兖州王因遗址发掘的800余座墓葬，也是以仰身直肢葬为主。青海皇娘娘台、大何庄、秦魏家、尕马台、柳湾等地发掘的800多座齐家文化墓葬中，也以仰身直肢葬最为常见。由此可见，在古代中国的广大北方地区，实行一次葬的习俗中，普遍使用仰身直肢的葬式。

同时期的南方，也盛行单人仰身直肢葬。如长江下游的江浙一带，在马桥、广富林、越城、

图2-44　半坡遗址仰身直肢葬
资料来源：西安半坡博物馆《西安半坡》，图版128。

草鞋山、张陵山、寺墩等地发现的良渚文化墓葬中，能辨别葬式者一般都是仰身直肢葬；在早于良渚文化的上海崧泽墓地已清理的97座墓葬中，绝大多数也为单人仰身直肢葬；南京北阴阳营266座墓葬中，均为单人葬，仰身直肢的为最多。在长江中游两湖地区，屈家岭、青龙泉、关庙山、三元宫、寨茨冈、黄楝树、下王岗等地发掘的上百座屈家岭文化墓葬中，成年死者基本上是单人仰身直肢葬。东南沿海福建昙石山墓葬均为单人葬，死者均为头向西北的仰身直肢。这也说明，在江南地区的一次墓中，仰身直肢也是主要葬式。

2. 侧身直肢葬是指尸体侧卧，双臂自然贴身，双脚伸直并拢的葬式。史前时期

---

① 甘肃省文物考古研究所：《秦安大地湾》，文物出版社，2006，第208页。

的侧身葬较为少见，仅在西北地区的少数墓地发现有个别的例子。如在马家窑文化、齐家文化等新石器时代墓葬中有少数侧身直肢葬，青海柳湾半山类型墓地共发现墓葬257座，其中有两座侧身直肢葬墓。其他史前墓地中，侧身直肢葬或无或少，是一种少见的葬式。这种葬式，或许是生者侧身睡眠的姿态（图2-45）。

1.陶盆；2.彩陶罐；3.彩陶壶

图2-45 青海柳湾遗址半山类型侧身直肢葬

资料来源：青海省文物管理处考古队、中国社会科学院考古研究所编《青海柳湾：乐都柳湾原始社会墓地》（上），第14页。

（二）屈肢葬：主要是指将尸体的下肢弯曲或蜷曲的葬式

依尸体放置的姿态可分为仰身屈肢、侧身屈肢、蹲踞葬等形式。其下肢屈曲的程度视胫骨间内角大小而定。其中蹲踞葬最为典型，据民族志资料及民俗调查可知，大多是死者刚死时，将下肢弯曲，并用布带、绳索将下肢贴胸捆扎定型为蜷曲状。[①]从世界范围来看，屈肢葬的历史可以上溯到旧石器时代中期莫梯利亚文化时期，在法国、巴勒斯坦和克里米亚发现的这一时期的尼安德特人的墓葬已经出现了这种葬式。[②]在我国新石器时代墓葬中，除少数地区未见报道外，其他省区均有屈肢葬式发现，据粗略估计，出土的单人屈肢葬超过600例以上，比较集中流行于甘青地区的马家窑文化、长江中游的大溪文化和西辽河流域的小河沿文化中。在甘肃姬家川遗址中，发现了一座比较特殊的屈肢葬，下肢的弯曲度为捆绑所致。[③]这种葬式，除被认为是让死者恢复胎儿状态以外，还有人认为这种捆缚方法，是为了防止死者的灵魂危害生者。在广西南宁的贝丘遗址和甑皮岩遗址等还发现有蹲踞式屈肢葬。

---

① 宋兆麟：《云南永宁纳西族的葬俗——兼谈对仰韶文化葬俗的看法》，《考古》1964年第4期。
② 转引自《中国大百科全书·考古学》，第351页，"尼安德特人"条。
③ 中国社会科学院考古研究所甘肃工作队：《甘肃永靖张家咀与姬家川遗址的发掘》，《考古学报》1980年第3期。

黄河中下游地区则少见。在春秋战国时期，屈肢葬在秦人中仍较盛行，被认为是秦人葬俗的重要特征之一（图2-46）。

关于屈肢葬的意义，主要有以下几种解释。

1. 仰身和侧身屈肢葬，下肢弯曲度小，似为仰卧或侧卧休息、睡眠状。

2. 蹲踞状颇像胎儿在母体中的姿势，象征着人死后又回到初始状态中去，以求轮回再生。如西藏珞巴族将死者尸体的双手摆成蜷曲状，放在两腮处呈投胎状，以求死者重新投胎。①

3. 蹲踞是使死者像生时一样坐着，只是在长眠而已，合乎休息或睡眠的自然姿态。如云南独龙族的安葬方式，就是依照人们生前面朝火塘侧身屈肢的睡眠姿态。②

4. 肢体蜷曲而卧即秦简《日书》（甲种）中所说的"窟卧"。所谓"窟卧"当即卷曲而卧，为鬼之所恶，入葬时为防止鬼物侵扰，很自然地会根据生前习俗将尸体摆放成"窟卧"之状。因此，秦人使用屈肢葬实际上是免遭恶鬼侵害而采取的一种"避鬼之术"。③

5. 捆绑死者，以防其作祟活人。如广西壮族传统观念认为如果不这样安置，死者的灵魂就会走出来对活人作祟，反之则会暗中保护家人的平安。④

6. 蹲踞可缩小墓圹，以节省墓地和掘墓工时。

7. 蹲踞是仿生前的跪坐（踞坐）姿势，是卑贱者侍奉尊长者之礼，也是奴婢执事的姿态。因而屈肢葬应是卑贱者的一种固定葬式。⑤

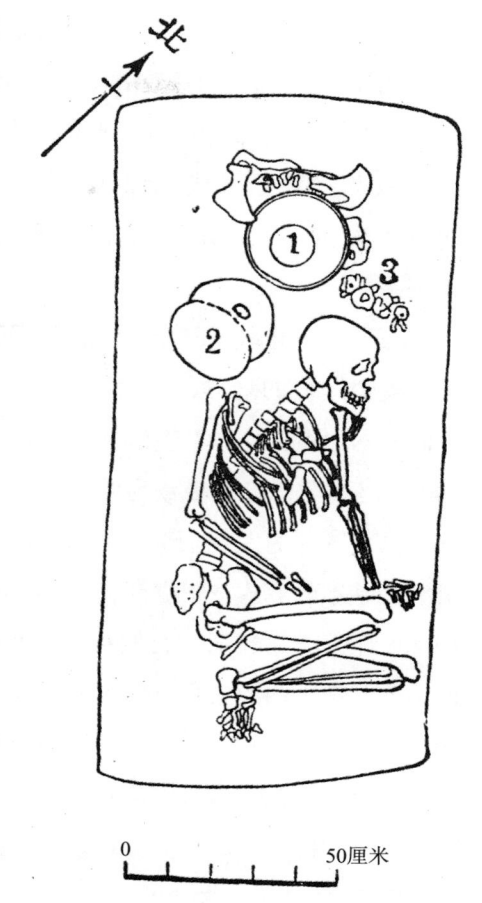

1.陶盆；2.陶罐；3.羊骨

图2-46 甘肃姬家川遗址屈肢葬

资料来源：中国科学院考古研究所甘肃工作队《甘肃永靖张家咀与姬家川遗址的发掘》，《考古学报》1980年第3期。

---

① 宋兆麟：《中国原始社会史》，文物出版社，1983，第478页。
② 宋兆麟：《云南永宁纳西族的葬俗——兼谈对仰韶文化葬俗的看法》，《考古》1964年第4期。
③ 王子今：《秦人屈肢葬仿"窟卧"说》，《考古》1987年第12期。
④ 覃彩銮：《南宁地区新石器时代墓葬剖析》，《考古》1984年第11期。
⑤ 韩伟：《试论战国秦的屈肢葬仪渊源及其意义》，《中国考古学会第一次年会论文集》，文物出版社，1979。

总之，屈肢葬俗一方面可能体现着文化上或地域上的特色，另一方面在不同文化中可能也具有不同的含义。在近现代民族中，如中国西南地区的独龙族、珞巴族以及台湾高山族的阿美、雅美、卑南、排湾、鲁凯、泰雅等支系，都采用屈肢葬，甚至在伏尔加河、顿河和第聂伯河下游的草原上，也流行屈肢葬，而且年代相当于公元前3000年左右。所以屈肢葬也是流行于世界部分地区的文化现象。

（三）俯身葬：即将尸体面部向下或向两侧、身体俯卧的葬式

类似这样的墓葬，一般随葬品较少，其起源大约与仰身葬同时，主要见于长江下游的马家浜文化中，在浙江嘉兴县马家浜、江苏吴县草鞋山、常州圩墩等遗址发现200多座墓葬，绝大多数为俯身葬。长江中游的大溪文化中也有一定数量的俯身葬，从全国范围内的发现来看，俯身葬在这一地区可能是特殊的葬式，但在某一个地区也可能是基本的葬式。根据江苏吴县草鞋山遗址的资料，属于马家浜、崧泽、良渚文化的205座墓葬，普遍实行俯身葬，有的头骨还用釜、钵、豆和盆等陶器覆盖。[①]看来同一葬式在不同的文化或地区内，其意义有所不同，这应是地域性文化的特征。青海尕马台遗址，共发现43座齐家文化墓葬，死者无论男女老幼都是面向下的俯身葬[②]。关于俯身葬的墓主人身份，有人认为可能是奴隶或近似奴隶的人，也有人不同意这种意见。从中国整个的墓葬资料来看，俯身葬应属于一种埋葬习俗，代表着一种宗教信仰（图2-47-1、2-47-2）。

黄河中下游地区这种葬式较少。仰韶文化墓地中，半坡遗址的174座成人墓中，有15座俯身葬；宝鸡北首岭墓地共发掘清理了451座墓，其中俯身葬仅14座；姜寨遗址同样只有少量的俯身葬发现。此外黄河下游的裴李岗文化、大汶口文化和龙山文化墓地等都罕有俯身葬发现。俯身葬多为单人葬，故一般认为，黄河流域的这种葬式可能另有特殊的含义，是对死者的惩罚，可能死者生前违反了氏族的规矩，或是对凶死暴死人的埋葬，是对非正常死亡或凶死者的一种处理方式。当时人们的鬼魂观念里，已经分化出正常鬼魂和凶邪鬼魂，其所以用特殊方式埋葬凶死者，大约是为了使鬼魂转凶为吉，或者防止凶魂危害活人。据民族调查资料，在云南拉祜族中，有的认为，如果死者为仰身直肢葬，就会有更多的人死亡，因此死者均为俯身葬。据说世界

---

① 南京博物院：《江苏吴县草鞋山遗址》，《文物资料丛刊》第3辑，1980。
② 青海省文物管理处考古队等：《青海柳湾：乐都柳湾原始社会墓地》。

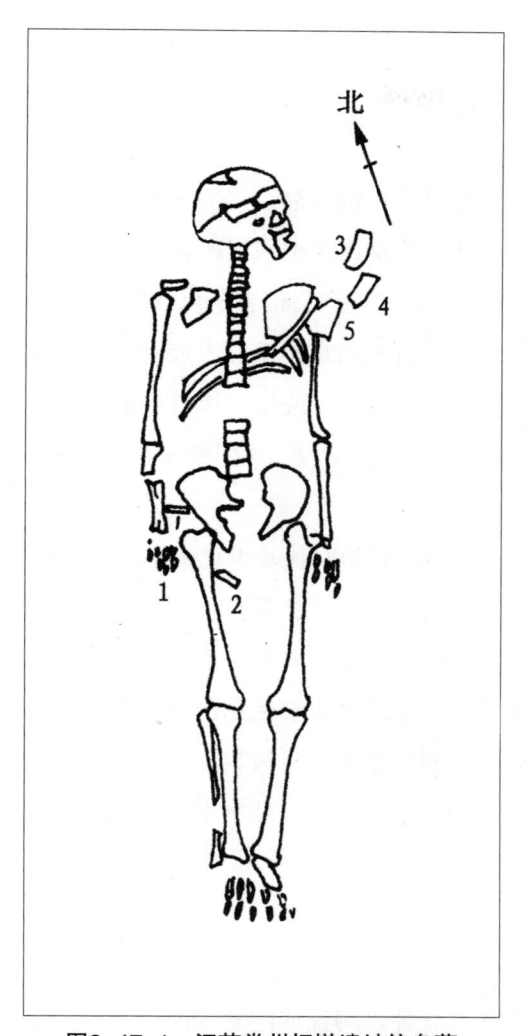

图2-47-1　江苏常州圩墩遗址俯身葬

资料来源：常州市博物馆：《1985年江苏常州圩墩遗址的发掘》，《考古学报》2001年第1期。

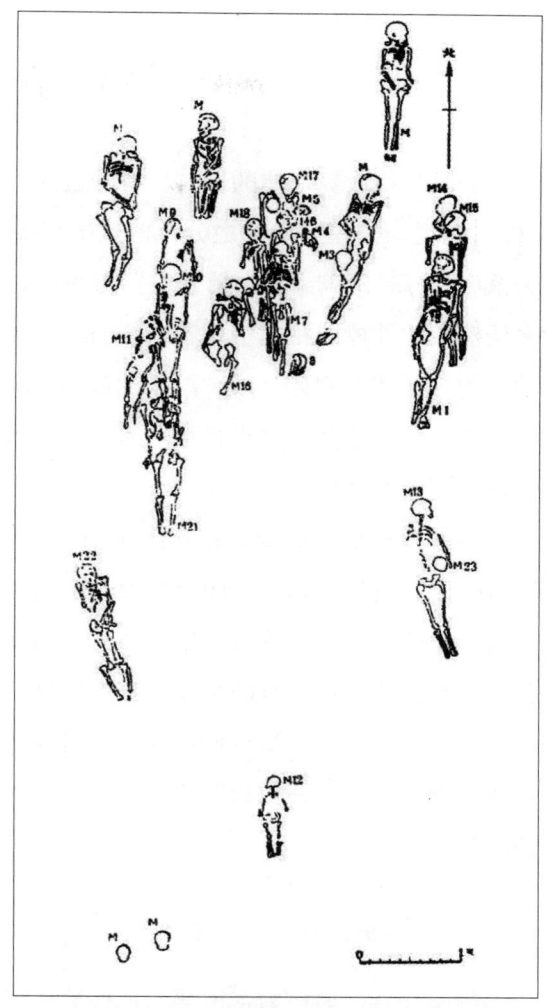

图2-47-2　浙江嘉兴马家浜遗址俯身葬

资料来源：浙江省文物管理委员会《浙江嘉兴马家滨新石器时代遗址的发掘》，《考古》1961年第7期。

其他地区在古代都曾实行过这种葬俗，日本北海道的虾夷人，把病死者采用俯身葬，西伯利亚的楚克契人，都对非正常死者采用俯身葬，可见同是一种葬式，所反映的宗教意义在不同的地区也并不完全一致。①

---

① 张明东：《略论商周俯身葬及其相关问题》，《中国国家博物馆馆刊》2011年第3期。

第四节 葬具

葬具是指放置尸体的器具,有的也放入珍贵和贴身的随葬品,主要包括"棺"和"椁"两类。棺椁有内外之分,棺是指直接装殓尸体的器具,相当于死者的床,也称为棺床。椁是围砌或套在棺外放置随葬品的设施,称作"椁",相当于死者生前的屋,多层椁室的外椁即相当于死者居住的院墙或城墙。葬具的出现是殡葬发展到一定阶段的产物,最初人之死,或"厚衣之以薪",用茅草裹尸了事,或将尸体直接放置在墓穴之中。随着社会的进步和葬俗的发展,"后世圣人易之以棺椁"(《周易·系辞下》),出现了真正的葬具。

考古发现最早的葬具是在距今7000年左右,到新石器时代晚期已较为流行。中国古代的葬具依材料的不同,主要有陶质、木质、石质等几类,后世个别的还有金属葬具。石质和陶质的葬具产生较早,石质葬具甚至一直延续到晚近,但都始终没有成为中国新石器时代葬具的主流。木质葬具产生后,逐渐成为人们使用的主要葬具。但由于年代久远,加上没有特殊的防腐措施,史前时期的木质葬具极难保存下来,一般需要清理腐朽尚存的板灰痕迹,根据板灰的范围和形状,才可勾勒出木椁或木棺的大体形状。

一 陶质葬具

陶质葬具,通称为瓮棺葬或瓦棺葬。瓮棺葬是一种以陶瓮或陶罐等陶质葬具来安置死者的葬法。瓮棺葬较早出现并流行于黄河中游的仰韶文化时期,此后盛行于新石器时代。据不完全统计,我国有瓮棺葬的史前文化遗址共计百余处,发现的瓮棺葬达1100座,北及吉林、内蒙古,南达云南、广东,西至甘肃、青海,东至山东、江浙一带乃至台湾,但大多集中于黄河中游和长江中游地区,且在时间序列上,各文化类型在先后时期均有发现。仰韶文化是我国史前时期瓮棺葬起始和盛行的文化区,发现瓮棺葬地点就有50多处,占全国总数的一半以上;清理出瓮棺葬700多座,占全国总数的2/3。目前国内已知最早的瓮棺葬发现于陕西临潼白家村遗址大地湾文化中,距今约7000余年,共发现儿童瓮棺葬8座。[①]

---

① 许宏:《略论我国史前时期的瓮棺葬》,《考古》1989年第4期。

瓮棺，在中国古代文献中称作"瓦棺"，《礼记·檀弓》有"周人……以有虞氏之瓦葬无服之殇"的记叙，为一种陶质的藏尸之器，新石器时代的瓮棺葬具常见的器型有瓮、罐、盆、钵、尖底瓶、大口尊、壶、鬲、鼎等近20种，尤以大型陶瓮作为葬具的现象较为多见，故常被统称为"瓮棺"，是原始社会最早出现的葬具。

在各类瓮棺中，最常见的是以瓮或鼎作主要葬具，另外再加盖子。根据中国大部分地区出土的瓮棺葬来看，大体可以看出葬具有五种组合形式：第一种，以瓮和瓮相组合，葬法是两件瓮对口相套，有的把瓮底打掉，把尸骨装到里面，这种现象在仰韶文化和大汶口文化中均有发现；第二种，以瓮和盆或钵相组合，小孩尸骨放在瓮内，盆或钵只是作盖，这种葬俗历年来在西安半坡、宝鸡北首岭、河南王湾以及丹江沿岸地区都有发现；第三种，是以鼎和钵或豆相组合，鼎是装小孩尸骨的主要葬具，其他器物只起到盖子的作用。这种葬具主要用来埋葬幼儿尸骨，在大汶口文化中曾有发现；第四种，以缸和盆或器盖相组合，主要用来掩埋儿童尸体，有的也用来埋葬成人，但成人的骨骼多为第二次装入，20世纪60年代在伊河流域曾发现过这类的成人瓮棺葬；第五种，尖底瓶去掉底部与筒形罐相组合，或两个尖底瓶相组合。

在洛阳、郑州地区，多种组合中以大型小口尖底瓶为葬具的瓮棺最具特色。这种瓮棺葬在王湾遗址一期仰韶文化早期发现43座。[①]在郑州大河村发现仰韶文化和龙山文化时期瓮棺62座，这类葬具多用于埋葬婴幼儿。[②]

甘肃秦安大地湾遗址仰韶文化瓮棺葬以瓮（罐）、尖底瓶、盆、钵等为葬具，出土时葬具多倾斜。如302号墓，为一夹砂瓮上扣一件宽沿圜底盆，西北向倾斜，瓮内儿童骨架尚存；213号墓则是在夹砂大瓮上扣覆一件宽带纹圜底钵，南向倾斜，上部被破坏，内置一件红陶盂，还存有部分儿童骨骼。700号墓葬无墓穴，葬具为尖底瓶，出土时略有破碎，内装一小孩头骨片，经鉴定年龄为4~6岁（图2-48-1、2-48-2）。[③]

深腹平底罐是中原地区龙山文化瓮棺葬具的主要形式，多为夹砂灰陶。鼓腹圜底罐是屈家岭文化晚期的主要葬具，泥质或夹砂灰黑陶，多为素面，形体相对矮粗。以合盖式最多，用盆、钵、碗、豆等覆盖，一般竖立放置。其他形制的瓮棺数量很少

---

① 北京大学考古实习队：《洛阳王湾遗址发掘简报》，《考古》1961年第4期。
② 郑州市博物馆：《郑州大河村遗址发掘报告》，《考古学报》1979年第3期。
③ 甘肃省文物考古研究所：《秦安大地湾》，文物出版社，2006。

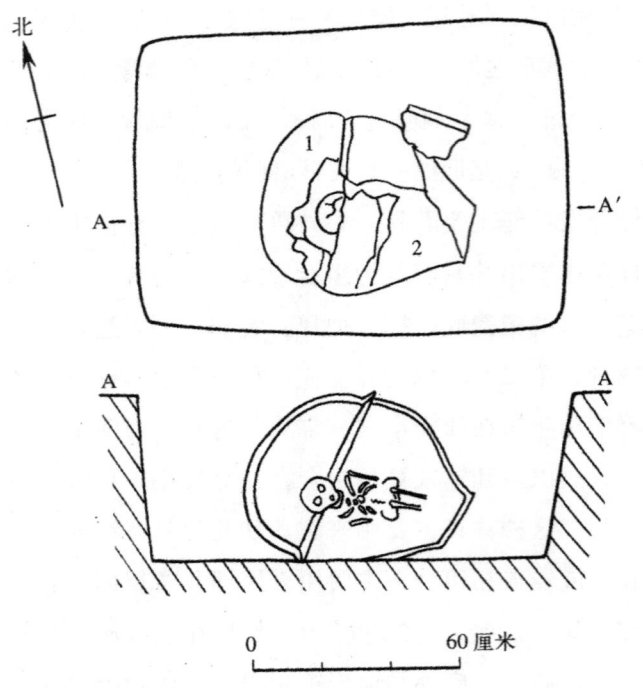

1.宽沿圜底盆；2.夹砂瓮

图2-48-1　秦安大地湾遗址302号墓平剖面图

资料来源：甘肃省文物考古研究所《秦安大地湾》，文物出版社，2006，第273页。

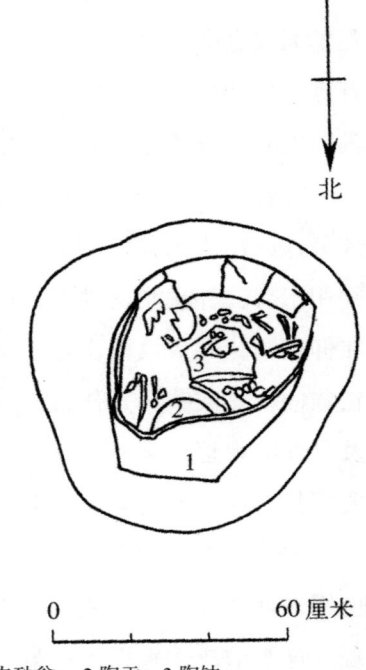

1.夹砂瓮；2.陶盂；3.陶钵

图2-48-2　秦安大地湾遗址213号墓平面图

资料来源：甘肃省文物考古研究所《秦安大地湾》，第273页。

（图2-49）。① 鼎类葬具出土数量不多，主要集中在河南龙山文化分布区。此外，在湖北省安乡县划城岗屈家岭文化早期遗存中也有发现。

除此之外，用蛋形三足瓮作葬具仅见于晋北、陕北和内蒙古南部的龙山时代文化遗存中，例如在山西汾阳峪道河、陕西神木石峁、内蒙古准格尔旗大口等遗址都有发现。此类瓮棺多系夹砂灰陶，器形高大，胎壁较厚，最大径在器物中部，圜底下附三袋形足。棺式组合上多为合盖式，与作为覆盖物的陶器器口相对，平放入坑中，也有合口式发现（图2-50）。

其他类型的瓮棺，数量极少。目前所见的有釜灶棺仅发现在山西垣曲丰村，甗棺也只见于河南安阳后冈和内蒙古准格尔旗大口。大汶口文化晚期还有一种将完整陶器打碎后铺在儿童身体下面和盖在上面的埋葬形式，也称陶片葬。山东邹县野店大汶口

---

① 许宏：《略论我国史前时期的瓮棺葬》，《考古》1989年第4期。

文化的婴儿或儿童墓，习惯用破碎的陶片覆盖，有的只覆盖头部，而更多的是覆盖头部和身部。江苏的常州圩墩和吴县草鞋山遗址，也发现个别的墓葬有用陶器扣在头上的现象。圩墩常用红陶盆覆盖，草鞋山常用釜、钵、豆、盆等陶器覆盖。这是在一定的信仰支配下而形成的埋葬习俗，具有特殊的宗教意义，这种现象可能与瓮棺葬具有同等的含义（图2-51）。

瓮棺多数取自当地常用的生活用品，只有个别是专门制作的。在河南伊洛河流域一带，相当于仰韶文化中期的文化遗存中，有一种用于成年人二次葬的大型陶缸，由于这种陶缸最早发现于河南伊川土门遗址①，故被称为"伊川缸"。如在河南临汝（今汝州）阎村曾发现11座以底部有孔的陶缸作为葬具的瓮棺葬，其中一件陶缸上绘有著名的"鹳鱼石斧图"。②在考古学界，诸多学者对这一罕见的陶绘图案给予了极大关注，如果把它与瓮棺葬相联系会有更深层次的含义。

（上，陶钵8:1；下，陶罐8:2）
图2-49　中原龙山深腹平底罐
资料来源：赵芝荃、郑光《河南临汝煤山遗址发掘报告》，《考古学报》1982年第4期。

1993～1994年，在河南汝州洪山庙遗址中，发现并清理了一座大型瓮棺合葬墓（编为1号墓），墓为长方形土圹墓，东西长约6.3米，南北宽3.5米，存深0.3～0.65米，墓内有序地排列放置了136件瓮棺，瓮棺均为大口、直壁、平底的陶缸，缸口部有半球状器盖相扣，缸和盖的口沿下均对称地装有鸟喙状钮，为上下捆绑之用；瓮棺内一般都有人骨，均为二次葬，故人骨不全，大多数置有头骨、盆骨和肢骨等，摆放方式一般是盆骨置底，头骨居中，四肢骨竖置于头骨的周边。少数缸内只有肢骨，不见头骨。瓮棺内人骨保存较差，经鉴定男、女、老、幼均有，年龄最大者已逾60岁，最小者在10岁以下。多数瓮棺内没有随葬品，在全部136个瓮棺中有随葬品的仅4例，且都是随葬1件小陶杯、小器盖等。陶缸底部均有一个圆形穿孔，为烧前穿透，盖顶极个别有一孔。缸的腹部上多绘有彩画，除了一些装饰性图案外，还有人物、植物、

---

① 中国科学院考古研究所洛阳发掘队：《1959年豫西六县调查》，《考古》1961年第1期。
② 临汝县文化馆：《临汝阎村新石器时代遗址调查》，《中原文物》1981年第1期。

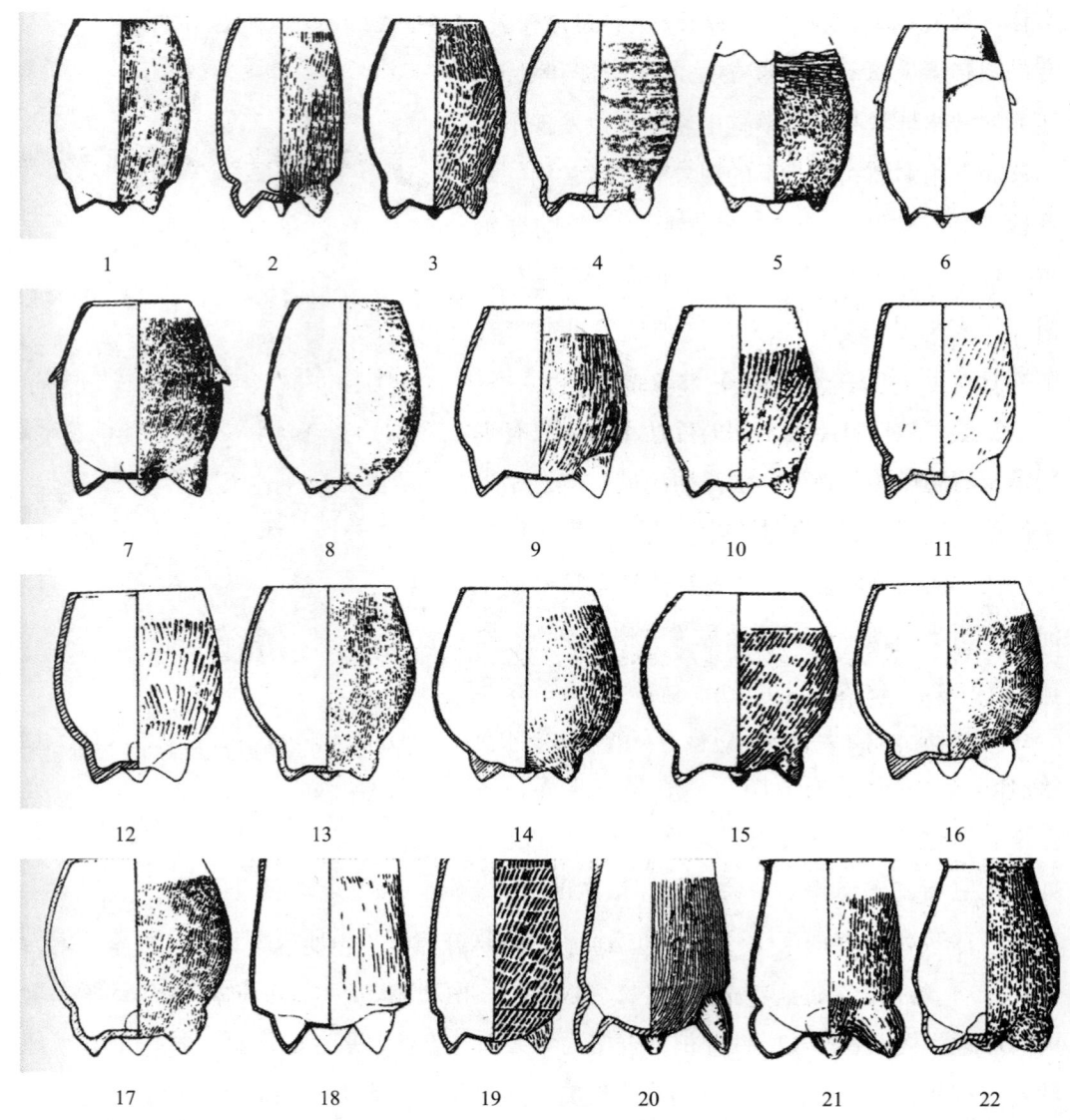

1.A型Ⅰ式（峪道河W2∶1）；2.A型Ⅱ式（石峁M2∶1）；3.A型Ⅲ式（寨子塔QH9∶1）；4.A型Ⅳ式（朱开沟QH91∶1）；5.A型Ⅴ式（寨子塔H108∶1）；6.B型Ⅰ式（薛家会H1∶5）；7.B型Ⅱ式（苇沟-北寿城苇DⅢ∶10）；8.B型Ⅲ式（东木板W1）；9.C型Ⅰ式（新华H155∶1）；10.C型Ⅱ式（大口F1∶1）；11.C型Ⅲ式（朱开沟W2006∶1）；12.D型Ⅰ式（朱开沟H2058∶1）；13.D型Ⅱ式（高家坪F4∶1）；14.D型Ⅲ式（朱开沟C∶55）；15.E型Ⅰ式（寨子塔QH9∶2）；16.E型Ⅱ式（朱开沟W1001∶1）；17.E型Ⅲ式（朱开沟QH81∶4）；18.F型Ⅰ式（新华W1∶1）；19.F型Ⅱ式（寨峁AH60∶18）；20.F型Ⅲ式（李家崖AT18③∶3）；21.F型Ⅳ式（薛家渠M1盗洞∶11）；22.F型Ⅴ式（扶风东渠七八·231）

图2-50 蛋形三足瓮

资料来源：井中伟《蛋形瓮研究》，《考古学报》2006年第4期。

生产工具、日月等。①这些"伊川缸"均发现于墓葬中，应是专为埋葬死者而烧制的葬具，反映了这一地域文化的葬俗特色。洪山庙1号墓是我国目前发现时代最早、规模最大的瓮棺合葬墓，多数瓮棺都有大幅彩绘图案，为研究当时社会组织和宗教信仰等提供了宝贵的资料（图2-52）。我们认为临汝洪山庙多达136个瓮棺合墓葬的特殊现象，而且是有男、有女、有老、有少，年龄在10~60岁，可能是流行病患者在短时间内死亡，先进行一次葬，而后用非常规的瓮棺形式埋葬所致。

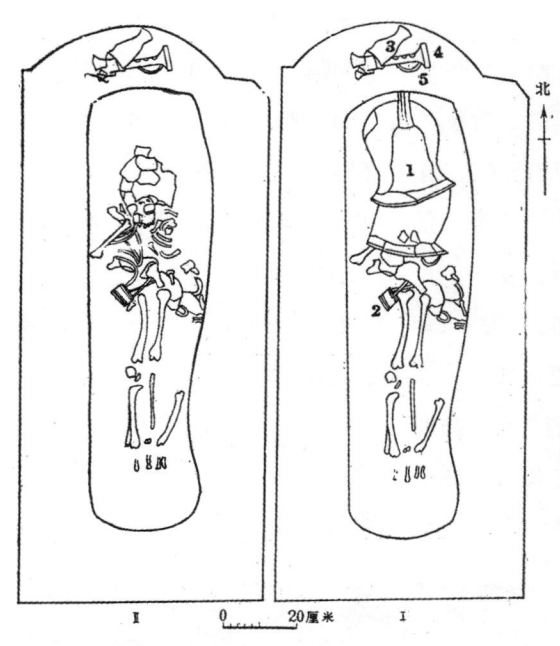

Ⅰ.出土时情况；Ⅱ.揭去陶鼎后的情况

图2-51　邹县野店遗址陶片葬

资料来源：山东省博物馆、山东省文物考古研究所《邹县野店》，文物出版社，1985，第115页。

鹳鱼石斧图彩陶缸

图2-52　伊川缸

资料来源：张红樱《谈彩陶鹳鱼石斧图的巫画性质》，《中原文物》2015年第4期。

瓮棺葬主要是对夭折幼儿通行的葬俗，只有极少数用来埋葬少年或成人。成人死后一般葬于氏族的公共墓地，而对未成年的幼童，则是装入"瓮棺"，多不进入氏族公共墓地，只有少量与成年人葬在一起。盛殓婴幼儿尸骨的瓮棺，常被埋葬在居住房屋的附近，一则因为死者尚未成年，不被视为氏族成员而不得埋入氏族墓地，二则基于"灵魂观念"及"亲子之情"而把幼儿葬于健在的亲人附近，并在葬具上凿出小孔以供弱小灵魂出入，便于得到照应；同时作为亲人的生者也可感受幼小灵魂的庇依，

① 河南文物考古研究所：《汝州大型瓮棺合葬墓内出土的彩陶图案》，《中国文物报》1994年12月11日。

自身情感也有了些许寄托。成人瓮棺葬则多被解释为对特殊身份或凶死者的处理，如河南临汝阎村绘有"鹳鱼石斧图"的陶缸，有的学者认为可能是部落酋长的葬具，[①]也可能反映了某些地域或文化的葬俗特色（图2-53）。瓮棺葬上的小孔作为灵魂出入的通道，这种现象在世界其他国家和地区如法国、英国、克里米亚、高加索、巴基斯坦、印度、瑞典等均有类似的发现。

陕西西安半坡遗址共发现73座幼儿墓葬，绝大多数埋在房屋周围，形成两大瓮棺群。这类瓮棺一般由一件陶瓮（或陶罐）和一件陶钵或陶盆扣合而成，盆或钵底一般打有小孔，为人工凿制或敲击而成，孔径一般在0.8～2厘米。小孔有的呈很规则的圆形，有的则呈不规则状，通常认为这是有意为灵魂自由出入而设置的。1960年郭沫若先生到访半坡遗址，有感于一装殓女孩的瓮棺，曾为瓮棺题诗："半坡小儿冢，瓮棺盛尸骸。瓮盖有圆孔，气可通内外。墓集居址旁，仿佛犹在怀。大人则无棺，纵横陈荒限。可知爱子心，万劫永不灰。"（图2-54）

瓮棺葬的墓圹形制可分为长方形、椭圆形、圆形三种，其底部和周壁多不甚整齐，形制也不很规则，有的范围不甚清楚，甚至没有明显的墓圹。瓮棺葬墓室长一般不超过1米，宽0.5米左右，深度大都只挖一与瓮棺器形相仿而略大的坑穴，置棺埋葬即可。葬法按照尸骨放置进入瓮棺的方式可大致分为两种：一种是将尸骨全部放入瓮棺中，考古学界称为"装入葬"，这种葬法占全部瓮棺葬的大部分；另一种是只用

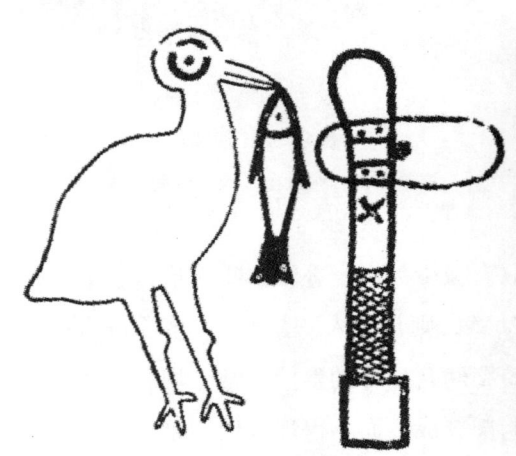

图2-53　鹳鱼石斧图

资料来源：严文明《鹳鱼石斧图跋》，《文物》1981年第12期。

图2-54　西安半坡遗址瓮棺葬

资料来源：西安半坡博物馆《西安半坡》，图版189.2。

---

① 严文明：《鹳鱼石斧图跋》，《文物》1981年第12期。

器物套头、盖头，或盖住、套住上半身，而其他部分暴露在外，称"非装入葬"。这种葬法并不流行，仅有几例发现于山东曲阜西夏侯、江苏连云港市二涧村、吴县草鞋山等地墓葬中。在"装入葬"中，幼儿一般全躯放入，大多仰身直肢，也有仰身屈肢者；成年人或少年则多行二次葬，只装殓主要骨骼。"非装入葬"则无论幼童或成人，一律为仰身直肢或下肢微屈的一次葬。埋葬幼儿或儿童均为一次葬，成人多为二次葬，所用葬具均是人们生活中所使用的陶器。瓮棺的放置大致可分为竖立、斜置和横放三种情况。一个遗址中多数有两种以上放置法。一般来说，合口式或多器相扣者多平放，合盖式多竖立。西安半坡遗址所出瓮棺葬多向西倾，与该遗址成人土坑墓头多向西的埋葬习俗相吻合。

瓮棺葬作为一种特殊的葬俗，普遍存在于原始社会的墓地中，一个值得注意的现象是，多数瓮棺葬没有随葬品，只有少数墓有随葬品，约占统计总数的9%。就单个瓮棺葬的随葬品数量来看，也比较贫乏，只有一至数件陶器或装饰品等，多置于瓮棺内，少数放在棺旁的填土中。这种做法可能基于一种特殊的信念支配，认为小孩还没有能力单独生活，还不会使用人世间的一些日常生活用品，既然灵魂可以从小孔内自由出入，那么生活上依然可以得到大人的祐护。

二 木质葬具

木质棺椁是用木材加工制作的葬具。棺内直接盛敛遗体，有的在棺内放置贵重随葬品和死者装饰物品，椁是套在棺外的木罩。自从木质棺椁出现以后，便被快速地采纳，成为殡葬文化的主要内容之一。

史前时期最早的木棺见于仰韶文化早期的半坡墓地，其中的152号墓中，在墓穴四壁处均发现木板灰痕，为更规整的木质葬具开了先河（图2-55）。[①]

图2-55 西安半坡遗址152号墓葬

资料来源：西安半坡博物馆《西安半坡》，图版173.3。

---

① 中国科学院考古研究所：《西安半坡原始氏族公社聚落遗址》。

在黄河流域的大汶口中晚期，已出现了结构完整的木棺和木椁。大汶口文化中晚期大墓最早发现有木椁；邹城野店遗址的大汶口文化晚期两座最大的墓葬均使用一椁一棺。大汶口墓地 10 号墓，墓穴很大，东西长 4.2 米、南北宽 2.3 米，墓底有二层台，这在大汶口文化墓葬中也是很少见的大墓，根据遗迹推测应有原木累叠构成的"井"字形木椁，并另有棺类葬具（图 2-56）。[①]山东邹县野店遗

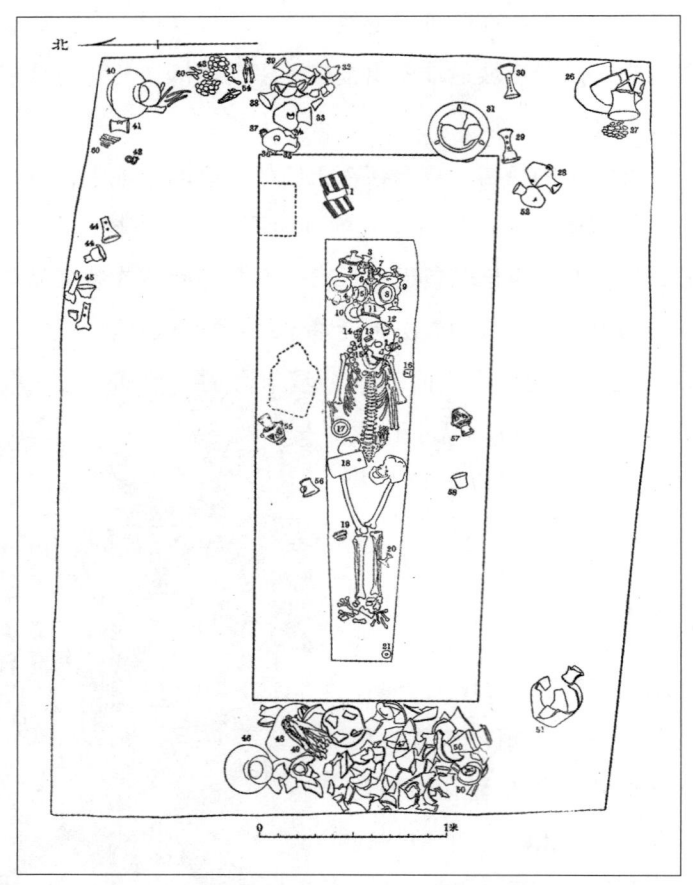

1.Ⅰ式象牙雕筒（2件）；2、8、11.Ⅺ式其他鼎；3、32.Ⅴ式单把杯；4.Ⅱ式三足盉；5、22.Ⅶ式无鼻壶；6、7.Ⅲ式空足鬶；9.高柄杯 10.Ⅴ式平底盉；12.象牙梳；13.Ⅰ式笄、有穿长方石片饰（27件）；14.管状石珠（31颗）；15.松绿石串饰（19件）；16.Ⅲ式石斧；17.Ⅰ式臂环；18.Ⅶ式石铲；19.Ⅱ式骨雕筒；20.Ⅸ式器盖；21.Ⅰ式器盖；23.Ⅱ式笄；24.象牙管（压在头下）；25.Ⅰ式笄（压在头下）；26、40、46、51.Ⅵ式宽肩壶；27、43.鳄鱼鳞板；28、33~35、52.Ⅳ式背壶；29、30、44、

图2-56 大汶口遗址10号墓葬

资料来源：山东省文物管理处、济南市博物馆编《大汶口：新石器时代墓葬发掘报告》，第31页。

[①] 山东省文物管理处等编《大汶口新石器时代墓葬发掘报告》。

址中的51号墓，不仅有"井"字形木椁，而且还有内框式木棺，墓室长3.8米、宽2.35米，墓室内有长3.15~3.2米、宽1.7~1.75米的"井"字形木椁，椁内放置长2.2米、宽0.78米、存高0.3米的长方形箱式木棺（见图2-57），这应是我国古代内棺外椁的祖型。① 仰韶时代晚期，各地使用木质葬具的现象有所增多，数量也明显增加，并且出现了明确的内外相套的两重葬具，即椁内置棺，习称一椁一棺。马家窑类型木椁墓的构造极为特殊，先挖一个3米见方的土坑，再用木板搭成长宽各2米的木框，然后在框外回填熟土成二层台，形成平面呈"回"字形的墓室。

长江流域的良渚文化墓葬，也普遍使用木棺为葬具。良渚文化墓葬无论早晚，也不辨大小规格，普遍使用

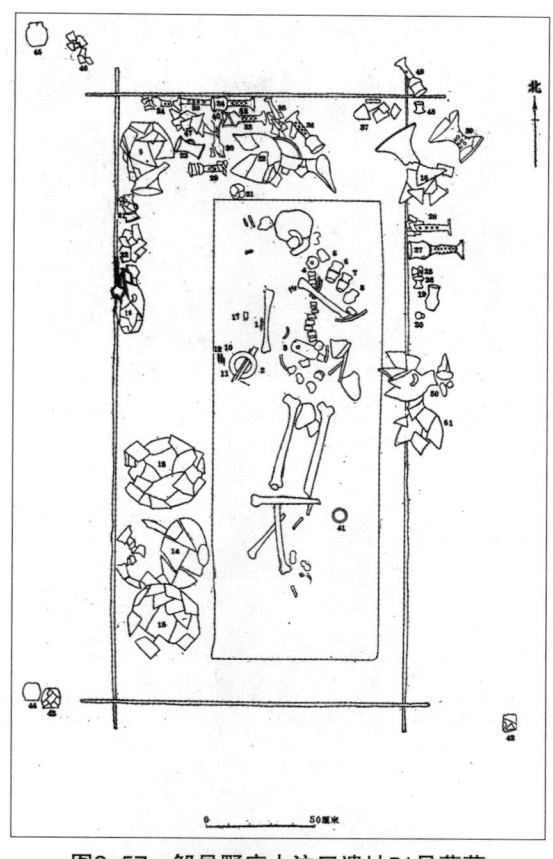

图2-57 邹县野店大汶口遗址51号墓葬

资料来源：山东省博物馆、山东省文物考古研究所《邹县野店》，第114页。

木棺类葬具，一般均有墓坑，为土坑竖穴墓，并发现很多葬具痕迹，大都被认定是独木刳成的棺，做法是以独木刳成，把原木分上下两块，中间凿空以置墓主，棺两端还有横向木板。在反山、瑶山等遗址的高级墓葬中还发现有椁的痕迹。良渚文化在葬具上已开始加以装饰，装饰手法有两种：一是在木棺的内外用赭色或朱红色涂抹甚或绘制图案，如赵陵山77号墓；二是在棺外装缀一些饰物，在反山20号墓的棺盖上有一些玉串饰和零散珠管类挂件，这些饰物都是专门装饰棺木的（图2-58-1、2-58-2）。②

良渚文化棺椁的使用还清晰见于江阴高城墩遗址，这是一处规模大、有严谨布局

---

① 山东省博物馆、山东省文物考古研究所：《邹县野店》，文物出版社，1985。
② 陆建方：《良渚文化墓葬研究》，《东方文明之光——良渚文化发现六十周年纪念文集》，海南国际新闻出版中心，1996，第176页。

图2-58-1　赵陵山遗址77号墓葬

资料来源：南京博物院《赵陵山：1990~1995年度发掘报告》，文物出版社，2012。

M20部分随葬器物分布（从南向北）

图2-58-2　反山遗址20号墓葬（南→北）

资料来源：浙江省文物考古研究所《反山》，文物出版社，2005，彩版788。

规划和严格建筑方法的良渚文化高台墓地，经发掘在人工堆筑的高土台墓地发现14座墓葬，总体布局以最大的13号墓为中心，呈东北、西北两翼人字形排列，14座墓葬共出土玉、石、陶器232组369件。在考古发掘中，也大体搞清楚了棺椁的结构和放置方法，墓葬时代大体应属良渚文化中期偏晚阶段。一般在安葬墓主时，首先在墓底置放两根东西向的垫木，然后放入已经过装饰并放置死者的独木棺。独木棺底部呈弧形，两侧和两端的内部向外凹弧。棺内安置死者及玉石器。棺放好后用无底箱式木椁罩住，当椁板盖上后，向墓坑内填土形成熟土二层台（图2-59）。①在浙江桐乡普安桥遗址发现了19座墓葬，多数有木质葬具，葬具又分为单棺和一棺一椁两种结构。前者墓室面积一般略小，后者较大。如19号墓，长3.15米、宽1.5米，中部有长近2.2米、宽0.9米的箱式棺，外围有长2.75米、宽1.1米的"井"字形木椁。②

目前发现史前木棺数量最多的是黄河上游甘青地区的马家窑文化和齐家文化，最具代表性的是青海柳湾墓地，木棺葬具使用范围很广泛，既用于男性也用于女性，甚至有些儿童墓也有木棺，

---

① 江苏省高城墩联合考古队：《江阴高城墩遗址发掘简报》，《文物》2001年第5期。
② 北京大学考古学系、浙江省文物考古研究所、日本上智大学联合考古队：《浙江桐乡普安桥遗址发掘简报》，《文物》1998年第4期。

表明木棺并不专用于某一部分人。在柳湾墓地共清理了半山类型墓葬257座，广泛使用木质葬具；马厂类型墓葬872座，其中729座墓有木质葬具，占总数的83.6%；齐家文化墓葬366座，其中有木质葬具的288座，占总数的78.7%。

在马厂类型墓葬还首次发现了有榫卯结构的木棺葬具痕迹。葬具多用松柏类木材制成，根据对遗存的研究，木棺可分为梯形木棺、吊头木棺、长方形木棺、独木棺和垫板等几种类型，其中长方形木棺占绝大多数。①

梯形木棺，即一头大一头小呈梯形的木棺。棺的四壁由半圆木或木板围拼而成，四角的接合采用穿榫法，即边壁挖槽、端壁作榫、紧密合缝，有的棺上有盖。棺板的表面未经刨光，均保留原来的劈裂面，有的还留有树皮的痕迹，这说明当时的木棺工艺还比较粗糙。木棺大小不一，常见的梯形木棺一般长约2米、宽0.4~0.6米（图2—60）。

吊头木与梯形木棺相似，唯两壁板伸出挡板0.1~0.3米。这种伸出挡板外的部分，被称为"吊头"。其四角结合也采用穿榫法，如半山类型墓葬中的421号墓，木棺长2.3米、宽0.4~0.7米，两壁板伸出挡板外约0.3米。马厂类型的吊头木棺，其规模要比半山类型大得多，如1060号墓，木棺长4米、宽1.24米，吊头长0.2米。这种木棺数量少，规模大，常被用于多人合葬墓（图2—61）。

长方形木棺，整体呈长方形，有底有盖，其头挡与脚挡宽度大致相同，有的头挡略大于脚挡。棺的四壁由木板围拼成。值得注意的是，马厂类型中的长方形木棺，往往还在棺外用木框架加固。木框架的具体结构是：棺盖上或棺底下各横置二道或三

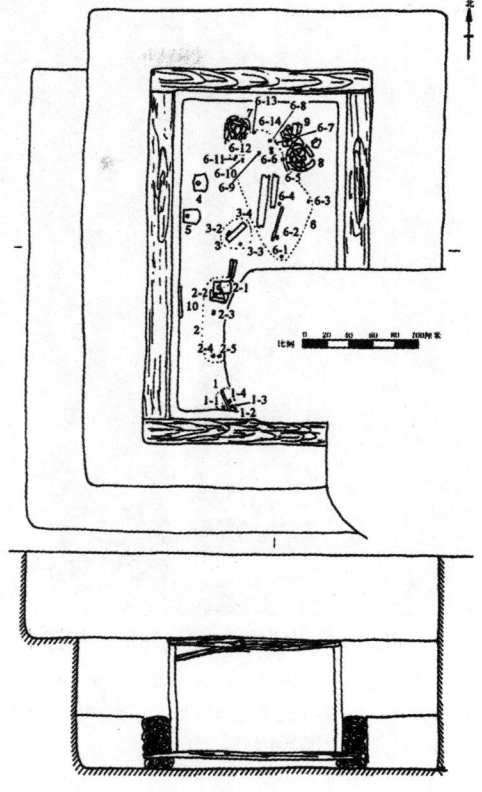

1、3-3.玉珠；2-1.玉钺；2-2、4、5、10.石钺；2-3、2-4、2-5、3-2.玉管；3-1.有段石锛；6-1~6-14.玉管、珠共14件；7、8.陶豆；9.陶壶

图2—59 江阴高城墩遗址墓葬

资料来源：江苏省高城墩联合考古队《江阴高城墩遗址发掘简报》，《文物》2001年第5期。

---

① 青海省文物管理处考古队等：《青海柳湾：乐都柳湾原始社会墓地》，第10页。

图2-60　青海柳湾遗址梯形木棺葬

资料来源：青海省文物管理处考古队、中国社会科学院考古研究所编《青海柳湾：乐都柳湾原始社会墓地》（下），图版4.4。

图2-61　青海柳湾遗址马厂类型吊头木棺

资料来源：青海省文物管理处考古队、中国社会科学院考古研究所编《青海柳湾：乐都柳湾原始社会墓地》（下），图版20.3。

道等距离的小木板（每条小木板宽4～8厘米），棺两侧壁外各竖置二道或三道与盖、底同距离的木条，用穿榫法加以套合。这种以木框架加固棺身的做法，既能使木棺牢固稳定，又便于搬运。木棺大小不同，最大者长达4米，但一般棺长约2米的居多。如829号墓，木棺保存完好，长2.2米、宽0.45米、高0.4米，木框架结构保存完整，榫卯清楚。木框架竖木条长0.48米、宽0.04米，横木板长0.56米、宽0.06～0.08米，卯眼径0.02米。在马厂墓地中，长方形木棺的数量最多，达531座，占木棺墓总数的73%左右（图2-62）。

独木棺也往往叫船形棺，这类墓也称船棺葬，其制法是用大圆木一段，先横向削去约三分之一，将中部凿成船舱状，独木棺两端多为平头，底部亦稍稍削平，以便放置平稳，大小相若，长约1.5～2米，有的棺上还置有一个棺盖。齐家文化墓葬中的独木棺数量较多，可占木棺总数的64%，而马厂类型仅占3%左右（图2-63）。

垫板，即一种用一块大木板或2～3块小木板拼接成长方形的、用于放置尸体的

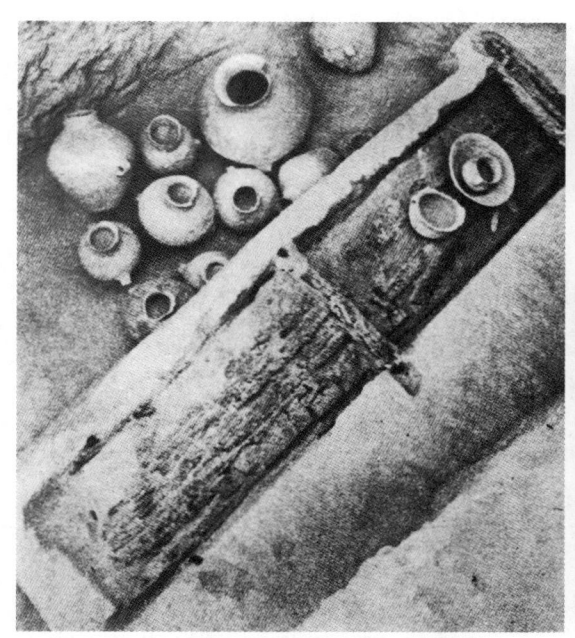

图2-62 青海柳湾遗址马厂类型长方形木棺

资料来源：青海省文物管理处考古队、中国社会科学院考古研究所编《青海柳湾：乐都柳湾原始社会墓地》（下），图版9.3。

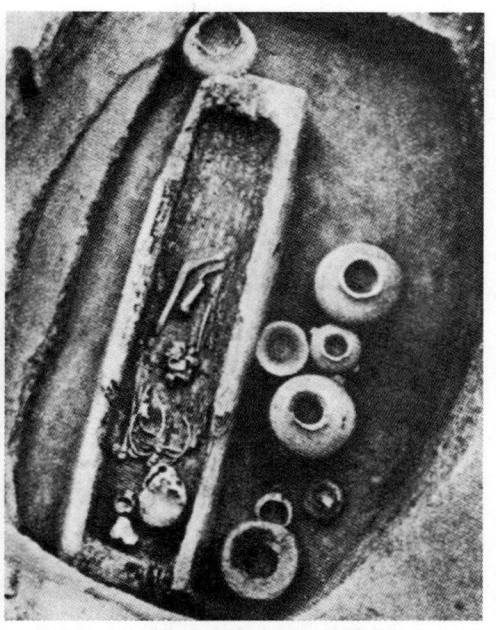

图2-63 青海柳湾遗址马厂类型独木棺

资料来源：青海省文物管理处考古队、中国社会科学院考古研究所编《青海柳湾：乐都柳湾原始社会墓地》（下），图版10.2。

葬具。木板长短因人而定，没有固定的尺寸。这种葬具多数供死去的儿童使用，只有少数成年人使用。如垫板最小的1350号墓，长1米、宽0.3米，墓主为一儿童（图2-64）。

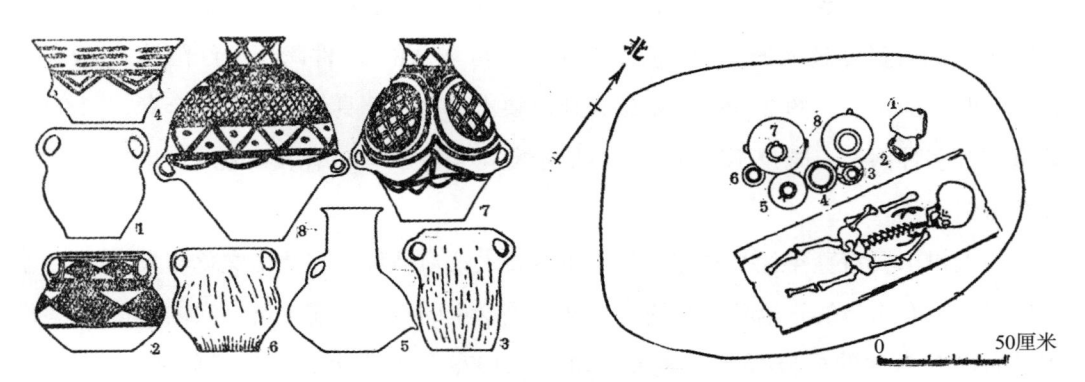

图2-64 青海柳湾遗址马厂类型垫板

资料来源：青海省文物管理处考古队、中国社会科学院考古研究所编《青海柳湾：乐都柳湾原始社会墓地》（上），第60页。

从仰韶时代开始，龙山时代更为普遍的以棺椁为主的木质葬具，是时代的产物。同为棺、椁，但各地在使用中，其形制、结构、制作方法多有地域特色，这是使用木质棺椁初期阶段的表现，也为夏商周时代的棺椁制度奠定了基础。

三　石质葬具

用石材建造的墓室或在土坑穴内用石材制作葬具的殡葬方式，统称为石室墓。史前时期的丧葬习俗中，使用石材建墓的地点虽然很多，但在一个墓地中以石室为主的却很少，所以不管是只有极少量存在，还是以石室为主的墓地，都是值得关注的现象。

年代较早而且主要以石材建墓的实例，以江苏省灌云县大伊山遗址最有代表性。这处遗址距今6000年左右，具有马家浜文化和大汶口文化的特征，墓地已遭受破坏，仅在200平方米的范围内清理出38座墓葬，除一座没发现石室外，其他37座均为石室墓。所用的石材是当地的天然石板，厚8~15厘米，其建造方法主要是先把石板嵌入土中，围成长2米左右，宽1米左右的长方形，放入死者及随葬品后，再用石板封顶，最后用土覆盖，所以发现时都没有坑穴。据资料介绍，这批石室墓有许多值得关注的特点，如其中的14号墓，石棺长2.10米、宽0.6米，棺内东端正中覆盖一红陶钵，西端左侧有2件陶器，特别是还用石板纵向把石室分成左右两部分，但没有人骨迹象。28号墓是该墓地唯一可确定的合葬墓，在石棺东部，横向嵌一石板，形成一边长约60厘米的正方形小石室，小石室内盖一直径33厘米的红陶钵，钵底正中有一个1.5厘米的小圆孔，钵下有一具5岁以下二次葬的幼儿骨骸，其西部有一因腐朽严重而不能判断性别的成人骨痕，该墓地内共有陶、石随葬品8件，明显是两代人的合葬，而且小儿的骨骸是迁入的。[①]另外在38座墓中可辨认的36件陶器中红陶钵有19件，也是一明显的特点（图2-65）。从该墓地反映出，石棺葬具的无坑穴、合葬、用红陶钵覆盖等多种因素，既是不同地区交界地带文化相互影响的结果和体现，也与当地的埋葬习俗有关。

与大伊山石室墓年代基本相同的山东泰安大汶口遗址，在北辛文化与大汶口文化早期墓中也有少量的石棺墓，与前者不同的是这里的石棺是在土坑墓穴内建造的，使用的石材是当地的页岩石板。例如1974年、1978年发掘出2座北辛文化的石棺墓。

---

① 连云港市博物馆：《江苏灌云大伊山新石器时代遗址第一次发掘报告》，《东南文化》1988年第2期。

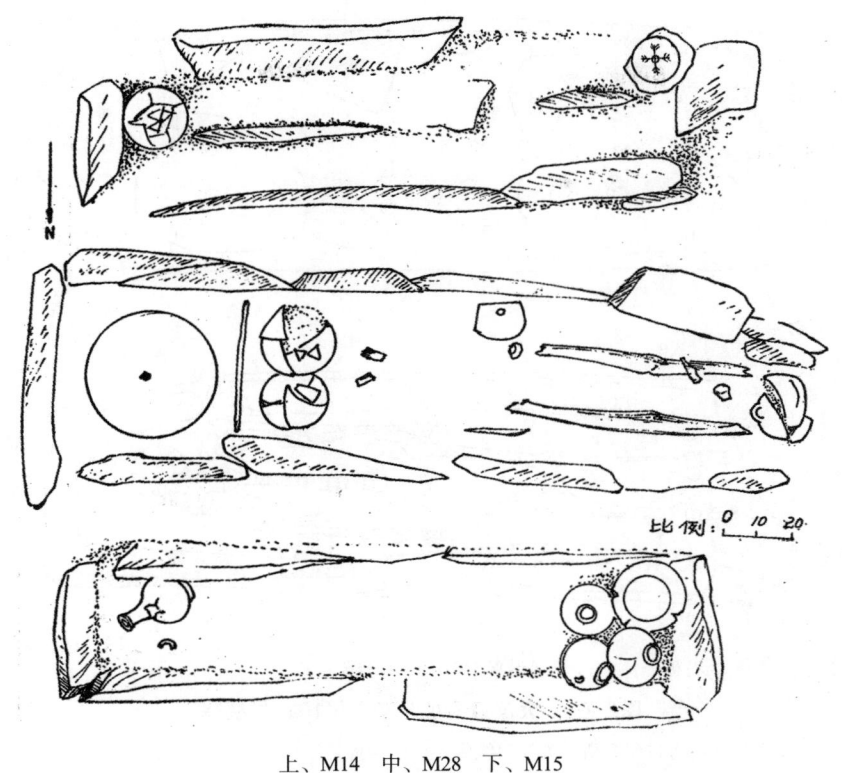

第二章　史前时期的殡葬习俗

上、M14　中、M28　下、M15

图2-65　大伊山遗址典型墓葬图

资料来源：连云港市博物馆《江苏灌云大伊山新石器时代遗址第一次发掘报告》，《东南文化》1988年第2期。

其中1011号墓，为一个长2.3米、宽0.8米、深0.8米的竖穴坑，贴坑壁用9块自然石板围砌出石框，其上用大小不等的13块石板封盖，石棺内有一45岁左右的男性为仰身直肢葬，死者左肢肱骨外侧有3件猪獠牙镞。该墓的石棺虽用未加工的自然石块，但建造的很规整，在黄河下游地区也是很难得一见的石棺墓（图2-66）。[①]

而在东北地区的新石器时代墓葬中，石棺墓的形式也是用石板砌成棺室。东北地区最早的石棺墓见于红山文化，在辽宁牛河梁的红山文化积石冢群中，每座积石冢内一般都埋有数十人，分别依各自的身份而被安置在大小各异的、用石板拼对而成的长方形石棺中，棺上再覆以石块构成一座积石冢的整体。一般石棺长约1.5米、宽约0.5

[①] 山东省文物考古研究所：《大汶口续集：大汶口遗址第二、三次发掘报告》，以下简称《大汶口续集》，科学出版社，1997。

· 193 ·

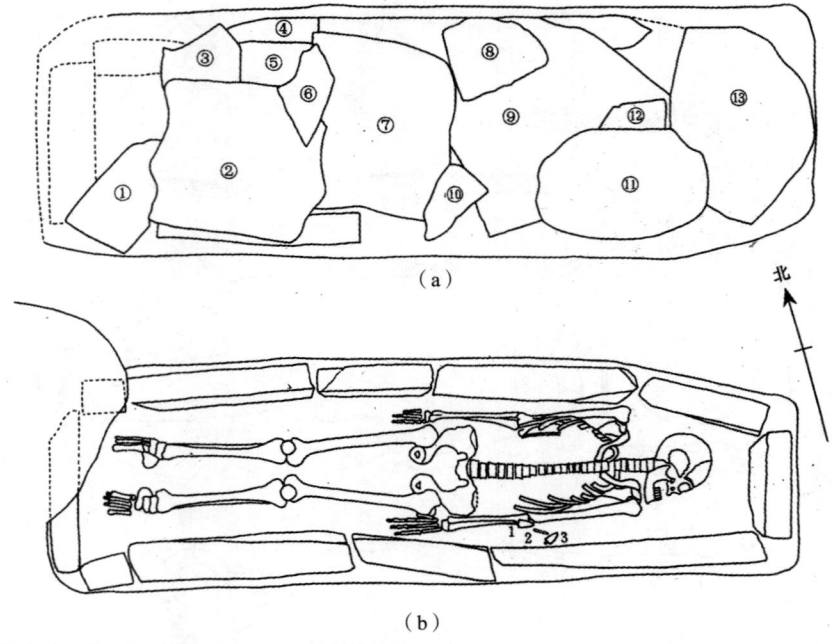

（a）石棺盖（①~⑬为石板）；（b）揭盖后平面图（1~3牙镞）

图2-66　大汶口遗址北辛文化1011号墓葬

资料来源：山东省文物考古研究所《大汶口续集》，第34页。

米，最大的石棺长宽各约3.5米。[①]红山文化的石棺是迄今发现时代最早的石棺墓例。此外，在东北地区属青铜时代的西团山文化、夏家店上层等文化中也发现有较多的石棺葬，一般认为是中国古代边地民族的一种传统葬俗。

西北地区的石棺墓以甘肃景泰张家台为代表。在张家台遗址马家窑文化半山类型墓地中，清理出22座墓葬，有11座石棺墓、1座木棺墓、10座无葬具土坑墓。石棺墓结构是先挖土坑，后置石棺。棺的四壁各由一整块板石挡立而成（少数是拼凑的），棺底有的铺石板，有的不铺，棺盖大部分是用数片石板拼成，仅13号墓的棺盖是板石和木板各占一半。板石是当地所产的赭红色和灰色板岩，略作修整。石棺以修整成长方形的石板构成四壁，安放于墓穴内，均无底板，盖板或有或无。[②]陕西神木石峁遗址龙山文化墓地也多使用石棺，其结构是在墓坑底和四周衬铺石板，上面再盖以石板而成棺材状。[③]在宗日遗址齐家文化墓地，322号墓葬具为石椁木棺，即在墓的四

---

① 辽宁省文物考古研究所：《辽宁牛河梁红山文化"女神庙"与积石冢群发掘简报》，《文物》1986年第8期。
② 甘肃省博物馆：《甘肃景泰张家台新石器时代墓地》，《考古》1976年第3期。
③ 戴应新：《陕西神木石峁龙山文化遗址调查》，《考古》1977年第3期。

壁砌筑石板，形成石椁，椁两侧各用六七块石板、两端各用一整块石板砌构，椁盖两层，均由 8 块石板构成。石椁内置木棺，整套葬具的构筑比一般墓要复杂而讲究；299 号墓为石、木复合棺，即棺的两侧用半圆木，两端则用石板。① 这在葬具用材、结构方面，是极有特色而罕见的形式。

石椁在元君庙仰韶墓地等处也有发现。如陕西华县元君庙墓地 458 号墓的长方形墓穴四周二层台上，堆放三至四层砾石，厚约 20 厘米，形似石棺（椁）（图 2-67）。②

图2-67　华县元君庙墓地458号墓葬

资料来源：北京大学历史系考古教研室著、中国社会科学院考古研究所编《元君庙仰韶墓地（黄河水库考古报告之四）》，图版51。

用石材，特别是片状天然石板为原料构建葬具，在有石材的地方取材，棺室坚固，可以更好地保护遗体和随葬品。在殡葬文化中，因地制宜建造葬具，石质葬具可以说是一大发明，为中国古代殡葬文化的发展开辟了一条发展之路。在新石器时代的条件下，石棺相对构建粗糙，但随着生产力水平的提高，如果说商周时期悬崖葬中是利用天然洞穴的话，进入秦汉时期，依山凿石建造墓室，也确实有优于土坑墓、精于木质棺椁之长。

---

① 青海省文物管理处、海南州民族博物馆：《青海同德县宗日遗址发掘简报》，《考古》1998 年第 5 期。
② 北京大学历史系考古教研室：《元君庙仰韶墓地》，文物出版社，1983。

第三章
夏商时期的殡葬习俗

对于夏商周三代的鬼神观,《礼记》载:"夏道尊命,事鬼敬神而远之……殷人尊神,率民以事神,先鬼而后礼……周人尊礼尚施,事鬼敬神而远之。"可见,虽然夏商周三代礼俗核心在于"事鬼"与"敬神",但是不同时期对"事鬼"和"敬神"的态度和做法是不完全相同的。这两种礼俗观念突出表现形式为丧葬和祭祀活动,它们也是夏商周三代最主要的两种礼俗活动,丧葬主要在于"事鬼",即侍奉死者,而祭祀主要在于敬神,敬奉神灵和祖先,并为生人祈福。殡葬是连接生人和死者的纽带,墓葬结构、墓葬布局和随葬品种类以及丰富程度是在当时生产力水平制约下,反映生人对"事鬼"的重视程度,也反映了生人对死者阴间世界的设计以及对死后世界的一种美好憧憬和向往。社会关系的变化促使思想观念的改变,由史前时期的自觉服从到历史时期的被迫遵从,从平等社会自愿的参与到等级社会被强制的参加,是史前社会进入到夏商周时代的重大改变,在殡葬领域,通过墓葬结构、墓葬布局和随葬品组成等的研究可以很好反映夏商周三代时期不同阶层对于生与死的社会观念的异同和变化。

夏王朝崇尚天和天命。《墨子·兼爱下》记载,大禹征伐三苗前誓师,说:"济济有众,咸听朕言,非唯小子,敢行称乱,蠢兹有苗,用天之罚。若予既率尔群对(封)诸群(君),以征介苗。"《尚书·甘誓》篇记载,"有扈氏威侮五行,怠弃三正。天用剿绝其命,今予惟恭行天之罚"。《墨子·非命下》:"允不若,惟天民不而(能)葆。既防凶心,天加之咎,不慎厥德,天命焉葆。"夏代人也信服鬼神,《史记·夏本纪》:"薄衣食,致孝于鬼神","帝孔甲立,好方鬼神,事淫乱"。《礼记·檀弓上》:"夏后氏用明器",而明器即鬼器。商代人尊神事鬼,尊崇祖先,王室贵族祭祀和卜筮盛行，以教民事君，达到统治的目的，《礼记·曲礼上》："敬鬼神畏法令"。夏商时期不同的灵魂信仰和对待天与鬼神的方式，也在墓葬习俗、墓葬制度等方面表现出一定的共同性和差异性。

第一节　埋葬习俗

一　葬法与葬式

（一）二里头文化时期

20世纪50年代末在豫西晋南发现的二里头文化，其分布范围与文献记载夏代核心地区基本一致，从目前学术界认识来看，在年代上大约相当于夏王朝中晚期阶段。文献中罕有记载的夏代史迹，在二里头文化中得到印证。在殡葬文化中，二里头文化埋葬史实，可反映夏代殡葬的概貌，至于同时期其他区域的墓葬习俗后文有专节讨论。

二里头文化的墓葬仅发掘墓葬总数至今累计已达千余座之多，[①]主要分布于河南偃师二里头、伊川南寨、洛阳东干沟、东马沟、偃师灰嘴、渑池鹿寺、登封王城岗、荥阳西史村、郑州洛达庙、山西夏县东下冯等遗址。

1. 葬法

根据考古发现，二里头文化的葬法流行土葬法，主要有长方形竖穴土坑葬、无圹葬、瓮棺葬墓和洞室墓。长方形竖穴土坑葬的数量和比例在二里头文化时期都是最常见的葬法，也广泛分布于二里头文化的主要遗址内，其中尤以二里头遗址发现的数量最多。它是当时一种普遍的形式，成为二里头文化墓葬制度中最重要的组成部分。[②]这种葬法在不同等级的阶层中都十分流行，但是等级不同，墓葬面积和随葬品都有明显差异。无穴墓是指没有墓圹直接在地面或废弃场地处理死者的墓葬，是二里头文化时期较为常见的一种非正式葬法，这类墓葬多数没有随葬品，死者身份往往等级较低，如1956年郑州洛达庙遗址发现M13就出土于灰土层中，仅随葬陶三足盘一件，

[①]　郑若葵:《论二里头文化类型墓葬》，《华夏考古》1994年第4期；中国社会科学院考古研究所编《偃师二里头》，中国大百科全书出版社，1999；中国社会科学院考古研究所编《二里头1999～2006》，文物出版社，2014。

[②]　郑若葵:《论二里头文化类型墓葬》，《华夏考古》1994年第4期。

M12 也是出土于灰土层中，是一座儿童墓。① 瓮棺葬是用陶罐或瓮作为葬具来埋葬死者的一种埋葬方法，死者多数为儿童，这在史前时期更为多见，但在二里头文化时期发现不多，在河南密县新砦遗址 1979 年曾发现儿童瓮棺葬一座，葬具为陶棺，随葬陶罐 1 件。② 洞室墓也是一种具有地域特色的埋葬死者的方法，先往下挖出竖穴或墓道，再横向挖洞室，随葬品多数较少，大多为合葬墓，死者身份一般较低，主要分布于山西等少数地区，如山西夏县东下冯遗址就曾发现 7 座窑洞式横穴洞室墓，是利用房基开凿而成的横穴墓。③

2. 葬式

墓葬死者的葬式是生者为死者的有意安排，反映了一定的思想观念和习俗。二里头文化时期的葬式主要为直肢葬和屈肢葬，具体细分为仰身直肢葬、侧身直肢葬、俯身直肢葬、仰身屈肢葬、侧身屈肢葬、俯身屈肢葬、蜷曲葬等几大类，埋葬人数上有单人葬、双人或多人合葬，在合葬墓中有单种葬式或多种葬式并存。直肢葬是二里头文化最常见的一种葬式，存在比例最高，延续时间也最长，是史前葬式的一种正常延续。这种葬式也广泛流行于各个阶层中，从王公贵族到平民阶层，不同类型的墓葬中都能见到这种葬式；这种葬式多见于长方形竖穴土坑墓中，二者之间也存在一定的联系，说明仰身直肢葬也是正常死亡的人一种比较规范的葬式。俯身直肢葬是面部朝下肢体伸直的一种葬式，在二里头文化范围内发现数量较多，发现比例仅次于仰身直肢葬，在中小型墓葬中都有发现，并没有出现明显的等级差异，如夏县东下冯遗址 M511④ 和洛阳东杨村遗址的 M6⑤ 均发现这种葬式；还有二里头遗址Ⅳ区的 M24 和Ⅴ区的 M205，均为无圹墓，也没有随葬品，等级较低。⑥ 这种葬式最大可能性是墓主人属于非正常死亡，如在军事或生产等活动中的死者，故为表明非正常死亡的含义。⑦ 侧身直肢葬发现数量较少，多见于小型墓中，但多有随葬品，也属于正常死亡的一种葬式，如二里头遗址 1982 年发现的 M17，无葬具，无随葬品，葬式为侧身直肢，⑧ 此墓葬系儿童墓。夏县东下冯遗址的 M1 也是这种葬式，

---

① 河南省文物研究所：《郑州洛达庙遗址发掘报告》，《华夏考古》1989 年第 4 期。
② 中国社会科学院考古研究所河南二队：《河南密县新砦遗址的试掘》，《考古》1981 年第 5 期。
③ 中国社会科学院考古研究所等：《夏县东下冯》，文物出版社，1988，第 107～114 页。
④ 中国社会科学院考古研究所等：《夏县东下冯》，第 19 页。
⑤ 隋裕仁：《河南洛阳吉利东杨村遗址》，《考古》1983 年第 2 期。
⑥ 中国科学院考古研究所洛阳发掘队：《河南偃师二里头遗址发掘简报》，《考古》1965 年第 5 期。
⑦ 郑若葵：《商代的俯身葬》，《考古与文物》1988 年第 2 期。
⑧ 中国社会科学院考古研究所二里头队：《1982 年秋偃师二里头遗址九区发掘简报》，《考古》1985 年第 12 期。

同样等级很低。

屈肢葬是下肢弯曲的一种葬式，主要包括仰身、俯身和侧身屈肢三种。仰身屈肢葬发现数量较少，分布也不普遍，和仰身直肢葬相比，仅有下肢弯曲的差异，应当也属于一种正常的死亡现象。侧身屈肢葬是较为普遍的一种葬式，发现数量较多，但多数发现于小型墓葬中，而且随葬品较少，说明侧身屈肢葬的主人地位较低，属于平民阶层，如洛阳东干沟M12无墓圹，出土于灰土层中，无葬具，随葬品少，葬式为侧身屈腿式。① 俯身屈肢葬发现数量少，常见于无圹墓中，墓主人身份较低，在史前时期也有这种葬式。还有一种身体蜷曲的葬式，多见于等级较低的无圹墓或洞室墓中，处置方式也很简单，使用这种葬式的墓都相对简陋，如洛阳东干沟遗址M1无墓圹，无葬具，但有少量随葬品，身体为蜷曲葬式。② 另外在二里头遗址Ⅷ区发现的M5还发现特殊的跪伏葬式，③ 该墓葬也属于低等级墓葬，无葬具，无随葬品。采用这种葬式的大多是平民阶层，或者说是民间的葬式表现。

总之，二里头文化时期的葬式种类较多，根据死者身份地位的差异和死因的不同，出现了对死者不同的处置方式，葬式也是夏代宗教观念差异和身份差异的一种直观表达。

（二）商代时期

1. 葬法

商代最普遍的葬法仍为竖穴土坑墓，也有少量无圹墓、石棺葬、火葬和瓮棺葬。偃师商城在已发掘的100多座墓葬中，均属于竖穴土坑墓，但1989年发掘的M13使用了石质葬具，墓室用不规则石块堆砌，南北向，有腰坑，埋有兽骨，随葬品丰富，包括铜斝、铜爵、玉柄形器和陶器等；④ 郑州商城已发现的墓葬均为单人竖穴土坑墓；火葬仅见1例，见于郑州商城铭功路西侧发现的瓮棺墓，⑤ 瓮棺内有一具烧过的人骨，这座仅见的火葬墓，是火葬习俗所致，还是死者偶尔被火烧死，则难以确知。还有一些非正式的无圹墓，有的直接散落于灰坑和文化层内，有的单人，有的多人，还有的与猪骨在一起，如郑州商城常见无圹墓，山西垣曲商城H353下部堆积有人骨，多层叠放，坑内人骨有可能是祭祀时的牺牲。商代中期延续了商代早期的葬法，仍以长方

---

① 中国社会科学院考古研究所编《洛阳发掘报告》，北京燕山出版社，1989，第56页。
② 中国社会科学院考古研究所编《洛阳发掘报告》，第56页。
③ 中国科学院考古研究所洛阳发掘队：《河南偃师二里头遗址发掘简报》，《考古》1965年第5期。
④ 刘忠伏：《偃师商城遗址》，《中国考古学年鉴（1990年）》，文物出版社，1991。
⑤ 马全：《郑州市铭功路西侧的商代遗存》，《文物参考资料》1956年第10期。

形竖穴土坑墓为主。

商代晚期绝大多数墓葬为长方形竖穴土坑墓。也有少量无圹墓，通常发现于居址旁的灰坑或文化层中，多无棺椁和随葬品。殷墟小屯村1958年发掘的宫殿宗庙外围大灰沟内清理出24具人骨架，葬式不一致，无随葬品和葬具，①他们可能是奴隶或非商族的俘虏，或凶死者。②殷墟还发现较多的儿童瓮棺葬，有些出土于居址旁，③有些发现于夯土、墙基或门道下，前者应当属于正常死亡者，而后者多用于建筑奠基或其他祭祀活动。

可见，商代墓葬的葬法主要是竖穴土坑葬，出现于不同等级人群，无明显的等级差异，还有少量无圹墓，主要是一般平民或贫民阶层墓，还有少量儿童瓮棺葬，有的属正常死亡，有的当属于奠祭或祭祀之用；还有少量石葬、火葬。

2. 葬式

商代墓葬葬式虽多式多样，但主要以仰身直肢葬、俯身直肢葬为主，而侧身葬和屈肢葬较少。早商阶段的郑州商城、偃师商城、垣曲商城和湖北黄陂盘龙城遗址中均发现多样化的葬式特点。如郑州商城葬式清楚的墓葬有111座，其中有仰身葬和俯身葬的分别占80.2%和11.7%，侧身葬占6.3%，屈肢葬仅发现1例。④仰身葬中仍以直肢葬为主，俯身葬也仍以直肢葬为主，侧身葬则以屈肢为主。仰身葬分布较为普遍，也见于各个阶层中，是最为普遍的一种传统埋葬的葬式；侧身葬发现于铸铜遗址附近，分布地点较少，而且等级很低；俯身葬在等级较高和较低的墓葬中都能见到，等级较低者的墓葬多数位于铸铜遗址附近。

偃师商城发现墓葬中可辨葬式者，多数为仰身直肢葬，而俯身直肢葬仅发现1座，侧身屈肢葬也很少发现。垣曲商城发掘的墓葬也多为仰身直肢墓，还有仰身屈肢、俯身直肢和侧身屈肢等几种，其中俯身葬有3座。盘龙城遗址发掘的可辨葬式的17座墓葬中，就有14座属于仰身直肢葬，另有1座俯身直肢葬和1座侧身直肢葬。

中商时期，藁城台西遗址墓葬中葬式明确者为97例，其中仰身直肢葬占51.5%，俯身直肢葬占36.1%，屈肢葬者占12.4%。⑤屈肢葬墓多数等级较低，无葬具和随葬品，多见于儿童墓葬。

---

① 中国社会科学院考古研究所：《殷墟发掘报告（1958～1961）》，文物出版社，1987，第94页。
② 中国社会科学院考古研究所编《中国考古学·夏商卷》，中国社会科学出版社，2003，第349页。
③ 中国社会科学院考古研究所：《殷墟发掘报告（1958～1961）》，第263～265页。
④ 郜向平：《商系墓葬研究》，科学出版社，2011，第104页。
⑤ 郜向平：《商系墓葬研究》，第106页。

晚商阶段的殷墟遗址发现墓葬甚多，常见葬式仍为仰身直肢葬、俯身直肢葬和屈肢葬三类，分布较为普遍。据有学者曾对殷墟葬式统计可知，仰身葬所占比例最高，达到66.7%，俯身葬占28.6%，屈肢葬仅占4.6%。[1]但不同墓地内各种葬式的比例不一致，如大司空北地墓葬葬式中仰身葬达到92%，大司空东南墓地仰身葬达到74.7%，殷墟西区墓地中仰身葬达到68.1%，俯身葬式在戚家庄东墓地中比例最高，达到36.5%，苗圃北地墓地也达到35.3%。屈肢葬式总体比例都较低，戚家庄东墓地比例稍高，达到10.2%，其余均在4%~6%（表3-1）。

表3-1 殷墟遗址墓葬葬式统计

遗址	仰身葬	俯身葬	屈肢葬	合计
后冈	14（70%）	5（25%）	1（5%）	20
殷墟西区	348（68.1%）	142（27.8%）	21（4.1%）	511
郭家庄西南	66（63.5%）	33（31.7%）	5（4.8%）	104
大司空东南	68（74.7%）	23（25.3%）	0	91
大司空北地	46（92%）	3（6%）	1（2%）	50
梅园庄南地	45（66.2%）	20（29.4%）	3（4.4%）	68
戚家庄东	73（53.3%）	50（36.5%）	14（10.2%）	137
刘家庄北	31（64.6%）	14（29.2%）	3（6.3%）	48
苗圃北地	41（60.3%）	24（35.3%）	3（4.4%）	68
合计	732（66.7%）	314（28.6%）	51（4.6%）	1097

由此可见，仰身葬和俯身葬多见于不同等级墓葬中，而屈肢葬常见于等级较低墓葬中。仰身葬是一种最常见的正常死亡的葬式，从二里头文化至商代晚期一直都是最多见的葬式。关于俯身葬的含义，曾有多位学者讨论过此问题，郑若葵、孟宪武和胡进驻先生均认为俯身葬应当属于非正常死亡，[2]也有学者认为这是商代通行葬式，有的学者认为可能是特定族群的葬俗。[3]葬式是一个族群十分稳定的文化习俗。李济先生曾指出，"埋葬死者的样式，不是像我们现在穿衣服似的，可以随时变动。它多半代

---

[1] 郜向平：《商系墓葬研究》，第109页。
[2] 郑若葵：《商代的俯身葬》，《考古与文物》1988年第2期；孟宪武：《谈殷墟俯身葬》，《中原文物》1992年第3期；《殷墟俯身葬综论》，《安阳殷墟考古研究》，中州古籍出版社，2003；胡进驻：《殷墟墓葬研究》，中国社会科学院博士学位论文，2006。
[3] 薛观涛：《试论我国古代土葬葬式的共同性和俯身葬的特殊性——兼评郑若葵〈商代的俯身葬〉》，《考古与文物》1992年第2期。

表一个民族极坚决的信仰；在那神权的时代尤为如此；所以习于火葬的，总是火葬；习于鸟葬的总是鸟葬；屈肢的总是屈肢，仄身的总是仄身。这种风俗要变迁，差不多就代表那民族文化本身的一种极巨大的变动。考古家因此可以依葬式的研究发现古民族在一个区域的兴替。"[1] 俯身葬的比例在商代早期与二里头文化时期基本接近，到了商代中期直至商代晚期，俯身葬的比例有所上升，提高到 20%～35%，发现较为普遍，成为商代较为特殊的一种葬俗。到了西周时期，俯身葬的比例仅为 4.5%，[2] 已经不是很流行的一种葬式，且出现于等级较低的阶层中，与商代有明显的差异。所以俯身葬极有可能是殷商民族中的一种葬法。[3]

二 墓室结构与墓向

（一）二里头文化时期

1. 墓室结构

二里头文化的墓葬尽管葬法各异，但墓室结构仍然较为单一，多为长方形竖穴土坑墓室，见于不同等级墓葬中。仅发现较少数量的设有边龛的墓葬，也有些等级较高的墓葬设有二层台和腰坑，但数量也都较少。二里头文化系统中的山西夏县东下冯遗址的 M515 墓室西侧设有小龛，龛内随葬有陶器 1 件。二里头遗址 Ⅵ 区 KM3 设有二层台，北向，长 230 厘米，宽 126 厘米，葬具为木棺，随葬铜爵、戚、戈、嵌有绿松石的圆形铜器，玉柄形器、戈、铲形器、璧戚、陶盉等，另有石磬、骨串珠和海贝等，墓底撒有朱砂，说明该墓葬级别较高。另如二里头遗址 Ⅲ 区 M2 墓室长 255 厘米，宽 120 厘米，葬具为漆木棺，随葬有铜爵 2 件，铜刀 2 件，玉圭、玉钺、漆盒、漆豆和漆觚，还有陶爵、盉、平底盆和圆陶片、云母片和石片等若干，墓底置有腰坑，撒有朱砂。由此可见，二里头文化时期的墓葬基本结构为长方形竖穴土坑墓，少数墓葬设有边龛，而等级较高的墓葬则有设二层台和腰坑的习俗。

2. 墓向

墓向是指墓主人的头部所朝的方向，是自然环境和宗教观念的反映。二里头文化墓葬的墓向以南北向为多，其中北向者占可统计墓葬总数的 42.59%，南向者占 15.43%，西南向者占 11.11%，东南向者占 8.64%，东北向者占 8.02%，另有西向者

---

[1] 李济:《俯身葬》，《安阳发掘报告》第 3 期，台北：中研院历史语言研究所，1931。
[2] 张明东:《略论商周俯身葬及其相关问题》，《中国国家博物馆馆刊》2011 年第 3 期。
[3] 李济:《俯身葬》，《安阳发掘报告》第 3 期。

3.7%，东向者占 1.85%，西北方向者 2.47%。①

二里头文化墓葬在头向上的差异，表现出一定的地域特点，也是宗教观念区域性差异的反映。如二里头遗址、郑州洛达庙遗址、巩义稍柴遗址的墓葬方向主要是北向，伊川南寨遗址墓葬主要是东南向和南向，洛阳东杨村遗址墓葬方向主要是西南方向，山西夏县东下冯遗址墓葬主要为东北方向。

值得注意的现象是，二里头文化主要墓向与同时期的建筑和城墙等保持基本一致，如二里头遗址的宫殿建筑基址多为北偏西 5～10 度，继承了史前时期中原地区城址和建筑方位，如河南登封王城岗城址和淮阳平粮台城址均是北偏西 5～6 度，这与夏时期形成的正方位系统有关。②

（二）商代时期

1. 墓室结构

商代墓葬的墓室多为长方形竖穴土坑墓，但等级较高的墓葬往往设有墓道，包括一条、二条和四条墓道，墓道数量越大，墓葬规格和等级越高。墓葬设有二层台和腰坑的比例较高。

最早出现多墓道的墓葬始于晚商时期，长期以来被学者们普遍认为墓道的多少是衡量墓主等级身份的重要标志。目前四条墓道的大墓见于殷墟西北岗王陵区 8 座，山东青州苏埠屯墓地 1 座；两条墓道的中字形大墓见于殷墟西北岗王陵东区、后冈墓地、大司空村东南墓地、滕州前掌大墓地、河南辉县琉璃阁、洛阳东郊大墓；一条墓道的甲字形大墓主要见于殷墟遗址、河南罗山蟒张墓地和滕州前掌大墓地中。学者们多数认同四条墓道为殷王之墓，而甲字形和中字形大墓属于商贵族中稍低等级的。③也有学者指出，商代的墓道除了与墓主人等级关联外，祭祀应是商代墓道的重要功能之一。④

腰坑就是在墓室中部死者腰部位置下面挖一个小坑，这种设有腰坑的习俗始于史前晚期，夏商时期逐渐增多，到商代晚期逐渐形成常见的墓葬习俗。用来摆放随葬品或殉牲、殉人，如商代早期多殉犬，到商代晚期往往殉犬也殉人，甚至有人犬同殉。腰坑位于墓室的中部，商代早期多为不规则形状，商代晚期形状多样，包括长方形、方形、椭圆形，还有一些特殊形状如 T 字形和不规则形状等。山东青州苏埠屯大墓

---

① 燕飞：《龙山文化墓葬与二里头文化墓葬的比较研究》，郑州大学硕士学位论文，2013，第 31～32 页。
② 王仁湘：《四正与四维：考古所见中国早期两大方位系统——由古蜀时代的方位系统说起》，《四川文物》2011 年第 5 期。
③ 杨锡璋：《商代的墓地制度》，《考古》1983 年第 10 期。
④ 朱磊：《试论先秦墓道的使用与墓葬的规格》，《中原文物》2008 年第 1 期。

M1 就有 T 字形腰坑，长方形坑殉一人，方形坑内西侧殉一犬，南侧各放置陶罐和陶盆一件。商代早期发现较少，如偃师商城发掘的墓葬中，基本为竖穴墓，腰坑少见；腰坑还见于郑州商城、黄陂盘龙城等遗址的墓葬中。商代中期的河北藁城台西遗址的墓葬中也有腰坑出现，但出现腰坑的比例不高。而到商代晚期的殷墟遗址，从殷墟一期墓葬中就普遍设有腰坑，比例达到墓葬总数的 30%～50%，比例之高，为以前所未见。

在商王朝统治区域和受商文化影响区域范围内，以殷墟范围的墓葬腰坑习俗影响很广，向外影响到山西、河北、山东、陕西等商代晚期墓葬葬俗中。西周时期，殷遗民墓葬或受商文化影响较深的地区还保留着腰坑习俗；东周以后，腰坑习俗减少，但在南方的楚国、东方的齐国，甚至在川滇和两广地区都仍然可见腰坑的存在，只是腰坑的功能发生了明显的变化，以器物完全代替了殉牲和殉人，成为放置随葬品的器物坑。

至于腰坑的含义，有学者指出这属于商代的"落葬礼"的一部分，① 商人在下葬时有成系列的礼仪规范和祭祀活动，而腰坑只是这些礼仪和祭祀活动的前奏，摆上器物或殉牲、殉人，用以祭祀。商人殉犬，也是宗教信仰的一种反映，用犬献给神灵为祭食之用，是以犬来"宁四方"的表现。② 也有可能殉犬"用意在于司警卫"或"防御地下鬼祟"。③

2. 墓向

商代早期墓葬以郑州商城发现较多，根据目前可以统计的墓葬数量来分析，在 124 座方向明确的墓葬中，北向、南向、东向和西向分别占 41.9%、26.6%、18.5%、12.9%，④ 可以看出郑州商城墓葬以北向为主，南向次之，东西向较少。而且值得注意的是，郑州商城南北向墓葬的方向分别集中在 185 度和 5 度左右，此即北向墓都普遍偏东。商代中期墓葬以洹北商城为例，在方向明确的 24 座墓葬中，北向墓葬占 41.7%，角度在 5～23 度，即北偏东。

殷墟墓葬发现数量较多，墓向多样化，但是仍然以北向者居多。如殷墟西区墓地发掘的商代晚期墓葬较为集中，从 1969 年到 1977 年共发掘 938 座中小型墓葬，东向者 104 座，西向者 107 座，南向者 328 座，北向者达到 399 座，占墓葬总数的 42.53%。⑤ 而对于殷商王室墓葬和贵族墓葬的方向，绝大多数是北偏东的，⑥ "其方向

---

① 唐际根：《殷商时期的"落葬礼"》，《一剑集》，中国妇女出版社，1996。
② 井上聪：《殷墓腰坑与狗巫术》，《华东师范大学学报》1992 年第 5 期。
③ 黄展岳：《殷商墓葬中人殉、人牲再考察——附论殉牲、祭牲》，《考古》1983 年第 10 期。
④ 郜向平：《商系墓葬研究》，科学出版社，2011，第 83 页。
⑤ 中国社会科学院考古研究所安阳工作队：《1969～1977 年殷墟西区墓葬发掘报告》，《考古学报》1979 年第 1 期。
⑥ 杨锡璋：《殷人尊东北方位》，《庆祝苏秉琦考古五十五年论文集》，文物出版社，1989。

大体由北偏东十四度到十六度，而以北偏东十五度为最普通"。①

可见，商代中小型墓葬墓向多样化，而高等级墓葬绝大多数为东北方位，同样与同时期的建筑和城址方向保持一致，也与上层统治者同居一个血缘体系，与共同的信仰有直接关系。殷商时期人们就有东南西北的四正方位概念，而且也有东北、西南、东南、西北等四维概念。商代人历来就有尊东北方位为吉向尊位的观念，②如商代早期的郑州商城、偃师商城、湖北黄陂盘龙城，商代中期的洹北商城等城址的方向均为北偏东5～10度左右，宫殿基址方向也与城墙保持一致，东下冯城址北偏东角度较大，为47度，还有殷墟宫殿基址方向也为北偏东方向。对于墓向的含义，基本上有三种不同的信仰，即族源地方向、阴冥域界方向和太阳西落方向，其中族源地方向是认为人死后，灵魂要回到原来的老家去，因此，头就朝着老家的那一方向。③

商代墓葬的墓向分布有一定的规律性，往往存在群聚性，反映了商代聚族而居，以族而葬的特点和传统。有学者曾经对河南和河北发掘的16处墓地的1558座墓葬进行墓向专项统计分析，得出这些墓主人分属于保持传统埋葬习俗的13个族群。④

可见，与夏代重视北偏西方位类似的是，在商代无论建筑、城址还是墓葬，其方位重视的都是北偏东，而且建筑的四面与四方大体平行。一旦方位选择得到认同，方位体系便形成了，这个传统一般不易发生改变，建房、建城、筑墓，都会以这种认同的方位体系为依据，这样的体系可以代代相传。⑤

第二节 公共墓地

一 史前到夏代公共墓地的延续及变化

墓地是集中埋葬死者的区域，是人们有意识埋葬死者的固定场所。⑥墓地的形成与发展，反映出社会关系、社会财富分配与社会地位的差异，当社会发展到一定阶

---

① 胡厚宣：《殷墟发掘》，学习生活出版社，1955，第93页。
② 杨锡璋：《殷人尊东北方位》，《庆祝苏秉琦考古五十五年论文集》；朱彦民：《殷人尊东北方位说补证》，《中原文物》2003年第6期。
③ E. O. James, *Prehistoric Religion* (New York, 1975), pp.133-135.
④ 米同乐、戴书田：《商代墓向的统计分析》，《数理统计与管理》2000年第3期。
⑤ 王仁湘：《四正与四维：考古所见中国早期两大方位系统——由古蜀时代的方位系统说起》，《四川文物》2011年第5期。
⑥ 金则恭：《仰韶文化的埋葬制度》，《考古学集刊》第4册，中国社会科学出版社，1984。

段，墓地逐渐制度化，形成墓地制度。墓地制度就是各类墓葬在特定的区域内埋葬的规定，[①]包括墓地空间布局和墓葬的相对位置。

（一）史前时期

综观新石器时代的殡葬表现，其核心内容是普遍存在氏族公共墓地葬俗。恩格斯利用民族学资料总结美洲易洛魁人的埋葬习俗时指出："氏族有着共同的墓地……在墓地上，每个氏族都独成一排，所以，总是把母亲而不是父亲和孩子埋在一起。"[②]并提出雅典的氏族同样也是有共同的墓地。[③]恩格斯在这里提出了两个重要的问题，第一是氏族成员死后集中埋葬在一起，而且墓地经过统一规划，排列很有规律。第二是孩子和母亲而不是父亲葬在一起，说明是知其母而不知其父的阶段，这显然是氏族社会早期阶段的特点。在中国新石器时代前期也有着大致相同的情况，氏族公共墓地普遍存在，说明这种葬俗在世界范围内都有共性。这方面的内容前章已有所述，在这里仅从延续与变化的角度略作分析。

早在新石器时代，氏族成员凭借族群血缘关系的维系聚族而居，死后在墓地里"聚族而葬"，此即早期的氏族公共墓地。在中国的新石器时代，氏族墓地普遍存在，如前章所述的临潼姜寨遗址、元君庙墓地、华阴横阵墓地、西安半坡墓地均可谓典型地点。

陕西姜寨遗址属于仰韶文化半坡类型（距今6100～5600年）为主的地点，在居住区及近旁发现墓葬380座，其中14岁以下的儿童用瓮棺多埋葬在房屋附近，其余174座成人墓分布在聚落东部的墓地，可分为东部、东北部和东南部三个邻近的集中区。[④]姜寨墓地中的各组墓葬与村落中的分片集中的居住者有着对应关系，这与氏族制度的原则是相适应的。[⑤]西安半坡居址分布与墓区对应和姜寨大致相同，而宝鸡北首岭、华阴横阵、华县元君庙和渭南史家等村落布局相似，都是居住区和墓地相邻。华县元君庙仰韶文化半坡类型墓地共发掘57座墓葬，从氏族公共墓地角度来看则更为清晰，该墓地布局规整有序，整齐地分为6排，前3排与后3排各为一墓组，两个墓组各自为一个氏族的共同墓地，显而易见，元君庙墓地是由两个氏族墓地组成的部

---

① 杨锡璋:《商代的墓地制度》,《考古》1983年第10期。
② 恩格斯:《家庭、私有制和国家的起源》,《马克思恩格斯选集》第4卷,第84~86页。
③ 恩格斯:《家庭、私有制和国家的起源》,《马克思恩格斯选集》第4卷,第98~99页。
④ 西安半坡博物馆等:《姜寨：新石器时代遗址发掘报告》,第52~53页。
⑤ 巩启明、严文明:《从姜寨早期村落布局探讨其居民的社会组织结构》,《考古与文物》1981年第1期。

落集团的胞族墓地。①

到新石器时代晚期，氏族公共墓地制度依然延续，从考古发现可知，不管是在中原地区，还是在中原周围的东部、东南部、西北部、东北部地区的新石器时代晚期遗址，居住区附近大都有集中埋葬死者的墓地。例如在甘肃永靖秦魏家齐家文化墓地，墓坑排列整齐，墓地分为南北两组，其中南部墓地上层99座墓分为6排，墓坑排列整齐，方向也基本一致朝西，显然是经过统一规划的。②山西襄汾陶寺墓地从1978到1985年间共清理出1300多座龙山文化墓葬，整个墓地的布局明显分为几个区块，相邻区块间有空白区相隔离，每个区块也有几组相对集中。③再如山东胶县三里河遗址发现的96座龙山文化墓葬也集中在一起。④

从表面上看，这种墓地与前期没有什么不同，但从墓地布局分析，两个时期已悄然发生了变化，主要是新石器时代晚期的墓地中，各墓葬之间有了明显的规模大与小、随葬品的多与少，以及类别与质量等方面的差异，有的甚至可以分为不同的等级，以及部分墓葬特别是成年异性2人或3人合葬墓中，男性已明显占优势（或为主）的地位。这是随着生产力水平的提高，私有制出现，财富集中于少数贵族手中，氏族社会繁荣时期（过去习惯称为母系氏族社会）人们之间的关系已经改变，被贫富、等级的分化代替，这种等级差异表现在墓葬中就是随葬品多寡差异和墓葬规模的悬殊，虽然氏族成员仍都埋葬在同一墓地中，但是社会地位差异极大，成为过去习称的父系氏族社会，预示着新生产关系的即将来临。

（二）二里头文化时期

量变达到一定的程度，就会带来质的变化，这种质变是一种飞跃。新石器时代晚期，随着贫富分化的加剧，特权阶层逐渐形成，孕育数百上千年的新制度，终于在夏民族征伐异己的战火硝烟中分娩。夏王朝的诞生，表明以贫富、威望为基础的权力被国家统治（权力机构、军队等）所代替。社会人群这时分为统治者与被统治者两大对抗集团，虽然开始阶段两大集团的矛盾还没有达到剧烈的程度，但根本利益的冲突却始终存在，在殡葬方面也有相应的反映。

---

① 北京大学历史系考古教研室：《元君庙仰韶墓地》，第52~57页。
② 谢端琚：《甘肃永靖秦魏家齐家文化墓地》，《考古学报》1975年第2期。
③ 中国社会科学院考古研究所山西工作队、临汾地区文化局：《山西襄汾陶寺遗址发掘简报》，《考古》1980年第1期；《1978~1980年山西襄汾陶寺墓地发掘简报》，《考古》1983年第1期；《陶寺遗址1983~1984年Ⅲ区居住址发掘的主要收获》，《考古》1986年第9期；高炜、高天麟、张岱海：《关于陶寺墓地的几个问题》，《考古》1983年第6期。
④ 中国社会科学院考古研究所：《胶县三里河》，文物出版社，1988，第79页。

二里头遗址从 1959 年被发现至今，在该遗址及其他二里头文化地点，已有许多重要发现，如夏代的城址、宫殿和手工业作坊等，其中虽然也有墓地，但数量不多，而且高级贵族墓极少发现，研究这个时期的墓地制度的总体面貌还为时尚早。但因为这一地点是夏文化核心位置，在这里发现的墓葬资料也就具有重要意义。

二里头遗址墓葬大多分区成片分布，数量不等，墓葬方向南北向，东西排列成行，同一排墓葬方向一致。例如 1986 到 1987 年，在二里头遗址Ⅵ区发掘了墓葬 58 座，除 2~3 座属于规模稍大的中型墓外，其余均为小型墓，这批墓葬在居址也有零星分布，但主要集中分布于遗址东北部的两个区域内，两区墓葬南北对应，相距仅 10 米。[①]这两区的墓葬，其葬俗有明显的共性，墓室均为南北向长方形竖穴，葬式多为仰身直肢的成年人，头向一律朝北。共同的葬俗反映出两区墓葬应当属于同一个族群。墓地内少数规模较大的墓葬，则显示出墓主人有一定的社会地位，例如 M57 是一座中型墓（该墓地无大型墓），有木质葬具，随葬品丰富，出土有铜器 4 件，其中一件镶嵌绿松石兽面纹铜牌饰最为引人注目，另有玉器 8 件，陶器 9 件，一件压坏的朱红漆容器，可能是觚，还有 5 枚贝壳和 2 枚绿松石珠，可能是装饰配件。M28 内出土了一件罕见的涂朱大鼋甲，这在二里头遗址首次发现，也表明墓主人与同墓地其他同族死者身份的不同。小型墓除部分没有随葬品外，其他墓葬也只随葬几件日用陶器，与这些随葬品丰富的中型墓的规格和等级形成鲜明的对比。

在该墓地中，还存在由两三座或四五座墓葬有序排列成组的现象，似乎表明这些墓葬之间存在更为密切的关系。特别是在二里头遗址 2 号宫殿的中心殿堂和北墙之间，与 2 号宫殿大门同在中轴线上发现一座至今所见规模最大的墓，它打破宫殿夯土又被使用期的路土所覆盖，说明是在宫殿建筑时或刚启用时形成的。该墓长 5.24~5.35 米、宽 4.5 米、深 6.1 米，墓底的棺室长 1.85 米、宽 1.30 米，填土均经夯打，可惜因被盗，随葬品所剩无几，但仍可见有朱砂、漆皮、蚌片、涂朱陶龙头和一件装有犬骨架的漆木匣，表明死者身份特殊。[②]

伊川南寨遗址位于二里头遗址西南仅 20 多公里，属于二里头文化核心区，在这里发现的二里头文化时期墓地中也显示出该时期墓地的规律。[③]南寨遗址地势东高西低，总面积为 24 万平方米，在 1991 年发掘的 1000 平方米内，发现 25 座二里头文化

---

① 中国社会科学院考古研究所二里头工作队：《1987 年偃师二里头遗址墓葬发掘简报》，《考古》1992 年第 4 期。
② 中国社会科学院考古研究所：《偃师二里头》，中国大百科全书出版社，1999，第 157 页。
③ 河南省文物考古研究所：《河南伊川县南寨二里头文化墓葬发掘简报》，《考古》1996 年第 12 期。

墓葬，这些墓葬东西成排分布，头向基本一致，多在160~180度；墓葬形制大致相同，都是竖穴土坑墓，而且墓底多铺有朱砂，葬式也多为仰身直肢葬，陶质随葬品的数量及类别基本相同，说明该墓地是按照一定规律逐步排列形成的。这批墓葬规模差别不明显，随葬品也很难显示有明显的等级差异。这显然是延续了新石器时代氏族公共墓地的习俗，说明使用这一墓地的族团成员的社会地位、富有程度都大致相同。

在二里头文化时期的边缘地带发现的墓地同样表现出明显的时代特点。我们以北方地区夏家店下层文化的大甸子墓地为例。① 大甸子墓地位于内蒙古赤峰市敖汉旗东南部，墓地西、西南与大甸子遗址夯土墙外的壕沟相邻，北界为一条古代壕沟。在此范围内，密集分布着804座排列方向大致相同、规模大小不一的长方形墓葬，可纳入统计数量的有600多座，年代为夏家店下层时期（与中原地区的二里头文化大约同时）。这批墓葬均为长方形竖穴土坑墓，墓中骨骼可辨方向为西北或北向，多在300~320度（图3-1、表3-2）。这批墓葬规模都不大，为分析方便，我们根据墓圹

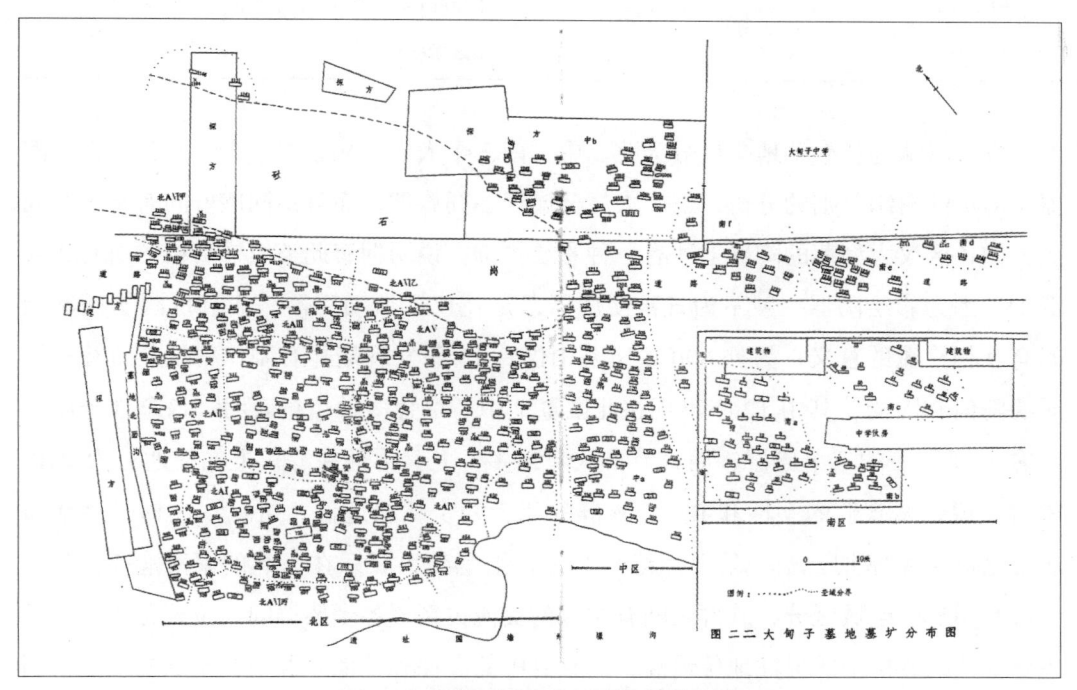

图3-1 大甸子夏家店下层墓地分布图

资料来源：中国社会科学院考古研究所《大甸子：夏家店下层文化遗址与墓地发掘报告》，科学出版社，1998，第41页。

---

① 中国社会科学院考古研究所：《大甸子：夏家店下层文化遗址与墓地发掘报告》，科学出版社，1998。

大小，分为大型墓、中型墓和小型墓，墓圹长超过2.2米的大型墓共143座，占全墓地墓葬总数的18%，大多随葬品丰富，墓葬深度达到3~8米不等，多有木质葬具，填土多经过不同程度夯打；中型墓数量最多为434座，墓圹长度1.7~2.2米，部分填土经过夯打，葬具式样多样，其中以木构葬具为最多；小型墓有175座，墓圹长度1.7米及以下，墓葬深度多不及2米，仅11座有陶器随葬，其余约一半以上无陶器随葬，有木构葬具的仅11座，其余均没有葬具。这些墓葬中，从出土器物、墓圹大小、墓葬形成过程和墓主人年龄与身高等因素综合分析，大型墓显然具有区别地位高低的社会意义，而中型墓和小型墓这方面的意义并不明显。

表3-2　大甸子夏家店下层墓地等级差异

规格	数量	墓长	葬具	随葬品	填土
大型墓	143	2.2米以上	木质葬具	丰富	夯打
中型墓	434	2.2~1.7米	木质葬具	有随葬品	部分夯打
小型墓	175	1.7米以下	少量木质葬具	多无随葬品	不夯打

发掘者认为整个墓地茔域分为北、中、南三个大区。从普遍存在最有代表性的陶器（鬲）的形制差别的分析，三个大区分属于不同族群，而且不同族群间有某些共同点，如各区仅大型墓的陶器上才有一种彩绘纹饰，说明拥有此类纹饰资格的所有者人群少，因为彩绘陶器一般不为日常使用器，是礼仪性活动用器，而且反映不同家族间有互相交流的意义；另外600多座墓中仅有13座发现随葬有制作精细具有礼仪性质的陶爵和陶鬶，其中12座出现在北区墓地中。综合多种信息表明，该墓地分属于A、B、C所代表的三个族群，而A族群人口最多，尤其男性在葬仪上的礼遇更为突出；相对来说，A族群的女性和B、C族群的死者处于从属地位。可见，大甸子墓地与居址之间关系密切，是一处以血缘为纽带，婚姻关系联系在一起的聚落遗存，各个族群有明显的茔域区分，族群之间有明显的交流关系，各个族群间地位差异明显，占主导地位的族群中的男性地位最高，而族群中的女性和其他族群则处于从属地位。剖析大甸子墓地，可以看到新石器时代晚期已经出现的同一族群成员贫富差异、男性占优的现象，在这里仍然延续。

我们还可以考察夏时期的商族墓地。2005~2007年河南省文物考古研究所等多家单位合作发掘的河南鹤壁刘庄先商文化（指夏时期的商民族）墓地，墓地基本完整揭露，共发掘墓葬 338 座。刘庄墓地的使用时间至少应在 150 年以上，墓地的延续时间应该跨越了四代或五代居民，这些墓葬大多数按照一定规律成排分布，排列整齐，墓葬之间叠压打破关系仅见六组。墓地布局两分结构明显，按照墓葬总体布局，将墓地分为东西两区：东区墓葬主要朝向为东，西区墓葬主要朝向为北，位于墓地南部和西部。① 这种在墓葬布局上所表现出的葬俗上的两分结构，是两个居住族群有不同信仰的表现，是当时人们意识形态的一种反映。

综上可见，在夏代时期，作为夏文化核心区的二里头文化代表性遗址二里头遗址目前尚未发现大型墓地，无法明确判断大型墓和其他中小型墓间的等级差异和空间分布特点，但从目前所见中型墓材料可知，二里头遗址中的墓地中墓葬排列仍然存在明显的规律性，反映出既有聚族而葬的特点，也存在明显的等级差异。在二里头文化核心区的次一等级遗址中墓地的排列分布仍然存在规律性的特点，但是否存在等级差异尚不清晰。

受夏文化影响的其他族群和边缘地带，整个墓地仍然有分区分片的现象，而且有序排列，同一区域内有共同的葬俗，同一墓地尽管分为不同墓区，但仍然属于同一族群。另外在同一族群及各墓区内等级差异分明，高等级墓葬和普通墓葬在随葬品和墓葬规模上已表现出很大不同，反映了社会地位、社会财富和社会权利的差异。夏代的墓葬现在发现不多，差别特别巨大的墓葬不多见，但仅就已有的资料，血缘关系维持的墓地依然清晰可见，而出于身份地位所带来的差别在墓葬中同样非常清楚。

从已发现的夏代时期的墓葬概况，可以发现新石器时代的埋葬特点仍在沿袭，虽已步入阶级社会，但阶级对立和等级差别还没有突出反映出来，还处在两种社会形态的过渡期。

二 商代公共墓地

商代的墓葬发现的数量最多，资料也更为丰富，在全国发现的数量数以万计，仅殷墟西区就有 2000 多座。除郑州地区、安阳地区最为集中外，在山东、山西、陕西、河北、江苏、安徽、湖南、湖北、四川、甘肃、辽宁等地都有早商和晚商时期的墓地，为分析这个时期公共墓地制度及新的变化提供了翔实的资料。在商史研究中，有早、中、晚三期说和早、晚两期说，本文按照后者说法，以盘庚迁殷为界标。下面从

---

① 赵新平、韩朝会：《河南省鹤壁市刘庄遗址 2005 年度发掘主要收获》，《东方考古》第 3 集，科学出版社，2006；河南省文物考古研究所：《河南鹤壁市刘庄遗址下七垣文化墓地发掘简报》，《华夏考古》2007 年第 3 期。

包括洛阳地区、郑州地区、安阳地区在内，及各省发现的具有代表性的公共墓地，来说明商代的墓地制度。

（一）早商时期

目前，考古发现早商文化墓葬数百座，以偃师商城、郑州商城为主要代表，另外在湖北黄陂盘龙城、山西垣曲商城、夏县东下冯、河南登封王城岗、荥阳西史村等遗址也发现有少量早商墓葬，这些墓葬大多零星分布于居住址、城墙和作坊内，至今未发现完整墓地，仅在几处大型早商遗址中见到成片分布的墓葬。

偃师商城至今已经发掘墓葬有100多座，但未见专门的墓地。已经发现的墓葬大多规模小，等级不高，多数没有随葬品。这些墓葬多分布于大城东、西、北墙内侧和小城城墙内外两侧，少则3~5座，多的10座左右，尚看不出明显的殡葬共性。1983年在偃师商城西二城门和小城北墙共发现23座墓葬，方向不一致，仅M1随葬铜器，其余多随葬陶器，[①] 似乎是散葬现象，无一致的葬俗。1990年在东城墙内侧清理10座墓葬，1991年又在东城墙内侧清理出13座墓葬，但这些墓葬多为小型墓，仅M13随葬铜器、玉石器和陶器，其余均只有少量陶器。上述墓葬方向大多不一致，分布虽然成片，但是很难看出排列规律，这批墓葬资料仅反映出死者大多属于社会下层，他们之间血缘关系淡薄，是一种散葬现象。如果从族坟墓的角度分析，1996年在大城东北角城墙内侧发现的17座墓葬似可看出一些传统因素。根据报告分析，[②] 第一层路土下有墓10座，其中墓葬方向较为一致，6座头向朝北，3座头向朝西，分布较为集中；第二层路土下有墓7座，5座头向皆朝东。这些头向较为一致，分布较为集中的墓葬，似可理解为有血缘关系的家族墓葬。

郑州商城至今也未发现专门墓地，发现的墓葬多分布于居址区内。墓葬均为单人竖穴土坑墓，等级较低，规模小，基本不见大型墓。与偃师商城一样，这些墓葬多分布于城墙周围，且多分布于内城与外郭城之间，内城里面墓葬较少。另外在郑州商城铭功路西侧十四中学的制陶作坊遗址内窑场北部连续直线排列着5座墓葬，头向朝南为主，葬式多为仰身直肢葬，只有1座仰身屈肢葬。[③] 内城北城墙东段沿城墙分布7座早商墓葬，5座墓葬方向沿城墙走向一致，而其余2座即C8M16和C8M27为东北、西南方向，而且这批墓葬级别都较低，至于是否存在血缘关系不明显，可认为仍然是

---

① 中国社会科学院考古研究所河南二队：《1983年秋季河南偃师商城发掘简报》，《考古》1984年第10期。
② 中国社会科学院考古研究所河南二队：《河南偃师商城东北隅发掘简报》，《考古》1998年第6期。
③ 马全：《郑州市铭功路西侧的商代遗存》，《文物参考资料》1956年第10期。

一种散葬墓。

在早商文化核心区外的大型早商遗址中所发现这一时期的墓葬，也未见完整的墓地。例如山西垣曲商城曾发现早商时期墓葬20多座，等级差异不明显，除M1和M16出土铜器外，三座墓葬有少量陶器，其余均无随葬品。①这批墓葬分布较为分散，也很难看出其分布的规律性。

湖北黄陂盘龙城遗址是商代早期最引人注目的发现，对了解早商时代方国文化面貌及殡葬研究都有重要意义。历年来发掘37座墓葬，墓葬延续时间较长，而且分布较为分散，主要有王家嘴1座，李家嘴4座，杨家湾10座，杨家嘴6座，楼子湾9座。②在随葬品丰富程度、随葬酒器套数、酒器种类等方面有较为严格的区分，有学者把遗址群共分为五个等级，并把杨家湾遗址的墓葬也分为五个对应的等级（表3-3），李家嘴遗址发现的四座墓葬可能都是第一等级的墓葬，其中李家嘴M2很可能是盘龙城群组中最高统治者的墓葬。③可以看出，虽然这批墓葬延续时间长，分布不集中，但是仍然能显示按照一定规律以族分布、等级鲜明的特点。

表3-3　盘龙城遗址部分墓葬等级分类

等级＼遗址	王家嘴（PWZ）	李家嘴（PLZ）	杨家湾（PYW）	杨家嘴（PYZ）	楼子湾（PLW）
第一等级	M1	M1、M2、M3、M4	M11		
第二等级			M3、M4、M5	M1、M2	M4、M5
第三等级			M6、M7、M9	M9	M1、M3、M6、M8、M9、M10
第四等级			M1		M7
第五等级			M2、M10	M4、M8、M10	

与夏代相比，尽管早商文化的资料目前发现并不少，例如多处早商城址的发现，发掘面积也不小，但在早商文化核心文化区郑州、洛阳地区的墓葬发现总量还较少，且多为小型墓，尤其高等级的贵族墓或王墓还未找到；在早商文化非核心区也没有发现规模大的墓地，虽有少数高规格墓，但早商时期的墓地制度的面貌、特征，还有待新的发现。

---

① 中国历史博物馆考古部、山西省考古研究所、垣曲县博物馆：《垣曲商城》，科学出版社，1996；《1988～1989年山西垣曲古城南关商代城址发掘简报》，《文物》1997年第10期。
② 湖北省文物考古研究所：《盘龙城一九六三～一九九四年考古发掘报告》，科学出版社，2001。
③ 蒋刚：《湖北盘龙城遗址群商代墓葬再探讨》，《四川文物》2005年第3期。

（二）商代晚期公共墓地制度的形成

商代晚期文化以安阳殷墟及其四周为核心区域，周边区域如山东、河北、山西、陕西、湖北、湖南、江苏等地均受到商文化的直接影响，属于商文化系统。在这些区域，考古发现了大量殷商时期的墓地，为我们探索这一时期墓地分布特征与墓地制度的形成特点提供了第一手资料。殷商时期"殷人尊神，率民以事神，先鬼而后礼"，也十分重视对墓葬的处理，墓葬规模和随葬品可以反映社会等级差异，墓地排列清楚地反映出晚商时期的血缘、族群与社会关系以及社会观念的变化。下面我们分殷墟核心区和周边区域分别考察晚商时期墓地制度的特点。

1. 晚商中心文化区——安阳殷墟

（1）早期"公墓"的滥觞——殷墟西北岗与后冈墓地

100多年前，一种被叫作龙骨的"中药"引起王懿荣等学者的关注，历经20多年的追寻，甲骨文出土于河南安阳小屯村一带被确认，由此引发了震惊世界史学界的重大发现，即对商代晚期都城遗址——殷墟的发掘。发掘证明，除继续发现大批甲骨文外，有50多座宫殿组成的宫殿区、10余座王陵和1000多座祭祀坑组成的王陵区，成为1928～1937年在殷墟的三大重要收获。另外，还在小屯、后冈、大司空、苗圃北地、花园庄和殷墟西区都曾发现大量晚商墓葬。

殷墟西北岗王陵区位于洹河北岸，地势较高，占地范围东西450米、南北宽250米。发掘者将它划分为东区和西区。西区共7座四墓道商王大墓和1座未完工大墓，这些墓葬大多呈两两南北成列的形式排列，而且南边墓葬的一条墓道均打破北边墓葬的一条墓道，似是有意所为，说明南边墓葬晚于北边墓葬，应当是有意排列。这种南北成列的排列方式极可能是父子或兄弟之间的关系，也是宗族血缘关系的一种体现。加上东区1座四墓道大墓共9座四墓道大墓，正好与武丁到帝辛九王匹配（图3-2）。

殷墟王陵东区有4条墓道的大墓1座，2条墓道的大墓3座，1条墓道的大墓1座，无墓道长方形竖穴墓有2座，共有7座墓葬；另有大量公共祭祀坑。王陵东区的墓葬也有南北排列和互相打破的关系，各墓组之间应当也有血缘宗亲关系。[①]大小墓葬规模之间的不同，说明墓主人的身份地位有一定差异，可能是王的配偶或殷王室成员墓葬。从王陵东区墓葬数量看，殷王配偶及其成员不会全部葬入王陵东区，妇好墓即为实例，王室及其成员应该还另有地方。东区是商王祭祀先祖的地方，根据排列也可以

---

① 杨锡璋：《安阳殷墟西北岗大墓的分期及有关问题》，《中原文物》1981年第3期。

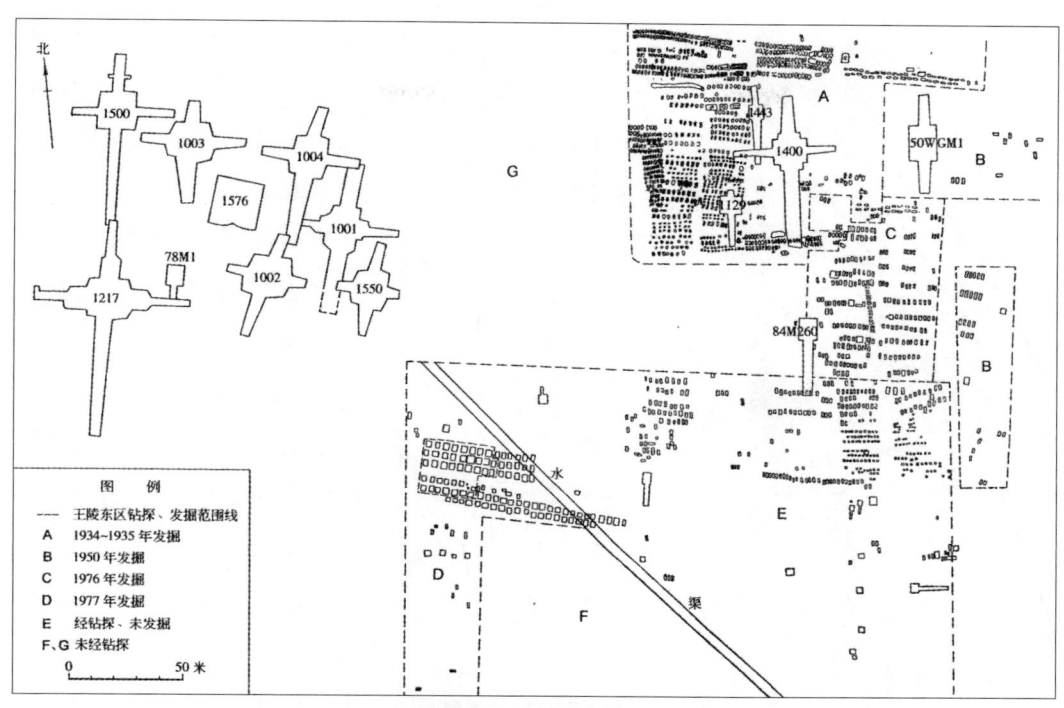

图3-2 殷墟西北冈王陵区大墓及祭祀坑

资料来源：中国社会科学院考古研究所《殷墟的发现与研究》，方志出版社，2007，第102页图52，第113页图58，第114页图59。

分为南北两部分，南部全为祭祀坑，北部除大墓外，也全为祭祀坑。这些祭祀坑排列整齐，没有打破关系，可以分为很多组别，是多次祭祀活动形成的。

殷墟王陵区存在预先划定墓葬区域的现象，西北岗庞大、豪华的大墓和大量祭祀坑体现了商王至高无上的权威，也体现了商王墓地已经按照一定的规则和观念有意规划、排列与实施，墓地制度已经初步形成。

综观整个西北岗东区和西区，墓葬排列从东向西依次顺排，即同一墓组中，北边的墓早于南边的，不同墓组，东墓组早于西墓组。[①]东区大墓年代最早，西区8座大墓也是南边晚于北边，东边早于西边；西区仅见4条墓道的王陵及附属祭祀坑、殉葬坑，无其他墓葬；东区除少量早期大墓外，还有大量祭祀坑。经考古学者对殷墟王陵区大墓群的深入研究，认为该墓地是事先已有总体规划，而武丁时又曾作过调整；由此可知，历代商王集中于一个墓地，并有大量的祭祀遗迹，说明墓地制度的重大变化，预示着与商周社会相适应的墓地制度的形成，也就是说，经过夏代和商代早期的

---

① 杨锡璋：《安阳殷墟西北岗大墓的分期及有关问题》，《中原文物》1981年第3期。

过渡，新石器时代的埋葬制度已基本完成了其历史使命。这个变化与前述殷墟后期嫡庶观念进一步加深、王权进一步加强的进程亦相符合。①尽管王国维先生早年提过殷代无宗法制的论点，所谓"商人无嫡庶之制，故不能有宗法"②。但在商王朝末期，已经看出宗法制的萌芽，例如《史记·殷本纪》记载："帝乙长子曰微子启，启母贱，不得嗣。少子辛，辛母正后，辛为嗣。帝乙崩，子辛立，是为帝辛。"同时大量祭祀坑也是晚商时期"事鬼敬神"观念的集中体现。

在安阳后冈墓地，共发掘商代墓葬107座（含祭祀坑2座）。其中1971年发掘的后冈晚商墓地中共有35座墓葬、1座殉马坑，③与1933年发掘的1座中字形大墓属于同一墓地。④该墓地可分为3个墓区，或可细分为8个小组。⑤西组中有4座中字形大墓（含1933年1座），1座殉马坑。3组墓葬反映出来的墓主人身份等级差异较大，既有规模较大的2条墓道的中字形墓，也有1条墓道的甲字形墓，更多的是小型墓，整个墓地分组明显，而大墓主要集中在西墓区，清楚反映出不同等级死者埋葬在同一墓地，甚至是在同一墓区中（图3-3）。⑥后冈墓地也经过事先规划，布局清楚，并有高规格大墓，虽不如

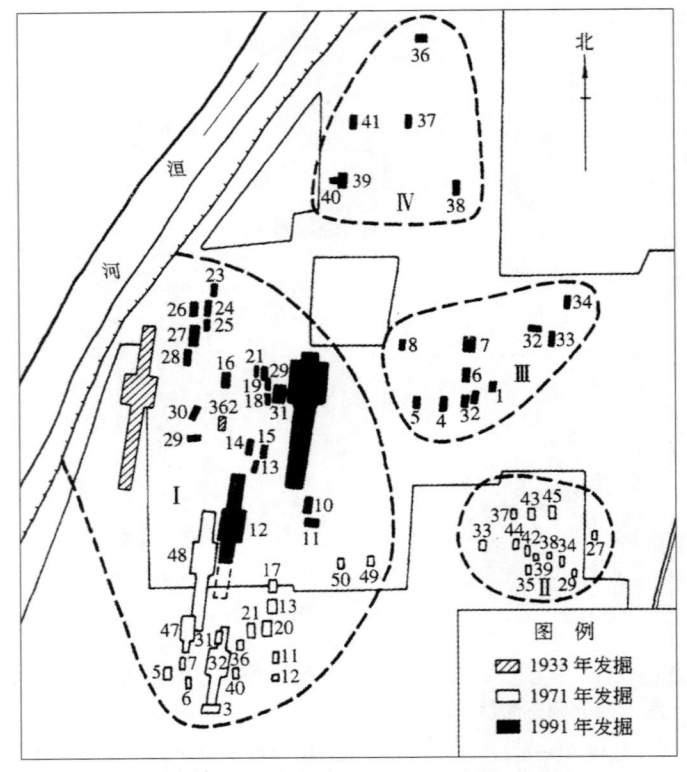

图3-3　殷墟后冈墓地Ⅴ—Ⅵ组墓葬分布示意图

资料来源：中国社会科学院考古研究所编《中国考古学·夏商卷》，第337页，图6~12。

---

① 胡进驻：《略论殷墟王陵制度的形成》，《华夏考古》2008年第3期。
② 王国维：《殷周制度论》，氏著《观堂集林》卷10，中华书局，1984。
③ 中国科学院考古研究所安阳发掘队：《1971年安阳后冈发掘简报》，《考古》1972年第3期。
④ 石璋如：《河南安阳后冈的殷墓》，《中央研究院历史语言研究所集刊》，1948年。
⑤ 刘一曼、徐广德：《论安阳后冈殷墓》，《中国商文化国际讨论会论文集》，中国大百科全书出版社，1998，第183页。
⑥ 朱凤瀚：《商周家族形态研究》（增订本），天津古籍出版社，2004，第116页。

西北岗墓地显赫，但也已有"公墓"的雏形。

（2）早期邦墓的雏形——殷墟西区墓地

族坟墓中的"邦墓"，以殷墟西区墓地为最早出现的雏形。中国社科院考古研究所等单位在殷墟西区进行了大规模的钻探和发掘，共发现殷代墓葬2000多座，已发掘939座墓葬和5座车马坑，为探寻我国邦墓地找到了最早的代表地点。这一墓地中104座墓葬有打破或叠压关系，两个墓葬互相打破的共43组86座墓葬，三个墓葬之间打破共6组18座。该墓地的墓葬方向以南北向为多，兼有少量东西向墓；墓葬的形制除5座各有一条墓道、一座无圹墓外，其余均为长方形竖穴土坑墓；墓穴一般长2~2.4米、宽0.8~1.2米，少数较大的墓长超过3米；有葬具的710座，其中有棺有椁的47座，其余的仅有一棺；葬式清楚的仰身葬348座，俯身葬142座，屈肢葬21座；死者的年龄多在20~50岁；5座带墓道的大墓，1座在发掘者划定的第七墓区，其余4座都在第三墓区，而且是4座大墓紧密排列。随葬品最多的是位于第七墓区的93号墓，有各类随葬品共305件，仅铜器就有90余件。

综观殷墟西区墓地，939座墓中有5座规格较高的甲字形墓，占墓葬总数的不足0.5%，其余均为小型墓，绝大多数墓葬在埋葬方向、同规模墓在使用葬具及随葬品等方面，都有更多的一致性，表明该墓地中的绝大多数死者有共同的信仰，除极少数死者地位较高外，多数人并不富有。同一个大墓地中，有明显的分组和分片的布局，这是事先规划的，说明墓地中的死者有亲疏、远近的差别。

学者研究指出，商周时期规划墓群必须符合以下原则：一是有血亲关系的墓葬在平面上呈现某种形式的聚合状态，社会级别不同的亲属集团在共同墓地中，依血亲关系的远近，在空间上聚合为不同规模、不同等级的墓群。二是同一群内同期的墓葬在主要随葬器物的组合上，具有某种共性。三是同一群内的墓葬在排列方式及葬式上遵循某种规律。[①]殷墟西区墓地存在预先划定墓葬区域的现象，总的布局从选定墓地开始就经过预先规划，一直延续到殷墟晚期，各墓区的墓葬数量各有不同，但各区间的间隔明显，说明各墓组从初始之时就预先划定大致范围，后来主持丧葬之人并不能随意更改或扩大，但后期有在相距较远之处另起新葬所的情况。[②]

墓区中的墓葬呈现大群中有小群的分布现象，每个小群从几座到几十座不等，构成一个更大的墓群，例如带墓道大墓周围成组分布着较多长方形竖穴墓，这些保持相

---

① 朱凤瀚：《商周家族形态研究》（增订本），第102页。
② 朱凤瀚：《商周家族形态研究》（增订本），第102~116、583~597页。

同埋葬习俗的各个墓区的死者，生前应属同族成员。他们所代表的家族结构也是相同的，即一个较大的家族即宗族内包含着若干小规模的伸展家族。① 这种布局也是商代晚期家族墓地最普遍的一种方式。

殷墟西区墓地共分为若干个小墓区，每个墓区具有一个边界范围，发掘报告认为每个墓区分属不同族别，属于族墓地。但同一墓区内又出土多种不同族徽的青铜器，而且同一墓区内墓葬方向和葬俗也有一定差异，所以有学者提出殷墟西区墓地不属于族坟墓，而是居于王都的多个族群的"公共墓地"。② 实际上该墓地应为多个族群的"聚族而葬"，各族间、分族间和各家族间既存在着经济和政治地位上的不同。③ 但他们之间的关系是密切的，相邻居住，生活上和生产上的来往，族与族之间还会有婚姻关系，或相互之间有政治性联盟。④ 但这些家族间等级差异不明显，同属于一般贵族中的中下层，经济条件也基本相同。这与在商王都城居住的人员构成比较复杂有关，包含有众多与商王关系或远或近、等级高低不同的成员，殷墟西区墓地埋葬的可能就是这类殷王室成员及其附属族众。⑤ 综合分析，殷墟西区墓地具有早期邦墓的特征。

（3）关于殷墟墓地为"公墓"和"邦墓"的讨论

有学者认为殷墟王陵区即属于《周礼》中记载"公墓"的基本形态，而包括殷墟西区墓地在内的其他墓地则为"邦墓"。⑥ 这种认识是很有见地的。《周礼》中关于公墓和邦墓的记载，是一种理想化的规范，而且在各个时期也并非一成不变。《周礼·春官》记载公墓应当是："先王之葬居中，以昭穆为左右；凡诸侯居左右以前，卿大夫士居后，各以其族。"可以看出，公墓应当属于有血缘关系、从王到士不同等级、按照一定规律排列并事先规划的族墓地。殷墟王陵区内共有8座四墓道大墓，加上未完成大墓，共9座大墓，其等级与商王相匹配，但该墓地并未形成以王陵为中心，诸侯、卿、大夫和士各居其位、各有其族的等级格局，王墓的集中独立埋葬恰恰体现了王至高无上的权威。所以，殷墟王陵区格局应当属于公墓制度最原始的一种墓地形态。

"邦墓"属于万民所葬之地，是族墓地的另一种形态。包括部分高级贵族、一般贵族和平民家族的墓地，殷墟西区墓地、后岗墓地的发现都属此类，已经具有了"邦墓"的性质。

---

① 朱凤瀚：《商周家族形态研究》（增订本），第110页。
② 杨升南：《关于殷墟西区墓地的性质》，《殷都学刊》1999年第1期。
③ 韩建业：《殷墟西区墓地分析》，《考古》1997年第1期。
④ 中国社科院考古研究所安阳工作队：《1969～1977年殷墟西区墓葬发掘报告》，《考古学报》1979年第1期。
⑤ 朱凤瀚：《商周家族形态研究》（增订本），第117页。
⑥ 徐吉军、贺云翱：《中国丧葬礼俗》，浙江人民出版社，1991，第231页。

2. 殷墟以外的族墓地

在殷墟以外的非核心文化区，也发现了大量聚族而葬的族墓地，如河南辉县、武陟大司马、南阳十里庙、河南罗山蟒张后李等商代墓地，河北邢台曹演庄遗址、磁县下七垣遗址、山东平阴朱家桥遗址、济南大辛庄遗址、青州苏埠屯墓地、邹县南关遗址、滕州前掌大墓地、陕西西安老牛坡墓地和山西灵石旌介村遗址等地均出土了商代晚期的墓葬或墓地，其中罗山蟒张后李墓地、苏埠屯墓地和前掌大墓地可能是方国君主墓葬，其余墓葬则是多种身份死者的墓地，体现了以血缘为纽带的族坟墓制度在殷商时期的盛行和商文化对周边地区的影响。

（1）罗山蟒张后李贵族墓地

河南罗山蟒张后李商代墓地长约100米、宽约30米，共清理25座商代晚期墓葬（表3-4）。[①]均为长方形竖穴土坑墓，1座有墓道，11座属于中型木椁墓，其余均为小型土坑墓，但没有发现规模很小、随葬品极少的墓。墓葬方向基本为正北向，排列有一定规律，依次由北往南排列。从现存随葬品来看，大多随葬有青铜礼器，棺内陪葬玉器和兵器，多数墓有殉犬和腰坑习俗，8号墓还有殉人。其中1号墓出土青铜器最多，共77件，铜器制作精巧，纹饰多为饕餮纹、云雷纹等，而年代较晚的六号墓出土的铜器薄而轻，制作工艺较差。该墓地已经在10座墓中27件铜器上发现相同的族徽铭文，如6号墓铜鼎、铜爵、铜尊、铜觚和5号墓铜鼎内的铭文，应为这个家族墓地的共同族徽。经学者分析认为，该墓地应当是息国贵族墓地。[②]墓地中1号墓主人和8号墓主人身份地位高，其余按照年代依次排列，逐渐形成墓地。可见，此处贵族家族墓地经过一定预先规划，同时存在社会地位和等级差异明显的现象。

表3-4 罗山蟒张后李商代晚期墓地发掘概况

发掘年份	墓葬数量	墓葬位置	墓室特征	墓葬等级
1979年	6	墓地南区	长方形竖穴土坑	M1、M4、M6、M8、M9、M11、M12、M18、M27、M28、M41、M43、M44、M45为中型木椁墓，余为小型墓。
1980年	16	墓地南区（3座）墓地北区（13座）	长方形竖穴土坑	
1985年	3	墓地南区	长方形竖穴土坑	
合计	25			中型14座，小型11座

---

① 信阳地区文管会、罗山县文化馆：《河南罗山县蟒张商代墓地第一次发掘简报》，《考古》1981年第2期；《罗山蟒张后李商周墓地第二次发掘简报》，《中原文物》1981年第4期；河南省信阳地区文管会、河南省罗山县文化馆：《罗山天湖商周墓地》，《考古学报》1986年第2期；《罗山蟒张后李商周墓地第三次发掘简报》，《中原文物》1988年第1期。

② 李伯谦、郑杰祥：《后李商代墓葬族属试析》，《中原文物》1981年第4期。

（2）山东滕州前掌大墓地

山东滕州前掌大墓地分为北区墓地和南区墓地，虽然从墓地规模和规格上北区墓地要高于南区墓地，但多数被盗，资料不完整。该墓地墓葬方向基本一致，墓葬成片集中分布，"中"字和"甲"字形墓葬形制十分规整，排列有序，显然是经过精心策划和安排的。从墓葬规模上看，北区墓地的等级最高但数量少，双墓道墓葬主人可能是国君级别的死者，而单墓道墓葬的主人的地位应该也是较高等级的贵族。所以此处墓地主人应该生活在商代晚期到西周初期，在商代为王侯级死者的家族墓地，应与分封在这里的薛国有关。① 南区墓地保存完好，布局合理，结构清晰，随葬品丰富。从目前来看，较大型的墓葬位于墓地中部和南部，北部及东西两侧基本为小型墓葬，形成小型墓葬将较大型墓葬环绕的布局。② 从墓葬布局上看，葬在一起的各个墓葬墓向基本一致，葬俗相同，排列有序，体现尊者为上为主、分组集中的排列规则，墓主人身份虽然有高有低，但因有王侯级死者，可认为是公墓地。

（3）山东青州苏埠屯墓地

山东青州苏埠屯墓地分布范围集中于青州市东北10公里处的苏埠屯村东南北埠岭上，1966年发掘4座商代墓葬和1座商代车马坑；1986年又发掘清理了6座商代墓葬和2座汉代墓葬，其中M1的墓主人地位最为显赫。③

苏埠屯1号大墓M1墓口南北长15米，东西复原长10.7米，墓深8.25米，共有4条墓道，墓室中部为亚字形木椁室，墓葬共殉48人和6只犬，该墓早年被盗，出土器物较少，但仍不乏精品，包括铜鼎、斝、爵等容器，铜钺、矛、戈、镞、斧、锛等兵器，还有玉柄形器、玉玦等，陶器和石器若干，还有贝3790枚。发掘者认为M1墓主人"应是此次于商王的方伯一类的人物"，④ "很可能是薄姑氏的君长"。⑤ M11为甲字形墓，一棺一椁，墓口南北长5.9米，东西宽4.2米，随葬品被盗，具体数量不明，但是从墓葬规格来看，M11级别应该也不低。M8也为甲字形墓，北距M1约90米，有生土二层台，两棺一椁，共随葬器物312件，有铜酒器、乐器、兵器、工具、陶器、玉石器、骨蚌器等，可见不仅数量多，而且种类齐全。M7为长方形墓，有棺椁，墓内

---

① 中国社会科学院考古研究所：《滕州前掌大墓地》，文物出版社，2005，第524~528页。
② 中国社会科学院考古研究所：《滕州前掌大墓地》，第524~528页。
③ 祁延霈：《山东益都苏埠屯出土铜器调查记》，《中国考古学报》第2册，1947；山东省博物馆：《山东益都苏埠屯一号奴隶殉葬墓》，《文物》1972年第8期；山东省文物考古研究所、青州市博物馆：《青州市苏埠屯商代墓发掘报告》，《海岱考古》第1辑，山东大学出版社，1989，第254页。
④ 山东省博物馆：《山东益都苏埠屯第一号奴隶殉葬墓》，《文物》1972年第8期。
⑤ 北京大学历史系考古教研室商周组：《商周考古》，文物出版社，1979，第106页。

有三个殉人，随葬青铜、陶器、石器和贝等。相比较而言，M8应该比M7级别高，13件铜器上有"融"的族徽，2件鼎上有"册融"铭记，综合分析，M8应当为亚丑国族职官作册"融"的墓地。据此，北边的M11墓主人可能同为该方国的职官墓葬。从以上分析来看，该墓地是亚丑国族的墓地，可能是"薄姑氏国君的陵寝"，①同时存在严格的等级制度，M1墓主人是薄姑氏君长，而M8组和M11组应当是有官位的国君家族成员，环绕在方国君主墓周围；从延续时间上看，该墓地应当是逐步形成的，事先应当有规划。10座商代墓葬均是土坑墓，方向4~16度，四条墓道的M1与M10、M12为一组，居中心位置，M10、M12级别稍低，可能是M1的陪葬墓；一条墓道的M11位于其北；另有一条墓道的M8与M7在其南；M5在其西南，对M1呈拱卫之态（图3-4）。这处墓地大型墓的排列似乎有左昭右穆的迹象。

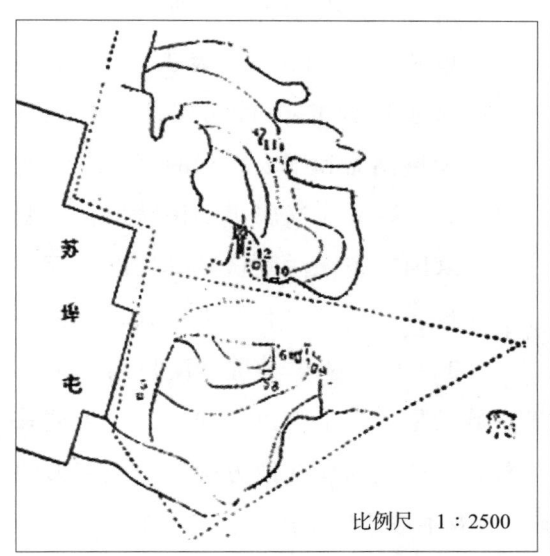

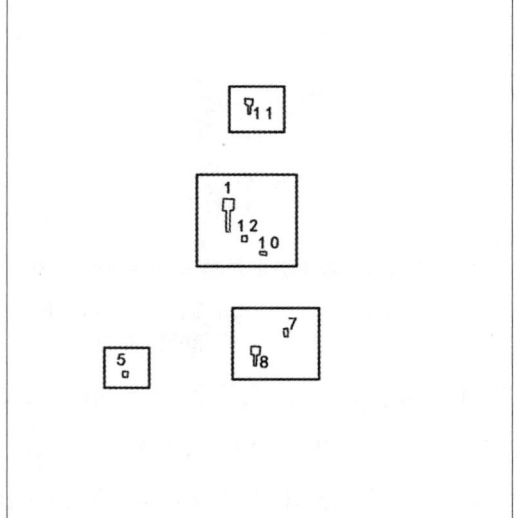

图3-4 苏埠屯墓地分布图

资料来源：山东省文物考古研究所、青州市博物馆《青州市苏埠屯商代墓发掘报告》，《海岱考古》第1辑，第255页。

该墓地以大墓为中心，同时出现分组集中的特点，是典型的族墓地。如果按照西周"公墓"之制来考察，苏埠屯墓地在一定意义上符合"公墓"的基本规则，是西周公墓制度形成的前奏。

（4）西安老牛坡墓地

西安老牛坡墓地于1986年发掘，共发现殷墟早期38座墓葬和2座马坑与车

---

① 殷之彝：《山东益都苏埠屯墓地和"亚丑"铜器》，《考古学报》1977年第1期。

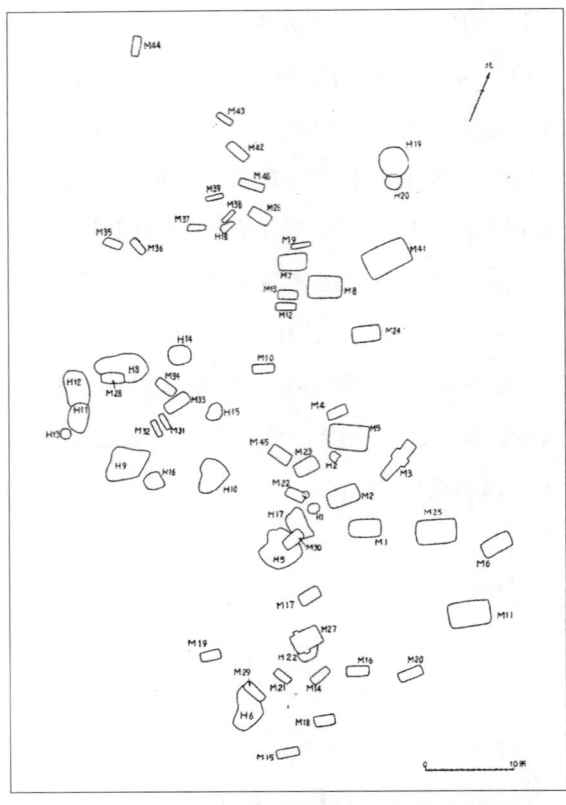

图3-5　老牛坡遗址墓葬、灰坑分布图

资料来源：西北大学历史系考古专业《西安老牛坡商代墓地的发掘》，《文物》1988年第6期，第2页。

马坑。① 这些墓葬排列密集，井然有序，多数属于同一时期，应是独立的宗族墓地。5座中型墓位于墓地的最北边，属于墓地上位，而其他小型墓葬均位于墓地南边，属于下位。这些墓葬均为长方形竖穴土坑墓，没有墓道，大多墓葬有腰坑和二层台，根据墓葬面积大小、葬具和殉人差别分为三个等级，中型殉人木椁墓7座，有棺有椁，殉人盛行，其余均为小型殉人墓和小型单人墓（图3-5、表3-5）。小型墓多随葬1~3件陶器，有的也有少量铜器和殉人，有的墓葬一无所有，死者应当属于平民阶层；中型墓因被盗无法确认其确切的随葬数量，但墓葬内有较多殉人，还出有2座马坑和车马坑，反映出墓主人生前有较高的社会地位和经济基础，属于贵族阶层。以上信息反映出，老牛坡墓地为同一族群但不同阶层的墓地。文献记载，崇国是商朝在西方的一个强有力的诸侯国，丰镐遗址是崇国的核心势力范围，而老牛坡遗址距离丰镐遗址约50公里，可见该处极有可能位于商代崇国势力范围之内。②

表3-5　老牛坡墓地概况

墓葬等级	随葬器物	是否有殉人	墓室情况	墓葬规格
第一等级	丰富，有铜器、陶器等，部分有马坑和车马坑	殉人多	长方形竖穴土坑，有腰坑，有棺有椁	中型木椁墓
第二等级	较少，1~3件陶器，部分有铜器	部分有殉人	长方形竖穴土坑，有腰坑	小型殉人墓
第三等级	无	无	长方形竖穴土坑	小型单人墓

---

① 西北大学历史系考古专业：《西安老牛坡商代墓地的发掘》，《文物》1988年第6期。
② 刘士莪：《西安老牛坡商代墓地初论》，《文物》1988年第6期。

商人也是聚族而居的,《左传·定公四年》记载:"昔武王克商,成王定之……分鲁公以大路、大旗、夏后氏之璜、封父之繁弱、殷民六族条氏、徐氏、萧氏、索氏、长勺氏、尾勺氏,使帅其宗氏,辑其分族,将其类丑……分康叔以大路、少帛、綪茷……殷民七族陶氏、施氏、繁氏、锜氏、樊氏、饥氏、终葵氏……皆启以商政,疆以周索……怀姓九宗、职官五正……"说明殷商包含不同族群,而且聚族而居。殷人的族坟墓制度正是这种死前聚族而居、死后聚族而葬的反映。

殷墟王陵区、殷墟西区墓地均存在预先划定墓葬区域的现象。西北岗的大墓和大量祭祀坑体现了商王至高无上的权威;该王陵区所以分为东西两区,可能是武丁时对王陵西区的规划制度做了重新较大的调整。这个变化与殷墟后期的嫡庶观念逐渐加深、王权逐渐加强的情况相符合。大量祭祀坑也是晚商时期"事鬼敬神"观念的集中体现。

与殷墟同样,殷墟以外的方国墓地和族墓地,墓葬排列有序,墓地均经过事先规划而长期形成,也存在墓葬集中分组现象,墓地中以血缘为纽带,但等级差异明显。而苏埠屯墓地和前掌大墓地,都有诸侯王一级的墓葬,可能是公墓制度形成的雏形。其他方国墓地,不能确定有王一级死者,则属于一般贵族墓地。

殷墟时期的公墓和邦墓制度尚未成熟,仅仅是一种萌芽阶段的过渡形态。商代墓地制度是阶级对立、王权至上、等级制度和敬神事鬼、视死如生观念的集中反映。

综上所述,从史前时期到夏商时期,以血缘为纽带,生前聚族而居,死后聚族而葬,墓葬的安排则出现由氏族公共墓地向族墓地制度的转变,血缘观念也有了新变化,而等级观念不断强化,表现在殡葬制度上则是墓葬之间的差异由不明显到巨大差别。这是社会关系、社会等级差异与社会观念的反映(表3-6)。

商代的墓地制度在我国墓葬制度史上起着承前启后的作用,上承新石器时代晚期的氏族公共墓地,下启周代完备的"公墓"和"邦墓"制度。随着王权的加强,等级关系制度化,阶级分化加强,阶级对抗更加明显,独立王陵区从族墓地中逐渐脱离出来,王侯以外的贵族和不同阶层的人群也按照一定的制度来排列和规划,逐步形成西周时期的"公墓"、"邦墓"和后期的陵园制度。

表3-6 新石器时代到夏商时期墓地变化

时代	社会生产活动组织	组织者占有情况（既得利益）	人们之间的关系	血缘纽带关系	殡葬表现
新石器时代早期	长者、有能力者组织	不含私利	平等	纯正	无差别（氏族公共墓地）
新石器时代晚期	族团领袖组织	有利可图	有分化	维系	略有差别（氏族公共墓地）
夏商时期	国家力量组织	强行占有	有等级	利用	巨大差别（族葬制）

第三节　殉葬与祭祀

殉葬是夏商周时期非常突出的丧葬习俗，是殡葬礼仪的一项重要内容，多在墓主人的墓内，用人为墓主人陪葬即人殉，用动物陪葬即牲殉，无论是人还是动物，都用活体或处死后来陪葬。用人或动物作为供品来祭祀神灵或祖先的宗教性行为，即人祭和牲祭，或在墓葬旁，或在他处另设场所。墓祭是祭祀的一种方式，是针对某一个或数个死者的祭祀活动。在这里要特别说明的是，用于人祭、人殉的死者，也是殡葬文化的一个组成部分，他们的埋葬场所，不管是在墓主人的墓中，还是在祭祀场所、祭祀坑中，不管是有坑穴，还是无坑穴，都是一类特殊的墓葬，只不过有的是墓中之墓（墓主人墓中），有的是以坑为墓（祭祀坑和车马坑），但毕竟是安置死者遗体或遗体残余的场所。根据这一历史阶段人祭与牲祭、人殉和牲殉等特殊墓葬习俗的研究分析，可以考察夏商周时期不同时段、不同社会阶层社会地位的差异以及社会生死观的变迁。

强把鲜活的生命捆绑起来或砍头后去为死者陪葬，宰杀活生生的正健康成长的牲畜作神灵、祖先的供品，在今人看来是多么惨无人道，然而这却是曾经的历史，是存在的事实。尤其在夏商周时代，是"鬼神观念"、"等级观念"衍生出来的殡葬行为。

一　人殉与牲殉

人殉和牲殉是用活人或禽、兽等动物作牺牲，为死者殉葬，以便死后世界墓主人仍然能享用，追求的是阴间生活的幸福，是现实社会对死者世界的心理满足，也是治丧人对墓主人冥冥世界的一种构思和规划，同样是生死观的体现。具有无上权威的特权阶层为了死后能继续过上在世时的奢华生活，就用社会制度规范并通过亲近的人或地位较低的人从死，以便继续供其享用。陪葬的死者有生前经常接触或可以支配的人，如妻妾、臣僚，更多的是奴隶、战俘等，有的陪葬者身份地位虽然也不低，但也属人殉。牲殉就是用禽、兽等动物作为牺牲置于墓葬中或墓旁为墓主人享用，动物牺牲种类多样，有牛、羊、猪、犬、鱼、马等。夏商周时期，人殉和牲殉随葬数量的差异一定程度上反映了墓主人的身份和地位，也是社会地位和财富的象征。

史前时期，就已经出现人殉现象，大汶口文化时就有用人殉葬，多以妻妾殉夫。在江苏新沂花厅墓地、内蒙古朱开沟和齐家文化男女合葬墓中，都发现有人殉现象。[①]在江苏邳县刘林墓地M25和河南淅川下王岗M112均见陪葬犬的现象，属于殉牲。商代时期，人殉、牲殉现象达到高峰，西周时期开始衰落，春秋战国时期，各地殉人之风仍然不减，但主要是在上层统治者中用人殉葬从死之风盛行。

夏商时期的人殉和牲殉是尊鬼习俗、祖先崇拜、灵魂不灭观念和厚葬之风的反映，从墓葬规模、随葬品和人殉、牲殉现象等方面都能体现这种丧葬观念，同时也是社会等级差异性的体现。丧主相信灵魂不死的传统观念，为墓主人送去丰富的随葬品和殉人、殉牲，以供墓主人在死后世界享用和驱使，在夏商周时代的埋葬习俗特别是贵族死者的墓中，是非常多见的现象。根据墓主人的身份、地位，有的殉人，有的殉牲，有的既有殉人，也有殉牲，而且数量多少也各不相同。商代人殉更加突出，牲殉相对少一些，这是人殉鼎盛的表现，牲殉类别主要是殉犬。

夏文化时期的二里头遗址目前尚未发现大型墓葬和明确的人殉现象。晚商时期人殉之风盛行，而且制度化。一般来说，大型墓葬中殉人由几十人到一百多人，中型墓葬由数人到十几人，小型墓葬有的无人殉，有的有一二人。被殉之人多数安置于墓室中，身份复杂，其中不乏从死的贵族、近亲、妃妾、近臣和侍从，还有驭车的御人等。据不完全统计，安阳殷墟墓葬中出土的人殉总数达到四五千人。[②]西北岗王陵区一座大墓内殉人有几十到上百人不等，殉牲可达几十条。在一些规模不大的小型墓中也不乏殉人的事例，小屯西地的GM233殉有一人，俯身直肢葬，置于墓室南侧的二层台上，头朝东，与墓主人一致，面向北，对着墓主，左臂近直，右臂压身下，足部抵墓之西壁，右身紧贴墓之南壁，无随葬品，活脱脱是墓主人的一个侍者。而大司空村SM323殉1人，放在墓室填土中，仅存头颅和两条下肢，头向东，面部向上，两

---

① 黄展岳：《中国古代的人牲人殉新资料概述》，《考古》1996年第12期。
② 文笑、德省：《秦国人殉制度的演变》，《文博》1998年第6期。

肢伸直，似为仰身，而且头和下肢不在同一个平面上，从骨骼看，似为孩童，无随葬品，是肢解后的殉葬者。小屯西地 GM258 因被盗掘，实际殉人数不明，遗留有 4 个殉人个体，一人发现于墓口的填土中，没有发现下肢，可能是儿童；另外三人都放在墓室的二层台上，骨骼都已腐朽，看不出葬式。武官村北地 WGM1 殉人 2 个和人头 4 个，两具殉人分别放在椁室东西两侧的二层台边沿上，头均向北，与墓主人头向一致，骨骼腐朽，葬式不明，未见随葬品；4 个人头放在墓室的东南角的二层台上，人头由北向南排列；为墓主人殉葬者中，有儿童，也有成年人。[1] 在腰坑内埋入殉人在商代也是常见现象。殷墟后岗发现有两条墓道的墓葬 M9 规模较大，椁室是亚字形，长 8.8 米、宽 8 米，墓底腰坑内殉 1 人。[2]

安阳花园庄东地墓地中的 44 座墓葬，有殉人的仅 2 座，M54 出土随葬品 577 件，墓主人是该墓地中地位较高的一位贵族，墓中共殉 15 人，其中人头骨 5 个，放置于填土或二层台下，或许是战争中的战俘或奴隶；完整骨架 10 人，位于棺椁之间 6 人，二层台底部 4 人，其中 9 人为俯身直肢，与墓主葬式相同，这些人或许是墓主生前贴身侍卫或随从。[3] 另有殉犬 15 只。妇好墓中殉人 16 人，殉犬 6 只；郭家庄 M160 殉 4 人，殉犬 3 只；殷墟在 1958~1961 年发掘发现 4 座墓葬有人殉的现象；在安阳武官村西北岗发掘出十几座王陵，可惜的是都曾多次被盗，使用人牲无法知晓。商代贵族墓葬中，殉人数量与墓主人的地位如何对应，由于多数墓葬不完整无法确知，但墓葬越大，规格越高，殉人就多则是很清楚的，殉犬的情况也是如此。

在殷墟外的方国境内，人殉制度也很盛行。例如在河南信阳罗山天湖商周墓地、[4] 河北藁城台西商代遗址、[5] 山西灵石旌介村商墓、[6] 山东益都苏埠屯大墓、山东滕州前掌大遗址等都发现殉人现象。苏埠屯遗址发掘 4 座商代晚期贵族墓葬，尤其 M1 为有 4 个墓道的大型木椁墓，是殷墟王陵区之外少见的晚商大墓，墓室内有亚字形木椁，该墓主人是薄姑氏国君，发现有 48 个殉人，其中一半只有头而无躯体，分别位于腰坑、奠基坑、二层台和南墓道口处，墓室内殉人 9 个，南墓道人牲 39 人。[7] 很明显，这些被殉者有的是侍者，有的是警卫，有的是用于劳作之人。

---

[1] 中国社会科学院考古研究所编著《殷墟发掘报告（1958~1961）》，文物出版社，1987，第 212 页。
[2] 中国社会科学院考古研究所安阳工作队：《1991 年安阳后岗殷墓的发掘》，《考古》1993 年第 10 期。
[3] 中国社会科学院考古研究所编著《安阳殷墟花园庄东地商代墓葬》，科学出版社，2007，第 29~34 页。
[4] 河南信阳地区文物管理委员会：《罗山天湖商周墓地》，《考古学报》1986 年第 2 期。
[5] 河北省文物研究所：《藁城台西商代遗址》，文物出版社，1985，第 103~157 页。
[6] 山西省考古研究所等：《山西灵石旌介村商墓》，《文物》1986 年第 11 期。
[7] 山东省博物馆：《山东益都苏埠屯第一号奴隶殉葬墓》，《文物》1972 年第 8 期。

山东滕州前掌大遗址的殉人情况也很有说服力，这里的墓地为商代晚期至西周早期。1981～1998年，经数次发掘在北区墓地清理了35座墓葬，其中有殉人的7座墓均有墓道，共有殉人20个，最多的一墓内6人，其他的有5人、2人或1人。在南区墓地的76座墓葬中，殉人现象也是仅见于规格较高的墓葬中，如M11是此次发现的随葬品最丰富的一座墓，仅铜器就有32件，其他还有大量精美兵器、玉器和陶器等，在东侧的二层台上殉有一个侧身屈肢、双手反剪、下肢微屈的成年男性，年龄为25～30岁，很明显是捆绑后活埋在墓室中（图3-6）。①发掘者根据随葬品功能推测墓主人可能为级别较高的武将，那么被殉者可能就是他的卫士。M41中也发现2个殉人，北侧殉人旁还随葬有青铜礼器，表明殉人的地位是不同的。另外该墓区还发现车马坑、牛坑、马坑和祭祀遗存，其中车马坑中均有殉人，应是驾驭马车之人。②

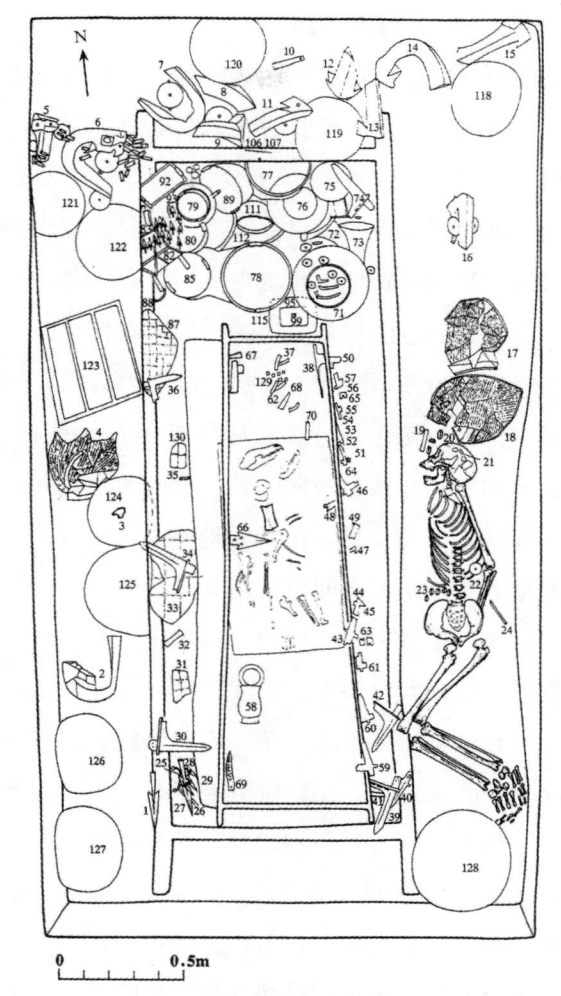

图3-6　滕州前掌大墓地M11墓室殉人情况

资料来源：中国社会科学院考古研究所《滕州前掌大墓地》，文物出版社，2005，第78页，图54。

商代晚期也是我国殉牲最多的时期。在旧石器时代晚期，犬已经被人类驯化，用犬殉葬也是值得进一步研究的问题，表现在用犬的数量、放置的位置和埋葬方向等方面。一般来说，晚商殉犬多放置于腰坑内、墓道、墓室甚至填土内。③

1958～1961年间发掘的殷墟墓葬中，以犬殉葬的共70座墓，其中用1犬殉葬的

---

① 中国社会科学院考古研究所：《滕州前掌大墓地》，第78页。
② 中国社会科学院考古研究所：《滕州前掌大墓地》，第526页。
③ 高广仁、邵望平：《中国史前时代的龟灵和犬牲》，《中国考古学研究》，文物出版社，1986，第63～66页。

·227·

59 座，2 犬殉葬的 10 座，3 犬殉葬的 1 座。①殉葬 1 犬的墓葬，多数把犬埋在填土或腰坑中，少数放在二层台上或棺上，有的还放在壁龛内；用 2 犬殉葬的，多放置于填土或腰坑中，数量较多的埋于填土中，个别的 1 犬埋于填土中，另一犬压在人骨架下。用 3 犬殉葬的仅 1 座，1 犬埋于填土中，另 2 犬埋于腰坑中。山东滕州前掌大北区墓地中墓葬等级高，多设有熟土二层台，77% 墓底多带有腰坑，腰坑内殉犬；南区墓地 41% 墓葬设有腰坑，腰坑内也均埋有一犬，有些墓在二层台上也放置一犬。②

犬头的方向与墓主人的头向多数相反，仅少数与墓主人头向一致，犬架大多放置规整，似为先杀后埋，少数的可能为活埋。苗圃北地 PNM207 中的一具犬骨架埋在填土中，头向朝北，与墓主人头向一致。苗圃北地 PNM42 中的一具犬架，放在壁龛中，头向朝北，与墓主头向一致，背向西，后肢内屈，放置规整。③这种以龛放犬的现象，在殷墓中极为少见。苗圃北地 PNM134 中有 2 具犬骨架，一具埋在距离墓口 0.5 米深的墓葬填土中，头向西，与墓主头向一致，但骨骼残缺；另一具放在墓底西北角，压在人架右腿骨下，头向西，与墓主人头向相反，背靠南墓壁，后肢向北伸，犬架下发现贝一枚，犬骨架未置于腰坑中，较为少见。

在商代，牛、羊、猪等不仅是肉食的种类，它们还是陪葬、祭祀等礼仪活动的用品，甲骨文记载，用牲殉葬或祭祀，不仅次数多，而且数量大，有的一次杀牲几百头用于殉葬或祭礼，所用之牲或整只，或以头、肢、下颌代替。在晚商墓葬中，存在随葬牛头、羊腿或其他兽肢随葬的有 14 座，数量有差异，较少的有羊腿 1 只或其他兽肢 1 只，一般的用兽肢数块，较多的用羊头 1 个，羊腿 2 块，牛腿 1 块，最多的用羊头 6 个，牛头 1 个，羊腿 2 块，牛腿 2 块。羊腿骨或其他兽肢骨多发现于陶器内，如陶豆、陶鼎等，少数单独放在二层台上。小屯西地 CM233 出土的牛、羊头等分散装置，6 个羊头和 1 个牛头放在墓主头端二层台上，3 只牛腿放在墓主头端的填土中，羊腿放在漆盘内（图 3-7）。④藁城台西 M102 东有殉兽坑，坑内埋牛、羊、猪的肢骨和蹄骨，共有牛 15 头，羊 29 只，都是幼畜，似为追祭坑。

在一些等级较高的墓葬中往往殉人数量多，殉牲种类丰富，是墓葬等级和墓主身份的重要标识。在殷墟武官村 M1 的西侧二层台上埋有犬 4 只、猴 1 只、鹿 1 只、其他禽类 9 只，两条墓道内都埋有人、马、犬，北墓道中有三马坑，共埋马 16 匹，犬 4

---

① 中国社会科学院考古研究所编著《殷墟发掘报告（1958~1961）》，第 212~213 页。
② 中国社会科学院考古研究所：《滕州前掌大墓地》，第 526 页。
③ 中国社会科学院考古研究所编著《殷墟发掘报告（1958~1961）》，第 213 页。
④ 中国社会科学院考古研究所编著《殷墟发掘报告（1958~1961）》，第 213 页。

只,南墓道中也有三马坑,共埋1人、12只马、1只犬,人作蹲式葬。此墓共殉79人,禽兽59只,有马27只、犬11只、猴3只、鹿1只、其他15只。殷墟侯家庄1001号大墓虽遭多次盗掘,但仍发现有殉人74人、马12匹、犬11只。①郭家庄M160是近年来发现随葬青铜礼器最多的一座墓葬,发现殉有4人。②

在商代晚期还发现有车马殉葬的现象,也有单独牛坑、马坑、羊坑等,但数量较少。一般来说,马车可分乘车、运输车和战车,用于殡葬的多为乘车,多以车马坑形式出现;马、牛、羊、猪等是当时肉食主体,用于殡葬则重在礼仪,一般来说多以牛坑、马坑、羊坑等专门性动物坑形式出现。山东滕州前掌大南Ⅰ区墓地,发掘有殉牛坑(SK1)1座,殉马坑(SK5)1座,殉犬坑(SK7)1座。SK1中的牛骨骼完整,头向西北,前后肢交叠在一起压在腰下,似为捆绑状。SK5有残碎马骨,还有17枚铜泡、铜镞、骨镞、骨锥等遗物。前掌大墓地共发现5座车马坑和4座马坑。5座车马坑形制统一,均埋有两马一车,整车埋葬,两匹马置于车辕两侧;5座车马坑与主墓分开埋葬,单挖坑,整车随马埋葬,马车装饰华丽,车舆内放置随葬兵器、玉器等(图3-8)。马坑的性质与车马坑基本相同,MK2中置有2匹马,马头相对并互相叠压在一起,骨骼完整,四蹄都交错在一起,也作捆绑状(图3-9)。③

从以上案例可以看出,殷商时期殉牲的主要对象是犬、牛、羊、猪等,不同等级墓葬中祭牲有不同数量,从一例到几十例,有的数量更多,有些墓葬中出土动物十分

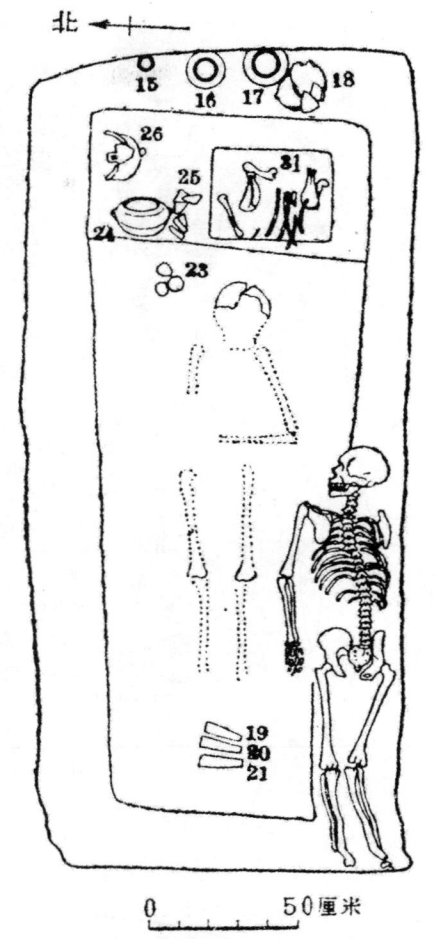

图3-7 小屯西地殷墓GM233墓底平面图

资料来源:中国社会科学院考古研究所编著《殷墟发掘报告(1958~1961)》,第206页,图158。

---

① 梁思永、高去寻:《侯家庄:河南安阳侯家庄殷代墓地第二本:1001号大墓》,台北:中研院历史语言研究所,1962。
② 中国社会科学院考古研究所:《安阳殷墟郭家庄商代墓葬》,中国大百科全书出版社,1998,第70、77页。
③ 中国社会科学院考古研究所:《滕州前掌大墓地》,第122~138页。

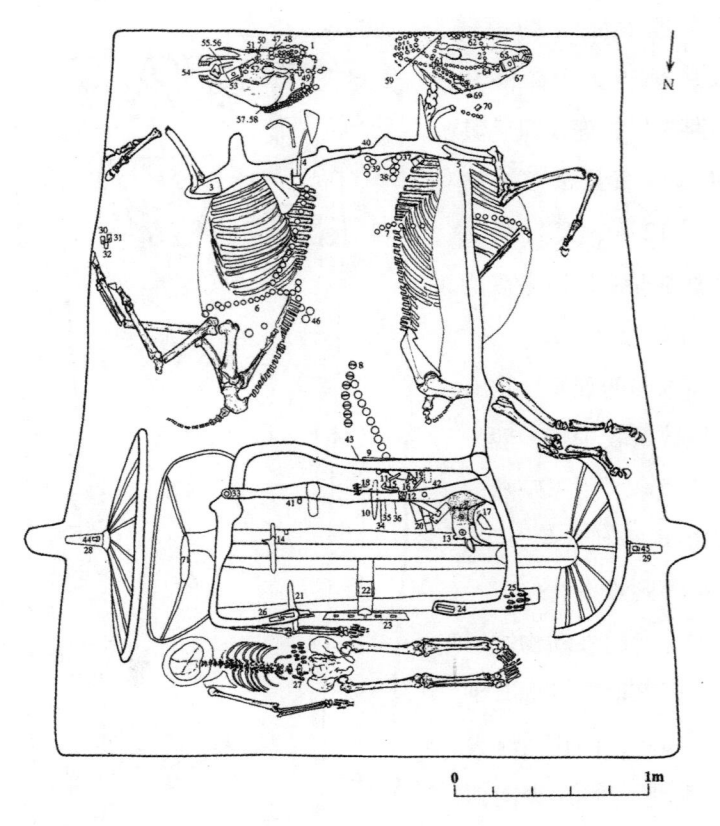

图3-8 滕州前掌大墓地车马坑M40平面图

资料来源：中国社会科学院考古研究所《滕州前掌大墓地》，第126页，图95。

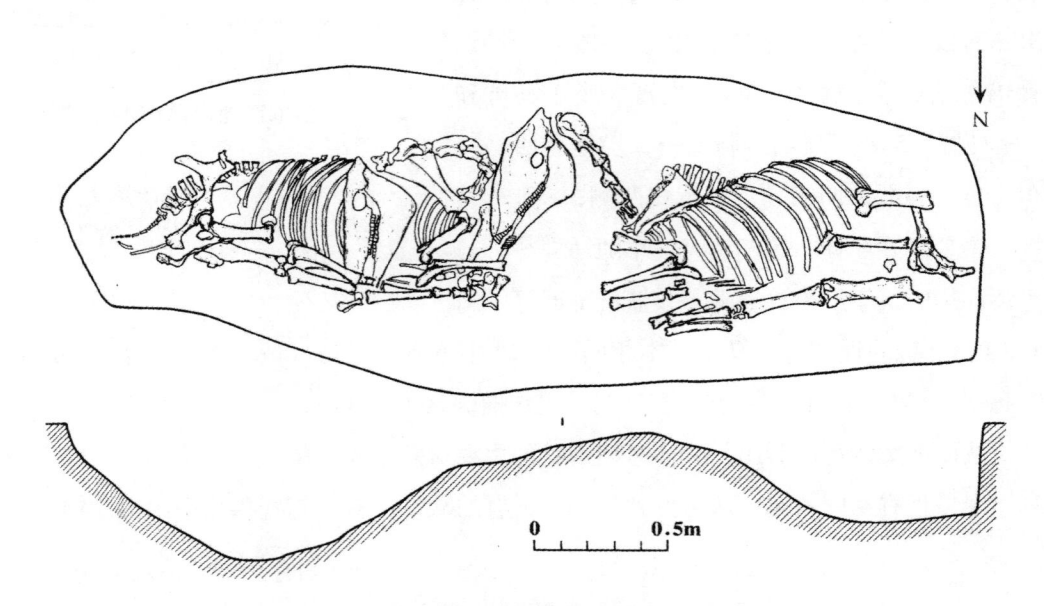

图3-9 滕州前掌大墓地车马MK2平剖面图

资料来源：中国社会科学院考古研究所《滕州前掌大墓地》，第136页，图100。

完整，有的仅见动物的头部或腿部，这些牺牲性质应当是有差异的。值得注意的现象是，这一时期墓葬中多见犬与马，尤其车马的出土，意为墓主人死后服务，如犬可以警卫，而马用以驾驭，殉人和车马器常同时出现就可以说明这一点。当然，这些被作为牺牲的牛、羊、猪、犬、马、鸡都是殷人豢养的家畜、家禽，殷人日常生活中也应以这些肉食品为主。①

另外值得注意的是，商文化墓葬的二层台上有发现动物腿骨的现象，同一墓组或分族的墓葬二层台放置的动物腿骨的种类具有一致性，这应是共同信仰或习俗的表现；二层台有动物腿骨的墓葬在其所在墓组的同时期墓葬中规模较大，二层台所置动物腿骨种类多少可能与墓主人的富有程度有关。

二 人祭与牲祭

人祭是以人作为祭品敬献神灵和祖先。祭，甲骨文写作"䘒"，往往以数量不等的点来表示祭祀的意思，金文写为"祭"，《说文》记载，"祭，从示，以手持肉"，以上说明古代的祭祀以动物或人体为主。

牲祭要早于人祭。牲祭在祭祀活动中以牛、羊、马、猪、犬、鸡、鱼等与人们生活密切相关的禽、兽等动物作为祭品，祭祀对象包括信仰的神灵、崇拜物、奠基和祖先。祭牲和殉牲现象在史前时期就已经存在，以猪、鸡、犬等作为牺牲，在宝鸡北首岭仰韶文化墓地中M17还有用鱼随葬的现象，②甘肃永靖大何庄齐家文化墓地发现有牛、马的骨架，③这是目前发现较早的殉牲现象。《史记·五帝本纪》记载："归，至于祖祢庙，用特牛礼。"说明在史前社会的最晚阶段就可能存在以牲祭祖现象。

人祭风俗在中原地区产生较早，西安半坡遗址已有用人头作房屋奠基的现象；赵陵山遗址祭坛西北部有19处祭祀点，死者身首异处，或者下肢被砍，有学者指出，这些可能与血祭有关。④河南渑池班村遗址庙底沟二期文化7个小灰坑中，有4具人骨，或被肢解，或被击伤，属于非正常死亡，这些遗骨应是祭祀时的牺牲。⑤也有人认为渑池班村遗址发现残酷的人祭遗存，可以视为对违犯族规家法的氏族成员处以极刑的

---

① 黄展岳：《殷商墓葬中人殉人牲的再考察——兼论殉牲祭牲》，《考古》1983年第10期。
② 刘随盛、杨国忠、梁星彭：《一九七七年宝鸡北首岭遗址发掘简报》，《考古》1979年第2期。
③ 中国科学院考古研究所甘肃考古队：《甘肃永靖大何庄遗址发掘报告》，《考古学报》1974年第2期。
④ 宋兆麟：《中国风俗通史·原始社会卷》，上海文艺出版社，2001，第462页。
⑤ 蒋迎春：《班村遗址发掘重大收获》，《中国文物报》1993年2月21日。

例证。①郑州西山仰韶时代城址中多座房屋底部和墙基底部发现盛放婴儿骨骼的陶器，与瓮棺葬性质明显不同，这种奠基杀婴埋置现象，应当是建筑过程中举行的具有某种特殊意义的祭祀礼仪。②河南安阳后冈遗址15座龙山文化房址下或附近埋有27具儿童骨架，有的一座房基下埋有4具儿童骨架，年龄1~5岁，多埋于墙基下、柱洞下、泥墙中、散水下或房屋垫土下。③从遗迹现象看，这些遗体都是有意识地在建筑前先埋入，应当属于奠基性质的人牲，也是目前发现人祭人数最多的遗址。

根据文献和考古资料分析，人祭的目的有以下几种：祭河神、祭社、焚巫求雨、祠上帝、奠基、祭祀和对死去祖先的墓祭等。根据已有的考古资料，人祭主要用于墓祭或奠基。

夏商时期，事鬼敬神观念盛行，尤其商代晚期更甚。"事鬼"反映到墓葬上则是厚葬之风的盛行，"敬神"则是通过大量祭祀性遗存和现象表现出来。这一时期，对祖先的墓祭主要见于殷墟王陵区的祭祀场，而其他祭祀性活动可能通过庙祭实施。祭祀性活动在夏代主要以人祭为主，到商代牲祭逐渐流行，人祭也达到最高峰。夏商时期的人祭和牲祭主要用于宗教祭祀和大型建筑奠基活动。

夏代时期，人祭习俗开始出现并逐渐流行，主要见于大型建筑基址的奠基仪式和宗教祭祀中。被视为夏代都城所在地的偃师二里头遗址一号宫殿建筑基址内发现5座葬式特殊的"墓葬"，均无葬具，也无随葬品，都是非正常死亡的儿童，实际都是奠基坑。其中M52、M54、M55三座墓葬围绕殿堂北部一个椭圆形坑的边缘，每坑一人。M27位于殿堂东南部，坑内埋一人，手足均残断，折叠作跪坐状。这5具少年儿童应是这座宫殿建造或落成时举行祭祀用的人牲。④在宫殿附近，分布有很多丛葬坑，有的有墓圹，有的没有墓圹。尤其无圹墓葬，无随葬品，也没有固定葬式，有的双手反绑，有的身首异处，与牲畜同埋，或仅存零星肢骨，总数大概五六十个。⑤从掩埋现状及所在位置看，他们应是用于祭祀宗庙的。⑥由此也为一号宫室建筑的性质提供了有力的证据。

与夏代相比，商代人的敬奉鬼神意识要强很多。《礼记·表记》："殷人尊神，率

---

① 张居中、赵清：《渑池县班村遗址》，《黄河小浪底水库文物考古报告集》，黄河水利出版社，1998，第7~9页；国家文物局考古领队培训班：《郑州西山仰韶时代城址的发掘》，《文物》1999年第7期。
② 国家文物局考古领队培训班：《郑州西山仰韶时代城址的发掘》，《文物》1999年第7期。
③ 中国社会科学院考古所安阳工作队：《1979年安阳后岗遗址发掘报告》，《考古学报》1985年第1期。
④ 黄展岳：《古代人牲人殉通论》，文物出版社，2004，第45页。
⑤ 中国社会科学院考古研究所：《偃师二里头》，中国大百科全书出版社，1999。
⑥ 黄展岳：《古代人牲人殉通论》，第44页。

民以事神，先鬼而后礼，先罚而后赏，尊而不亲。"可见，鬼神在商人的精神世界中是至高无上的。商代发现大量的甲骨占卜现象，出土的甲骨文和文献中都记载了商代存在频繁的祭祀内容（多以庙祭为主），还存在十分普遍的人祭和牲祭习俗，同样充分证明了商人尊崇鬼神、祖先崇拜的事实。

商代早期的人牲案例主要见于偃师商城和郑州商城。偃师商城宫城北部发现的面积较大的祭祀坑内，考古发掘时划分为 A、B、C 三个区块，其中 A 区内用于祭祀的主要有人、牛、羊、猪、犬、鱼等，祭祀坑 H282 中共有 14 层，不同的层位中均发现有祭祀遗存，主要由人牲、动物牺牲（牛、猪）和积石组成；人牲或被腰斩，或被肢解，也有的全尸。而 B 区和 C 区均以猪作为牺牲，[①]似乎说明 A 区的祭祀对象更重要。

郑州商城是商代早期的另一个都城，规模宏大，从公元前 16 世纪始建到公元前 14 世纪废弃，延续 200 多年，这里发现的人牲主要有两类：第一类是祭祀。属于商代早期的祭祀遗址主要是二里岗遗址的 C51H171、C51H161 和南关外的 C91H111 及其周边的小墓。这些遗迹内均是人牲和动物牺牲杂埋。H171 在距坑口 3.6 米深处发现 2 具稍残的青少年骨架，双手背后交叉为捆绑状，人架下面又发现 2 块人腿骨。H111 深坑内填埋成年骨架 2 具，儿童骨架 6 具，猪骨架 8 具，犬骨架 1 具和犬头骨 1 个，分四层埋置；人牲姿势各异，大多像是被捆绑后扔置于坑内的。H111 附近的小墓内发现的人牲，姿态各异，有的只有头骨，有的与猪犬同埋，分布集中，数量丰富，推测人骨和兽骨可能是当时举行某种祭祀时的牺牲，[②]而绝大多数都是活体牺牲（图 3-10）。

第二类是奠基。在商城的城墙内、大型房基下和重要制陶房址中都发现有奠基活动的人祭现象。位于郑州铭功路西侧的属于商代早期偏晚阶段的 9 座制陶作坊址中共发现 15 具奠基人牲，而年代稍晚的奠基人牲主要位于商城城墙内侧，共包括 24 个人牲坑和 9 个犬牲坑，15 座人牲坑中无随葬品，9 个犬牲坑共埋有 92 只犬，人牲坑多与犬牲同埋，例如坑 15 中，犬架下有 2 具人骨架，坑 18 内，犬骨中夹杂有凌乱的人骨。这些与犬同埋的人，至少部分是用来祭祀或奠基的人牲。[③]

商代中期的人祭情况可举从郑州小双桥遗址为代表。1999~2000 年，在郑州小双桥商代遗址发现了大批奠基坑和两个丛葬坑，使用人祭的人数达到 160 人以上，[④]

[①] 中国社会科学院考古研究所：《河南偃师商城商代早期王室祭祀遗址》，《考古》2002 年第 7 期。
[②] 河南省文物考古研究所：《郑州商城》（上），文物出版社，2001，第 483~493 页。
[③] 河南省文物考古研究所：《郑州商城》（上），第 207~217 页。
[④] 宋国定、李素婷：《郑州小双桥遗址又有新发现》，《中国文物报》2000 年 11 月 1 日。

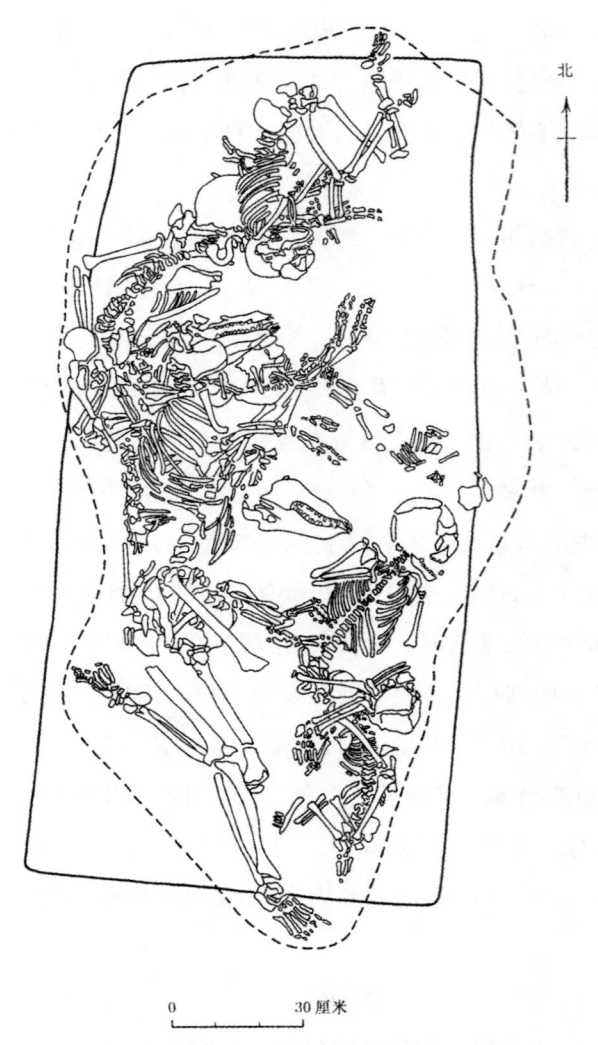

图3-10 郑州商城H111人兽骨架堆积

资料来源：河南省文物考古研究所《郑州商城》（上），第486页，图303。

这是被认为是仲丁迁隞期间规模最大的一处人祭遗存。① 这些人被埋葬有两种情况，一种是埋在商代灰层、夯土层、垫土层或部分灰坑中，多无墓圹、无葬具及随葬品，"应和建筑物的奠基或祭祀有关"。另一种是丛葬坑，共发现两处，"其中一处位于夯土墙南部，平面形状略呈南北向长方形，长约1.8米，宽约0.6米，坑内部共埋葬人骨个体31个"；另一处位于夯土墙北部，呈不规则形状。"这两个祭祀坑都应是夯土墙南建筑内举行祭祀后的埋葬，是庙祭先祖时的杀牲。"② 庙祭时杀用人牲的方法有砍头、肢解、击杀；被用作人牲者的身份多是奴隶或俘虏，或是没有人身自由的无辜平民。③

商代晚期是我国祭牲最盛行的时期，因为祭祀频繁，所以用牲数量多，规模大。其中以武丁时期最多，记载所见一次祭祀人牲数量就达到500多人，姚孝遂先生曾统计商代卜辞中所见人牲现象的材料，共发现688片，而武丁时期占379片，帝乙帝辛时只有32片。④ 另据胡厚宣先生统计，甲骨卜辞中有人祭内容的甲骨有1350片，卜辞1992条，用人量一次最多可达300~500人。从盘庚迁殷到帝辛亡国的273年间共享人牲13052人，另外还有1145条卜辞

---

① 唐际根：《中商文化研究》，《考古学报》1999年第4期。
② 马季凡：《商代中期的人祭制度研究》，《中原文物》2004年第1期。
③ 马季凡：《商代中期的人祭制度研究》，《中原文物》2004年第1期。
④ 姚孝遂：《商代的俘虏》，《古文字研究》第1辑，中华书局，1979，第385~388页。

未记人数，如每条保守地按 1 人计算，至少用人牲 14197 人。①这也仅是从已见到的甲骨文记载的不完全统计。

商代甲骨文中多次提到犬祭，在建造房子的过程中，如奠基、置础、安门时多要用犬祭祀。在商代的祭祀活动中，除了供品用牛、羊、猪、犬等以外，有的还与人牲共同使用。最集中反映商代晚期用人牲祭祀现象的，仍然在都城所在地殷墟。殷墟洹水北岸的殷王陵墓区中，已发掘祭祀坑 1433 个，坑中发现数千具被杀祭的人架、头颅、无头躯体，以及被活埋或处死后埋入的牛马羊牲坑。这批被杀祭的人与动物就是供献祖先的人牲、祭牲。殷墟小屯乙七建筑基址南组 M232 中腰坑和填土中埋犬 4 只，其性质可能都是作为警卫的祭牲。②

1976 年考古工作者对安阳殷墟武官村北殷墟王陵区内的 191 座祭祀坑进行了发掘，据不完全统计，埋有祭祀人牲共 1178 人，成为殷墟又一大考古收获。祭祀坑大多有规律集中排列，多数南北向坑，分为东西两区，少数东西向坑，分为三排，均为长方竖穴，坑底未发现任何葬具痕迹；根据坑间距离、坑口大小、方向、坑深，分为 22 组，发掘者认为，一个组至少是一次祭祀遗迹，说明此处祭祀坑是多次祭祀的结果。南北向的祭祀坑中，每坑大多埋 8~10 具人骨，绝大部分的人都砍去头颅，多数为俯身，人骨绝大部分是男性青壮年；东西向的祭祀坑中所埋人数不等，绝大部分的人都没有被砍去头颅，多数为俯身，人骨大部分为成年女性，或未成年儿童（图 3-11）。M39 中埋有十具遗骨，都是男性青壮年，皆被砍头，颈分向南北各 5 具。这片祭祀坑排列有序，显然经过目的的安排，如果联想周边分布有多座大型墓葬，属于殷墟王陵区，这里应是殷王室祭祀祖先的公共祭祀场所。③该遗址还包括 5 座用禽兽作为牺牲的祭祀坑。编号为 M98 的祭祀坑埋有 3 具人骨架，10 具犬骨架；M110 内有互相叠压的两匹马骨架，马均有铜配饰；M217 为一东西向的长方竖穴土坑墓，内埋 1 人，俯身直肢，其左侧埋有 5 只鸟，似鹰。根据甲骨文记载，商代贵族在祭祀时，经常把人和动物放在一起作为祭祀的牺牲。④

备受人们关注的殷墟后冈圆形坑，出土了铜器、玉器、陶器、骨器以及一串串珠

---

① 胡厚宣：《中国奴隶社会的人殉与人祭》（下），《文物》1974 年第 8 期。
② 黄展岳：《殷商墓葬中人殉人牲的再考察——兼论殉牲祭牲》，《考古》1983 年第 10 期。
③ 安阳亦工亦农文物考古短训班、中国科学院考古研究所安阳发掘队：《安阳殷墟奴隶祭祀坑的发掘》，《考古》1977 年第 1 期。
④ 安阳亦工亦农文物考古短训班、中国科学院考古研究所安阳发掘队：《安阳殷墟奴隶祭祀坑的发掘》，《考古》1977 年第 1 期。

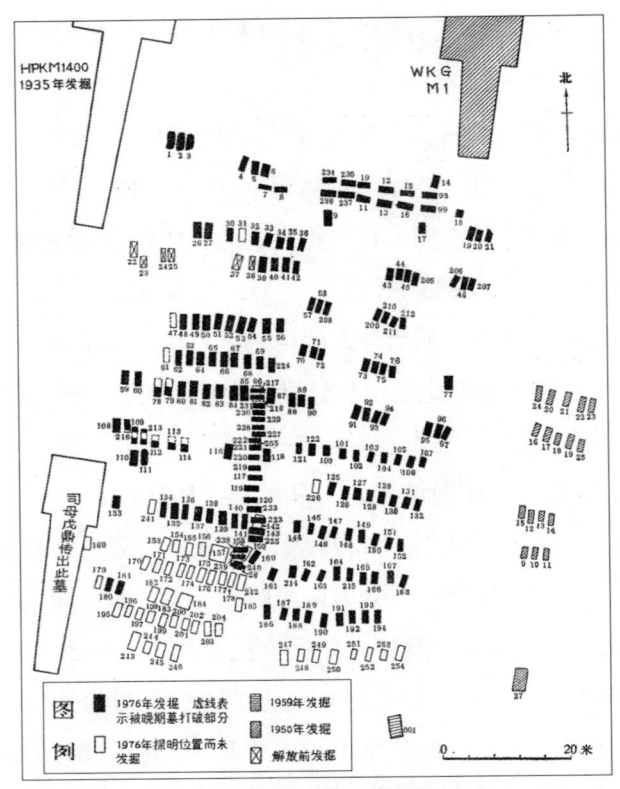

图3-11 安阳殷墟王陵区祭祀场平面分布图

资料来源：安阳亦工亦农文物考古短训班、中国科学院考古研究所安阳发掘队《安阳殷墟奴隶祭祀坑的发掘》，《考古》1977年第1期，第21页，图2。

和大量海贝等，其中铜礼器有鼎、卣、爵等，工具和武器有刀、戈和镞等，装饰品有铜铃和铜泡，另有陶器32件，玉器4件，骨牙器包括骨笄10件，花骨2件，象牙棒1件，另外还出土有丝麻、纺织品、谷物和718枚的海贝。① 该坑内出土大量人骨架，共73个个体，分为三层摆放。第一层共25个个体，其中15号人骨下颌骨有明显的刀砍痕迹，包括青年男性6人，壮年男性3人，儿童4人，其余性别年龄不明；其中16号人骨架的手腕上有45枚海贝和装饰品。伴随出土有铜鼎、卣、爵、刀、镞、戈等，还有成堆的贝、谷物和丝麻织品。第二层共29个个体，头颅主要集中于坑的东南方向，排列成半圆形，可能为有意所为，多层骨架上撒有朱砂，其中2具跪扑的骨架，南北相对，头皆向东，面向下，两臂下垂，两足贴近骨盆，放置规整，像是经过捆绑的。第三层人骨架共19个个体，伴随出土少量海贝和装饰品等（表3-7）。

---

① 中国社会科学院考古研究所编著《殷墟发掘报告（1958～1961）》，第265～279页。

表3-7 后冈圆形坑殉人情况

层位	数量	骨架情况	位置	葬式
第一层	25	全躯16；头骨7；无头2	人架：东南、西北 头颅：东南部	俯身直肢、仰身直肢、俯身屈肢、侧身屈肢
第二层	29	全躯19；头骨9；无头1	人架：北及东南 头颅：东南	跪扑、俯身直肢和俯身、俯身屈肢、侧身直肢和侧身、侧身屈肢
第三层	19	全躯2	东南部	俯身直肢、侧身屈肢和侧身

该圆坑年代为晚商后期。关于此坑的性质，郭沫若先生根据青铜器铭文认为墓主应该是戍嗣子，[①] 赵佩馨认为是戍嗣子所统帅的一队戍卒。[②] 殷墟发掘者认为此坑是一个与祭祀有关的祭祀坑，坑内的人骨架即是人牲。当时场面很大，坑内被害的人牲即是奴隶。[③]

综观多年来对殷墟王陵区祭祀遗迹的发现，不仅是排列有序，而且埋入的祭品也很有规律，男性、女性、牲畜相对集中，青年男性多被砍头，女性和小孩尸骨完整，显然是与不同的祭祀目的有关的处置方式。

中研院历史语言研究所于1931～1937年对小屯东北部进行大规模发掘时，共发掘夯土基址53座，分为甲组（15座）、乙组（21座）和丙组（17座），乙组基址"可能为宗庙"，[④] 其中"乙七、乙八等大型基址可能为宗庙建筑"。[⑤] 在乙七、乙八、乙十二基址的中间位置发现了大量人牲性质的葬坑，达到100多座，每坑埋葬人数不等，最少1人，最多13人，合计总数达到600多人。这批墓葬可分为北、中、南三组，[⑥] "这些人牲的杀祭至少在两次或两次以上"。[⑦] 这也是典型的宗庙祭祀案例（图3-12）。

商代祭祀所用人牲的身份较低，多为战俘。甲骨文有"三百羌用于丁"，[⑧] "羌二方伯用于……祖丁、父甲。"[⑨] 殷墟考古发掘中曾有用战俘的案例，1973年在小屯南地发现的H33为一祭祀坑，坑内有一男性成年者髁骨（大腿骨）上还留有一铜镞。[⑩] 1971

---

① 郭沫若：《安阳圆坑墓中鼎铭考释》，《考古学报》1960年第1期。
② 赵佩馨：《安阳后岗圆形葬坑性质的讨论》，《考古》1960年第6期。
③ 中国社会科学院考古研究所编著《殷墟发掘报告（1958～1961）》，第279页。
④ 石璋如：《河南安阳小屯的三组基址》，《大陆杂志》第21卷第1、2期，1960年。
⑤ 中国社会科学院考古研究所编著《殷墟的发现与研究》，第58页。
⑥ 石璋如：《殷墟墓葬之一·北组墓葬》，台北：中研院历史语言研究所，1970；《殷墟墓葬之二·中组墓葬》，台北：中研院历史语言研究所，1972；《殷墟墓葬之三·南组墓葬附北组墓葬补遗》，台北：中研院历史语言研究所，1973。
⑦ 中国社会科学院考古研究所编著《殷墟的发现与研究》，第62～64页。
⑧ 罗振玉：《殷墟书契续编》，收录于《殷墟书契五种》，中华书局，2015，2.16.2。
⑨ 胡厚宣：《战后京津新获甲骨集》，群众出版社，1954。
⑩ 戴忠贤、刘一曼、曹定云：《1973年安阳小屯南地发掘简报》，《考古》1975年第1期。

年安阳后岗发现有一受过刖刑的刑徒被用以祭祀。殷墟发掘的祭祀坑中，经常发现人牲有的手脚被捆绑，有的腿被砍断，或者脚趾被砍断。商代人祭方法较多，根据商代卜辞初步统计，主要有伐祭、陷祭、燎祭、俎祭、卯祭、沈（沉）祭、焚祭、弹祭等共 16 种之多，[①]即用斩首、活埋、砍杀、水淹等方式进行人祭。

商代时期所见频繁的人祭、牲祭习俗反映了商人重鬼神与祖先崇拜的观念，以祈求神灵和祖先降福于统治者，这首先是当时政治统治的需要，希冀通过加强王权与神权的关系，进一步巩固政治统治，便于更好地统治臣民。《礼记·曲礼上》："敬鬼神畏法令"，即是如此。

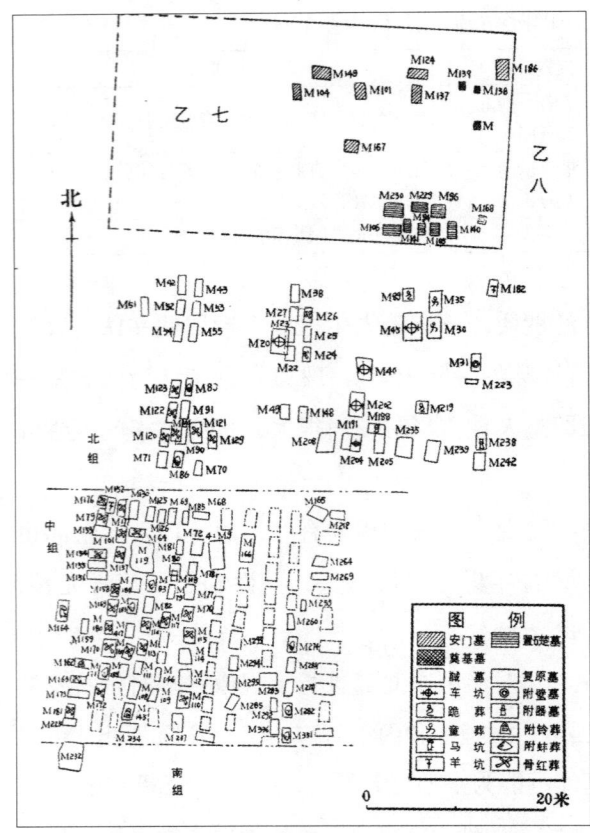

图 3-12　小屯东北夯土基址宗庙祭祀人牲

资料来源：中国社会科学院考古研究所编著《殷墟的发现与研究》，科学出版社，2001，第 61 页，图 22。

三　商代墓上建筑的问题

墓上建筑最早发现于龙山时代后期的陕西凤翔大辛村 M3 周围的建筑遗迹，[②]到商代后期集中发现于安阳殷墟侯家庄、大司空村，小屯 M5、M11、M12、M301、M311、M312 等。[③]妇好墓（M5）的墓上房基大小不仅与墓葬大小接近，而且恰恰坐落在墓口之上。杨鸿勋先生对其进行分析认为，墓葬和房基营造方位大体一致，应是一体工程，属于奉祀先人之用的享堂。[④]杨宝成先生对此表示了反对意见。[⑤]另外在

[①] 孟鸥：《从卜辞看商代的人祭之法》，《青岛大学师范学院学报》2000 年 4 期。
[②] 雍城考古队：《陕西凤翔大辛村遗址发掘简报》，《考古与文物》1985 年第 1 期。
[③] 马得志：《1953 年安阳大司空村发掘报告》，《考古学报》1955 年第 9 期；中国社会科学院考古研究所编著《殷墟妇好墓》；《殷墟的发现与研究》，第 135 页。
[④] 杨鸿勋：《妇好墓上"母辛宗"建筑复原》，《文物》1988 年第 6 期。
[⑤] 杨宝成：《殷墓享堂疑析》，《江汉考古》1992 年第 2 期。

山东滕州前掌大遗址也在多座墓葬上发现了建筑遗存,①这些墓葬大多单独拥有独立的建筑,胡秉华先生对此作了复原并认为它们之间并未发现任何联系,也不是所有大中型墓葬都有独立建筑,如 M3 就没有。②杨宽先生从历史文献和古代陵寝制度发展的源流分析,认为先秦墓上建筑只能是陵寝的"寝",并非墓祭所用的享堂,也是秦汉时期陵寝制度的源起。殷代的墓上建筑正好落在墓圹口上,面积大小基本和墓圹口相等,正因为这种建筑属于寝的性质,便于墓主灵魂起居生活之用。③

第四节 墓葬所见等级差异

一 统治集团死者的阴间天堂

(一)二里头文化的墓葬规格与社会等级

二里头文化的墓葬集中发现于二里头遗址。根据已经发表的材料,该遗址目前仅发现等级较高的大型墓葬 1 座,但遭盗掘,基本没有发现随葬品,仅在填土中发现残破的漆匣和犬骨架 1 具;该墓葬墓室面积达到 20 平方米,长 5.3 米、宽 4.3 米、深 6.1 米,有生土二层台,填土也经过夯打。④该墓葬虽经盗掘,仅从所在位置和墓室规模和墓葬规格说明墓主人等级应该很高。

二里头遗址还发现墓室面积在 2~6 平方米左右的墓葬,这些墓葬一般都有木质葬具,部分有漆棺,有的设有腰坑和二层台,随葬一定的青铜礼器和玉礼器,有的还有制作精美的漆器和陶礼器,这一类墓葬多数在墓中铺有朱砂,这些信息都反映出墓主人属于贵族成员,拥有一定的社会财富,这类死者生前的生活条件是比较优越,拥有的财富也比较丰富。如 1973 年二里头遗址Ⅲ区 KM2,长 2.9 米,宽 2.07 米,深 0.96 米,墓室面积近 6 平方米,虽经盗扰,但仍然出土玉柄形器 1 件,陶盉 1 件,蚌镞 1 件,绿松石 26 片,圆陶片 5 件。⑤1975 年二里头遗址Ⅵ区发掘的 KM3 长 2.3 米,宽 1.26 米,深 0.36 米,葬有木质葬具,墓葬规格虽然小于 73Ⅲ KM2,但因未被盗扰,出土的随葬品比较丰富,包括铜钺 1 件、铜爵 1 件、铜戈 1 件、嵌绿松石圆形铜器 2

---

① 中国社会科学院考古研究所山东工作队:《山东滕州前掌大商代墓葬》,《考古学报》1992 年第 3 期。
② 胡秉华:《滕州前掌大商代墓葬地面建筑浅析》,《考古》1994 年第 2 期。
③ 杨宽:《先秦墓上建筑和陵寝制度》,《文物》1982 年第 1 期。
④ 中国社会科学院考古研究所二里头队:《河南偃师二里头二号宫殿遗址》,《考古》1983 年第 3 期。
⑤ 中国社会科学院考古研究所:《偃师二里头》,中国大百科全书出版社,1999,第 240 页。

件、泡形铜器1件，玉戈1件、玉戚1件、玉圭1件、玉柄形饰1件，陶盉1件，圆陶片6件，还有绿松石串珠2件，绿松石片若干，贝3件，石磬1件，骨串珠1件等。该墓还有腰坑，墓室内撒有朱砂，厚度达6厘米。①

可见，在夏文化的晚期阶段，存在明显的阶层差异，从仅有的信息可以判断，当时存在高等级的权贵阶层，从墓室到葬具，从随葬品的多寡到器物类别的选择，从尸体的防腐措施到为祭祀鬼神准备的礼器，都彰显着墓主人的身份地位。

（二）商代的墓葬规格与社会等级

商代墓葬存在的等级差异已非常明显。统治集团死者的墓葬通过墓葬规模、随葬品等差别分为不同级别，按照等级可以分为王陵、方国国君墓、高等级贵族墓、一般贵族墓等。

1. 商王陵

此类墓葬目前仅见于殷墟西北岗王陵区，西区共发现7座四墓道的大型墓葬和1座无墓道的大墓，东区发现1座四墓道的大型墓葬。殷墟西北岗王陵区的8座四墓道大墓，墓室面积都在数百平方米以上，如M1001墓口呈亚字形，长21.3米，宽18.9米，面积达到260.88平方米，深10.5米。② M1500墓口南北长18.45米，东西长18.05米，面积达到333.02平方米。③ 这些墓葬均有棺和椁，有二层台和腰坑，有十分丰富的随葬品，一般都有殉人坑和殉牲坑，分布于墓室和墓道填土中，而且殉葬数量很多。西北岗M1001南墓道面积最大，长30.7米，宽7.85米，东西墓道面积稍小，四条墓道内合计埋人骨135具。这些应当都是落葬礼中用于祭祀的牺牲。在南北墓道的东部边缘，还排列有37个殉人和殉牲坑，其中有22个殉人坑和7个马坑，共埋68个殉人。这些殉人坑中有的面积很大，甚至有的殉坑主人还有自己的殉人，葬具有棺有椁，还随葬青铜器等器物，说明这类殉人本身在殉人中属于地位较高者，掌握一定的财富，具有一定的社会地位，可能是墓主生前的臣属或侍从，但也属于陪葬性质。西区7座4条墓道和一座未完工的大墓，两两南北排列有序，加上东区1座四墓道大墓共9座四墓道大墓，正好与武丁到帝辛九王匹配。从墓葬规模、随葬习俗和排列规则等方面可以看出，殷墟西北岗应当属于王陵区。

2. 高等级王室贵族或方国首领墓

此类墓葬仅见于商代晚期，一般多见2条墓道，共12座，其中殷墟9座，见于殷

---

① 中国社会科学院考古研究所：《偃师二里头》，第241页。
② 梁思永、高去寻：《侯家庄：河南安阳侯家庄殷代墓地第二本：1001号大墓》。
③ 梁思永、高去寻：《侯家庄：河南安阳殷代墓地第七本：1500号大墓》，中研院历史语言研究所，1974。

墟西北岗王陵东区、后冈墓地、大司空村东南墓地，另见于山东青州苏埠屯墓地、滕州前掌大墓地、河南辉县琉璃阁墓地。以殷墟武官村大墓为例，墓口长 14 米、宽 12 米、深 7.2 米，面积有 168 平方米，椁室保存较好，椁内有棺，设有二层台，置有殉人坑，墓底有腰坑，殉有 1 人；南北墓道内均有马坑和殉人坑；有大量殉人、殉牲和用于祭祀的人牲，其中人骨架 79 具，动物骨架 52 架。残余的随葬品包括铜鼎、簋、罍、斝、爵、方彝、刀、戈、镞等铜器，还有铜弓形器、铃和镳、当卢、节约等车马器，和玉璧、玉斧、玉柄形器等，另有白陶盘、尊、卣、罍等。①可见墓主人的等级身份很高，属于高等级王室贵族成员。山东青州苏埠屯墓地中的 M1 是 4 条墓道，墓室面积在 160 平方米左右，随葬品十分丰富，墓主人"应是此次于商王的方伯一类的人物"。②

3. 方国贵族墓或高级贵族墓

此类墓葬多为一条墓道的甲字形大墓，商代晚期的资料见于殷墟西北岗王陵、后冈墓地、大司空村墓地、殷墟西区墓地等，另外也见于河南罗山蟒张墓地、山东滕州前掌大墓地和山东青州苏埠屯墓地。此类墓葬面积一般在 20～100 平方米，葬具有棺有椁，有的棺椁有漆绘装饰，有的墓葬陪葬有车马坑，有的也有祭祀坑，随葬品多为铜礼器、兵器和车马器、玉礼器等，基本都有数量不等的殉人和殉牲。尽管有学者认为甲字形和中字形大墓属于商贵族中较低等级的，③但从墓葬随葬品数量、精致程度和墓葬规格来看，这些墓主人当为方国的贵族或商文化核心区的高等级贵族。例如山东滕州前掌大墓地 M3 墓室长 8 米、宽 3.4 米，面积 27.2 平方米，有一条南墓道，两重椁室，一重棺，棺底部铺有朱砂，墓葬虽然被盗，但仍然残存大量随葬品，包括铜器 93 件、玉器 16 件、石器 24 件、骨器 50 件、蚌器 857 件、海贝 163 件、原始瓷器 13 件、陶器 14 件等。④另如殷墟妇好墓，虽然仅有竖穴土坑墓，但墓室面积较大，长 5.6 米、宽 4 米、深 7.5 米，面积 22.4 平方米，有棺有椁，均涂漆，墓底的腰坑殉有 1 人和 1 犬，在墓室的东壁和西壁上凿有壁龛，均殉人，该墓共有殉人 16 具，殉犬 6 只。该墓出土了极为丰富的随葬品，包括铜礼器 200 多件、玉器 755 件，合计 1928 件。⑤结合铜器铭文可知，该墓墓主人地位极其高贵，是商王武丁的妻子妇好。可见这类墓葬的墓主人身份地位还是很高的。

---

① 郭宝钧：《1950 年春殷墟发掘报告》，《中国考古学报》第 5 册，1951。
② 山东省博物馆：《山东益都苏埠屯第一号奴隶殉葬墓》，《文物》1972 年第 8 期。
③ 杨锡璋：《商代的墓地制度》，《考古》1983 年第 10 期。
④ 中国社会科学院考古研究所山东工作队：《滕州前掌大商代墓葬》，《考古学报》1992 年第 3 期。
⑤ 中国社会科学院考古研究所编著《殷墟妇好墓》。

4. 中型贵族墓葬

此类墓葬在商代早中晚各个阶段均有发现。多为竖穴土坑墓，无墓道，面积多在 10~20 平方米，墓室四周设有二层台，墓底有腰坑，葬具多有棺和椁，晚期墓葬一般都有殉人和陪葬坑，随葬品丰富，可以反映出墓主人身份地位较高，属于贵族阶层。商代早期以盘龙城李家嘴墓地的 M2 为代表，墓口长为 3.67 米、宽 3.24 米，面积约为 11.9 平方米，有棺椁，外椁还涂有朱漆和精细雕花，墓底有腰坑，随葬品丰富，计有铜器 63 件，包括铜容器 23 件及铜兵器和工具 40 件，还有玉礼器和殉人，尤其铜礼器、铜钺、大型玉戈的出土证明墓主人有一定的军事权力和一定的政治地位（图 3-13）。李家嘴遗址出土的 M1 年代比 M2 稍晚，但墓葬规格和随葬品等与 M2 相近。殷墟遗址郭家庄 M160 是一座大型竖穴土坑墓，墓口长 4.5 米、宽 2.9 米、深 5.7 米，面积 13.05 平方米，葬具有棺和椁，墓室内设有二层台，墓底有腰坑，有 4 名殉人，随葬品十分丰富，共出土各类文物 353 件，包括铜礼器 40 件，铜兵器 290 多件，

Ⅱ式铜鬲（李M2：38）	 Ⅰ式铜甗（李M2：3）	 Ⅰ式铜斝 （李M2：17）
 Ⅰ式铜盘（李M2：1）	 Ⅱ式铜钺（李M2：15）	

图3-13　李家嘴墓地M2出土器物

资料来源：湖北省博物馆、北京大学考古专业盘龙城发掘队《盘龙城1974年度田野考古纪要》，《文物》1976年第2期。

还有玉器、陶器、骨器、牙器、石器、竹器和漆器等，部分铜器铭文上有"亚止"族徽，①揭示了墓主人的族属以及生前享有很高的社会地位，应当属于地位较高的贵族（图3-14）。

5. 小型贵族墓

此类墓葬在商代较为普遍，发现的数量也是最多的，据分析，殷墟西区发掘的此类墓葬比例就占到20%以上。墓室面积多在2～10平方米左右，设有二层台和腰坑，多数有棺，部分有椁，有的还有殉人和殉牲，随葬品较为丰富，种类也较齐全，一般都有青铜礼器，反映了墓主人具有一定的社会地位。

商代早期的垣曲商城M16墓坑长2.86米、宽1.67米，面积4.78平方米，有棺无椁，墓室设有二层台，有殉人，随葬铜爵、铜斝、玉柄形器、卜骨、圆陶片等，还有象征财富的猪下颌骨随葬。②商代中期墓葬郑州白家庄M3墓圹长2.9米、宽1.17米、深2.13米，面积为3.39平方米，有棺有椁，墓底有腰坑，殉犬，铺朱砂，有殉人1具，随葬品较为丰富，包括铜鼎3件、铜斝2件、铜罍1件、铜觚2件、铜爵1件、簪1件，还有玉器2件、石器3件

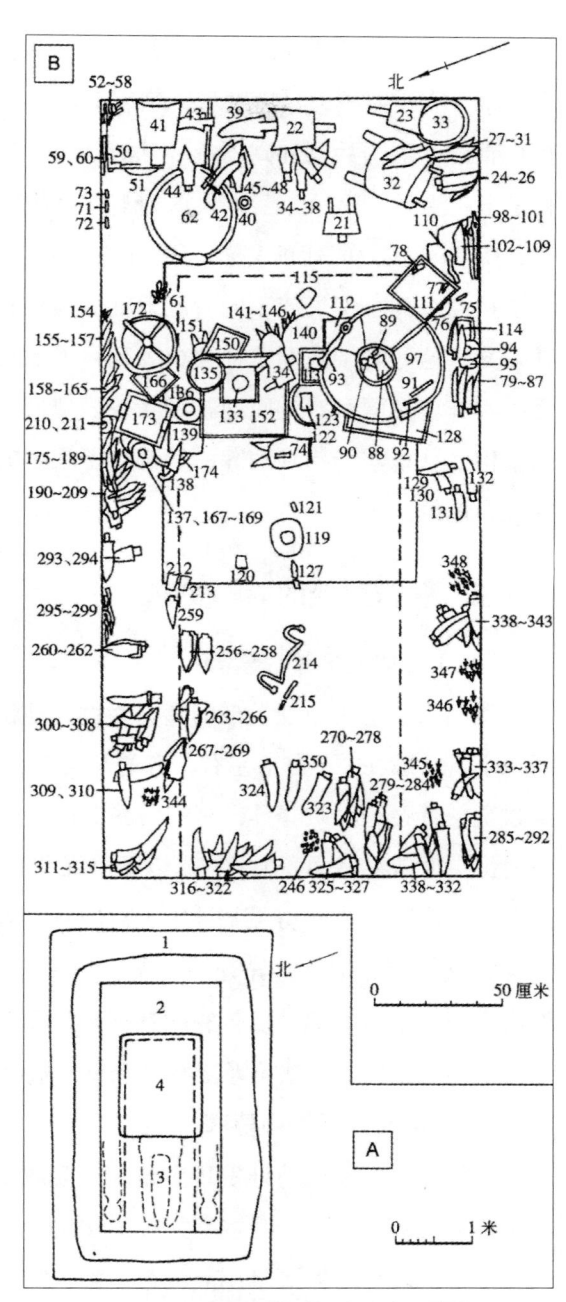

图3-14　安阳郭家庄M160出土器物

资料来源：中国社会科学院考古研究所编《中国考古学·夏商卷》，第346页。

---

① 中国社会科学院考古研究所：《安阳殷墟郭家庄商代墓葬》，中国大百科全书出版社，1998，第127～150页。
② 中国历史博物馆考古部、山西省考古研究所：《1988～1989年山西垣曲古城南关商代城址发掘简报》，《文物》1997年第10期。

和象牙梳子、玛瑙玦等若干。①殷墟西区 M1713 墓口长 3 米、宽 1.56 米，面积 4.68 平方米，有棺有椁，设有腰坑，殉有 1 犬，墓内殉 3 人，还有祭牲，随葬品较为丰富，包括青铜礼器、兵器和陶器等，②铜器铭文"壬申王易亚鱼贝，用作父癸尊，才六月，佳王七祀翌日"显示，墓主人得到王的直接赏赐，说明其地位较高。

综上可知，商代的墓葬等级分明，墓葬结构、随葬品、葬具、殉人等多方面彰显了从商王到小型贵族不同阶层的社会地位和身份，各个阶层之间有明显的阶层标识和差异，这些阶层掌握着社会权力和巨大的社会财富，掌管着国家的祭祀权和军事权力，实施着对国家有效而残酷的管控。他们生前掌握着财富和权力，重视对死后世界的重构，从墓葬结构到随葬品等都做了很好的规划和设计，以彰显其至高无上的权力和社会地位。

二　贫苦民众的简陋安葬

（一）夏代的低等级墓葬

我们以二里头遗址发现的墓葬为例，地位身份较低的平民或贫民阶层的墓葬墓室面积小，一般在 1 平方米左右，有的甚至更小，仅能容身，很少有葬具，随葬品很少。少数富裕者会有木质葬具，有的随葬铜铃、漆器、陶器等少量器物，墓室内撒有朱砂；但地位更低者墓室面积 1 平方米以下，无葬具，有的随葬少量陶器，有的没有随葬品，甚至有的人葬于废弃房屋基址中，有的直接被废弃到灰坑中，无任何处理措施，有的尸骨完整，有的则身首异处。反映了贫民阶层占有的社会财富少，甚至不占有财富，而成为被剥削者，地位低，有的甚至被奴役致死，这些人根本没有能力去处理和设计死后的场所，所以无法论及随葬品和墓葬规格。

（二）商代的低等级墓葬

此类墓葬在不同遗址发现数量多，多数规模较小，一般 2 平方米以下，有的墓坑仅能容身，部分有棺，基本不见椁，腰坑少见或基本不见，随葬品很少，铜器、玉器几乎不见，多为陶器等日用品，很多没有随葬品，更没有殉人和殉牲，等级很低。墓葬零星分布，偃师商城很多墓葬位于城墙边缘等，很少见到成片的墓地，郑州商城发现的墓葬绝大多数是小墓。商代早期如郑州铭功路 M150 长 2.04 米，宽 0.62 米，面积

---

① 河南文物工作队第一队：《郑州市白家庄商代墓葬发掘报告》，《文物参考资料》1955 年第 10 期。
② 中国社会科学院考古研究所安阳工作队：《安阳殷墟西区 1713 号墓的发掘》，《考古》1986 年第 8 期。

1.26平方米，有腰坑，坑内殉犬，随葬铜斝1件，玉柄形器1件，陶器4件等；①垣曲商城M3墓口长2米，宽0.4米，没有发现葬具，仅随葬陶器2件。②商代中期如郑州铭功路M146长2.35米，宽0.87米，墓地铺有朱砂，腰坑内殉有1犬，随葬铜鼎1件，玉柄形器1件，其余为陶器5件。③商代晚期如殷墟大司空村北地M50墓口长2.6米，宽1.08米，深2.03米，不见腰坑，葬具为木棺，未见铜器随葬，仅见陶器和海贝。④

还有一些地位更低的赤贫者，无棺，无腰坑，无铜器随葬，有的仅随葬陶器，甚至没有任何随葬品，这在各遗址内发现数量很多。还有一些属于非正式的无圹墓，没有正式挖掘的墓坑，有的直接弃置于灰坑和文化层内，或与动物一起埋葬，骨骼往往残缺不全。

这些墓主人身份卑微，属处于社会最底层的被统治阶层，占有极少的社会财富，甚至一无所有，他们无法享有政治权力和祭祀权，甚至连生存权都紧握在统治阶层的手中，成为统治者实施祭祀和尊崇鬼神的牺牲者。他们的墓葬规格和随葬品无法和统治阶层相比，生前的社会地位和身份决定了他们死后在地下所享有的空间和所享用的祭品与财富。

三 用器制度所见社会等级

（一）用鼎及用鼎制度的萌芽

鼎在青铜时代一直扮演着"国之重器"的角色，"禹铸九鼎"的传说，反映了古人对它特殊意义的重视。陶鼎在新石器时代已是生活中主要的炊器，到新石器时代晚期，也兼有礼仪器物的功能，而铜鼎在青铜时代则逐渐发展为一类重要的礼器，成为象征权力、体现等级制度的物象载体。用鼎制度是夏商周礼制非常重要的组成部分，从陶鼎到铜鼎，从偶尔所见到不可缺少，并向规范的用鼎制度过渡，是青铜鼎在夏商时期角色的变化。

1. 夏代时期

《礼记·檀弓上》："夏后氏用明器"，"明器，鬼器也"。灵魂不死和祖先崇拜观念，反映到墓葬中就是厚葬之风。二里头文化没有发现大型墓葬，但中型墓随葬品已

---

① 河南省文物研究所：《郑州市商代制陶遗址发掘简报》，《华夏考古》1991年第4期。
② 中国历史博物馆考古部、山西省考古研究所、垣曲县博物馆：《垣曲商城》，科学出版社，1996，第165页。
③ 河南省文物研究所：《郑州市商代制陶遗址发掘简报》，《华夏考古》1991年第4期。
④ 中国社会科学院考古研究所安阳工作队：《1984～1988年安阳大司空村北地殷墓发掘报告》，《考古学报》1994年第4期。

非常丰富，墓葬中已经出现青铜礼器、玉礼器、陶礼器、乐器等成组的随葬品，如铜爵、铜戈、铜戚、陶盉、石磬、绿松石等，玉铲、玉钺、玉戈、骨串珠等；而低等级墓葬出土陶鼎、鬶、爵、豆、甗、盘、罐、盆等，反映了明显的等级差异，这时还不见铜鼎的身影。到目前为止，二里头遗址仅出土过1件青铜鼎，[①]该鼎出自二里头末期的一座墓葬（87YLVM1），但因为学界对这一时期应属夏代还是商代早期有不同认识，所以对这座墓的时代归属也有异议。[②]

2. 商代时期

商人以好酒误国著称，在商代贵族墓中，也多见觚、爵、斝等酒器占重要位置，但是铜鼎这时已逐渐崭露头角，而且所占比例也逐渐增大。商代前期，可以见到一些随葬一件铜鼎的小型墓葬，鼎开始成为随葬组合中的一种器类，[③]但鼎的数量大都只有一件，还看不出鼎的特殊意义。不过在湖北黄陂盘龙城李家嘴属于商代前期的最高级别M2中，[④]出现了6件铜鼎，且有3件都为圆锥足鼎（图3-15），大小不等，饰兽面纹，纹饰布局大致相同，已有"形制相若，大小相次"的特点。在郑州张寨南街杜岭发现的商代前期青铜窖藏中，[⑤]两件大铜方鼎也是形制和纹饰大致相同（图3-16）。可见，在商代前期，用青铜鼎来象征地位，并成套使用，以数量多少表示级别高低已经有所体现。从李家嘴M2和张寨南街窖藏的规格来看，这些拥有者应为当时的贵族，

图3-15 盘龙城李家嘴出土铜鼎

资料来源：湖北省文物考古研究所《盘龙城：1963~1994年考古发掘报告》，文物出版社，2001，第170、171、173页合成，第154页，图100。

[①] 郑光：《河南偃师二里头遗址发现的新铜器》，《考古》1991年第12期。
[②] 方辉：《论我国早期国家阶段青铜礼器系统的形成》，《文史哲》2010年第1期；陈国梁：《二里头文化铜器研究》，中国社会科学院考古研究所编《中国早期青铜文化——二里头文化专题研究》，科学出版社，2008，第152页。
[③] 朱凤瀚：《中国青铜器综论》，上海古籍出版社，2009，第874页。
[④] 湖北省文物考古研究所：《盘龙城：1963~1994年考古发掘报告》，文物出版社，2001，第152页。
[⑤] 河南省博物馆：《郑州新出土的商代前期大铜鼎》，《文物》1975年第6期。

青铜鼎开始显露出其重要地位。

商代后期，用鼎随葬有增无减，但用鼎数量似乎还尚无规律。殷墟或殷墟以外地区的中小型墓葬中有的用1件，有的用2件或3件铜鼎随葬，如花园庄东地M60中有1件铜鼎，①陕西长安客省庄一墓出土3鼎2簋，3件鼎中有2件形制纹饰相同。②而大墓中使用鼎的数量明显较多，以保存较好的妇好墓为例，在460余件青铜器中，鼎就有31件，其中有方鼎、有圆鼎，圆鼎中有圆柱足鼎，还有长方扁足鼎，③似乎表明高级贵族在使用铜鼎并用来随葬方面是以多为重。据此也有学者提出，用鼎制度在商代已初现端倪，至迟在商代前期偏晚阶段，商代贵族中已经形成用鼎制度化，到商代晚期的贵族阶层，用鼎已经成为常制，用鼎来作为身份地位的象征，例如妇好墓中有大小不同的青铜鼎30多件。而青铜簋在殷墟文化中，也成为重要组合部分，但"鼎簋之间尚未形成较固定的组合形式，一至三件鼎都可能仅有一簋"。④不过，商代墓葬虽发现数量较多，但规模较大的多数被盗，使用青铜礼器包括青铜鼎在内的规律还不清楚。夏商时期，有青铜器的墓葬中，除青铜鼎外，使用酒器如觚、爵、斝仍是普遍现象。

图3-16　郑州张寨杜岭窖藏坑出土铜鼎

资料来源：河南省博物馆《郑州新出土的商代前期大铜鼎》，《文物》1975年第6期。

（二）用玉及用玉制度的初步形成

玉制品的温润、典雅，很早就被古人所赏识并利用，在史前时代的良渚文化、红山文化中，玉已经成为主要的祭器。到夏商时代，玉器又被赋予社会等级的烙印，在这时期的墓葬随葬品中有清晰的反映。夏商时期的玉器大多出土于数量较少的贵族

---

① 中国社科院考古研究所安阳工作队：《河南安阳殷墟花园庄东地60号墓》，《考古》2006年第1期。
② 杨宽：《西周史》，上海人民出版社，2002，第468页。
③ 中国社会科学院考古研究所编著《殷墟妇好墓》，第34~42页。
④ 朱凤瀚：《中国青铜器综论》，上海古籍出版社，2009，第1020页。

墓中，而玉器的使用、数量多少以及玉材等都是当时社会等级身份差异的表现。探讨夏商用玉制度，有利于探讨该时期不同阶层差异与社会观念变化。

1. 夏代时期

二里头文化属于夏文化的晚期阶段，而夏代玉器大多集中于二里头遗址的墓中，在二里头文化其他遗址中发现较少，这表明二里头遗址已成为这一时期的重要地点，是夏王朝后期统治者居住之地；甚至有学者认为二里头遗址已经成为这一时期中原地区的玉器文化中心。[①]二里头遗址墓葬发现不多，且规模都较小，玉器种类还不丰富，主要有玉锥、玉刀、柄形器、戈、戚璧、圭、璋、铃舌、玉琮，此外还有方形玉、牙形玉器等（表3-8）。[②]

表3-8 二里头各期墓葬出土礼玉情况统计

时期 名称	一期	二期	三期	四期	总数
玉钺	0	1	2	2	5
玉圭	0	1	1	1	3
玉璋	0	0	3	1	4
玉戚璧	0	0	2	1	3
玉刀	0	0	1	3	4
玉戈	0	0	2	1	3
玉柄形器	0	2	7	7	16
总计	0	4	18	16	38

在各种玉器中，除一般使用的装饰品、实用品外，用于礼仪活动的称为礼玉，礼仪用玉除少有文献记载外，主要见于墓葬。1980年发掘的二里头遗址Ⅲ区的M2南北长2.55米，东西宽1.20米，南部有腰坑，墓底和腰坑铺有朱砂，在墓室西部和北部随葬有铜爵、铜刀、玉圭、玉钺及陶器等，棺内随葬漆盒、漆豆、漆筒形器、雕花残漆器、绿松石片和云母片等，都说明墓主人生前比较富有；同期发掘的Ⅴ区的M3规格与M2大体相当，亦发现有漆棺残片，随葬有2件大玉璋，还有玉钺、玉尖状饰、绿松石管及陶爵等陶器，说明墓主人也应该是有身份的死者（图3-17）。[③]1981年在二里头遗址Ⅴ区M4出土玉钺、柄形饰、玉管各1件，绿松石管2件和绿松石珠87

[①] 何宏波:《先秦玉礼研究》，线装书局，2007，第131页。
[②] 陈雪香:《二里头遗址墓葬出土玉器探析》，《中原文物》2003年第3期。
[③] 中国社会科学院考古研究所二里头工作队:《1980年河南偃师二里头墓葬发掘简报》，《考古》1983年第3期。

墓葬出土器物
1.玉钺（ⅤM3：3）；2、3.绿松石管饰（ⅤM3：6）；4.玉尖状饰（ⅤM3：7）；5、6.玉璋（ⅤM3：5、4）7.玉圭（ⅢM2：5）8、（5、6.1/8，余1/4）

图3-17　二里头遗址M2、M3出土玉器种类

资料来源：中国社会科学院考古研究所二里头工作队《1980年河南偃师二里头墓葬发掘简报》，《考古》1983年第3期，第204页，图10。

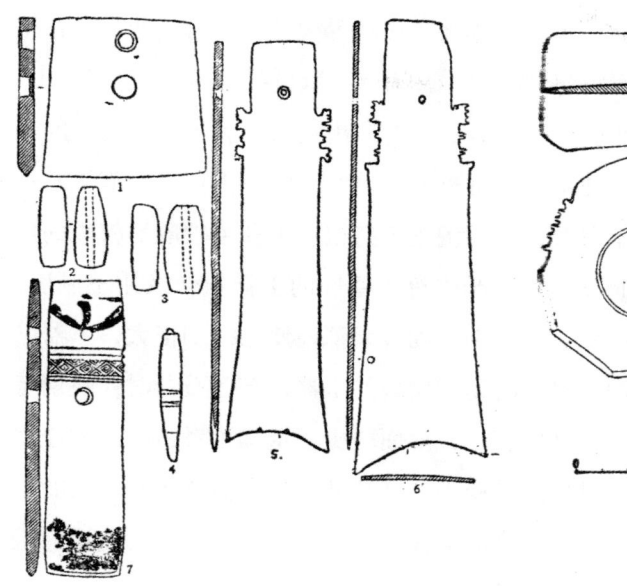

玉器
1.玉刀（M11：4）；2.戚璧（M11：5）；3、5.柄形饰（M11：28、M6：1）；4.管状器（M11：6）；6.圭（M11：3）

图3-18　二里头遗址M4出土玉器种类

资料来源：中国社会科学院考古研究所二里头工作队《1984年河南偃师二里头遗址发现的几座墓葬》，《考古》1986年第4期，图9。

枚，共计89件（组）。①1984年二里头遗址几座墓葬中出土玉圭、玉戚璧、玉刀、玉柄形饰、镶嵌绿松石的兽面铜牌饰、玉管状器和绿松石珠等计158件（图3-18）。②这几座墓葬是二里头文化墓葬中出土玉器最集中的，代表了夏文化时期玉器种类的概况。

在二里头遗址出土的这些玉器种类中，有玉圭、玉璋和玉戚等礼器，以及玉钺、玉戈、玉刀等具备礼器性质的玉器共38件（表3-8），占玉器总数1202件的3.1%，其比例并不算高。其中占出土玉器墓葬总数35%的小型墓葬中礼玉仅占9.3%，而出土玉器的中型墓葬中出土礼玉则占到90%左右，明显反映出随葬礼仪玉器种类和数量与墓主人身份、等级有直接联系。

---

① 中国社会科学院考古研究所二里头工作队：《1981年河南偃师二里头墓葬发掘简报》，《考古》1984年第1期。
② 中国社会科学院考古研究所二里头工作队：《1984年河南偃师二里头遗址发现的几座墓葬》，《考古》1986年第4期。

从目前资料来看，二里头文化所代表的夏代社会在高等级社会阶层中普遍存在用玉礼器随葬的现象，包括有象征权力的玉钺、玉戈、玉璋等兵仪类玉器，也有玉圭、玉铲、玉柄形饰、多孔玉刀等基本组合。《尚书·禹贡》"禹锡玄圭，告厥成功"的圭作为一种重要的礼玉已相当规范化。史前时期常见的玉琮、玉璧、玉环、玉璜等基本不见或罕见，显示出夏代的玉礼并不普及，主要偏重于祭祀用玉和维护政治权威的仪仗玉用兵器。[①]尽管二里头文化出土玉器尚未形成有规律性的玉器组合及用玉制度，但大量的出土资料表明，玉器在二里头文化各期不同等级墓地使用差别很大，玉器已经成为具有等级象征意义的重要资源。夏代时期所发现的玉器，与新石器时代晚期特别是如良渚文化、红山文化玉器集中的地区相比，反而较少。这除了考古发现的原因外，更主要的还是夏代是国家初建，维护政权稳固、恢复社会生产力是当时政权的主要任务，对玉器的制作和使用来不及给予更多的关注。同时也存在史前主要使用的玉器种类，在其功能的信仰方面，与夏代也有所不同。

2. 商代时期

商代前期的玉器主要出土于偃师商城和郑州商城遗址。历年来，在郑州二里岗、铭功路、二七路等地点的商代前期墓葬中，[②]发现了玉璧、璜、环、戈、鱼形饰、柄形饰、玛瑙块、绿松石及玉璋、玉铲、玉圭等。在郑州商城历年发掘中，[③]共出土商代玉礼器类共80件，其中玉柄形器50件，玉璜17件，玉璧8件，其他种类较少，如玉琮1件，玉璋2件，玉璇玑2件。其中尤以二里岗上层一期最为丰富，种类最为齐全。另外玉兵器或仪仗用器等也出土较多，以玉戈和玉铲为主，分别为22件和7件，同样以二里岗上层一期最为丰富。在稍晚的郑州小双桥遗址的夯土基址和祭祀坑中，[④]发现有石磬和长方形石圭。

湖北黄陂盘龙城遗址是商王朝早期在江汉地区的一处军事重镇，其中李家嘴M2属于大型墓葬，是二里岗文化迄今所见最大的墓葬，与1974年发现的M1是夫妇并穴合葬墓。M2为男性死者，有木质棺椁，椁室有雕花，随葬品丰富，特别是除大量青铜容器、兵器及工具外，还出土玉戈、玉柄形饰、玉佩饰等，值得关注的是所出的

---

① 陈雪香：《二里头遗址墓葬出土玉器探析》，《中原文物》2003年第3期。
② 赵新来：《郑州二里岗发现的商代玉璋》，《文物》1966年第1期；郑州市博物馆：《郑州铭功路西侧的两座商代墓》，《文物》1965年第10期；河南省文物研究所：《郑州北二七路新发现的三座商墓》，《文物》1983年第3期。
③ 河南省文物考古研究所编著《郑州商城1953~1985年考古发掘报告》，文物出版社，2001；宋爱萍：《郑州商城出土商代玉器试析》，《中原文物》2004年第5期。
④ 河南省文物研究所等：《1995年郑州小双桥遗址的发掘》，《华夏考古》1996年第3期。

6件玉戈，大多被打断。一般说来，玉戈是礼仪性兵器，并非在战斗中使用，折断玉戈可能有更深层次的含义。这个男性死者可能经常带兵打仗，或者就死于战争，把他所用于指挥战争的权威兵器——玉戈折断后放入墓中随葬，是一种对他怀念的方式。这与商代存在的毁兵习俗或礼仪相同。①

商代后期出土玉器的数量和种类较商代前期有明显的大幅度增加，其中以河南安阳殷墟出土玉器地点最为集中，出土玉器数量也最多。据不完全统计，殷墟自1928年首次发掘以来，所出玉器已超过数千件之多，其中仅1949年至1980年集中成批出土的玉器就达1200件之多。②该遗址的玉器绝大多数出土于大、中型墓中，而在小型墓和居址聚落中发现很少。1976年春，在小屯发现的5号墓妇好墓，出土各类随葬品共1928件，其中玉器755件，这是商代玉器出土数量最多，也是最重要的一次（图3-19）。③2000年在殷墟花园庄东地发掘了一座中型墓葬M54，出土各类随葬物570余件，其中玉器出土200余件，这座高级贵族墓保存完好，出土玉器种类主要有璧、圭、琮、戚、玦等，大多集中放置于棺内，并表现出一定的规律性。④

表3-9　不同等级墓葬出土玉器统计表

墓葬	墓主	墓葬形制与葬具	出土玉器
河南安阳殷墟5号墓⑤	商王武丁之妻妇好	墓长5.6米、宽4米，有棺椁	共755件（其残片未计入），约占随葬品总数39.2%，包括礼器175件、仪仗54件、工具74件、生活用具9件、装饰品426件、杂器17件
江西新干大洋洲⑥	方国君主	墓长8.22米、宽3.6米，葬具为一椁一棺	共754件，礼器33件、仪仗器7件、装饰品33件（仅计入出土较完整的）
河南安阳戚家庄东269号墓⑦	中型贵族	墓长3.03米、宽1.53米，葬具为一椁一棺	共6件，礼器3件、装饰品3件
陕西宝鸡峪泉M5⑧	小贵族	墓长3.03米、宽1.9米，葬具为一椁一棺	共13件，均为装饰品
河南安阳梅圆庄111座⑨	平民	多数墓长2~2.5米、宽0.8~1.5米，有棺椁的墓仅8座	共9件，均为装饰品

---

① 湖北省博物馆、北京大学考古专业盘龙城发掘队：《1963年湖北黄陂盘龙城商代遗址的发掘》，《文物》1976年第1期；《盘龙城1974年度田野发掘纪要》，《文物》1976年第2期。
② 郑振香、陈志达：《近年来殷墟新出土的玉器》，《殷墟玉器》，文物出版社，1982，第10页。
③ 中国社会科学院考古研究所编著《殷墟妇好墓》，第114页。
④ 徐广德、何毓灵：《殷墟发现商代贵族墓》，《中国文物报》2001年3月8日。
⑤ 中国社会科学院考古研究所编著《殷墟妇好墓》，第114～195页。
⑥ 江西省文物考古所、江西省博物馆、新干县博物馆：《新干商代大墓》，文物出版社，1997，第141～159页。
⑦ 安阳市文物工作队：《殷墟戚家庄东269号墓》，《考古学报》1991年第3期。
⑧ 陕西省考古研究所、宝鸡市考古队：《陕西省宝鸡市峪泉周墓》，《考古与文物》2000年第5期。
⑨ 中国社会科学院考古研究所安阳工作队：《1987年安阳梅圆庄南地殷墓的发掘》，《考古》1990年第2期。

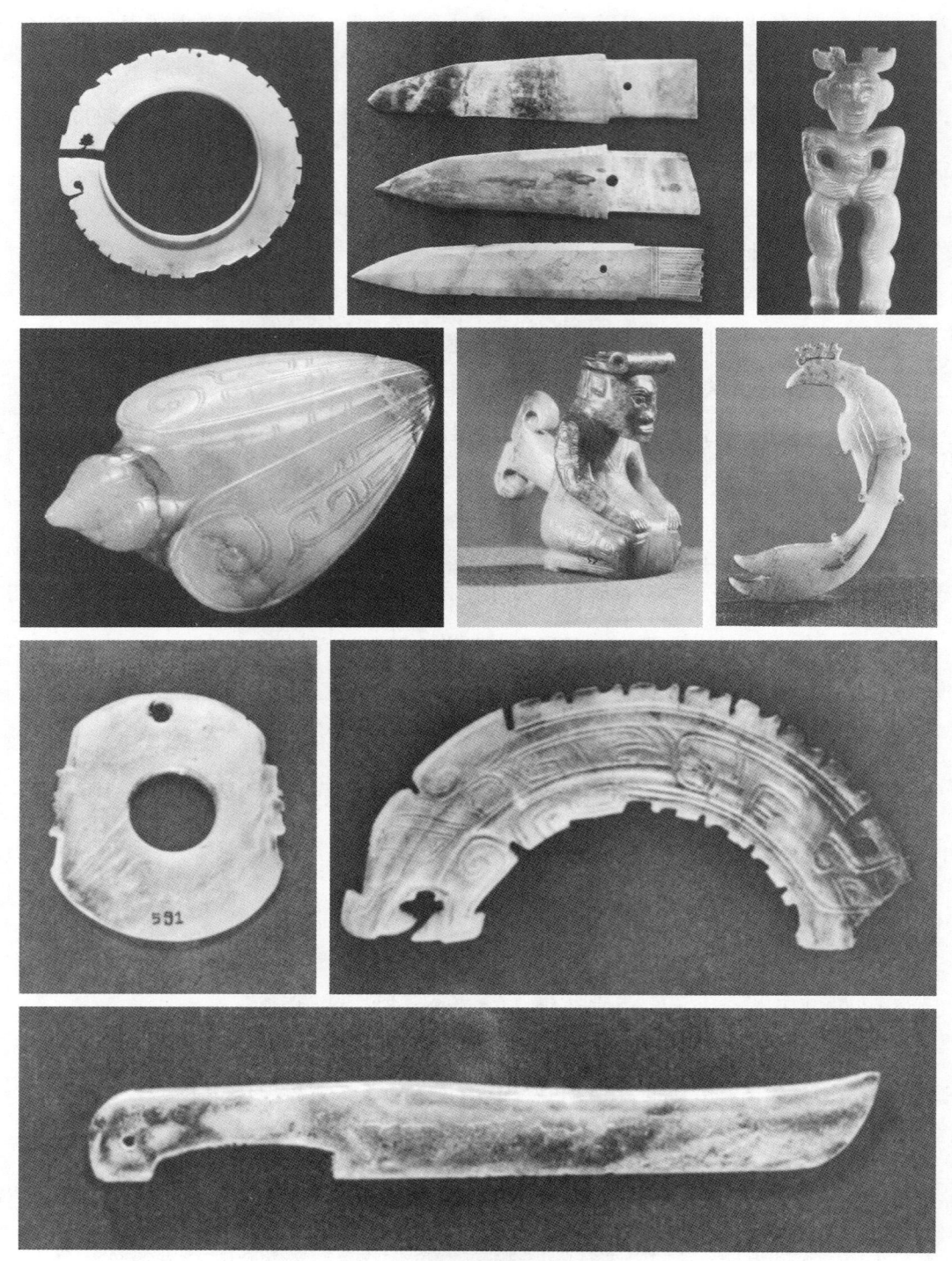

图3-19 殷墟妇好墓出土玉器

资料来源：中国社会科学院考古研究所《殷墟妇好墓》，彩版16、18、22、25、32、34；图版99-2、115-2、119-2。

由表3-9可知，妇好墓与江西新干大洋洲墓葬出土玉器数量差距不大，但用玉等级有很大差别。妇好墓出土玉礼器15种228件，而江西新干大洋洲墓仅出土9种40件，一些重要玉礼器如琮、璜、圭、钺等不及妇好墓的5%（图3-20）。而河南殷墟戚家庄东M269中型贵族墓仅出土玉礼器3种3件，小贵族墓和平民墓没有出现玉礼器。通过对同一时期、不同等级墓葬中随葬玉礼器的分析，可以清晰地看到，不同等级在用玉种类和数量上的等级差别是非常明显的。

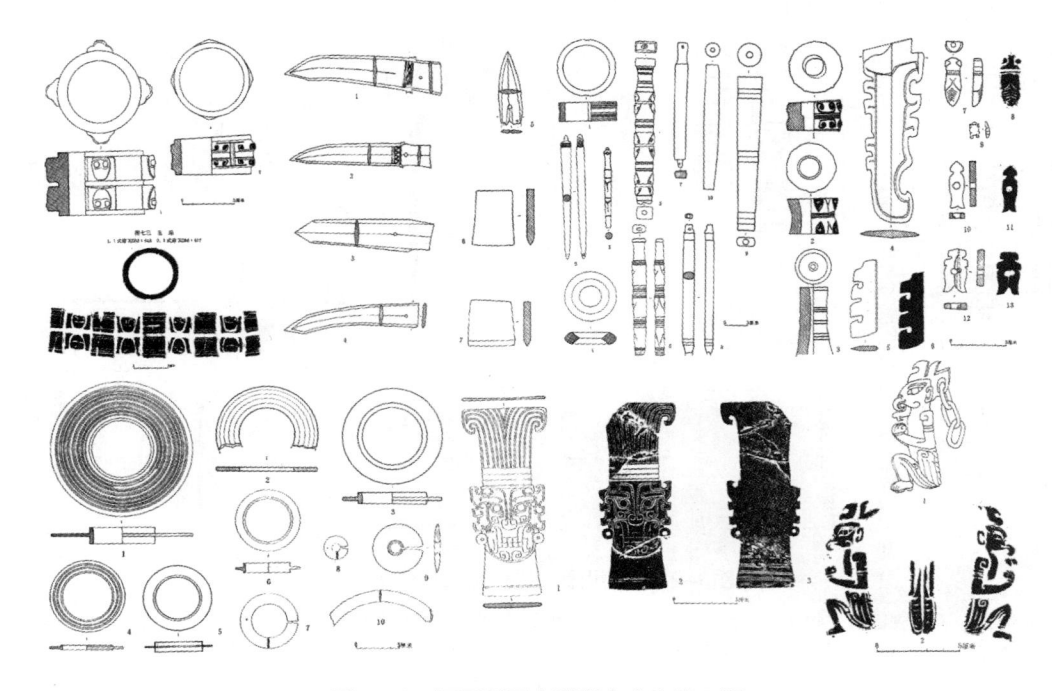

图3-20　江西新干大洋洲出土商代玉器

资料来源：江西省文物考古所、江西省博物馆、新干县博物馆《新干商代大墓》，第141~159页，图15、16、17、18、19、20、21。

在殷墟以外也有许多地点出土商代晚期玉器。1986年在三星堆遗址南侧相继发现两个祭祀坑，出土玉器约300余件，一号坑出土器物包括玉质的璋、琮、戈、凿、锛、瑗、锄、斧、匕、佩和石质的琮、斧、铲、凿等，其中以玉璋为主；二号坑出土玉石器共131件，约占出土器物总数的33.51%。这些玉石器除41件玉凿外，包括戈、璋、瑗、环、刀、舌形器、锛等。① 2001年成都金沙遗址出土玉器400余件，主要有玉戈、

---

① 四川省文管会等：《广汉三星堆一号祭祀坑发掘简报》，《文物》1987年第10期；《广汉三星堆二号祭祀坑发掘简报》，《文物》1989年第5期。

玉璋、玉琮、玉圭、玉凿、玉剑、玉矛、玉牌饰、玉环、玉镯等10余种，这些玉器既有良渚式玉琮，也有仿良渚文化玉琮，还有商周时期玉琮，共计24件。这是四川继三星堆遗址后又一重大发现（图3-21）。①此外，在山东滕县前掌大、益都苏埠屯、济南大辛庄、河南罗山蟒张、辉县琉璃阁、淮阳冯塘村、固始葛藤山、孟县涧溪村、河北藁城台西前关等地墓葬均有商代晚期玉器出土。

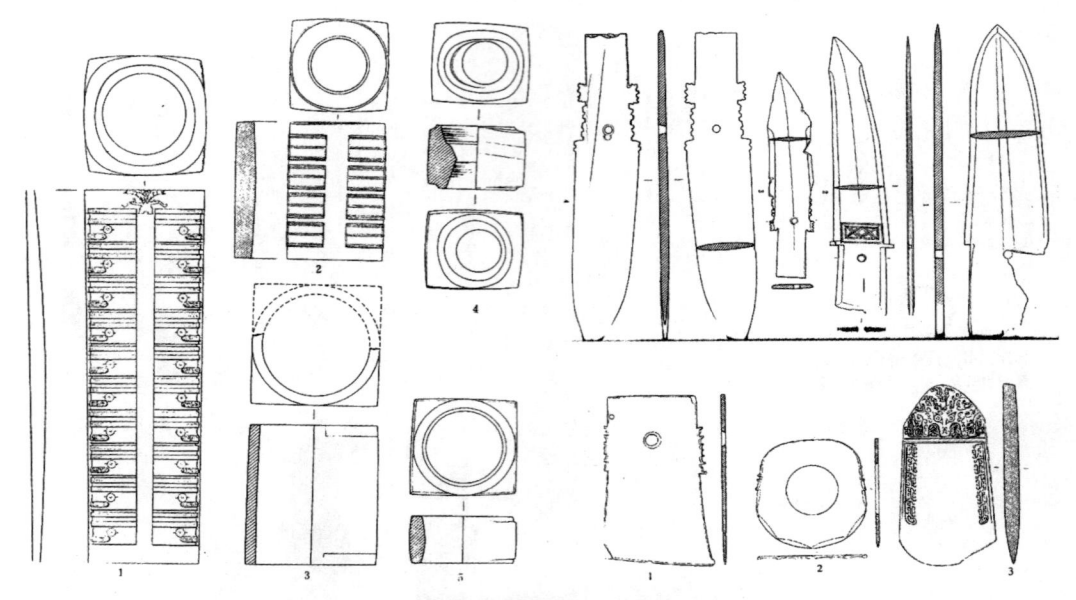

图3-21 四川金沙遗址出土商代玉器

资料来源：成都市文物考古研究所《成都金沙遗址 I 区"梅苑"地点发掘一期简报》，《文物》2004年第4期，第26页图64，第49页图135，第28页图67。

综上可知，商代早期用玉尚未明确形成制度，但承袭了夏代时期的用玉种类和特点，同时也有自己的特色和创新，开启了商代晚期用玉制度化的先河。礼器类的玉璋、柄形器和武器类玉戈在形制上夏和商代早期非常近似，体现了文化上的传承性。与此同时，商代早期礼仪类用玉以玉璧、璜等为主要种类，集中出土于等级较高的贵族墓葬中，而等级较低的小型墓基本不见，这些种类比夏代要丰富很多，但二里头遗址较多出土的玉钺、玉圭、玉刀、玉璧则在商代早期较少出现。

商代晚期用玉种类和数量较之商代前期有很大的变化，种类更丰富，数量也更多，不仅仅有礼仪类玉器，而且有丰富的装饰类与生活类玉器。商代晚期无论是核

---

① 成都市文物考古研究所：《成都金沙遗址 I 区"梅苑"地点发掘一期简报》，《文物》2004年第4期。

心文化区还是受商文化影响的边缘文化区，礼仪类用器种类基本固定，主要包括琮、璜、玦、瑗、璧、圭、环、戚、钺、戈等，不同等级的墓葬出土的玉器种类和数量不一样，反映了明显的等级差异；而且礼仪类玉器仅出现于大中型墓葬和祭祀遗迹中，小型墓葬基本不见；以玉璋、瑗、琮、璜、圭等为代表的礼仪玉礼器数量越多，反映的等级越高，反之亦然。可见，礼仪类玉器在商代晚期已经形成定制，并能明显地标示社会等级与身份差异。

（三）乐器制度的初步形成

乐器作为随葬品埋入墓内，有着与其他随葬品不同的意义和内涵，它既是人们现实生活的写照，同时也是殡葬礼俗的内容。在先秦时代，乐器从通过发声来协调人们的行为、活动，到成为精神享受的载体，而且从单一种类发展到多种、多个的乐器群，是人们发明创造的重要体现，特别是进入夏商周时期，乐器成为礼仪活动、礼仪制度的一个重要组成部分，同时也成为殡葬礼俗的重要内容。

在夏商时期，使用乐器作为随葬品，有一个从丰富死者"生活"内容，增加随葬品类别，发展到与等级制度紧密相连成为殡葬礼俗的过程。其中，乐悬制度占据着最主要的地位。

1. 夏代与早商乐器的出土

早在新石器时代中晚期遗址中就有乐器出土，如河南禹县阎砦遗址就曾出土龙山文化时期的特磬，[①]山西襄汾陶寺遗址就出土有木制彩绘鼍鼓、土鼓、特磬、陶铃、铜铃、陶埙等乐器，共发现26件。鼍鼓是一种用鳄鱼皮蒙的木鼓，特磬是一种大型石质打击乐器，它们都是同类乐器中最早的标本，而作为后世礼仪重器的鼍鼓与特磬常伴出于陶寺大型墓葬中，将中国礼仪制度的历史提前了1000多年；尤其M3296出土红铜铃[②]是中国发现的最早的铜铃标本，它与祭祀相关，反映出地位高的墓主人才具有祭祀的权利，说明代表祭祀权的乐器与墓主人地位身份有关。《史记·夏本纪》记载，"三年，四方莫举乐，以思尧"。可见，夏代之前，乐器已经作为祭祀礼器起着重要作用。

在二里头文化时期，继承并发展了陶寺文化的乐器组合与类型。二里头遗址M4出有二里头文化二期的铜铃，[③]M11、M57出土了二里头文化四期的铜铃，[④]而M11

---

① 匡瑜等：《禹县阎砦龙山文化遗址》，《中国考古学年鉴（1984年）》，文物出版社，1984。
② 中国社会科学院考古研究所山西工作队：《山西襄汾陶寺遗址首次发现铜器》，《考古》1984年第12期。
③ 中国社会科学院考古研究所二里头工作队：《1982年秋偃师二里头遗址九区发掘简报》，《考古》1985年第12期。
④ 杨国忠、张国柱：《1984年秋河南偃师二里头遗址发现的几座墓葬》，《考古》1986年第4期；中国科学院考古研究所二里头工作队：《1987年偃师二里头遗址墓葬发掘简报》，《考古》1992年第4期。

还同出有镶嵌绿松石铜牌饰，两墓级别较高，说明乐器仍然是祭祀权与地位身份的象征；二里头遗址 M3 曾出土二里头文化三期的倨顶型特磬，[①]在山西夏县东下冯遗址也曾出土二里头文化东下冯类型的折顶型特磬；[②]二里头遗址还出土有二里头文化三期的陶埙[③]和二里头二期的木鼓。[④]以上材料说明，二里头文化时期，乐器类别有铜铃、特磬、陶埙和木鼓等，尤其铜铃和特磬仅出土于高规格的墓葬中，反映了乐器尤其铜铃是墓主人享有祭祀权和威望及财富的象征，一些乐器种类显示了区域特性，也有些乐器反映了对传统乐器的继承与发展。

早商文化的乐器承袭了二里头文化时期的特点，但有所创新与变革。郑州小双桥遗址和河北藁城台西遗址均发现二里头文化时期的倨顶型和折顶型特磬，制作技术也与之相似。可以看出，夏代与早商文化阶段，乐器的种类和制作技术一脉相承，均以铜铃、特磬和陶埙为主要器类，反映了音乐文化的承继与发展。而铜铃和特磬也仅见于高等级墓葬中，说明使用这类特殊乐器随葬也是墓主人身份地位和威望、祭祀权的象征。

2. 商代晚期乐器制度的初步形成

商代晚期的音乐文化继承了早商文化的技术与特点，但在器类和组合上发生了较大变革。商代晚期的石磬多集中出土于黄河中下游的陕西、山东、河北、山西、河南等地，磬也是中原地区音乐文化的典型乐器之一。石磬随葬现象在商代晚期比较普遍，从殷墟 M1004 商王墓到二里头第六区 M3 这一地位较低的小贵族墓葬均有发现。特磬在殷墟晚期逐渐发展成为编磬，如殷墟西区墓葬 M93[⑤]和殷墟妇好墓均出土了编磬，有倨顶型和弧顶型，因制作水平等原因，这些编磬器形不是很规整，但表面和周边都发现局部打磨的痕迹，音乐学家认为这些应当属于调音的手段，是乐器制作史上的一大创新。

在商代晚期墓葬中，仅随葬鼍鼓的现象已成定制，见于高等级墓葬，而与特磬的组合应为商王或地方诸侯才有的礼乐配置。山西灵石旌介一号墓随葬品丰富，也有殉人、殉牲，墓主应为一位等级很高的方国首领，该墓出土乐器仅见鼍鼓 1 件。[⑥]安阳侯家庄

[①] 中国科学院考古研究所二里头工作队：《偃师二里头遗址新发现的铜器和玉器》，《考古》1976 年第 4 期。
[②] 东下冯考古队：《山西夏县东下冯遗址东区、中区发掘简报》，《考古》1980 年第 2 期。
[③] 中国社会科学院考古研究所洛阳发掘队：《河南偃师二里头遗址发掘简报》，《考古》1965 年第 5 期。
[④] 中国社会科学院考古研究所二里头工作队：《1981 年河南偃师二里头墓葬发掘简报》，《考古》1984 年第 1 期。
[⑤] 中国社会科学院考古研究所安阳工作队：《1969~1977 年殷墟西区墓葬发掘报告》，《考古学报》1979 年第 1 期。
[⑥] 山西省考古研究所、灵石县文化局：《山西灵石旌介村商墓》，《文物》1986 年第 11 期。

M1217为亚字形大墓,虽被盗扰,仍出土青铜器、兵器、玉器等数百件之多,可见墓葬等级很高,墓中鼍鼓与特磬同出,鼍鼓鼓框之上绘有兽面纹主题纹饰,伴出有鼓架,可称之为悬鼓。由于该墓已被盗掘,不排除原来还有编铙、编磬等随葬品的可能。

在商代晚期南方、西南和东南方区域的墓葬中新出现敲击乐器编铙随葬。编铙与大铙有较大区别,多见于今湖南、江西一带。据初步统计,仅出编铙的商代墓葬共12座,其中11座为3件1组,仅妇好墓中为5件1组,这些墓主人身份从地位显赫的商王妃到级别很高的军事首长,还有地位较低的中小贵族。此种编列应该也是殷礼的一种规定。①

在商代晚期安阳花园庄M54、②殷墟妇好墓、③安阳郭家庄M160、④青州苏埠屯M8⑤和鹿邑长子口微子启墓⑥等高级别墓葬中均发现编铙与石磬共出的现象;在江西新干大洋洲大墓中还发现铜大铙与铜镈组配,⑦但这些配置属于南方古越族的典型习俗,与中原地区编铙、特磬、鼍鼓的组合有较大差异。该墓随葬品丰富,反映了墓主人极高的社会地位,乐器铜大铙和铜镈的配置则是这种身份地位和财富的象征。

综上所述,与史前时期的特磬、鼍鼓、陶埙、土鼓的礼乐器组合相比,商代的礼乐器种类和组合出现了较大变化,新出现了编磬、编铙、大铙和铜镈等礼乐器。乐器的种类、数量、质地、制造质量以及配置方式是乐器制度在商代的延续和发展,也是礼乐等级和身份财富差异的重要标准,组合用器的级别比单独用器的等级要高。乐器文化的区域性特征明显,大铙与镈的组合为商代南方吴城文化的特色,南方和东南地区主要是铙和镈组合,与中原地区有较大差异;而东方多为编磬、编铙共出,北方无编铙,仅见特磬和鼍鼓,与中原地区有很大近似性。

四 棺椁与饰棺礼俗

(一)棺椁礼俗

棺者,实为关也,用来掩盖尸体,《说文解字》:"棺,关也,所以掩尸"。椁者,

---

① 王清雷:《西周乐悬制度的音乐考古学研究》,文物出版社,2007,第39页。
② 中国社会科学院考古研究所编著《安阳殷墟花园庄东地商代墓葬》,科学出版社,2007,第133~135页。
③ 中国社会科学院考古研究所安阳工作队:《安阳殷墟五号墓的发掘》,《考古学报》1977年第2期。
④ 中国社会科学院考古研究所安阳工作队:《安阳郭家庄160号墓》,《考古》1991年第5期。
⑤ 山东省文物考古研究所、青州市博物馆:《青州市苏埠屯商代墓发掘报告》,《海岱考古》第1辑。
⑥ 河南省文物考古研究所、周口市文化局:《鹿邑太清宫长子口墓》,中州古籍出版社,2000。
⑦ 江西省博物馆:《新干商代大墓》,第73~87页。

《说文解字注》曰:"木郭者,以木为之,周于棺,如城之有郭也"。①《礼记·檀弓上》曰:"棺周于衣,椁周于棺,土周于椁",说明棺与椁皆为木制葬具,是盛放死者遗体的地方,棺位于内,而椁位于棺外,周边直接填土。作为木质葬具的棺椁,由史前到夏商周时代,在使用功能和意义上发生了巨大变化,从传统的葬俗,发展成为殡葬制度的重要组成部分。

史前时期,开始出现木质的棺、椁时,只是掩尸方式的改变,避免了尸体直接埋于土中,而且为死者提供了犹如生前的活动空间,是灵魂永存观念的延伸。仰韶文化、良渚文化、大汶口文化已构筑木椁。也就是说,新石器时代中晚期出现并完成了这一掩尸方式的变化。到龙山时代,在环太湖地区和海岱地区木质葬具的使用渐趋广泛,双重木质葬具棺椁数量增多,并且在龙山时代晚期开始出现两椁一棺以及棺内边箱和脚箱的设置形式,如良渚文化中晚期汇观山遗址最大墓葬M4系双重棺椁;②山东临朐西朱封遗址M202为一棺一椁,而M203为三重棺椁,设有足厢和边厢,反映了木椁制度的成熟以及墓主人高贵的身份和特殊的社会地位(图3-22)。③山东泗水尹

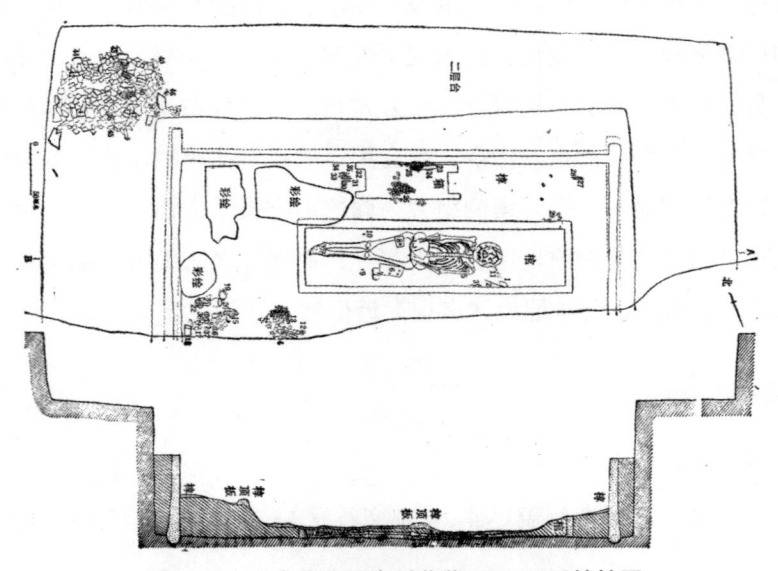

图3-22 山东临朐西朱封墓葬M202二重棺椁图

资料来源:中国社会科学院考古研究所山东工作队《山东临朐西朱封龙山文化墓葬》,《考古》1990年第7期。

---

① 段玉裁:《说文解字注》,上海古籍出版社,1981,第270页。
② 浙江省文物考古研究所、余杭市文管会:《浙江余杭汇观山良渚文化祭坛与墓地发掘报告》,《浙江省文物考古研究所学刊》,长征出版社,1997。
③ 中国社会科学院考古研究所山东工作队:《山东临朐西朱封龙山文化墓葬》,《考古》1990年第7期。

家城遗址龙山文化墓地 65 座墓葬则显示出棺椁使用已呈现明显的等级性与规范化特征，①反映墓主身份之间的等级差异。龙山文化时期，随着城址的普遍出现和社会分化与分层，棺椁完全成为地位、权力和身份的指示物，②说明在龙山时代晚期棺椁制度已经初步形成，是夏商周时期棺椁制度的直接来源。

进入历史时期之后，棺椁制度逐渐成为三代礼制的重要组成部分，成为体现社会地位差异的重要载体。夏商时代棺椁制度尚不见于历史文献，但从考古资料可窥一二，是新石器时代晚期棺椁礼俗的继承与发展；西周时期棺椁制度沿袭商代并有所发展，并逐渐制度化；春秋至战国早期，多重棺椁制度逐渐形成，战国中晚期，这一制度受到僭越和破坏。棺椁制度在夏商周三代是社会等级和身份地位的标识，也是社会变迁和社会观念的反映。

1. 夏代时期

夏王朝统治者忙于稳定统治地位，精力集中于阳间的事情，对殡葬制度尚无更多顾及。二里头文化是中原地区最先进入青铜时代的考古学文化，多年来在偃师二里头的考古发掘展现出了丰富的文化内涵，可以看出当时已出现了国家层面的社会组织，③因此是我们探索夏文化的主要对象。二里头文化墓葬主要发现于洛阳地区，数量最多的是二里头遗址，共发现墓葬 400 余座，在二里头遗址以外的地点也多有发现。④尽管目前尚未在二里头遗址或其附近发现王陵区和大型墓地，已经发现的材料还不能代表二里头文化墓葬的全貌，但是我们依然能够发现棺椁制度存在的线索。

夏代使用棺椁，并髹漆为饰，墓底铺朱砂，但制度化情况尚不明确。二里头遗址墓葬中用木棺盛殓尸体的不多，只在少量中型墓葬中发现朽木、板灰和漆皮遗存，推知应有木质葬具，这类墓葬多撒有很厚的朱砂，随葬青铜礼器、玉礼器，有的还有漆器和精致的陶礼器，如二里头文化二期 81ⅤM4 墓圹长 2.5 米，宽 1.16 米，发现漆棺，墓底朱砂厚 8 厘米，随葬品丰富，有铜器、玉器、漆器和陶器等。⑤二里头文化三期 80ⅢM2，存深 0.8 米，南北长 2.55 米、东西宽 1.2 米，墓底铺朱砂，朱砂范围南北约 2.1、东西 0.9 米；墓坑近底部四壁残存有断续的

---

① 山东大学历史系考古教研室：《泗水尹家城》，第 41~68 页。
② 栾丰实：《史前棺椁的产生、发展和棺椁制度的形成》，《文物》2006 年第 6 期。
③ 罗伯特·L.杜朴：《二里头遗址与夏文化探索》，张良仁译，《夏文化论集》，文物出版社，2002，第 559 页。
④ 李志鹏：《二里头文化墓葬研究》，《中国早期青铜文化——二里头文化专题研究》，科学出版社，2008，第 2 页。
⑤ 中国社会科学院考古研究所二里头工作队：《1981 年河南偃师二里头墓葬发掘简报》，《考古》1984 年第 1 期。

漆皮，应是使用漆木棺的残迹（图3-23）。①又如二里头文化四期87M57，存深0.35米，南北长2米，东西宽1.05米，墓底铺朱砂很多，有朽木一段，发掘者推测应是木棺遗存。②此类发现木棺的墓葬多铺较厚的朱砂，随葬青铜礼器和玉礼器，往往还有漆器和比较精致的陶礼器，墓室面积较大，随葬品丰富，可见有木棺墓葬的墓主人应当具有一定的社会地位，也拥有较丰富的财产，与遗址中发现的大量无圹墓和乱葬墓形成了鲜明的对比，如墓穴面积不足1平方米的墓葬基本不见木质葬具的痕迹。

二里头遗址墓葬中木棺的发现，从埋葬制度的角度进一步证明了社会分化的加剧，等级社会初步形成，早期国家的礼制逐渐建立。但是目前很少发现用椁的墓葬，所以棺椁制度在夏文化时期具体情况难以阐明。

2. 商代时期

商代使用棺椁在继承前代的基础上，逐渐制度化和等级化。一般来说，墓内熟土二层台的有无和棺椁的关系很大，熟土二层台应该是在构筑椁室时在椁外填土而形成的。③商代的墓葬中多数设有二层台，《礼记·檀弓上》也有记载"殷人棺椁"，商代是我国棺椁制度发展史上的重要阶段，起着承前启后的重要作用。

早商时期最高等级墓葬尚未发现，多见中型墓和小型墓。在已发现的早商墓葬中，明确使用木质棺椁的，多见于郑州商城、偃师商城、垣曲商城等早商文化核心区的大型遗址中，分布范围较夏代有了一定的扩大。郑州商城的C8M3的墓室有熟土二

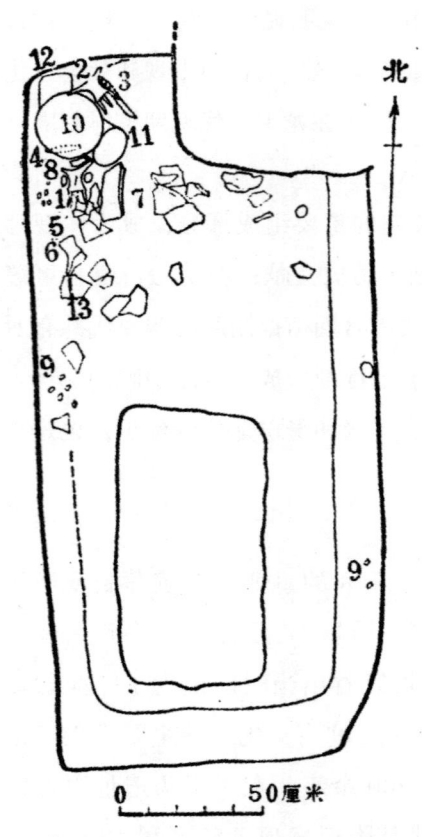

图3-23 二里头遗址ⅢM2平剖面图

资料来源：中国社会科学院考古研究所二里头工作队：《1980年秋河南偃师二里头遗址发掘简报》，《考古》1983年第3期。

---

① 中国社会科学院考古研究所二里头工作队：《1980年秋河南偃师二里头遗址发掘简报》，《考古》1983年第3期。
② 中国社会科学院考古研究所二里头工作队：《1987年偃师二里头遗址墓葬发掘简报》，《考古》1992年第4期。
③ 郜向平：《商系墓葬研究》，科学技术出版社，2011，第69页。

层台，有腰坑，墓底铺有朱砂土，从残存的灰白色板灰痕，该墓有棺有椁。[①]另外在偃师商城、垣曲商城内也都发现了规模较大的早商墓葬，其共同特点是都有熟土二层台，墓底有板灰痕迹，是使用木质葬具的遗留，而且墓内随葬品也相对比较丰富，如偃师商城内的83Ⅲ M1南北长2.45米，东西宽1.05米，残留有板灰痕迹，墓内随葬品丰富；[②]垣曲商城M16残长2.86米，宽1.67米，有棺，随葬品较丰富。[③]以上说明这些有一定地位和等级的死者都使用棺椁。

在早商文化时期，使用棺椁与墓主人社会地位相适应的最明确的发现，以湖北黄陂盘龙城最为典型。位于早商文化南境的湖北盘龙城发现规格很高的中型墓，如李家嘴PLZM2墓室面积10平方米以上，墓口为3.67米×3.24米，底为3.77米×3.40米，填土夯打得非常结实。根据对现场发现的复原，发掘者认为，该墓的葬具有内外三重棺椁，从遗留的板灰痕迹来看，椁板有的为素面，有的涂有朱红色漆，有的部位有雕刻的饕餮纹和云雷纹图案，可见对棺椁进行了精心装饰。随葬品分置于棺椁之间和内外椁之间，有铜器、玉器、木器和陶器等，其中铜器共63件，包括礼器23件，兵器和工具共40件，其中一件铜钺长41厘米，刃宽26厘米，而且该墓还有殉人，这表明墓主人显然是社会地位较高的人。这个墓内所见到的内外椁现象，似表现出在二里岗时期已经出现按照等级规定的棺椁制度（图3-24）。[④]

商代中期的墓葬中，木质葬

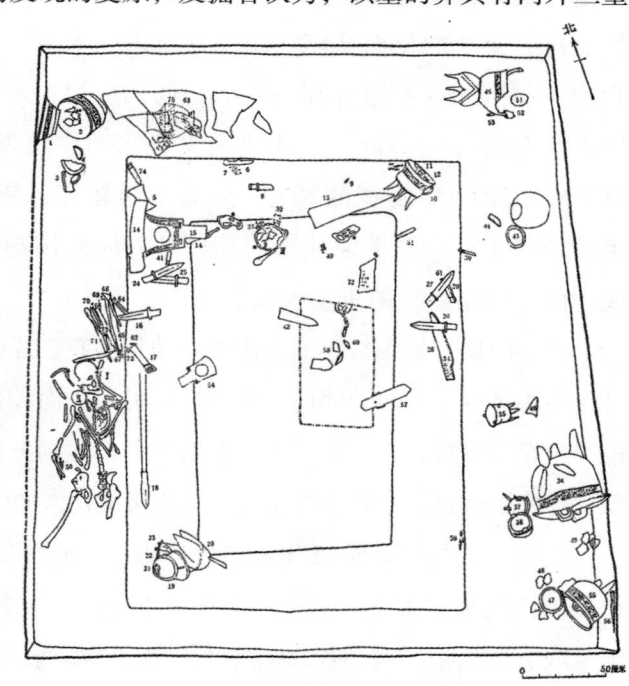

图3-24 盘龙城李家嘴M2平面图

资料来源：湖北省博物馆、北京大学考古专业盘龙城发掘队《盘龙城1974年度田野考古纪要》，《文物》1976年第2期，第12页，图10。

---

① 河南省文物考古研究所：《郑州商城：1953～1985年考古发掘报告》，文物出版社，2001，第581页。
② 中国社会科学院考古研究所河南第二工作队：《1983年秋季河南偃师商城发掘简报》，《考古》1984年第10期。
③ 中国历史博物馆考古部、山西省考古研究所：《1988～1989年山西垣曲古城南关商代城址发掘简报》，《文物》1997年第10期。
④ 湖北省博物馆、北京大学考古专业盘龙城发掘队：《盘龙城1974年度田野考古纪要》，《文物》1976年第2期。

具得到了很大的普及,有木棺的墓葬多数属于中型墓以上。洹北商城发现有棺木的墓葬20座,绝大部分属于中型墓,藁城台西112座墓葬中就有82座发现有棺痕,也属于中型墓,据初步统计,属于中型及以上等级的墓葬有棺的比例分别为93.2%和50.9%。①

商代中期棺椁的共同使用某种程度上显示墓主社会地位与等级差异。有学者认为根据墓葬面积、结构、随葬品等可将墓葬分为不同的等级,②最高等级墓葬有棺有椁,有腰坑与殉人,如黄陂盘龙城李家嘴M1随葬22件铜容器;下一等级墓葬有棺,部分有椁,有腰坑,部分有殉人,随葬品较为丰富,如郑州白家庄M3应有棺椁双层葬具。③在墓穴面积2平方米以下的小型墓葬,也有一定数量有木质棺具,有的有腰坑,但基本不见用椁现象,如郑州铭功路M146虽有腰坑,但无木棺。藁城台西遗址墓葬多数有棺无椁,如M36是目前发掘中较大的一座,但有棺无椁,大棺的里面又隔一块厚9厘米的木板,将一棺分为二室,分别放置墓主和殉人;④M103在棺外利用二层台的四壁加盖木板形成一个土木结合的椁室,结构也十分特殊。济南大辛庄中商文化墓葬中也发现有木棺,其中2003年发掘的M106及2010年发掘的M139墓葬等级较高,皆有一棺一椁。⑤以上说明,尽管木棺的使用此时已普遍化,而棺椁的同时使用却仅见于大中型墓葬中,棺椁已经成为区分阶层差异的重要因素。

晚商时期,发掘多年的安阳殷墟遗址为我们提供了大量使用棺椁的证据,证明商文化中心区存在等级分明的棺椁制度;另一方面大量中原以外地区高规格墓葬中木质棺椁遗存的发现,充分揭示了一整套从商都城到方国,棺椁在更大范围内作为等级的象征得到了认可,以及中心文化区对边缘文化区的辐射和影响。

殷墟遗址的墓葬等级分明,分为四、二或一条墓道的商王和贵族大墓,到中等权贵的土坑竖穴式墓,甚至一些平民墓葬,绝大多数都有棺,不少还有椁,木椁由圆木或方木构成,具体结构视墓葬等级来定。殷墟墓葬的等级可以划分为带墓道的大墓、竖穴土坑墓、无墓圹墓葬,其中竖穴土坑墓又可以按大中小分为三类。⑥

---

① 郜向平:《商系墓葬研究》,第98页。
② 中国社会科学院考古研究所:《中国考古学·夏商卷》,第280~283页。
③ 河南文物工作队第一队:《郑州市白家庄商代墓葬发掘简报》,《文物参考资料》1955年第10期。
④ 河北省文物研究所:《藁城台西商代遗址》,第151页。
⑤ 山东大学东方考古研究中心、山东省文物考古研究所、济南市考古研究所:《济南市大辛庄商代居址与墓葬》,《考古》2004年第7期;山东大学历史文化学院考古系、山东省文物考古研究所:《济南大辛庄遗址139号商代墓葬》,《考古》2010年第10期。
⑥ 中国社会科学院考古研究所:《中国考古学·夏商卷》,第338~351页。

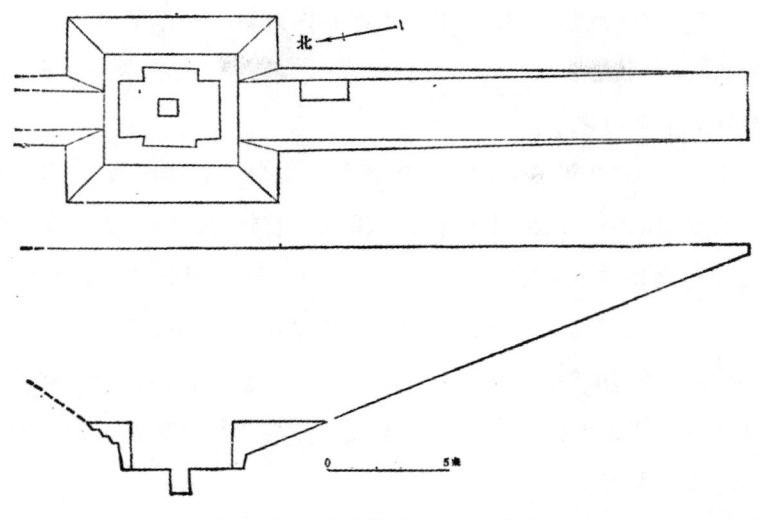

图 3-25 后冈墓地 M9 亚字形椁室

资料来源：中国社会科学院考古研究所安阳队《1991 年安阳后冈殷墓的发掘》，《考古》1993 年第 10 期。

在等级最高的殷墟西北岗带四条墓道的大墓中，椁室清楚者均为亚字形，计有 M1001、M1004、M1550、M1003 等，其余 4 座因在发掘过程中整个椁室在潜水面下，故椁内情形不明，梁思永推测都应呈亚字形，明显比一般长方形椁室要讲究得多。[①] 甚至这些王陵的陪葬墓也通常有棺有椁，随葬铜礼器，有的还有殉人，显示出高贵的身份地位。在带有两条或一条墓道的大墓中都有椁室的发现，在 1991 年发掘的带有两条墓道的后冈 M9 中也发现了呈亚字形的椁室，椁高 2 米，椁室南北长 4.15 米、东西宽 3.15 米；向外凸出 0.95～1 米，椁木已朽成木炭，大部分保存较好，层次清楚（图 3-25）。[②] 1950 年在王陵区东区发掘的武官村大墓，带有两条墓道，椁室呈长方形，四壁尚未遭破坏，南北长 6.3 米、东西宽 5.2 米、高 2.5 米。[③] 在大型的土坑竖穴墓中，也发现了椁室，如殷墟妇好墓、郭家庄 M160 等，平面形制呈井字形或长方形，木椁的规格以妇好墓为例，大致长 5 米、宽 3.4～3.6 米、高 1.3 米。[④] 部分面积在 3～10 平方米的墓葬中也发现有木椁，但是在更低一级的小型土坑竖穴墓中，多数只有棺，没有椁。

---

① 梁思永、高去寻：《侯家庄第八本：1550 号大墓》，台北：中研院历史语言研究，1976，第 12 页。
② 中国社会科学院考古研究所安阳队：《1991 年安阳后冈殷墓的发掘》，《考古》1993 年第 10 期。
③ 郭宝钧：《一九五〇年春殷墟发掘报告》，《中国考古学报》第 5 册，1951；中国科学院考古研究所安阳殷墟队等：《安阳殷墟奴隶祭祀坑的发掘》，《考古》1977 年第 1 期。
④ 中国社会科学院考古研究所编著《殷墟妇好墓》，第 7 页。

值得注意的是，在殷墟墓葬中还出现了椁室内放置多个棺的现象，见于殷墟刘家庄南 85AQMM13，墓长 2.8 米、宽 1.4 米、深 2.7 米，有二层台，葬具为一椁两棺，椁内两具骨架分置于两棺之中。①

殷墟西区 1966~1977 年发掘的近千座墓葬可以分为五个等级，②第一等级为带墓道墓葬，有 1 条墓道的甲字形墓共 5 座，有棺椁，有较多的殉葬人、车马器和青铜器等；第二等级墓室面积在 5~10 平方米，约 20 座，长方形竖穴墓，有棺椁和青铜礼器，大多有殉人；第三等级墓室面积为 3~5 平方米，50~60 座，随葬少量铜礼器，少数墓有椁和殉人；第四等级墓室面积为 2~3 平方米，长方形竖穴墓，数量占 3/4，有棺无椁，只有陶容器，无铜器及殉人；第五等级为 2 平方米以下，无随葬品，大约占总数的 1/10，有的无棺木。

在殷墟以外商文化分布地区，也发现了同样的棺椁制度，体现了商王朝礼制的具体形式在更广阔的范围内得到了接受。在鲁北青州苏埠屯商代墓地中发现的 M1 是殷墟以外发现的唯一一座四条墓道的大墓，墓葬的椁室亦作亚字形，棺用木板构成，椁室南北和东西的最大长度均为 4.55 米，椁高 2 米。③各地区的木椁多出现于中型以上的竖穴土坑墓之中。济南大辛庄遗址 1994 年秋发掘的 28 座墓葬中，散布于居住区的 13 座葬制简单，仅土坑浅穴，另 15 座集中于一处墓地内，大多都有木棺；④2003 年发掘的 M74 和 M72 均为一棺一椁，随葬品十分丰富。⑤西安老牛坡除个别墓葬外，均发现有木质葬具，一共发现 7 座中型木椁墓，其中有 5 座在椁室内用两块隔板将墓室分为主（棺室）和左、右边箱，并且发现了大量殉人，墓主身份地位应较高，而一般的小型墓中仅随葬 1~3 件陶器，整个墓地等级分化明显。在山西灵石旌介商墓 M1 中，还发现有一椁三棺的木质葬具，平面为长方形，椁长 2.88 米、宽 1.86 米、残高 0.45 米，其中殉葬人的棺和墓主的棺同处于椁中的现象在殷墟也有发现。

总的来看，在晚商文化墓葬中，无论商文化核心文化区的殷墟还是受商文化影响的边缘文化区，木棺都普遍使用，而木椁的使用以及木椁的规模与墓葬等级息息

---

① 安阳市博物馆：《安阳铁西刘家庄南殷代墓葬发掘简报》，《中原文物》1986 年第 3 期。
② 杨锡璋：《商代的墓地制度》，《考古》1983 年第 10 期。
③ 山东省博物馆：《山东益都苏埠屯第一号奴隶殉葬墓》，《文物》1972 年第 8 期。
④ 山东大学历史系考古专业等：《1984 年秋济南大辛庄遗址试掘述要》，《文物》1995 年第 6 期。
⑤ 山东大学东方考古研究中心、山东省文物考古研究所、济南市考古研究所：《济南市大辛庄商代居址与墓葬》，《考古》2004 年第 7 期。

相关，商王和方国国君的椁室不仅宽大，而且制作成"亚"字形，是最高级别的象征，其他等级较高的贵族墓葬棺椁也比较宽大，由此可见，棺椁制度已经和墓室规模大小、随葬品多寡一起明确成为标明墓主身份地位和等级差异的指示器。上至王室成员，下至一般贵族和社会中层阶级多有棺椁，偶见有两棺一椁者，社会地位的差别主要是从棺椁规模体现的。

（二）饰棺习俗

饰棺主要是对木质葬具进行装饰，或者在葬具外附着覆盖物和装饰物。饰棺的主要目的既是"以华道路及圹中，不欲众恶其亲也"，也就是为了在送葬途中直到墓圹后，不让众人对死者的灵柩生讨嫌厌恶之心，所以要对棺进行装饰；另外或更主要的是为有地位死者筹办更豪华的"居住"环境。饰棺制度始于史前时期，夏商时期逐渐形成。

夏代尽管墓葬材料发现较少，但仍能看到棺饰的特点。如二里头遗址 M3 规格较高，亦发现有漆棺残片，随葬有 2 件大玉璋，还有玉钺、玉尖状饰、绿松石管及陶爵等陶器，[①]说明木棺外用漆装饰，仅出土于大中型墓葬，说明棺外髹漆也有身份等级的要求。

商代考古材料证明，商代对饰棺更为重视，多在木棺上涂漆作为装饰。以殷墟大司空 M303 为例，在棺盖板上铺席，席上有红、黑色的彩绘画幔，盖板局部可见黄漆，棺木髹漆十余层，以红漆为主，偶间以黑漆，厚达 1 厘米左右。椁内棺外发现有数组蚌鱼和文蛤，且比较集中出土于棺外四角，发掘者推测它们可能是悬挂在棺四角或覆盖棺木的织物四角的装饰品；还发现有金饰品，推测当是缀嵌在棺木或覆盖棺木的织物上的（图 3-26）。[②]另外在殷墟西区和妇好墓均可见棺外涂漆现象。值得注意的是，这些漆棺墓主人均为等级身份较高者，反映了棺饰能表现等级身份高低。

[①] 中国社会科学院考古研究所二里头工作队：《1980 年河南偃师二里头墓葬发掘简报》，《考古》1983 年第 3 期。
[②] 中国社会科学院考古研究所安阳工作队：《殷墟大司空 M303 发掘报告》，《考古学报》2008 年第 3 期。

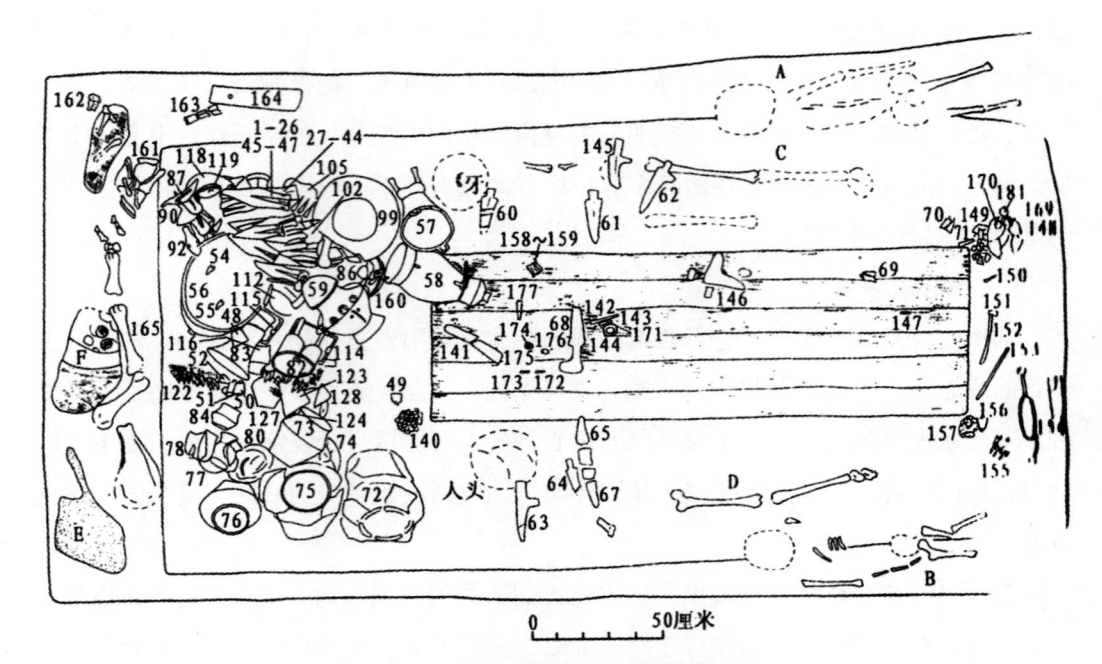

图3-26　殷墟大司空M303墓室平面图

资料来源：中国社会科学院考古研究所安阳工作队《殷墟大司空M303发掘报告》，《考古学报》2008年第3期，第358页，图7。

第四章
两周时期的殡葬礼俗

《左传》成公十三年曰:"国之大事在祀与戎",可见,周人把祭祀祖先作为国家的头等大事。孔子在《礼记·表记》中说:"周人尊礼尚施,事鬼敬神而远之",《礼记·檀弓上》:"夏后氏用明器,示民无知也;殷人用祭器,示民有知也;周人兼用之,示民疑也",说明周人重民轻天、敬鬼神而远之,但周代初期的丧葬礼俗仍延续着商王朝崇拜鬼神的习俗,到西周中期以后,周王朝的统治地位得以巩固,代之而起的是礼乐文明与丧葬习俗的结合,表现出一整套的国家规定的丧葬礼仪,殡葬礼俗也由夏商时期的不完善逐渐上升为国家的"主导文化"和"政治文化"。

春秋战国时期,灵魂不灭和尚鬼观仍然盛行一时,庄子、墨子和孔子等都有这方面的言论。而在民间,鬼神观念仍然盛行,尤其在南方楚国,遍设鬼祠,祈求先祖,还有比较完善的丧葬习俗如招魂、引魂习俗,就是这些宗教观念的反映。丧葬习俗逐渐形成分尊卑、别等级的完善成熟的丧葬制度,而厚葬之风仍然不绝。

东周时期,西周以来的宗法制度逐渐受到冲击,礼崩乐坏,社会秩序发生了巨大变化,王室权力下移,反映在殡葬上则是家族墓地的逐渐兴盛和陵园制度的初步形成。与此同时,社会意识形态和宗教观念也发生了明显变化,尤其当时一些思想家和政治家对灵魂不灭观表示怀疑,而民本思想的流行更是对这种观念的巨大挑战。《诗经》曰:"天命不彻……职竟由人。"《左传》记载:"夫民,神之主也。是以圣王先成民而后致力于神。"先秦诸子中,新兴阶层主张以法治国,反对宗教信仰和鬼神迷信,而墨子的节葬思想对于东周时期的墓葬习俗和殡葬观念更是产生了很大影响,如殉葬和祭祀的减少与俑类葬俗的出现就是这种人本主义和节葬观念的反映。

第一节 殡葬礼俗

《说文·示部》："礼，履也。所以事神致福也，从示从丰。"《说文》曰："示，神事也"，"丰，行礼之器，从豆象形"。王国维依据殷墟卜辞考证，"此诸字皆象二玉在器之形，古者行礼以玉，故《说文》曰：丰，行礼之器，其说古矣"。他把礼解释为敬奉神灵的活动。《礼记·礼运》说："夫礼之初，始诸饮食，其燔黍、捭豚，污尊而抔饮，蒉桴而土鼓，犹若可以致其敬于鬼神。"可见，礼的形成与发展与祭祀有很直接的关系。①

在周代，礼逐渐成为统治者表达意志和权力的工具，表达当时政治、军事、宗教、文化制度等内容，此即礼制。同时引入道德规范，强调尊卑，强化天子权威。《礼记·祭统》："凡治人之道，莫急于礼。"《礼记·表记》："周人尊礼尚施，事鬼敬神而远之，近人而忠焉。"周代虽"事鬼敬神"，但多"尊礼尚施"，"礼制"内容也更加严密而且具体便于实施，就有周礼三百、仪礼三千之说。伴随祭祀之礼还逐渐形成了冠、昏、丧、射等礼俗，周人还遵守孝道，西周文献中有很多"追孝"之语，周人相信祖宗鬼魂的存在，通过祭祀祖宗以不忘先祖，继承祖业。而丧葬礼俗逐渐政治化和规范化，长期以来逐渐形成了丧葬程序、丧服制度和居丧习俗，这也成为周人表达礼和孝观念的基本内容。

《史记·殷本纪》记载"丧葬之礼节，皆整顿于周"。周礼由贵贱亲疏，而有种种差别，其中情之厚，世界所未见也。周公立制，节目详备，哭泣擗踊皆有法，丧葬仪礼的较完备时期应当始于周代。

一 殡葬制度的主要内容

丧礼是古代礼仪中出现比较早的礼仪，它既是殡葬程序的体现，也是分尊卑长幼的道德要求，更是统治阶层区分社会等级的基本规范。目前文献记载西周时期最早的丧礼见于《尚书·顾命》，记载了周成王驾崩和周康王即位的情况，也是我国关于王去世的最早记载。从殡葬产生之始，便有时代的烙印，到春秋战国时期，中国古代的丧葬礼仪已基本成熟，从棺椁制度、饰棺制度、随葬品、"死"之名、葬礼及坟墓高低等，文献中都明确做了规定，不得逾越。

---

① 王国维：《释礼》，《观堂集林》卷6，中华书局，1959，第290页。

（一）棺椁制度

自新石器时代中期开始出现木质棺椁以来，棺椁就成为殡葬实践中的一项重要内容；到夏商之时，特别是商代晚期，使用棺椁已经具有等级身份的内涵；至两周时代，使用棺椁已纳入礼制规范。

文献中对棺椁的使用重数、棺大小、用漆、用料情况都做了明确的规定，体现了明确的等级特点。《荀子·礼论》记载："天子棺椁十重，诸侯五重，大夫三重，士再重。"（疑"十重"为"七重"之误）另外，《庄子》、《礼记》等文献，也对使用棺椁的制度有具体记载，不同文献虽有差异，但非常明确的是，均对不同等级身份的人都有了明确的规定。《礼记·丧大记》还对棺椁的材质、尺寸大小、是否用漆饰有明确的记载："君大棺八寸，属六寸，椑四寸，上大夫大棺八寸，属六寸。下大夫大棺六寸，属四寸。士棺六寸。君盖用漆，三衽三束。大夫盖用漆，二衽二束。士盖不用漆，二衽二束。""君松椁，大夫柏椁，士杂木椁。"

（二）饰棺制度

使用木棺椁，初始时是让死者如生前一样有睡床和房屋，有一定活动空间，为死者灵魂提供舒适的环境。另外，木棺敛尸也便于从居住地到墓地运送时"使不得见也"。到夏商时，在木棺上漆涂、绘画、镶嵌、悬挂饰物，也是厚葬习俗的突出表现。而在两周时期，则发展为根据死者身份、地位而进行繁杂而精细的装饰，成为殡葬礼俗的重要内容之一。

棺饰也因等级贵贱不同而有所区别。《礼记·丧大记》对此有详细规定，"饰棺：君龙帷，三池，振容，黼荒，火三列，黼三列。素锦褚加为荒。熏纽六，齐，五彩五贝。黼翣二，黻翣二，画翣二，皆戴圭，鱼跃指池，君熏戴六，熏披六。大夫画帷，二池，不振容，画荒，火三列，黻三列。素锦褚，熏纽二，玄纽二，齐，三彩三贝，黻翣二，画翣二，皆戴绥，鱼跃拂池，大夫戴，前熏后玄，披亦如是之。士布帷布荒，一池，揄绞，纽二，缁纽二，齐，三彩一贝，画翣二，皆戴绥，士戴，前熏后缁，二披用熏。"这里的龙帷、画帷、布帷是指不同种类的围在棺四周的帷幔，荒是指覆盖于棺上方的丝织物、纽是连接荒帷的物件，池、振容、齐都是荒帷上的装饰。棺饰上部为柳，与荒相连，下部为墙，墙上附帷。郑玄注："上公革棺不被，三重也。诸侯无革棺，再重也。"以水牛、兕牛之皮为棺饰，称"革棺"。

（三）随葬品的使用

在使用随葬品方面，文献记载明确的是使用鼎的各级规格，使用乐器的方式。结合考古发现，各类随葬品及其组合，也都以官爵不同而相异，铜鼎有九、七、五、三、一的数量不同，乐器有四面、三面、二面和一面悬挂之别，其他如青铜礼器除鼎、簋外还有炊器、饮食器、盛储器的组合，以及玉、石、骨、角、漆、木等随葬品，车马及车马器的使用也都有等级规范。目前对此的研究，有的已经很深入，有的还有待进一步探究梳理。

（四）死的名称

对于死的名称，根据死者身份的差异而名称各异。《礼记·曲礼下》记载："天子死曰崩，诸侯曰薨，大夫曰卒，士曰不禄，庶人曰死。"所谓"崩"为山崩地裂之势，"薨"为山崩地裂之声，"卒"为生命终结，"不禄"是不再取国家薪俸，"死"为生命终止，同为死，但含义大不相同，就是为了别尊卑、分贵贱。

（五）殡期的规定

不同身份的人，不仅死的称谓不同，而且殡葬期也各有规定，到下葬之时，什么人送葬，也规定得很明确。《礼记·王制》记载，"天子七日而殡，七月而葬；诸侯五日而殡，五月而葬；大夫、士、庶人三日而殡，三月而葬。"《左传》隐公元年记载："天子七月而葬，同轨毕至；诸侯五月，同盟至；大夫三月，同位至；士月，外姻至。"殡期和葬期的不同，既是身份地位的不同，也是送葬规模的需要。

（六）坟丘大小与高低

至于坟丘的大小高低和坟丘周围植树的数目皆有定制。《周礼·春官·冢人》曰："以爵等为丘封之度与其树数。"另外，在《商君书·境内》、《周礼·春官》等文献中，分别对天子、诸侯、大夫、士各级别死者的墓葬，就坟丘高度、植树的品种、种植的数量，都有具体的说明。可见，在当时有爵位的贵族墓葬，身份地位越高，墓地范围就越大，坟丘也就越高，而无爵位的庶人墓葬，则是"不树不封"。

二 细致而规范的丧葬程序

人的死亡是件大事，自殡葬产生后，不同历史阶段都格外重视丧葬礼仪和程序，在两周时代由于人们殡葬观念、社会环境的制约和要求，形成了一套繁琐的丧葬仪程。这在先秦文献及其后追述中有非常详尽和具体的记载。据《仪礼》的《士丧礼》、《既夕礼》、《士虞礼》记载，殡葬礼仪主要程序有：始死复（招魂、复魂）、楔齿、缀足、奠帷堂、报丧、尸在室、主人以下哭泣、君派人来吊禭、为铭、沐浴饭含、陈小敛衣、大敛、殡、大敛奠、成服、朝夕哭奠、筮宅兆、视椁、视器、卜葬日、柩车发行、窆柩、然后下葬、祭后土、回灵等。此后还要举行初虞、再虞、三虞的安魂仪式，行祭礼，则丧葬礼仪至此结束。整个治丧过程，可归纳如下几点。

第一，确认死亡并招魂、复魂。

根据《仪礼·既夕礼》和《礼记·丧大记》的记载，在招魂礼前，也就是在病人将死前，家属要将临死之人迁到正屋，让其安宁死去。病人死后，家属要把尸体挪放到地上，用很轻的新絮放在死者的口鼻前看是否断气。如果不见新絮摆动，说明病人真的去世。

招魂或称复礼，见于《仪礼·士丧礼》、《礼记·杂记上》和《礼记·丧大记》。古人认为人断气后不一定就真的死去，人死必先为死者举行招魂仪式，《礼记·檀弓下》说："复，尽爱之道也，望反诸幽，求诸鬼神之道也"，有最后一次挽留死者的意思。由死者亲属登屋顶，拿着死者上衣面向北连喊三声死者名字，期望死者魂魄返回于上衣，再把死者上衣卷起来带到屋下，敷盖到死者身上，此即"复"。招魂以后，家属再次看死者鼻孔前的新絮，等确定死者真死，才正式举行丧事。《楚辞》中有专门的招魂歌，这是我国最早的招魂歌的记载。在殡葬招魂礼中，《礼记·丧大记》中对复衣、招魂人数和地点也都有不同的规定。

第二，对死者遗体的整治，包括沐浴整容、口中饭含、用布裹首、用棉花充耳、用填入棉花的白布盖脸、给死者手中握物、把死者放在袭床上穿内衣、移尸入棺等。

丧事开始时，先侍奉死者的尸体，包括楔齿、缀足。《仪礼·士丧礼》记载"楔齿用角柶，缀足用燕几"。"楔齿"就是用角柶将死者的牙齿拨开，"缀足"就是用几案固定死者双足。此后再奠帷堂，由亲属将供品置于死者东侧，然后哭奠死者。沐浴即"洗尸"，包括剪头发和指甲、修胡须等。沐浴后，行饭含之礼。饭含就是把米、珠、玉、贝等放在死者口中，《周礼·地官·舍人》郑玄注："饭所以实口，不忍虚也。"《公羊传·文公五年》何休注曰："孝子所以实口也，缘生以事死，不忍露其口。"可见饭含的目的就是不忍死者空口而去，饿着肚子到阴间受罪。饭含的具体用法，《周礼·地官·舍人》郑玄注："君用粱，大夫用稷，士用稻，皆四升实者。"饭含之物因等级不同而所有差异，《公羊传·文公五年》何休注曰："天子以珠，诸侯以玉，大夫以碧（璧），士以贝，春秋之制也。"《礼记·杂记》记载："天子饭九贝，诸侯七，大夫五，士三。"饭含之俗自周代之后长期沿用。

沐浴、饭含之后，还要侍奉修饰死者，进行施掩、设瞑目、设握、袭尸等仪式。施掩，就是用锦帛将死者头部裹起来，瞑目就是用充满棉絮的长宽各2尺的方布覆盖在死者脸上，设握，就是用一块玄色布和一块纁色布，长尺2寸，两端的各4寸广5寸，中间的4寸广4寸，缝合起来，玄色作面，纁色作里；两块布中间放着丝绵，两端各有一根带子。①等上述仪式结束后才能行袭尸之礼，袭尸就是把尸体迁到袭床，为死者穿上特制的丧衣，一般要给死者穿上3套全新的衣服，当然所穿衣服的套数要根据死者等级来确定。

第三，营造殡葬氛围。

首先给死者设灵魂标识、立牌位，接着死者亲属以"五服"亲疏穿着丧服，孝子们在饮食上要有所节制，面容上表现出悲哀的神情，言语上要根据实际情况有所控制，居住方式上以俭朴为主，朝夕要定时哭泣，当吊丧者来吊丧时，要有相应的礼节，从而营造出一个哀戚、肃穆的殡葬气氛。

铭旌是代表死者灵魂含义的旗帜，一般放在灵柩前，也能标明死者身份；设重，就是在下葬之前在正堂立上一块用木板刻成的牌位，以依托亡者灵魂。葬礼结束后铭旌与死者一起埋入坟墓，重则埋于庙门的左边。人死后第二天早晨，先为死者准备好衣服，再为死者穿寿衣，就是小殓，在室内进行；小殓后第二天，举行大殓，即入棺仪式，在室外进行。入殓时，需要用绞带捆尸。大殓之后，棺盖需斜盖于棺身之上，仍留缝隙，待死者亲属最后查看，一般在夜间盖棺。入棺后需要停柩待葬，《礼记·王制》记载，"天子七日而殡，七月而葬；诸侯五日而殡，五月而葬；大夫、士、庶人三日而殡，三月而葬。"殡葬中死者大小殓所用的殓衣和质料也因死者身份不同而有明显的差异性规定，《仪礼·士丧礼》和《礼记·丧大记》对大小殓所用之席和殓衣质料的好坏作了明确的记载。

第四，死亡报知。

确认死亡后，要立即向亲属、友人、邻里，居官者要向官府上级、同僚通报死讯，得知死讯后，闻丧者按照与死者的关系，亲属要奔丧，其他人要吊丧。

报丧、闻丧、奔丧习俗起源于周代，此后历代沿用。报丧即发讣告，在停柩待葬后可写报丧文书，送给死者亲戚、朋友。发丧内容主要是描述死者的生卒时间、履历、下葬时间和地点等。发丧之后，要有专门之人处理丧事，此即护丧。闻丧和奔丧是指当亲朋好友得知死者丧事，专门来死者家里吊唁或帮忙料理丧事。在先秦时期，在外子女不奔父母丧，是大不孝的行为，《史记·吴起列传》记载战国时期军事家吴

---

① 沈文倬：《对〈士丧礼、既夕礼中所记载的丧葬制度〉的几点意见》，《菿闇文存》，商务印书馆，2006，第408页。

起贪恋权位，不回家奔母丧，曾子因此与他绝交。吊丧是客人去哀悼死者，安慰死者家属。《礼记》、《仪礼》等文献对吊唁着装、吊唁时间有明确的规定。

第五，为出殡、下葬做准备。例如要按时完成墓穴的挖建，葬具要备好待用，各类随葬品要按习俗和制度备齐，备妥装灵柩的柩车，然后对柩车进行装饰，地位高者柩车为辒辌车，贫民者用牛车作为柩车。据《礼记·丧大记》记载，柩车的装饰也根据等级差异而有明显的不同。

第六，启殡与下葬。启殡与下葬在普通平民可同日进行，而有官爵要按礼制待期下葬，所以死亡的贵族成员有七日、五日、三日之殡与七月、五月、三月、当月而葬之不同。启殡，就是将灵柩移到堂屋正中，预备出殡，见于《仪礼·既夕礼》，家属向宾客行拜礼之后，叫喊三声，以唤醒死者，灵柩行将出殡，然后家人宾客哭柩，然后主丧者拿布盖棺出殡。

启殡之后，需要在祖庙中朝祖，让死者最后一次朝拜自己的祖先，"以最后一次表达孝顺之心，这是一种相当人性化的处理"[①]。灵柩达到祖庙后，"升自西阶，奠设如初"（《仪礼·既夕礼》），还要把柩车放到祖庙庭中，有备车出发之意。

在朝祖后下葬前，要设奠告谥，包括迁祖奠、祖奠和葬奠之礼。在朝祖时，要设迁祖奠，此奠则有牲肉等物。[②]灵柩出发前要实施祖奠，主要是为死者饯行之意。葬奠是安葬当天将祭品摆放在祖庙之外，为死者举行的最后一场祭奠，所以葬奠祭品的规格要超过以往。用装饰好的柩车由家属亲友送葬直至墓地，亲友边哭边行，亲朋好友执引柩车的绳索而行，走在灵车前面。送葬途中，可能会有亲戚沿途设筵祭奠。

柩车到墓地，即举行下葬之礼，下葬前要在墓室两侧前摆上明器，送葬人员各就各位，不能哭丧。据《周礼·夏官·方相氏》记载，在下葬之前，还应有方相氏驱鬼的仪式。棺木下葬后，家属还应向死者赠送财物，包括玉珪和币帛等物，此即赠丧。葬礼结束，要在墓地为死者立主，表明新亡者身份，立主，主要放置于庙中，作为依神之用。

下葬结束后，亲属悲痛返回殡所，再升堂而哭，即反哭，此后举行虞祭等安魂仪式。虞是安定之意，死者下葬之后，骨肉归土，但灵魂没有归处，故行虞祭，使死者的灵魂得以安定。[③]虞祭之后还要定时举行卒哭之礼，在家门以外向死者表示饯行，

---

① 彭林：《中国古代礼仪文明》，中华书局，2004，第 230 页。
② 杨天宇：《仪礼译注》，上海古籍出版社，1994，第 610 页。
③ 徐吉军、贺云翱：《中国丧葬礼俗》，浙江人民出版社，1991，第 116 页。

让死者灵魂从此离开宅邸，等级不同卒哭的时间不同。卒哭的第二天，就要将死者的"神主"奉于祖庙，附于祖先神位而同时享受祭祀，行袝祭礼。守孝与三年之丧也仍是丧葬期间的礼仪。

先秦时期，可能存在墓祭习俗。商代晚期的妇好墓，春秋秦国国君墓上的"享堂"建筑，[1]中山王墓上的享堂遗迹，这些都是墓祭的证据。《周礼·冢人》记载"祭墓为尸"，《韩诗外传》记载，"椎牛祭墓"，《孟子·离娄下》第33篇记载齐国有人到墓地上乞讨祭墓之食，"卒之东郭间之祭者，乞其余"，《礼记·奔丧》第34篇记载周代贵族在奔丧时有哭墓之礼，这些都证明在周代的确有墓祭习俗。

这些殡葬内容和程序，在两周特别是东周时期，都与死者的身份有密切关系，对于一般平民则是一般习俗，往往量力而行，而各级贵族，则有周礼规范，属必行之道。当然文献记载与实际也可能有理想与实际的差距，但两周时期的殡葬是当时的社会制度、殡葬观念的反映。至于殡葬之后的祭礼，不管是墓祭还是庙祭，都是殡葬观念的范畴。

三 等级分明的丧服制度

丧服是人们为哀悼死者而穿戴的衣帽、服饰，丧服制度则是依据生者与死者关系的亲疏而制定的一套严格的丧葬等级制度，[2]是先秦时期为死去的亲属服丧的规范。西周早中期，关于丧服的文献记载十分模糊，西周春秋之际，有关丧服的记载开始出现。[3]《诗经·桧风·素冠》："庶见素冠兮，棘人栾栾兮，劳心慱慱兮。庶见素衣兮，我心伤悲兮，聊与子同归兮。庶见素韠兮，我心蕴结兮，聊与子如一兮。"文中描述的西周末年在桧国所见，素衣、素冠、素韠即西周末年的丧服，也是我国丧服的最早期的形式。

春秋时期，关于丧服的记载内容逐渐增多，丧服制度渐趋完备，[4]较之西周更加细密完整，与宗法制度结合更加紧密。《左传·襄公十七年》记载晏婴为父亲服丧期间穿着粗布丧服和饮食起居的情况，与后世《仪礼·丧服》记载基本相同。《左传·襄公三十一年》也记载了鲁襄公死，公子裯为其三次更换丧服的情况。

至于三年服丧期限的问题，《论语·阳货》记载孔子与宰我有关父母之丧的问答，

---

① 杨鸿勋：《关于秦代以前墓上建筑的问题》，《考古》1982年第4期。
② 徐吉军：《中国丧葬史》，武汉大学出版社，2012，第95页。
③ 李玉洁：《中国古代丧服制度的产生、发展与定型》，《河南大学学报》1989年第4期。
④ 徐吉军：《中国丧葬史》，武汉大学出版社，2012，第167页。

孔子说："三年之丧，天下之通丧也。"但"还仅仅是开始，既没有成为习俗，更没有成为制度。"① 春秋至战国初期，三年之丧在许多诸侯国中并没有很好地执行。春秋晚期，礼崩乐坏十分严重，而此时尚未盛行的丧服制度成为孔子及其后继者们孟子、荀子极力倡导并发挥渲染而经统治者们认可并最终形成的制度。战国时期，三年之丧，期年、九月、五月、三月之丧，即斩衰、齐衰、大功、小功、缌麻之丧服形式已经出现了。②

最典型最完善的丧服制度集中见于《仪礼·丧服》，《礼记》中也有多篇记载。根据《仪礼·丧服》的记载，丧服制度根据血缘亲疏的差异，服丧期限和丧服形式都有所不同，由亲至疏分为斩衰、齐衰、大功、小功、缌麻五个等级，这也是丧服制度的核心内容。

斩衰（音崔），衰通缞，这是五服中最重也是等级最高的丧服。一般用最粗的生麻布制作，不缝边的丧服即"斩衰裳"，穿着者为丧者最亲近的人。一般服期3年，服丧者多是儿子为父服孝，臣为天子服孝，妻、妾为夫君服孝。齐衰，齐通纃，衰通缞，等级仅次于斩衰，用4升粗麻布制成，缝衣边，称为"齐衰"，服期分3年、1年、3个月。服三年之丧者，如果父死则为母亲、为继母、为慈母，母亲为长子服；服一年者，如果父在为母服，为妻子，为祖父母，为夫之君，为君之父母、长子、祖父母等。大功，是次于"齐衰"的丧服，用8升或9升的粗熟麻布制成，服期为9个月、7个月。男未成年或女未出嫁而死称为殇死，本应服斩、齐之服，降在大功，又名殇服。为此服丧者主要是父亲为长殇、中殇的儿子或未出嫁的女儿；大夫为长殇、中殇的嫡子，为长殇、中殇的叔父等。小功，亦称"上红"，次于"大功"，用11升稍粗熟麻布制成，服期5个月、3个月。缌麻，次于"小功"的丧服，也是五服中最轻的一种丧服，用缕细熟麻布制成，又以麻为经带，故名缌麻，服期3个月即可除之。服此丧者包括为族曾祖父母、族曾父母、族父母、族昆弟、为贵臣、为贵妾、为乳母、为曾孙、为舅等。

可以看出，这五个等级的丧服都是麻布制成，斩衰是生麻布，齐衰是熟麻布，大功是比较粗的熟麻布，小功是比较细的熟麻布，用丧服的质料来说明和丧者的关系远近亲疏。《仪礼·丧服》所描述的丧服制度是一套完整成熟的制度，并为后世所继承发展。

---

① 李玉洁：《中国古代丧服制度的产生、发展与定型》，《河南大学学报》1989年第4期。
② 李玉洁：《中国古代丧服制度的产生、发展与定型》，《河南大学学报》1989年第4期。

四 居丧制度

居丧，或称为守丧，为了表达对死者的怀念和哀悼而为亲属服丧的一种习俗，它来源于史前时期的灵魂不灭观念。东周之前，居丧的时间、饮食起居等方面没有明确规定，到春秋战国时期，在儒家渲染下，以礼制和道德的形式严格等级化，逐渐形成居丧制度，见于《礼记》、《仪礼》等多篇文献。一般来说，周代的居丧时间均为3年，不分等级贵贱的身份地位。它是中国古代丧葬制度中的重要内容，反映人们的宗教理念和伦理思想。从《礼记》、《仪礼》等历史文献资料来看，居丧制度可分为饮食、居处、哭泣、容体、言语、衣服等六大类。

第一，饮食。居丧开始，三天不能进食，三天以后，早晚只能吃一溢米制成的粥。但特殊情况下可以通融，据《礼记·杂记下》、《礼记·丧大记》和《礼记·曲礼上》记载，居丧期间如有君命或他人馈赠酒肉，为了表示尊敬，可以接受馈赠食品，但酒必须推辞。如果亲属有病或者年纪大无法完成服丧之事，可以饮酒食肉，以完成丧事。

第二，居住。依《仪礼·丧服传》、《礼记·丧大记》、《礼记·间传》、《礼记·问丧》、《礼记·杂记》等记载可知，在下葬之前，丧者亲属可以住在庐舍内，下葬后，可以将庐屋草墙涂上泥土，但不能在明处涂，可以垫席子睡觉；而君、大夫、士的庐屋可以用布遮住；既练以后，丧者亲属可以住在比庐舍好的垩室内，可在泥土上面用白灰加以装饰；大祥之后，服丧者可由垩室移居正屋，但仍然不能用床铺。

第三，哭泣。关于居丧期间尤其斩衰期间的哭泣之礼规定严格，《仪礼·丧服传》记载说，既虞期间，早晚各哭一次，既练时，哭没有严格时间限定。《礼记·丧大记》也记载，祥时在门外可以大哭，至于室内可随时而哭。《礼记·丧大记》、《礼记·杂记下》还对哭泣的仪式等做了明确规定，如在招魂仪式上要哭，人刚死时，先由丧主哭，接着兄弟哭，然后才让妇人跟着哭。如大夫亲自来吊祭，则身为士的丧主要跟着哭。

第四，容体。关于沮丧期间容体的记载见于《礼记·间传》和《礼记·曲礼上》，居丧期间的哀容应当做到发自内心，做到表里一致，如果居丧而不哀则是一种非礼的行为。

第五，言语。居丧期间的言语《礼记·间传》、《礼记·丧大记》也有明确规定，居丧期间，"非丧事不言"（《仪礼·既夕礼》），凡是与丧事无关的不言，要做到"言而不语,对而不问"(《礼记·杂记》)。

第六,沐浴与作乐。《礼记·杂记下》记载:"凡丧,小功以上,非虞、祔、练、祥,无沐浴。"此即小功以上,居丧期间是不准沐浴的。同样,父母、妻子之丧不准举乐,到小功时才允许,《礼记·杂记下》云:"父有服,宫中子不与于乐。母有服,声闻焉,不举乐。妻有服,不举乐于其侧。大功将至,辟琴瑟。小功至,不绝乐。"

居丧习俗是对亲人表达悼念的一种方式,而周代的居丧制度是中国丧葬制度中的重要内容,也是政治和宗法制度在殡葬上的集中反映。

第二节 墓地制度

一 宗法制与族坟墓

(一)宗法制

宗族是在一定历史阶段上,适应了政治需要的氏族,[①]是贯穿着政治线索的氏族。它是以宗族为中心,严格按照血缘关系来区分嫡庶之别、远近亲疏的一整套制度和法则。商周之际,政治、经济与文化都发生了巨大变化,王国维先生曾指出,"周人制度之大异于商者,一曰立子立嫡之制。由是而生宗法及丧服之制,并由是而有封建子弟之制、君天子臣诸侯之制"[②]。陈梦家先生则不同意这一说法,认为这是主张西周封建论的观点。[③]而张富祥先生等认为,商代王位以直系家庭的形态传承,其传承机制则以长子继承制为主而辅之以推举制,兄终弟及实为父死子继的补充和变制。商代在内婚群与外婚群之间,似乎已逐渐孕生出嫡庶之分的萌芽。[④]王和先生更直接指出,殷人尽管尚不具有完备周密的、系统化的宗法制度和理论,但实际上已经具备了"亲有等差"的意识,并且实行与之相适应的、尚处于粗疏阶段的宗法制度。就继承制度看,殷人的亲子继承制是不严密的,嫡子继承制则基本未能形成;就祭祀制度看,仍然普遍祭祀旁系先王,且女性祖先仍占有显赫的地位;就宗法观念看,由于没有区分嫡庶,宗法制度中也就未能形成"尊尊"的意识。提出成熟的"尊尊亲亲"、"亲有等差"的思想,并由此形成一整套的宗法制度,那是由周人完成的。[⑤]

---

① 晁福林:《试论宗法制的几个问题》,《学习与探索》1999年第4期。
② 王国维:《殷周制度论》,《观堂集林》卷10,中华书局,1984,第232页。
③ 陈梦家:《殷墟卜辞综述》,中华书局,1988,第630页。
④ 张富祥:《重读王国维〈殷周制度论〉》,《史学月刊》2011年第7期。
⑤ 王和:《商周人际关系思想的发展与演变》,《历史研究》1991年第5期。

周王朝实行分封制和宗法制，分封制是宗法制在政治制度方面的重要体现，宗法制是分封制的重要分配原则，也是分封制的重要血缘纽带，但血缘关系要服从政治关系，宗统要服从君统，以保证君权的至高无上。宗法制的基础和核心是嫡长子继承制，也就是王位或爵位由嫡长子继承，其余诸子降级分封，例如天子的嫡长子继任为天子，其余儿子分封为诸侯，同样，诸侯的嫡长子继承为诸侯，其余诸王子与诸公子无权继承王位或君位，只能以别子的身份另立新宗，以与君统分离，可分封为卿大夫，然后再降一级就是士，依此类推。周天子与同姓诸侯、卿大夫、士之间就会形成严格的不可逾越的等级制度。

宗法制的社会意义就在于既将宗统内部的血缘关系等级化，又将宗统与君统分离，从而避免了宗人对王（或诸侯）之嫡长子（世子）的王位（或君位）继承权可能发生的侵犯。[1]西周王朝以分封制上的政治隶属关系，宗法制上的血缘纽带来维护西周统治，而周初制礼作乐等一系列制度则是维护西周宗法制和分封制的重要工具。

（二）宗法制下的公墓地和邦墓地

"族坟墓"是宗法制度的产物，源于原始氏族社会下的氏族墓地。[2]宗族血缘与等级化构成了宗法制的两大要素和前提。族坟墓制度在西周宗法制度下有一整套严格的规定，死后仍然以血缘来安排墓地的制度，同族而葬，并在西周墓葬中得到完整的体现。《周礼·地官·大司徒》："以本俗六安万民，一曰美宫室，二曰族坟墓……"郑玄注曰："族，犹类也。同宗者，生相近，死相迫"，所说的就是族坟墓制度。可见，西周时期族坟墓制度已经完全形成。

同时墓地排列要根据宗法制中的等级差异严格安排墓葬方位和次序，以表明墓主等级身份的差异，这也是宗法制度在族坟墓制度中的完整体现和延续，族坟墓也由于宗法制度的实施而逐渐制度化，并为后世效仿和传承。通过族坟墓中墓葬排列方式及等级上的差异，也可以很好地考察周代的宗法制度与社会变迁。

根据《周礼·春官》记载，周代族坟墓制度分为公墓和邦墓。根据郑玄注和孙诒让《周礼正义》疏，"公墓"是指王和诸侯之葬地按照昭穆排列，而"邦墓"是"邦中之墓地，万民所葬地"。

"公墓"的墓地管理和茔域划分，文献有明确的记载。《周礼·春官·冢人》记

---

[1] 丁鼎：《〈仪礼·丧服〉所体现的周代宗法制度与伦理观念》，《民俗研究》2002年第3期。
[2] 李如森：《试论战国族坟墓的起源与发展》，《吉林大学学报》1998年第2期。

载:"冢人掌公墓之地,辨其兆域而为之图。"郑注曰:"图,谓画其地形及丘垄所处而藏之。先王,造茔也。昭居左,穆居右,夹处东西。"贾公彦疏:"谓未有死者之时,先画其地之形势、豫图出其丘垄之处……既为之图,明藏掌,后须葬者,依图置之也……王宅之都,有迁徙之法,若文王居丰,武王居镐,平王居于洛邑,所都而葬,即是造茔者也。"①公墓墓地由国家统一划分,由国家派遣官员管理,不同宗族、不同等级的人死后按各自应有的规格葬入事先划定的地域中。这些划分给各个宗族的墓地茔域属于国家所有,并不归该宗族所有,这就是所谓"其地属于公而非私有之也"。

在墓地排列上,聚族而葬,根据一定次序排列。"先王之葬居中,以昭穆为左右。凡诸侯居左右以前,卿大夫士居后,各以其族。"②"若文王在丰,葬于毕,子孙皆就而葬之,即以文王居中,文王弟当穆,则武王为昭居左,成王为穆居右,康王为昭居左,昭王为穆居右,以下皆然。至平王东迁,死葬即又是造茔者,子孙据昭穆夹处东西。"③可见,在周初的墓地排列规则是严格按照宗法关系来区分昭穆次序,最中间的是国君之墓,以最早葬入墓地的先王为标准,此后历代国君按照左昭右穆的次序依次排列,葬入墓地中,而围绕国君墓位的左右,则按照地位高低排列着其他大小贵族的墓葬。昭穆制度是用于区别宗族内部的长幼、亲疏和远近的理想化模式,反映出统治集团成员在世时宗法关系的尊卑次序和等级关系的观念。

公墓的入葬者有的学者认为仅指君主或王,公墓指王陵,葬周天子及其族,王为中心,诸侯为陪葬。④也有学者认为,公墓的入葬者不仅仅是周天子及其宗族成员,诸侯方国国君(包括夫人、宗族成员)死后埋葬的墓地也是公墓。⑤一般来说,公墓地建在王都或诸侯国都,无论是王或诸侯均各有公墓地,只埋葬王的公墓地即是王陵,埋葬侯的公墓地即为诸侯国君墓地。同为公墓,京畿地区和诸侯所在的周边地区会有所不同。

关于邦墓,在《周礼·春官·墓大夫》有明确的记载:"墓大夫掌凡邦墓之地域,为之图。"郑玄注曰:"凡邦中之墓地,万民所葬地。"贾公彦疏曰:"郑知邦中之墓地是万民葬地者,以其冢人掌王墓地,下文云'令国民族葬',非有爵者,故知经邦墓

---

① 阮元:《十三经注疏·周礼注疏》卷22,中华书局,1980,第148页。
② 阮元:《十三经注疏·周礼注疏》卷22,第148页。
③ 阮元:《十三经注疏·周礼注疏》卷22,第148页。
④ 张永康:《略论周代的族葬制度》,《人文杂志》(增刊),1982年。
⑤ 赵化成:《从商周"集中公墓制"到秦汉"独立陵园制"的演化轨迹》,《文物》1986年第7期。

是万民。"可见，邦墓也有人专人管理，国家会给这些宗族划定明确的墓葬茔域；而邦墓是"万民"所葬地，万民是指那些非王、侯家族的其他无爵位的贵族、自由民的家族，死后仍以族而葬，战俘、奴隶应当不在其之列。

邦墓内仍然实行以族而葬原则，但是族一定是五服之内才能同域而葬。《周礼·春官·墓大夫》曰："令国民族葬，而掌其禁令"，郑玄注："族葬，各从其亲。"贾公彦疏曰："经云'族葬'，则据五服之内亲者共为一所而葬，异族即别茔。知族是五服之内者，见《左传》哭诸之例云：'异性临于外，同姓于宗庙，同宗于祖庙，同族于祢庙'。故知族是服内，是以郑云'各从其亲'也。"

《周礼·春官·墓大夫》曰："正其位，掌其度数，使皆有私地域。"郑玄注："位，谓昭穆也。度数，爵等之大小。古者万民墓地同处，分其地使各有区域，得以族葬后相容。"贾公彦疏曰："凡万民墓地，亦如上文豫有昭穆为左右，故云'正其位'。云'度数，爵等之大小'者，亦如《冢人》云'丘封之度与其树数'也。知古者墓地同处者，上文云族葬是同处。云'使相容'者，释经私地域也。可见，邦墓仍然实行昭穆原则来进行墓葬排位，也根据等级差异来安排各自独立区域，确保国民能族葬一处。但同为邦墓，京畿地区和周边地区会有所差异。

在对"公墓地"和"邦墓地"的实例分析中，主要把握属于公墓地和邦墓地的几个基本要素。首先是有形成墓地的规模，有一定数量的同时期墓葬聚合，属于有规划而营建的墓葬聚集地；另外在埋葬习俗、排列布局上的规律性，能反映出在信仰、殉葬理念上的一致性。具体到公墓地，则要结合有关文献的记载，墓地中有达到国君和诸侯级别的墓葬，如墓葬的规模大，与同墓地其他墓葬相比更为突出，在墓葬形制结构方面能与文献的有关记载相吻合，如墓道的数量，多有两条或四条墓道者，有多重棺椁，多为一椁两棺或重椁重棺，在墓内或近旁多有车、马或车马坑；随葬品不仅数量多，而且在青铜礼器、玉礼器、乐器等类别上也能达到王和诸侯的级别，有无人殉、牲殉，数量多少等；另外，随葬器物上的铭文能反映出其属于王、诸侯国君或有直接关系等；同时还要把以上几个方面的要素与该墓葬在墓地中的位置，与其他墓葬或祭祀遗迹的关系综合分析，从而认定是否属于公墓地。判定"邦墓地"大致也用上述原则和方法，而最主要的是在墓地中没有确凿证据能判断有王（天子）或诸侯的墓。当然具体墓地中，也可能会有某种特殊因素对判断是公墓地或邦墓地有启示作用，也是不可忽视的内容。

二　西周时期的公墓与邦墓

西周初年，为巩固西周王朝的统治，在周公辅助下，周武王实行了大分封，分封制促成了宗法制渐趋完善。在宗法制度下，人们以辈分分长幼，以官职别君臣尊卑，其核心在政治上的表现，那就是在统治体系中以嫡长子继承和大小宗的统属关系为基础，建立起"天子建国，诸侯立家，卿置侧室，大夫有贰宗，士有隶子弟"（《左传·桓公二年》）的等级分封制度。宗法制既是现实生活的需要，又是殡葬礼俗的新内容，在殡葬中的表现则是族坟墓制度。在宗法制下，人们均聚族而居，死后合族而葬，由此形成了族葬墓地制（族坟墓制）。[1] 在现实生活中各有其位，在公共墓地中也就有了分片分组的聚、分布局。

（一）西周时期的公墓地

西周时期宗周王畿之内和分封国内都奉行聚族而葬的族坟墓制度，墓葬仍以公共墓地的形式存在，但国家派专人管理墓地，从而形成严密等级的公墓和邦墓制度，构成族坟墓的基本内容。

西周王朝王畿范围内的公墓地发现较少，就目前考古发现来看，陕西周原周公庙遗址是唯一一处发现西周城墙、甲骨文、高等级建筑和高规格墓葬群等遗存的大型周人聚落，其中西周大型墓葬群包括多座四墓道、两墓道大墓，还有车马坑和马坑等。从墓葬形制和规模来看，已经发掘的四墓道大型墓葬M18极有可能是周王之墓，而已经发掘的M32系南北向两墓道大墓，考古专家已经定其为诸侯国君级别的大墓。当然也有学者根据甲骨文中多次出现的"周公"，认为该墓地应是周公家族墓。无论如何，该墓地都是西周时期最高等级的墓葬群，墓葬规模显示出该墓极有可能是周王及其家族成员的公墓地，具体讨论只能等待新资料的公布和发现。

属于西周王畿内的公墓地应当还有宝鸡茹家庄、竹园沟強国墓地等。宝鸡茹家庄強国墓地和竹园沟墓地相距仅2公里，[2] 葬俗上有很多共同点，当属于同一族团。宝鸡竹园沟墓地于20世纪80年代发掘，共发现18座墓葬和3座马坑，整齐分布于墓地北区的各级台地上，墓葬头向相同，葬俗统一；该墓地年代为西周早中期，延续时间达百年以上；18座墓葬出土有大量随葬品，包括铜器、玉器和陶器共约1000多件；

---

[1] 徐吉军、贺云翱：《中国丧葬礼俗》，第231页。
[2] 宝鸡茹家庄西周墓发掘队：《陕西省宝鸡市茹家庄西周墓发掘简报》，《文物》1976年第4期；宝鸡市博物馆：《宝鸡竹园沟西周墓地发掘简报》，《文物》1983年第2期。

这些墓葬均有棺椁，其中M4级别高，有二棺一椁，椁内有重棺、单棺各一，重棺内出土青铜器非常丰富，其中铜尊和铜卣内均有铭文"强季作宝旅彝"，可见墓主人当为强季，而单棺墓主为殉死的生前妾属，其余墓葬等级均较高。单从这一墓区来说，最高级别的为伯爵，属于邦墓。竹园沟M4墓主强季和茹家庄墓主强伯毒属于强氏家族的两代人，但从墓葬形制与规格、殉人数量、陪葬车马坑和出土青铜器、玉器、陶器数量等来看，M4强季墓葬级别要低于强伯毒。可见，两者均按等级、遵礼制下葬，有明显等级差异，强伯毒当属强国国君，而强季当属于宗族中的一支。同为强氏家族，但国君墓地及其宗族墓地集中葬于不同区域，也说明当时的等级界限分明，是宗法制的具体表现。如果两个墓区作为一个墓地综合来看，应当属于公墓。如果把这批墓葬作为两个墓地，至少有把握说茹家庄墓地属公墓无疑。

另外在安徽、山东、湖南、辽宁、河南、湖北、河北、四川、浙江、山西、甘肃、江苏等广大地区都普遍发现西周时期地方诸侯国的公墓地，如北京房山琉璃河西周燕国墓地、河南平顶山应国墓地、河北邢台邢国墓地、山西晋侯墓地、河南浚县辛村卫国墓地等，可见公墓制度的存在。另外最近几年考古学者在山西绛县衡水倗国公墓地、山西临汾翼城大河口霸国公墓地、湖北随州叶家山曾侯墓地等地也发现了公墓地的新资料，值得关注。各地发现的墓地，既有共性，也各有特点，说明在族葬制的前提下，各地的具体执行程度是不完全一样的。

在分封国墓地中，西周初期的北京琉璃河燕国墓地年代较早。从墓葬位置看，形成了A、B两片墓地，年代多为西周早期。A区共有墓葬41座，均为南北向，布局分为6组（图4-1）；B区共有墓葬14座，另有车马坑3座，也为南北向，分为南组和北组。南组包括9座墓葬，其中6座并列，3座三角分布；北组5座，大小接近，并列分布；南北组之间分布车马坑3座。如1974年发掘的M52随葬铜礼器6件，其中一件带有"匽侯"字样的青铜尊，铭文："匽侯赏复门衣、臣妾、贝，用作父乙宝尊彝，举。"[①]说明该墓地属于燕侯宗族墓地，应属于公墓性质。但出土复尊的M52位于墓葬Ⅰ区，而Ⅰ区墓葬被认为是殷遗民墓，"举"是常见的殷人族徽之一。其性质有待再行讨论。

在琉璃河墓地中，位于黄土坡的第Ⅱ区墓葬群，[②]孙华先生分为三组：第1组：探明大墓有7座，已发掘2座，其中M1193为燕侯克之墓，年代为西周早期，四角有

---

① 中国科学院考古研究所、北京市文物管理处、房山县文教局、琉璃河考古工作队：《北京附近发现的西周奴隶殉葬墓》，《考古》1974年第5期。
② 北京市文物研究所：《琉璃河西周燕国墓地》，文物出版社，1995；中国社会科学院考古研究所：《北京琉璃河1193号大墓发掘简报》，《考古》1990年第1期。

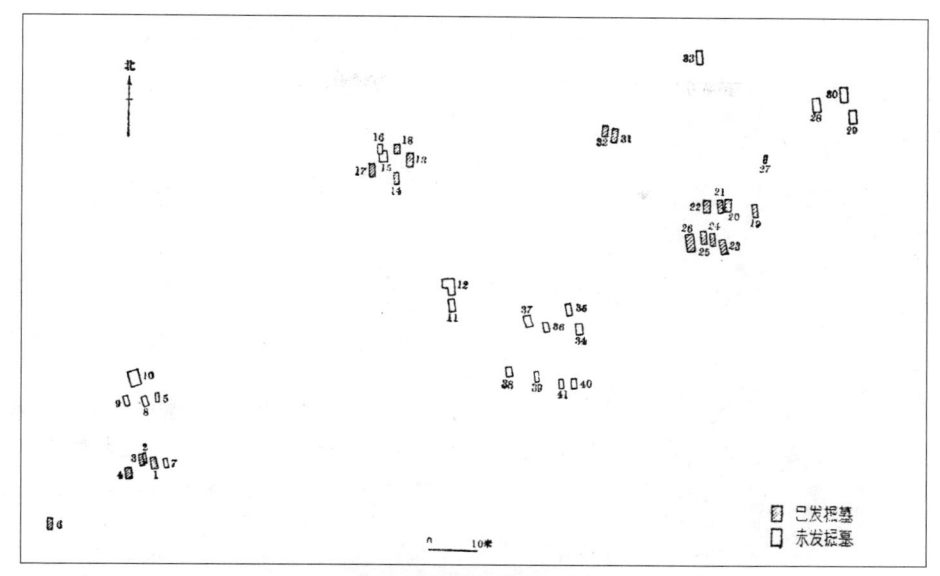

图4-1　北京琉璃河墓葬坑位图之一

资料来源：中国科学院考古研究所、北京市文物管理处、房山县文教局、琉璃河考古工作队《北京附近发现的西周奴隶殉葬墓》，《考古》1974年第5期，第309页，图1。

墓道。其余的为甲字形、长方形或不规则形。在 M1193 的南边，有几座同时期的小型墓。第 2 组：北边有 3 座西周早期较大甲字形墓和 1 座车马坑，南边分布有几十座西周中晚期小型墓。第 3 组：均是小型墓，年代多属西周晚期（图 4-2）。[①] 该墓地在 1995 年发现的 10 座墓葬，分为南北两排，北排早于南排，从西周早期延续到西周晚期，墓向均为南北向，都是长方形竖穴土坑墓，两两成排墓葬中，一般左为女性，右为男性。以上都说明该墓地有明确的规划。其中西周早期 M2 在琉璃河墓葬中属于中型墓，共发现有 3 个殉人，这是目前为止发现殉人最多的一座墓葬，另外在填土和腰坑中各发现殉犬 1 只，以上说明 M2 主人地位较高。[②] 可见，该墓地有明确规划，排列有序，尊卑分明，延续时间较长，大、中、小型墓葬共存，是为燕国之燕侯、燕侯夫人及其宗族成员的共同墓地，[③] 当为公墓。

邢台葛家庄遗址共发现西周墓葬 500 多座，车马坑 50 多座，已发掘 240 座西周墓葬和 29 座车马坑，其中大型墓 5 座，中型墓 31 座，其余均为小型墓。这些墓葬墓

---

① 孙华：《周代前期的周人墓地》，《远望集——陕西省考古研究所华诞四十周年纪念文集》，陕西人民美术出版社，1998，第 277~278 页。
② 北京市文物研究所、北京大学考古系：《1995 年琉璃河遗址墓葬区发掘简报》，《文物》1996 年第 6 期。
③ 赵化成：《从商周"集中公墓制"到秦汉"独立陵园制"的演化轨迹》，《文物》2006 年第 7 期。

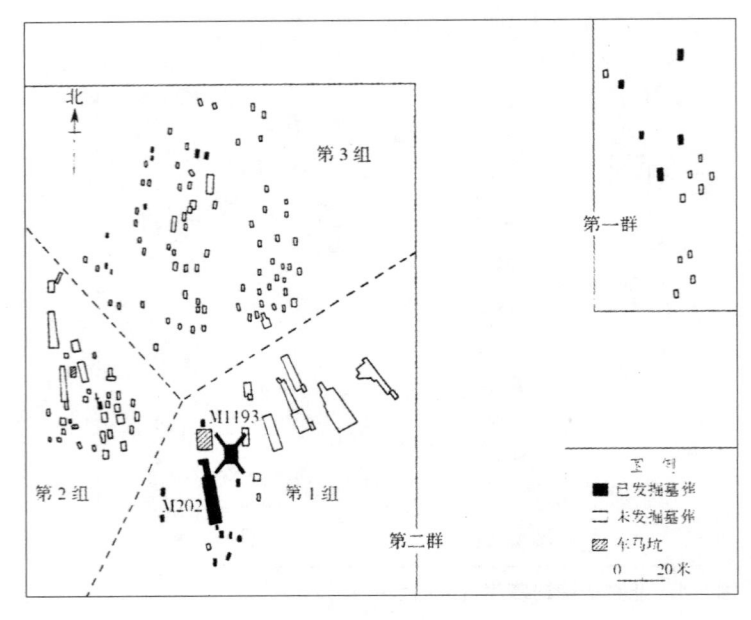

图4-2 黄土坡燕侯墓地第Ⅱ区墓葬分布图

资料来源：赵化成《从商周"集中公墓制"到秦汉"独立陵园制"的演化轨迹》，《文物》2006年第7期，第43页，图3。

向一致，大型墓葬为甲字形和中字形墓，多重棺椁，中小型墓葬均为长方形土坑竖穴墓，葬具有一椁两棺和一椁一棺或一棺，大型墓葬和部分中型墓葬随葬车马坑。在墓葬分布格局上，大型墓主要分布于墓地中部，东西排列，周围分布车马坑和中小型墓葬。[①]5座大型墓多为单墓道的甲字形墓，有1座两个墓道的中字形墓葬，葬具为2椁3棺，M202不仅在墓道南部有马坑，墓道内拆葬6车，车马坑内有一车两马、一车四马、一车六马之别。综合分析，这些墓葬墓主应当是诸侯级别，从目前发现的青铜器铭文等分析，该墓地当是邢侯墓地。从墓地排列、等级差异等看，该墓地应当是以邢侯墓为中心的，具有统一规划有专人管理的公墓地。

北赵晋侯公墓地位于山西省曲沃县北赵村，是典型的多代诸侯国君及其夫人并穴而葬的公墓墓地。该墓地共发掘9组19座晋侯及其夫人大墓，墓地南北长约170米，东西宽约130米，大致分为三排：北排4组8座，中排2组4座，南排3组7座（图4-3）。墓葬均为南北向偏东，墓地中南排最西一组为M63晋侯与夫人墓M62、M64，其余各组均为一位晋侯与一位夫人墓，其中M93、M63为两墓道，M102无墓道，其

---

① 任亚珊、郭瑞海、李恩玮：《1993～1997年邢台葛家庄先周遗址、两周贵族墓地考古工作的主要收获》，《三代文明研究（一）》，科学出版社，1999，第13页。

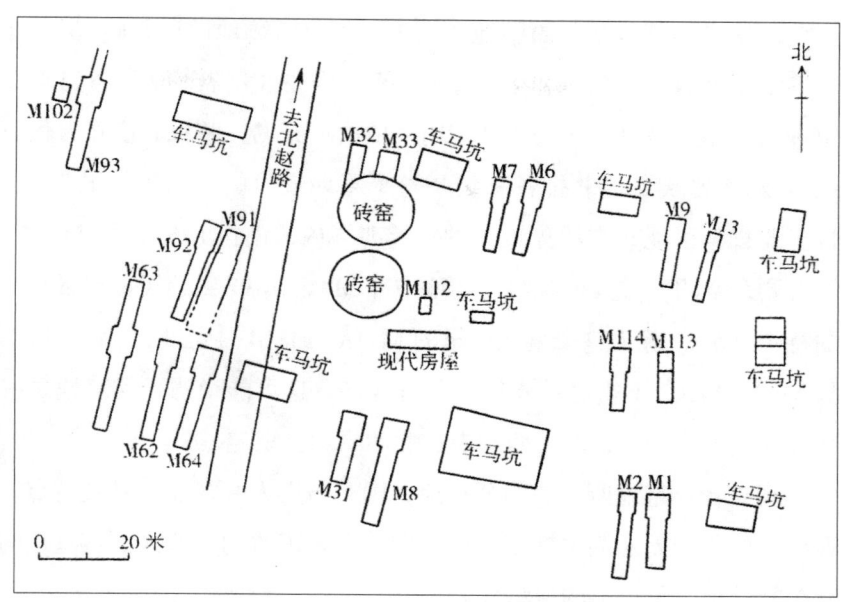

图4-3 北赵晋侯墓地平面图

资料来源：赵化成《从商周"集中公墓制"到秦汉"独立陵园制"的演化轨迹》，《文物》2006年第7期，第43页，图2。

余墓葬均只有南墓道，为甲字形墓，墓地年代为西周中期早段至春秋初年。① 每组墓葬边均有陪葬墓和祭祀坑，数量不等，每组晋侯墓及夫人墓旁均有数座陪葬墓和一座车马坑，共9座车马坑。经研究认为，北排最东一组M9、M13最早，年代从早到晚依次是M6和M7，M33和M32，M91和M92，M1和M2，M8和M31，M64、M62和M63，M93和M102，年代从西周穆王时期到春秋初年，分别对应是M9、M13晋武侯宁族及其夫人，M6、M7是晋成侯服人及其夫人，M33、M32晋厉侯福及其夫人，M91、M92晋靖侯宜臼及其夫人，M1、M2为晋僖侯司徒及其夫人，M8、M31是晋献侯苏及其夫人，M64、M62、M63是晋穆侯费王及其夫人，M93、M102是晋文侯仇及其夫人。② 在这处晋侯墓地中，除晋侯、晋侯夫人及个别附属于大墓的奴婢陪葬墓，再无其他墓葬，与曲村北部的一般贵族平民墓葬有明显的区分，也不见其他与之无血缘关系的墓葬，反映了晋国在两周时期对公墓族葬制度的传统，与其他诸侯国的公墓区有较为明显的差异。

---

① 北京大学考古学系、山西省考古研究所：《1992年天马—曲村遗址墓葬发掘报告》，《文物》1993年第3期；《天马—曲村遗址北赵晋侯墓地第二次发掘》，《文物》1994年第1期；《天马—曲村遗址北赵晋侯墓地第三次发掘》，《文物》1994年第8期；《天马—曲村遗址北赵晋侯墓地第四次发掘》，《文物》1994年第8期；《天马—曲村遗址北赵晋侯墓地第五次发掘》，《文物》1995年第7期。
② 李伯谦：《从晋侯墓地看西周公墓墓地制度的几个问题》，《考古》1997年第11期。

北赵晋侯墓地及其周围地势较为平坦，该墓地西边1000余米处就存在大片中小型墓地（可能为邦墓），两片墓地中间有居住区相隔，从而各自形成独立的茔域。墓位排列大体上是以时代先后从东向西依次展开的，昭穆制度在晋侯墓地中并没有清楚地体现。[①] 晋侯墓地北排各墓组是整个墓地最早的，而年代最晚的M93、M102墓安排于北排，可能是在原先设定的墓葬兆域内，南排M63之西与M1、M2之南没有足够的剩余空间安排其他墓组。墓地中部M91、M92墓组可能是凶死的晋靖侯及其夫人的特殊墓组，[②] 除去整个墓地最早的M113、M114墓组外，[③] 其他墓组似不能与之同列。故M93、M102不得已被安排在北排西端。这可能说明晋侯墓地之兆域在晋侯燮父或晋武侯最初规划时，东、西、南、北四界均已划定。

北赵晋侯墓地所代表的公墓地，国君与夫人并穴而葬是其特点，也是目前所知保存最完好的一处西周中期至春秋初期诸侯国国君的公墓区。该墓地与殷墟王陵区的布局非常接近，是公墓的典型代表。

羊舌两周晋侯墓地发现于2005~2006年，与天马—曲村晋侯墓地隔滏河河谷相望，直线距离4.5公里。羊舌晋侯墓地面积约12万平方米，由大型墓和中小型墓组成。大型墓位于墓地北部，东西分布，共包括5座中字形大墓，其中M1和M2是一组晋侯及其夫人的异穴并列合葬墓，东部15米就有1座大型陪葬车马坑，略小于北赵晋侯墓地9座陪葬车马坑中最大的K1，并附葬有大型祭祀活动遗迹；南部和西南部还发掘清理了15座小型陪葬墓。这组墓葬是目前山西发现的两周时期最大的墓葬。M1与M2年代为西周晚期到春秋早期，是晋侯与夫人合葬墓，西边3座大型墓葬可能也为晋侯的墓葬。紧靠大型墓的南边是中小型墓，并向南延伸，中型墓如M11和M12就配有车马坑。[④] 这些中小型墓葬与大墓年代基本相当。羊舌晋侯墓地是北赵晋侯墓地的承继，也属于公墓性质。

浚县辛村卫国公墓地发掘从1932~1933年共分四次进行，发掘地点分六区，共清理卫国残墓82座，其中大型墓8座，中型墓共6座，小型墓共54座多集中于东北部，车马坑2座，车坑12座。墓地面积约15万平方米左右，大型墓位于今辛村

---

① 李伯谦：《从晋侯墓地看西周公墓墓地制度的几个问题》，《考古》1997年第11期。
② 胡进驻：《浅论中国先秦葬俗中的几个问题》，《华夏考古》2006年第1期。
③ 北京大学考古文博学院等：《天马—曲村遗址北赵晋侯墓地第六次发掘》，《文物》2001年第8期；李伯谦：《晋侯墓地墓主推定之再思》，张政烺先生九十华诞纪念文集编委会编《揖芬集——张政烺先生九十华诞纪念文集》，社会科学文献出版社，2002，第97~101页。
④ 山西省考古研究所、曲沃县文物局：《山西曲沃羊舌晋侯墓地发掘简报》，《文物》2009年第1期。

房舍下，自北而南依次排列，总的形势是顺淇河自西向东方向扩延；中小型墓多位于村东，由北向南为序列，年代随所靠大墓的时代为先后；车马坑也分布在主墓附近；墓向南北向。墓葬分布往往早期墓在右，晚期墓在左；主人墓在右，陪从墓在左，男子墓在右，女子墓在左，人葬坑在右，车马坑在左（图4-4），①有明显的尚右（即东）习俗。大型墓均有墓道，随葬品丰富，墓葬规模大，附有车马坑，御车伺犬的殉者，M2中有"侯"戟出土，M42中有"成周"戈出土，大抵为国君或君夫人的墓；中型墓共6座，无墓道，小型墓规模更小，无墓道，环绕主墓周围，大抵是卿大夫或侍从的墓。位于辛村房舍下或村东附近的都是卫国贵族主墓所在地，村东北略远的E区，是早期陪葬所在地，而环绕主墓周围的中小型墓葬是主墓的从属或同宗。墓地排列有序，尊卑有别，显然属于西周至东周初年的卫国国君及其宗族墓地，属于公墓性质。

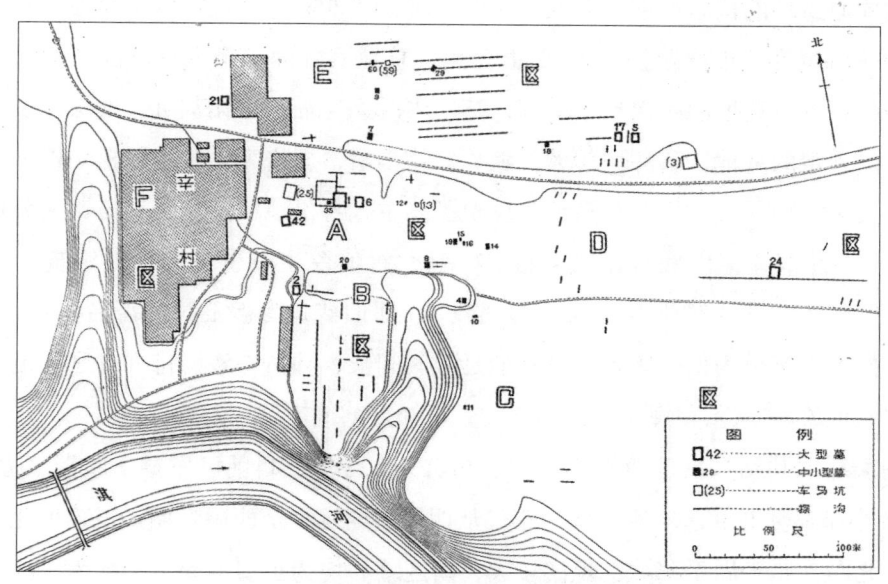

图4-4 浚县辛村卫国公墓地平面布局图

资料来源：郭宝钧《浚县辛村》，科学出版社，1964，第4页。

在西周的族坟墓制度中，除公墓和邦墓两类外，在墓位排列上，昭穆制度也是一个重要组成部分，文献记载和说明也最具体清楚。但在实际发掘中，有的可以看清楚，有的不是很明显，或者是今天的学者们对昭穆有不同理解，也会有不同解释，虽然我们在前文中对此有所提及，但昭穆制度在族坟墓中的反映还是一个有待继续探讨

---

① 郭宝钧：《浚县辛村》，科学出版社，1964，第3~7页。

的问题。长安张家坡西周贵族井叔家族墓地的发掘,更具体地证明了昭穆制在西周墓葬中确有应用。[①]考古工作者在宝鸡斗鸡台、长安沣西和浚县辛村等西周墓葬中均发现有昭穆序列现象存在。

(二)西周时期的邦墓地

关于邦墓制度,文献中已有清晰记载,沈钦韩在《春秋左氏传补注》中指出曹国有邦墓,是族坟墓的另一种形式,是天子和诸侯国君宗族以外的贵族和平民墓地,由专门官员掌管,按族属划分墓区,也按照昭穆排列。考古发现的材料中可见多例邦墓的例子,如周原遗址的扶风黄堆、姚家墓地、少陵原西周墓地、宝鸡斗鸡台墓地、张家坡西周墓地、洛阳北窑西周墓地、郑州洼刘管国墓地、山西绛县横水西周墓地、曲阜鲁国故城西周墓地,东周时代以荆州雨台山墓地、九店墓地、洛阳烧沟等为代表。

在周原遗址的扶风黄堆、齐家、庄白、康家、刘家、礼村、贺家等地均发现周人墓地。扶风黄堆墓地南距扶风县城20公里,墓地实际面积至少百亩以上,已清理和钻探的材料仅是墓地的西南和东南部,墓地内既无遗址,也无灰坑、地层,说明该墓地是专门划定的墓地;墓葬均较大,随葬器物丰富,规格高,多为一棺一椁,以铜器为主,大多数随葬车,另置有马坑,反映了墓主人身份地位高。从铜器铭文分析,如M4出土2件铜簋,内底有铭文4行27字,"召伯令生史事于楚,伯锡赏,用作宝簋……"M16出土1件铜簋,器主为"㽙",即伯㽙,为穆王时的著名将领,M4出土的两件生史簋也为伯一级贵族。墓地延续时间长,葬俗一致,排列有序,也没有相互打破的现象。[②]从墓葬规模及铜器铭文,可知该墓地应属邦墓性质。

姚家墓地共钻探发现西周墓葬和车马坑共132座,目前已发掘2座带墓道大墓、44座中小型墓葬及北区1座马坑,年代从西周中期延续至西周晚期。该墓地北区墓葬均为南北向,属于周系墓葬,规模较大,南区墓葬均为小型墓葬,多数为东西向,属于商系墓葬。排列结构上,南区成排成列整齐分布,说明墓主人之间身份无大差别。北区排列方式与南区不同,相对松散"无序"。北区中发掘的两座带墓道大墓是此墓地的地位最高者,中小型墓主族属当与大墓族属相同。该墓地是周原遗址目前唯一一处墓地范围和墓葬数量均清楚的墓地。不同族群同葬一个墓地的现象可能显示了地缘组织上的族坟墓制度。[③]从目前公布资料分析,北区墓地可属于周系邦墓,而南区属

---

① 卢连成:《张家坡西周井族墓地的昭穆排列》,《中国文物报》1995年3月5日。
② 陕西周原考古队:《扶风黄堆西周墓地钻探清理简报》,《文物》1986年第8期。
③ 种建荣:《陕西周原姚家墓地考古取得重要收获》,《中国文物报》2013年3月1日。

商系墓地，则另当别论。

少陵原西周墓地南北长 200 米，东西宽约 150 米，分布有 470 座西周墓，共发掘 429 座，殉马坑 3 座。墓葬分布沿地形东南高、西北低的走向分布，主要集中于东南部。根据地形和密集度，墓地可以分为五个大区。每一大区内又可分为若干小组，墓向一致。五个区基本不见互相打破的墓葬，排列有序，当属于一个大的墓地。该墓地墓葬等级不同，一棺一椁墓 92 座，占总数 21.4%，而一棺无椁和无棺无椁墓占 78.6%。从随葬品来看，以陶器为主，也有部分出铜器和玉器墓葬，说明少量墓主身份地位稍高，可能属于士一级阶层，但是多数墓葬之间级别差异不大，墓主多数属于平民身份。墓地延续时间长，从西周初期到西周晚期早段。大墓地中有一些墓葬聚合在一起，形成若干小组，可能为分支小家族。值得注意的是，墓地显示出经过明显的规划，埋葬位置井然有序。该墓地的五个区是在不同时期逐渐布局和形成的，例如Ⅰ区多为年代最早的墓葬，Ⅲ区和Ⅳ区是该家族墓地的繁盛期，Ⅲ区年代早于Ⅳ区。[①]综上分析，该墓地为有人管理的"邦墓"性质的族墓地。

宝鸡斗鸡台西周墓共有 36 座墓葬，南北方向，都为小型墓，各个墓葬之间无直接打破关系。[②]该墓地墓葬分为不同墓群，每群包括 2~6 座墓葬，墓葬间葬俗一致，每组墓葬死者应该有一定的血缘关系。该墓地应当是一个大家族的不同分族墓地，墓主人身份较低，为自由民阶层的死者。这些墓葬都集中分布于地势平坦的有限范围内，由北向南有集中疏散之势，排列整齐。该墓地有明确的墓域划分，等级较高者较少，应当为同一宗族墓葬的集中分布地，性质当为有专人管理的邦墓。

位于丰镐遗址的长安张家坡墓地，1983~1986 年考古研究所已经探明西周墓葬约 1500 多座，发掘 390 座，包括 1 座双墓道大墓、3 座单墓道大墓，340 座竖穴墓、21 座洞室墓，车马坑 3 座和马坑 22 座，年代从西周初期到西周末年。[③]这些墓葬分布于南北两个墓区，根据出土的铜器铭文，是井叔家族墓地，两个墓区相隔 70 米。其中，1 座双墓道大墓 M157 是丰镐遗址迄今所见规模最大的西周墓葬，因其东侧的墓葬 M163 发现了井叔钟，所以该墓主人极有可能是井叔，另外 3 座单墓道大墓 M152、M168 和 M170，以及竖穴墓、随葬车马坑等共同组成西周中晚期不同世代的井叔家族墓地，排列有序，葬俗一致，属于贵族墓地，为研究西周时期的族葬制度提供重要资料（图 4-5）。

---

① 陕西省考古研究院：《少陵原西周墓地》，科学出版社，2009，第 719 页。
② 苏秉琦：《斗鸡台沟东区墓葬》，北平研究院史学研究所，1948；《斗鸡台沟东区墓葬图说》，中国科学院，1954。
③ 中国社会科学院考古研究所：《张家坡西周墓地》，中国大百科全书出版社，1999，第 4 页。

图4-5 1983~1986年张家坡西周墓地北区墓葬坑位图

资料来源：中国社会科学院考古研究所《张家坡西周墓地》，中国大百科全书出版社，1999，第5页。

长安沣西张家坡墓地第一地点和第四地点共有成人墓101座，车马坑4座，多为小型墓，也有少量中型墓，墓葬方向不一致。第一地点共53座墓葬和4座车马坑，分为6组，每组墓葬方向大多不一致，南北向和东西向排列均有。各组之间，中型墓葬和小型墓差异明显。西组16座分为南北两排，墓葬南北向和东西向数量不一，有意思的是其中5座墓排列特别，M166与南北两排的4座墓葬，在8平方米范围内排列成U字形，其中人骨架都是脚部和头部两两相对，显然是有意排列（图4-6），[①] M166居中，左右两边各有两座墓葬，按照一定次序排列，有学者认为这应当是"昭穆制度"在墓葬排列中的体现。[②] 第四地点共48座墓葬，多为东西向，少数南北向，分为南、中、北三组，排列整齐，疏密不等，北部较为稀疏，南部较为密集，三组之间各自成一体，均为小型墓，墓室面积小，无青铜礼器墓，也无殉人墓，无随葬车马

---

① 中国科学院考古研究所：《沣西发掘报告》，文物出版社，1962，第115页。
② 北京大学历史系考古教研室商周组：《商周考古》，文物出版社，1979，第191页。

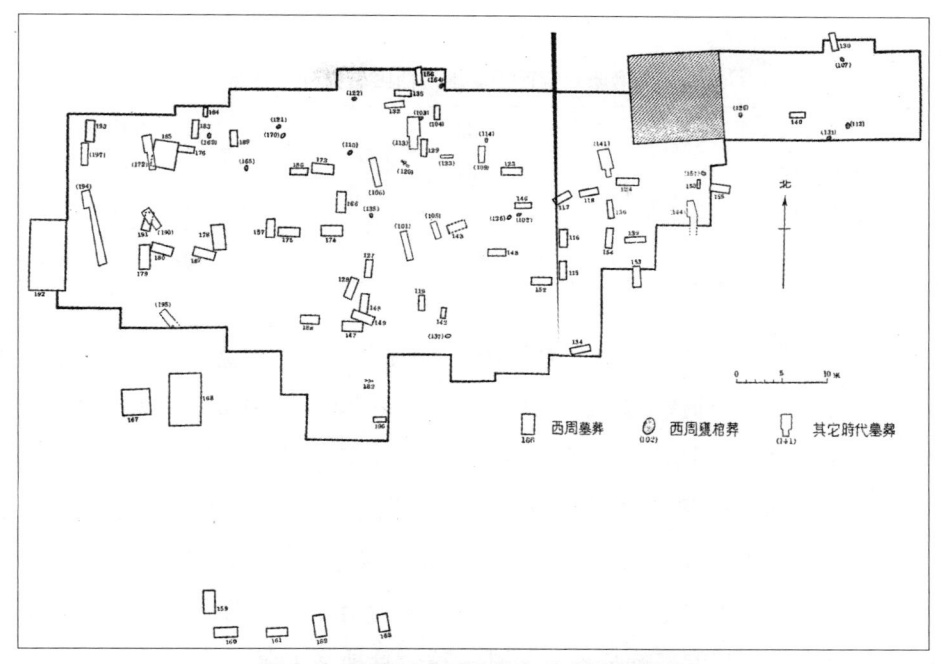

图4-6 张家坡墓地西组部分墓葬排列图

资料来源：中国科学院考古研究所《沣西发掘报告》，文物出版社，1962。

坑，说明墓主身份政治经济地位均较低。各组多有西周早期墓，说明该墓地从西周早期开始同时并存。此墓群包含几个相对独立的墓组，则证明墓群由若干个基层的较小家族构成。各墓组内又包含若干个以丁字形或成排排列的更小墓组，表现了更为亲近的从属关系，如夫妇关系或父子关系。值得注意的现象是，M178、M179、M187三座墓葬规模属于小型墓，但随葬铜戈，且M178随葬铜鼎、簋等，可能是没落为平民死者。①该墓葬区各小群之间，并非都有"族"的关系，也正说明邦墓地为"万民"墓地和"各依其族"的特点。

洛阳北窑西周墓地以庞家沟为界，分为沟东区和沟西区，沟西区墓葬年代早于沟东区。目前共发掘墓葬348座，加上7座马坑，共计355座，主要分布于庞家沟沟西区。②沟西区墓葬从早到晚呈由北向南排列。根据分期结果，西周早期墓共有116座，西周中期墓共57座，西周晚期墓共有34座，这些墓葬没有互相打破的现象，大多东西成排，南北成行排列，说明该墓地是有明确规划和安排而逐步形成的，并设有专人管理墓地，每一座墓葬都有其原来设定的位置（表4-1）。

---

① 朱凤瀚：《商周家族形态研究》（增订版），第421~423页。
② 洛阳市文物工作队：《洛阳北窑西周墓》，文物出版社，1999，第3页。

表4-1 洛阳北窑西周墓地沟西区墓葬分布特点

墓葬分期	数量	分布区域
西周早期	116	墓地北部
西周中期	57	墓地中部
西周晚期	34	墓地南缘、沟东区

该墓地墓葬等级较高，以大型墓和中型墓为主，大中型墓多为有棺有椁，小型墓数量少（表4-2）。西周早期墓葬共有大型墓20座，其中带墓道墓2座，中型墓91座，小型墓仅4座，规格不清的1座；西周中期墓葬共有大型墓7座，中型墓46座，小型墓仅3座，规格不清的1座；西周晚期墓葬共有大型墓8座，中型墓26座。表4-2说明，该墓地多数墓主人应为高级贵族身份，尤其带墓道2座墓地位最高。其余均为长方形竖穴土坑墓，葬式统一，多为南北向，说明这些墓葬葬俗统一，应当属于一个地位显赫的宗族墓地。另外，这个墓地又可分为左、中、右三个大组，每大组还可以分为若干小组，其中右大组规格最高，分布有西周早期2座中字形墓葬M446和M451，前者墓室南北长9.6米、东西宽8米，尽管被盗掘，但仍然可见葬车两乘，另有原始瓷器、铜戈、玉器等；后者墓室长8.92米、宽6.92米、深11米，同样出土大量车马器饰件和原始瓷器等。围绕其旁的是若干座大中型贵族墓葬和马坑，多为竖井形墓和正斗形大型墓，多为一棺一椁；如M216属于正斗形大型墓，一棺一椁，墓底长5.35米，宽3.75米，深8.30米，出土物较为丰富，有铜车马器、兵器、玉柄形器、生产工具、蚌贝器和犬骨一具等。西组和中组均可见有规律分布有大型贵族墓以及马坑，如中组西周早期的M210，墓底长6.56米，宽4.78米，深6.2米，出土有成组的铜车马器、铜兵器和铜生产工具，还有玉器3件、原始瓷器3件；西组的西周早期的M17，墓室底部长5.46米、宽3.5米、深8.75米，随葬有铜兵器、铜车马器、铜生产工具、玉器等，此墓规模较大，所埋兵器和车马器规格较高，其中一件铜戈内

表4-2 洛阳北窑西周墓地等级数量分布表

墓葬分期	大型墓	中型墓	小型墓	不清
西周早期	20	91	4	1
西周中期	7	46	3	1
西周晚期	8	26	0	0
合计	35	163	7	2

上有"方伯作戈",表明死者的身份高。综上分析,该墓应当属于西周邦墓地中规格较高者(图4-7)。①

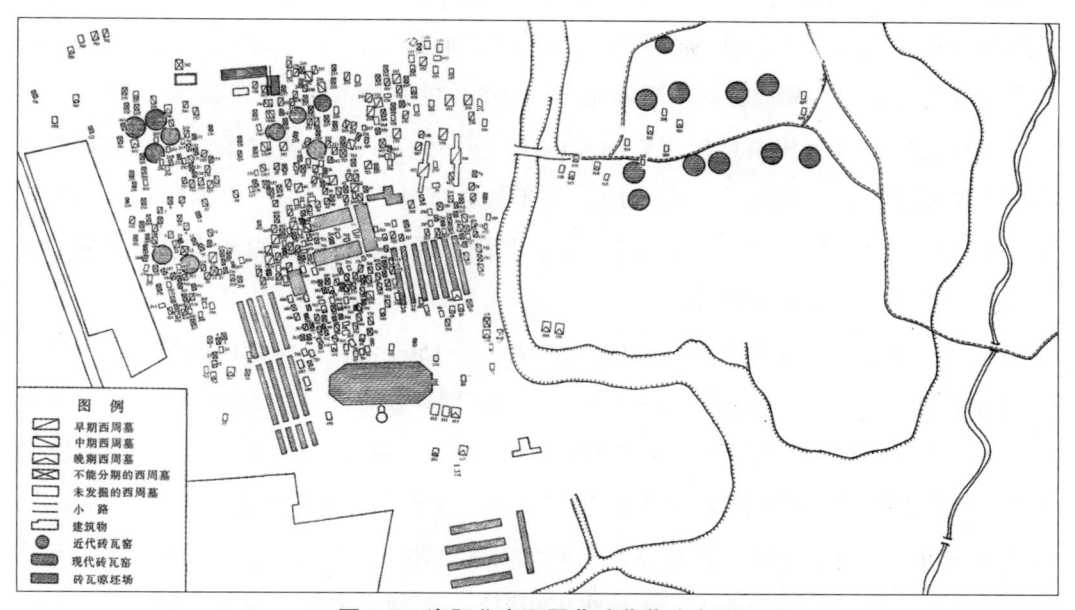

图4-7 洛阳北窑西周墓地墓葬分布图
资料来源:洛阳市文物工作队《洛阳北窑西周墓》,文物出版社,1999,图2。

郑州洼刘管国墓地包括西周早期贵族墓葬10座、车马坑2座和平民墓葬50多座,②这些墓葬主要分布于土岗东南部,排列整齐,方向一致;其中99M1为一棺一椁,随葬青铜礼器12件,戈3件,还有车马饰件等,其中出有"举父丁"鼎、尊和扁体卣均有铭文,说明该墓主人级别较高,属于贵族墓葬,出有青铜器的墓葬可能属于管国贵族后裔的墓地,当属于邦墓。

山西绛县横水西周中期墓地范围为南北长约200米,东西宽约150米,钻探发现300多座墓葬,发掘188座墓葬和21座车马坑,其中97座为小型墓,其余为大中型墓,包括1座带墓道墓葬。大中型墓葬皆两座相互成组或单个分布,但大型墓葬的单个墓葬皆有陪葬的车马坑;小型墓葬多集中在墓地西部,在墓地东部和南部也零星分布有小型墓葬。③可见,墓地显然经过规划,不同等级墓葬均有明确的区域;大中型

---

① 洛阳市文物工作队:《洛阳北窑西周墓》,文物出版社,1999。
② 郑州市文物考古研究所:《郑州市洼刘村西周早期墓葬发掘简报》,《文物》2001年第6期。
③ 山西省考古研究所、运城市文物工作站、绛县文化局:《山西绛县横水西周墓地》,《考古》2006年第7期。

墓葬成组分布，可能为大宗族下的小型家族墓地。该墓地中等级差异明显，入葬者的社会地位有明显不同，大型墓 M1 和 M2 为㑸伯及夫人墓，等级最高，中型墓也有十分丰富的随葬品，多陪葬有车马坑和马坑，说明大中型墓主人皆是较高等级贵族，应是公墓性质，但入葬人员社会地位有明显差别，而其他数量较多的小型墓也在其间，不具备入公墓资格，尚或待新资料补充再行更细致的划分，暂归入邦墓为一说。

曲阜鲁国故城西周墓地位于鲁国故城内，于 1977~1978 年发掘，包括故城西北角的药圃墓地，西南角的斗鸡台墓地，西部偏东的望父台墓地。[1]根据随葬器物和葬制考察，西周时期的望父台墓地和斗鸡台、药圃墓地、孔府花园墓地有显著差异，前者称为乙组墓，后者称为甲组墓。

望父台墓地（乙组）东西约 1200 米，南北约 1500 米，是鲁城内面积最大，延续时间最长的一处墓地，已探出墓葬 106 座，为西周春秋时期，多为中小型墓；M48 规模最大，长 3.6 米、宽 2.72 米，M33 最小，长 2.3 米、宽 1~1.5 米，一棺一椁占比例较多。从随葬器物上看，M48 出土铜器、玉器、铜车马器等共 65 件，其中包括铜鼎、铜簋、铜盘、铜簠、铜匜等铜礼器，铜鼎腹内壁有铭文三行 22 字，文曰："鲁中齐肇作皇考鬶鼎，其万年眉寿，子子孙孙永宝用享"，铜甗、铜簋、铜盘、铜簠等均有铭文，多有"鲁中齐"，说明是鲁国的周人墓葬。该墓地还发现有 6 座车马坑。甲组药圃墓地位于鲁城西北部，在药圃东北角和北面共钻探出墓葬 44 座，属于西周前期和春秋后期，均为小型墓。甲组斗鸡台墓地位于鲁城西南部，共发现墓葬 49 座，发掘了 28 座，年代为西周初年至春秋初期。甲组墓葬排列上，有 14 组成组的墓，有两墓东西并列的 8 组，三墓东西并列的 3 组，三墓呈品字形排列的 3 组。这些成组的墓葬，很有可能反映一定的亲属或从属关系。甲组墓中随葬铜器的共 8 座墓葬，出土铜器皿共计 22 件，还有少量兵器和车马器，其中铜盘 M202∶5 内底铸铭文十字："鲁白者父乍孟姬媵賸盘。"

三处墓地年代从西周早期延续到春秋早期，在墓制和葬俗上有较大的差异。斗鸡台和药圃墓地葬制多有相同之处，望父台墓地与前二者有明显不同，望父台墓地是鲁国司徒中齐的家族墓地，斗鸡台和药圃墓地的墓主人属于土著夷族人。[2]每处墓地均发现有同一葬制、葬俗的同族属的墓主人以数十座相聚合，表明西周时鲁国周人与土

---

[1] 山东省文物考古研究所：《曲阜鲁国故城》，齐鲁书社，1982，第 21~24 页。
[2] 张学海：《试论鲁城西周墓葬的类型、族属及其反映的问题》，《中国考古学会第四次年会论文集》，文物出版社，1985，第 90 页。

著居民仍实行族葬制度。①尽管周人和土著夷人在故城内杂居,但身份地位有别,墓地和居住址也有较大的空间间隔,各自有独立的范围。可见,这一时期脱离了殷商时期以血缘为主要纽带的聚居和埋葬情况,地缘纽带越来越重要,同时等级差异实际上还是十分明显的。望父台等三处墓地应当属于家族墓地,是邦墓的规格(图4-8)。

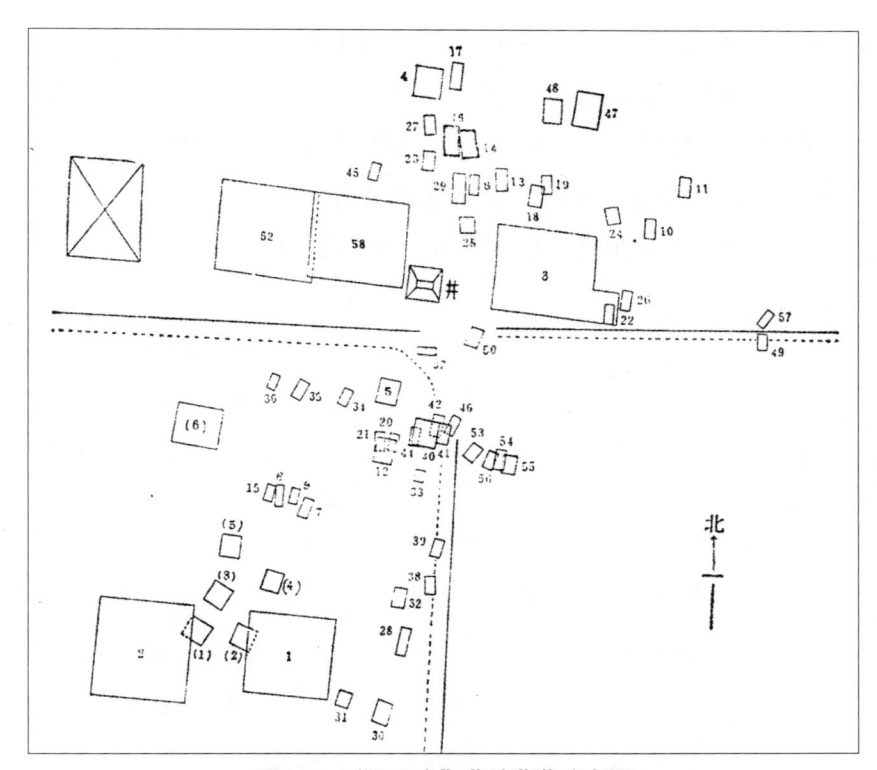

图4-8 "望父台"墓地墓葬分布图

资料来源:山东省文物考古研究所《曲阜鲁国故城》,齐鲁书社,1982,第21页。

三 东周时期的公墓地与邦墓地

(一)东周时期的公墓地

东周时代,社会动荡,奴隶制度不断被冲击,礼崩乐坏,各诸侯国势力此消彼长。族坟墓制度来源于氏族宗法制,其前提是土地公有制和血缘为纽带的家长制家庭,但东周时期,土地私有化进程加剧,西周时期的宗法制度受到很大的挑战和破

---

① 朱凤瀚:《商周家族形态研究》(增订本),第257~259页。

坏，因此，作为宗法制度影响下的族坟墓制度也必然会在不同国家诸侯领地受到一定程度的影响和破坏。

考古发现，属于两周之际的公墓地有三门峡上村岭虢国墓地，属于春秋时期的有山东临淄齐故城河崖头齐国墓地、山东滕州薛国墓地、楚国包山楚墓和淅川下寺楚墓地等，春秋战国时期有洛阳金村东周王室公墓地、琉璃阁和固围村魏国墓地、雍城秦陵南墓地、随县擂鼓墩墓群、浙江印山越王墓地、临淄田齐王陵及贵族墓地、河北易县燕下都九女台、虚粮冢燕国公墓地等。

上村岭虢国公墓地位于河南三门峡市上村岭，年代从西周晚期到春秋早期。1956年发现，中间经过四次钻探和两次大规模发掘工作，共发现墓葬500座以上（包含车马坑、马坑祭祀坑）。墓地南北长590米，东西宽320米，根据其平面布局共分八组，八组墓葬根据墓主人身份地位由高到低从北到南依次排列。根据墓葬中出土的铜器铭文、墓葬形制、规模和随葬品情况，该墓地墓主人的身份，最高的虢季、虢仲是国君，有国君之子（虢太子），还有出5鼎的墓葬应为大夫级死者。这些大墓大都附有车马坑和祭祀坑，分列于各组墓地之中，各组均有大中小型墓葬共同排列。整个墓地不仅排列密集有序，而且墓向均为南北向，葬俗一致。可以看出，该墓地经过统一规划（图4-9）。①值得重视的是，北区墓地中有一条东西界沟将墓地分为南北部分，界沟以南的为第四、五、六组，

图4-9 三门峡虢国墓地墓葬总分布图

资料来源：河南省文物考古研究所、三门峡市文物工作队《三门峡虢国墓》，文物出版社，1999，第4页。

---

① 河南省文物考古研究所、三门峡市文物工作队：《三门峡虢国墓》，文物出版社，1999，第2页。

界沟以北的为第七和第八组，是虢国墓地中最为重要的部分。综合分析，该墓地是一处等级齐全、排列有序、独具特色且保存完好的大型虢国国君及其宗族墓地，属于公墓性质。与其他墓地不同的是，国君及其夫人墓地和其他高等级贵族墓地有明显的相对独立的地域划分。

山东临淄齐故城河崖头墓地位于齐故城大城东北部，20世纪60年代勘探出大型墓葬20多座和大型殉马坑多座，1964年发掘其中的4座，均为有南墓道的甲字形大墓，葬具至少为一棺一椁，[①]M1多重棺椁，用大石垒砌椁室外壁，从墓葬形制和随葬器物看，M1级别应当属于齐国上层贵族，M4与之身份相近。特别是1973年发掘M5是甲字形积石木椁室，墓室长26.3米，宽23.35米，该墓葬周围有大规模的殉马坑，围绕在墓室的东、西和北边呈拐尺形，总数达到600多匹（图4-10），气势之大，令人惊叹，学界一致认为该墓为春秋时期齐国国君之墓。综上分析，河崖头墓地是目前齐故城内规格等级最高的齐国贵族墓地，应当属于西周到春秋时期齐国公墓之地。

薛国故城内发现三处墓地，其中东周墓地两处，1号墓地位于故城东北，属于战国积石墓；2号墓地位于故城东南部，已探出大中小型墓20座，并发掘了其中的9座，确知是属于春秋早中期的薛国贵族墓地。[②]这些墓葬墓向一致，均为北偏东，排列有序，无打破现象，葬俗一致。从已经发掘的9座墓葬看，M1到M4级别都较高，其中M1和M2为双棺双椁，随葬品丰富，M1仅铜器就有599件，其中铜礼器28件，八鼎六簋；M2随葬品共544件，铜器249件，八鼎六簋；M3

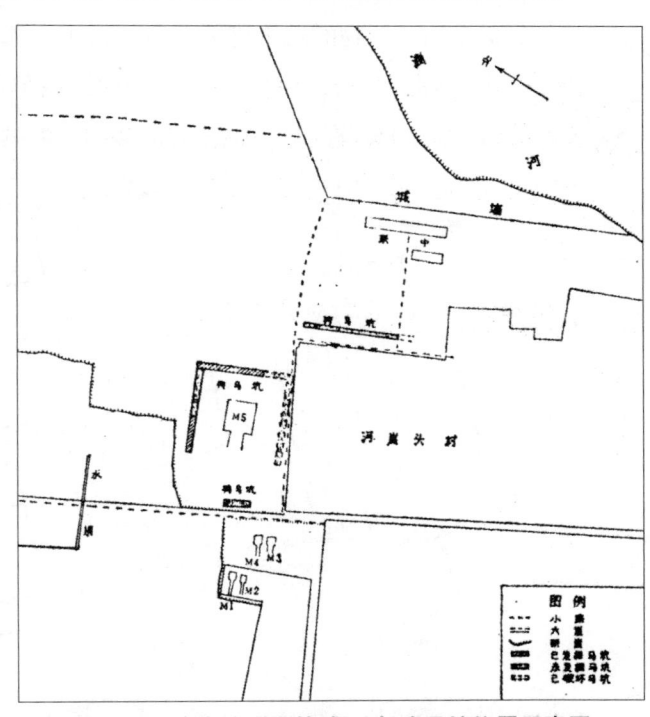

图4-10　山东临淄齐故城M5与殉马坑位置示意图

资料来源：山东省文物考古研究所《齐故城五号东周墓及大型殉马坑的发掘》，《文物》1984年第9期，第12页，图1。

---

① 山东省文物考古研究所：《临淄齐故城》，文物出版社，2013，第446~459页。
② 山东省济宁市文物管理局：《薛国故城勘查和墓葬发掘报告》，《考古学报》1991年第4期。

双椁单棺，仅存铜容器壶1件，上有铭文"薛侯行壶"；M4出有铜礼器37件，其中列鼎7件、簋6件；年代为春秋早中期，M1至M4的列鼎数量都达到诸侯国君的规格。M5到M9墓室等级较低，随葬品多为陶器，铜器很少，年代为春秋晚期到战国时期。从墓葬排列上，除M3被盗外，M1到M4等级高的墓葬位于墓地西南部，M5到M9位于墓地的东北角，而且两类墓葬自成一组，有聚合现象。由此可见，M1到M4四座墓葬应当属于诸侯一级人物，依次而葬，亦有昭穆制的排列次序，而其余五座应当属于诸侯宗族后裔的贵族墓葬，入葬族墓地。所以该墓地应当属于有专人管理的公墓地。

辉县固围村战国晚期魏国墓地借岗坡为墓地，稍加人工建造的一座回字形陵园。墓地中心存留三座大墓，东西并列，墓葬由西向东年代由早到晚依次建造。这三座的大墓南面和西南方向各发现一座大墓。在1号大墓西壁有小墓两座，属于大墓的祔葬墓。从墓葬规格和随葬品来看，三座大墓规模宏伟，椁室四周和顶上都积沙直至距离地表8米，然后再夯土50余层直至地面，地面还有享堂建筑，2号大墓规格最高。[①]虽然M5和M6是祔葬墓，但是出土器物的规格仍然很高。三座大墓墓主级别当为魏国国君及其宗族成员的陪葬墓。综合分析，该墓地按照年代依次排列，有固定的兆域，级别高，当为魏王及其宗族成员的公墓，该墓地已有向陵园过渡的雏形（图4-11）。

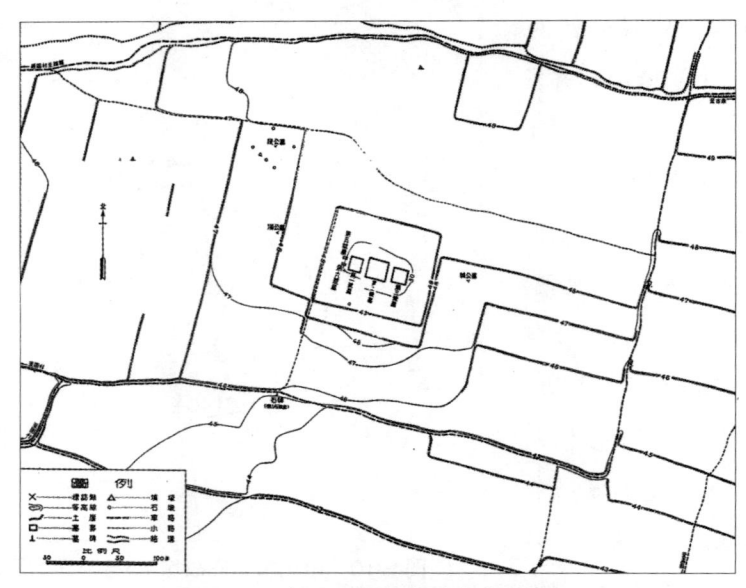

图4-11 辉县固围村墓地墓葬分布图

资料来源：中国科学院考古研究所《辉县发掘报告》，科学出版社，1956，图版118。

---

① 中国科学院考古研究所：《辉县发掘报告》，科学出版社，1956，第69页。

战国中晚期田齐王陵区西起临淄四王冢，东至青州田和冢，东西长达 7.5 公里内，主要分布田齐国君及其王后、夫人的五处陵园，不见其他大中型墓葬入葬，说明这个范围是田齐王陵公墓区。在四王冢及其陪葬墓周围，挖有人工壕沟，应当是陵园隍壕性质，标示四王冢的茔域，陵园内分布有 4 排 30 座陪葬墓，其中 3 座陪葬墓有封土，贴近四王冢，东西并列，为甲字形墓；其余 27 座陪葬墓无封土，其中甲字形墓 20 座，曲尺形墓 7 座。这些陪葬墓有 26 座分 4 排埋葬，排列有序，无打破关系，显然是有专人管理事先规划好墓位（图 4–12）。① 此处墓地显然是田齐王陵公墓区。

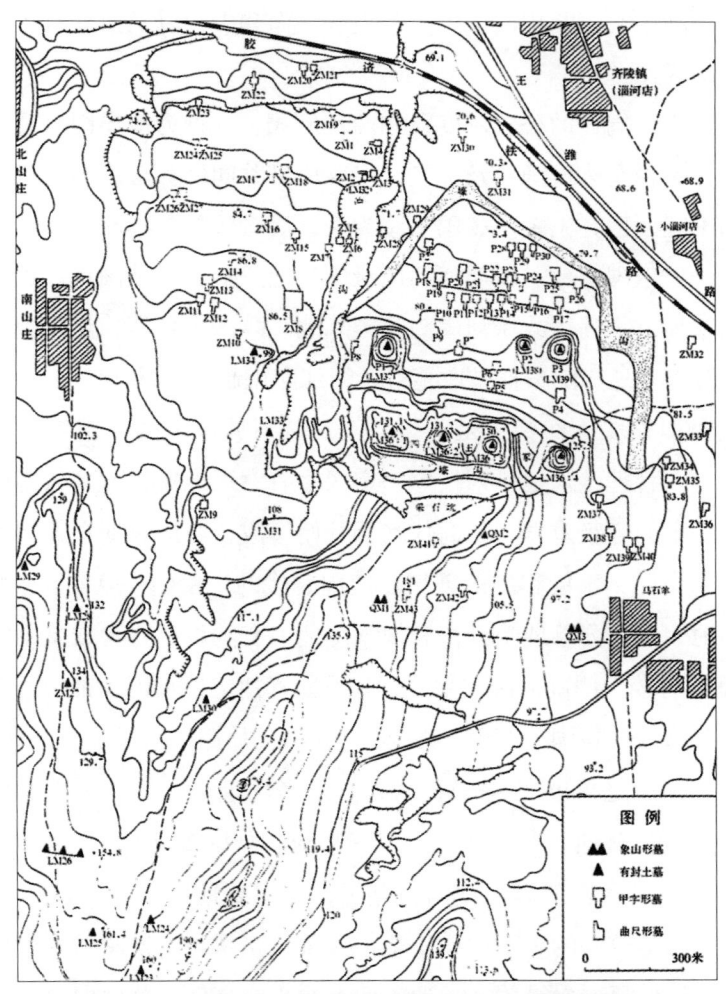

图4-12 齐国故城四王冢及其陪葬墓和淄河店墓地墓葬分布图

资料来源：山东省文物考古研究所《临淄齐墓》，文物出版社，2007，第25页。

---

① 山东省文物考古研究所：《临淄齐墓》，文物出版社，2007，第 18~23 页。

战国中晚期燕国王陵位于河北易县燕下都遗址东城内,共埋葬了从桓公之后的八位燕王、王后与夫人,但燕王喜除外。这八个王陵以古河道和墙分为南北两个墓区,南边是九女台墓区,北边是虚粮冢墓区。九女台墓区共有 10 座封土堆,分成 2 排,其中位于北排中间的 M16 封土高大,长宽均 30 余米、高 7 米,墓室呈中字形,前后有 2 条墓道,长 10.4 米、宽 7.7 米、深 7.6 米,随葬品显示此墓当是一座王陵。虚粮冢墓区有 13 座高大封土堆,封土高低不等,有的高达 10~15 米,多数长宽 15~30 米,最大的长宽达到 40~55 米,由北向南分成 4 排,井然有序,每排代表一位燕王。① 每个墓区都以燕王为中心,并依次排列,旁边并穴而葬夫人以及祔葬有陪葬墓,共同构成燕国王陵公墓区。

综合分析可知,周代的公墓制度存在两种形式,一种为诸侯国君及其夫人并穴而葬形成墓地,另一种是诸侯国君及夫人、宗族成员共同埋葬形成的公墓地。前者以晋侯墓地、燕国王陵、田齐王陵、魏国王陵为例,后者包括宝鸡茹家庄、竹园沟強国墓地、河南浚县辛村卫国墓地、琉璃河西周燕国墓地、上村岭虢国墓地、平顶山应国墓地、邢台邢国墓地、临淄齐故城河崖头齐国墓地、薛国公墓地、洛阳金村东周王室公墓地、雍城秦陵南墓地、随县擂鼓墩墓群、浙江印山越王墓地等。

公墓制度是以血缘为纽带,是诸侯君王及其宗族成员的专用墓地,经长期规划逐渐形成,有专人管理,墓地排列按照一定次序有意识地安排,多数遵照左昭右穆制度,墓地内有一定的等级差异。从商代晚期开始形成,西周时期正式制度化,春秋战国时期在不同国家受到不同程度的破坏。商周时代的"集中公墓制",多代国君集中埋葬于同一墓地,多处公墓地都预留和规划墓地,有的设有兆沟或是围墙以显示墓地范围,② 有的墓地有较为明确的区域划分,如晋侯墓地。公墓区大都位于都城的东方或北方,如卫国公墓区、虢国公墓区、燕国公墓区。《礼记·檀弓下》:"葬于北方北首,三代之达礼也,之幽之故也。"公墓区大都选址考虑地形地势,多头北足南方向,地势北高南低,如晋侯墓地、燕国墓地、卫国墓地、虢国墓地和下寺墓地等均是如此。与晋侯墓地不同的是,在卫国、虢国、燕国、应国墓地中,除了诸侯国君与夫人墓外,其间分布有数量较多的中小型墓,墓主人可能就是与诸侯国君有密切血缘关系的人,与国君的远近,只看血缘关系远近,而不看职位高低。墓地中包含了各个家族支族的墓葬群组,墓主人身份地位有明显的尊卑差异,墓位排列中以主墓为主,其他中

---

① 河北省文物研究所:《燕下都》,文物出版社,1996。
② 赵化成:《从商周"集中公墓制"到秦汉"独立陵园制"的演化轨迹》,《文物》2006 年第 7 期。

小墓均以陪衬的位置。从文献记载看，每处公墓地只有一个统一的地理名称，而每位国君陵墓没有单独的名称。①

（二）东周时期的邦墓地

东周时代，礼崩乐坏，诸侯国势力因战争此消彼长，权力越来越集中于社会上层，随着家族墓地和陵园的兴起，作为宗法制度影响下的邦墓制度在各个国家受到不同程度的破坏，反映出不同阶层独立性的加强、经济地位和社会关系的变化。

楚墓中的"邦墓"发现很多，我们以河南淅川下寺墓地、九店墓地和荆州雨台山墓地为例分析。

楚国继承周代制度，在墓葬排列上也严格按照族葬制，遵循"昭穆左右，尊卑前后"的排列规则。楚国墓地有数处，其中以河南淅川下寺墓地为代表。淅川下寺墓地的年代为春秋中晚期，共包括大中型春秋墓9座、小型墓15座、车马坑5座。② 9座大中型墓分南北并列，车马坑位于主墓之西，根据时代先后，该墓地由南到北分为甲、乙、丙三组，同组墓葬呈现聚合现象，不同组墓相距稍远。墓地的排列极有规律可循，形成坐东朝西、中间居后、两边靠前的略呈弧形的布局。甲组位于最南端，包括3座墓和2个车马坑；丙组墓则分布在其北边，包括2座中型墓和2座车马坑；乙组墓居中靠后，以M2为中心，南北有4座大中型墓并列，西侧一座车马坑以及15座小型陪葬墓。M2墓主身份为令尹子庚（王子午），等级最高，同时也位于甲组与丙组之间，是整个墓地的中心。在此墓地的墓位安排上，时代稍早的甲组墓居左，略晚的丙组墓在右，体现了昭穆排列的原则。从随葬器物和葬制上看，随葬大量青铜器、玉器、车马器、兵器的共9座，其中一椁两棺6座，一椁单棺1座，无椁单棺1座，棺椁不清的1座；另外是随葬少量玉器或无随葬品的小墓15座，均为单棺墓。墓地的整体布局是周代昭穆制度的具体体现。

江陵九店墓地与雨台山墓地距离约1.5公里，有东周墓597座。发掘报告根据随葬品和葬制分墓葬为甲组和乙组。甲组墓19座，分布较集中，墓葬从西向东、从北向南按照早晚排列，时代为西周晚期到春秋中期晚段，属于姬周文化系统，存在多组夫妻异穴合葬墓。乙组墓的墓葬较多，共578座，年代为春秋晚期至战国晚期，属于楚文化系统；主要分布于Ⅰ区和Ⅱ区，分为7个组群，每组中墓葬方向大都一致，排列整齐，墓葬规格多数较低，但是其中也有带一条墓道的墓葬，随葬器物较其他丰

---

① 赵化成：《从商周"集中公墓制"到秦汉"独立陵园制"的演化轨迹》，《文物》2006年第7期。
② 河南省文物研究所等：《淅川下寺春秋楚墓》，文物出版社，1991，第3页。

富，等级也高。五组的 M104，上有封土，还有陪葬的 2 个车马坑，与同组其他墓葬等级差异明显。①该组墓葬尤以空墓和器物少的墓多，墓向不一，随葬兵器较多，这些墓主多为不同族属的士卒；空墓但有随葬品可能是衣冠冢性质，M104 应当为一位军事首领。王世民先生认为，宗法制度盛行的西周春秋时代，有范围很广的公共墓地，按照血缘关系聚族而葬，"墓大夫"掌管的"邦墓"则是平民的墓地，不同的家族也有各自的"私地域同样需要确定墓葬的位次和封树度数"②。由此可知，江陵九店墓地属于由墓大夫掌管的"邦墓地"。

湖北江陵雨台山墓地西南临近楚故都纪南城的东城垣，清理的 558 座楚墓，位于雨台山的南部，墓葬分布在南北向的山岗上，墓葬排列大都有一定的规律。③墓坑方向不一，南北向为多，以头向朝南为主，达到 369 座；墓葬以单棺为主，有 264 座，另有无椁无棺墓 14 座，一椁一棺墓 248 座（其中有墓道 29 座），一椁两棺墓 2 座，随葬陶器共 2455 件，铜容器共 52 件。有少量墓葬出土有车马器，224 座墓葬中出土 900 多件漆木器。这些墓葬从春秋中期延续到战国晚期，时间跨度达 400 余年，但相互间没有打破关系，各组墓葬排列规整，应当属于由不同分族组成的一个连续发展的大家族。墓葬多为单棺，随葬器物较少，墓主身份多为庶民。有墓道的规模较大的墓葬中，出土陶器、铜器和兵器、漆木器的墓葬，总体比例小，应当是地位不高的军事贵族。可见，该家族中也存在较为明显的等级差异。500 多座墓葬排列规律，应当是有专门人员来规划与管理，属于墓大夫掌管的"邦墓"地。从雨台山墓葬的规模和葬具的规模来看，应该和当阳赵家湖墓地一样，是楚国的"邦墓"区。④

在洛阳烧沟发掘了比较完整的 59 座战国墓葬，按其分布地形可以分为三区，东区 24 座，南区 28 座，西区 7 座，墓葬之间分布密集，相隔最近仅 5 米左右；多为竖穴墓，均为单人葬，以仰身屈肢葬为主；共出陶器 332 件，多为随葬明器，铜器较少，仅 21 件，多为带钩、镜、镞等。这些战国晚期墓葬排列较整齐，出现有意识的聚合现象，但是墓葬等级并不高，当为平民阶层墓地。⑤洛阳中州路东周墓地中，⑥共发掘墓葬 260 座，按照一定次序排列整齐，不同时期墓葬规模不一，墓葬中出土陶器为多，

---

① 湖北省文物考古研究所：《江陵九店东周墓》，科学出版社，1995，第 8 页。
② 王世民：《中国春秋战国时代的冢墓》，《考古》1981 年第 5 期。
③ 湖北省荆州地区博物馆：《江陵雨台山楚墓》，文物出版社，1984，第 1~2 页。
④ 王从礼：《楚墓葬制分析》，《江汉考古》1988 年第 2 期。
⑤ 王仲殊：《洛阳烧沟附近发现的战国墓葬》，《考古学报》第 8 册，1954。
⑥ 中国科学院考古研究所：《洛阳中州路·西工段》，科学出版社，1959。

出铜器、玉器墓葬很少，延续时间长，综合分析该墓地当属下层社会的邦墓地。

琉璃阁墓地共经过5次发掘，共发现战国墓葬80座，62座坐东朝西，排列有序，祔葬5座车马坑。属于战国早中期墓葬40座，晚期35座。这批墓葬以黄家坟村为中心，从东向西依次早晚排列，墓地前后延续200多年。①根据墓葬集中分布情况，分为6个小组，墓葬等级差异不大，仅M140最大，但级别无法与固围村三座诸侯王墓相比。据此可以推断，该墓地当属于魏国贵族及其宗族墓地，也属邦墓性质。

在临淄田齐四王冢以西、牛山以东区域的淄河店墓地分布有15座有封土墓和42座无封土墓，有封土墓多分布于山谷南部，无封土墓多分布于山谷北边，为中字形、甲字形和曲尺形，年代为战国早期。已发掘LZM2面积近250平方米，随葬品有铜乐器、七鼎六簋陶礼器、12个殉人和20多辆车，还有69匹马，虽然该墓的结构形制与随葬品向更高级墓葬靠拢，但实际是超规定的"越礼"，实际上该墓主人属于卿大夫一级贵族。其他中型墓出土器物较少。②该墓地排列无打破现象，当属于卿大夫及其宗族的邦墓地。

"邦墓"与"公墓"在墓地安排上有明显的区分，天马—曲村遗址西端偏北的曲村北位置，有一般贵族平民墓地，与晋侯公墓地有明显的区别。战国中山国灵寿城公墓与邦墓也有明显的区分，中山国国君与家族墓地有两处：一处位于灵寿城内西北部，一处即中山王𰯼墓与王后墓，位于灵寿城西城区外之西约1500米处西陵山下南坡高地上。而邦墓主要集中分布于城址外的东北部，另外少量家族墓地分布于城址外的西北和西南部。③也有部分墓地中邦墓与公墓共处一个墓地，如羊舌晋侯墓地。各处发掘的邦墓从西周时期一直延续到战国时期；到战国时期，墓葬按照规律排列，仍然遵守宗法制度，经常发现高等级墓葬与低等级墓葬交错排列的现象，墓主人生前可能地位不同，但死后因为宗法关系仍然葬于一处，说明血缘关系在战国时期仍然起到一定的维系作用。

四 陵园制度的滥觞与发展

东周时期，宗法制度不断被破坏，礼乐制度无法得到完全的实施，带有原始氏族残余的"集中公墓制"渐变为以地缘为纽带的王陵规划制度"独立陵园制"的滥觞，

---

① 郭宝钧：《山彪镇与琉璃阁》，科学出版社，1959，第72~73页。
② 山东省文物考古研究所：《临淄齐墓》，文物出版社，2007，第382~418页。
③ 河北省文物研究所：《战国中山国灵寿城——1975~1993年考古发掘报告》，文物出版社，2005，第347页。

直至秦汉时期高度集中的中央集权制的建立,以皇帝为中心的独立陵园制完全形成。陵园的出现也是权力高度集中的殡葬表现。当然,春秋战国时期,除出现新的墓葬规划制度外,族坟墓制度在这一时期的各区域得到不同程度的发展及变化,形式多样,各有特点,反映了宗法制度在东周时期的发展、变化和消亡过程。

(一)家族墓地的崛起

商代晚期和西周时期,多见在族墓地中单独辟出墓域,以大型墓为中心,多为夫妻异穴合葬墓,周围集中分布一批中小型墓,墓葬群组呈聚合状态,这是大宗族中小宗族墓地的反映,也是家族墓地的初步出现。家族墓地,可以是父子、夫妻、兄弟等亲族的墓葬。[①]长安张家坡井叔墓地是典型的西周中晚期家族墓地,包含一座双墓道大墓、3座单墓道大墓和若干竖穴墓和随葬车马坑等,构成族坟墓中的家族墓地。洛阳北窑墓地发现的2座双墓道大墓左右并列,近旁有较多竖穴土坑墓,也属于家族墓地。西周镐京花园村M15和M17规模较大,竖穴土坑,距离靠近,并行排列,墓前发现有随葬的车马坑,[②]两墓的男性墓主人应是昆仲关系。[③]

东周时期,一方面族坟墓制度继续流行,但随着土地私有化进程加剧,西周时期的宗法制度受到很大的挑战和破坏,血缘关系的凝聚力逐渐下降,战国时期中下阶层和新兴贵族兴起,因此,作为宗法制度影响下的族坟墓制度在不同国家受到不同程度的破坏。随着新的因素开始出现,家族性质的墓在墓地中也由"弱"到"强",成为族坟墓制度中新的"增长点"。

山西长治分水岭东周墓地,不见殉人,墓主人头北足南。[④]整个分水岭墓地M269与M270、M271与M272、M126与M127、M14与M26、M12与M25、M35与M36六组夫妻异穴合葬,说明长治分水岭墓地是一个家族墓地,并延续使用了200年,墓地延用年代并无缺环,属姬姓韩氏贵族墓葬。

河南陕县后川墓共发掘105座东周墓,多为战国墓,2座车马坑,墓葬以北向者居多,达到75座,一棺一椁者52座,一棺双椁者33座。M2040是规模最大随葬品最多的一座大墓,一椁重棺。[⑤]该墓地属于姬姓魏国墓地。墓地中家族墓葬聚合现象

[①] 张长寿:《论泾阳高家堡周墓》,《远望集——陕西省考古研究所华诞四十周年纪念文集》(上),陕西人民美术出版社,1998,第291~292页。
[②] 陕西省文物管理委员会:《西周镐京附近部分墓葬发掘简报》,《文物》1986年第1期。
[③] 李学勤:《论长安花园村两墓青铜器》,《文物》1986年第1期。
[④] 山西省考古研究所:《长治分水岭东周墓地》,文物出版社,2010,第352页。
[⑤] 中国社会科学院考古研究所编著《陕县东周秦汉墓》,科学出版社,1994,第8页。

明显，双墓和三墓并列的较多，多为夫妻并穴合葬墓，这些墓葬墓向一致，年代接近或相接，应当属于家族墓。

湖北包山墓地从南向北分布有5座墓葬。①M2为规模最大等级最高的一座，下葬年代为公元前316年，根据出土器物上的铭文推断墓主人为左尹邵，为大夫级。从墓葬规模、葬具、随葬器物看，M1和M4的墓主人皆为元士阶层，M5墓主人应为士阶层。②5座墓从南向北排列，大者位置略向东，小者位置略向西。M1、M2封土堆相邻，无打破关系，M1年代稍早于M2，墓主性别不同，很可能为夫妻异穴合葬墓。M2、M4的墓主人同为男性，M4下葬年代约为公元前290年，两墓的下葬年代差距约有20余年，其间又无同时代的墓葬间隔，M4的墓主死亡年龄较M2的小，应该存在血缘关系，如父子关系，M2与M4的这种排列符合左昭右穆的墓位安排原则。M4、M5同样存在性别差异，随葬品有明显不同，位置接近，也可能是夫妻异穴合葬墓。包山墓地等级明显，随葬器物多寡鲜明，墓主人属于不同社会阶层。包山墓地两对夫妻异穴合葬墓同属于一个墓地，又遵循定穴安葬规则，证明其间存在血缘关系。包山墓地布局有一定规律，体现出"以昭穆为左右，以尊卑处其前后，以爵等为丘封之度"的定制，墓葬按下葬年代的先后从南往北排列，并依据等级的高低呈东西分布，父子关系的墓葬遵循昭穆制度的规则，应当属于核心家庭墓地（图4-13）。

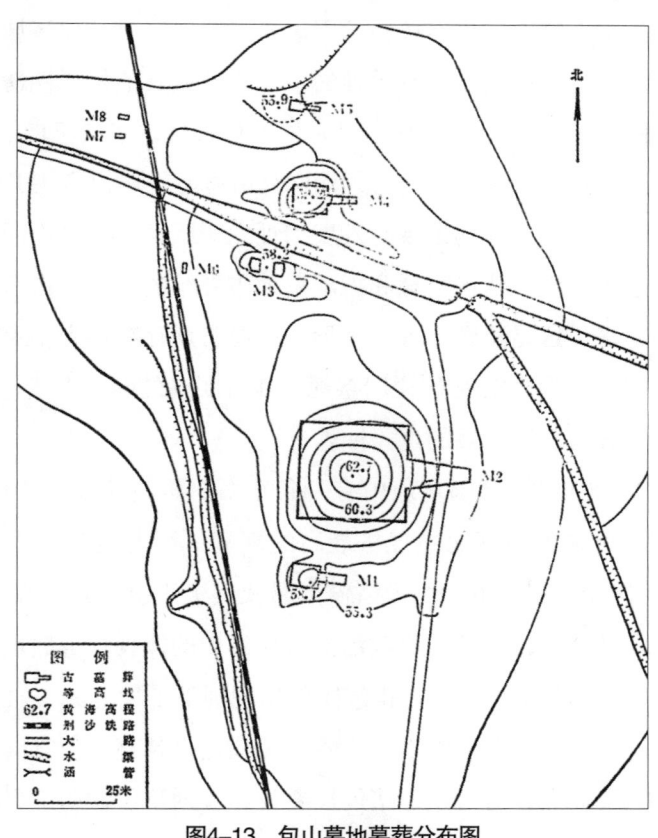

图4-13 包山墓地墓葬分布图

资料来源：湖北省荆沙铁路考古队《包山楚墓》，文物出版社，1991，第3页，图2。

---

① 湖北省荆沙铁路考古队：《包山楚墓》，文物出版社，1991，第1页。
② 楚文化研究会：《楚文化研究论集》，湖北人民出版社，1991。

除此之外，在河南琉璃阁墓地、山西长子牛家坡墓地、汲县山彪镇、临猗程村墓地、郑韩故城的许岗韩王陵M1、M2、M3，[①]战国时期齐故城附近东夏庄、单家庄和相家庄三个墓地，除了有数的几座大墓外，在墓地周围未发现其他战国时期的墓葬，这属于几个不同族别的大家族墓地。总之，家族墓地的兴起标志着族坟墓制度的衰落、血缘纽带的宗族制度逐渐松弛，以家庭为单位的家族地位上升，反映到墓地制度上则是独立陵园的出现和发展。

（二）陵园出现的条件

在先秦时代，陵园是国家集权下的一种殡葬形式，主要为君王所建造，除规模宏大的主墓外，有陪葬墓、车马坑、墓祭设施（如享堂建筑）等组成，并有隍壕或围墙保护。建造时不仅有统一严格的规划，而且有专人管理营造，墓主人下葬后，有专人护卫。陵园应当有单独的围墙或隍壕以区分其他区域，东周时期很多墓区中都见到围墙；在陵区内应当有单独的享堂建筑或其他祭祀性遗迹出现，如河南辉县固围村大墓的墓上建筑；陵园有专门人员进行管理，诸侯王的陵园除有专门的官吏进行管理外，还有陵园日常管理人员，他们死后可能就作为诸侯王的陪葬而葬在陵园内。

家族墓地的出现与发展为独立陵园，为区分不同家族墓地、墓地之间常见界域创造了条件。晋侯墓地和虢国墓地中界域的出现，将诸侯国君墓葬和其他贵族墓地区分开来，这是陵园出现的雏形。西周时期存在预先划定陵区范围的现象，如晋侯墓地南北大壕沟之发现，[②]说明墓地可能有明确的南北界线，这或许是"集中公墓制"向"独立陵园制"发展的重要标志。

三门峡虢国墓地中有一条东西界沟将墓地分为南北部分，界沟以北的第七和第八组是虢国墓地中规格最高的墓葬，第七组为虢季（M2001）墓组，第八组为虢仲（M2009）墓组，均为诸侯国君及其夫人墓。将诸侯国君墓从族墓地中独立出来，突显其神圣的地位，是政治上君权集中的体现，虽然还不是完全独立的墓地，但也显示出突出的地位，为后世陵园的出现埋下了伏笔。

在族坟墓制度下，不管是公墓还是邦墓，由官府派员统一管理，划定区域是一个重要职能，对天子、诸侯还要具体规划墓位，明确界域，发展到陵园制度，这种规划就更加严格。界域的区分主要为了突出墓主人及其家族的身份地位，也是对陵园保护

[①] 河南省文物考古研究所新郑工作站、新郑县文物管理所：《新郑县辛店许岗东周墓调查》，《中原文物》1987年第4期。
[②] 北京大学考古系等：《天马—曲村遗址北赵晋侯墓地第二次发掘》，《文物》1994年第1期。

的一种防御设施。这种界域多采取隍壕、界沟或围墙等形式，如虢国墓地中有东西界沟分南北墓地；秦国从春秋中期一直持续到战国晚期均用隍壕，陕西雍城秦公陵园挖有三重隍壕作为防御沟；春秋末期的浙江印山越王陵也有明确的围沟；田齐四王冢及其陪葬墓周围挖有人工壕沟，具有隍壕性质；中原地区的河南辉县魏王陵修有垣墙；中山王陵建有三重墙垣；战国邯郸赵王陵也有围垣遗迹；战国燕国王陵既有古河道，也有围墙。在王一级的陵墓中，筑墙以界墓域之制完全取代了挖围沟以界墓域之制，而且成为最高等级的陵园建筑设施之一。①

家族的兴起，反映到墓地制度上，则是对家长丧礼的重视和突出，那些爵位高、地位尊崇的长者墓葬上起坟丘的习俗日益兴盛，而坟丘大小日益成为区分身份地位高低的重要标志之一，晚商王陵墓是否已有坟丘，现在虽然没有定论，但有学者主张殷墟王陵上已有墓冢，文献记载东周时墓上已有"丘陇"。《吕氏春秋·孟冬记》、《礼记·月令》记载："审棺椁至厚薄，营丘垅之大小、高卑、厚薄之度，贵贱之等级。"如田齐王陵、辉县固围村魏国王陵、燕下都燕国王陵、河北赵国王陵、湖北楚都纪南城楚墓等，坟丘多数很高，而庶人则不树不封。坟丘墓或称封土墓，西周时期南方兴起平地而起的土墩墓，已与封土墓有相近之处，春秋晚期在浙江印山越王陵出现夯筑而成的长方形覆斗状巨大封土堆，②这种形状形封土恰是墓主身份地位的象征。而中原地区最早被确认的封土墓则是春秋晚期河南固始侯古堆1号墓"句吴夫人"墓，③秦国则要到战国中期才出现封土墓。战国时期多数等级高的大型墓葬均可见坟丘或称之为封土墓，王陵更是如此。封土高低与大小是陵园制度中重要的一个因素。

墓上建筑也是墓葬体系的重要部分，如享堂建筑或祭祀性建筑等，是陵园的重要组成部分。史前时期曾见墓地上有祭祀遗迹，是在墓地举行祭祀活动的遗存。商代晚期的妇好墓，④春秋时代秦国国君墓上都有"享堂"建筑，⑤有学者认为该建筑属于"寝"的性质。⑥战国时期墓上建筑得到进一步发展，如辉县固围村魏王陵的主墓M2墓上建筑为七开间，M1和M3墓上享堂建筑规模稍小。位于邯郸永年境内的赵王陵

---

① 袁仲一：《秦始皇陵考古纪要》，《考古与文物》1988年第5、6期。
② 浙江省文物考古研究所、绍兴县文物保护管理所：《印山越王陵》，文物出版社，2002，第54页。
③ 固始侯古堆一号墓发掘组：《河南固始侯古堆一号墓发掘简报》，《文物》1981年第1期。
④ 杨鸿勋：《关于秦代以前墓上建筑的问题》，《考古》1982年第4期。
⑤ 杨鸿勋：《关于秦代以前墓上建筑的问题》，《考古》1982年第4期。
⑥ 杨宽：《先秦墓上建筑和陵寝制度》，《文物》1982年第1期；《先秦墓上建筑问题的再探讨》，《考古》1983年第7期。

不仅可见享堂建筑,也可见陵园的围垣迹象。陕西雍城秦公陵区普遍发现墓上建筑遗迹,如墓上发现同一时代的瓦片,1号墓的墓室上还发现成排的柱洞,还有建筑物倒塌后叠压衔接的板瓦堆积的现象;印山越王陵可能也存在享堂建筑;战国中山王墓不仅有享堂建筑,而且规模很大,根据墓内出土"兆域图"的复原可知,坟丘上共建有5个享堂建筑,王堂居中,王后、哀后堂居于两侧。可见在东周时期,墓上享堂建筑是陵园制度的一个重要组成部分。

综合分析可知,东周时期陵园以不同形式存在于各个诸侯王墓地中,多数具备陵园的基本要素,这是社会阶层分化的结果。以血缘为纽带的集中公墓制度随着宗法制的动摇,周王势力的衰弱和诸侯国势力的增强,以每代国君为中心的陵园开始出现,这是"独立陵园"制度的萌芽,是一种截然不同的新墓地形态。独立陵园制度出现于春秋时期,以春秋晚期到战国早期陕西雍城秦公墓地和春秋末期的印山越王陵为代表;战国时期,以战国晚期秦东陵为代表,独立陵园制得到进一步发展完善。魏国固围村王陵、河北中山国王陵、赵国邯郸王陵,都是以某一位国君墓地为中心,分别营建陵园,或国君与夫人共同葬于陵园,这种布局被视为三晋和中山地区的定制。到秦始皇帝陵及西汉帝陵,陵园已经规范化,陵园内设施复杂,功能完善,最终确立了独立陵园制度。

(三)陕西雍城秦公陵园

陕西雍城秦公墓地位于陕西凤翔南指挥乡一带,已勘探陵区范围总面积约21平方公里,东西长、南北宽,该陵区南、北、西侧发现有宽2~7米的隍壕作为屏障。该陵园内已钻探出18座中字形大墓、3座甲字形大墓、1座刀形墓,还有21座目字形、凸字形车马坑。①根据发现的陵园隍壕和墓葬分布情况,10座陵园发现规整的隍沟,3座陵园有隍沟痕迹。每个陵园内墓葬数量不等,一般以1座中字形大墓为中心,但也有2座或3座中字形大墓者(图4-14)。秦陵隍壕分为三种:双隍型,以马蹄形内隍围绕中字形大墓,再以中隍围绕主墓和车马坑;单隍型,有一条隍壕环绕中字形大墓和车马坑;组合型,中隍或陵中套陵的组合方式。这些围沟主要功用是界域和护陵。②根据陵园内的中字形墓葬数量,可分为三种类型:第一种只有一个陵园,陵园内有三座中字形墓,埋葬的国君在两位以上;第二种陵园内只有一座中字形墓,即只

---

① 陕西省雍城考古队:《凤翔秦公陵园钻探与试掘简报》,《文物》1983年第7期;《凤翔秦公陵园第二次钻探简报》,《文物》1987年第5期。
② 田亚岐:《雍城秦公陵园围沟的发现及其意义》,《秦文化论丛》,西北大学出版社,2002。

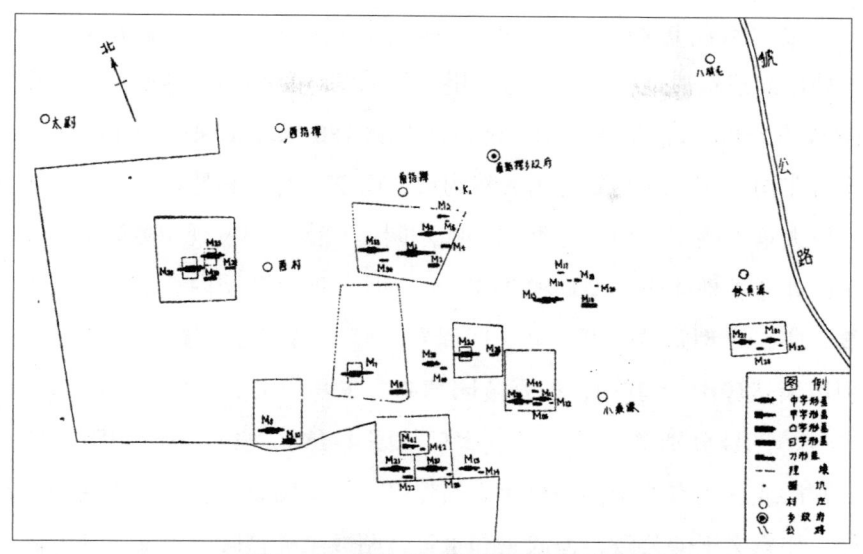

图4-14 凤翔秦公陵园钻探平面图

资料来源：陕西省雍城考古队《凤翔秦公陵园第二次钻探简报》，《文物》1987年5期，第55页。

埋葬一位国君；第三种陵园内有两座中字形墓东西并列，应是国君和其夫人并穴合葬。①

关于雍城秦公墓地中秦公及其夫人有隍壕围陵园的现象，有学者称为"独立陵园"。②雍城秦公墓地基本上仍然属于集中埋葬的公墓制的范畴，但该墓地某些国君拥有单独的兆沟陵园又是新出现的因素，因而可将其视为从"集中公墓制"向"独立陵园制"过渡的一种中间形态，它是后来典型意义上"独立陵园制"的萌芽，其出现的意义重大。③

（四）秦东陵

秦东陵，或称芷阳陵地，位于咸阳以东临潼县韩峪乡骊山西麓，总面积约24平方公里。《史记·秦本纪》、《史记·秦始皇本纪》等记载，从秦悼武王到秦始皇前诸王均埋葬于此墓地。

对秦东陵进行的大规模钻探，已探出4座陵园和若干座带封土大墓。一号陵园发现两座亚字形大墓，有封土堆，南北并列，形制、大小基本相同；还发现2处陪葬区和4处地面夯土建筑台基，陵区南北两侧各有一天然壕沟，东面有一条人工壕沟，相

---

① 马振智：《秦国陵区考述》，《庆祝武伯纶先生九十华诞论文集》，三秦出版社，1991，第122页。
② 马振智：《试论秦国陵寝制度的形成发展及其特点》，《考古与文物》1989年第5期。
③ 赵化成：《从商周"集中公墓制"到秦汉"独立陵园制"的演化轨迹》，《文物》2006年第7期。

互连接。二号陵园有 1 座中字形大墓，3 座甲字形大墓，还有 1 座陪葬坑，2 处陪葬墓区和 1 处地面建筑遗址。中字形墓与甲字形墓基本呈品字形排列。三号陵园东南距离一号陵园约 1500 米，东西长 280 米，南北宽 180 米，面积达到 48400 平方米，陵园四面均有兆沟，西、北两面利用天然沟壑，而东、南两面是人工开凿而成，陵园内发现中字形大墓 1 座（M7），东西向，在陵园的东南方向发现 1 处陪葬墓，在 M7 的正北和正西处还发现 4 座小型墓和 2 处建筑基址。四号陵园内有亚字形墓 1 座，甲字形陪葬墓 2 座，小型陪葬墓群 1 处，四周有隍壕，北面为造陵时专门开挖，东、西、南侧则利用天然壕沟。① 其中，四号陵园葬昭襄王与唐太后，一号陵园葬庄襄王与帝太后，二号、三号分别葬悼太子和宣太后（图 4-15）。② 4 座陵园相距很近，每座陵园有人工开凿或利用自然壕沟修整而成的隍壕。从秦国惠文王始，历代国君都有独立陵园名称，如惠文王葬公陵，悼武王葬永陵，昭襄王葬芷陵，孝文王葬寿陵，庄襄王葬阳陵，秦始皇葬丽山。③ 2004 年在陕西西安长安区神禾塬发现了战国晚期秦陵园

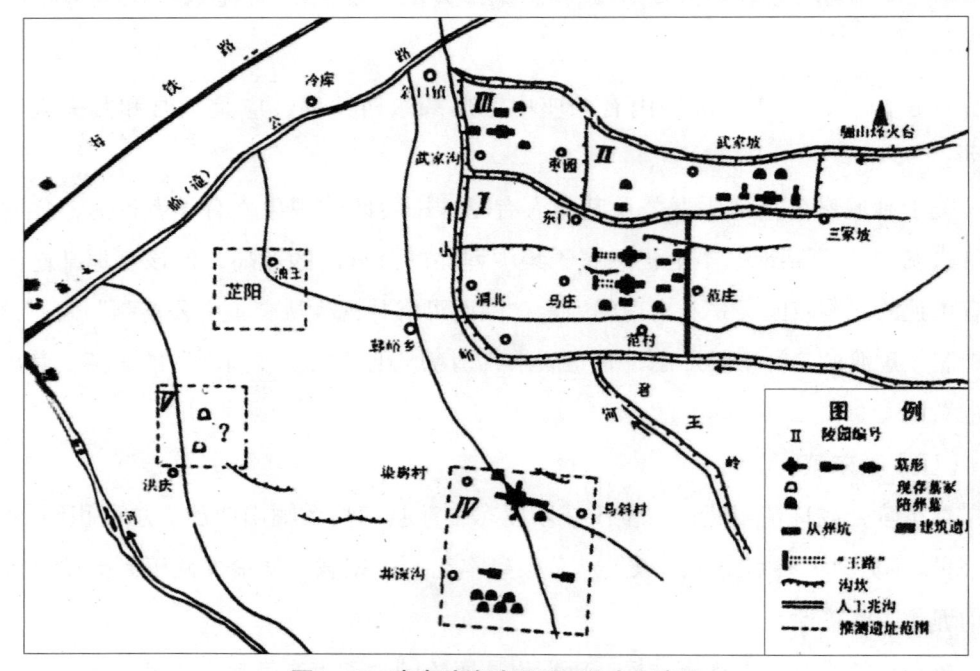

图4-15　秦东陵诸陵园平面分布示意图

资料来源：赵化成《秦东陵刍议》，《考古与文物》2000 年第 3 期，第 57 页，图 1。

---

① 张海云、孙铁山：《秦东陵调查记》，《文博》1987 年第 3 期；陕西省考古研究所等：《秦东陵第一号陵园勘查记》，《考古与文物》1987 年第 4 期；陕西省考古研究所等：《秦东陵第二号陵园调查钻探简报》，《考古与文物》1990 年第 4 期；陕西省考古研究所秦陵工作站：《秦东陵第四号陵园调查钻探简报》，《考古与文物》1993 年第 3 期。
② 赵化成：《秦东陵刍议》，《考古与文物》2000 年第 3 期。
③ 赵化成：《从商周"集中公墓制"到秦汉"独立陵园制"的演化轨迹》，《文物》2006 年第 7 期。

遗址，陵园结构为长方形，外沟内垣，分为南北两区，内外五门，附有13座丛葬坑的四墓道亚字形大墓居于北区，大型建筑基址位于南区。大墓南北两侧各有一条排水沟，陵园布局完整，规格很高，属于秦王公或后妃的级别。①这些现象具备"独立陵园制"的重要特征，基本具备秦汉时期独立陵园的特征，为后代所继承。

（五）中山国王陵

河北平山中山国灵寿城的国君及其家族的墓地共有两处：一处在灵寿城内西北部，葬有两代国君，北面的陵墓为后期中山国复国之君——桓公及"后"或"夫人"之墓；南面为中山国桓公之子——成公之墓，其西面还有3座王族墓，以此组成一处独立的成公陵园区。第二处是在灵寿城西城区外之西约1500米处西陵山下南坡高地上的中山䜌王及其王后的陵墓。这几座陵墓，均有高大夯土丘外，墓丘上下都建有纪念性建筑，墓丘之南有车马坑。②

河北平山战国墓葬和都城遗址一号墓中发现了一副金银错铜版"兆域图"（图4-16），这是战国中晚期为中山国王、后陵墓群所做的建筑设计的总体规划。兆域图是在一个铜版上用金银错出建筑平面、名称、尺寸和中山王的一段诏令。③陵园规划图中注明了"中宫垣"和"内宫垣"两道围墙，对照兆域图发现，一号、二号墓享堂

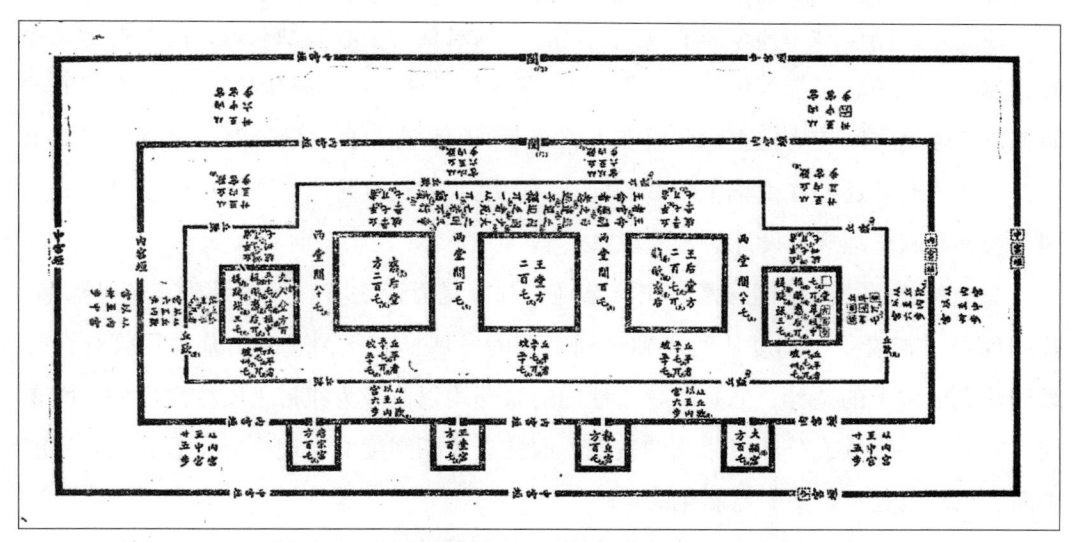

图4-16 平山战国中山国一号墓发现的"兆域图"

资料来源：河北省文物管理处《河北省平山县战国时期中山国墓葬发掘简报》，《文物》1979年第1期，第24页，图26。

---

① 张天恩、侯宁彬、丁岩：《陕西长安发现战国秦陵园遗址》，《中国文物报》2006年1月25日。
② 河北省文物研究所：《战国中山国灵寿城——1975~1993年考古发掘报告》，第347页。
③ 河北省文物管理处：《河北省平山县战国时期中山国墓葬发掘简报》，《文物》1979年第1期。

残壖等建筑遗迹完全是按照兆域图施工的。兆域图上显示的是五堂并列，王堂位于正中，东西两侧王后堂和哀后堂，三堂面积相等，而两边是夫人两堂，面积要小，已知1号墓为中山罂墓，东侧并列的2号墓即哀后墓。围绕五座堂，周围有回字形的两重城垣，整个兆域图铜版，清楚地表明是以中山王一代国君为中心来进行墓域规划的。①在处理王、后陵墓这一题材上，不但运用严格中轴的对称布局，而且在建筑体量和位置经营上，恰当地反映了意识形态上的要求。例如王、后墓和夫人墓不但在体量上有符合宗法制度尊卑等级的比例关系，而且在位置经营上有前后关系，甚至大台基座也有相应的处理。构图中还运用了对位来安排后部四宫与前部五座享堂的关系，这不但利于表现建筑群严肃的秩序感，也便于施工时按轴线放线。在建筑空间与体形关系上表达了尊卑等级的观念。②

与河北平山中山国王陵兆域图规划设计相似的是河南辉县固围村魏国国君大墓，③在地面上夯筑城垣，建筑陵园，同时以一代国君为中心来规划墓域。固围村魏国陵园中心东西并列三墓，中堂等级高于东西二堂，东堂略大于西堂，反映了东西堂等级差异；而平山王墓陵园五堂并列，王、后等三堂相等而大于左右两侧夫人两堂，反映了王、后仅分主次不分等级。

独立陵园制度是一种全新的墓地制度，以国君墓为中心规划墓域，同时有附属寝殿、陪葬坑、陪葬墓等，每位国君都有独立陵园，每座陵园都有隍壕，并有专门的陵园名称，陵园之间较为独立，规模宏大，有专门的管理。独立陵园制度从春秋时期出现，到战国时期还处在由集中公墓制向独立陵园制的过渡阶段，战国中晚期已经成为国君及其家族墓地规划设计的普遍现象。

综上所述，公墓是国君及其家族墓地，邦墓是万民之墓。无论是公墓还是邦墓，都体现着"族坟墓"制度从西周到东周时期的发展、变化，这两类墓葬尽管存在等级和社会地位上的差异，但是同一墓地内的墓葬均以血缘为纽带来安排次序和空间布局，应是同一宗族或分族或家族的表现。而独立陵园制度的出现，标志着族坟墓制度走向衰亡，也是君权不断专制化的反映。

西周时期宗法制下的族坟墓出现制度化与规范化，即"公墓"与"邦墓"，与此同时，出现以地缘为纽带的墓地制度，反映了西周时期不同家族与族群共处的居住形

---

① 河北省文物研究所:《罂墓：战国中山国国王之墓》，文物出版社，1996。
② 杨鸿勋:《战国中山王陵及兆域图研究》，《考古学报》1980年第1期。
③ 中国科学院考古研究所:《辉县发掘报告》，科学出版社，1956，第69页。

态和社会组织结构，但这种现象都隐匿在邦墓地中。春秋战国时期，礼崩乐坏，以宗族和血缘为纽带的宗法与分封制度受到诸侯国的挑战和破坏，作为宗法制反映的族坟墓制度也在不同国家受到不同程度的保留或破坏，家族墓和陵园逐渐成为新的墓葬主体，族坟墓制度的进一步发展趋势，大致是公墓中的君王墓葬演变为陵园，邦墓则演变为家族墓地的形式。

周人在殡葬礼俗上重视族坟墓并逐渐制度化，发展成公墓和邦墓，有其深刻的社会背景。周以蕞尔小邦灭了大邑商，要想统治全国，周人特别重视内部团结，并采取一系列措施来维护这种团结，《周礼·地官·大司徒》："一曰美宫室，二曰族坟墓，三曰联兄弟，四曰联师儒，五曰联朋友，六曰同衣服。"①可见，族坟墓制度一定意义上是政治统治的需要，也是政治制度和思想观念的反映，一定意义上加强了宗族团结，为周人实施全国政治上的控制和统一起到一定作用。

第三节　等级制度

墓葬是生人为逝者所做的死后世界的安排，也是逝者死后长期的居留场所，两周时期的墓葬是传统的灵魂不死、祖先崇拜观念在殡葬习俗上的延续，更是这一时期社会面貌、时代特色的真实反映。在这个时期，墓地中墓葬的形式、墓室的大小、棺椁的有无、随葬品的种类和多寡及有无殉葬人等都反映了墓主生前的身份、等级及财富的占有情况。②这一时期墓葬中出土的铜礼器、玉礼器、乐器在使用上已经逐步制度化，形成用鼎制度、用玉制度、乐器制度、车马制度等，而墓葬本身则逐步形成了棺椁制度与棺饰制度，并不断发展演变，这些制度都反映了夏商周三代社会等级制度的明显差异，也反映了礼乐制度形成、鼎盛及衰弱的发展过程。

一　用器制度

（一）用鼎制度

郭宝钧先生最早阐释了用鼎制度的内涵，即"一组铜鼎形状、花纹相似，只是尺寸大小依次递减"。③俞伟超、高明先生将所用铜鼎分为镬鼎、升鼎和陪鼎，并进一

---

① 孙华：《周代前期的周人墓葬》，《远望集——陕西省考古研究所华诞四十周年纪念文集》，陕西人民美术出版社，1998，第265页。
② 杨锡璋：《商代的墓地制度》，《考古》1983年第10期。
③ 郭宝钧：《山彪镇与琉璃阁》，科学出版社，1959，第11页。

步提出"有的是杂取各鼎,相配成套;有的是形制相若而并非逐渐大小相次"的用鼎原则。① 林沄先生指出了"杂取各鼎,相配成套"的不合理之处,他指出应当"按形制和纹饰一致(或基本一致)的原则确定列鼎"。② 诸多权威学者对当时用鼎及用鼎制度的高度关注,说明这一现象在当时社会的重要意义。

1. 西周早中期

关于周代用鼎,古人多有提及,何休注《公羊传·桓公二年》:"天子九鼎,诸侯七,卿大夫五,元士一也。"③ 而《仪礼》等文献中所见则是:诸侯用大牢九鼎,卿、上大夫用大牢七鼎,下大夫用少牢五鼎,士用牲三鼎或特一鼎。④ 墓葬中出土材料为我们了解周代用鼎制度提供了可靠的资料。用鼎制度中,鼎多与簋相配,形制相同,鼎簋组合数量差为一,成套使用。

西周早期的墓葬中常有鼎、簋相配随葬,也不乏形制与纹样基本相同者,但同级贵族所用鼎簋多寡有别,尚未形成定制。陕西旬县下魏洛 M1,发掘者认为墓主为殷遗民,社会地位和身份特殊并较高,与君主地位相当或略低,出土 2 件鼎虽纹饰大略相同(图 4-17),⑤ 应仍成一套,另有簋 1 件相配套。陕西长安县斗门镇花园村的 M15 出土 2 件圆鼎,1 件饰凸弦纹两道,1 件饰弦纹一道,2 件方鼎和簋,形状和纹饰完全一样;M17 出土 2 件基本相同的圆鼎和簋,1 件方鼎;⑥ M17 墓主为伯禽之子鲁考公,M17 是 M15 的祔葬墓。平顶山应国 M84 的墓主是诸侯级别,随葬 2 鼎,形制、纹饰基本相同,大小相次。⑦ 山东济阳刘台子 M6 墓主是逢国国君夫人,级别属于诸侯,随葬圆鼎、方鼎各 3 件,圆鼎形制、纹饰基本相同,大小相次,方鼎纹饰差异较大。⑧ 陕西宝鸡茹家庄 M1 乙室墓主为㝬伯,其随葬妾室甲室 5 件鼎形制一致,大小相次,并同出 4 件簋也依此制排列(图 4-18)。⑨ 宝鸡茹家庄 M2 墓主为㝬伯夫人,随葬 6 鼎,其中 2 件附耳鼎一大一小,形制、纹饰、铭文均相同,簋 5 件、直棱簋 2 件形制大小均相同,2 件带盖双耳簋形制相同。⑩ 上述墓主均为诸

---

① 俞伟超、高明:《周代用鼎制度研究》(上),《北京大学学报》1978 年第 1 期。
② 林沄:《周代用鼎制度商榷》,《史学集刊》1990 年第 3 期。
③ 李学勤:《十三经注疏·春秋公羊传注疏》,北京大学出版社,1999,第 74 页。
④ 俞伟超、高明:《周代用鼎制度研究》(上),《北京大学学报》1978 年第 1 期。
⑤ 咸阳市文物考古所、旬邑县博物馆:《陕西旬邑县下魏洛西周早期墓发掘简报》,《文物》2006 年第 8 期。
⑥ 陕西省文物管理委员会:《西周镐京附近部分墓葬发掘简报》,《文物》1986 年第 1 期。
⑦ 王龙正:《平顶山应国墓地八十四号墓发掘简报》,《文物》1998 年第 9 期。
⑧ 佟佩华:《山东济阳刘台子西周六号墓清理报告》,《文物》1996 年第 12 期。
⑨ 宝鸡茹家庄西周墓发掘队:《陕西省宝鸡市茹家庄西周墓发掘简报》,《文物》1976 年第 4 期。
⑩ 宝鸡茹家庄西周墓发掘队:《陕西省宝鸡市茹家庄西周墓发掘简报》,《文物》1976 年第 4 期。

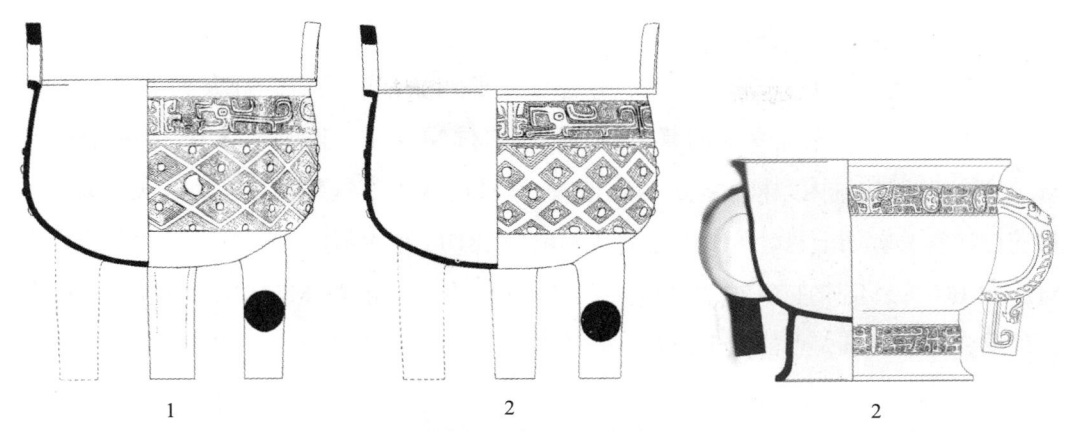

图4-17 陕西旬邑下魏洛M1出土铜鼎

资料来源：咸阳市文物考古所、旬邑县博物馆《陕西旬邑县下魏洛西周早期墓发掘简报》，《文物》2006年第8期，第26页，图1~2；第27页，图2。

图4-18 陕西宝鸡茹家庄M1出土列鼎

资料来源：宝鸡茹家庄西周墓发掘队《陕西省宝鸡市茹家庄西周墓发掘简报》，《文物》1976年第4期，图版4-2。

侯一级，但合乎用鼎制度的随葬鼎在数量上却相差较大，鼎簋的量差不定，这都说明当时用鼎制度还并不稳定。茹家庄M1出土了列鼎5件、列簋4件，可视为用鼎制度正式形成的肇始。

由上可见，西周早中期的青铜器墓葬中，首先是使用鼎和簋的概率增加，其次是使用数量、组合形式逐渐向规范化演进。特别是在诸多青铜器类中，鼎和簋形制相同，大小递减，成套相配的现象已较多见，而其他器类则极少，说明鼎、簋在青铜礼器中已具有特殊的意义。

2. 西周晚期至东周时期

西周晚期至春秋早期，出现了符合"天子九鼎，诸侯七，卿大夫五，元士三也"的墓葬。出土七鼎六簋的墓，有天马—曲村M91、[①] 上村岭M1052[②] 和上村岭M2001，[③] 薛国故城内尤楼村东二号墓地M1、M2、M3，[④] 这些墓主均为诸侯一级。随葬五鼎四簋墓葬如上村岭M2012、[⑤] 上村岭M1810、[⑥] 上村岭M1706、[⑦] 陇县边家庄M1、[⑧] M5、[⑨] 户县宋庄M3，[⑩] 这些墓主为卿大夫一级。上村岭M2013、[⑪] M2006[⑫] 都有三件鼎，但未见簋，可能为士一级（表4-3）。

表4-3 墓葬所见用鼎制度

墓地	墓号	鼎簋配置	墓主等级
北赵	M91	七鼎六簋	诸侯
上村岭	M1052、M2001	七鼎六簋	诸侯
薛国故城	M1、M2、M3	七鼎六簋	诸侯
上村岭	M2012、M1810、M1706	五鼎四簋	卿大夫
陇县边家庄	M1、M5	五鼎四簋	卿大夫
户县宋庄	M3	五鼎四簋	卿大夫
上村岭	M2013、M2016	三鼎无簋	士

考古材料中，也有一些墓葬的用鼎制度与文献不完全相符。天马—曲村M64的墓主是晋侯邦父，列簋四件，仅有两件列鼎。[⑬] 晋侯M62[⑭] 及晋侯M31[⑮] 墓主均为晋

[①] 徐天进：《天马—曲村遗址北赵晋侯墓地第五次发掘》，《文物》1995年第7期。
[②] 中国科学院考古研究所：《上村岭虢国墓地》，科学出版社，1959，第28～31页。
[③] 河南省文物研究所、三门峡市文物工作队：《三门峡上村岭虢国墓地M2001发掘简报》，《华夏考古》1992年第3期。
[④] 山东济宁市文物管理局：《薛国故城勘查与墓葬发掘报告》，《考古学报》1988年第2期。
[⑤] 河南省文物考古研究所、三门峡市文物工作队：《三门峡虢国墓》，文物出版社，1999，第241～251页。
[⑥] 中国科学院考古研究所：《上村岭虢国墓地》，科学出版社，1959，第37页。
[⑦] 中国科学院考古研究所：《上村岭虢国墓地》，第33页。
[⑧] 尹盛平、张天恩：《陕西陇县边家庄一号春秋墓》，《考古与文物》1986年第6期。
[⑨] 宝鸡市考古队等：《陇县边家庄五号春秋墓发掘简报》，《文物》1988年第11期。
[⑩] 曹发展：《陕西户县南关春秋秦墓清理记》，《文博》1989年第2期。
[⑪] 贾连敏：《三门峡虢国墓地M2013的发掘清理》，《文物》2000年第12期。
[⑫] 江涛：《上村岭虢国墓地M2006的清理》，《文物》1995年第1期。
[⑬] 李夏廷：《天马—曲村北赵晋侯墓地第四次发掘》，《文物》1994年第8期。
[⑭] 李夏廷：《天马—曲村北赵晋侯墓地第四次发掘》，《文物》1994年第8期。
[⑮] 张崇宁：《天马—曲村北赵晋侯墓地第三次发掘》，《文物》1994年第8期。

侯夫人，列鼎3件，列簋分别是2件和4件。北赵晋侯M93墓主为晋文侯[①]列鼎5件，列簋6件。此外还有一些墓，如上村岭M2011是七鼎配八簋，北赵晋侯墓地M93是五鼎配六簋，平顶山应国墓地M8、上村岭M2010、上村岭M1820皆为三鼎配四簋。在这种簋数量多于鼎数量的情况下，往往会使用后配一两件形制相近但不等形的鼎，以附和礼制，如上村岭M2011则后配2鼎，成为9鼎，正符合九鼎八簋制度，说明用鼎制度之"鼎"，既可是"列鼎"，也可以是相配成列（图4-19）。[②] 上村岭M2010

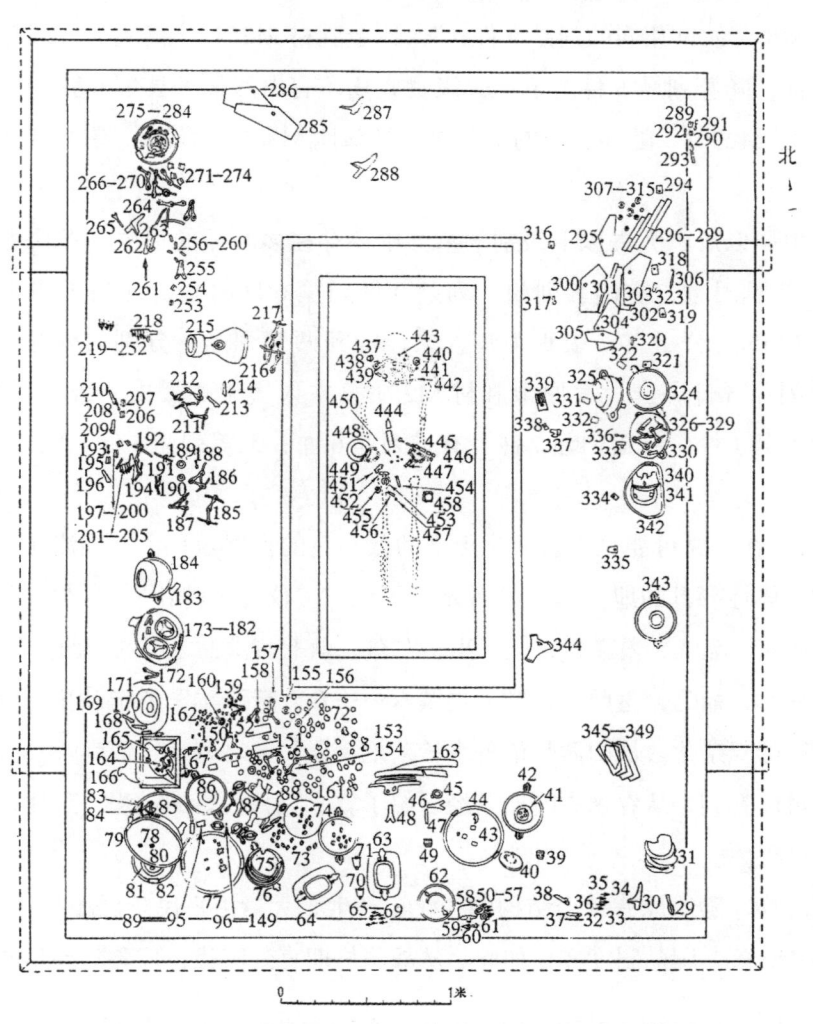

图4-19　上村岭虢国墓地M2011墓地随葬器物示意图

资料来源：河南省文物考古研究所、三门峡市文物工作队《三门峡虢国墓》第1卷（上），文物出版社，1999，第322页，图219。

---

① 徐天进：《天马—曲村遗址北赵晋侯墓地第五次发掘》，《文物》1995年第7期。
② 河南省文物考古研究所、三门峡市文物工作队：《三门峡虢国墓》第1卷（上），第322~333页。

与平顶山应国墓地 M8 皆是后配三鼎成五鼎四簋之制，从而形成所谓"僭越"的组合。但这种超越礼制规定的构拟的组合规格，也许并非要隆盛显示逝者生前的地位，而更是为了乞佑逝者在虚构世界中的未来。①

到春秋中晚期及其以后，随着新的生产关系萌芽，原本森严的周代礼制受到冲击，墓葬中普遍出现了僭越的现象，并与《仪礼》等书中的记载相吻合。新郑李家楼郑伯墓随葬列鼎 9 件、簋 8 件；②山东沂水刘家店子 M2，墓主是莒国国君夫人，随葬形制、大小、纹饰相同的列鼎 9 件；③太原金胜村 M251，④墓主为晋卿赵简子，随葬列鼎 7 件；随葬列鼎 5 件的下大夫级贵族墓，有山西长子县牛家坡 M7、⑤长治分水岭 M269、M270；⑥随葬三鼎的墓葬以上马墓地 M1027 为代表，有列鼎 3 件，还有敦 2 件。

春秋中期以后，大夫以上级别的墓葬中还存在多套鼎的现象。春秋中晚期的琉璃阁 M60 为国君墓，有四套列鼎，列鼎 9 件列簋 6 件两套，列鼎 5 件两套；琉璃阁 M80、M55 为公子墓，级别为卿大夫，随葬两套列鼎，分别为列鼎 7 件列簋 4 件一套，列鼎 5 件一套。太原金胜村 M251 墓主人属于卿大夫一级，随葬鼎有 27 件，包括大鼎 1 件、有盖列鼎 7 件、有盖列鼎 6 件、无盖列鼎 5 件、联裆列鼎 5 件、小鼎 3 件。

同时，"在中原可能是由簋演化出来的敦和新的食器盖豆大范围流行，取代了簋所占据的主体性餐具的地位"。⑦这种现象可以与《仪礼·聘礼》中："宰夫朝服设飧：饪一牢，在西，鼎九，羞鼎三；腥一牢，在东，鼎七。堂上之馔八，西夹六……上介：饪一牢，在西，鼎七，羞鼎三；堂上之馔六……众介皆少牢"的记载相对应，表明当时用鼎制度的复杂化。从山西长治分水岭墓地、侯马上马墓地、河南陕县后川墓地等考古资料可以看到，从春秋中晚期已经开始了敦、豆替代簋的过程，到战国早期基本完成这个过程。

战国时期，随着原有社会结构的变化，产生了大量由平民阶层崛起的新兴贵族，礼制也逐渐衰落，用鼎制度亦是如此。从战国早期直到汉代，墓葬随葬品的基本配置

---

① 朱凤瀚：《中国青铜器综论》，上海古籍出版社，2009，第 1558 页。
② 河南博物馆、台北历史博物馆：《新郑郑公大墓青铜器》，大象出版社，2001。
③ 罗勋章：《山东沂水刘家店子春秋墓发掘简报》，《文物》1984 年第 4 期。
④ 山西省考古所、太原市文物管理委员会：《太原晋国赵卿墓》，文物出版社，1996，第 12 页。
⑤ 山西省考古所：《山西长子县东周墓》，《考古学报》1984 年第 4 期。
⑥ 边成修、李奉山：《长治分水岭 269、270 号东周墓》，《考古学报》1974 年第 2 期。
⑦ 梁云：《周代用鼎制度的东西差别》，《考古与文物》2005 年第 5 期。

为鼎、敦、豆、壶等组合，而用鼎数量和规格尽管在某种程度上仍遵循着用鼎制度的规定，但有所损益和变化，反映了用鼎制度在这一时期的衰落。如陕西潞城潞河 M7 中出土 6 件鼎分成两套列鼎，包括四件一套和两件一套，均为偶数。①长治分水岭 M36 有三重棺椁，并带墓道，但只出土了 6 件仿铜陶鼎。②战国时期的偶数鼎和仿铜陶鼎，动摇了西周中期到春秋中晚期的旧有用鼎制度，此后，鼎虽仍具有身份属性的象征，但已经无法作为标识等级差异的礼器。

从目前材料来看，作为用鼎制度的主要器物青铜鼎多见于墓葬，而且是有一定等级的墓葬，讨论这一制度本身就可见明显的等级、社会地位与身份上的差异。墓葬中用鼎现象早在商代早期阶段就已经出现，用鼎制度是一种明晰并规范等级的制度，有学者认为从西周穆王时确立，也有人认为到西周晚期至春秋早期才确定下来，鼎簋配合，但不具有稳定性。春秋中晚期，周天子的威望下降，礼崩乐坏，各诸侯国僭越礼制而发展出更为复杂的多套正鼎，成书于战国早期的《仪礼》，正是反映了这一情形。进入战国，用鼎制度逐渐松弛，鼎又再次走向世俗化。

（二）用玉制度

周代作为"礼乐文明"形成和完备的时代，玉器在礼仪活动中得到了广泛的运用，主要包括用于礼仪的礼玉，用于墓葬的葬玉和用于佩戴装饰的佩玉。周人用玉器来区分上下尊卑的重要凭证，使其成为区分等级的标志物，形成了一整套完整的用玉制度。

1. 西周时期

在西周时期，用玉等级规范，不同等级身份的用玉制度有着严格的规定和差异。西周墓葬出土玉器以葬玉与佩饰玉为主，礼仪类玉器不多，开始出现大量组合型玉器。

礼玉是周人用玉的大宗，周人在祭祀、朝会、军事、外交等活动中都要使用玉器用来作为礼器。在周代，青圭、赤璋、苍璧、黄琮、白琥、玄璜都是用于祭祀天地四方的礼器，称为六器。《春官·大宗伯》记载曰："以玉作六器，以礼天地四方。以苍璧礼天，以黄琮礼地，以青圭礼东方，以赤璋礼南方，以白琥礼西方，以玄璜礼北方。"玉器同时也是不同等级身份的象征，在执玉形制、长度、质地和纹饰上的差异是周代朝聘制度的重要内容。《春官·大宗伯》记载说："以玉作六瑞，以等邦国，王

---

① 陶正刚、李奉山：《山西省潞城县潞河战国墓》，《文物》1986 年第 6 期。
② 山西省文物管理委员会、山西省考古所：《山西长治分水岭战国墓第二次发掘》，《考古》1963 年第 3 期。

执镇圭，公执桓圭，侯执信圭，伯执躬圭，子执谷璧，男执蒲璧。"《考工记·玉人》则对祭祀时不同等级的人所执各种瑞圭的尺度有详细的记载："玉人之事，镇圭尺有二寸，天子守之；命圭九寸，谓之桓圭，公守之；命圭七寸，谓之信圭，侯守之；命圭七寸，谓之躬圭，伯守之。"所以，礼玉多流行于大型墓中，中小型墓多因级别不够而少见。

葬玉是周代玉器的重要种类，是丧葬礼制中的重要组成部分。文献中关于葬玉名称和位置也有严格规定，如死后埋于墓穴中的为赠玉，死后含于口中的为含玉和饭玉。《周礼·春官·典瑞》载："驵圭璋璧琮琥璜之渠眉，疏璧琮以敛尸。"郑玄注曰："驵读为组，与组马同，声之误也。渠眉，玉饰之沟球也。以组穿联六玉沟沸之中，以敛尸。圭在左，璋在首，琥在右，璜在足，璧在背，琮在腹，盖取项方明，神之也。疏璧琮者，通于天地。"渠眉为玉上所刻的凹凸纹饰，其凹的纹路像渠，其凸的纹路像眉，故以渠眉合称其刻纹。璧形为圆形，象天，琮形为方形，象地，周代人用它作为瑞玉，苍璧礼天，黄琮礼地。用之作为享币，五等诸侯祭享天子用璧，祭享王后用琮。玉覆面为主的葬玉组合开始于西周中期共王时代，但仅见于高级贵族墓中，中小型墓中仅见形制简单的口琀、手握。

佩玉主要包括冠、服用玉，是周代冠服制度的重要内容，在用玉种类、数量、大小和质量上，都会根据等级的差异有不同的名称和严格的规定。属于王所使用的佩玉根据所装饰的位置有不同的称呼，如佩于革带之上的称为佩玉，装饰于冠上的为服玉，而为诸侯使用的玉器称为珉玉。以组玉佩为基本种类的佩玉见于西周早期墓葬，如山西大河口墓葬①和北京琉璃河墓地，②均见于等级很高的墓葬，低等级墓葬基本不见。

礼玉、葬玉和佩玉三大类玉器经常见于同一高等级墓葬，不同等级的墓葬所见三类玉器数量和比例不一致，表现出墓主人之间的身份等级与社会地位上的差异。这一时期出土玉器重要的墓葬有西周早中期的陕西宝鸡竹园沟墓地、茹家庄墓地、③洛阳北窑西周墓地、④陕西张家坡墓地⑤等大型墓地，西周晚期到春秋早期的墓葬主要有三门

---

① 谢尧亭、王金平等：《山西翼城县大河口西周墓地》，《考古》2011年第4期。
② 北京市文物研究所：《琉璃河西周燕国墓地1973~1977》，文物出版社，1995。
③ 宝鸡市博物馆：《宝鸡竹园沟西周墓地发掘简报》，《文物》1983年第2期；宝鸡茹家庄西周墓发掘队：《陕西省宝鸡市茹家庄西周墓发掘简报》，《文物》1976年第4期。
④ 洛阳市文物工作队：《洛阳北窑西周墓》，文物出版社，1999。
⑤ 中国社会科学院考古研究所：《张家坡西周墓地》，中国大百科全书出版社，1999。

峡虢国墓地、^①天马—曲村北赵晋侯墓地^②等。从张家坡西周墓地出土玉器案例，可以反映出墓主等级与随葬玉器的密切关系（表4-4）。

从张家坡西周墓地出土的玉器来看，墓葬的大小和规格的高低与随葬玉器的多少和质量的好坏有密切的关系。较大的墓葬所出土的玉器不仅数量较多，而且玉质较优，制作也精，仅占总墓数1.6%的6座第一等级的大型墓，所出玉器占总数的18.8%；加上第二等级墓长4米以上的竖穴墓，两者的墓数不足总数的1/10，而玉器的数量超过半数。近总墓数一半的第四等级墓长3米以下的墓出土玉器则不足1/10，玉器的质量也相差甚远。

在玉器质量上，第一、第二等级的玉器绝大多数是透闪石软玉，约占80%以上，也有少量的大理岩、蛇纹石，多用作仪仗性的兵器。第三等级的透闪石软玉所占比例减少，第四等级所出玉器数量很少，质量也较差。在玉器器类方面，也因等级的降低而递减。

表4-4 张家坡西周墓地四个不同等级墓葬出土玉器对比

墓号	墓室形制	随葬玉器	合计	备注
M157	南北两条墓道，葬具为一椁两棺	璧2件、璜1件、圭形器3件、戈4件、面幕组玉6件、棺饰6件、串饰组玉1件、环1件、人物玉雕2件、龙纹玉饰3件、鱼形饰2件、圆形穿孔饰2件、长条形饰2件	35件	井叔家族墓中规格最高
M197	墓长高于3.8米，墓室较大，葬具为一椁两棺	璜5件、串饰1组、柄形饰3件、长条形饰3件、圆柱状柄形饰1件	15件	大理石、蛇纹石较多，透闪石软玉仅占50%
M58	墓长不足3.5米，葬具为一椁两棺	璧1件、璜1件、戈5件、串饰3件（组）、环3件、柄形饰8件、龙纹玉2件、鱼形饰10件	39件	三璜串饰显示了墓主的身份和地位，仅有的礼玉璧、璜、戈器形很小
M37	墓长2.6米，葬具为一椁一棺	璧1件、管1件、蝉2件一对、鱼形饰2件（残碎不成形）	4件	

葬玉现象表现出来的等级差异十分明显。第一等级墓多出精美的全套玉覆面，有

---

① 河南省文物考古研究所、三门峡市文物工作队：《三门峡虢国墓》，文物出版社，1999年。
② 北京大学考古学系、山西省考古研究所：《1992年天马—曲村遗址墓葬发掘报告》，《文物》1993年第3期；《天马—曲村遗址北赵晋侯墓地第二次发掘》，《文物》1994年第1期；《天马—曲村遗址北赵晋侯墓地第三次发掘》，《文物》1994年第8期；《天马—曲村遗址北赵晋侯墓地第四次发掘》，《文物》1994年第8期；《天马—曲村遗址北赵晋侯墓地第五次发掘》，《文物》1995年第7期。

全部用软玉制作的玉鱼等饰物；第二等级葬玉也有玉覆面，但只有部分玉饰，棺饰部分用玉鱼；第三等级则用口琀和玉握；第四等级则不见葬玉。

就玉覆面现象而言，在已知出土玉覆面的西周墓葬中，时代最早者为张家坡M157井叔墓，西周晚期的晋侯和晋侯夫人墓均有出现。从目前考古与文献资料所见，这一时期的玉覆面，主要出土于三门峡虢国墓地M2001虢季墓、西安张家坡井叔墓地、天马曲村晋侯墓地等。考古资料所见的张家坡墓地M303和虢国墓地M2006也出土玉覆面的部分构件，这些墓葬属于大夫级别，但这些贵族墓使用玉覆面随葬的比例远远小于诸侯墓葬。此外，在玉器的纹饰，工艺方面也随等级的不同而有较大的差异（图4-20）。①

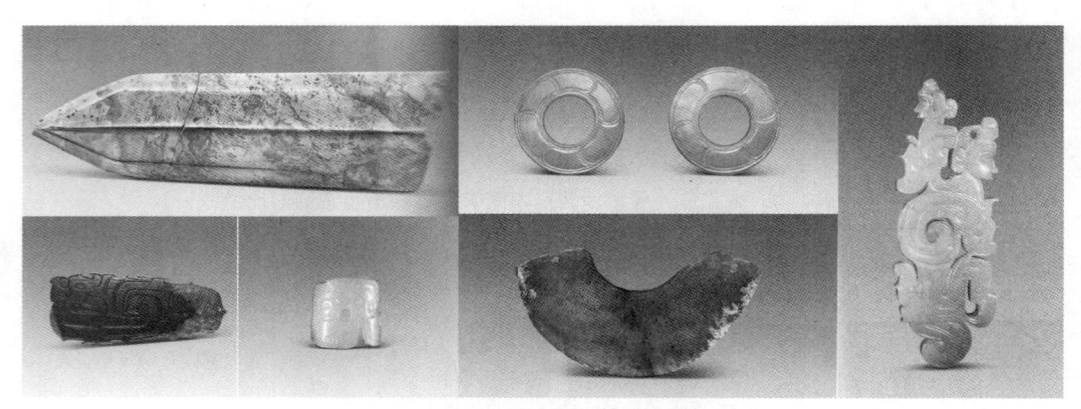

图4-20 张家坡西周墓地出土玉礼器

资料来源：中国社会科学院考古研究所编著，《张家坡西周玉器》，文物出版社，2007，彩版1、2、4、18、20、24。

西周晚期到春秋早期，墓葬中出土玉器体现出明显的等级差别，如河南三门峡虢国墓地出土玉器中，用玉等级制度差异就非常明显（图4-21，表4-5、4-6）。

由表4-5、表4-6可知，三门峡虢国墓出土玉器最多的墓有3座。虢季墓出土玉器967件，梁姬墓出土806件颗，太子墓出土380件颗。其中玉圭、玉璋、玉戚仅见于虢季墓，虢季墓、太子墓并各有玉琮一件，而梁姬墓没有出土；玉璧、玉戈屡见于3座墓葬，但是数量差异较大，等级差异明显；玉璜仅见于虢季及其夫人墓，其他不见；墓主侍从墓没有出土一件玉礼器。此外在上述四个墓葬出土玉礼器中，虢

---

① 中国社会科学院考古研究所：《张家坡西周玉器》，文物出版社，2007。

第四章 两周时期的殡葬礼俗

图4-21 上村岭虢侯季墓M2001的玉戚、玉琮与玉璧

资料来源：河南省文物考古研究所、三门峡市文物工作队《三门峡虢国墓》，文物出版社，1999，图版47-1、47-2、47-3。

季墓占72.7%，多达40件；梁姬墓占20%，为11件；太子墓占7%，仅有4件；侍从墓为零。

表4-5 三门峡虢国墓不同等级墓葬出土玉器、青铜器统计[①]

墓号	墓主身份	墓葬形制	出土青铜礼器	出土玉器及组合
M2001	虢季墓	长方形竖穴土坑墓，墓底略大于墓口，长5.4米、宽3.7米，葬具为一椁二棺	鼎：10件，虢季列鼎7件（实用器）、重环纹鼎3件（明器） 簋：9件，虢季簋6件（实用器）、重环纹簋1件（明器）、素面簋2件（明器）	共967件（组），分为礼器、佩饰、殓玉、棺饰、用具、饰件和其他七类
M2012	虢国夫人梁姬	长方形竖穴土坑墓，长5.3米、宽3.74米，葬具已腐朽，从残存的木质痕迹可知为单椁重棺	鼎：11件，垂鳞纹列鼎5件（实用器）、明器鼎6件 簋：10件，S形窃曲纹簋4件（实用器）、明器簋6件	共806件（颗），分为礼器、佩饰、殓玉、饰件和其他五类
M2011	太子墓	长方形竖穴土坑墓，长5.64米、宽4.34米，葬具已腐朽，从残存的木质痕迹可知为单椁重棺	鼎：9件，波曲纹列鼎7件、重环纹鼎1件、缠体龙纹鼎1件 簋：8件，S形窃曲纹簋8件	出土玉器380件（颗），分为礼器、佩饰和殓玉三类
M2016 M2017 M2018 M2019	M2001墓主侍从一类	四座墓均为长方形竖穴土坑墓，长2.5~4.1米、宽1.2~2.3米，葬具均为一棺一椁	M2016有鼎2件、簋1件 M2017有鼎2件、簋1件 M2018、M2019未出鼎、簋一类青铜礼器	四座墓葬内共出土玉器119件

① 河南省文物考古研究所、三门峡市文物工作队：《三门峡虢国墓》，表中信息综合M2001随葬器物登记表（第231页）、M2012随葬器物登记表（第314页）、M2011随葬器物登记表（第380页）以及M2016、M2017、M2018、M2019随葬器物登记表（第404页）。

·323·

表4-6 不同等级墓葬出土玉礼器统计

礼玉种类	虢季墓	虢国夫人梁姬	太子墓	M2001墓主侍从一类
戚	2	0	0	0
琮	1	0	1	0
璧	12	5	1	0
璜	8	3	0	0
戈	10	3	2	0
圭	3	0	0	0
璋	4	0	0	0
小计	40	11	4	0

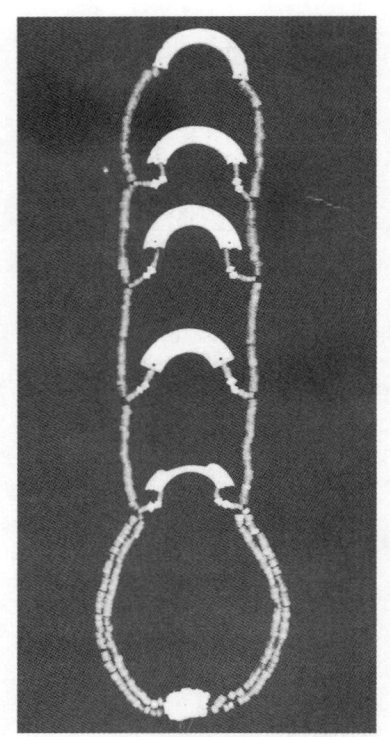

图4-22　三门峡虢国墓地M2012出土的五璜联珠

资料来源：河南省文物考古研究所、三门峡市文物工作队《三门峡虢国墓》，图版105。

在这些玉器中有组合佩饰13组，两组多璜连珠组玉，一组出自虢季墓，为七璜联珠；一组出自梁姬墓为五璜联珠（图4-22）。这种多璜组玉佩仅见于国君虢季及夫人梁姬墓中，不见于其他高级贵族墓。可见，在西周晚期到春秋早期，礼仪类玉器和大型带璜组玉佩的使用仅限于公、侯级别的诸侯国君及夫人或有相应封号的高等级贵族阶层。

2. 东周时期

春秋战国时期群雄并立，当时礼崩乐坏，文化上多元并立，各个国家在用玉制度上各有特点，也存在区域性的差异，但仍是等级身份的重要标志。

这一时期的用玉制度从地域文化上可以分为以三晋地区、洛阳为中心的中原地区，以楚为中心的黄河以南地区，以齐鲁为中心的山东地区，以秦为中心的陕西地区和吴越为中心的东南地区等，这些区域的玉器种类和用玉制度有很多的差异性，反映了东周时期文化的区域性特点，也是丧葬制度和礼俗制度的重要特点。[①]

---

① 东周时期部分墓葬用玉和等级区分情况参见孙庆伟《周代用玉制度研究》，上海古籍出版社，2008。

中原地区的玉器种类齐备，礼仪、葬玉、装饰用玉都很发达。出土玉器较多的有辉县琉璃阁①、洛阳中州路、②上马墓地、③汲县山彪镇、④长治分水岭⑤等地。礼玉中，从春秋早期到战国晚期各等级墓葬用圭现象普遍，年代越晚，低等级墓葬用圭比例越多。葬玉中，玉覆面使用数量最多，比例最高，但多为较高等级墓葬，延续时间从春秋中期始直至战国晚期，为其他地区所罕见；到战国时期，低等级墓葬也开始流行。夏家店上层文化发现与中原地区完全不同的覆面葬俗，如M45墓主人头顶和面部有麻布覆面，麻布上钉缀有铜泡和绿松石，麻布上还盖有一片大蚌壳。M2的墓主人面部也覆有大蚌壳。⑥军都山墓地也见有以麻布巾覆面，巾上缀有铜扣，考古发掘中多见铜扣位于死者的前额、眼窝、鼻端至上颌之间。⑦这种葬俗的意义在于祈望死者灵魂附体，永远安息，莫再出窍祸害族人。⑧

春秋晚期以后，不同等级墓葬内开始出现玉璧随葬现象；春秋中期到战国中期，普遍出现口琀用玉和握玉，此后则少见；棺饰用玉在春秋时期多见玉鱼、玉蚕等，战国时期则新出现玉珩、玉环、不同质地的串珠等小饰件。服饰用玉上，耳饰玉玦在春秋时期普遍流行，战国早期开始少见，中晚期则罕见；装饰用玉中佩饰发达，多为成组玉佩，以各类串饰为代表的项饰流行于春秋时期，战国时期则基本不见，开始以腰间佩戴为主，等级高的墓葬中多见龙形佩；带钩多见于战国时期（图4-23，表4-7）。

表4-7　中原地区东周墓葬所出玉器种类及等级情况

年代	墓葬	玉器种类及组合			等级
		礼玉	葬玉	饰玉	
春秋早期	上马M4078	圭		玦、琮、串饰、玉饰	2
	中州路M2415	圭		玉珠、玉片	3
春秋中期	上马M13	圭	覆面、玉片、鱼、蚕	玦、璜、串饰	2
	中州路M1		覆面	玦、玉片	3

---

① 中国科学院考古研究所：《辉县琉璃阁》，科学出版社，1956。
② 中国科学院考古研究所：《洛阳中州路》，科学出版社，1959。
③ 山西省考古研究所：《上马墓地》，文物出版社，1994。
④ 郭宝钧：《山彪镇与琉璃阁》，科学出版社，1959。
⑤ 山西省考古研究所：《长治分水岭东周墓地》，文物出版社，2010。
⑥ 靳枫毅：《夏家店上层文化及其族属问题》，《考古学报》1987年第2期。
⑦ 北京市文物研究所山戎文化考古队：《北京延庆军都山东周山戎部落墓地发掘纪略》，《文物》1989年第8期。
⑧ 钟敬文主编《中国民俗史》，人民出版社，2008，第311页。

续表

年代	墓葬	玉器种类及组合			等级
		礼玉	葬玉	饰玉	
春秋晚期	上马M1004	圭	琀	串饰、条形饰	2
	中州路M2729		覆面、璧	玦、佩玉	3
战国早期	分水岭M25	圭	覆面、璧、珩、环、水晶珠	龙形佩、玛瑙环	2
	中州路M2717		璧、石片	佩饰、石片、串饰	3
战国中期	洛阳西郊M4	圭	璧、珩		1
	庙前62M27	圭	覆面、握玉、环		3
战国晚期	山彪镇M1	圭	穿孔齿牙石片（覆面）、珩	龙形佩、片饰器	1
	赵固M1	圭	覆面、环、珩	佩	2
	西工区M3943	圭	覆面、璧、印、虎、羊、珠	玉佩、玛瑙环、带钩	3

图4-23　山彪镇M1出土玉器

资料来源：郭宝钧《山彪镇与琉璃阁》，科学出版社，1959，图版111、112、113。

楚地玉器集中出土于黄君孟夫人墓、[①]淅川下寺墓地、[②]赵家湖墓地、[③]望山墓地、[④]长沙楚墓、[⑤]包山楚墓[⑥]等地。礼玉较少，如玉圭出土很少，仅在春秋时期少数墓葬中有所发现。葬玉中，从战国时期多见以璧随葬现象；饰棺用玉春秋时期多见玉鱼、玉蚕、玉环等，战国时期多出现玉环、玉珩、玛瑙环、串珠等；基本不见玉覆面现象；战国早期和中期多见玉琀、玉握，战国晚期则少见；饰玉中，耳饰玦较少，战国时期基本不见；项饰上，春秋时期普遍流行玉牌饰，战国时期基本不见；发饰从春秋时期一直流行到战国晚期；出土佩玉众多，尤其组玉佩造型多样，流行时间长（图4-24，表4-8）。

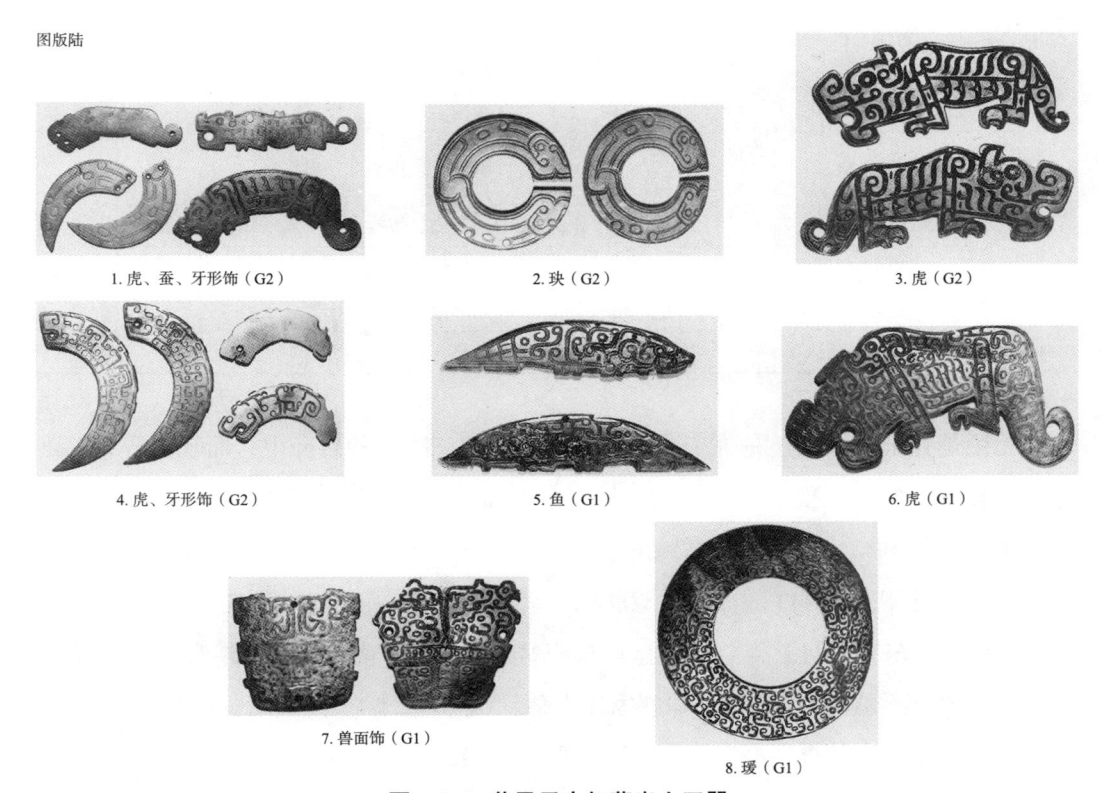

图版陆

1. 虎、蚕、牙形饰（G2）　　2. 玦（G2）　　3. 虎（G2）

4. 虎、牙形饰（G2）　　5. 鱼（G1）　　6. 虎（G1）

7. 兽面饰（G1）　　8. 瑗（G1）

图4-24　黄君孟夫妇墓出土玉器

资料来源：信阳地区文管会、光山县文管会《春秋早期黄君孟夫妇墓发掘报告》，《考古》1984年第4期。

---

① 信阳地区文管会、光山县文管会：《春秋早期黄君孟夫妇墓发掘报告》，《考古》1984 年第 4 期。
② 河南省文物研究所：《淅川下寺春秋楚墓》，文物出版社，1991。
③ 湖北省宜昌地区博物馆、北京大学考古系：《当阳赵家湖楚墓》，文物出版社，1992。
④ 湖北省文物考古研究所：《江陵望山沙冢楚墓》，文物出版社，1996。
⑤ 湖南省博物馆、湖南省文物考古研究所、长沙市博物馆、长沙市文物研究所：《长沙楚墓》，文物出版社，2000。
⑥ 湖北省荆沙铁路考古队：《包山楚墓》，文物出版社，1991。

表4-8　楚地及其周边地区东周墓葬出土玉器情况

年代	墓葬	玉器种类及组合			等级
		礼玉	葬玉	饰玉	
春秋早期	黄君孟夫人孟姬	圭		玦、笄、发饰、玉牌项饰、组玉佩（虎、璜、觿）	2
春秋中期	下寺M8		鱼、蚕、环	玉觿、玉人、牌、串饰	2
	赵家湖CM3			三角形玉	3
春秋晚期	下寺M2			笄帽、玉牌项饰、组玉佩（璧、环、觿、虎和玛瑙珠）	2
战国早期	侯古堆M1		璧、珩、料珠	环、龙形佩、管、玉人、带钩	2
	曾侯乙墓		璧、琀、口塞、珩、鱼形饰	玦、琮、佩饰、带钩、端刃器、管、梳、料珠、穿孔玉片、龙形佩、挂饰、坠饰、镯、龙凤玉佩、虺龙纹玉片、璞	1
	赵家湖YM4		璧、环	带钩	3
战国中期	擂鼓墩M2		璧、琀羊、兔、珩、环	组玉佩、玛瑙珠、料珠	1
	望山M2		璧、珩、水晶珠	剑首饰、带钩、管、玛瑙珠、龙形佩	2
	望山M3		璧	龙形佩、玛瑙环	3
战国晚期	杨公M2		璧、珩	龙形佩、管、片饰器、玉版	2
	包山M4		璧	骨笄、龙形佩	3

无论是礼玉、葬玉还是饰玉多出土第一、二、三等级的墓葬中，而较低等级的墓葬出土较少，器形也很单一，礼玉不见，多为饰玉，如淅川下寺M24和M26出土了少量玉牌项饰和口含玉玦，赵家湖战国早期JM11随葬了两件玉环，战国晚期JM56随葬了1件石环，JM149随葬1件双联璧。

齐鲁地区东周时期玉器主要出土于曲阜鲁国故城、① 济南长清邿国墓地、② 沂水刘家店子、③ 凤凰岭鄢国墓、④ 齐国临淄郎家庄大墓、⑤ 薛国墓地⑥ 等。该区域墓葬中出土礼玉较少，多见于春秋早期高等级墓葬中，此后少见或基本不见。葬玉系统中，东周时期较高等级墓葬中多见少量玉璧，琀使用时间长，握玉仅见于春秋时期；春秋晚期饰棺用玉开始出现玉珩、玉环、串珠等，直至战国晚期；并行使用的有玉蚕、玉虎等

---

① 山东省文物考古研究所：《曲阜鲁国故城》，齐鲁书社，1982。
② 崔大勇、任相宏：《山东长清县仙人台周代墓地》，《考古》1998年第9期。
③ 罗勋章：《山东沂水刘家店子春秋墓发掘简报》，《文物》1984年第9期。
④ 山东兖石铁路文物考古工作队：《临沂凤凰岭东周墓》，齐鲁书社，1987。
⑤ 山东省博物馆：《临淄郎家庄一号东周殉人墓》，《考古学报》1977年第1期。
⑥ 山东省济宁市文物管理局：《薛国故城勘查和墓葬发掘报告》，《考古学报》1991年第4期。

饰件。饰玉系统中，耳饰玦在春秋时期广泛使用，而战国时期基本不见；项饰仅见于春秋时期，战国时期基本不见；组玉佩流行时间长，带钩在战国时期流行使用（表4-9）。

表4-9 齐鲁地区东周墓葬随葬玉器情况

年代	墓葬	玉器种类及组合			等级
		礼玉	葬玉	饰玉	
春秋早期	郜国M6	圭	璧、握玉	玦、珠、项饰	1
	刘家店子M1	圭	璧、贝	玦、玛瑙珠、琮、璜、璇玑	1
	鲁故城乙M49			玦、串饰、玉石片	3
	鲁故城乙M26		口含石贝		4
春秋晚期	凤凰岭邿国墓		珩、环	玦、组玉佩	1
	郜国M5		璧、蚕、龙、虎、口含玉贝	串饰、玦、项饰	2
战国早期	鲁故城M3		璧	串珠、带钩、玉马	2
战国中期	女郎山M1		珩、串珠	串管	2
战国晚期	鲁故城M52	圭	璧、环	龙形佩、串珠、组玉佩	2
	薛国墓地M5		璧	紫晶珠、玛瑙环、玛瑙饰	3
	鲁故城乙M54		口含玉蝉		4

秦式玉器集中出土于陕西咸阳黄家沟、[1]凤翔秦公陵园、[2]大堡子山墓地、[3]西安半坡、[4]边家庄墓地、[5]八旗屯墓地、[6]福林堡墓地、[7]高庄墓地、[8]庙庄墓地、[9]西道沟墓地[10]等墓葬中。礼仪类玉器主要有玉琮、璋和圭，延续时间长。墓葬用玉中，玉璧见于高等级墓葬中，但数量较少；饰棺用玉在春秋时期主要是玉鱼和玉蚕，春秋晚期出现玉珩和玉环；玉琀和玉握在春秋时期和战国早期多见，战国中期以后少见。装饰性用玉

---

[1] 秦都咸阳考古队：《咸阳黄家沟战国墓发掘简报》，《考古与文物》1982年第6期。
[2] 韩伟：《凤翔秦公陵园钻探与试掘简报》，《文物》1983年第7期；韩伟等：《凤翔秦公陵园第二次钻探简报》，《文物》1987年第5期。
[3] 戴春阳：《礼县大堡子山秦国墓地发掘散记》，《甘肃文物工作五十年》，甘肃文化出版社，1999；戴春阳：《礼县大堡子山秦公墓地及有关问题》，《文物》2000年第5期。
[4] 金学山：《西安半坡的战国墓群》，《考古学报》1957年第3期。
[5] 尹盛平、张天恩：《陕西陇县边家庄一号春秋秦墓》，《考古与文物》1986年第6期；陕西省考古研究所宝鸡工作站、宝鸡市考古工作队：《陕西陇县边家庄五号春秋墓发掘简报》，《文物》1988年第11期。
[6] 陕西省雍城考古工作队：《陕西凤翔八旗屯秦国墓葬发掘简报》，《文物资料丛刊》第3辑，文物出版社，1980；陕西省雍城考古队：《一九八一年凤翔八旗屯墓地发掘简报》，《考古与文物》1986年第5期。
[7] 中国科学院考古研究所宝鸡发掘队：《陕西宝鸡福临堡东周墓葬发掘记》，《考古》1963年第10期。
[8] 吴镇烽、尚志儒：《陕西凤翔高庄秦墓地发掘简报》，《考古与文物》1981年第1期。
[9] 甘肃省博物馆：《甘肃平凉庙庄的两座战国墓》，《考古与文物》1982年第5期。
[10] 陕西省雍城考古队：《陕西凤翔八旗屯西道沟秦墓发掘简报》，《文博》1986年第3期。

主要有耳饰玦、项饰、玉牌、亚字形佩、虎形佩、串饰、玉觿、带钩等,玦主要流行于战国早期之前,见于不同等级墓葬中,使用广泛;项饰从春秋时期一直延续到战国中期,带钩最早见于春秋晚期墓葬,延续到战国晚期,佩饰种类丰富,尤其各类串饰流行时间长(图4-25,表4-10)。

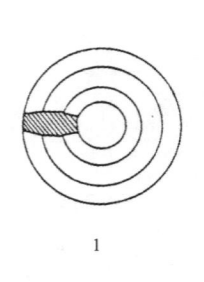

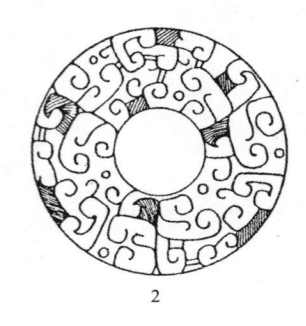

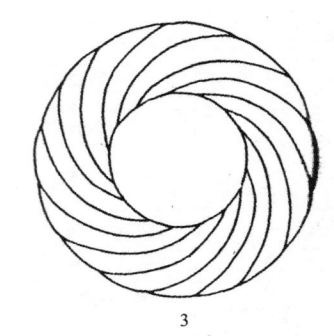

1、2.璧(M2:108、M2:106);3.环(M2:116)

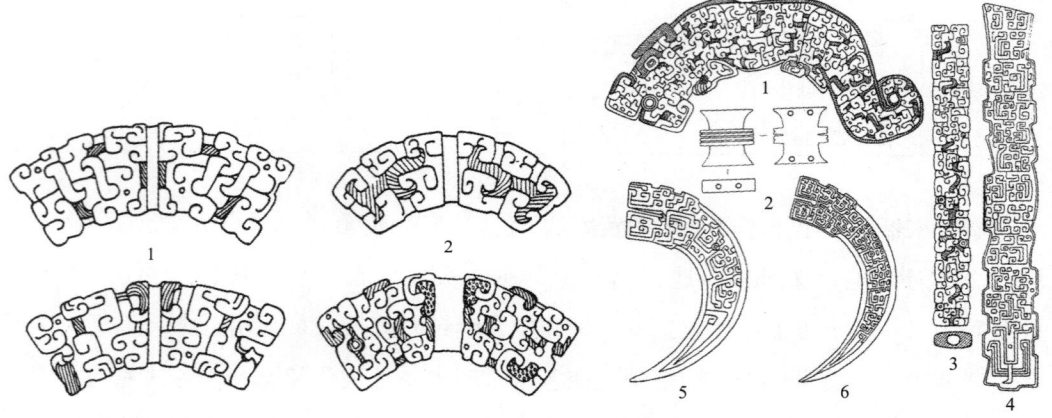

1.虎形佩(M2:128);2.亚字形饰(M2:187);3.长方形佩(M2:168);4.璋形佩(M2:122);5、6.角觿(M2:132、M2:142)

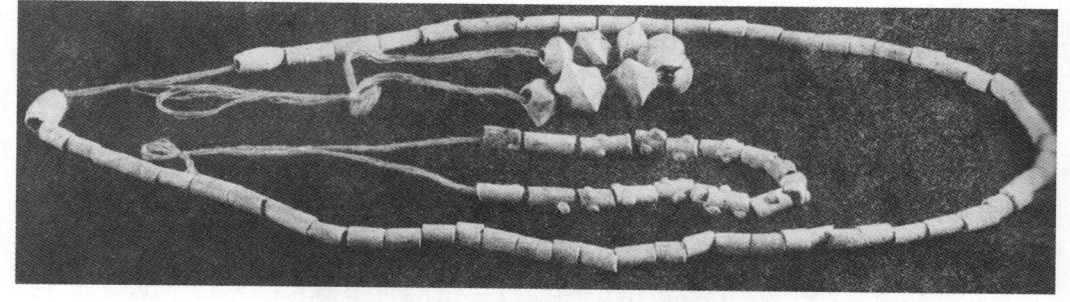

图4-25 宝鸡益门村M2春秋墓出土秦式玉器

资料来源:田仁孝、雷兴山《宝鸡市益门村二号春秋墓发掘简报》,《文物》1993年第10期,第6页图12,第7页图13,第8页图17,第12页图25。

表4-10　秦地东周墓葬随葬玉器情况

年代	墓葬	玉器种类及组合			等级
		礼玉	葬玉	饰玉	
春秋早期	边家庄M5	圭	璧	玦、项饰、串饰	2
	八旗屯CM2	圭	琀	玦、串饰、觽	3
春秋中期	福临堡M1	圭	鱼、蚕	玦、石珠、石管、石扣	3
春秋晚期	凤翔秦公M1	戈	璋形器（饰棺）	虺龙纹玉牌和玉马头	1
	大堡子山M3	琮		琥珀珠	1
	益门村M2	璋	璧、珩、环	虎形佩、亚字形佩、觽、带钩、玛瑙串饰、绿松石串饰、料珠串饰	2
	高庄M10		珩	玦、带钩、串饰	3
战国早期	高庄M49	圭	手握石片	玦	3
战国中期	西道沟M26	圭	璧	颈部楔形玉器	3
战国晚期	庙庄M7		环	绿松石珠、玛瑙珠、石饰	2

秦式玉器特点体现出较为明显的等级差异，礼仪用玉主要出土于高等级墓葬中，尤其玉琮、璋形器仅见于第一等级墓葬中，而圭使用普遍，见于不同等级；璧、珩多见于第一、二等级墓葬中。第四等级墓葬如高庄墓地、陇县店子墓地秦墓出土玉石器种类较为单一，除少量石玦和石璧外，其余均为石圭，战国中期以后急剧减少，战国晚期基本不见。

综上所述，周代玉器经过三个发展阶段。①第一阶段，西周早期到西周中期，礼仪性用玉以玉圭为主，见于不同等级墓葬中；葬玉中，常见玉琀、玉握，玉器很少用于饰棺，玉璧偶尔见于高等级墓葬中；饰玉中，耳饰玉玦常见，项饰流行，组玉佩流行。第二阶段，西周晚期到春秋晚期，礼玉仍然以圭为主，但是高等级墓葬中使用大圭，彰显身份；葬玉中，玉琀、玉握仍然流行，玉琀数量与形状不固定，手握玉与踏玉大多为玉管或长方形玉片，在这一时期开始出现于一些中小型墓中，在中原地区高等级墓葬中开始出现玉覆面现象，饰棺用玉流行玉鱼、玉蚕等饰件；饰玉中，发饰、项饰、玉玦、组玉佩常见。第三阶段，战国时期，礼玉中，用圭现象更加普遍，尤其低等级贵族墓葬使用率增加，但战国中期以后急剧减少，晚期以后基本不见用圭现象；葬玉中，玉琀和玉握习俗消失，多用玉璧敛尸，饰棺用玉中新出现玉珩、玉璧、玉环和串珠等饰件，墓祭用玉继续流行；饰玉中，耳饰玦和项饰消失，组玉佩的结构发生了变化，珩替代了璜，新出现玉剑饰、玉牌饰等，带钩盛行。

---

① 孙庆伟：《周代用玉制度研究》，第288~289页。

周代用玉制度有明显的等级差异，尤其以诸侯、大夫、士和平民四个等级中，前两者多见玉器随葬、种类多样、数量丰富，后两者墓葬少见或不见玉器随葬，即使用玉随葬，种类单一、数量少，体现出明显的等级差异。周代用玉制度还体现了明显的地域差异，例如中原地区与楚文化用玉系统仅在饰玉上特征相同，而在礼玉和葬玉上则有非常明显的差异，体现了周文化系统与楚文化在用玉上的南北分野。[①]礼玉上前者多随葬玉圭，后者基本不见，葬玉上唯一共同点是均见敛尸用璧，其余均不同。至于其背后深层次原因，则是文化变迁与丧葬礼俗的体现。

周代用玉在文献中少有记载，虽然在墓葬随葬品中发现较多，但从殡葬用玉制度来说还不甚清楚，只能从发现所见寻其规律。从史前到初具等级象征意义的二里头文化玉器，再到商代玉器种类、数量、质量上的明显差别，可以看出，玉器逐渐成为一种标识身份等级，有利于阶级统治的重要战略资源。以二里头遗址为代表的夏代用玉制度主要以祭祀仪仗用玉为主，玉器类型多继承史前社会后期的非实用性玉质生产工具，玉器进入等级化阶段。商代用玉主要以大型礼仪用玉为主，同时出现大量佩饰玉和日常生活用玉。到了西周时期，佩饰玉大量增加，组合串饰颇为流行，西周中期出现了以玉覆面组合为中心的葬玉。西周时期玉器的使用更为严格，说明用玉现象已经完全理想化、系统化和制度化。随着平王东迁，周王室势力衰微，礼崩乐坏，春秋中晚期到战国时期礼玉制度出现僭越的现象日益明显，但依然有着明确的等级差别。玉礼器中重要的玉琮、玉圭，葬玉中的玉覆面，装饰玉器中的组合佩饰等依然有着严格的使用制度。这一时期，从以圭、璋为主的玉礼器，到向盛行以玉覆面组合的葬玉及组玉佩等饰玉为主的转变，这种用玉制度也被后来的秦汉所继承和发展，并随着东汉的灭亡而退出历史舞台。

（三）乐悬制度

通过近年来的考古材料和古代文献可以发现，周代乐器种类十分丰富，既有继承，也有创新。敲击类乐器主要包括钮钟、镈、甬钟和磬。周王朝基于政治统治的考虑，赋予了钟、磬等大型编悬类乐器以丰富且深刻的政治内涵，逐渐形成了以钟、磬为组合的"金石合鸣"的乐悬制度。

"乐悬"最早出现于《周礼·春官·小胥》："正乐悬位，王宫悬，诸侯轩悬，卿、大夫判悬，士特悬，辩其声。"[②]虽然对"乐悬"一词早有记载，但是对该词的理解却

---

① 孙庆伟：《周代用玉制度研究》，第 291~296 页。
② 《周礼注疏》卷 23，《十三经注疏》（上），中华书局，1980，第 795 页。

莫衷一是，其中代表性的观点有四种：钟、磬类乐器说；钟、磬、镈类乐器说；钟、磬、镈、鼓类乐器说；乐队说。这些观点中所涉及的乐器都是敲击类乐器，从目前考古资料来看，也多为此类乐器。

1. 西周时期乐悬制度的发展与成熟

从文化延续的角度来说，西周早期一方面继承了殷商文化因素，同时也发展了新的周文化因素，这也体现在西周早期的乐器组合上。西周早期的钟类乐器多为编甬钟，其次为大铙，此外还有少量特磬、编铙、编磬、镈等，但仅有编甬钟和编铙出土于墓葬。出有编铙的墓葬主要见于河南鹿邑长子口墓、① 宝鸡竹园沟、② 洛阳林校。③ 长子口墓系微子启墓葬，具有典型的商文化性质，出土编铙 2 组，每组 3 件，同时有特磬随葬，乐器的基本组合特点与商代晚期相同；洛阳林校车马坑出土了编铙；宝鸡竹园沟 M13 墓主人是𢐗伯，地位尊崇，出土了编铙，但器形较商代铜铙有所变化，另外两座墓葬均属𢐗国国君，④ 以新式乐器编甬钟随葬，但配置也是 3 件一组，与晚商时期相同。在洛阳北窑 M14 还出土了西周早期的特磬，M341 出土了西周早期的陶埙，这些乐器的基本特点都与晚商有很强的一致性。

由此可见，在西周早期，乐器基本组合和特点与殷商保持了较高的一致性，表现出文化的继承性，同时在器形和组合上也发生了变化，出现了新因素，如编甬钟的出现代替了商代晚期的编铙，这是西周乐悬制度初步建立的分水岭。与此同时，无论是编铙还是编甬钟，作为随葬品体现出墓主人极高的地位，尤其编钟则是诸侯国国君的配置。

到西周中期及其以后，乐器组合发生了重大变革。编钟的组合以 8 件为常制，并配以 10 件或 10 件左右为一组的编磬，西周晚期，又有新兴的钲、铎和钮钟等乐器加入。⑤ 西周中期之后，从周王到高级贵族，编钟均以 8 件为常制，说明编钟组合和数量并不能完全反映等级差异，而是充分考虑音阶结构。目前，墓葬材料中仅出编甬钟的主要有山西曲沃县曲村镇北赵村晋侯墓地 9 号晋侯之墓，其棺椁之间南端出土编钟若干，因被盗而数目不明，8 号墓残余一套编钟中的 2 件，⑥ 前者年代为西周早中期，后者为西周晚期；另外在晋文侯墓 M93 中出土大小两套各 8 件，共 16 件，⑦ 年

---

① 河南省文物考古研究所等:《鹿邑太清宫长子口墓》，中州古籍出版社，2000。
② 卢连成、胡智生:《宝鸡𢐗国墓地》，文物出版社，1988。
③ 洛阳市文物工作队:《洛阳林校西周车马坑》，《文物》1999 年第 3 期。
④ 卢连成、胡智生:《宝鸡𢐗国墓地》，文物出版社，1988，第 96 页。
⑤ 方建军:《商周时期的礼乐器组合与礼乐制度的物态化》，《音乐艺术》2007 年第 1 期。
⑥ 北京大学考古学系、山西省考古研究所:《天马—曲村遗址北赵晋侯墓地第二次发掘》，《文物》1994 年第 1 期。
⑦ 北京大学考古学系、山西省考古研究所:《天马—曲村遗址北赵晋侯墓地第五次发掘》，《文物》1995 年第 7 期。

代为两周之际。许多学者都对这些编钟做了系统分析，并且得出了各自的结论，然而由于某些音律上的缺环，学界仍有一定的分歧。[①]另外编甬钟还见于扶风白庄一号西周青铜器窖藏中，尽管窖藏编甬钟不是出于墓葬，但是其时代清楚，器主地位明确，器物排列有序、未经盗扰，也是研究西周乐器制度的重要材料。

西周中期编甬钟与编磬共出的墓葬仅见于西安张家坡墓地中的 M163（图 4-26）。该墓于 1984 年被发掘，出土编钟 3 件，同出编磬残件多块，数量不明。由于盗扰原因，所以埋葬器物数量不详，只知道至少有 3 件。对于墓主人的骨骼分析得知墓主为女性，旁边大墓应为第一代井叔，属于卿大夫级别。

1. M163：35　　　2. M163：34
图4-26　张家坡西周墓地M163所出编甬钟

资料来源：中国社会科学院考古研究所《张家坡西周墓地》，中国大百科全书出版社，1999。

西周中期的湖北随州毛家冲西周墓[②]曾发现铜镈与特磬共出，出土的铜镈保存完整，特磬为石灰岩质，已断裂成两块，这是目前仅见的二者共出的例子。编甬钟与铜镈共出的现象仅见于陕西扶风法门寺任村窖藏，出土 120 多件器物，除克钟、克镈、

---

① 孔义龙：《两周编钟音列研究》，中国艺术研究院博士学位论文，2005，第 16~17 页；方建军：《中国音乐文物大系·陕西卷》，大象出版社，1996，第 42、178 页。
② 黄建勋、熊燕：《湖北随州出土西周青铜镈》，《文物》1998 年第 10 期。

克盨外，还有小克鼎、大克鼎等。

西周晚期到春秋初期的墓葬中还见有编甬钟和编钮钟、铜钲、石编磬同出的墓例。三门峡虢国墓地 M2001 虢季墓中出有编甬钟 8 件，形制纹饰大体相同，形体大小依次递减，M2001：48 的左鼓部和钲部均有数行铭文，器主为虢季，另有铜钲 1 件和石编磬 10 件。① M2009 虢仲墓中出土有编甬钟 8 件，形制与虢季墓基本相同，另出有编钮钟 8 件，形制与纹饰基本相同，大小依次递减，铸有铭文。其中虢季编甬钟 8 件中根据各件钟之间大小的递减幅度分为低音组 4 件和高音组 4 件，发现调音锉磨痕迹，这是迄今发现的西周时期音律最为准确的编钟，在中国音乐史上有着十分重要的意义。② 两座墓葬的年代为西周末年到东周初期。③

可见，西周时期乐悬的用器制度有着明显的等级差异。《周礼·春官·小胥》贾公彦疏："天子、诸侯悬皆有镈。今以诸侯之卿、大夫、士，半天子之卿、大夫、士言之，则卿、大夫直有钟、磬，无镈也；若有镈，不得半之耳。"在西周早期，公卿制度确定，西周诸侯属于卿或大夫级别，其乐悬器用的配置有编甬钟和编磬，卿、大夫的配置也是编钟和编磬；三公和上卿的乐悬器用配置应当是钟、磬、镈完备。到西周中期，镈和特磬重新作为礼乐器出现在墓葬之中。更值得一提的是，商代出现的编磬在这一时期重新得到西周统治者的重视，而且与编钟共同出现，这样西周乐器制度中以编甬钟、编磬为基本组合的"金石"配置为基本特征的西周乐悬制度正式形成常制，乐器的器用配置由一种增加到三种，即编甬钟、编甬钟与编磬、镈与特磬。考古资料表明，大铙和编铙在西周中期已经彻底退出了西周乐悬制度的舞台，而编钟和编磬从西周中期以后到春秋早期已经成为诸侯级别乐悬制度的定制，这充分反映了西周中期乐悬配置开始细化并且基本定型。

对于西周乐悬的摆列制度，目前唯一可见文献是《周礼·春官·小胥》所载"正乐悬位，王宫悬，诸侯轩悬，卿、大夫判悬，士特悬，辨其声"，宫悬即四面悬挂，轩悬是三面悬挂，判悬是二面悬挂，特悬是单面悬挂。目前考古资料中有些可与文献对应，有些与文献不相符合，如西周穆王时期的晋武侯墓和长由墓分别出土编钟四件和三件，只能单面悬挂，属于特悬，显然与诸侯和卿大夫级别不符。

西周乐悬的摆列制度与文献记载也有其相合之处，如张家坡 M163 墓主人是井叔

---

① 河南省文物研究所、三门峡市文物工作队：《三门峡上村岭虢国墓地 M2001 发掘简报》，《华夏考古》1992 年第 3 期。
② 杨爱民：《三门峡虢国墓地出土的编钟》，《收藏》2015 年第 8 期。
③ 贾洪波：《关于虢国墓地的年代和 M2001、M2009 的年代问题》，《中原文物》2014 年第 6 期。

夫人墓，属于卿大夫阶层，墓中出土 3 件编甬钟和编磬若干，可分两面摆放，即属于判悬，说明在懿王时期大夫可享用判悬之制，倒与文献相符。文献记载西周时期的诸侯与卿、大夫应当属于同一级别，所以诸侯也应当用"判悬"的制度，这与《周礼》所记载的"卿、大夫判悬"是相符的，而文献中记载的诸侯当享用"轩悬"的说法可能是春秋时期规定的。如西周晚期到春秋早期的历代晋侯墓中出土的乐悬配置均为编甬钟和编磬各 1 组，说明当时诸侯的乐悬摆列方式应为"判悬"之制；此外还有西周厉王时期的河南平顶山应国墓地 M95 属于诸侯国君级别，也是编甬钟和编磬各 1 组，同样符合"判悬"之制。临沂花园村西周晚期墓葬出土列鼎 3 件，① 墓主人属于士阶层，出土编甬钟 9 件 1 组，应当属于"特悬"，符合《周礼》的记载。

西周乐悬制度的音乐性即音列制度，是我们讨论这一制度必须考虑的问题。初步统计发现，目前考古出土的西周早期编甬钟仅有 24 件，而西周中期达到 48 例 121 件，这些编钟经过测音，音列排序近乎整齐，体现了西周乐悬制度的严格和日臻成熟。

西周晚期出土编甬钟 71 例 192 件，比中期编甬钟数量明显增多，数量最多的为编甬钟，编镈也有少量出土。在编甬钟的音阶结构中，对晋侯苏编钟的测音结果为：两肆正鼓音音列均为羽–宫–角–羽–角–羽–角–羽，加上侧鼓音，可以构成完整的四声音阶：羽–宫–角–徵–羽–宫–角–徵–羽–宫–角–徵–羽–宫，音域达到三个八度又小三度。② 眉县杨家村编甬钟正、侧鼓音音列为 G 羽调四声音阶，音域达到三个八度又小三度。可见，尽管西周晚期乐悬制度已经发展成熟，音列仍然无商音，只有宫、角、徵、羽四声，这背后有着深刻的政治和社会原因。

从以上材料可见，西周乐悬的器用制度在西周早期编甬钟完全替代编铙，标志乐悬制度的初步确立，西周中期编甬钟与编磬的基本配置初步形成，逐渐成熟发展到西周晚期器用配置的定型化，已经完全体现出西周时期森严的等级制度；乐悬制度中的摆列制度从西周中期以后基本遵循《周礼》的规定，诸侯与卿、大夫采用判悬的制度，士采用特悬制度，而文献记载的诸侯"轩悬"的制度可能是春秋以后的规定。西周时期存在宫、角、征、羽等完整的音列制度，但禁用商音，应有其政治与社会原因。

2. 东周时期乐悬制度的变化与衰落

春秋时期礼崩乐坏，诸侯国对礼乐制度的僭越，使得乐悬制度一定程度上受到了

---

① 周昌富、温增源：《中国音乐文物大系·山东卷》，大象出版社，2001，第 60 页。
② 马承源：《中国音乐文物大系·上海卷》，大象出版社，1996，第 31 页；项阳、陶正刚：《中国音乐文物大系·山西卷》，大象出版社，2000，第 46 页。

破坏，同时乐悬制度也发展了新的内容与新特点，可以分为两个阶段。

第一阶段为春秋时期。这一阶段除继续沿用西周时期的编磬和编甬钟外，出现新的乐器种类钮钟、镈于和钲等，而镈钟得到广泛的应用。春秋早期芮国墓地 M27 芮公墓出土铜甬钟 8 件，镈于 1 件，钲 1 件，春秋早期偏晚的 M28 芮公墓出土铜甬钟 8 件，编磬 10 件；新出现铜钮钟，如三门峡虢国墓地 M1052 和山东长清仙人台 M6 中都出土钮钟 9 件，此后钮钟逐步取代甬钟和镈与其他乐器相配置。春秋中期，编镈得到普遍的应用，尤其在高等级墓葬中，如河南新郑金城路 2 号祭祀坑出土编钟 2 组 20 件，编镈 4 件，还有中行路 9 号祭祀坑出土编钟 2 组 20 件，编镈 4 件，值得一提的是，前者属于卿大夫，后者属于国君级别，但使用乐器数量一致，仅仅是使用青铜礼器有较大的差异，说明春秋中期及以后，卿大夫阶层的社会地位较之以前有较大提升，可以享有社祭的权利。春秋晚期乐器钟磬基本组合仍然保留，但钟多以钮钟为配置，在等级高的墓葬中，出现镈、编磬等，如应国墓地 6 座大型贵族墓出土成套的稳定的乐器组合，即铜钮编钟 9 件，铜编镈 8 件，13 件编磬；山东临沂凤凰岭郯国国君墓出土钮钟 9 件，镈 9 件，铎 1 件；而丹徒北山顶墓出土多种乐器组合，包括钮钟、镈、编磬、钲和铎等（表 4-11）。东周时期铜镈的使用能明显体现等级差异，一般来说，只有国君和少数上卿才有资格配置大型低音钟镈，主要是起和声作用，而其他贵族如大夫，只有配置中高音编钟和编磬的资格。

表4-11　春秋时期墓葬出土乐器组合简况

年代	墓葬	出土乐器	特点
春秋早期	山西闻喜上郭村M210	编钮钟9件	同种乐器组合
春秋早期	山西天马—曲村北赵晋侯墓地	甬钟16、编磬10	两种乐器组合
春秋早期	三门峡虢国墓地M1052	钮钟9、钲1	两种乐器组合
春秋早期	山东长清仙人台M6	甬钟11、钮钟9、编磬10	三种乐器组合
春秋中期	河南新郑金城路2号祭祀坑	编钟20、编镈4，其他不详	两种乐器组合
春秋中期	河南新郑中行路9号祭祀坑	编钟20、编镈4、陶埙1、骨箫	四种乐器组合
春秋晚期	江苏六合程桥东周墓M1	钮钟9	同种乐器组合
春秋晚期	江苏六合程桥东周墓M2	钮钟7、镈5	两种乐器组合
春秋晚期	山东临沂凤凰岭墓葬	钮钟9、镈9、铎1	三种乐器组合
春秋晚期	江苏丹徒北山顶墓	钮钟7、镈5、编磬12、钲1、铎1	多种乐器组合

综上可知，春秋时期的乐悬制度中，钮钟开始兴盛，甬钟地位下降，编磬艺术逐步完善并发展成熟，钮钟和编磬在旋律乐器中的地位上升，同时音阶得到较好的发展，尤其商音的大量再次出现，补充和完善了音律，推动了音乐的发展。乐器铭文内容反映出这一时期的乐器具有很强的娱乐功能，说明由西周时期祭祀为主的礼仪功能逐渐转为祭祀和娱乐的双重功能，尤其娱乐功能是对礼乐制度的很大冲击，直接导致音乐开始从礼制规范中解放出来。各个诸侯国一方面遵守和发展西周乐悬制度，另一方面在乐器组合、音列、摆列等方面有很大的革新与发展，表现了这个时代乐器制度的传承与革新。

第二阶段是战国时期。这一时期钮钟和编磬仍然是金石组合中的基础和主体，有些墓葬中甚至出现替代品，使组合完整，以符合乐礼标准，如战国早期河南信阳长台关M1中出土钮钟13件，木质编磬18件，还有鼓2件和瑟等，河北易县燕下都M16中出土编磬15件，而35件编钟是陶质。这一时期能标明等级地位的编镈的地位明显下降，仅在少数墓中出现，即使在地位很高的诸侯国君墓中，如湖北随州曾侯乙墓享有九鼎八簋的周王规格，但镈只有1件，这是乐器组合中的一大变化。另外这一时期新出现乐器种类，如信仰长台关M1中出土鼓2件和瑟1件，曾侯乙墓中新出现鼓、瑟、琴、笙、箫和篪等，这是乐器发展史上的划时代变革，推动了音乐的大发展（表4-12）。

表4-12 战国时期墓葬出土乐器组合简况

年代	墓葬	出土乐器	特点
战国早期	河南固始侯古堆M1	钮钟9	同种乐器组合
战国早期	河南陕县后川M2040	甬钟19、镈7、编磬10	三种乐器组合
战国早期	河南信阳长台关M1	钮钟13、鼓2、瑟、编磬18（木质）	四种乐器组合
战国早期	河北易县燕下都M16	编钟35（陶质）、编磬15	两种乐器组合
战国早期	湖北随州曾侯乙墓	钮钟19、甬钟45、镈1、编磬32、鼓4、琴2、瑟12、笙6、箫2、篪2	多种乐器组合
战国中期	湖北随县擂鼓墩M2	甬钟36、编磬12	两种乐器组合
战国晚期	河北易县燕下都M22	铎1	同种乐器组合

曾侯乙墓出土乐器9种125件，几乎包括了所有乐器类型，是周代大型乐队的代表，也是周代乐悬制度金石组合的延续和发展。基本配置仍然是编磬和编钟组合，是乐队演奏的核心和基础，同时配合其他乐器配置，不仅重视节奏乐器，还新发展了旋律乐器，是乐器发展史上的新高度；同类乐器中，如钮钟、甬钟和镈分三层悬挂，是

周人重视音色的表现（图4-27）。

曾侯乙墓中随葬"九鼎八簋"，显然是僭越礼制的行为，《左传·僖公四年》载："凡诸侯薨于朝、会，加一等，死王事，加二等。"有学者推测曾侯乙是否因死王事而受到"加二等"的待遇，从而构成周王的级别，若如此，则曾侯乙的葬制则是遵从礼制的表现。同样在乐悬制度上，编钟和编磬三面悬挂，摆列构成曲尺形，构成轩悬，说明曾侯乙也是遵从周礼和乐器制度革新的表现。

东周时期，乐悬制度中基本组合仍然是金石之乐。在中原地区的郑卫地区，无论是从李家楼郑公大墓，琉璃阁卫侯墓地，还是从河南新郑郑韩故城祭祀遗址出土的乐器来看，都是编钟和石编磬的金石组合。乐器组合中，除传统的金石组合外，新出现同音色组合，如钟镈组合、钟钲组合、钟鼓组合，还有琴笙组合、瑟钲组合、瑟鼓组合等，说明东周时期已经突破了传统金石组合的乐悬制度，乐器发展的丰富程度远远超过之前，是这一时期乐器的发展达到新的高度。

图4-27　曾侯乙墓出土编钟、编磬

资料来源：谭维四《曾侯乙墓》，文物出版社，2001，图版5；第84页，图33。

战国时期，乐悬制度逐渐衰落。钟磬上纹饰发生了较大的变化，一定程度上反映了其功能的演变；铜钟铭文的内容不仅涉及祭祀之辞，也出现了与乐律相关的内容；这一时期，明器大量出现，出现以陶质或木质乐器随葬的现象，一方面为保证金石组合的乐悬配置，另一方面也是当时国家国力的体现和整个社会提倡薄葬的结果。以战国早期曾侯乙墓为代表的钟磬艺术发展到顶峰，无论是音阶还是音律和音色等都达到了很高水平。乐悬的功能逐渐从祭祀、娱乐转为以娱乐为主，使得能体现等级身份的乐悬制度地位明显下降。

乐器作为随葬品入葬能丰富死者的死后生活，是殡葬重要研究内容之一，夏商周时期，乐器被赋予政治和等级特权，乐器组合数量和种类等逐渐制度化，成为身份地位的象征，而乐悬制度是其主要内容，从一开始就被赋予了特权和礼制的标签。乐悬制度从商代萌芽，再到西周出现、发展、成熟，最后到春秋战国早期发展到高峰，战国中晚期乐悬制度逐渐衰落。乐悬占有者和使用者包括王、诸侯、卿大夫等各级贵族，这些统治者往往因宗法关系而连接在一起，掌握着国家的种种权力，成为国家的实际统治者，而乐器组合、配置和摆列方式能体现出明显的等级差异。关于乐悬制度，今后还有许多亟待研究的地方，比如为何西周无商音、完善音阶缺环的问题。我们相信随着考古资料的逐渐增多，这些问题终会被解决。

二　棺椁及饰棺制度

（一）棺椁制度

进入周代以后，丰富的两周考古发掘资料和古代历史文献中对于礼制的记载，为研究周代棺椁制度提供了重要依据。周代宗法制和礼制在丧葬制度上的反映是多方面的，棺椁制度则是一个重要的组成部分。周代是棺椁制度进入到严格和规范的阶段。

周代历史文献关于棺椁制度有很多明确的等级规定，涉及棺椁重数、大小和材质。关于棺椁重数，文献中分别有七、五、三、一或四、三、二、一的数量之不同记载。赵化成先生对文献材料进行了梳理，对棺椁重数的使用做了明确的阐释，认为"天子棺椁七重"应为"三椁四棺"，"诸侯五重"应为"二椁三棺"，"大夫三重"应为"一椁二棺"，"士再重"应为"一棺一椁"。[①] 不仅如此，棺木大小厚薄也都有严格的等级："君（此指诸侯）大棺八寸，属六寸，椑四寸。上大夫大棺八寸，属六寸。下大夫大棺六寸，属四寸，士棺六寸。""棺椁之间君容柷，大夫容壶，士容甒。"又说："君松椁，大夫柏椁，士杂木椁。"（《礼记·丧大记》）棺椁之间的空隙可用来置放随葬品。

根据上述文献描述，周代已经出现了棺椁多重制度，但考古资料实际发现与文献记载难以完全对应，一方面是因木质棺椁腐朽而造成清理困难，另一方面是文献记载有理想化倾向。由于至今未发现西周王陵，对于西周王室的棺椁制度不得而知。但是一些高级贵族和诸侯大墓已多有发掘，一般的贵族墓葬数量丰富，可以一窥西周时代棺椁使用情况。

陕西张家坡西周墓 M157 是在西周都城丰镐遗址内发现的唯一一座双墓道大墓，被认为是井叔家族墓地第一代井叔之墓。墓室为长方形土坑竖穴，长 5.5 米，宽 4 米，深及泉下。墓室南北各有一条斜坡墓道，葬具为一椁两棺，但木质均已腐朽，仅存灰

---

① 赵化成：《周代棺椁多重制度研究》，《国学研究》第 5 卷，中华书局，1997，第 32 页。

痕。椁室用木板和方木搭成，南北长3.95米，东西宽2.6米，高1.84米。墓地中的M161、M163为长方形竖穴墓，规模稍小，可能是井叔之妻室。M170为单墓道甲字形大墓，墓主也是一代井叔。这几座墓均为一椁二棺（图4-28）。①

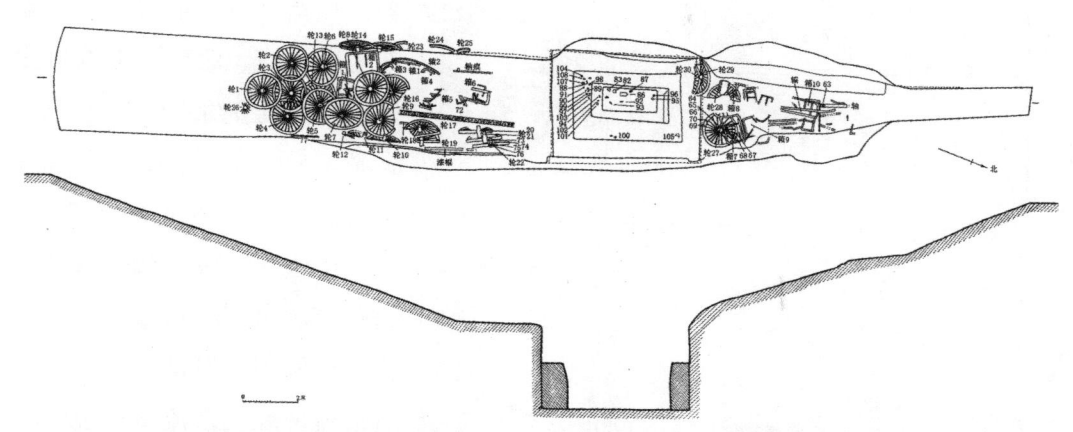

63.铜辔；64~66.铜毂饰；67~70.铜牙饰；72.铜轭饰；73~76.铜毂饰；77.铜矛；82、83.釉陶器；86.石器；87.铜戈；88.玉鱼；89.玉璜；90~94.玉戈；95、96、103、108.玉面幕；97~99.玉饰；100.象牙雕花板；101、102.玉饰；104.人物龙凤透雕玉饰；105.陶鬲；107.玉饰

图4-28 张家坡M157平面图
资料来源：中国社会科学院考古研究所《张家坡西周墓地》。

山西曲沃县北赵晋侯墓地先后发掘的19座晋侯及其夫人大墓可以作为西周至春秋早期的贵族墓葬代表，除被盗或保存不好棺椁不明确外，其余的一棺一椁墓和一椁二棺墓各有7座。再如三门峡虢国墓地M2001为随葬7件铜鼎的虢国大墓，葬具为重棺单椁，木椁长4.76、宽3.06、高1.8米②；M1052为虢太子墓，亦为一椁二棺。③

可见，西周高级贵族或诸侯级别的墓葬多为一椁二棺，也有一棺一椁。但一般贵族墓也常使用一椁二棺之制，如虢国墓地，其年代不晚于春秋早期，使用一棺两椁的墓有20多座，这些墓葬从规模及其器用制度看，多为一般贵族，从椁室面积上看还是要小于高级贵族墓的。④总的来看，西周至春秋早期尚未形成如文献上记载的多重棺椁制度，但是贵族使用重棺的现象较晚商时期已经更加普遍。

到了春秋中期至战国早期，棺椁制度对于区分身份等级的意义日益显著，一方面墓葬椁数达到两层，棺数大于两层的墓葬增多；另一方面不同等级墓葬椁室面积的差

---

① 中国社会科学院考古研究所：《张家坡西周墓地》，第16~41页。
② 河南省文物考古研究所、三门峡市文物工作队：《三门峡虢国墓》，第15页。
③ 中国科学院考古研究所：《上村岭虢国墓地》，科学出版社，1959，第28~31页。
④ 中国科学院考古研究所：《上村岭虢国墓地》。

距逐渐增大。《墨子·节葬下》记载当时王公大人："棺椁必重，葬埋必厚，衣衾必多，文绣必繁，丘垄必巨，诸侯死者，虚车（库）府，然后金玉珠玑比乎身，纶组节约，车马藏乎圹。又必多为屋幕、鼎鼓几梴壶滥、戈剑羽旄齿革，寝而埋之。"

在这一阶段，墓葬的多重棺重椁制度正式形成，其等级化特征鲜明，但是这种制度在黄河流域和长江流域出现的时间有先有后。由于列国纷争，各地区也逐渐形成了富有区域特性的棺椁制度。在北方地区，以山东济宁市薛国故城墓

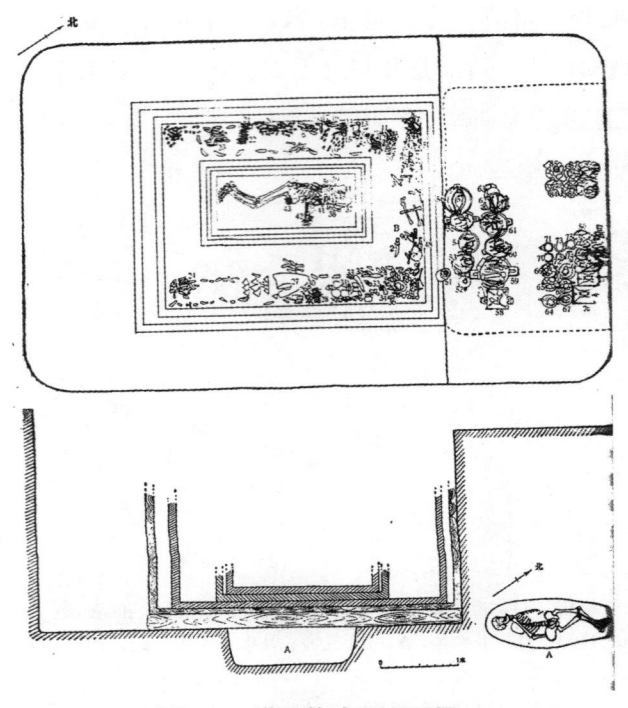

图4-29　薛国故城M1平面图

资料来源：山东省济宁市文物管理局《薛国故城勘查和墓葬发掘报告》，《考古学报》1991年第4期，第456页。

地M1为例，墓口长7.74米、宽4.7米，底长5.54米、宽4.7米，棺椁都已腐朽，从遗留痕迹知系双棺双椁，外椁长4.04米、宽3.1米、残高1.6米，内椁长3.6米、宽2.7米、残高1.45米；另外M2为一椁三棺。两座墓都随葬了大量青铜器，结合随葬品中的7鼎配6簋以及铜器铭文中多有薛侯之称来看，可以肯定为薛国国君之墓（图4-29）。①

在山西长子东周墓地中也出现了重椁重棺的制度，年代为春秋晚期的M7，墓口长6.42米、宽4.8米；底长5.74米、宽4.28米；外椁室东西长5.6米、南北宽4.1米、高2.6米；内椁长3.42米、宽2.42米。随葬器物放置于椁室内，有铜器、玉器、漆器、陶器和木器等553件。鼎有成列的5件，不成列的2件，应为大夫级别（图4-30）。②如果单从用鼎数量看，也不排除为诸侯级。

在西部的秦国，以陕西雍城陵园秦公1号大墓为代表，大墓有3层台阶环绕墓壁，宽2～6米。墓室底部挖曲尺形土圹，主副椁室筑于其中。主椁室东西长14.4米、南

---

① 山东省济宁市文物管理局：《薛国故城勘查和墓葬发掘报告》，《考古学报》1991年第4期。
② 山西省考古研究所：《山西长子县东周墓》，《考古学报》1984年第4期。

北宽 5.6 米、高 5.6 米；副椁长 6.3 米、宽 4.9 米、高 2.6 米，主副椁室有小门相通，从椁室面积上来看远大于东部诸侯墓葬的椁室面积。①

在南方地区，以江苏苏州真山大墓 D9M1 为代表，D9M1 是在山体基岩上下凿形成墓穴，在墓口上堆筑高大的封土，墓口东西长 13.8 米、南北最宽 8 米，最高处距墓底 1.8 米。该墓年代为春秋晚期前段，国君极有可能是第一代吴王寿梦。②墓内棺椁已腐朽，根据倒塌并腐朽的数十层叠压漆皮中揭示出的多层图案分析，应为重棺重椁。

总的来看，这一时期多重棺椁制度已经形成，诸侯大墓多以

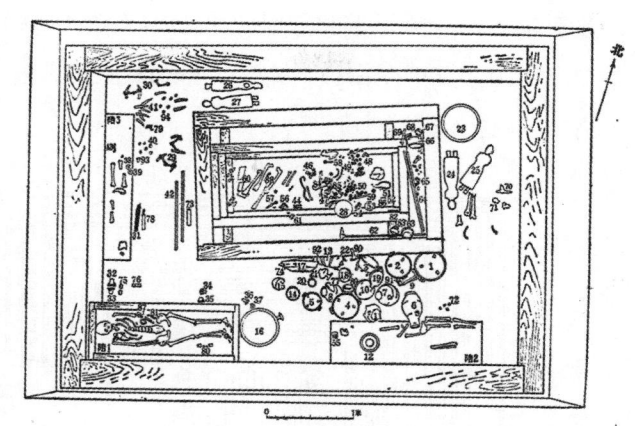

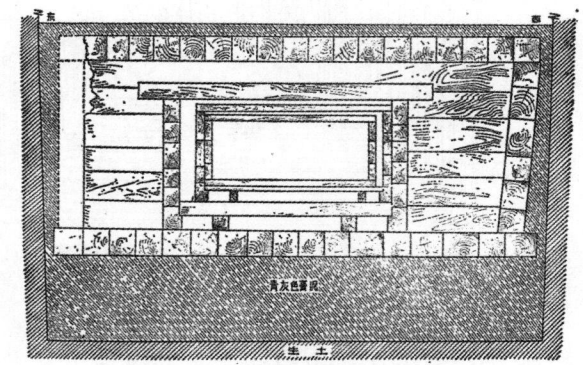

图4-30　山西长子县东周墓M7平面图
资料来源：山西省考古研究所《山西长子县东周墓》，《考古学报》1984年第4期，第504页。

二棺二椁为主，但还未发现二棺三椁的墓葬。值得注意的是，南方地区的多重棺椁制度的形成稍显滞后，如湖北随州曾侯乙墓，从出土青铜器和墓葬规模来看等级很高，属于诸侯级别，但依然沿用周初的一椁两棺之制。③这也反映出多重棺椁制度在各地区的发展并不平衡。

进入战国中晚期后，各国都已基本形成了成熟的多重棺椁制度，文献中记载的"二椁三棺"之制也在考古遗存中发现。以湖北荆门包山楚墓 M2 为代表，墓圹平面呈长方形，东西长 34.4 米，南北宽 31.9 米，深 12.45 米，墓壁设 14 级生土台阶，逐级内收。葬具由两椁三棺组成，外椁长 6.32 米，宽 6.26 米，高 3.1 米，以隔板分为 5 室，内椁置于外椁中室内，内椁之中放置了套合紧密的三重木棺，由外及内分别是长

---

① 陕西省考古研究所：《十年来陕西省文物考古的新发现》，《文物考古工作十年》，文物出版社，1990，第 300～301 页。
② 中国社会科学院考古研究所编著《中国考古学·两周卷》，中国社会科学出版社，2004，第 400～402 页。
③ 湖北省博物馆：《曾侯乙墓》，文物出版社，1989，第 26～38 页。

方盒形棺、悬底弧形棺和彩绘长方形棺（图4-31）。① 另外在北方的河北平山中山国墓中出土的"兆域图铜版"文字，可知其夫人墓有椑棺、中棺，自然还有外棺，即用了诸侯三重棺之制。②

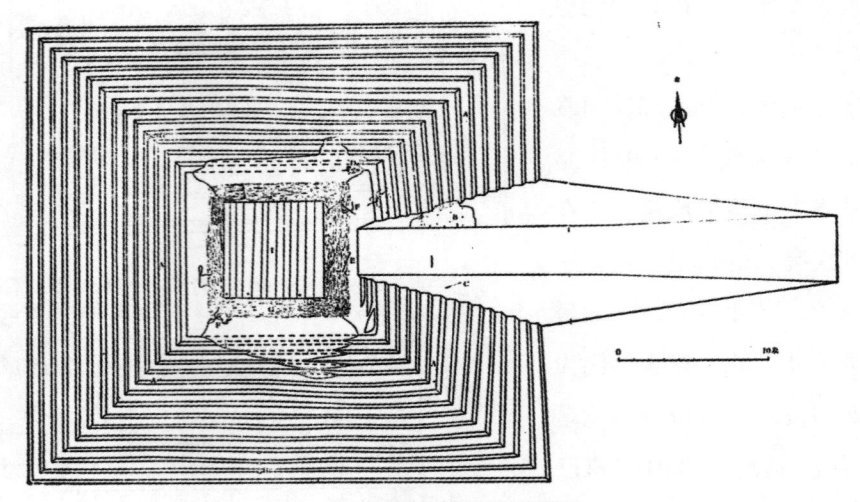

图4-31　包山楚墓M2平面图
资料来源：湖北省荆沙铁路考古队《包山楚墓》，文物出版社，1991，第48页。

然而礼崩乐坏在棺椁制度上的体现也越发明显，一方面是由于低等级贵族对礼制的僭越，更重要的是这一时期的高等级贵族对于棺椁制度的使用已经不再规范。以河南信阳长台关墓葬M1为例，墓口南北长14.5米，东西宽12.05～12.55米，墓口至墓底10.05米，随葬器物共903件，陶礼器类有鼎14件，用5件铜列鼎，13枚青铜编钟，椁长8.9米、宽7.58米，椁室分为七箱，③ 规模较大，与天星观1号墓相同，属上大夫或封君贵族的可能性较大，葬具也仅为一棺两椁，并没有使用重棺之制。

到了战国晚期，各个国家文化的区域性特点得到了显著的发展，形成了各有特点的葬俗。西部的秦国，由于周礼所记载的棺椁制度在春秋秦墓里本身就执行得很不严格，再加上商鞅变法对于周礼的革除，导致这一时期的墓葬等级出现了显著的变化，新出现的土洞墓便是对建立在土坑竖穴墓基础上的木椁制度的一种扬弃。

在南方楚国，椁室中的分箱制度渐趋流行，在某种程度上代替了以棺椁数量衡量

---

① 湖北省荆沙铁路考古队：《包山楚墓》，第51～57页。
② 梁云：《战国时代的东西差别——考古学的视野》，文物出版社，2008，第95页。
③ 河南省文物研究所：《信阳楚墓》，文物出版社，1986。

等级的制度。①在东方的齐国，开始逐渐流行用石材构筑椁室的风俗，又在石椁内置木质一棺一椁，形成富有地方特色的多重棺椁制度。

可见，西周时期多重棺椁制度并未完全形成，诸侯和高级别贵族墓葬的棺椁多以一椁两棺为主，也有一椁一棺，并未形成定制。春秋到战国时期，各国形成区域性特点鲜明较为成熟的多重棺椁制度，形成时间也有先后之别。诸侯大墓多以重棺重椁为主，到战国中晚期可见二椁三棺。东周时期礼崩乐坏，棺椁制度受到破坏，并未完全得以实施，而新的墓葬制度也逐渐代替了棺椁制度，如黄肠题凑制度在这一时期萌芽，逐渐发展成为墓葬等级高低和社会差异的重要标识。

（二）饰棺制度

西周时期等级鲜明，死者亦有等级之分，东周时期则因文化的多样性表现出区域性、复杂化和多样化特点。其中，棺饰和棺椁制度一起，除表现等级外，也表现出一定的宗教含义。

周代重礼制，棺饰也有明确的规定。《礼记·檀弓上》记载棺木内外装饰的用料式样，也都有严格的等级："君盖用漆，三衽（连接棺盖和棺身的木榫）三束（用皮条或帛捆束）。大夫盖用漆，二衽二束。士盖不用漆，二衽二束。"《礼记·丧大记》："君里棺用朱绿，用杂金鐕；大夫里棺用玄绿，用牛骨鐕；士不绿。"这里的里棺即是用彩绘贴棺，主要是指髹漆涂彩绘，多数施予棺外。

曾侯乙墓共出土内外两层棺，均髹漆。外棺以黑漆为主，棺身共20组内容相同的图案，每组图案可见明显的阴刻沟槽，再施以纹饰，以阴刻圆涡纹为中心，周饰朱绘龙形卷曲勾连纹；内棺髹漆工艺考究，在棺外先抹漆灰泥，然后髹黑漆，再施红漆，在红漆上施绘繁缛图案，如内棺各部位所绘动物图案达到895种，主要为龙、蛇、鸟、人面神和神兽武士等，各有其表达的灵魂不死、灵魂升天等宗教性含义。值得注意的是，在木棺髹漆上，只有高等级的墓葬才能见到先施以沟槽，再髹多层漆的工艺技术，说明木棺髹漆本身反映等级差异和社会地位的不同（图4-32）。

夏商时期棺外覆盖物主要是芦席或彩绘画幔，如殷墟妇好墓。周代棺饰还常见在棺外附着覆盖物和装饰物。《礼记·丧大记》对此有详细规定："饰棺，君龙帷，三池，振容，黼荒，火三列，黼三列。素锦褚加为荒。熏纽六，齐，五彩五贝。黼翣二，黻翣二，画翣二，皆戴圭，鱼跃指池，君熏戴六，熏披六。大夫画帷，二池，不振容，

---

① 郭德维：《楚系墓葬研究》，湖北教育出版社，1995，第59~66页。

画荒，火三列，黼三列。素锦褚，熏纽二，玄纽二，齐，三彩三贝，黼翣二，画翣二，皆戴绥，鱼跃拂池，大夫戴，前熏后玄，披亦如是之。士布帷布荒，一池，揄绞，纽二，缁纽二，齐，三彩一贝，画翣二，皆戴绥，士戴，前熏后缁，二披用熏。"文中对不同等级使用不同棺饰名称有不同的规定。"龙帷、画帷、布帷"是指不同种类的帷幔，覆盖在棺的前侧和左右两侧，"荒"是指覆盖于棺上方的织物，"黼荒、画荒、布荒"与帷相对，也是不同等级身份的人使用的相应等级的荒，棺外饰有荒帷，棺柩不复见也。至于纽是连接荒帷的物件，而池、振容、齐都是荒帷上的装饰。在此基础上，还有"墙柳"作为依托，墙柳是搭在棺外的木质框架，起着支撑作用，棺饰上部为柳，与荒相连，下部为墙，墙上附帷。但目前墙柳遗存较少发现。棺外饰荒帷和其他装饰，一方面以别身份地位，另一方面增强了很浓厚的宗教色彩。

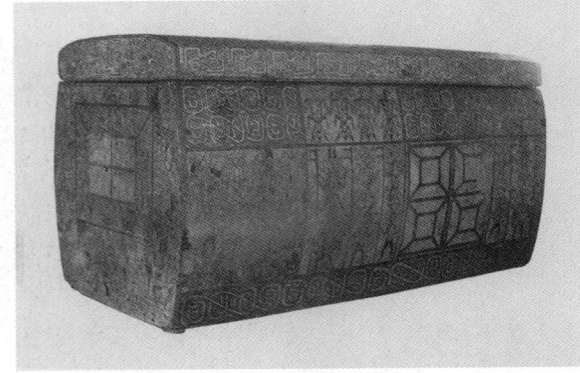

图4-32 曾侯乙墓外棺、内棺装饰图案

资料来源：谭维四《曾侯乙墓》，文物出版社，2001，图版1、2。

考古资料中也有很多棺饰的案例。山西绛县横水西周墓地中M1为一椁两棺，在外棺上发现了方格状木架结构痕迹，还有类似帐架结构的铜具，推测为墙柳遗迹；外棺之外覆盖有丝织品，此即文献所载荒帷，也是迄今为止考古发现保存最好、保存面积最大的荒帷遗迹，"荒帷整体是红色的丝织品……布的外面是精美的刺绣图案，主要内容是凤鸟……当时是先在布上刺绣出图案，然后再拼接成整幅"（图4-33）[①]。三门峡虢国墓地中，太子墓（M2011）一椁两棺，在外棺上，"棺罩由四根木条两两并列而后交叉呈十字形框架……推测这个十字形框架原应有框架与之连接，

[①] 山西省考古研究所、运城市文物考古工作站、绛县文化局：《山西绛县横水西周墓发掘简报》，《文物》2006年第8期。

图4-33　山西绛县横水西周墓地M1出土荒帷

资料来源：山西省考古研究所、运城市文物考古工作站、绛县文化局《山西绛县横水西周墓发掘简报》，《文物》2006年8期，第6~7页，图69~70拼合。

框架之上原应当蒙以布帛，即是棺罩"（图4-34）；该墓地中的M1617和M1689的棺木四周发现铜鱼100多件，此即所谓"鱼跃拂池"。① 随州擂鼓墩M2外棺周围散见鸟形、鱼形等饰件，很可能是悬挂在池上的装饰品。② 陕西凤翔黄家庄秦墓M17棺椁之间出有400多件绿色小骨珠，可能是象征云气的荒帷边缘；③ 陕西半坡秦人墓地M53中出土4件铜铃，位于棺灰的四角，可能是荒帷四角的悬铃。④ 湖北江陵马山M1发现一件"荒帷"，盖在棺上，质料为深棕色绢，展开后呈"亚"字形，周边饰大菱形锦缘，罩住整个棺木；荒与帷一体，无纽相接，发掘者认为墓主身份为元士，用的是绢帷。⑤ 在战国时期的楚地如江陵雨台山、九店、鄂城、长沙等楚墓中发现棺盖上铺有竹帘，学者们认为这些都是"池"。⑥ 另外在曾侯乙墓还发现椁外覆盖之物，椁盖板上铺竹席，竹席上铺一层绢，绢上再铺一层竹网。考古材料还

---

① 河南省文物考古研究所、三门峡市文物工作队：《三门峡虢国墓》，文物出版社，1999。
② 湖北省博物馆、随州市博物馆：《湖北随州擂鼓墩二号墓发掘简报》，《文物》1985年第1期。
③ 陕西省雍城考古队等：《99凤翔黄家庄秦墓B区发掘》，《秦陵秦俑研究动态》2000年第2期。
④ 金学山：《西安半坡的战国墓葬》，《考古学报》1957年第3期。
⑤ 湖北省考古研究所、湖北省荆州地区博物馆：《江陵马山一号楚墓》，文物出版社，1985，第9页。
⑥ 彭浩：《楚墓葬制初论》，《中国考古学会第二次年会论文集》，文物出版社，1983，第33~40页。

见有棺外壁悬挂刺绣，如长沙烈士山M3发现在细密的绢上用锁绣的方法绣出花纹，有龙纹和凤纹等。[1]包山M2中，棺饰共分九层，均为丝织品，此与礼书中的棺饰由"荒、帷、纽、池、振容、齐"共同组成的特点有很大差异。

目前资料来看，周人饰棺制度正式形成于西周中晚期，并流行至春秋中期，春秋中期以后，荒帷和墙柳多不见，代之而起的是新的墓室和椁室装修手法，说明周礼中的饰棺制度渐趋衰落。[2]饰棺习俗仍然很好地保存于很多诸侯国的丧葬习俗中，如楚国保留了很多这方面的传统和习俗，但是很多内容与周礼不合，这与东周时期社会背景和礼制僭越有关。尽管如此，饰棺制度仍能表现出明显的社会等级差异。

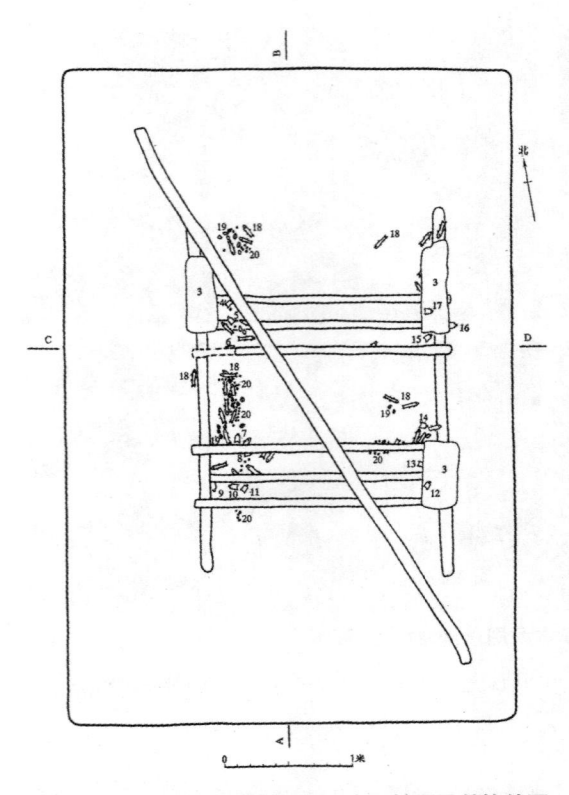

图4-34 三门峡虢国墓地M2011出土棺罩及其饰件图

资料来源：河南省文物考古研究所、三门峡市文物工作队《三门峡虢国墓》，第20页，图10。

夏商和西周时期，尚未形成明确的多重棺椁制度，等级差别主要表现为椁的结构和大小，但是这一时期不同等级在棺和椁的配套使用上能显示出明确的规律性，而椁的使用更能表明身份等级与地位。东周时期，礼崩乐坏，社会动荡，政权更替频繁，不同区域的棺椁制度保存程度不一，春秋中期至战国中期，棺椁制度对于区分社会不同等级的意义渐趋显著，多重棺椁制度逐渐形成；战国中期以后，这一制度在各个国家都已经发展成熟，棺椁已经和墓室规格大小、随葬品多寡、棺饰等一起明确成为标明墓主身份地位和等级差异的指示器，同时也反映了夏商周时期"事死如生"和"灵魂不灭"观念。

---

[1] 湖南省博物馆、湖南省文物考古研究所、长沙市博物馆、长沙市文物研究所：《长沙楚墓》，文物出版社，2000，第417页。
[2] 乔卓俊：《两周时期中原地区的棺饰研究》，《东方考古》第7辑，科学出版社，2010。

第四节　殉葬与祭祀

一　人殉与牲殉

（一）西周时期

西周时期，人殉与牲殉礼俗仍在延续，无论在王畿之内还是周边方国，都有一定数量的发现。但是总体来说，较之商代，西周时期的人殉数量和比例已经减少，一方面是高级贵族墓葬中随葬俑的出现，可能会在一定程度上代替了人殉，更主要的是周人敬鬼神而远之的生死观的作用；而西周时期的牲殉则增加，以牛、羊、马、猪、犬为主，尤其大量殉马的出现则是显示军事力量的表现。

目前西周时期人殉现象主要发现于都城和少数分封国墓地，代之而起的是与礼制相一致的以器物组合代表身份地位的如列鼎制度、乐器制度、车马制度等。例如西周都城沣西自 1955~1978 年共发掘出殉人墓 27 座，殉人的数量从 1 人到 4 人不等。[①] 另外，陕西宝鸡茹家庄墓地、[②] 河南浚县辛村卫国墓地、[③] 北京琉璃河燕国墓地中的高规格墓中都有殉人。

1973~1974 年在北京房山琉璃河遗址发现的 7 座西周燕国墓葬中 6 座有殉人。[④] 分别殉 2 人或只有 1 人。这些墓葬的葬具多为一棺一椁，有的重椁，如 M52 和 M53，都随葬青铜、釉陶、玉石等器物，M52 出土的复鼎和 M53 出土的攸簋，铭文均有"侯"，M52 出土的复尊和铜盾饰，铭文提到了匽侯，说明墓主人地位均很高，但两墓殉人的数量却很少。M52 的殉人放置在墓主人脚下的二层台上，头朝东，面向北，身向内微侧，两腿伸直，右臂压在身下，左臂伸直，两手相合，应是捆绑所致，头骨已碎，头前的一件铜矛也已弯曲，是一位 12 岁左右的男性少年。M53 殉葬 2 人，另一人为 9~10 岁男性少年，头向南，面向东，头侧有一把青铜剑，腰间有一把青铜削；另一人为

---

① 中国科学院考古研究所编著《沣西发掘报告》，文物出版社，1963；中国科学院考古研究所沣西发掘队：《1960 年秋陕西长安张家坡发掘简报》，《考古》1962 年第 1 期；中国社会科学院考古研究所沣西发掘队：《1967 年长安张家坡西周墓葬的发掘》，《考古学报》1980 年第 4 期；中国社会科学院考古研究所沣西发掘队：《1976~1978 年长安沣西发掘简报》，《考古》1981 年第 1 期。
② 宝鸡博物馆：《陕西省宝鸡市茹家庄西周墓发掘简报》，《文物》1976 年第 4 期。
③ 郭宝钧：《浚县辛村》，科学出版社，1964。
④ 中国科学院考古研究所、北京市文物管理处、房山县文教局、琉璃河考古工作队：《北京附近发现的西周奴隶殉葬墓》，《考古》1974 年第 5 期。

十三四岁的少年，头向北，面向西，腰间置有戈、矛、剑各一件，又有一组七件组成兽面形铜盾饰（图4-35）。1995年对琉璃河遗址墓葬区的发掘共发现10座墓葬，其中M2有二棺一椁，在琉璃河墓葬中属于中型墓，墓主人地位较高，但M2仅发现3个殉人，均为少年女性，1号殉人11～13岁，2号殉人7～9岁，3号殉人20岁左右，其中2号、3号殉人均佩戴有串珠项饰，这是目前为止该遗址发现西周殉人最多的一座墓葬，反映了殉人现象在西周时期的衰落。[①]值得注意的是，西周时贵族墓中不仅殉人数量减少，而且被殉之人，多为少年或成年女性，该区被认为是殷遗民墓，改变了原来的习俗，与商代多为青壮年男性已大不相同。

琉璃河墓地也发现有殉牲现象，殉犬一般见于椁顶填土中，也见于墓底的长方形或椭圆形腰坑中。还经常在墓主头前的随葬铜器和陶器中置放牛腿或猪腿，如M52除发现有1条牛腿骨和1个牛头骨外，还有6个犬头骨，M53殉葬的犬颈上还系有铜铃。M2除发现3个殉人外，还发现2只殉犬，1只位于椁顶填土中，犬骨架较小，头向南，头与身分离，系被砍断后分别放入，下有一小坑，犬的颈椎、前肢垂于坑内，后肢折放于坑外；另一只位于墓底腰坑中，殉犬侧身放置，头向南，后腿似捆绑在一起。[②]

西周时期墓葬中也发现有殉马和殉马坑。琉璃河墓地发现的一号车马坑保存较好，南北长3.7米，中部东西宽3.3米，埋有一车四马，马背向内，马是将腿捆绑后

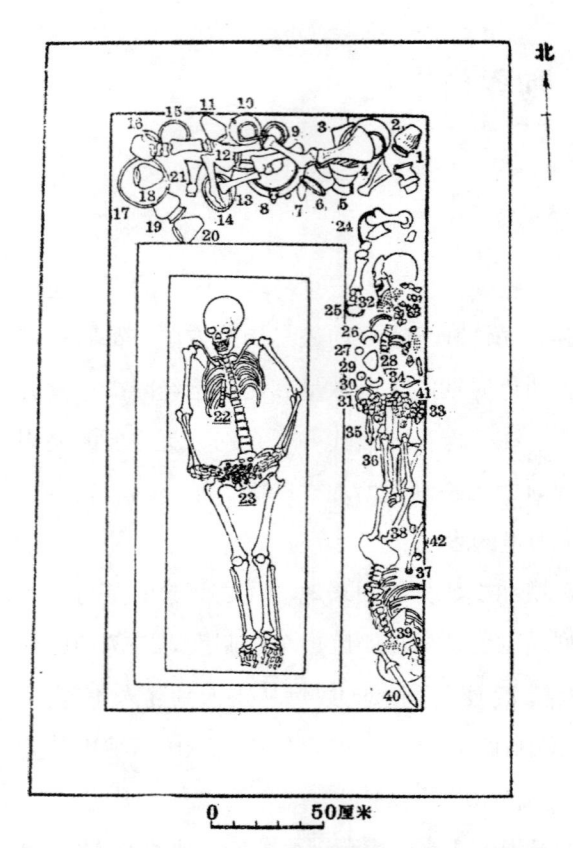

图4-35 北京附近发现的西周奴隶殉葬墓M53平面图
资料来源：中国科学院考古研究所、北京市文物管理处、房山县文教局、琉璃河考古工作队《北京附近发现的西周奴隶殉葬墓》，《考古》1974年第5期，第312页，图5。

---

① 北京市文物研究所、北京大学考古系：《1995年琉璃河遗址墓葬区发掘简报》，《文物》1996年第6期。
② 北京市文物研究所、北京大学考古系：《1995年琉璃河遗址墓葬区发掘简报》，《文物》1996年第6期。

埋入坑内的，四马均有当卢、节约、长方泡等铜辔饰和铜銮（图4-36）。① 山东高青县陈庄西周城址，在西发掘区大墓和夯土台基之间共发现马坑5座，8匹马的坑2座，6匹马的坑2座，2匹马的坑1座；坑内马骨有的竖立高昂的马头，脊柱和肋骨保存完好，还首次发现直立跪伏的马骨架，配饰精美、规格极高；这个车马坑共出土3辆车，分别配马4匹、3匹、2匹，车前的驾马，有的马骨架直立跪伏，有的呈拉车向东南前行状。② 根据马坑和车马坑位置和姿势分析，它们是大墓的陪葬坑。

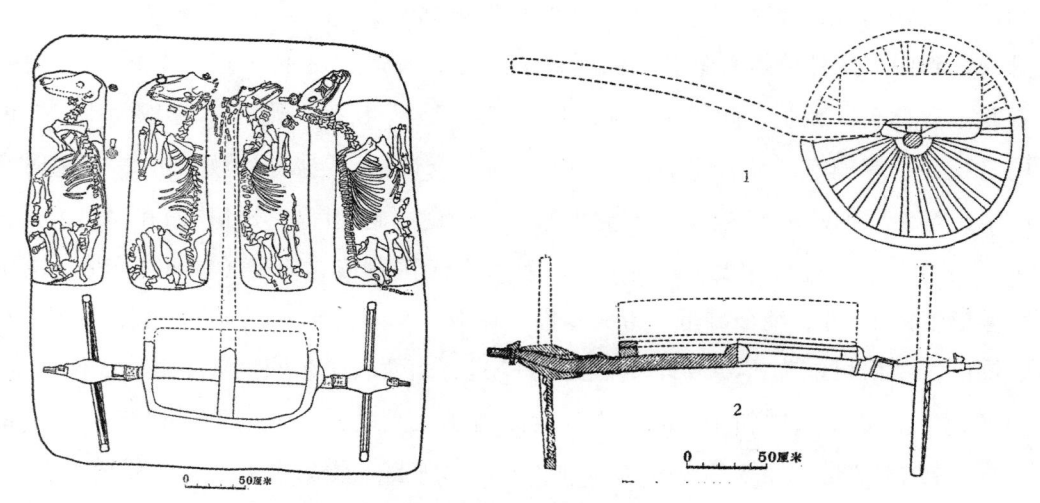

图4-36　琉璃河墓地发现的一号殉马坑

资料来源：中国科学院考古研究所、北京市文物管理处、房山县文教局、琉璃河考古工作队《北京附近发现的西周奴隶殉葬墓》，《考古》1974年第5期，第319页，图18。

（二）东周时期

春秋时期礼崩乐坏，周王朝权力越来越受到地方诸侯国的挑战，政治权力下移。这时各国思想领域也在变化，灵魂不死的观念开始受到一些思想家的挑战和怀疑，但民间鬼神观念仍然占据主流，由此带来的厚葬之风渐盛，作为厚葬标志之一的人殉与牲殉仍在一些国家继续流行。殉人习俗主要保留在受夷人风俗影响较深的国家和地区，例如吴越、齐国、莒国、楚国、秦国等。当时，不同等级身份的人，杀殉人数不一，统治者用杀殉人数来体现等级地位。《墨子·节葬下》曾著述谴责这种现象，"天子杀殉，众者数百，寡者数十；将军大夫杀殉，众者数十，寡者数人"。春秋时期的

---

① 中国科学院考古研究所、北京市文物管理处、房山县文教局、琉璃河考古工作队：《北京附近发现的西周奴隶殉葬墓》，《考古》1974年第5期。
② 山东省文物考古研究所：《山东高青县陈庄西周遗存发掘简报》，《考古》2011年第2期。

人殉现象常见于诸侯国君、贵族、卿、大夫等墓葬，殉人从几人到几十人不等，据资料分析，其中也有一些大臣、姬妾等从死于诸侯国君或高等级贵族。这也是政权下移后，地方政权显示其权威和力量的一种表现。

在中原文化核心区域的晋国、赵国、魏国等，东周时期仍然存在人殉现象，但是并不普遍，殉人数量也很少，而且延续时间短，当是受周文化影响较深的缘故。《左传·成公十年》："小臣有晨梦负公以登天，及日中，负晋侯出诸厕，遂以为殉。"文献讲的是，晋景公因病上厕所时跌入厕所死了，而宦官早上梦见背着晋景公升天，到中午果然背着晋景公出厕所，于是将他殉葬。《左传·宣公十五年》："初，魏武子有嬖妾，无子。武子疾，命颗曰：'必嫁是。'疾病，则曰：'必以为殉。'"说的是魏武子有侧室，没有子嗣，武子生病时命令魏颗一定要把她嫁出去，病重时又改了主意，要把她殉葬。《史记·赵世家》记载赵国赵朔门客公孙杵臼和程婴为其从殉。山西太原金胜村M251墓主人为春秋晚期晋国卿族赵简子（前475年），出土琵琶形带钩12件、纯金琵琶形带钩4件，墓中就有殉人4个，殉人有棺、随葬品和装饰品，身份可能为婢妾或近幸（图4-37）。① 山西长子牛家坡M7出有5件铜鼎、13件带钩，墓主头向朝东，属于春秋晚期晋国大夫的夫人墓，发现殉有3人。② 邯郸百家村M57是一座3鼎墓，墓内殉3人；邯郸赵王陵周窑1号墓西墓道殉2人，

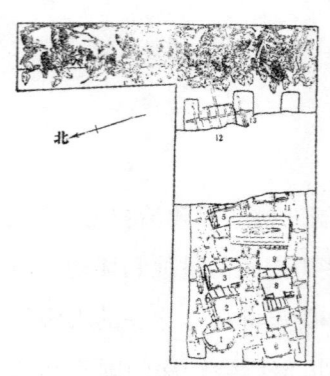

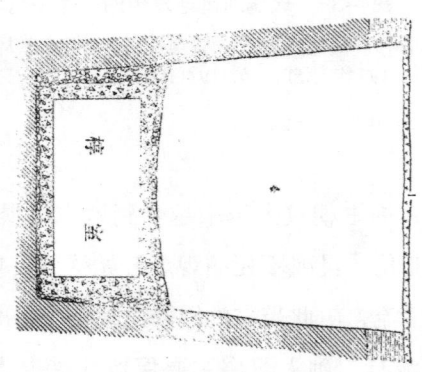

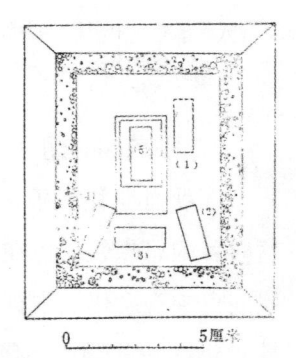

（1）1号陪葬棺；（2）2号陪葬棺；（3）3号陪葬棺；（4）4号陪葬棺；（5）三重套棺
1.表土层；2.砂土层；3.生土；4.墓内填土；5.积石积炭层

图4-37　山西太原金胜村251号大墓随葬平剖面图

资料来源：山西省考古研究所等《太原晋国赵卿墓》，文物出版社，1996，第7页。

---

① 山西省考古研究所等：《太原金胜村251号春秋大墓及车马坑发掘简报》，《文物》1989年第4期。
② 山西省考古研究所：《山西长子东周墓》，《考古学报》1984年第4期。

这些墓葬同属于嬴姓赵氏家族墓地。河南汲县山彪镇 M1 年代为战国早期,^①出土器物分为礼器、乐器、兵器、车器等,殉有 4 人,系魏国高级贵族墓葬。临猗程村墓地 M2021、M1023、M1056 均有殉人;河南陕县后川 M2124、M2138 也有殉人,墓主人头向北,均属于姬姓魏国墓地。河南辉县固围村 M1、M5、M6 各殉有 1 人,属于战国中期魏国王室墓地。^②

在中原地区周边受夷、商文化影响较深的国家,如楚国、吴越、齐国、莒国等人殉现象则更为普遍,而且持续时间也更长。楚国历来保留有强烈的巫鬼崇拜和灵魂不灭的观念,一是遍设鬼祠,二是尊崇厉神,三是隆祀国殇,称为国而死的人为鬼灵、鬼神,四是祈求先祖,希望借先祖鬼灵的力量来庇佑自己。^③在这种观念下,厚葬之风盛极一时,作为墓葬等级和地位身份象征的人殉习俗在楚国保存了较多,少则 1 人,多则 20 多人,从春秋中期开始出现,一直持续到战国中晚期。《列女传》曾记载楚国有人殉习俗,《左传·昭公十三年》记载,芊尹申亥以二女为楚灵王的殉葬。战国时期江乙劝说安陵君,愿意主动从死,以身为殉。^④淅川下寺春秋楚墓群包括春秋中晚期楚墓 25 座、车马坑 5 座,其中贵族墓有 9 座,出土随葬品共 6098 件,包括王子午升鼎、云纹铜禁和王孙诰编钟等国家一级文物,其中 M1、M2、M3 共殉 21 人,M10、M11 共殉 2 人。^⑤春秋中期当阳赵家湖金家山 M9 殉 3 人,陪葬墓 3 座,^⑥当阳赵巷 M4 殉 5 人。^⑦春秋晚期的湖北郧县乔家院春秋殉人墓 M3、M4、M5、M6 各殉 1 人(图 4-38);^⑧当阳曹家岗 M5 殉 2 人,^⑨固始白狮子地 M1 殉有 13 人。^⑩战国早期的固始侯古堆 M1 殉 17 人,^⑪新蔡葛陵楚墓殉 7 人;^⑫战国中期的鄂城百子畈 M3 殉 1 人,M4 殉 2 人,M5 殉 2 人,共殉 5 人。^⑬楚国人殉制度从春秋中期出现,主要出现在高等级贵族墓葬中,春秋晚期,一些中等贵族墓葬也出现了人殉现象,而高等级贵族墓葬的人殉人数和概率

---

① 高明:《略论汲县山彪镇一号墓的年代》,《考古》1962 年第 4 期。郭宝钧认为该墓年代为战国晚期,见《山彪镇与琉璃阁》,科学出版社,1959。
② 中国科学院考古研究所:《辉县发掘报告》,科学出版社,1956,第 71、104、106 页。
③ 宋公文、张君:《楚国风俗志·巫觋篇》,湖北教育出版社,1995,第 397~402 页。
④ 刘向:《战国策·楚策一》,中华书局,2007。
⑤ 河南省文物研究所:《淅川下寺春秋楚墓》,文物出版社,1991。
⑥ 湖北省宜昌地区博物馆、北京大学考古系:《当阳赵家湖楚墓》,文物出版社,1992,第 10、31 页。
⑦ 宜昌地区博物馆:《湖北当阳赵巷 4 号春秋墓发掘简报》,《文物》1990 年第 10 期。
⑧ 湖北省文物考古研究所、湖北省文物局南水北调办公室:《湖北郧县乔家院春秋殉人墓》,《考古》2008 年第 4 期。
⑨ 湖北省宜昌地区博物馆:《当阳曹家岗 5 号楚墓》,《考古学报》1988 年第 4 期。
⑩ 信阳地区文管会、固始县文化局:《固始白狮子地一号和二号墓清理简报》,《中原文物》1981 年第 4 期。
⑪ 固始侯古堆一号墓发掘组:《河南固始侯古堆一号墓发掘简报》,《文物》1981 年第 1 期。
⑫ 河南省考古研究所:《新蔡葛陵楚墓》,大象出版社,2003,第 38~39 页。
⑬ 湖北省宜昌县博物馆:《鄂城楚墓》,《考古学报》1983 年第 2 期。

较之前也有较大提高，说明这一时期，楚国人殉达到顶峰。

当中原地区各个国家逐渐废止人殉恶俗时，吴越仍然继续保持。《尸子》："夫吴越之国，以臣妾为殉。"《吴越春秋》："吴王有女滕玉，因谋伐楚，与夫人及女会蒸鱼，王前尝半而与女，女怒曰：'王食鱼辱我，不忘久生。'乃自杀。阖闾痛之，葬于国西阊门……杀生以送死，国人非之。"[1]江苏丹徒粮山春秋石穴墓中发现的吴国贵族墓殉1人，[2]淮阴高庄战国中晚期墓殉有14人，腰坑还殉1犬。[3]

东周时期对待人殉各国表现不相同，而善于接受新事物的齐国丧葬仍以厚葬为主。《韩非子·内储说上》记载："齐国好厚葬，布帛尽于衣裳，材木尽于棺椁。"《管子·侈靡》中

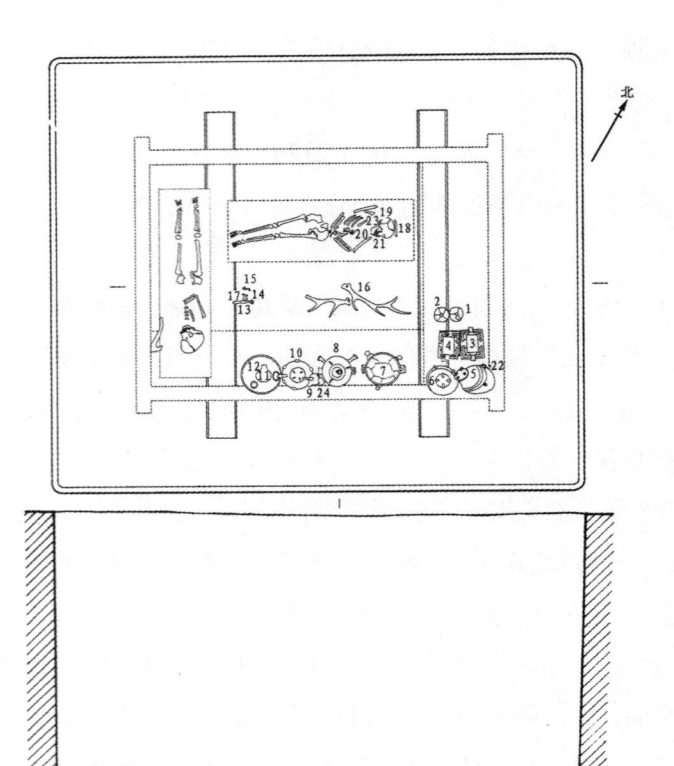

图4-38 湖北郧县乔家院春秋殉人墓M6平剖面图

资料来源：湖北省文物考古研究所、湖北省文物局南水北调办公室《湖北郧县乔家院春秋殉人墓》，《考古》2008年第4期，第331页，图7。

也说，齐桓公要求人们重视送葬行为，要修建巨大的墓室，要装饰墓地，要有大的棺椁，随葬衣物要丰富，要有殉葬品和隆重葬礼，此即"重送葬"、"巨瘗"、"美垄墓"、"巨棺椁"、"多衣衾"、"有次"等。《七国考·田齐丧制》引刘向曰，"昔齐威王卒，从死七十二人"。《晏子春秋·内篇谏下》记载齐景公的嬖臣梁丘据死，齐景公想为他"丰厚其葬，高大其垄"。《史记·苏秦列传》："齐宣王卒，闵王即位，说闵王厚葬以明孝，高宫室大苑囿以明得意，欲破敝齐而为燕。"

---

[1] 赵晔：《吴越春秋》卷2《阖闾内传》，江苏古籍出版社，1999。
[2] 刘建国：《江苏丹徒粮山春秋石穴墓》，《考古与文物》1987年第4期。
[3] 淮阴市博物馆：《淮阴高庄战国墓》，《考古学报》1988年第2期。

考古资料同样显示东周时期的齐国殉人现象非常普遍，而且殉人数量非常惊人，墓葬等级越高，殉人数量越多。《史记·齐太公世家》引《括地志》说："齐桓公墓在临淄城南二十一里牛山上，亦名鼎足山，一名牛首岗，一所二坟。晋永嘉末，人发之，初得版，次得水银池，有气不得入，经数日，乃牵犬入中，得金蚕数十箔，珠襦、玉匣、缯彩、军器不可胜数。又以人殉葬，骸骨狼藉也。"明代沈德符所著《万历野获编》中记载："嘉靖八年，山东临朐县有大墓，发之，乃古无盐后陵寝……生缚女子四人，列左右为殉，其尸得宝玉之气，尚未销。"山东省博物馆在1971~1972年在临淄齐国故城南发掘的郎家庄春秋战国之交的大型墓葬，墓圹南北长21米，东西宽19.5米，深6米，主室位于墓圹正中偏南处，用天然巨石垒成，并以卵石填塞缝隙，棺椁腐朽，主室被盗。此墓虽经盗掘多次，但仍出土了一批珍品，包括铜器、陶器、漆器及玉石、骨、玻璃等制成的饰品、丝麻织物、铁削、金带钩、水晶等。此墓内殉人26个，在主墓周围有陪葬坑17个，其中10个被盗，每坑埋有1人，均为青壮年女性，有7位殉人有小墓圹，有的还有随葬品，可能是墓主的侍妾；另外9个殉人被肢解后埋入封土内，他们的社会地位应该极其低下。该墓规模大，有丰富的随葬品，又有大批殉人，墓主人应是齐卿大夫一级的贵族（图4-39）。①

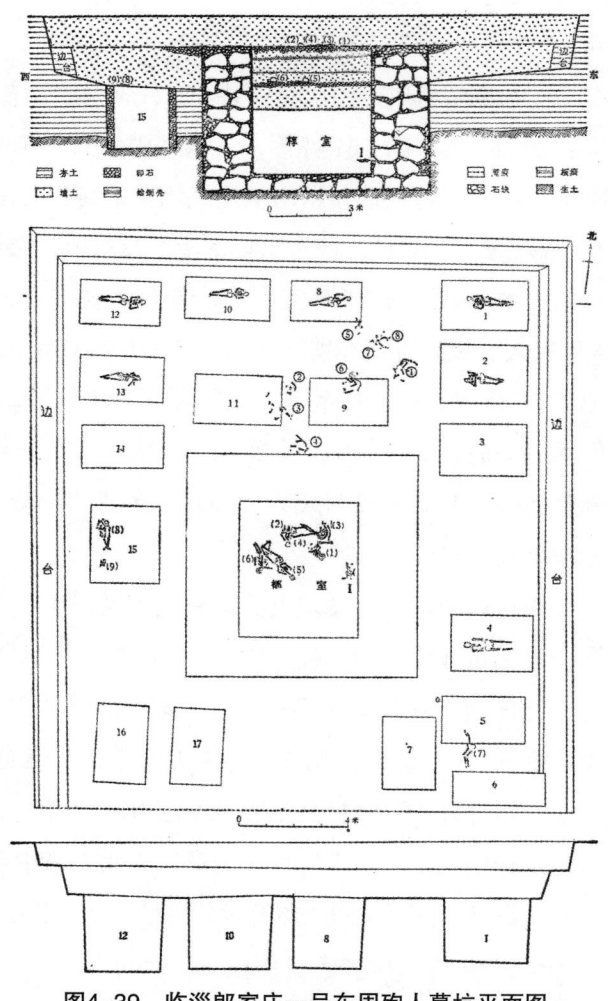

图4-39　临淄郎家庄一号东周殉人墓坑平面图

资料来源：山东省博物馆《临淄郎家庄一号东周殉人墓》，《考古学报》1977年第1期，第75页，图3。

---

① 山东省博物馆：《临淄郎家庄一号东周殉人墓》，《考古学报》1977年第1期。

东周时期山东境内其他国家如鲁国、莒国、鄅国、薛国、邾国都发现有人殉现象，尤以莒国为多，这与莒国保留了大量夷俗这一特殊的文化背景相关。《孔丛子·记义篇》记载鲁国的人殉现象。《左传·定公三年》："秋，葬邾庄公。"传曰："先葬以车五乘，殉五人。庄公卞急而好洁，故及是。"1977 年，山东沂水刘家店子遗址发现 2 座春秋中期莒国墓葬和 1 座车马坑，虽被盗但仍出土了一批青铜礼、乐器和车马器，同时发现殉人现象。①1975 年，山东莒南大店发现 2 座殉人墓，墓室结构、墓主、殉人、遗物的安放位置、出土部分陶器、铜器等与临沂凤凰岭东周墓相同，年代相当，均为春秋晚期莒国遗存。②1982 年，山东临沂凤凰岭发现东周墓 1 座，由器物坑、车马坑和墓室组成，出土器物共 329 件，其中铜礼器 30 件，乐器 19 件，兵器 172 件，玉石器 26 件，陶器 61 件等，主墓室内置有一棺一椁，有熟土二层台，墓主头向东，腰坑内殉犬，这些都显示出墓主人高贵的身份与地位，年代为春秋晚期，或属鄅国遗存。该墓殉人 14 具，分布于墓室南部及东西二层台上，可分为三类：第一类，殉人 4 具，为 1～4 号，位于墓室南部，分布于墓主东、南、西侧，有棺，有随葬品，其中 4 号殉人有成套青铜礼器、兵器、凤头斤等遗物，反映了他们生前与墓主人关系亲密，地位较高，或为墓主侍从，或为墓主妻妾；第二类，殉人 2 具，为 5～6 号，有棺，但无随葬品，地位低于第一类殉人，或为侍从一类；第三类，殉人 7～14 号，多用席缠裹而葬，9 号和 12 号殉人无葬具，多缺肢少足，有的被肢解，地位很低，很有可能是被杀殉的家奴。③

在东周列国中，秦国也是保有夷人风俗比较浓厚的国家，所以人殉制度在东周时期的秦国也非常兴盛。《左传·文公六年》："秦伯任好卒，以子车氏之三子奄息、仲行、鍼虎为殉，皆秦之良也。国人哀之，为之赋《黄鸟》。"秦国人殉盛行，秦武公死，殉 66 人，秦穆公死，殉 177 人，秦国贤臣奄息、仲行等皆是陪葬者，到秦献公元年，明令废止陪葬制度。④从秦武公殉人肇始，此后秦国人殉现象发展迅速，殉人身份也延伸到大臣。考古发现中的秦国人殉多集中于春秋晚期到战国中期，尤以秦景公墓殉人最多。位于陕西凤翔的秦公一号大墓在曲尺形土圹四周清理出用箱殉葬的 72 人，匣殉葬者 94 人，殉葬者身份较低，似为家内奴隶，该墓主人为春秋晚期秦景公。⑤此

---

① 罗勋章：《山东沂水刘家店子春秋墓发掘简报》，《文物》1984 年第 9 期。
② 吴文祺、张其海：《山东莒南大店春秋时期莒国殉人墓》，《考古学报》1978 年第 3 期。
③ 山东兖石铁路文物考古工作队：《临沂凤凰岭东周墓》，齐鲁书社，1987，第 33 页。
④ 司马迁：《史记·秦本纪》，中华书局，2014。
⑤ 韩伟：《凤翔秦公陵园钻探与试掘简报》，《文物》1983 年第 7 期。

墓以北，发现24座殉人墓葬和3座车马坑，均有殉人。由此可见，东周时秦地统治者殉人之盛。

尽管秦献公元年（公元前384年）明令废止从死制度，但此后殉人现象仍然存在。在被秦灭国之地，殉人同样盛行，殉人身份多为低下的生产奴隶或是刑徒。1959年，在山西侯马乔村发现的战国晚期70多座秦墓中，有殉人墓60多座，最多的一座殉人18名，有的殉人颈部有刑具铁钳，有的甚至被肢解，身份可能是刑徒或生产奴隶。①

东周时期牲殉也在一些诸侯国尤其受殷商夷俗影响较甚的国家流行。1984年，在山东临沂中洽沟发掘3座西周晚期到春秋早期莒国墓葬，其中M1和M2均在椭圆形腰坑内殉犬1只。②在鲁国故城乙组58座周人墓中基本不见人殉现象，也不见殉犬和腰坑；但鲁城家族78座夷人墓葬中，29座设置了腰坑，腰坑内多有殉犬。春秋时期山东临淄郎家庄齐国大墓内殉犬8只。可见，墓葬内设置腰坑，并有殉犬现象是夷人的一种习俗。

东周时期墓葬殉牲除犬外，还殉马、牛、羊、猪等，尤其一些规格较高的大中型墓葬中，殉牲数量惊人，这些殉牲除供墓主人地下享用外，还是一种地位身份的象征，尤其殉马多少还是当时军事实力的体现。

山东临淄齐故城河崖头M5位于齐故城东北部，早年被盗，无发现随葬品，墓室南北26米多，东西23米，椁室用石块砌垒，南北长8米，东西宽7米，深5米。位于该墓周围的春秋时期殉马坑保存完好，东、西、北三面相连，东、西各长70米，北面为75米，宽5米，山东省博物馆于1964年发掘了北面54米，清理殉马145匹，1972年又发掘了西面南端30米，清理殉马83匹，据此排列密度推算，全部殉马当在600匹以上；经初步鉴定均为骟马，全系战马，是被处死后人工排列埋葬的。马分两行，马头向外，昂首侧卧，作奔走状，排列在最前面的5匹，颈部都系有铜铃。在填土中还发现犬骨30具，猪骨2具，家禽骨6具，杀殉之多，举世罕见（图4-40）。③很显然，这样大规模的牲殉现象与墓主人的地位身份以及当时齐国的国家政治军事实力强盛有很大的关系。20世纪60年代中期，在齐国故城东部的于家墓地，70年代初在郭家庄的"黔敖冢"都发现了殉人和殉牲现象。

在内蒙古西部的鄂尔多斯高原和陕西北部一带分布有桃红巴拉文化，属于典型的游牧文化，年代为春秋中期到战国中晚期，属于白狄和林胡部落，④墓葬均为长方形

---

① 山西省文物管理委员会、山西省文物考古研究所：《侯马东周殉人墓》，《文物》1960年第8~9期。
② 临沂市博物馆：《山东临沂中洽沟发现三座周墓》，《考古》1987年第8期。
③ 张学海、罗勋章：《齐故城五号东周墓及大型殉马坑的发掘》，《文物》1984年第9期。
④ 田广金：《桃红巴拉的匈奴墓》，《考古学报》1976年第1期。

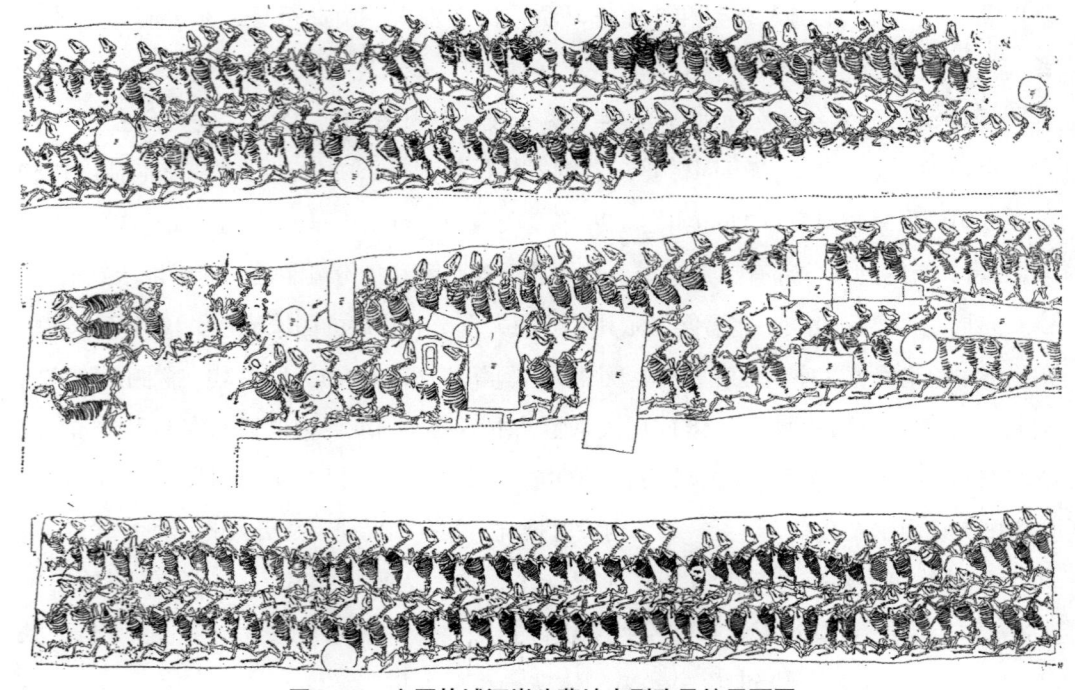

图4-40　齐国故城河崖头墓地大型殉马坑平面图

资料来源：山东省文物考古研究所《齐故城五号东周墓及大型殉马坑的发掘》，《文物》1984年第9期，第17页，图6。

竖穴土坑墓，墓向为南北向，仰身直肢葬，墓室内常见殉牲现象，多为牛头、马头和羊头。在内蒙古蛮汉山南部、山西北部一带分布有毛庆沟文化，年代为春秋中期到战国晚期，以内蒙古凉城毛庆沟墓地、①凉城饮牛沟墓地、②和林格尔店子乡墓地③等为代表。内蒙古和林格尔新店子墓地共有 43 座墓葬中存在殉牲现象，主要是用头、蹄表示，殉牲种类有马、牛、山羊和绵羊，殉牲一般都埋在填土中或墓葬的二层台上，各墓殉牲的数量和种类不一，多者有四种动物几十只，少者只有一种动物一只，墓葬年代为春秋晚期到战国早期偏晚阶段。④河北怀来北辛堡 1964 年发掘 2 座战国早期墓，M1 墓坑填土中堆放着殉牲头部和四肢，共有马、牛、羊各 10 只，M2 墓坑填土中分三层埋有殉牲的头部和四肢，共埋入马 11 匹、牛 5 头、羊 2 只、犬 1 只、猪 1 只和

---

① 内蒙古文物工作队：《毛庆沟墓地》，《鄂尔多斯式青铜器》，文物出版社，1986。
② 内蒙古自治区文物工作队：《凉城饮牛沟墓葬清理简报》，《内蒙古文物考古》1984年第3期。
③ 内蒙古文物考古研究所：《和林格尔县春秋战国时期狄人氏族墓地》，《中国考古学年鉴（2000年）》，文物出版社，2002。
④ 杨建华：《春秋战国时代中国北方文化带的形成》，文物出版社，2004，第101~104页。

人牲头骨 1 个。①很显然，这些殉牲都经过特殊处理后埋入墓葬填土中。

可见，东周时期的殉牲现象常见于内蒙古中西部、陕西北部、山西北部和河北北部等一带，属于游牧文化的集中分布区，而马、牛、羊等则是财富和社会地位的象征，这或许可以解释在这一区域多见殉牲现象的原因。这种殉牲现象一直延续到西汉时期。

二 人祭与牲祭

（一）西周时期

周族发祥于泾河和渭河流域，以农为主，十分重视天地山川社稷的祭祀，但是考古遗址中较少发现周人用人牲来祭祀祖先或用人牲作为宫殿建筑的奠基现象。周人灭商立国后，受商人影响，也沿用人牲，但商代晚期大规模的杀人祭祀现象到周代已经逐渐淡化。《逸周书·世俘》记载了周武王灭殷以后在周庙实施献俘大礼，"武王在祀……乃以先馘入燎于周庙……癸丑，荐殷俘王士百人……用牛于天、于稷，五百有四，用小牲羊豕于百神水土社三千七百有一"。说的就是武王主持祭祀，割下死者耳朵，并焚烧于周庙，同时献上殷商所俘获的王士百人……祭祀天神、谷神用牛牲 504 头，祭祀山川土地众神用羊、猪 3701 只。《周礼·春官·大宗伯》篇载："以血祭祭社稷、五祀、五岳"，这里的血祭实指用人牲，以人血滴于社主之上。②

《礼记·表记》："周人尊礼尚施，事鬼敬神而远之。"周人信奉"国之大事在祀与戎"，祭祀必然是非常重要的事情。但周人存在敬天保民思想，虽敬神但更尊礼制，在这种背景下，周代的尚鬼习俗、人祭、牲祭和殉葬之风锐减。

王朝更替，前朝的传统不会完全改变，周人用牲于祭祀的习俗虽然不普遍但还是存在的。陕西周原凤雏建筑基址的性质是作为宗庙来使用的，③在它的前堂基址上有土坑 H1、H3、H6、H10，里面埋有鸡和猪，应是宫殿建造过程或落成后有关典礼中形成的祭祀坑。④而凤雏建筑则是周原宫室中体现商文化宫室建筑特性的唯一例证。⑤洛阳北窑西周中期遗址中的 2 号房址规模较大，其周围环状分布有 12 个奠基坑，坑

---

① 河北省文化局文物工作队：《河北怀来北辛堡战国墓》，《考古》1966 年第 5 期。
② 丁山：《中国古代宗教与神话考》，龙门联合书局，1961，第 501~502 页。
③ 陕西周原考古队：《陕西岐山凤雏村西周建筑基址发掘简报》，《文物》1979 年第 10 期。
④ 徐锡台：《周原考古工作的主要收获》，《考古与文物》1988 年第 5、6 期合刊。
⑤ 杜金鹏：《周原宫殿建筑类型及相关问题探讨》，《考古学报》2009 年第 4 期。

内分别埋人、马、犬等，共有人牲7具、马3匹、犬2只，从出土状况看，人牲和畜牲均为活埋致死，"应是2号房奠础、安门时所埋"。该遗址内带两条墓道的M14，北墓道东侧有人牲、羊牲坑各1个，其中羊坑内埋有4只羊；西侧两坑各埋2马，系肢解后埋置。①有学者认为该处是周初殷遗民之地，所以尚存人牲现象，是商代习俗的遗留。另外，在陕西宝鸡西周中期茹家庄M1的墓道填土中发现1具人牲，为青年女性，身首分离，相距约3米，头骨附近有烧过的竹炭痕迹，肢骨旁边发现4枚贝壳，发掘报告指出，该墓在墓葬完工前曾举行过某种祭祀仪式，肢解人牲，焚烧竹节。②可见，西周时期的人祭与牲祭习俗总体上呈锐减之势，并没有普遍存在，而且很多案例是受殷商文化的影响而存在的。

（二）东周时期

东周时期，不管是在中原地区、北方各国，还是东方的齐国，西面的秦国，南方的楚和吴越以及西南各国都发现祭牲现象，③而主要还是在楚国和秦国等地，但用牲数量和用牲方式差异较大。祭牲目的还是以祭河神、献俘祭社、焚巫求雨、重要奠基等为主。人牲对象多为敌方俘虏、奴隶，也有地位较高者，而牲祭对象主要包括马、犬、牛、羊等。

中原地区人牲现象渐趋式微，发现较少。如山西曲沃羊舌晋侯墓地中，大型墓葬M1和M2是晋侯和妻子的墓葬，在墓室南部和南墓道发现227座祭祀坑，用人为牲明显减少，人牲仅10人，祭祀坑之间多有打破关系，应当是多次祭祀的结果。④位于晋国新田的东周上马墓地中，共发掘东周墓葬1387座，均为中小型竖穴土坑墓葬。在春秋早期墓葬M1261、M1270、M6005中各发现人牲1具，无葬具，无随葬品。例如M1270的牲人被肢解，头盖骨和肩胛骨放置在马臀部外侧，下肢骨和残段的下颌骨发现于墓葬的填土中，说明牲人是被肢解后随意埋置于填土中，年龄为13～14岁少年。⑤

1956～2001年，位于山西侯马的晋国新田遗址共发现祭祀遗址11处，发掘祭祀坑数千个，从目前资料看，属于人牲的仅2处。位于牛村古城南一处建筑遗址前的人牲坑（K16），南北向，坑口为长方形，长1.22米、宽0.55～0.62米，坑内人骨骨架

---

① 洛阳博物馆：《洛阳北窑村西周遗址1974年发掘简报》，《文物》1981年第7期。
② 宝鸡茹家庄西周墓发掘队：《陕西省宝鸡市茹家庄西周墓发掘简报》，《文物》1976年第4期。
③ 黄展岳：《中国古代人牲人殉通论》，文物出版社，2004，第168～246页。
④ 山西省考古研究所、曲沃县文物局：《山西曲沃羊舌晋侯墓地发掘简报》，《文物》2009年第1期。
⑤ 山西省考古研究所：《上马墓地》，文物出版社，1994，第23页。

保存完好，呈侧身跪卧式，头北面东，上肢在胸部交叉，为一名 30 多岁左右的男性，应是处死后埋入的（图 4-41）。① 山西曲沃北赵晋侯墓地 M93 是一座南北两条墓道的大墓，学者根据出土铜器，推定墓主为晋文侯（公元前 780～前 746 年在位），在其周围分布有较多的动物牺牲祭祀坑，不见人牲，以马、犬为多，牛、羊次之，大多被肢解。②

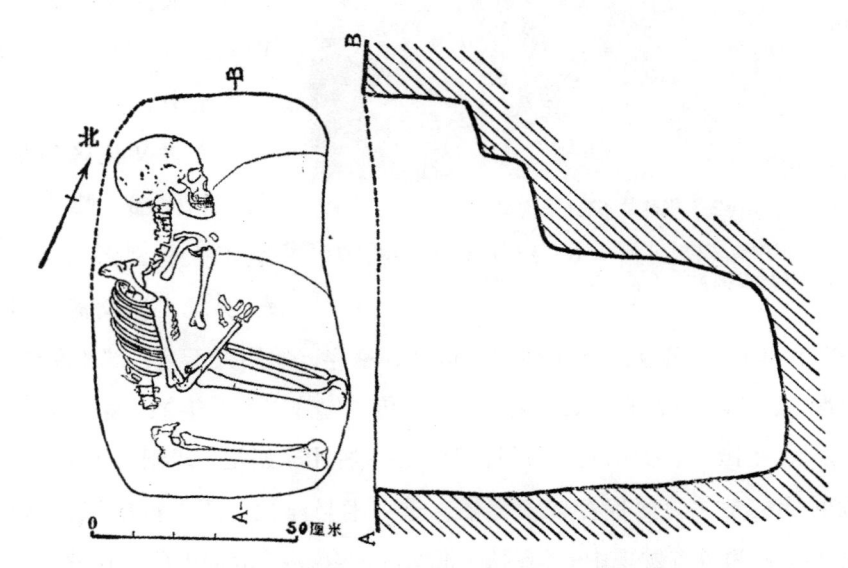

图 4-41　山西侯马牛村古城晋国建筑遗址人牲 K16 平剖面图
资料来源：山西省考古研究所侯马工作站《山西侯马牛村古城晋国祭祀建筑遗址》，《考古》1988 年第 10 期。

中原地区郑韩故城内也发现春秋早中期马坑，1993 年，河南省文物考古研究所共发掘出马坑 39 座，其中 21 号马坑为近长方形竖穴土坑，方向 290 度，坑口长 2.94 米，东端宽 2.06 米，西端宽 2.38 米，深 0.94 米，填黄花土，土质较松。坑内葬马骨 2 具，马侧躺放置，头向西足朝南，北部马前腿骨压在南部马颈骨和肩骨上。从叠压情况看，祭祀用牲都是放血后，逐个摆放埋入的。北侧 1 号马骨长 2.64 米，南侧 2 号马骨长 2.2 米（图 4-42），③ 也没有人牲遗留。

北方文化区包括赵国北部、中山国、燕国及更北的方国，总体来说，人牲现象较少，仅见于燕国西北边塞的河北怀来北辛堡战国墓、河北平山县访驾村中山国墓、赵

---

① 山西省考古研究所侯马工作站：《山西侯马牛村古城晋国祭祀建筑遗址》，《考古》1988 年第 10 期；《山西侯马高东周祭祀遗址》，《文物》2003 年第 8 期；《晋国祭祀遗址发掘报告》，《晋都新田》，山西人民出版社，1996。
② 北京大学考古系等：《天马—曲村遗址北赵晋侯墓地第五次发掘》，《文物》1995 年第 7 期。
③ 河南省文物考古研究所新郑工作站：《郑韩故城青铜礼乐器坑与殉马坑的发掘》，《华夏考古》1998 年第 4 期。

国北部戎狄区的山西定襄中霍村东周墓等三处。河北怀来北辛堡战国早期墓1964年发掘2座，共发现2具人牲，M1的一个人牲放在椁顶上被肢解埋入，M2的一个人牲头部置于填土中。①

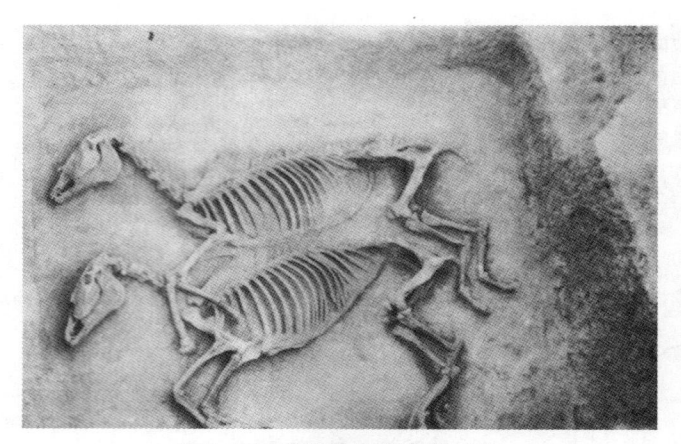

图4-42　郑韩故城21号殉马坑

资料来源：河南省文物考古研究所新郑工作站《郑韩故城青铜礼乐器坑与殉马坑的发掘》，《华夏考古》1998年第4期。

齐鲁文化区包括齐、鲁、莒、邾、鄫、滕、薛等古国。至于人牲，考古发现中也比较少见，但文献中则有较多记载。《左传·昭公十年》："平子伐莒，取郠，献俘，始用人于亳社。"《左传·哀公七年》："师宵掠，以邾子益来，献于亳社。"《左传·僖公二十一年》："夏，大旱，公欲焚巫尪。"可见，鲁国尽管少见人殉习俗，但是以人牲用来祭祀、求雨等现象还是存在的。

东周时期的楚文化区保存较多夷俗，重巫术与淫祀。用人牲祭祀、奠基等现象经常可见于文献和考古发现中。《春秋·昭公十一年》："楚师灭蔡，执蔡世子有以归，用之。"《左传·昭公十一年》："用隐太子于冈山"，此即献俘祭社；楚昭王时，将相"以身祷于神"，此为祭神灵。在楚国都城纪南城春秋晚期南垣水门遗址的发掘中，发现人骨架1具，位于第三层的木建筑中，人骨架有3双麻鞋，1把木篦和木梳，绳纹罐1件，人骨架周边有马骨和其他种类兽骨，此类人骨架极有可能为奠基牲行为。②

东周时期的秦国人牲现象比较流行，而且人牲数量较大。《史记·秦本纪》："十五年，穆公房晋君以归，令于国：'齐宿，吾将以晋君祠上帝。'"《史记·六国年表》："秦灵公八年，城堑河濒。初以君主妻河。"《礼记·檀弓下》："岁旱，穆公君召县子而问然，曰：'天久不雨，吾欲暴尪而奚若。'"尪，音汪，是指脊椎强直之残疾人，暴尪是指如果久旱不雨，尪者望天祈求上天哀怜而降雨。秦国人牲在考古中也有所发现，如陕西凤翔秦公1号大墓墓道填土中夯入牲人多达20多人，而且这些人牲多被肢解，分散于填土中，显然牲人地位极低。陕西凤翔秦都雍城马家庄1号建筑遗址是先秦时期保存最好的宗庙建筑，年代为春秋中晚期，祭祀坑共有181坑，包括牛坑、羊坑、

---

① 河北省文化局文物工作队：《河北怀来北辛堡战国墓》，《考古》1966年第5期。
② 湖北省博物馆：《楚都纪南城的勘察与发掘》，《考古学报》1982年第3期。

牛羊坑、马车坑、人牲坑、人羊同坑及28个其他坑。牛羊坑有的埋整牛或羊，有的被肢解后埋入，有的仅埋腿骨、头骨等。八个人牲坑，每坑至少埋一人，无葬具，肢解后埋入或仅埋头颅，153号坑的牲人呈跪式，无上肢骨，头骨已残。身旁有玉璧、骨璧各一件。①总体来说，秦国用来祭祀的牺牲以动物为主，人牲现象还是少数。

战国时期的祭牲现象同样存在于各诸侯国和地区。1956~2001年，在山西侯马晋国新田遗址共发现祭祀遗址11处，发掘祭祀坑数千个，年代为公元前450~前420年，分布集中，按照一定次序排列，或2坑一组，或4坑一组，祭牲以羊为主，其次是牛、马和猪，约有半数的坑埋牲肉或牲血，发掘时呈空坑。牲畜多侧卧，较为完整，有的祭牲作挣扎状，有的在祭牲上埋玉璧、玉璜。②

综上所述，无论是墓地人祭，还是建筑奠基之人祭，或是牲祭，都是一种宗教祭祀行为，是祖先崇拜和精神信仰的体现。结合文献和考古资料可以看出，商代是人祭、牲祭礼俗存在最盛行的时期，进入西周时期，人祭礼俗突然减少，东周的人祭活动主要存在于受殷商文化或夷俗影响较深的国家，如齐、楚、秦等。商人"率民以事神，先鬼而后礼"，重视祭神祀神，因此对祭牲的选择是多样性的，而频繁的对外战争是商人获取战俘和奴隶最重要的渠道之一，所以人祭在商代盛行是必然的。而周王朝以农立国，本无人祭习俗，虽受殷商影响，但周王朝礼制的实施与敬德保民思想的流传，民的地位在周王朝逐渐提高，导致人祭、牲祭并没有完全在周代流行。人祭习俗此后在不同时期都有保存，例如云南佤族半个多世纪前还流行人头祭祀，祭祀前必猎头。

人祭、牲祭习俗是夏商周时期灵魂不死观念、事鬼敬神和祖先崇拜以降福于己观念的反映，更是政治统治的需要，人祭、牲祭习俗在不同时期的变化也是社会观念和精神信仰在夏商周时期的不同表现。

三 东周时期殉葬与祭祀的减势

人殉、牲殉作为一种残酷野蛮的宗教行为和制度，从史前时期开始出现，到商代盛极一时，西周早期仍然盛行，无论是比例还是数量都与商墓无异。西周中期以后，人殉现象相对衰落，西周晚期，黄河流域的周人墓葬中，已经很少见到人殉、牲殉现

---

① 陕西省雍城考古队：《凤翔马家庄春秋一号建筑遗址第一次发掘简报》，《考古与文物》1982年第5期；《凤翔马家庄一号建筑群遗址发掘简报》，《文物》1985年第2期。
② 山西省考古研究所侯马工作站：《山西侯马牛村古城晋国祭祀建筑遗址》，《考古》1988年第10期；《山西侯马西高东周祭祀遗址》，《文物》2003年第8期；《晋国祭祀遗址发掘报告》，《晋都新田》，山西人民出版社，1996。

象。但在春秋战国时期，在地位尊崇的诸侯国君或高等级的贵族中，仍然多见人殉、牲殉现象，如春秋的晋国，战国的赵、魏等国，尤以受夷俗影响较深的齐国、莒国、秦国、楚国、越国为多。

从春秋中叶以后，社会环境发生变化，加上以孔子、墨子和道家等为代表的节葬思想在社会上广泛流传，有效影响了殉葬和祭祀现象和社会观念，人殉制度遭到各国各阶层人的反对和抵抗。

在齐国也有人反对殉葬，重视民本思想。《礼记·檀弓下》载，齐国大夫陈子亢劝解家人不要以人为其哥哥殉葬。《左传·襄公二十五年》载，齐庄公因与崔杼之妻私通，而被崔杼杀死，其嬖宠之人前后 11 人从死。晏婴不从其死，他认为："君民者，岂以陵民？社稷是主。臣君者，岂为其口实，社稷是养。故君为社稷死，则死之；为社稷亡，则亡之。若为己死，而为己亡，非其私昵，谁敢任之。"晏婴反对殉葬，认为民高于国君和社稷，这种民本思想在东周时期是很难得的。

秦穆公死后殉 177 人，国人哀之，做《黄鸟》篇加以讥讽。在中原文化核心区域的晋国、赵国、魏国等，东周时期仍然存在人殉现象，但是并不普遍，殉人数量也很少，而且延续时间短；用于祭祀的人牲现象也渐趋式微，发现较少。战国时期，这种数百十人的人殉现象或被认为不人道，该时期发现的贵族墓中殉人较少。战国早期以后，人殉在楚国式微，人殉基本上只出现于高等级贵族墓葬中，数量也减少，战国中期，人殉比例更少。汉代以后，人殉现象逐渐废止。

尽管到战国时期，人殉现象仍然存在，由于战国中晚期新葬俗"俑葬"的推行和薄葬意识的传播，战国中晚期人殉和牲殉现象在广度上和数量上有明显的减少并逐渐消亡，反映了丧葬意识的改变和社会的进步。

四 俑类的出现与增势反映的殡葬观的进步

伴随春秋以来人殉和人牲的减少，代之而起的是明器的兴起和春秋晚期以来的以俑随葬，尤其楚国及邻近地区在战国中晚期以俑随葬之风兴盛，反映了人殉制度的衰微。

楚国的俑葬资料较为丰富。从目前公布资料来看，春秋晚期典型墓葬有湖北当阳曹家岗 M5 出土木俑 1 件、[①] 河南固始侯古堆 M1 出土玉俑 1 件。[②] 战国早期典型墓葬

---

① 湖北宜昌地区博物馆：《当阳曹家岗五号楚墓》，《考古学报》1988 年第 4 期。
② 固始侯古堆一号墓发掘组：《河南固始侯古堆一号墓发掘简报》，《文物》1981 年第 1 期。

有湖北随县擂鼓墩 M1 出土木俑 2 件，①战国中期早段的有湖南湘乡牛形山 M1 出土木俑 18 件，②战国中期的江陵雨台山楚墓 M21 出土木俑 2 件，③江陵马山 M2 出土木俑 26 件，④信阳长台关 M1 出土木俑 11 件、M2 出土了 10 件，⑤战国中期后段的有江陵天星观 M1 出土木俑 12 件，⑥荆门包山 M2 出土木俑 12 件，⑦长沙五里牌 M406 出土木俑 30 件，⑧长沙杨家湾 M6 出土木俑 50 件。⑨

由上述资料分析看，楚国的俑葬现象肇始于春秋晚期，出土数量少，而且与人殉现象并存，如固始侯古堆 1 号墓、当阳曹家岗 5 号墓中均是殉人与俑葬并存，说明了春秋晚期属于人殉向俑葬过渡的阶段。从俑葬数量来看，从春秋晚期到战国中晚期，随葬数量越来越多，由最初的 1 件到长沙杨家湾的木俑 50 件；以俑随葬的频率也越来越多，"战国中期俑葬墓约占墓葬总数的 50%，而到了战国晚期俑葬比例则达到 100%"⑩，说明以俑随葬是呈明显上升趋势的，而到了战国晚期随着丧葬观念的变化则全部采用俑葬。

值得注意的现象是，在俑葬刚开始出现时，仅发现于等级较高的贵族墓葬中，战国中期以后，在下层贵族墓中开始普及并迅速流行，说明厚葬人殉之风的减弱和俑葬出现并流行的殡葬改革最早是从上层贵族阶层开始，然后蔓延到下层社会，并逐渐成为社会风尚。

和楚国一样，在人殉遭受排斥和非议的同时，秦国也出现了俑葬制度，用陶俑或木俑来代替人殉。秦俑最早也见于春秋晚期，例如陕西凤翔秦公陵园曾出土 2 件石质俑，⑪陕西长武上孟村春秋晚期秦国墓葬 M26 出土 1 件泥俑，⑫陕西铜川北郊枣庙村出土 8 件春秋晚期到战国中期的泥俑，⑬湖北云梦睡虎地秦墓中出土 4 件陶俑。⑭整个

---

① 湖北省博物馆：《随县曾侯乙墓》，文物出版社，1980。
② 湖南省博物馆：《湖南湘乡牛形山一、二号战国木椁墓》，《文物资料丛刊》第 3 辑，1980，第 103 页。
③ 荆州地区博物馆：《湖北江陵雨台山 21 号战国楚墓》，《文物》1988 年第 5 期。
④ 荆州地区博物馆：《湖北马山砖厂二号楚墓发掘简报》，《江汉考古》1987 年第 9 期。
⑤ 河南省文物研究所：《信阳楚墓》，文物出版社，1986，第 59、114 页。
⑥ 湖北省荆州博物馆：《江陵天星观一号楚墓》，《考古学报》1988 年第 1 期。
⑦ 湖北省荆沙铁路考古队包山墓地整理小组：《荆门市包山楚墓发掘报告》，《文物》1988 年第 5 期。
⑧ 中国科学院考古研究所：《长沙发掘报告》，科学出版社，1958，第 60 页。
⑨ 湖南省文管会：《长沙杨家湾 M006 号墓清理简报》，《文物参考资料》1954 年第 12 期。
⑩ 邱东联：《楚墓中人殉与俑葬及其关系初探》，《江汉考古》1996 年第 1 期。
⑪ 韩伟：《凤翔秦公陵园钻探与试掘简报》，《文物》1983 年第 7 期。
⑫ 负安志：《陕西长武上孟村秦国墓葬发掘简报》，《考古与文物》1983 年第 3 期。
⑬ 杜保仁、呼林贵：《陕西铜川枣庙秦墓发掘简报》，《考古与文物》1983 年第 3 期。
⑭ 云梦睡虎地秦墓编写组：《云梦睡虎地秦墓》，文物出版社，1981，第 54 页。

俑葬制度到秦始皇时期达到顶峰时期，这一点我们从秦始皇陵兵马俑就可以看到。值得注意的是，这些随葬俑的身份多为侍卫、侍从等，秦始皇陵兵马俑多为军队形式出现，反映了秦国对军事的重视。另外在山东临淄郎家庄战国早期墓中出土女舞俑，[①]长治分水岭[②]等均发现陶俑，山东章丘女郎山战国中期一号大墓的陪葬墓中发现了38件彩绘乐舞陶俑。[③]

用俑随葬代替人殉，是节葬思想的传播导致丧葬习俗和殡葬制度发生变革的结果，也反映了整个社会对人本身的重视，这是社会的巨大进步。

综上所述，人殉与人祭是两种不同性质的行为方式，表达了不同的含义。人殉是私有制发展到一定程度的表现，人殉遗存中，殉人其实就是墓主的私有财产。人祭属于意识形态的范畴，是古代先民由于某种信仰而产生的习俗或宗教行为，它可以用来祭祀某个有身份地位的人、某项建筑，也可以祭祀共同信仰的神祇。[④]人殉是希望"殉人"去阴间侍奉死去的贵族，人祭是用来祭祀祖先和鬼神，祈求赐福。人殉和人祭在"人"生前身份、处死方式和埋葬方式上都有所不同。殉牲是以动物牺牲从死于墓主人，供墓主人死后享用或为他服务，祭牲则是以动物牺牲来祭祀祖先或鬼神。

人殉是在墓主人下葬时举行，殉人多为墓主人生前的近幸、侍从、家奴或贴身武士等，所以殉人多与贵族同墓，有的在墓室内，有的在椁室内，按等级差异给予不同待遇，有的有随葬品和棺椁，有的没有，多骨架完整，姿势正常。

以祭祀祖先来说，人祭可在墓主下葬时举行，也可以在此后对祖先祭祀中进行。考古资料中见于墓葬的那些身首分离的头颅和躯体，很有可能就是墓主下葬时被肢解的用于祭祀的人牲，那些仅埋有头颅或躯干或凌乱尸骨的丛葬坑，很有可能也是人祭现象。这些人牲生前的身份可能是战俘，也有可能是刑徒或奴隶，这种拿敌人首级来祭祀祖先的习俗一直流传到现代，如云南的猎头习俗。

无论是人殉与牲殉，还是人祭与牲祭，殉葬和祭祀都是夏商周时代的重要礼俗，而殉葬仍是最重要的墓葬习俗之一，也是夏商周时期殡葬现象中的一种突出表现、一个重要特点。殉葬关注的是死后世界，而祭祀关注的是现实世界。人殉与牲殉、人祭与牲祭的发展演变也是夏商周时期社会生死观念变迁和社会等级差异的缩影。夏商时期，灵魂不灭观念和事鬼敬神是当时主要社会观念，尤其商代晚期尚鬼习俗达到高

---

① 山东省博物馆：《临淄郎家庄一号东周殉人墓》，《考古学报》1977年第1期。
② 山西省文物管理委员会：《山西长治市分水岭古墓的清理》，《考古学报》1957年第1期。
③ 李曰训：《山东章丘女郎山战国墓出土乐舞陶俑及有关问题》，《文物》1993年第3期。
④ 赵晔：《良渚文化人殉人祭现象试析》，《南方文物》2001年第1期。

峰，与之对应的是殉葬和祭祀达到高峰，尤其大型建筑基址、高等级王和贵族墓葬更是如此，人殉、牲殉和人祭、牲祭的数量和规模成为社会等级差异的重要表现和区分。西周时期，周人灭商，吸取商亡国教训，事鬼敬神而远之，同时尊礼尚施，敬天命，保民生，所以残酷的人殉与人祭在这一时期锐减，有些区域甚至消失，这是社会进步的表现。东周时期，无论上层社会还是民间都仍然相信灵魂不灭，要想消灾减难，厚葬之风重新兴起，与之相应的是人殉和人祭习俗又在有些诸侯国发展起来，尤其那些受殷商旧俗影响较大的国家更是如此，如齐国、楚国、秦国、莒国等，到战国时期更是发展到登峰造极的地步。但灵魂不灭观念在这一时期受到一部分进步思想家和政治家们的怀疑，加上民本思想和新兴阶层的兴起，以及节葬观念和俑葬习俗的流行，殉葬和祭祀习俗都受到不同程度的遏制，呈不断衰减的趋势，反映了殡葬习俗的转变和社会的巨大变革与进步。

第五节 遗体保护方式

根据先秦时期文献记载，早在夏商周时代，就已经重视对死者尸体的保护，采取一定的防腐措施，这种观念是商周时期灵魂不灭和魂魄观念的反映，认为人死后，"魂气归于天，形魄归于地"（《礼记·效特牲》）。为了使死者的魂魄有所依托，必须重视遗体防腐，以保证尸体长期保存。根据文献和考古发现资料，先秦时期的遗体防腐技术多样化，如使用朱砂的措施、对棺椁材质的要求、对墓室环境的营造等都是为了使遗体能保存长久。《太平御览》卷557引《晋书》载："愍帝建兴中，曹嶷发景公及管仲冢，尸并不朽，缯帛可服，珍宝巨万。"曹嶷于公元前315年发掘临淄古墓，发现齐景公及管仲的尸体历经八九百年不腐。

一 朱砂或水银随葬

朱砂又称丹砂，主要成分是硫化汞，粉末呈红色或粉红色，具有杀菌和防腐功能。新石器时代就出现使用朱砂，常用作颜料，用于器物上的涂绘等，也有将其用于墓葬中，如陶寺大、中型墓葬中均出现有朱砂粉末的现象。[1]在二里头文化墓葬中也发现较多的铺撒朱砂，尤以二、三期为盛。[2]如河南荥阳西史村墓葬M1，墓室面积

---

[1] 刘莉：《中国新石器时代——迈向早期国家之路》，文物出版社，2007，第124页。
[2] 郑若葵：《论二里头文化类型墓葬》，《华夏考古》1994年第4期。

较小，仅 1.21 平方米，仰身直肢葬，头南向，遍身散满朱砂，随葬有玉柄形器 1 件，陶爵、盉、圆腹罐、盆、高领小罐、圆陶片等若干，海贝 4 枚。商代延续这一传统，在很多墓葬中发现棺底、椁底或死者身上铺撒有朱砂。商代早期的郑州商城遗址的墓葬中，朱砂多铺设于墓底死者身下，也有在死者身上身下遍撒朱砂的，1997 年发掘的 T166M6 中有三人，中间为墓主，身上身下铺撒大量朱砂，两侧的殉人身上则不见，①说明朱砂葬在这一时期是存在等级差异的。商代晚期的殷墟墓葬中也出现有墓内铺撒朱砂的现象，如殷墟花园庄东地 M54 的棺底或墓底都铺有朱砂。②值得注意的是，殷墟墓葬中有的殉人、殉牲身上也撒满了朱砂，说明被殉之人的身份并不低，所殉之牲也因墓主人的身份高而受到特殊对待。这一时期的朱砂葬还见于山东滕州前掌大墓地，M3 和 M4 均在棺底铺有一层朱砂，M4 厚度达到 6 厘米，间杂有大量海贝。③

周代的墓葬中也发现朱砂随葬习俗。如西周时期的陕西扶风齐家村墓葬中有四座墓葬墓底铺有朱砂，④春秋晚期的宝鸡益门村秦国墓葬棺内铺有 0.02～0.05 米厚的朱砂层，⑤战国中晚期的陕西凤县双石铺秦国墓葬墓底铺设有 0.2 厘米厚的朱砂层。⑥

朱砂的使用在早期多数撒于死者身上或周围，后期逐渐铺撒棺底或墓底，使用范围也由等级较高的墓葬逐渐有所扩展。朱砂是红色，红色象征着生命，在死者身上涂撒朱砂的习俗是原始人灵魂不灭观念的具体反映。⑦在人们心目中，朱砂同时具有防腐和辟邪的功效，因而朱砂的使用逐渐由信仰而成为固定的一种墓葬习俗。在古代的秘鲁也有使用朱砂的习俗，一方面为了防腐，另一方面，红色象征生命，可以让死者重生。⑧

朱砂中可以提炼出水银，水银同样起着抑制霉菌的作用，而且抗腐性能远远大于朱砂。先秦时期人们已经掌握了提炼水银的技术，并用于墓葬随葬，以防止尸体腐败。《吴越春秋》记载吴王"阖闾死，葬于国西北，名虎丘……冢池四周，水深丈余，椁三重，倾水银为池，池广六十步"。说明在春秋时期已经掌握了提炼水银的技术，而且直接使用到墓葬中，希望能起到很好的尸体防腐作用。但目前考古资料发现很少。

---

① 郜向平：《商系墓葬研究》，科学出版社，2011，第 112 页。
② 中国社会科学院考古研究所安阳工作队：《河南安阳市花园庄 54 号商代墓葬》，《考古》2004 年第 1 期。
③ 中国社会科学院考古研究所：《滕州前掌大商代墓葬》，《考古学报》1992 年第 3 期。
④ 周原考古队：《2002 年周原遗址（齐家村）发掘简报》，《考古与文物》2003 年第 4 期。
⑤ 宝鸡市考古工作队：《宝鸡市益门村秦墓发掘纪要》，《考古与文物》1993 年第 3 期。
⑥ 刘宝爱、胡志仁：《凤县双石铺发现一座秦墓》，《文博》1991 年第 6 期。
⑦ 徐吉军：《中国丧葬史》，江西高校出版社，1998，第 37 页。
⑧ 转引自高志伟《考古资料所见赭石、朱砂、铅丹及其应用》，《青海民族大学学报》2011 年第 1 期。

二 用香料防腐

先秦时期，人们采用在尸体周围涂抹和铺撒花椒、香囊等香料的方式，用以防腐，既可以保持空气清新，也可以使尸体散发香气，同时具有杀菌防腐保鲜的功能。殷墟亚长墓共出土随葬品579件，其中铜器267件，玉器222件等，其余包括铜钺7件，象征亚长身前具有很高的军事地位。在墓主人身下发现铺有一层花椒。[①]花椒具有杀虫止痛之功能，具有防腐功能。另外在春秋早期的河南光山黄君孟夫妇墓，[②]春秋晚期的河南信阳长台关M1和M2，[③]战国早期的曾侯乙墓，[④]战国中期的湖北江陵马山一号楚墓，[⑤]战国晚期的湖北荆门包山楚墓[⑥]中均发现出土有花椒。可以看出，春秋战国时期出有花椒的墓葬均为等级较高的墓葬，而且多为南方楚地，说明用花椒随葬多是南方的习俗。

三 棺椁木料与积炭、白膏泥墓

为了防止尸体腐败，先秦时期人们注重对棺椁木材材质和厚度的选择，《礼记·檀弓上》载："夫子制于中都，四寸之棺，五寸之椁，以斯知之，不欲速朽也。"在春秋时期，人们已经熟练掌握木材性能，并选择作为制作棺椁的材料，比如说天子用柏木，诸侯用松木来制作棺椁，而其他等级的人员可以选择梓木、楠木等材料。

先秦时期，为了营造密闭的空间，以控制遗体腐败的进程，十分重视对墓室的营造，从新石器时代中晚期就出现对墓室回填土的夯打，到夏商周时期在大中型墓中已普遍采用，这对于防盗、保护尸体都有很大作用。而且在这一过程中还不断有新的措施。尤其东周时期墓室不仅深达数十米，而且墓室四周常填满15～30厘米厚的白膏泥，在白膏泥与椁室之间还填充数量庞大的木炭层，厚达1米以上，木炭具有很好的吸水性，而膏泥具有密封过滤作用，棺椁上方用五花土夯实而成。这样墓室处于低温、恒温、恒湿、无氧的环境下，尸体就能得以很好长久的保存。早在西周时期就存在积炭墓，如山西北赵晋侯墓地西周中期M7在墓底椁下铺有一层较薄的木炭，[⑦]西周

[①] 中国社会科学院考古研究所：《殷墟花园庄东地商代墓葬》，科学出版社，2007，第75页。
[②] 信阳地区文管会、光山县文管会：《春秋早期黄君孟夫妇墓发掘报告》，《考古》1984年第4期。
[③] 河南省文物研究所：《信阳楚墓》，文物出版社，1986。
[④] 湖北省博物馆：《曾侯乙墓》，文物出版社，1989。
[⑤] 湖北省荆州地区博物馆：《江陵马山一号楚墓》，文物出版社，1985。
[⑥] 荆沙铁路考古队包山墓地整理小组：《荆门包山楚墓发掘简报》，《文物》1988年第5期。
[⑦] 北京大学考古学系、山西省考古研究所：《天马—曲村遗址北赵晋侯墓地第二次发掘》，《文物》1994年第1期。

晚期的 M2 椁室周围施有木炭，用炭量在 25 立方米。①山东海阳嘴子前墓地中发现春秋时期膏泥墓，②山东淄博南韩村墓地战国时期墓葬 M8 发现墓室填以膏泥，③1970 年在诸城臧家庄发现的战国墓葬中墓室填以黑白两层膏泥，椁室下面铺有 20 厘米厚的木炭。④浙江绍兴印山大墓 M1 系有长墓道的长方形竖穴岩坑木椁墓，由隍壕、封土、墓坑、墓道和墓室等组成，墓坑填土除南壁因塌方而在外敞部分筑以夹石花土外，其余全部填筑结构细密且富有黏性的青膏泥，厚约 6.6 米，总使用量近 5700 立方米；在青膏泥下填筑木炭，覆盖在墓室之上，呈两面斜坡状，与墓室形状一致，厚约 1 米，墓室底部也垫以厚 1.65 米的一层木炭，填炭总量达到 1400 立方米左右；在木炭层下面的墓室之外包裹着大约 140 层树皮，总厚度达到 20 厘米。⑤可见，积炭墓或白膏泥墓从西周时期就已开始，延续时间长，多见于规格高的大型墓葬中。《吕氏春秋·孟冬记》记载："题凑之室，棺椁数袭，积石积炭，以环其外。"说的即是这种方法。积石、积炭、填充白膏泥，有的还与填沙相结合，如河南辉县固围村战国墓地的三座大墓，都有积沙。⑥

四　沐浴消毒

《周礼·春官·宗伯》记载"大丧始崩，以肆鬯涗尸"，人死后，由担任鬯职的人用郁鬯水为尸体沐浴。郑玄注："肆鬯，所谓陈尸设鬯也。郑司农云：'涗尸，以鬯浴尸。'"贾公彦疏："肆，陈也。涗，浴也。王丧始崩，陈尸，以鬯浴尸，取其香美云。"可见，周朝王侯的大丧要用郁金香草和黍酒沐浴尸体，具有清香和消毒作用，这样能够保持尸体香美，没有腐臭味。酒具有消毒和杀菌作用，用酒沐浴尸体对于尸体的防腐有很大作用。而作为一般平民死者，也普遍有对遗体进行沐浴，并修整指（趾）甲、整理发髻的礼俗。

五　寒尸

先秦时期还采用冰来"寒尸"的方法，用来保存尸体。《礼记·王制》中规定：

---

① 北京大学考古学系、山西省考古研究所：《天马—曲村遗址北赵晋侯墓地第一次发掘》，《文物》1993 年第 3 期。
② 烟台市文物管理委员会、海阳县博物馆：《山东海阳嘴子前春秋墓的发掘》，《考古》1996 年第 9 期。
③ 淄博市博物馆：《淄博市南韩村发现战国墓》，《考古》1988 年第 5 期。
④ 山东诸城县博物馆：《山东诸城臧家庄与葛布口村战国墓》，《文物》1987 年第 12 期。
⑤ 浙江省文物考古研究所、绍兴县文物保护管理所：《浙江绍兴印山大墓发掘简报》，《文物》1999 年第 11 期。
⑥ 中国科学院考古研究所：《辉县发掘报告》，科学出版社，1956。

"天子七日而殡，七月而葬；诸侯五日而殡，五月而葬；大夫、土、庶人三日而殡，三月而葬。"春秋时期的国君和高等级贵族死后，陈放尸体时，在夏天一般要在陈尸床下面摆放冰块，降低温度，防止尸体腐败。《礼记·丧大记》："君设大盘造冰焉，大夫设夷盘造冰焉，士并瓦盘，无冰。设床襢第，有枕、含一床，袭一床，迁尸于堂又一床，皆有枕席，君大夫士一也。"《仪礼·士丧礼》"士有冰，用夷盘可矣"，说明寒尸的方式主要是等级较高的阶层使用，而一般平民阶层没有能力和条件制冰和用冰寒尸，也就是说先秦时期敛尸用冰存在礼制上的差别。

除这些防腐措施外，还有用纺织品缠裹、以玉敛尸等方法都起到防腐作用。先秦时期，还有用纺织品对死者尸体多层缠裹的方式，以达到延长尸体寿命的目的。根据《仪礼·士丧礼》的记载，人死后最起码要缠裹四件衣服。有的更多层，这样可以将死者尸体缠裹得严严实实，最大限度地避免尸体暴露于空气之中，从而达到防腐的效果。《周礼·春官·典瑞》："璧琮以敛尸。"说明先秦时期玉器除礼器外，还有敛尸功能。《抱朴子·对俗篇》说："金玉在九窍，则死人为之不朽。"意思是用玉器塞在人的九窍，可以防止尸体腐朽。周代墓葬中的玉器常见这种用法，玉覆面、口琀、肛塞、耳塞等或可作为旁证，即希望尸体不朽。目前考古发现年代最早的玉覆面，出土于山西绛县横水基地西周中期的 M2 中，[1]西周晚期的见于张家坡西周墓地 M303 和 M157，[2]还有三门峡虢国墓地 M2001；[3]春秋时期的玉覆面见于天马—曲村北赵晋侯墓地 M93、[4]洛阳中州路 M467[5]等；战国时期的玉覆面见于洛阳中州路 M2209[6]和湖北荆州秦家山 M2。[7]先秦时期的玉覆面都见于等级较高的墓葬，从西周中期一直到战国时期。

第六节　边远地区殡葬习俗的差异

两周时期的边缘地区的殡葬习俗与中原地区有着明显的差异性。在边远地区不同区域内的殡葬习俗也有很大差异，如西南地区流行悬棺葬、船棺葬和石棺葬，这些葬

---

[1] 山西省考古研究所、运城市文物工作站、绛县文化局：《山西绛县横水西周墓发掘简报》，《文物》2006年第8期。
[2] 中国社会科学院考古研究所编《张家坡西周玉器》，文物出版社，2007，第13、41页。
[3] 河南省文物考古研究所、三门峡市文物工作队：《三门峡虢国墓》，文物出版社，1999，第170~173页。
[4] 北京大学考古系、山西省考古研究所：《天马—曲村遗址北赵晋侯墓地第五次发掘》，《文物》1995年第7期。
[5] 中国科学院考古研究所：《洛阳中州路》，科学出版社，1959，第119页。
[6] 中国科学院考古研究所：《洛阳中州路》，第120页。
[7] 湖北省荆州博物馆：《湖北荆州秦家山二号墓清理简报》，《文物》1999年第4期。

法也流行于福建、江西和浙江部分地区，西北地区主要流行火葬和洞室墓，秦文化区则流行屈肢葬，在西北地区、北方地区和东北地区流行石构墓葬，在东南地区主要流行土墩墓和石室墓等，而在西北和北方边疆地区则盛行殉牲习俗，如甘青地区、内蒙古中南部、北京延庆等地。

一 悬崖葬和船棺葬

（一）悬棺葬或崖洞葬

周代的南方部分地区存在以崖洞而葬的习俗，即崖洞墓，有学者根据葬位总称为悬棺葬。悬棺葬多利用临江面水的高崖绝壁上的天然岩洞建造，用以安放死者，这种岩洞经常位于距离地表或水面有一定高度的悬崖上，多为石崖，悬崖陡峭险峻，峭壁光滑，垂直度大，人很难攀登上去，加工也很困难，从而起到保护尸体的作用。崖洞葬多利用天然崖洞，经加工整修，安置死者；或在悬崖上打凿孔钉，用木桩将棺木置于其上，或将棺木一头置于崖穴中，另一头架于绝壁所钉木桩上。木棺通常用完整木材挖空而成。

悬棺葬最早起源于福建武夷山西北侧，年代可到商周之际，年代较早的主要分布于江西、福建和浙江地区，大约相当于春秋战国时期，尤以福建崇安武夷山[①]和江西贵溪仙岩[②]的悬棺葬最为集中。而在湖南、贵州和四川地区分布的悬棺葬开始于战国时期，一直延续到宋代。广西武鸣县覃内村附近岩洞中层发现1例崖洞葬，[③]有外洞和内洞，二者以狭窄通道相连，洞壁上分布有6个大小不同的天然岩洞，洞内皆发现尸骨。江西贵溪仙岩崖墓群的年代为两周之际至春秋晚期，其棺木全部为整料制作而成，外形似居室状；这种葬俗与周代的中原地区有很大差异，与春秋战国时期的干越族有关，或者就是干越先民的墓葬。[④]古代干越国不大，《管子·小问》记载，"昔者吴、干战，未龀者不得入军门，国子摘其齿，遂入，为干国死。"这场战争发生于春秋晚期，与贵溪悬棺葬大致同时，为避敌人骚扰，干越人选择了将悬崖作为葬所，也是死者后人表达孝的一种方式。此后，干越人为吴所败，吴为越所灭，越又灭于楚，

---

① 曾凡：《关于武夷山船棺葬的调查和初步研究》、福建省博物馆、崇安县文化馆：《福建崇安白岩崖洞墓清理简报》，《文物》1980年第6期。
② 江西省历史博物馆、贵溪县文化馆：《江西贵溪崖墓发掘简报》，《文物》1980年第11期。
③ 广西壮族自治区文物工作队、南宁市文物管理委员会、武鸣县文物管理所：《广西武鸣岩洞葬清理简报》，《文物》1988年第12期。
④ 钟敬文主编《中国民俗史》，人民出版社，2008，第310页。

干越人不得不流窜迁徙，从而将悬棺葬俗广为传播。这种葬俗也是当地"弥高至孝悬空为吉"的观念和形式的表达。悬棺葬由于成本高，难度大，但又能最大限度地保护遗体，在贵族中十分盛行，在四川地区至今仍有很多悬棺高挂于绝壁之上。

这些棺木如何置于绝壁之上，至今仍然是未解之谜。有人认为古人是利用雨季的高水位，利用船将棺椁运送到预先选好的洞穴里，水位降低后棺椁便留在了悬崖上，此即悬棺葬，但有些悬棺距水面几十米，很难采用此法，即使距水面高差较小的地方，先放好葬具，等人死后再安放尸体也不合常理。也有人认为古人依靠绳索、长梯等攀缘工具，将遗体和棺木材料还有随葬品等先运送到选好的洞穴里，再现场制棺并安葬；还有人认为古人可能通过架设栈道、升置悬棺的方式设置悬棺。但无论如何，悬棺葬都是少数民族特有的一种葬俗，也是古人智慧的一种象征。

（二）船棺葬

船棺葬是中国西南地区的四川和重庆常见的一种葬法，主要流行于春秋战国至西汉早期，是古代巴蜀文化独特地域文化特点的见证。葬具为船形棺具，犹如一只加了盖子的独木舟。这种葬具一般用长5米多、直径1米多的楠木加工处理而成，按照木头原状，底部做削平处理，便于安葬，上部削去一小半作为棺盖，中部挖空一段，作为棺室，整个器形如船，故名船棺葬。这种葬法1954年最早发现于四川广元宝轮院街，共9座船棺；同年在重庆巴县冬笋坝发掘的墓葬中也发现了21座同样的葬具，此后又在四川和重庆多地发现这种葬法，如重庆涪陵小田溪遗址、成都百花潭中学遗址、四川彭县船棺葬遗址、什邡市城关战国秦汉墓葬遗址、成都市商业街船棺和独木棺墓葬遗址等，[①]数量之多，分布之广，令人惊叹。

船棺有的挖墓坑掩埋，有的直接掩埋，把船棺放在沙滩上，再用沙石掩埋，"可能是蜀人沿水路送魂的丧葬习俗的反映"。[②]船棺内的随葬品出土丰富，主要放置于墓主人的头部、脚部，有的也摆放在墓主人的两侧，包括铜器、漆器、铁器、陶器等，尤其漆器制作精细，纹饰华美，如成都市商业街船棺葬出土的精美漆器代表了巴蜀文化漆器艺术与技术的最高水平。出土的铜器种类很多，主要有铜容器、铜兵器、铜工具等，常见器形均为巴蜀文化的典型器物，很多器物上还刻有巴蜀符号或巴蜀文字，表明了典型的巴蜀文化特色。这些船棺葬的主人多具有等级较高的身份和社会地位，船形葬具多是体现巴蜀族群习水的一种传统，"以舟为葬具，这或者是表示'以

---

① 上述墓葬资料均引自段渝、邹一清《日落船棺》，巴蜀书社，2007，第20~21页。
② 霍巍、黄伟：《四川丧葬文化》，四川人民出版社，1992，第91页。

水为家'的信念，或死后还需要舟楫的信仰"。①而随葬品则体现了当时视死如生的一种生死观念。

二　石棺椁墓与石构墓

以石材作为葬具的葬法在中国境内流行区域很广，包括西南、西北、北方地区、东北境内和东南地区等。西南地区的巴蜀文化区内分布的主要是石棺墓。以石质棺为葬具，石棺大小有异，一般来说，墓室用石板砌成，石材墓底，两端挡板用一两块石板，两壁也用一两块石板连接，上部用4～10块石条或石板作棺盖；还有石棺葬是用卵石和石块砌壁。棺室头部设有头箱，反映社会等级差异。这类墓葬在春秋战国时期主要分布于岷江上游，可能与古代羌人有关，以四川茂县牟托一号石棺墓为代表。②另外也见于茂汶县城、③茂汶别立、④茂汶营盘山⑤等地。墓地一般都规划整齐，墓向一致，头向山顶，有一次葬和二次捡骨葬，还有火葬，葬式以仰身直肢、仰身屈肢、侧身直肢和侧身屈肢为主。而在滇西北地区的春秋时期多流行石棺葬，如云南德钦县纳古墓葬⑥的墓室多用石板砌成，用石板盖棺，墓室结构多与岷江上游的石棺葬近似。

在新疆北部地区，广泛分布有石围、石堆墓，以块石或卵石围成石垣，或用卵石堆成圆锥形石堆，石围或石堆下为墓室，多为竖穴石室，石室口部用巨大石板盖挡，多为西周春秋时期。如新疆帕米尔高原地区塔什库尔干县香宝宝墓地发现春秋战国之际的M19和M20就同在一个石围下，系同时埋葬的夫妻合葬墓。⑦

北方地区的石椁墓，主要分布于西拉木伦河和老哈河流域的夏家店上层文化，年代从西周时期到春秋中期，属于山戎遗存，⑧也有学者认为是东胡族的殡葬习俗。⑨以

---

① 四川省博物馆：《四川船棺葬发掘报告》，文物出版社，1960，第89页。
② 茂县羌族博物馆、阿坝藏族羌族自治州文物管理所：《四川茂县牟托一号石棺墓及陪葬坑清理简报》，《文物》1994年第3期。
③ 四川省文物管理委员会、茂汶县文化馆：《四川茂汶羌族自治县石棺葬发掘简报》，《文物资料丛刊》第7辑，文物出版社，1983。
④ 茂汶羌族自治县文化馆：《四川茂汶别立、勒石村的石棺葬》，《文物资料丛刊》第9辑，文物出版社，1985。
⑤ 茂汶羌族自治县文化馆：《四川茂汶营盘山的石棺葬》，《考古》1981年第5期。
⑥ 云南省博物馆文物工作队：《云南德钦县纳古石棺墓》，《考古》1983年第3期。
⑦ 新疆社会科学院考古研究所：《帕米尔高原古墓》，《考古学报》1981年第2期。
⑧ 林沄：《东胡与山戎的考古探索》，《环渤海考古国际学术讨论会文集》，知识出版社，1996。
⑨ 靳枫毅：《夏家店上层文化及其族属问题》，《考古学报》1987年第2期。

夏家店墓地、①宁城南山根墓地②和小黑石沟墓地③为代表,一般先挖竖穴土坑,在墓室底部再放入木棺,在木棺和土坑壁之间填以石块,在上部铺盖石板,形成椁室。④玉皇庙文化分布于冀北山地,主要见于北京延庆、河北怀来、张家口等地,年代相当于春秋早期到战国中期,属于山戎部落,⑤或认为属于白狄的一支。⑥发掘的墓地主要有玉皇庙墓地、延庆军都山墓地等,合计 800 多座,主要墓葬形制为竖穴土坑墓,仰身直肢葬为主,葬具有木棺、木椁和石椁等,多见殉牲,尤其常见殉犬。

石构墓葬也见于东北地区和东南地区。东北地区发现石构墓葬较多,主要包括石棚墓、大石盖墓、积石墓和石棺墓等几种类型。石棚墓主要发现于辽东半岛,先用石板铺底,然后在周边向下挖坑槽,再用板石立于槽中形成墓壁,最后盖上大石板形成墓室。大石盖墓主要是由地表向下挖坑,然后用大石板封墓口,一般多分布于山丘坡地上。积石墓在辽东半岛分布较普遍,采用天然砾石构建多个长方形墓室,然后用石封顶。石棺墓多是用石块或板石砌成墓室,有的利用主棺延伸出来的石块重新组成墓室,形成副棺,分布范围广泛,遍及整个辽东半岛,多位于坡地上。1982 年在吉林口前镇蓝旗村发掘的春秋战国时期墓葬即为石棺墓,共 12 座。⑦另在辽宁抚顺等多个地区发现石棺葬。

东南地区的石构墓葬主要包括石室墓、石棚墓和大石盖墓。石室墓主要分布于环太湖地区和钱塘江沿岸一带,东至舟山岛,南抵东阳江流域,建在稍加平整的基岩上,整体呈长条形,包括墓室和墓道两部分,墓底铺有石片或沙砾层,墓壁也用石块垒成,用条形石封顶;多分布于山顶或山脊上,墓室外多有规模宏大的封土堆;主要流行于西周时期到战国时期,是越国建国及其前后的越人遗存。石棚墓多位于浙江瑞安一带,墓壁多有不规则长条形石竖立排列而成,墓底铺设砾石,一般高 1 米左右,多数分布于海岸附近的山上;大石盖墓主要发现于浙江瑞安,主要是在竖穴土坑墓外

---

① 中国科学院考古研究所内蒙古工作队:《内蒙古赤峰药王庙、夏家店遗址试掘简报》,《考古》1961 年第 2 期;《赤峰药王庙、夏家店遗址试掘报告》,《考古学报》1974 年第 1 期。
② 辽宁省昭乌达盟文物工作站、中国科学院考古研究所东北工作队:《宁城县南山根的石椁墓》,《考古学报》1973 年第 2 期;中国科学院考古研究所内蒙古工作队:《宁城南山根遗址发掘报告》,《考古学报》1975 年第 1 期;中国社会科学院考古研究所东北工作队:《内蒙古宁城县南山根 102 号石椁墓》,《考古》1984 年第 5 期。
③ 赤峰市博物馆、宁城县文物管理所:《宁城小黑石沟石椁墓调查清理报告》,《文物》1995 年第 5 期。
④ 靳枫毅:《夏家店上层文化及其族属问题》,《考古学报》1987 年第 2 期。
⑤ 靳枫毅、王继红:《山戎文化所含燕与中原文化因素之分析》,《考古学报》2001 年第 1 期。
⑥ 韩嘉谷:《从军都山东周墓谈山戎、胡、东胡的考古学文化归属》,《内蒙古文物考古文集》,中国大百科全书出版社,1994。
⑦ 吉林市博物馆:《吉林口前蓝旗小团山、红旗东梁岗石棺墓整理简报》,《文物》1983 年第 9 期。

用一大块石头封盖，与石棚墓近似。这两类石构墓葬特征近似，分布区域也接近，延续年代都从西周时期到春秋时期，应当属于越人不同分支的遗存。[①]石构墓葬还见于山东东部的部分区域，如山东乳山南黄庄西周墓地中有石棺石椁墓，[②]长岛王沟墓地有春秋时期的石砌双椁墓。[③]

石构墓葬分布范围广，从西南地区、西北地区、北方地区到东北地区、山东地区和东南地区，延续时间长，从新石器时代历经夏商周三代，一直延续到明清时期。从结构上看，先有大型石构墓葬，后来在中原文化棺椁制度的影响下，出现石棺石椁墓，随着文化交流的深入和技术的提升，逐渐把石材引入到墓室的构造中，所以在战国时期出现石室墓。石构墓葬的变化是人们对自然资源充分利用的体现，也是文化交流和社会发展水平提高的表现。石构墓首先分布于石材丰富的地区，同时代人们的居所也多见石材建筑，同时石构墓也是对墓葬的一种保护措施，特别是对防止兽类破坏有明显作用。

三　火葬与残体习俗

火葬习俗在新疆地区有所发现。1976～1977年在新疆帕米尔高原地区塔什库尔干县香宝宝墓地发现春秋战国之际的火葬习俗，[④]墓地中共40座墓葬，其中土葬占21座，火葬占19座，墓室外多有石堆或石围；火葬的形式有两种，直接在墓室中火化，仅1例，如M27墓室内散布有大量的木炭，有骨灰的痕迹和未烧尽的骨头碎块，墓壁被熏黑，为火化的第一现场；其余18座墓葬都是先行火化再将骨灰撒入墓中，有的骨灰散乱，有的集中摆放，有的在墓室中铺放石头，再将骨灰搁置其上；值得注意的是，M19和M20同在一个圆形石围下，墓室并列，墓室上部散见有骨灰和未烧尽的残骨碎块，夹有木炭，属于火葬，墓室底部的骨架却未经火化，两座墓葬中的底部的骨架都残缺不全，M20为一成年男性，左臂残缺，右臂只存上段，下段发现于M19中，仅存左下肢骨，M19发现3具骨骼，1具婴儿骨架，右手残缺，骨架下压2具成人下肢骨，墓室中散布有零乱的肋骨和牙齿，不见头骨。报告认为M19和M20墓室下层骨架均为殉葬者，是同时火化、同时埋葬、同冢异穴的夫妻合葬墓。在该墓地

[①] 杨楠：《中国东北与东南地区古代石构墓葬的比较分析》，《考古与文物》1998年第5期。
[②] 北京大学考古系、烟台市文管会、乳山县文管所：《山东乳山县南黄庄西周石板墓发掘简报》，《考古》1991年第4期。
[③] 李步青、林仙庭：《山东长岛王沟东周墓群》，《考古学报》1993年第1期。
[④] 新疆社会科学院考古研究所：《帕米尔高原古墓》，《考古学报》1981年第2期。

中，火葬墓一半以上集中埋葬，均无葬具，无盖木，随葬品基本不见，19座墓葬中只有1件成型的随葬品；土葬墓多有随葬品，数量不等，也有殉人现象；残体现象明显。多种特殊的葬式并不决定于人们的社会地位高低和贫富差别，也有学者认为这与经济地位的变化有关。①

1986～1987年在新疆轮台县天山南路群巴克墓地也发现火葬墓。② Ⅰ号墓地共发掘43座墓葬，在同一圆形封土堆下，中心有一大墓，实行火葬，周边围绕小墓，实行土葬。M3为中心大墓，多人合葬，墓室中放置有骨架，骨骼大多烧毁，残余的骨骼多被烧为黑色。Ⅱ号墓地中的M10是西区墓地中规模最大的一座墓葬，墓室内层层堆积起来的骨骼，多已被烧焦，随葬品也成黑色。可见，在该墓地中，火葬是地位高者特有的葬俗。③两周时期的新疆地区的火葬还见于塔城市卫校大院内发掘的墓葬④和和田地区洛浦县和库尔勒市附近的同时期墓葬中。⑤

新疆、甘青地区的火葬极有可能与羌人有关。《墨子·节葬》记载："秦之西有仪渠之国者，其亲戚死，聚柴薪而焚之，燻上，谓之登遐，然后成为孝子。"《荀子·大略》篇记载："氐、羌之虏也，不忧其系垒也，而忧其不焚也。"这些信息说明，在西部地区的少数民族实行火葬，甚至成为约定俗成的习俗，通过火葬让死者通过烟云升入仙界。分布于甘肃中南部和东部的寺洼文化年代约相当于中原地区的西周时期，墓葬葬式主要为仰身直肢葬、肢解葬，但在寺洼山墓地也发现有乱骨葬和火葬。⑥分布于甘青地区的卡约文化年代为公元前900至前600年，大约相当于西周中期到春秋早期，火葬也是卡约文化中较常见的一种葬法，卡约文化多见二次葬，化隆半主洼墓地中有71%的二次葬，⑦湟源大华中庄墓地高达90%，⑧二次葬体现了萨满教的灵魂观，希冀灵魂和生命再次复活。卡约文化还有断指、砸碎头颅习俗，这些都是萨满教典型的仪式，"葬礼中的断身仪式是对再生的选择"⑨。形式多样的葬式，表现出复杂的灵魂

---

① 刘学堂：《新疆地区早期火葬墓及相关问题试析》，《西北民族研究》1997年第2期。
② 中国社会科学院考古研究所新疆队、新疆巴音郭楞蒙古自治州文管所：《新疆轮台群巴克古墓第一次发掘简报》，《考古》1987年第1期；《新疆轮台群巴克墓葬第二、三次发掘简报》，《考古》1991年第8期。
③ 刘学堂：《新疆地区早期火葬墓及相关问题试析》，《西北民族研究》1997年第2期。
④ 李肖：《新疆塔城市考古的新发现》，《西域研究》1991年第1期。
⑤ 刘学堂：《新疆地区早期火葬墓及相关问题试析》，《西北民族研究》1997年第2期。
⑥ 安特生：《甘肃考古记》，乐森浔译，《地质专报》甲种，1925年第5号，农商部地质调查所。
⑦ 青海省文物考古研究所、西北大学历史系考古专业、化隆县文管所：《青海化隆县半主洼卡约文化墓地发掘简报》，《考古》1996年第8期。
⑧ 青海省湟源县博物馆、青海省文物考古队、青海省社科院历史研究室：《青海湟源县大华中庄卡约文化墓地发掘简报》，《考古与文物》1985年第5期。
⑨ 汤惠生：《藏族天葬和断身仪轨源流考》，《中国藏学》2001年第1期。

观念，并在此观念的影响下，产生了祖先崇拜和自然崇拜。①

火葬习俗还普遍见于两周时期的东北地区，发现地点较多。这一区域火葬传统延续时间很长，例如翁牛特旗石棚山墓地中77座墓口均经火烧，有的骨架烧成黑色，年代为距今5000年，为该地区目前最早的一处火葬墓地。②1979年发掘的吉林汪清金城商代墓地发现5座火葬墓，用桦树皮裹尸并焚烧。③20世纪20年代，在辽宁旅顺官屯子周代墓葬内发现火葬痕迹；④旅顺上岗墓地中发现两周之际的19座火葬墓，是将尸体放入墓室后火化的。⑤在辽东半岛区域，火葬习俗主要分布在本溪、桓仁、岫岩等地，比较典型的是本溪庙后山洞穴墓葬、⑥大连岗上和楼上墓地等。前者共清理11座墓葬，10座属于火葬，在烧过的人骨上压有薄石板；后者发现20座火葬墓，由几人到十几人一起焚烧。内蒙古敖汉旗周家地墓地中发现1座春秋时期儿童二次葬火葬墓，尸体在墓内火化。⑦松嫩平原上的富裕小登科春秋战国之际的3座墓葬发现有火烧痕迹。⑧另外在抚顺、丹东、阜新和铁岭市均发现有火葬现象。

在西南地区的云南和四川岷江上游也可见到火葬习俗，如云南剑川鳌凤山墓地中发现战国晚期的火葬墓91座，墓内均不见随葬品。⑨岷江上游的理县子达岩SM202、M203两座战国末期到西汉时期的石棺墓内发现一堆烧黑的残骨，是火烧后埋入的。⑩

目前资料显示，火葬习俗主要见于新疆、甘青地区、西南和东北地区，从新石器时代延续到春秋战国时期，是否有共同的社会背景值得进一步探索。西北地区和西南地区的火葬习俗有些可能与氐羌人有关，但不能绝对认定火葬是氐羌人所特有的葬俗，如东北地区盛行火葬，而在氐羌人核心文化区的甘青地区则火葬比例较少。可见，火葬是殡葬习俗中的一种葬法，也是骨骼再生的灵魂观念的体现。我们应该结合整个墓地的文化因素和文化背景，具体分析其产生的文化动因及其体现的宗教观念。

---

① 乔虹：《卡约文化的丧葬礼仪》，《青海民族研究》2001年第1期。
② 李恭笃：《昭苏达盟石棚山考古新发现》，《文物》1982年第3期。
③ 刘法祥、何明：《吉林汪清金城古墓葬发掘简报》，《考古》1986年第2期。
④ 孙守道、徐秉琨：《辽宁寺儿堡等地青铜短剑与大伙房石棺墓》，《考古》1964年第6期。
⑤ 林沄：《东北系铜剑初论》，《考古学报》1980年第2期。
⑥ 李恭笃、刘兴林、齐俊：《辽宁本溪县庙后山洞穴墓地发掘简报》，《考古》1985年第6期。
⑦ 中国社会科学院考古研究所内蒙古工作队：《内蒙古敖汉旗周家地墓地发掘简报》，《考古》1984年第5期。
⑧ 郝思德、乔梁、李陈奇：《黑龙江小登科墓葬及相关问题》，《北方文物》1986年第2期。
⑨ 云南省博物馆文物工作队：《云南剑川鳌凤山墓地发掘简报》，《考古》1986年第7期。
⑩ 罗开玉：《古代西南民族的火葬墓》，《四川文物》1991年第3期。

四 土墩墓与土洞墓

（一）土墩墓

土墩墓是西周时期江南地区的一种特殊的埋葬方式，主要分布于苏南、皖南和浙江、上海等长江下游一带。[①]这种墓葬是平地起墩，在山前平地或平原高地上不挖墓室，直接放置遗体和随葬品，然后再堆土成墩，此即土墩墓。如安徽屯溪一号墓墓底有以石铺设的平整石床，石床上陈设有随葬品，包括青铜器 18 件，原始瓷器 69 件等。[②]墩内的墓葬可以是一座，也有几座甚至有十几座，墩的规模根据墓葬数量多少而决定。另有一类土墩墓，也是平地起墩，但在墩的中部用石块垒筑成石室，有的还有墓室和墓道，以条形块石封顶，学者称之为石室土墩墓，主要流行于太湖和杭州湾一带。土墩墓的主要流行时间从夏商之际，历经西周春秋，部分地区延续到战国时期。[③]如 1981 年在江苏武进、宜兴发现两周之交的石室土墩墓，[④]用条石在山体平整之地筑成长方形墓室，墓室上平铺大石，然后封土成堆。从目前发现来看，江南土墩墓发现数量多，分布广泛，以宁镇地区分布最为集中，屯溪地区分布数量次之。

进入春秋以来，东南地区的吴越文化区，由于受到中原文化和楚文化的影响和交流，一方面继承了西周时期江南土墩墓的传统，尤其在中下层社会阶层中的中小型墓葬中表现明显，仍然多数是平地起墩的土墩墓传统；另一方面在等级较高的大型墓葬中则表现出和中原文化区一致的殡葬习俗，盛行竖穴土坑木椁墓，同时仍保留西周以来墓室上面堆筑封土的传统。春秋早中期的大型墓有丹阳大夫墩墓、[⑤]镇江粮山 M2[⑥]等，春秋晚期到战国初期的有苏州真山 9 号墩 M1、[⑦]印山大墓[⑧]等。镇江粮山二号墓系春秋中期墓，有封土墩，底径 14 米，高 4 米，封土墩内夹有石子层，墩下为竖穴石坑，系人工开凿基岩而成，墓口东西长 11.2～12 米，南北宽 6.4～7 米，深 9 米，墓室设有二层台，殉有一未成年的儿童，墓室下部用石块堆垒，上面填土，在地表位置时再用石块填平。春秋晚期的苏州真山 D9M1 位于苏州真山主峰上，此墓为凿山为

[①] 中国社会科学院考古研究所：《中国考古学·两周卷》，第 142 页。
[②] 安徽省文化局文物工作队：《安徽屯溪西周墓葬发掘报告》，《考古学报》1959 年第 4 期。
[③] 杨楠：《商周时期江南地区土墩遗存的分区研究》，《考古学报》1999 年第 1 期。
[④] 镇江博物馆：《江苏武进、宜兴石室墓》，《文物》1983 年第 11 期。
[⑤] 大夫墩考古队：《丹阳市河阳大夫墩发掘报告》，《通古达今之路——宁沪高速公路（江苏段）考古发掘报告文集》，《东南文化》增刊，1994 年。
[⑥] 刘建国：《江苏丹徒粮山石穴墓》，《考古与文物》1987 年第 4 期。
[⑦] 苏州博物馆：《真山东周墓地——吴楚贵族墓地的发掘与研究》，文物出版社，1999。
[⑧] 浙江省文物考古研究所、绍兴县文物保护管理所：《浙江绍兴印山大墓发掘简报》，《文物》1999 年第 11 期。

穴，墓口呈不规则形状，墓室最深处 1.8 米，墓坑四周有不规则的二层台，东部有斜坡墓道，与墓室相连，在墓口上有内外两道封土层，尤其外封土层高大坚固，封土内有用石块垒成的 20 多道石墙。

（二）土洞墓

两周时期边远地区的土洞墓主要分布于宁夏、甘肃、青海地区的黄土高原地带。在宁夏中南部和甘肃东南部一带分布的杨郎文化，年代相当于春秋中晚期到战国晚期，属于戎人文化分布区。墓葬以宁夏固原马庄墓地[1]和于家庄墓地[2]为代表，主要以土洞墓为主，洞室墓的形制特点多样，平面呈凸字形、凹字形和刀形，多为仰身直肢葬，头向东，墓内普遍可见殉牲习俗，体现了明显的游牧文化特点。

西北地区甘青、宁夏一带的两周时期的考古学文化从辛店文化到寺洼文化，再到沙井文化，年代从商代末期延续到战国早期阶段，常见有偏洞室墓。商代末期的辛店文化发现的偏洞室墓，墓坑四角近圆形，有些墓葬还有壁龛，如临夏莲花台 M8。[3]这类墓葬有木棺，葬式多样，有直肢葬和屈肢葬等。大约相当于西周时期，分布于甘肃中南部和东部的寺洼文化的墓葬多为土坑竖穴墓，葬式主要为仰身直肢葬、肢解葬，也发现少量洞室墓；部分墓葬发现壁龛，多数有二层台，少数还有殉人。[4]分布于河西走廊东部的沙井文化年代为西周晚期到战国早期，其墓葬形制主要为土坑竖穴葬和偏洞室墓，如甘肃永昌蛤蟆墩遗址 M16，平面呈不规则椭圆形，洞室偏于一侧，头向东北，葬式仰身直肢，口含绿松石珠，头骨周围撒有赭石颜料。[5]除此之外，还有侧身屈肢葬和乱骨葬，还有些二次葬和合葬墓等。

云南地区两周时期的文化面貌独具地域特色，不同地区的殡葬习俗也有差异。洱海地区的墓葬以云南楚雄万家坝墓地[6]为代表，墓底大多铺有枕木，部分墓葬有二层台和腰坑，多数墓葬有棺木，很有特色，有的棺有盖，有的是独木棺，有的仅有棺室，无盖。祥云大波那墓葬[7]还有木椁铜棺，椁室用巨木叠加而成，椁外排列木桩，椁内置有铜棺。

---

[1] 宁夏文物考古研究所、宁西固原博物馆：《宁夏固原杨郎青铜文化墓地》，《考古学报》1993 年第 1 期。
[2] 宁夏文物考古研究所：《宁夏彭堡于家庄墓地》，《考古学报》1995 年第 1 期。
[3] 甘肃省文物工作队、北京大学考古系甘肃实习组：《甘肃临夏莲花台辛店文化墓葬发掘报告》，《文物》1988 年第 3 期。
[4] 安特生：《甘肃考古记》，乐森浔译，《地质专报》甲种，1925 年第 5 号，农商部地质调查所。
[5] 甘肃省文物考古研究所：《永昌三角城与蛤蟆墩沙井文化遗存》，《考古学报》1990 年第 2 期。
[6] 云南省文物工作队：《楚雄万家坝古墓群发掘报告》，《考古学报》1983 年第 3 期。
[7] 云南省文物工作队：《云南祥云大波那木椁铜棺墓清理简报》，《考古》1964 年第 12 期。

这些殡葬习俗上的差异是不同民族的墓葬礼俗与灵魂观念差异性的体现，也是不同社会环境和社会背景下的产物。边远地区的殡葬习俗与中原地区的殡葬习俗互动交流，共同诠释了中国殡葬文化的多样性特征。

第七节　余论

对夏商周时代的殡葬文化，除前面已论及的问题外，还有一些问题也被学术界所重视。例如墓葬随葬品中的毁器习俗，虽然并不普遍，却是时间长、分布广泛的具有共性的问题。从已知的国外考古发现，在欧亚许多国家和地区，属于史前期的墓葬中就有毁器现象。在中国的仰韶文化半坡类型也存在毁器之举，是有意识把随葬品打碎而埋葬，所以也被称为"碎物葬"。这种习俗在中国一直到辽金时代还可见到。在夏商周时代，毁器有多种表现，最多的是把随葬陶器打碎后，或集中放置，或分放于人体四周，或铺垫于死者身下；除陶器外，把随葬的玉器如玉笄（簪）折断放在人的头侧，玉戈折断放入棺椁内或腰坑中，甚至青铜器也打碎后才埋入墓中。对毁器的含义，有辟邪说、万物有灵说、殡葬仪式说等，而最多的则是从生死有别的观点立论。

又如关于墓葬封土的问题，虽然古文献明确记载，周代之前"不封不树"，但是至迟在商代晚期的高规格墓葬就有墓上建筑，也有学者根据考古发掘现场，提出了周代之前的部分墓葬封土问题。20世纪30年代参加殷墟发掘、著名考古学家梁思永先生，认为商代晚期王陵大墓有圆形"坟堆"，只覆盖墓室不及墓道；另一位参加殷墟发掘的著名考古学家高去寻先生则提出殷代有墓冢的观点；[①] 胡方平先生也认为坟丘起源于商代晚期，春秋时期流行，[②] 而更多学者主张始于春秋的观点。对于墓葬封土何时出现，除了古代文献带来的传统认识外，考古实践中也存在"确认"的困难，即使西周之前有墓冢，但由于自然和人为的原因，也难以保留。在今后的考古发掘中需要更多关注这一问题，或许会有新资料为夏商墓冢说提出支持。

还有用货币随葬的问题，随着社会经济的发展，商品交换也从以物易物发展为用"特殊商品"，即货币。夏商周时代海贝被认为是最早的货币，而海贝的衍生品——石贝、玉贝、陶贝、骨贝、铜贝也陆续应运而生，在商代早期墓葬中已用铜贝随葬。而且在越来越多的墓中出现海贝及海贝的衍生品，是否都是货币是要谨慎判断的。在新

---

① 高去寻：《殷代墓葬已有墓冢说》，（台湾）《考古人类学刊》第41期，1980年。
② 胡方平：《试论中国古代坟丘的起源》，《考古与文物》1993年第5期。

石器时代已有不少墓内都有贝，而且有的多达数百甚至数千枚，但都是发现于死者的颈部、胸部，是作为装饰用的串饰。夏商周时代这一习俗也仍然延续，只不过品种和质量发生变化，青铜贝作为货币使用已被学界所公认，但海贝有两重功能也是事实。妇好墓中所出6000多枚海贝应是货币还是装饰材料的问题，多数学者尚倾向后者观点，夏商周时代海贝的衍生品，特别是陶贝、骨贝，如果也当作货币的话，几乎人人都可以制作，那么商周时代的"货币"贬值要造成的后果将不堪设想，所以对此还是要慎重和求实。东周时陆续出现了如刀币、铲币等，只要见于墓中，则是货币类随葬品无疑，只是目前发现还较少。

第五章
随葬品的多重价值

为死者放置随葬品是各历史阶段普遍存在的传统葬俗。据文献记载及考古发现，凡当代使用的各种质地、各种类别的物品，大都可在随葬品中见到。而史前、先秦时代的随葬品在研究中有着比其他时代更为特殊的作用。这是因为史前时期没有文献记载，夏商周时期的文献不足，所以利用和依靠随葬品显得更为重要。对随葬品研究的意义主要表现在，利用随葬品对墓葬进行断代，揭示殡葬习俗，发现当时的生产力水平和生产工艺等方面。有的墓葬随葬品对揭示墓主人生前的社会身份、地位或职业也会提供直接证据。每种随葬物品，都有各自的功能，选用什么放入墓中，与什么物品组合，在各时代是不同的，这是分析殡葬观念的重要依据。另外，与居住址相比较，在墓葬中发现的随葬品相对完整，进行仔细的微观观察，为研究各类质地器物的生产流程以及某种具体器形的生产工艺提供了丰富的实物，也为探究当时生产力水平、社会生产组织状况等方面奠定了基础，对于研究各时代的自然环境、产生该种墓葬的背景也是非常重要的。

第一节 随葬品在年代学研究中的作用

如前节所述，对史前、先秦史的研究尤其是对史前期，主要是依靠考古发现及对发现资料的解读。而考古学的研究首先要解决的是时空问题。"时"是指研究对象的时间段，"空"是指空间环境，包括自然环境和人文环境。殡葬过程中使用的随葬品为确定年代有直接的作用和价值。

一 无文献记载的史前时期

史前时期无文字，也就没有文献资料可考，而考古发现的实物又是"哑巴"的资料，如何给这些"哑巴"资料贴上时代的标签，考古学打开了这扇门。

首先是运用考古地层学的理论和方法，可以确定包括墓葬在内的各种遗迹的相对年代。例如1978年发掘大汶口遗址时，在属于大汶口文化的地层中，有上、中、下三个小层分别发现4座、11座和4座共19座墓葬，说明这批墓葬是三个时间段分别形成的，这三批墓葬是由早到晚的时间关系①。

又如山东地区的大汶口文化和龙山文化的早晚关系问题，因为龙山文化发现于20世纪30年代，而大汶口文化发现于50~60年代，两者孰早孰晚曾经是学术界关注和讨论的重要问题。在没有发现两个文化堆积共处一地之前，虽然学者们各有见解，但很难做出定论。20世纪70年代，在山东临沂大范庄遗址和日照东海峪遗址发掘时，不仅两个地点都有大汶口文化和龙山文化的文化层，而且也都有这两个文化的墓葬，其共同特点是龙山文化的文化层和所属墓葬属于上层遗存，大汶口文化的文化层和所属墓葬属于下层遗存，从而说明大汶口文化早于龙山文化，为解决二者的年代关系提供了考古地层学依据。②特别是两个地点也都有大汶口晚期与龙山文化早期的文化堆积直接叠压，中间没有时间的间隙，例如，墓葬中都出土如罐、盆、豆等同类陶器，通过对出土物形态的比较，考古学家也从中发现了从大汶口文化晚期到龙山文化早期，二者同类器物的共性和差异，表现出两者之间的直接承继，由此更清楚地说明大汶口文化在前，龙山文化在后，这一论断被后来的多次发现所证实。

再如山东泗水尹家城遗址龙山文化墓葬资料，在年代学方面也有重要的作用。尹家城遗址的龙山文化，共发现墓葬65座，在龙山文化6个地层中从早至晚分别为7座、1座、1座、29座、10座、8座，另有9座因破坏严重没有随葬品未能列入。根据地层关系，从第一组到第六组为从早到晚的相对年代。在这批墓葬内随葬的陶器有鼎、鬶、甗、罐、盆、壶、簋、盘、盂、盒、碗、杯、高柄杯和器盖等。结合其他遗迹和文化层中的出土物，经过对同类器物的反复比较、排比后发现，这里的龙山文化可归纳为6个连续发展的阶段，可以断定相对年代的56座墓葬也都在其中，参考在该遗

---

① 山东省文物考古研究所：《大汶口续集》，第109~126页。
② 临沂文物组：《山东临沂大范庄新石器时代墓葬的发掘》，《考古》1975年第1期。山东省博物馆等：《一九七五年东海峪遗址的发掘》，《考古》1976年第6期。

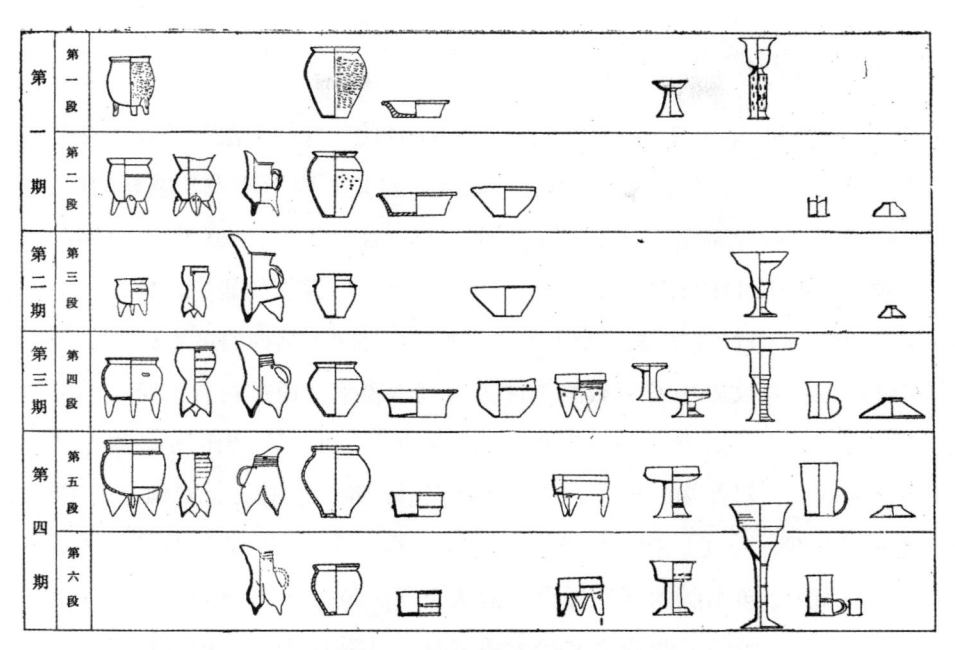

图5-1 龙山文化陶器分期图

资料来源：山东大学历史系专业教研室编《泗水尹家城》，文物出版社，1990，第162页。

址测年数据，最后得出尹家城遗址龙山文化的存续时间距今4600～4000年，每个阶段约100年的时间，这一研究成果为山东龙山文化树立了年代学标尺，也得到学术界公认，其中所依据的最丰富的资料仍是墓葬随葬品（图5-1）。

实际上，虽然史前时期各阶段，以及不同地区间文化面貌差别很大，殡葬表现也有许多不同，而在年代学的研究方面，大都是用上述的方法。又因为墓葬随葬品中多是以陶器为主，陶器在考古年代学研究方面有不同于其他器类的特点和优越性，所以在研究过程中也就有更突出的作用。这一研究方法和过程，不仅对史前时代，对其他时期也是相通的，只是对史前时代尤为重要。

除随葬品中的陶器在年代学中的作用，其他质地的随葬品也大致相同。例如，墓葬随葬品中的石磨盘、石磨棒、石斧、石刀、玉琮、玉钺、臂环、指环等，有经验的考古学家，经仔细观察和比较，都能判断出是哪个时代、属什么文化的遗物，再根据出土的地层关系，对其绝对年代判断也是很精确的。尤其是现代化技术手段运用于考古学领域，有的可以利用墓内物品进行测年，大大丰富了年代学的研究成果。

二 夏商周时期的内证作用

在夏商周时期的年代学研究中，除了与史前时代共性的方法外，还要充分利用内证（器身上的文字）资料对研究对象进行断代，这是夏商周考古学重要的研究方法。如郭沫若先生对两周青铜器的断代研究取得的开创性成果。在20世纪30年代，郭沫若先生对数百件两周时代有铭文的传世青铜器，进行了深入的研究。他以铭文中所标明的人名（主要是国君或作器人的名字）、地名、时间（某国君的在位年代或干支纪年）、事件（在古籍文献中有记载的事件）为基本要素，通过对青铜铭文的释读与文献记载相对照，从而判定该件青铜器的年代，有的还可以认定出国别（哪个诸侯国之器）。在此基础上，对器物的形态、花纹的特点进行观察和总结，对铭文的书写特征、行文规范进行梳理，就可以把该件器物视为标准器。这种研究方法具有开创意义，其成果集中见于1932年出版的《两周金文辞大系》，1934年出版的《两周金文辞大系图录》和1935年出版的《两周金文辞大系考释》等著作中。借用这种研究方法，用可以认定的标准器与因铭文过于简略而年代不清，或没有铭文的青铜器进行比较，即可大致确定其年代，所以这种方法也被称为标准器比较法，是利用内证进行断代的重要成果。另外陈梦家、唐兰、于省吾、商承祚、容庚等学者在青铜器研究中也都有重要建树，形成用青铜器铭文确定标准器的理论方法。但是以上学者大多是使用传世的有铭器物。郭宝钧先生在此基础上，提出对发掘出土（主要是墓葬内随葬品和窖藏青铜器）器物群组进行标界的研究方法；[1] 李学勤先生也对西周窖葬青铜器进行群组研究。[2] 特别是1996～2000年的"夏商周断代工程"，集中了中国历史学、考古学、天文学和科技测年等领域的200多位知名专家，整个研究工作分为9个课题44个专题，进行多学科合作，从不同视角、不同侧面、用不同的方式方法对夏商周时期多个年代临界点进行攻关研究。在夏商周时代的纪年，过去只能确知西周共和元年为公元前841年的基础上，断代工程对夏商周年代学研究取得了重大成果，其中各时段墓葬中有内证随葬品成为重要的资料依据，为夏商周年代学研究建立了一系列临界点。[3]

上述方法的研究实践中，考古发现有内证意义的墓葬随葬品，在断代研究中发挥了重要作用。夏代墓葬发现较少，还没有直接的文字资料可供利用，商周时期尤其是

---

[1] 郭宝钧：《商周铜器群综合研究》，文物出版社，1981，第1～3页。
[2] 李学勤：《西周中期青铜器的重要标尺——周原庄白、强家两处青铜器窖藏的综合研究》，《中国历史博物馆》1979年第1期。
[3] 夏商周断代工程专家组编《夏商周断代工程1996～2000年阶段成果报告》，世界图书出版公司，2000。

两周，墓葬随葬品中内证的遗物逐渐增多，特别是能够表示年代、国别、人名、历史事件的青铜铭文器物，对墓葬年代判断有直接依据的也日渐丰富。从早商到晚商，墓葬中有铭文青铜器的字数由 1~2 字到 3~5 字，多的 10~20 字，最多的一件器物上有 30 字，在利用青铜铭文进行断代方面，仍有重要价值。如 1976 年发掘的殷墟 5 号墓，之所以也被称为"妇好墓"，是因为该墓中出土的 460 件青铜器中，有"妇好"、"司辛"、"司×母"、"亚弜"、"亚其"、"束泉"等人名、族名的多达 200 余件，仅有"妇好"的就有 109 件，参考其他出土物，考古学界一致认为该墓主人是商代晚期商王武丁的妻子妇好，这座墓葬被定为殷墟二期。①另外 1990 年，在殷墟郭家庄发掘的 M160 中，出土青铜器 291 件。其中礼乐器 44 件中有铭文者 41 件，铭文中"亚址"、"亚胡址"是"址"族，墓主人是址族中的军事首领，属殷墟三期墓葬。上述两例可为商代墓葬中利用内证资料断代的典型代表②。

两周考古发掘中，在陕西西安沣西、宝鸡茹家庄、河南浚县辛村、北京房山琉璃河、山东曲阜、山西曲沃等地都发现了两周时代的贵族墓地，根据对随葬品中有铭文青铜器的研究，都可断定这些墓地的时代和国别，有的可直接确认墓主人。例如，在山西曲沃的北赵晋侯墓地，20 世纪以来共发掘 9 组 19 座大型贵族墓，出土物丰富，带铭文青铜器多，每组大墓都是一代晋侯和其夫人（1 座或 2 座）的墓葬。根据青铜铭文及其他因素，每组大墓的主人都可以确认，成为夏商周三代考古的重大成果。

夏商周考古发现的其他内证资料，如甲骨文、盟书等，虽然多数不出自墓葬，但在研究过程中多能与墓葬资料尤其是随葬品中内证资料相结合，或与传世文献相佐证，在解决夏商周年代学方面有不可忽视的作用。

在这里特别提出要注意的一点，那就是在利用随葬品进行断代研究时，要把握好随葬品的年代与墓葬断代不一定是完全等同的。原因是随葬品有的是死者生前使用的，有的是专门为死者制作的，但也有的是把传世的物品用来随葬的，这些物品作为随葬品放入墓葬的时间是相同的，但它们之间的制作时间往往是不同的，甚至还有可能有较大的时间差，即不同年代（甚至是不同时代）的东西埋入同一墓内，所以在同一座墓内有不同时代（年代）的随葬品是正常现象，例如，有学者把夏商周时代墓葬内随葬史前时期的玉器称为"遗玉"。③这类现象主要存在于历史时期，但数量不多。

---

① 中国社会科学院考古研究所：《殷墟妇好墓》，第 221~228 页。
② 中国社会科学院考古研究所：《安阳殷墟郭家庄商代墓葬》，中国大百科全书出版社，1998，第 124~126 页。
③ 林继来：《山东济阳刘台子西周墓的史前遗玉》，《东南文化》2002 年第 3 期。

所以，在同一个遗迹（包括墓葬）内发现有器物制作年代差别较大的现象时，以年代最晚的作为对遗迹断代的依据，这也是考古学研究的一个原则，把握好这一原则，对判断遗迹（如墓葬）的时代是很重要的。

第二节 对随葬品的类别、数量与质量的解读

墓葬是现实生活的缩影，随葬品是体现生活状况的主要方面，用什么、用多少、放在什么地方，对分析殡葬习俗和制度有重要意义，本节将从随葬品的类别、数量、质量与放置方式做简要分析。

一 类别、数量与质量

从考古发现并结合文献记载，史前、先秦时代随葬品的类别，大致可以分为衣着装饰类、器皿类、食品类、葬具类、车马器类、工具武器类、雕塑品类等，是人世间衣、食、住、行（包括生产、娱乐、礼仪等活动）的象征。

衣着装饰类是为死者穿着的衣物以及直接佩戴于人体的装饰物。在史前、先秦时代由于年代久远，能在考古发掘中见到的衣物较少，但仍可将能见到的少量实物与早期文献记载做互证。在《周礼》、《仪礼》、《礼记》等文献中有为死者着衣的记载，包括冠（帽）、衣（上衣）、裳（下衣）、袜、鞋（履）等，如《仪礼·士丧礼》中有"乃悉三称，明衣不在算"，是说为死者准备三层内衣，大概是裹尸三层，待小殓时再正式穿衣；《礼记·丧大礼》、《仪礼·士丧礼》也记载小殓之时，要给死者准备多套衣服，穿好后用绞带束紧，士以上的官吏，使用寿衣的多少要按礼仪规制，还可能因礼仪规定的寿衣数量太多，除给死者穿在身上之外，有的就放在墓内。在河南三门峡上村岭虢国墓地的 9 号墓中，就发现了一套放在身体旁侧的完整的麻织品衣物；[①]在湖北江陵马砖 1 号墓出土有"绢秀单衣"和"龙凤虎纹绣罗单衣"（图 5-2）。虽然更多的墓葬内衣着实物朽尽无存，但在新石器时代及夏商周时期墓内出土的彩陶纹饰上、在玉石雕刻实物、陶（瓷）器上也可窥见当时人们衣着的概况。例如，在青海宗日新石器时代墓葬出土的舞蹈纹彩陶罐上，舞者明显有衣裙，仰韶文化陶塑人像清晰可见头戴帽的形象图（图 5-3）。在墓葬中发现的死者佩戴装饰物的资料是非常丰富的，为死

[①] 中国科学院考古研究所：《上村岭虢国墓地》，科学出版社，1959。

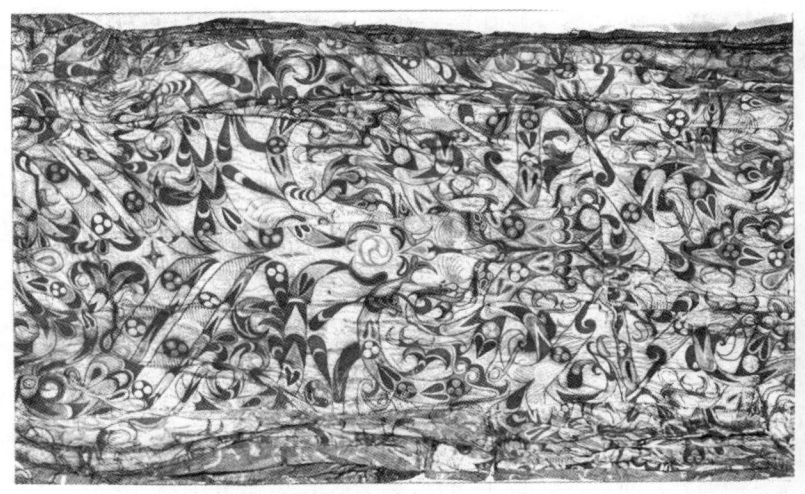

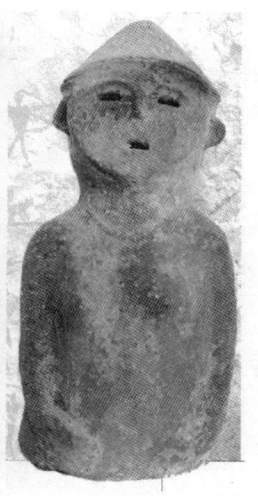

图5-2 龙凤纹绣绢

资料来源：彭浩《湖北江陵马山砖厂一号墓出土大批战国时期丝织品》，《文物》1982年第10期，第16页。

图5-3 仰韶文化带帽陶塑人像

资料来源：陈高华、徐吉军主编，宋兆麟著《中国风俗通史原始卷》，上海文艺出版社，1984，彩版第9页，图25。

者着衣或佩戴饰物，有的是源于习俗，有的则出于礼仪制度。在史前、先秦时代墓葬中，发现许多用于人体的装饰物，如陶镯、石镯、骨笄、金耳环、束发器以及多种质地的带孔管、球、片组成的串饰等，都是用于对死者装饰的遗物。例如，在山东泰安大汶口遗址的大汶口文化墓葬中，发现多座墓内有陶镯、石镯、骨笄、牙束发器等饰品，其中1005号墓内为一座女性墓葬，套在两臂骨上共有6只陶镯，左臂4只，右臂2只；2005号墓是一座男性迁出墓，遗有骨笄一对、牙束发器一对，均存留于死者头骨位置；2014号墓也是一座迁出墓，遗有骨笄7件（图5-4）。①在多个新石器时代居址和墓葬中发现玉石质有缺口的小环——

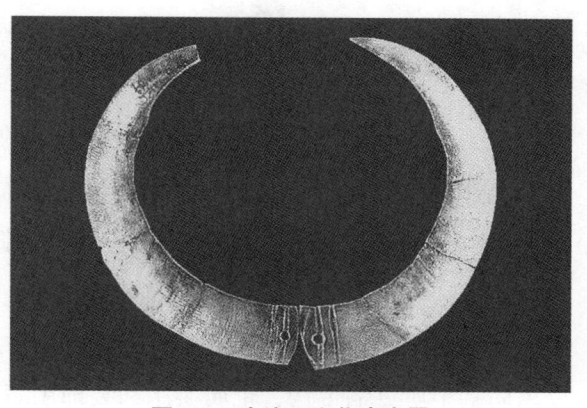

图5-4 大汶口文化束发器

资料来源：山东省文物考古研究所《大汶口续集》，图版96。

---

① 山东省文物考古研究所：《大汶口续集》，第128、121、117页。

珱,是一种耳饰,在红山文化、河姆渡文化、良渚文化中都有玉玦,是耳朵上的装饰物,在夏家店下层文化中发现了铜耳环。①在山顶洞墓葬就发现有用绿松石、骨管、兽牙组成的串饰,进入新石器时代以后,串饰的发现越来越多,饰件也更加复杂和精致。例如,在陕西临潼姜寨仰韶文化墓地,一座少女墓葬中出土用骨珠、石珠、蚌壳共数千枚组成串饰;华县元君庙一女孩墓内有千余枚骨珠;在北方地区的夏家店下层文化、辛店文化的墓葬中也有串饰。②夏商之际的二里头文化中墓葬发现不多,不见大型墓葬,但在部分墓葬内也发现用绿松石、贝壳做成串饰品。殷墟妇好墓内随葬品丰富,仅穿孔贝就有近7000枚,③虽有人称为"货贝",但从出土时散于人骨上体看应该还是串饰④;殷墟王陵区的大型墓葬被盗掘严重,但在1001号大墓的陪葬墓内还有玉、石佩饰,由此想见该墓墓主人及其他大墓中都会有更精致的串饰。⑤特别是两周时,高级贵族用玉石、玛瑙、水晶制作饰品,曲沃晋侯墓葬中出土的组佩更让人惊叹(图5-5)。除串饰外,还有面部装饰,如耳塞、鼻塞等并由此发展为玉覆面,如在河南三门峡上村岭2001号墓中就出土玉瞑目。⑥在部分东周墓中所见铜带钩,也属实用和装饰用品;至于铜镜、骨梳或象牙梳之类,虽然不直接佩戴,但也是人用来照面、美容美发的工具,也都有悠久的历史。为死者更换衣着、佩戴饰品,使之焕然一新地去另一个世界开始新生活。

器皿类是指用于炊煮、饮食、盛储的器物,或称为容器,是多数墓葬中都有的一

图5-5 曲沃晋侯墓葬中出土组佩

资料来源:古方《中国古玉器图典》,文物出版社,2007,第147页。

---

① 青海省文管会等:《青海乐都柳湾原始社会墓地反映出的主要问题》,《考古》1976年第6期。
② 中国社科院考古研究所:《1987年偃师二里头遗址墓葬发掘简报》,《考古》1992年第4期。
③ 中国社会科学院考古研究所:《殷墟妇好墓》,第15页。
④ 中国社会科学院考古研究所:《殷墟妇好墓》。
⑤ 侯家庄:《河南安阳侯家庄夏殷代墓地第二本:1001号大墓》,中研院历史语言研究所,1962。
⑥ 河南省文物考古研究所:《三门峡上村岭虢国墓地M2001发掘简报》,《华夏考古》1992年第3期。

类随葬品，在史前、先秦时代其质地以陶、青铜为主，也有玉、石、漆、木容器。从随葬品的角度分析，可以分为实用器和明器两类。实用器皿是把现实生活中的实用品放入墓中；明器则是专门为死者制作用以随葬的非实用器物。在实际发现中，也有些随葬品，没有使用痕迹，但与实用器基本一致，虽然有可能是专门为随葬所制作，但在随葬器皿分类时，学者还是视为实用器，只对那些不宜于日常使用如陶器中个体与同类实用器相比明显要小、烧制火候偏低、制作又比较粗糙的器皿，才视为明器。例如，在山东泗水尹家城遗址龙山文化 117 号墓中，是一座年龄约 45 岁左右的男性墓，集中在二层台的东南角有陶鼎、圈足杯、豌、豆杯和器盖等共 25 件器物，与同类实用器相比较，明显个体小质量差，如 M117：11 陶鼎，手制，火候低，口径仅 9.2 厘米、高 8.8 厘米，M117：7 陶圈足杯（型制相同的三件），手制，口径仅 6.6 厘米，通高 12.4 厘米，火候较低，显然都不适合实用，是专门制作的明器。① 在史前、先秦时代的墓葬随葬品中，还有一种彩绘陶器（器物烧制好后再在器表绘制彩色图案），如夏家店下层文化中就多见这种彩绘陶器物，从实用功能来说，彩绘陶器除在祭祀性场合象征性使用外，更多地还是用于墓内随葬，人们也多把这类陶器视为礼仪性器皿或明器。再从器物的使用功能分析，则可分为炊煮器如鼎、甗、鬲、釜，有的也把罐用作炊煮器；饮食器如碗、钵、豆、簋、杯、盂、盒等；盛储器如盆、瓮、罐、罍、壶、鉴等。当然有些器类也可能有多种功能，如鼎类中夹砂的主要用作煮食物的是炊器，而泥质的则不适于烹饪，是饮食用器；又如青铜鼎中的镬鼎是炊器，而列鼎则是饮食器。再如陶罐，有的出土时器底有烧烤痕，明显是作炊煮器用的，有的器内壁有烟垢，是储存火种的器皿。墓葬内随葬的各种器皿，既弥补了史前无文献，夏商周时期文献资料的欠缺，又以大量的实物，丰富了我们对当时生活境况的了解。为死者准备的器皿，更主要的是为死者在阴间生活提供便利。

食品类（包括饮用品）随葬品难以保存，所以发现的实物较少。除了文献记载和居住址内的发现外，再就是遗留在墓内的残存。食品类主要有饮用品、粮食、肉食、蔬菜和果品几部分组成。人类早期从江河湖塘中取水，在河姆渡文化、仰韶文化时出现了打井技术，使人们饮水的质量得以提高，也方便了在居住区内汲水，在许多墓葬和居址中都发现汲水器（如小口尖底瓶）、喝水的陶杯，特别是专门烧水的器皿陶鬶的出现，说明人们已不只喝生水，还可以烧开后饮用，有学者提出人们当时还饮用乳

---

① 山东大学历史系专业教研室编《泗水尹家城》，第 53 页。

汁，如羊奶、牛奶。生活中母乳育婴、母畜哺幼崽都会给人以启发，所以有人认为陶杯可以用来直接挤奶饮用，也是很有道理的。① 饮用酒是人们很关心的话题，至于酿酒技术的出现，有人认为始于仰韶——大汶口时代，有人认为始于龙山时代，有人认为始于夏商，而甲骨文中有"酒"字，已是不争的事实。在史前时期，如大汶口文化中随葬有陶缸、尊、盆等大型陶器（在大口尊上已发现多个刻划或先刻划再涂朱红色的符号，有人认为是文字），有学者认为当时的大口尊用以发酵谷物，用底部有孔的滤缸过滤酒，用盆接酿好的酒，或用大口尊来储存酒，描绘出距今5000年前酿酒的过程。进入夏商周时期，酒成了统治者奢侈享乐的必需品，商代贵族墓葬中都有数量较多的酒器，说明饮酒之风盛行，以致商代王权倾倒在"酒池肉林"之中。在后世文献中，还记载神农氏时已饮茶，但尚无实例可证。种植的粮食作物是食品类的主体，根据文献记载，人工种植的品种有粟、黍、麦、麻、菽、稻以及苽、赤豆、薏苡等，种植和野生的蔬菜类，有葵、菱藿、薤葱、芸、甜瓜、瓠、荸、姜、笋、蒲等二十几种，鱼肉类有可饲养（养殖）的猪、牛、鸡、鸭、鹅、鱼、蚌、鳖、蛤及野生的多种能捕获的野味。这在史前和先秦墓葬中可得到实物证明，例如，西安半坡仰韶文化中的152号墓，是一座小女孩的墓葬，随葬的一个陶钵内有粟的颗粒；② 在距今5000年左右的广东石峡遗址中，几座随葬品丰富的大墓内，有特意放入成团的稻谷和米粒；在山东长清仙人台6号墓的青铜簋内有碳化的食品，经鉴定认为属蒸糕类食品。③ 在随葬品中，鱼、肉类食品发现实物相对较多，在马家浜文化、齐家文化、大汶口文化、龙山文化的墓葬里都发现有猪牛羊的头骨或肢骨。例如，在大汶口文化遗址的大汶口文化2005号墓，在随葬的盆钵内盛有猪下颚骨，三足盆内盛一牛头，三件盆内盛猪颚骨或蹄骨。④ 虽然在大汶口墓葬内多见猪骨头、猪下颚骨随葬被视为是显示财富的象征，但上述事例也清楚说明是为死者准备的食品或象征性食品。在大溪文化墓葬中，不仅发现种植的稻谷，还发现多种鱼、龟、鳖、蚌等水中生物，特别是在墓葬内多有用鱼为随葬品，有的把整条鱼放在手臂下，或放在死者身上，有的则置于在死者口边。⑤ 反映出距今5000~6000多年前长江沿岸居民以捕获水产品为重要生产活动。在夏商周贵族墓穴多有用玉石雕刻的动物造型器，如殷墟妇好墓中的玉石禽鸟兽等，

---

① 李先登：《中国风俗通史·史前卷》，上海文艺出版社，2001，第13页。
② 中国社会科学院：《西安半坡：原始氏族公社聚落遗址》，第214~215页。
③ 山东大学考古学系：《山东长清仙人台周代墓葬》，《考古》1998年第4期。
④ 山东省文物考古研究所：《大汶口续集》，第121页。
⑤ 谢建忠：《巫山大溪遗址以鱼随葬的原始宗教意识与巫术》，《重庆三峡学院》2011年第1期。

周代墓中这些雕刻（塑）品中的种类更加丰富，这些动物中有的就是与人们饮食有关而特别受到青睐。两周青铜容器中特别是列鼎，是分别盛放牛、羊、猪、腊、鱼的器物。在山东滕州薛国贵族墓中，一组列鼎内还有牛、羊、猪的头骨；①在陕西雍城春秋秦人车马坑内，除车马御人外还有羊、犬的整体及牛、羊、猪的头骨或四肢骨。②活人要有食品才能生存，为死者放置食品是治丧者的心理满足。实际上随葬的各种炊煮器、饮食器、盛储器也同样是为死者提供饮食需要的体现，或为人的社会身份地位的标志。饮食是人们生活的大事，古代人们吃什么，怎样熟食，在文献中是极少提及的，而墓葬发现的实物为了解古代人们的饮食品种、饮食方法提供了实物证据，也为研究饮食文化找到了一条路径。

传统理解中，随葬品指用品、用器，多不包括葬具，但葬具也是为安置死者而用，只不过与其他类别随葬品的功能不同，所以从广义上也应视为随葬品，或叫随葬用品。葬具是殡葬观念不断发展和丰富的产物，是殡葬文化的一个重要组成部分。当人们把死者和生者的生活环境相比较，产生出要仿照自己的生活环境为死者营造出一个更舒适的生存条件时，便开始有了葬具。葬具是从新石器时代的瓮棺葬开始的。在仰韶文化中，把夭折早亡的幼儿尸体置于瓮、罐中并在一端打一个小孔，埋于居室的近旁，是出于对没有生活能力幼儿的一种呵护。这种殡葬现象在长江流域、黄河流域的多处史前遗址中都有发现。③而对于成年死者曾用席子、垫板，虽然也可称为葬具，但仍改变不了尸体直接压在土中。人们居室中有活动空间的现实，启发人们也建造有空间放置尸体的设施，在当时的条件下用石板或用木板制作出有空间的场所是可以达到的。实际发现中，在甘肃省景泰张家台的马家窑文化墓地发现多座石棺墓。木质葬具以大汶口文化的发现为最早的典型代表，大汶口文化墓葬中木质葬具有三种形态，一种是在二层台上横向加盖原木，形成一个空间，死者放入其中，是最原始的木质葬具；另一种是用木板搭建一个有底、四壁、顶盖的空间，里面放置死者；再一种是底面放置枕木，四壁用原木垒砌成的葬具，上面置木盖形成的空间来放置死者。④从考古学判断，用木板制作成匣状葬具称为木棺，用枕木、原木垒成的葬具称为椁，大汶口时期使用木棺或木椁葬具尚不普遍，到龙山文化时代，木质棺椁才逐渐增多，但只有少数规模较大的墓葬中棺椁齐备，即

---

① 山东济宁文物局：《薛国古城勘察和发掘报告》，《考古学报》1991年第4期。
② 陕西雍城考古队：《陕西凤翔高庄秦墓地发掘简报》，《考古与文物》1981年第1期。
③ 许宏：《略论我国史前时期瓮棺葬》，《考古》1989年第4期。
④ 山东省博物馆：《大汶口》；山东省文物考古研究所：《大汶口续集》。

棺外有椁，这在山东临朐西朱封、泗水尹家城遗址中都有发现。① 进入夏商周时期，使用木质棺椁逐渐制度化，用棺椁的层数与墓主人的身份、地位相适应，而且在棺椁的表面还进行装饰，成为等级制度的体现。例如，发现的商周时期上层贵族墓内，虽然木质棺椁多已腐朽，但仍可见到漆皮或彩绘图案。有的木质葬具腐朽处还有玉、石、金等小饰品，这时可能还有幔帐盖照在葬具上，为死者营建的地下宫殿完全可与世间宫室相媲美，其中蕴藏了丰富的殡葬内涵。可以说，商周时期高级贵族墓的葬具是中国古代殡葬发展中使用葬具的第一个高峰，在中国殡葬文化上占据重要地位。

史前、先秦时代，在实行火葬的葬法中，也有把死者骨灰置入容器中再埋葬的现象，这种习俗也流传甚远，直到近现代的少数民族中还可见到，这种盛放骨灰的容器也是一种葬具。

用车马饰、车、马随葬是商周时期殡葬制度中占有重要位置的内容，但木质车因年久多已腐朽成板灰，清理出原样非常困难。1950 年著名考古学家夏鼐先生首次在河南辉县琉璃阁战国墓中成功地剔剥出十几辆已腐朽的木质车痕，可视为中国考古发掘技术的重大进步，首次把古代木车呈现在世人面前；② 在此影响和带动下，1953 年在安阳大司空村也成功清理出晚商时的木车，从而开启了用地下埋藏的实物资料研究商周车马制度，③ 并引发了对此前的有关发现和迹象进行核查。例如，高去寻先生回顾 20 世纪 30 年代在殷墟发掘时发现的车马遗存。④ 半个多世纪以来，在河南、河北、山东、山西、陕西、甘肃、江苏、安徽、湖北、北京等地发现多处用车马饰件、车、马随葬的遗迹和遗物。综观这类随葬品，有的是埋在墓室（或墓道）中，有的在墓旁建造车马坑，有的是用完整的车马，有的是将木车拆卸后埋葬或以车轮代替；各地发现的车马坑，有的无殉人，有殉人的分别有 1~3 人不等；车马坑内除车、马外，有的还有附件和饰品，如軎、辖、镳、衔、当卢、铃、泡、车輨毂饰、管等，质地多为青铜，也有的用骨、蚌制作；车马坑内往往还有武器和工具，如石戈、铜戈、石镞、铜镞、骨镞、铜矛、铜戟、铜刀、弓形器、策柄（马鞭把手）、矢箭（箭囊）、石锤、铜锤、砺石、骨锥、锛、铲、凿等。武器类自然是

---

① 中国社会科学院考古所：《山东临朐西朱封龙山文化墓葬》，《考古》1990 年第 7 期；山东大学历史系专业教研室：《泗水尹家城》。
② 中国科学院考古研究所：《辉县发掘报告》，科学出版社，1956，第 46~51 页。
③ 马得志：《一九五三年安阳大司空村发掘报告》，《考古学报》第 9 册，1955。
④ 高去寻：《安阳殷代王室墓地》，《殷都学刊》1988 年第 4 期。

第五章 随葬品的多重价值

作战所用，而许多车马坑中的工具，学者普遍认为是为修车备用。至于"弓形器"（图5-6）的功能，有人认为是箭的引发器，也有人认为是置于腰间，行车时挂上缰绳驾驭马车的附件。有的车马坑中还有少量的金饰品。在殷墟妇好的墓中有青铜镞2件，弓形器4件，妇好墓属殷墟文化二期，镞与弓形器是较早见于墓中的车马用品。① 年代稍晚的郭家庄、刘家庄、大司空前、宫殿区的发掘中都发现单独的马车坑，例如，属于殷墟文化3期的郭家庄墓地，发掘墓葬191座，不仅有马车坑，还有马坑和羊坑；② 在大司空村东南发掘墓葬900多座，有车马坑4座。③ 两周时期除宗周地区外，各诸侯国贵族墓地也都有车马坑，如晋侯墓地9组大墓，有9个车马坑，上村岭虢国墓地车马坑中累计车50辆，马百余匹，其中2001号墓为"虢季"之墓，埋有16车70匹马；④ 太原晋国贵族墓地发掘中，M251为晋国赵卿墓，车马坑面积达110平方米，有16车44匹马（图5-7）；⑤ 现已发掘的楚墓约近万座，大型墓葬均有车

图5-6　弓形器

资料来源：中国社科院考古研究所《殷墟青铜器》，文物出版社，1985，图版146。

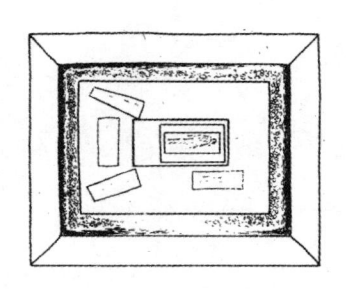

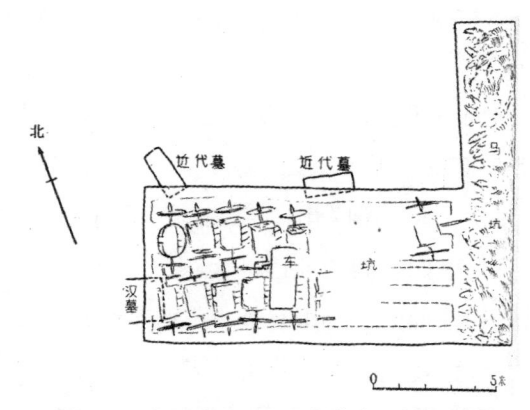

图5-7　太原金胜251号大墓车马坑平面图

资料来源：山西省考古所、太原市文管会《太原金胜村M251号春秋大墓及车马坑发掘简报》，《文物》1989年第9期。

---

① 中国社会科学院考古研究所编著《殷墟妇好墓》，第110页。
② 中国社会科学院考古研究所：《殷墟郭家庄商代墓葬》，中国大百科全书出版社，1998，第146~149页。
③ 杨锡璋：《大司空东南地墓葬群》，《殷墟的发现与研究》，科学出版社，1994，第132页。
④ 胡小龙：《浅谈三门峡上村岭虢国墓地车马坑》，《华夏考古》1993年第4期。
⑤ 山西省考古所、太原市文管会：《太原金胜村M251号春秋大墓及车马坑发掘简报》，《文物》1989年第9期。

图5-8 齐故城殉马坑平面图

资料来源：山东省文物考古研究所《临淄齐墓》第1辑，文物出版社，2007，第381页。

马坑或车马器；山东临淄齐故城姜齐墓地中，最典型的5号墓的大型殉马坑，呈长条曲尺状，其长度分别为70米、70米、75米，仅北面54米一段就清理出驯马145匹，成为一世界奇观（图5-8）。[①]广义所说的车马坑，实际上还有"牛坑"、"羊坑"以及牛挽车、羊拉车的遗存。1978年在殷墟王陵区发掘的19号墓内，并行埋葬两牛，而且牛的颈部各系一铜铃，应为挽车的牛；[②]在殷墟郭家庄西南发掘的148号墓内，并行埋有两只羊，颈部有车的附件铜轭，嘴上有铜镳，头部有络头饰，显然是拉车的羊。[③]自车马坑、车马器发现以来，从晚商到两周各阶段，都发现有把木车拆卸后埋葬的，有的还只放入车轮为象征，例如，1935年在安阳王陵区发现的车马遗存，有学者认为坑内的车子是拆散后放入的。[④]北京房山琉璃河燕国贵族墓地，已清理墓葬200多座，车马坑20余座，其中1193号墓是带四条斜角墓道的大墓，车马器放于墓室二层台或墓道中，车也是拆散的。[⑤]山东长清仙人台邿国墓地，6号墓为国君墓，墓室内也有拆散的车件。[⑥]

根据发现的车的结构、形制及装饰，有学者提出商周的车具，从功能来说，除战车以外，还有乘车、田车和货车，说明车已广泛适用于战争、运乘和生产活动。[⑦]

在史前、先秦殡葬的随葬品中，除上述各类随葬品外，还有乐器、雕塑品等，这

[①] 山东省文物考古研究所：《临淄齐墓》第一辑，文物出版社，2007，第381页。
[②] 杨宝成：《殷墟发现的车马坑》，《殷墟的发现与研究》，第141页。
[③] 中国社会科学院考古研究所：《安阳殷墟郭家庄商代墓葬》，中国大百科全书出版社，1998，第147～149页。
[④] 高去寻：《安阳殷代王室墓地》，《殷都学刊》1988年第4期。
[⑤] 中国社会科学院考古研究所：《北京琉璃河1193号大墓发掘简报》，《考古》1998第9期。
[⑥] 山东大学考古系：《山东长清仙人台周代墓地》，《考古》1998年第9期。
[⑦] 杨宝成：《殷墟发现的车马坑》，《殷墟的发现与研究》，第141页。

在前面有关章节中都有涉及，在此不再赘述，但需要说明的是，无论从繁或从简提到的各类随葬品，都从不同角度反映出当时的习俗或制度。例如，墓葬中的生产工具类随葬品，在新石器时代早期阶段，有随葬品的墓内多有生产工具，反映出这些生产工具与当时人们在生产、生活中的密切关系，氏族成员普遍参加生产劳动是正常之事。但到新石器时代后期，社会上有了贫富分化，开始有了"劳心者"和"劳力者"之分，在随葬品中生产工具明显减少，从某种侧面反映出当时人们期盼成为不使用生产工具的"劳心者"，不愿永远甘当长年累月辛苦劳作的"劳力者"的心态。夏商周时期的墓葬中，多在贵族墓中有青铜、玉质的"工具"，这往往是礼仪性器物，并非劳动者的日常用器，是表示统治者关心农业生产，祈祷有好收成，象征性地劳作一下，即文献所称的"籍田"。另外从研究的角度，根据生产工具的形态，探寻其使用方法可以更直观地了解当时的使用方法和技术水平，如有孔工具和无孔工具，不单是方便于携带，更重要的是使用方法。例如，有孔的石斧安装了手柄更便于用力，无孔石斧直接手握使用则比较费力，如安装手柄则远不如有孔石斧牢固和方便。又如随葬品中的乐器类，在河南舞阳贾湖墓葬内发现的骨笛，是中国发现最早的吹奏乐器，在距今七八千年前就可以制作用多孔来调节音调的技术和水平，实为一伟大的创造。① 在仰韶文化和大汶口文化遗址中都出土陶牛角号，例如，1979年在山东莒县陵阳河大汶口文化遗址中出土的陶牛角号，形似牛角，造型优美，可以吹出洪亮的声音，实际上这是当时人们在日常生活或进行生产劳动时发出信号，协调人们行动的器具，该件器物更直观地向人们说明，艺术来源于生活（图5-9）。而到商周时期以钟、磬为主的"金石之声"，主要是祭祀、庆典等礼仪活动（包括随葬）的用品，到战国时逐渐成为娱乐用器。

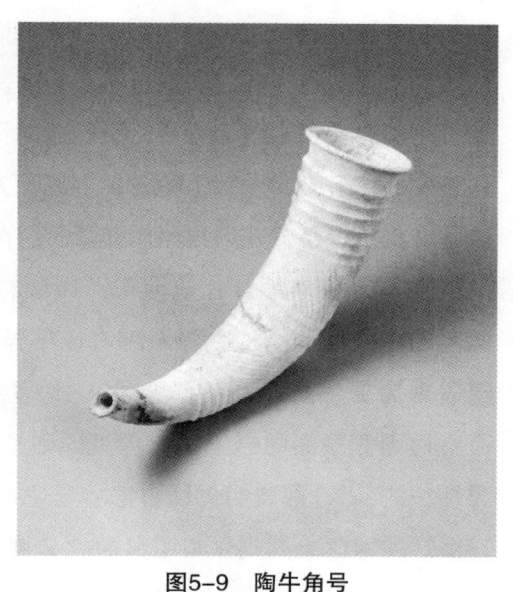

图5-9　陶牛角号

资料来源：吕常凌《山东文物精萃》，山东美术出版社，1996，第59页。

---

① 河南省文物考古研究所：《舞阳贾湖》，科学出版社，1999，第992～1020页。

二 摆放位置

在史前、先秦墓葬中，各类随葬品的数量及放置在什么地方也是有讲究的，都与当时的生产力水平、人们的财富拥有程度、殡葬习俗和制度有着密切的关系，是当时思想观念的反映。至于随葬的器皿、器具的放置，在不同时代、不同地区是有一定差别的，为了说明此类问题，我们选择部分墓室保存较好，随葬品类别和数量相对丰富，摆放位置没有受到扰乱的墓葬为例进行分析。例如，有学者对裴李岗文化各墓地的随葬品摆放位置进行专题研究，选择墓葬数量比较多，或随葬品放置比较清楚的河南舞阳贾湖墓地、郏县水泉墓地、郑州裴李岗墓地、长葛石固墓地、密县莪沟墓地、新郑沙窝李墓地为基础进行了分析，可以清楚地看出其规律特点和意义。[1]研究发现，属于新石器时代中期的裴李岗文化墓葬中，根据随葬品的功能划分，如生产工具类、生活用具类、装饰品类等，其中生活用具类所占的比例最高，而且直接用于饮食的器皿为随葬品中的核心类别，主要以壶、罐、鼎、钵、碗、豆、盘等为多见。另外凡有陶器随葬品，几乎都有陶壶，即使只有一件随葬品也是陶壶，而且陶壶多放在头侧。有2~3件陶壶的也必有一件在头侧，说明陶壶在随葬陶器中格外受到重视。发掘现场还发现，除陶壶外，陶罐也是多见的器类，而且陶壶、陶罐多为口朝上摆正，并有器盖相扣，这是否暗示下葬时里面放有饮食物。在裴李岗文化墓地随葬品中，除陶器外石器的数量多，器类主要有铲、镰、刀、磨盘、磨棒、斧、锛、凿和磨石，其他则少见。其特点是，凡用石器作随葬品的在一墓中多为一件，并放在体侧。磨盘和磨棒是组合器，相互配合才能使用，所以在随葬时则相伴入葬。[2]在仰韶文化、大汶口文化的中晚期的墓地，都发现有成年异性二人合葬的现象，虽然所占比例不高，但都表现为男左女右的置尸方式。引人注意的是，男性占据墓室中部，多仰身直肢，而女性则侧身面向男子，有葬具的则是男性在棺内，女性在棺外，随葬品也多放于男性一侧，[3]这都表明男性占据主导位置。对此种现象虽然学者有不同阐释，但男性比女性的地位更高则是很明显的。又例如在大汶口遗址1974、1978年的发掘中，属于大汶口文化的墓葬，死者性别清楚的男性墓18座、女性墓11座；其中石斧、骨矛、牙镞多在男性墓中，女性所占比例很小，而纺轮则多在女性墓内，特别是有陶

---

[1] 张弛：《社会权力的起源—中国史前葬仪中的社会与观察》，文物出版社，2015。
[2] 张弛：《社会权力的起源—中国史前葬仪中的社会与观察》。
[3] 山东省文物考古研究所：《大汶口续集》；国家文物局考古领队培训班：《郑州西山仰韶文化遗址的发掘》，《文物》1999年第7期。

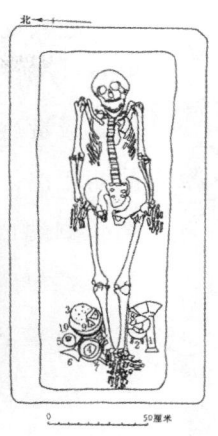

a. 昙石山文化126墓葬　　b. 大汶口文化随葬品　　c. 龙山文化111号墓（左）、144号墓
　随葬品位置图　　　　　　位置图　　　　　　　　　（右）平面图

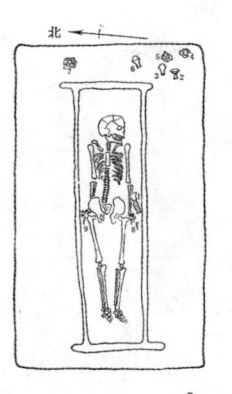

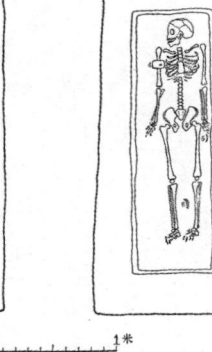

图5-10　随葬品位置图

资料来源：a.钟礼强《昙石山文化研究》，岳麓书社，彩版贰。
b.山东大学历史系专业教研室编《泗水尹家城》，文物出版社，1990，第110页。
c.山东大学历史系专业教研室编《泗水尹家城》，第61页，图45。

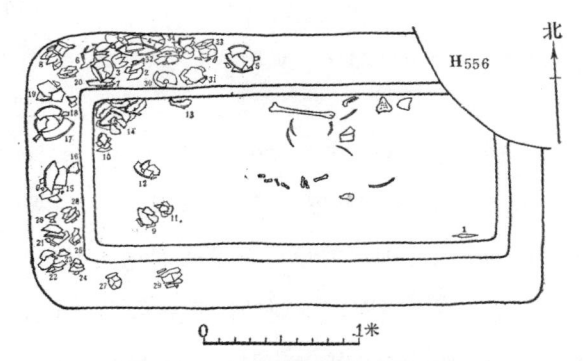

镯或石镯的共3墓，均在女性墓中；其他如石钺、石锛以及有刃工具均出于男性墓中，明显是自然分工的体现，而且这种现象，在此之前和以后也都广泛存在。在大汶口文化墓葬中随葬的生产工具类及装饰品类，大多放于死者的身旁，如束发器多在头骨处，镯子套于手臂，獐牙和镞则在手

图5-11　龙山文化133号墓平面图

资料来源：山东大学历史系专业教研室编《泗水尹家城》，第56页。

边，生产工具多放在死者腰间、胸部或两腿间，都是以使用习惯放置的。① 在墓内最常见的也是数量最多的，在史前时期主要是陶器，其放置或在死者头端、或在脚端、或在身侧，有葬具的则放于棺椁之间、二层台上（图5-10），也有的放于棺、椁的顶部盖板上，但发掘时，多因葬具腐朽而塌落于人体上或散落于人体周围（图5-11），显得随葬品放置的杂乱无章，实际并非如此。

---

① 山东省文物考古研究所：《大汶口续集》，第109页。

进入夏商周时期，墓内随葬品的放置更为规律和规范，这在贵族墓特别是高级贵族墓内表现得更为清楚。与史前期相比，最明显的变化是原先放在头端、脚端或身侧的随葬品逐渐改变为分箱式放置，或称头箱、脚箱、边箱，或按方位称为东、西、南、北、中各室，不仅反映了随葬品数量与类别，而且这种放置随葬品的布局也是等级制度的反映。

另外夏商周时期，贵族墓主人随葬的车马用器，有的置于墓室或墓道，有的在墓室近旁，挖建专门的车马坑或分建车坑、马坑。自20世纪50年代，在河南三门峡上村岭发现周代墓地，经两次大规模发掘，确知是一处虢国墓地，包括有虢

图5-12 三门峡虢国墓地2001号墓随葬器物（南→北）

资料来源：河南省文物考古研究所、三门峡市文物工作队《三门峡虢国墓》，文物出版社，彩版一。

君、虢太子的墓葬。其中2001号墓为"虢季"墓，该墓一椁两棺，随葬品多达3200余件（套），包括青铜礼器、乐器、兵器、车马器、玉器、金饰、象牙器等，墓内不仅因出土玉茎铜芯铁剑和玉瞑目等重要遗物而引起学界的关注，而且墓主人是一代虢国国君，年代为西周晚期。特别是在墓室东侧，还有一单独的埋有16辆车、70多匹马的大型车马坑，而备受重视。仅从随葬品的数量来说，内棺墓主人尸骨上有用玉、象牙组成的组佩；棺椁之间有大量的青铜礼器、乐器、兵器、和车马器环绕其间，显示出一代国君的威严富有与奢华（图5-12）。①

1950年5～6月，在安徽寿县西门内北侧，因工程施工发现一座大型墓，南北长8.45米，东西宽7.1米，存深3.35米。该墓在工程施工取土时被发现，并曾被村民挖出部分随葬品，经追回并复原到原来的位置，总体来说是一座保存完整的大墓，随葬品丰富，而且摆放有序。该墓的墓底平面可分为四个部分，即以棺室为中心，其北、东、西三面都整齐规律地放置随葬品。棺木及墓主人骨骼都已腐朽，但在人骨上和周

---

① 胡小龙：《浅谈三门峡上村岭虢国墓地车马坑》，《华夏考古》1993年第4期。

围有大量的漆皮是腐朽的涂漆葬具，人骨上有玉璧、玉璜、玉龙、玉片饰、金叶组成的佩玉，身旁有一柄青铜剑。棺室北部整齐而有规律地摆放有青铜鼎18、鬲8、簋8、簠4、盘4、豆4、壶3、盆3、尊3、敦2、鉴2、盂1、甬钟12、镈钟8、钮钟9，明显是按要求并且精心摆放的。棺室的东西两侧集中放置大量的武器、车马附件和饰品，计武器有铜戈、矛、盾、剑、镞、斧，车马器有軎、辖、衔、铃，及多种样式的玉管、玉环、玉珠、金叶、绿松石等，仅串珠就有139粒，经加工的128粒。根据随葬品青铜器铭文，可知该墓主人是春秋末期的一代蔡侯（图5-13）。①

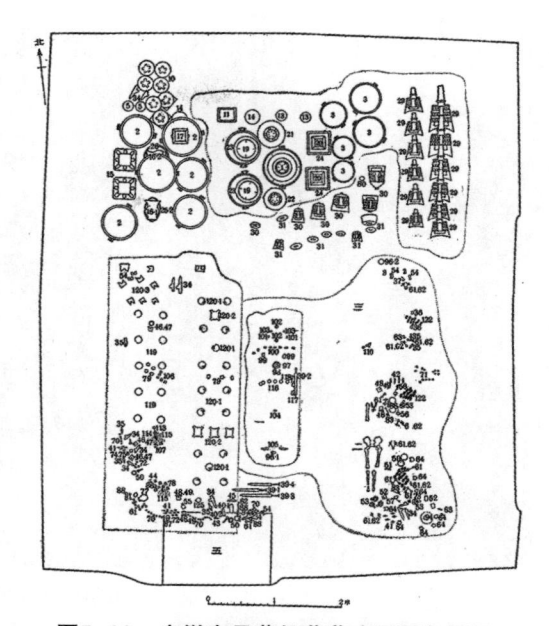

图5-13　安徽寿县蔡侯墓墓底平面复原图

资料来源：安徽省博物馆《寿县蔡侯墓出土遗物》，科学出版社，1956，第4页。

湖北随县擂鼓墩曾侯乙墓，以其规模庞大，墓室结构严谨，随葬品气势恢宏而名享海内外。墓底分为东、西、北、中四室，东室为主室，墓主人使用双层髹漆彩绘内外套棺，内有8个殉人棺和4个殉犬棺，里面放置兵器、马具、金器和漆绘衣箱；西室有陪葬棺13具；北室放置兵器、车马器和240多枚竹简；中室则集中放置大量的乐器和青铜礼器。墓主人为一45岁上下男子，用多层丝织物包裹，并有玉、金、骨质饰品300多件；墓内21个陪葬者均为15～26岁的女性；该墓随葬品总数达15404件（套），青铜器重达10吨，其中青铜礼器117件，乐器125件，漆竹器5038件，器物放置也是经过精心安排的（图5-14）。②

史前、先秦墓内的随葬品，最初由散乱放置，到集中摆放，或头端或脚端，再到分类放置，到西周时期，贵族墓底分设若干个器物箱（室），按类别放置随葬品，都是殡葬习俗，是死者的身份等级的反映。

---

① 安徽省博物馆：《寿县蔡侯墓出土遗物》，科学出版社，1956。
② 湖北省博物馆：《曾侯乙墓》，第26～38页。

图5-14 曾侯乙编钟

资料来源：湖北省博物馆《曾侯乙墓》，彩版三，图1。

第三节　随葬品所提供的研究信息

随葬品的类别多种多样，每种随葬品原本都有自身的实用功能；随葬品组合是现实生活情景的折射，所以作为放置在墓内的随葬品，是为死者在另一个世界生活所准备，实际上也是现实生活的反映。解读史前、先秦时期的随葬品，可以捕捉大量的信息，为进一步阐释当代社会有重要的研究价值。

一　提供死者的职业信息

同一时代的墓葬，在大多数情况下随葬品的类别大致相同，特别是通常所习见的生产工具类、生活用具类随葬品，要从中"侦察"死者生前的职业就非常困难。但也有少数墓葬，集中使用与死者生前职业有关的物品随葬，这就为判断死者生前的职业提供了重要线索。例如，在属于裴李岗文化的河南新郑沙窝李墓地中，其中的M19共出土随葬品24件，除有陶壶1件外，其他均为石器，包括石铲6件、石斧4件、石凿5件、磨石3件及石锤、石料、燧石、石片、细石器各1件，反映出与同时代其他墓内明显不同的随葬品组合。首先是石制品明显占绝大多数，达95.9%，仅有一件陶器；第二是与裴李岗诸墓地随葬石器时，通常一类一器的习俗不同，石铲、斧、凿、磨石等分别为 6、4、5、3 件，另有石器加工工具、石料和半成品，说明死者生前可能是从事石器加工制作的人员。① 又如陕西临潼仰韶文化 78 号墓中，随葬了石砚、石磨棒、赤铁矿颜料块及水杯，是用于绘画的工具，与仰韶文化绝大多数墓内随葬品截然不同，联系仰韶文化普遍使用彩陶的特点，推测该墓主人生前是从事彩陶绘画职业的。② 又如在江苏邳县大墩子大汶口文化 38 号墓中，除骨器、牙器外，还同时随葬了骨料、牙料 24 件，有使用痕迹的磨石 4 块，也说明死者是制作骨、牙器的工匠。③ 另外在山东日照两城镇的一个"玉器坑"中曾发现大量玉器及半成品，④ 笔者曾于 1999 年在两城镇遗址调查时，到"玉器坑"实地进行了再次调查，据当年挖"玉器坑"的人介绍，挖出的东西有人骨、陶器、玉器成品和半成品，而且半成品占大多数，是用筐往外运出来的，由此推测所谓"玉器坑"应该是一座龙山文化墓葬，墓主人应该是制玉工匠。实际上类似的工匠墓葬虽然发现的数量不多，但几乎在各历史时期都有偶然发现。这类墓葬的意义不仅是能判断墓主人生前的职业，更重要的是墓内都有一定数量的半成品及制作工具，为研究该类质地器物的制作工艺提供了难得和珍贵的实物资料。

二 提供生产活动的信息

生产活动是维系人类社会存在和发展的基础，墓葬中的随葬品特别是生产工具类，是反映社会生产景况的重要依据。其中首先是反映性别的自然分工方面的随葬品，尤其是在新石器时代墓葬中，表现得更为突出。凡死者性别清楚又有生产工具类的墓内，男性多见刀、镰、斧、锛、凿、镞、矛、叉等工具，女性墓内多见纺轮、骨针等，说明男性主要承担农事、渔猎等生产活动，而女性则在住处承担相对轻微的家务性活动。例如，在姜寨遗址仰韶文化墓葬中，男性墓随葬生产工具的占 68.8%，女性墓中仅占 31.2%，北首岭遗址中男性墓随葬生产工具达 99.3%，女性墓仅占 0.7%；⑤ 而大汶口文化墓葬则反映得更清楚，1974、1978 年共清理大汶口文化墓葬 46 座，其中成人墓 35 座，性别清楚的男性墓 18 座，女性墓 11 座，仅从随葬的生产工具统计，出石斧的男性墓有 9 座，女性墓有 3 座；出骨矛的男性墓有 6 座，

---

① 中国社会科学院考古研究所河南一队：《河南新郑沙窝李新石器时代遗址》，《考古》1983 年第 12 期。
② 西安半坡博物馆等：《临潼姜寨第四至十一次发掘纪要》，《文物与考古》1980 年第 3 期。
③ 南京博物院：《江苏邳县四户镇大墩子遗址发掘报告》，《考古学报》1964 年第 2 期。
④ 刘敦愿：《有关日照两城镇玉坑玉器的资料》，《考古》1988 年第 2 期。
⑤ 严文明：《半坡类型埋葬制度和社会制度》，《仰韶文化研究》，文物出版社，1989，第 287 页。

女性墓有 2 座；出牙镞的男性墓有 9 座，女性墓有 3 座；8 件石钺和 7 件石锛均出于男性墓；出纺轮的男性墓 2 座，女性墓 3 座（表 5-1）。而 1959 年在大汶口遗址发掘时，16 座女性墓中有 6 座有纺轮和骨针，而且其中 67 号墓有骨针 12 枚；14 座男性墓中，多为石质工具，有纺轮的仅 1 座。即使是成人异性合墓中的生产工具，如 111 号墓，石、骨生产工具在男性一侧，而纺轮和骨针在女性身边，[①] 也同为这类现象的典型实例。

表5-1　1974年、1978年大汶口文化墓葬生产工具与性别比较

类别	男性墓（18座）	女性墓（11座）
石斧	9件	3件
骨矛	6件	2件
牙镞	9件	3件
纺轮	2件	3件
石钺	8件	
石锛	7件	

另外从随葬生产工具类别及器物形态方面也可以反映出生业类别及工具的使用方法。随葬品中的生产工具从质地分有石、骨、角、蚌、牙、陶等质料，从使用功能分有斧、锤、刀、镰、铲、凿、锛、锉、针、锥、矛、叉、镖、纺轮、磨盘、磨棒、拍子等。一般认为斧、锤类是砍伐、锤打工具；刀、镰、铲、镢是农业生产工具；锛、凿是加工工具；锥、针是锥刺、穿扎用具；镞、矛、叉、镖是渔猎工具，有时也可用于战事；纺轮用来纺线；磨盘、磨棒是加工粮食工具；拍子、垫子是制陶工具。除此之外，还有针对某种生产活动的用器，如商周时代陶质盔形器，内壁遗有金属渣的是冶炼用具，而内壁挂有盐渍的则是煮盐用器。由于我国从新石器时代大部分地区就以农业生产为主，所以在墓葬随葬品中常见有农业生产工具往往不引起人们的特别关注，生活中的加工工具也为普遍使用，当作随葬品也为习见之物，除有助于分析死者的性别（当然判断死者的性别还要借助体质人类学手段）。也有的地区墓葬内随葬其他地区不普遍使用的生产工具，如黑龙江密山县新开流文化区的墓葬中，多随葬石镞、骨投枪（矛）、鱼叉、鱼镖、鱼钩、牙刀等工具，显然与这一区域的先民沿河流而居，从事捕捞业是主要生产活动密切相关，也由此说明死者在生前主要参加捕捞，

---

① 山东省文物考古研究所：《大汶口续集》；山东省文物管理处等：《大汶口》。

既有助于判定死者生前职业，了解当地的生业特点，也有利于为判别死者性别增加佐证。前面提及的盔形器，可以是汲水器，也可以当作冶炼用的坩埚；在古代产盐地区这种盔形器又可以用来煮盐，所以对这类器具，除分析其器形特征外，还要观察（或化验）其内壁、外壁的附着物，对判断其具体用途和分析死者的生前职业都是非常有帮助的。

三 提供日常生活的信息

在史前、先秦时代，生活用具（品）在墓葬中发现最多，其中主要包括饮食生活用器、梳妆用具类、服饰衣物类等。

在饮食生活方面，史前时期主要使用陶器，夏商周时期除陶、瓷器外，还有大量的青铜器，除此之外漆器、木器或青铜以外的其他金属器皿。从器类功能来说，可分为主要用于熟食的炊煮器，包括釜、鼎、甗、鬲、箅子等；烧水或温酒的鬶、壶等；进餐用的碗、钵、盒、簋等；饮水、饮酒的杯、爵、觚、斝等；汲水的罐、小口瓶、盔形器等；盛储使用的瓮、缸、尊、罍、盆等；淘洗粮食的刻槽盆及酿酒的滤器等，当然有的器类可兼有几种实用功能。这些随葬品对各时代人们的饮食生活是最生动的解读，如炊食器皿大多有盖，既缩短了炊煮时间，也是卫生保洁的措施。史前时期的陶质饮食用器与夏商周时代青铜质的同类器（如鼎）反映了生产力水平的提高，文化因素的继承与变化。同一时代但不同规格的墓葬随葬品，如商代平民墓中仍用陶鼎、陶鬲熟食，而贵族墓中用大铜鼎煮肉，重达875千克的司母戊大方鼎与重量仅几百克的陶鼎何以同日而语，一件平民使用的饮水陶杯与妇好墓中40件青铜爵（饮酒器）怎能比档次。薛国贵族墓中的列鼎内还残有牛、羊、猪、鱼的骨骼，邿国国君墓内的青铜簋内遗有碳化的蒸糕。墓葬内的死者用日常使用的饮食器向"上帝"诉说他们生前的贫困与富有。

梳妆用品类在墓葬中也有出现。例如，史前时期就用梳子、骨笄、簪梳理长发，大汶口文化墓葬中的象牙梳是最奢华的梳子。在用水盥洗时，受静水映面的启发，在齐家文化时代出现了铜镜用以照容；装饰用品除笄、簪之外，耳环、耳坠、镯、臂环等在墓内死者的相应部位有所发现；在山顶洞墓葬就有用石、骨、蚌串成的项饰，从新石器时代到夏商周时代越来越复杂、越来越高级，高级贵族墓内的玉组佩把佩戴项饰推向顶峰。衣物从取暖遮体到显示高贵身份，虽然由于衣物的质地易朽，但东周时还在墓中偶然可见丝绸的衣袍，而且还用不同颜色纺织或刺绣出各种纹饰，从兽皮、粗麻到高级织品，说明社会的进步，生产能力和技术水平的提高。

在墓葬中发现的各类随葬品，有些用途是单一的，例如，碗是吃饭用的，杯是喝水用的，但也有些具有多种实用功能，如斧、镞、矛等，既可用于生产，也可用于战争；甚至同叫一个名称，由于形态稍有不同，用法也有差别，如同样的石刀，凹刃的主要用作农作物收割，而凸刃的则用来切削。平时在分析和研究中，多采用其中一种主要用途，旨在说明它们作为随葬品在反映社会生活中的作用，不作更细致的分析。

四　提供社会变革的信息

在人类社会进程中，社会形态的演进是一个复杂、全方位的递进过程，在生产力水平、社会组织方式、人们之间的互相关系都要相应变化。在埋葬礼俗方面也必然会有清楚的反映，墓葬中的随葬品则是其表现之一。

从旧石器时代到新石器时代，主要是生产力水平的提高带来的变化，如种植农业与饲养业的出现，原始村落的形成，属于"和平演变"，埋葬习俗也承袭更早阶段的传统。而从新石器时代中期到晚期，随着私有观念和私有财产的出现，人们之间的相互关系分化明显，原始城堡成为聚落中心，大、中、小型的村落已带有地域辖区的初始形式，反映到墓葬和随葬品方面则出现了明显的差别，朴实的原始宗教开始带有"政治色彩"，用珍贵稀有的原料如玉石制作的礼器，通常使用的陶器用更细腻的手段加工制作成礼仪用器，而且用这些高贵的礼器进行祭祀或用于随葬，也成为军事首领、部落酋长们的专利。距今5000年左右，这种变化在墓葬随葬品中的表现已经非常清楚。仰韶文化中后期，大汶口文化中后期以及龙山时代，大墓是大而富，小墓是小而穷，在陶寺龙山文化中千余座大、中、小型墓葬呈金字塔式排列，大墓约占1%，中型墓大概近10%，小型墓占了大致90%，而随葬品却呈倒金字塔形，小型墓或无或仅有数件日常用器，中型墓多有10~20件随葬品，一座大型墓通常有几十件，多者百余件随葬品，而且如鼍鼓、彩绘龙盘、玉器及精致的骨、角、蚌器也都集中在大型墓内，社会分化的态势昭然若揭。在大汶口文化中同样是少量大型墓集中了大汶口文化中所见最精美、最奢华的玉器、彩陶器。2005号墓是1974年、1978年所见最大的墓葬，墓室长3.6米、宽2.28米、深1.13米，是一座成年男性迁出墓，原为仰身直肢葬。该墓有各种随葬品104件，而且在陶盆、陶钵、陶豆内盛有猪下颌，一件三足盆内有一牛头，另有豆盘中还有猪蹄，更令人惊讶的是其中一件彩陶豆（M2005：49），"为泥质红陶，通体施深红色陶衣，口沿绘白色彩地，其上用褐、赭红等彩绘出半月形与若干竖线相间组成的图案；腹部用白彩在深红色陶衣上绘有5个方心八角星纹样，在星与星之间均由两条竖线分格，圈足绘有两圈白彩连续"（ ）"状纹样。通高26.4厘米、口径24.4厘米、圈足15厘米。该件器物色彩艳丽，底色分界整齐，纹饰线条流畅，是距今5000年之久的稀世珍品。类似大汶口文化的惊世之作，都出自大墓中，反映出少数墓主人生前与众不同的财富和所具有的权贵地位（图5-15）。① 几乎与此同时或稍晚，以"玉敛葬"为突出特点的良渚文化大墓内，特色显著的红山文化积石冢内以及山东龙山文化、齐家文化的大墓中，都有大致相同的随葬品，清楚地反映出社会在发生着剧烈变化的信息，所以也有不少学者主张这时历史已跨入文明社会的门槛。

图5-15 大汶口文化彩陶豆
资料来源：山东省文物考古研究所《大汶口续集》，彩版一，图1。

从新石器时代到夏王朝建立，又是一次重大的社会变革，夏商周时代墓葬的随葬品，在不同类型墓葬间的差异与新石器时代晚期的"富墓"、"穷墓"的差别相比其性质完全不同。一座妇好墓有各种随葬品达7000～8000件，仅青铜器就有468件，一座被盗掘后的商王陵内仍出土有大量器物，晋侯墓地每座晋侯墓中的随葬品多达数千件，曾侯乙墓内的青铜器可按吨计重，再考虑其他因素，如墓室规模、葬具，特别是殉人与祭祀时的人牲，都可与贵族集团的不同等级礼俗相吻合。而同时代的小墓内，即使不是一无所有，也只是数件粗陋陶器或几件陪伴终生劳作的工具。由此可知，这时的差别已不是一般"穷墓"与"富墓"的不同，而是权贵阶级与劳动大众之间，占有与被占有的阶级对立。至于贵族集团之间因地位不同的等级差异，前章已有介绍，在此不再赘述。

五 提供原始宗教信仰的信息

在文化尚不够发达，人们的思想意识还未完全脱离愚钝的时代，原始宗教就会成为人们的精神寄托，共同的信仰会产生出极大的凝聚力和向心力，史前、先秦时代的原始

---

① 山东省文物考古研究所：《大汶口续集》，第139～140页。

宗教观念对推动社会发展有很大的积极动力。关于这一时期的原始宗教观念，前章（第二章第二节）曾集中从文献记载方面作了梳理，意在说明在当时的历史背景下，天体气象、山川水土、动物植物等都会成为崇拜的对象，这在不同地区分别有各自的体现，而共性的则是以祖先（人神）为崇拜对象。本节则主要从墓葬随葬品中所提供的信息再做简要的分析。在墓葬随葬品中，反映原始宗教崇拜主要表现在以下几个方面。

首先是人神崇拜。最典型的实例首推在辽宁牛河梁积石冢出土的彩塑人头像，被称为女神像，是整个陶塑人像保存最好的部位，长22.5厘米，与真人基本同大，出土于祭祀坑和大型墓中，显然是作为祖灵崇拜而制作（图5-16）。另外在四川广汉三星堆商末周初时的大型祭祀坑中，出土的青铜人像，体高2米，不管是为祭祀某一个蜀王还是其他祖先，如果不是出于高度的虔诚，很难理解把当时最珍贵的材料，集中了当时最好的技术来制作这样的物件（图5-17）。还有相传出土于殷墟的晚商时的人形玉佩，虽然通体长仅10厘米，在体量上不可与上述两器相比，但制作精细，面容庄重，双手拱揖，头戴高冠，体态呈跪叩状，生动形象地在向祖先、神灵行跪拜礼（图5-18）。除了用泥塑、铜铸或玉雕的人像外，还有玉石、青铜的鱼、龟、蝉、鸟、鸡、牛、羊、猪、虎等的雕塑品。第二，这一时期还有把器物制作成或鸟或兽的形态。例如，仰韶文化墓葬中出土多件猫头鹰（鸮）的头像和鹰形器，特别是在陕西华县太平庄出土的鹰形鼎，造型生动，鹰的体形雄壮，勇猛之态表现的惟妙惟肖（图5-19），是距今6000年左右原始宗教崇拜的实物表现。而在东部地区的大汶口-龙山文化中，最具代表性的陶鬶，有的似鸟，有的似鸡，学界普遍认为这是东方地区鸟崇拜的象

图5-16　红山文化陶塑人头像

资料来源：中华人民共和国科学技术部、国家文物局《早期中国——中华文明起源》，文物出版社，2009，第56页。

图5-17　三星堆青铜头像

资料来源：陈德安等《三星堆》，四川人民出版社，1998，第7页。

第五章　随葬品的多重价值

图5-18　商代人形玉佩

资料来源：古方《中国古玉器图典》，文物出版社，2007，第125页。

图5-19　仰韶文化陶鹰形鼎

资料来源：北京大学考古系《华县泉护村》，科学出版社，2003，图版42。

图5-20　陶鬶

资料来源：中华人民共和国科学技术部、国家文物局《早期中国——中华文明起源》，第83页。

征，而且在这一地区有许多器盖的钮也做成很形象的飞鸟形（图5-20）；在龙山文化晚期有大量的陶鼎，其中有一类的鼎足呈上宽下尖的三角形，其外侧面多有一竖行凹槽或附加的泥条，两侧各有一个像鸟眼的圆孔，被称为鸟喙足（图5-21）。进入夏商周时期，特别是青铜器多有铸成鸟或兽的形体，尤其是青铜尊和卣，设计成鸮、牛、虎、象等鸟兽的形状（图5-22、5-23）。如商代晚期的"虎吞人卣"，一只张着大口的坐姿虎，口下有一怀抱的

图5-21　鸟喙足

资料来源：山东文物精品大展编辑委员会《山东文物精品大展》，齐鲁三联印务有限公司，2007，第11页。

人，人的头部扭向一侧，露出安静的面庞，完全是受虎庇护的得意状，是对虎崇拜的生动写照（图5-24）。曾有人将此器释为虎吞人，象征奴隶主的残暴，如果细观之，则可清楚地看到完全不是如此。而且类似的图像设计在其他青铜器上也有所见，如著名的司母戊鼎的立耳外侧，就有两只张口相对的老虎中间有一人头的图像，也是对虎的崇拜，求得保护的表现。第三是器物表面的装饰纹样，也集中表现原始宗教的

中国殡葬史　第一卷　史前·先秦

图5-22　商代青铜象尊

资料来源：中国青铜器全集编辑委员会《中国青铜器全集·商4》，文物出版社，1998，第128页。

图5-23　西周青铜牛尊

资料来源：陈绍棣《中国风俗通史两周卷》，上海文艺出版社，2003，彩版第7页，图21。

内容。原始先民把崇拜的对象，用器表纹饰或附件的形式表现出来，最典型的如仰韶文化彩陶器上的鱼纹，把繁殖能力强、又与人们生活密切相关的鱼绘画于器表以示敬重、崇拜之意。又如大汶口文化中特有的图案"☼"，人们形象地称之为"日月山"纹，多在大口尊上使用。在学术界，有人认为是象形字，有人认为是族徽，有人认为是对日、月、山崇拜的符号，不管如何理解，是出于人们的一种原始宗教信仰是无疑的（图5-25）；商代流行的饕餮纹，西周盛行的凤鸟纹，都是把人们原始崇拜的对象用于器物装饰，以示敬仰的心理（图5-26）；在整个史前、先秦时代，除以上的举例图样外，还有如水波纹、火焰纹、云雷纹、夔龙纹、蟠螭纹、龙纹、蛇纹、虎纹、象纹、蝉纹等，其中的绝大多数与前面提及的天体气象、山川水土等都是原始宗教观念的体现。

图5-24　虎吞人卣

资料来源：中国青铜器全集编辑委员会《中国青铜器全集·商4》，第148页。

图5-25　大口尊

资料来源：山东文物精品大展编辑委员会《山东文物精品大展》，第22页。

图5-26　商代青铜凤鸟纹

资料来源：上海博物馆《商周青铜器纹饰》，文物出版社，1984，第173页。

· 410 ·

六　提供先秦艺术史的资料信息

艺术品一般被认为是供欣赏而创作的，但在史前和夏商周时代，专门为欣赏而进行的艺术创作是很少见的，而且也难以认定。但今天我们从研究的角度去审视各类遗留，则发现许多很有价值的艺术品"潜藏"在建筑遗迹中、先秦文献中，而更多的造型艺术品、绘画图案、书法艺术等，在墓葬随葬品中都有丰富的保存，虽然当时人们不是为欣赏而创作，但是却有极高的艺术价值。这方面的资料比比皆是，为研究艺术史开辟了一条新径。这些不是"艺术品"的艺术创作，直观地反映出艺术来源于生活的真谛。前面提及的随葬品中，有许多值得总结和借鉴之处，揭示出古代工匠们艺术创作的惊人成就。如果我们从艺术价值的角度，仅从墓葬随葬品（也包括祭祀遗迹中），会发现诸多信息，为艺术研究提供丰富的实物资料。

首先是造型艺术品。在史前时代，人们以陶泥土、玉石、骨角等为材质，运用塑、雕、刻等工艺，创造出人体（或人头）、鸟兽的形体，主要用于祭祀、随葬。例如，在辽宁喀左县东山嘴祭祀遗迹发现红山文化陶塑小型孕妇裸体像，在陕西宝鸡北首岭墓葬中出土的彩绘人头像，在安徽含山凌家滩良渚文化墓葬中出土的玉雕人像；在夏商周时代的贵族墓和祭祀坑遗迹中，除了继续制作玉石的雕塑品外，青铜铸造品成为造型艺术的新成员，如前面提及的三星堆青铜人像已经达到了极高的水平。除人体造型艺术外，禽鸟动物类的造型数量更多，在各阶段墓葬中，禽鸟动物造型有猫头鹰（鸱鸮）、飞燕、雄鸡、蝉等飞禽；鱼、蛙、龟、蚌等水中生物；牛、羊、猪、犬、虎、象等（图5-27）。这个时期的造型技术，以写实为主要特点，造型对象各部位的比例、细部特征都表现得非常细致和准确。

第二是器表装饰。在制作的器物上进行装饰，是体现史前和先秦时代原始艺术成就的一个重要方面。在陶器上用拍印、刻划、镂孔、锥刺、绘画等方法制作出各种纹饰，用磨光、施加陶衣的方法使器表更加光洁。除前面已提及的相关内容外，在河南临汝仰韶文化墓葬中出土的鹳鹚衔鱼石斧彩陶缸（图5-28），有着多方面的研究价值；在龙山时代墓葬中随葬的蛋壳陶高柄杯，不仅制作工艺堪称制陶工艺之绝，在器柄上或镂刻出三角形、圆形、棱形镂孔纹，或用尖状工具刺出锥刺纹，虽然简洁，但都增加了器物的美感（图5-29）。在玉石器上雕刻的纹样，有的极为复杂，例如，在江苏吴县草鞋山良渚文化墓葬出土的玉琮上雕刻的兽面纹（图5-30），用云雷纹衬底，突出主题兽面纹样，雕刻线条流畅，纹样生动。另外先秦时代在青铜器上的纹饰，有的

图5-27 三星堆青铜雄鸡像

资料来源：陈德安等《三星堆》，四川人民出版社，1998，第22页。

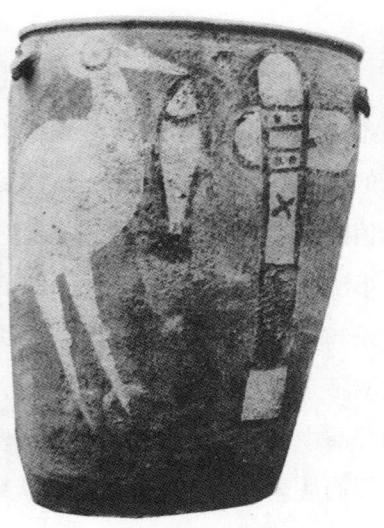

图5-28 鸬鹚衔鱼彩陶缸

资料来源：陈高华、徐吉军主编，宋兆麟著《中国风俗通史原始卷》，上海文艺出版社，1984，彩版第18页。

图5-29 蛋壳黑陶

资料来源：中华人民共和国科学技术部、国家文物局《早期中国——中华文明起源》，第81页。

平面刻划，有的减地成浅浮雕，有的高突成深浮雕，这类青铜器数量极大，河南郑县墓葬中出土的春秋立鹤方壶可谓典型代表，其他如四羊尊、龙虎尊等都是青铜装饰中的不朽之作（图5-31）。

图5-30 良渚文化兽面纹饰

资料来源：中华人民共和国科学技术部、国家文物局《早期中国——中华文明起源》，第103页。

图5-31 春秋青铜立鹤方壶

资料来源：中国青铜器全集编辑委员会《中国青铜器全集·东周1》，文物出版社，1998，第22页。

另外，在先秦时代的艺术之林中，镶嵌艺术、绘画艺术、人体装饰艺术等，也都达到了一定水平，为秦汉及以后的艺术发展奠定了基础。

第四节　随葬品在生产技术研究中的价值

一　体现当时最高的生产技术水平

墓葬是现实生活的缩影，把世间人们使用的各种物品入葬，是自墓葬产生以来普遍性的现象。各种物品的使用功能、制作技术也都由此形象直观地表现出来。又因为在墓葬中发现的随葬品大多是完整或可以复原的，所以要了解古代人使用什么器具，这些物品是怎样制作的，要比居址所见的多为破碎、不完整的器具更有优势。下面我们选择有代表性的随葬品，仅从反映当时社会生活改善提高方面进行剖析。

骨针被认为是衣物加工工具，也有人认为还可用来束发，但它体小纤细、质脆易断。中国发现的骨针历史很早，在整个新石器时代和夏商周时期，居址或葬墓中都有出土。最小的骨针可与现今的金属针相媲美。骨针虽小，但制作难度很大，技术要求高。制作骨针，要选择较细的禽兽骨骼，经过切割、劈、磨、钻孔等几个主要工序。制成的骨针，体表光滑，前端尖锐锋利，尾端针孔椭圆规整，不管是哪道工序，稍有不慎就会前功尽弃。骨针的针孔是用什么工具加工出来的，模拟实验的经验认为，在针体基本成型时，就要用锐器挖出针孔，成功率较大，如果最后挖针孔，多会折断而前功尽弃，小小的骨针能反映出高超的骨器加工工艺（图5-32）。骨针是一种细小、质脆的生活用具，但是制作骨针却需要娴熟的技术，锐利的针尖、规整的椭圆形针孔、光洁滑润的针体，反映出精湛的技巧。由见可知，在此基础上个体较大的其他骨、角、矛、蚌质的加工，从技术上来讲，已不是非常困难之事。

民以食为天，自古为之。在旧石器时代靠采集和渔猎为主要的食品来源。除可生食以外，肉类食品多经烧烤而食，但对带壳的坚果类靠砸开取食。进入新石器时代，开始了原始农业，对稻、粟类粮食的去壳就成为饮食生活中的大事。在山西下川旧石器时代晚期遗址中发现的一种平面光滑的石器被称为石磨盘，① 到新石器时代得到很快发展，在裴李岗文化、北辛文化、仰韶文化、大汶口文化中都发现石磨盘和石磨棒，被视为最早的对粮食颗粒进行去壳的加工工具。在居址和墓葬内都有出土，而完整者多见于墓中，其出土量占石器总数的10%~20%，而且在样式上也有很多变化（图5-33），可见

---

① 王建等：《下川文化——山西下川遗址调查报告》，《考古学报》1978年第3期。

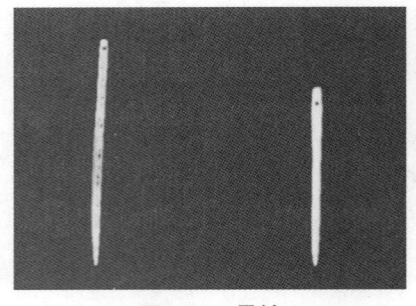

图5-32　骨针

资料来源：山东省文物考古研究所《大汶口续集》，图版95。

图5-33　石磨盘

资料来源：山东文物精品大展编辑委员会《山东文物精品大展》，第66页。

与人们生活关系密切。制作石磨盘和石磨棒，一般多选用砂岩为石材，磨棒经反复琢打，做成圆棒形，再进行修磨，使表面光滑；而磨盘要先选大小适度的厚石板，进行修整和打磨而成，有的还带有支脚。石磨盘、石磨棒的制作难度不是太大，但在人们生活中的作用是不可小视的，与臼、杵成为粮食加工的主要器具。

人类自从学会用火，首先使熟食、热饮成为可能。熟食的方法自然是从烧烤食品开始。进入新石器时代，特别是陶器普遍使用以来，熟食的方法也多种多样，除烧烤外，还利用陶容器进行煮、蒸，所以陆续发明了釜、罐、鼎、甑、甗、鬲、箅子等炊器。通常是室内有一个火膛（大房子内可有多个火膛），在没有三足炊器之前，是用三个石或陶的支脚，把如釜、罐架在火膛上烧烤或蒸煮食物，在新石器时代许多房址内火膛的近旁多有炊器。在房内生火、取暖、熟食给人们的生活带来许多方便。但严酷的夏日在室内生火做饭却不是很舒服的事，虽然也可以在室外建火膛，但又会受风雨天气的干扰，生活的需要迫使人们发明了可以灵活移动的灶，在新石器时代的仰韶文化、大汶口文化、河姆渡文化的居址和墓葬内都发现类似后世炉子的灶、生火盆等陶器，这就使人们熟食更为自如，对提高生活质量起到了很重要的作用[①]。到商周时代，贵族阶级饮食更讲究奢华，如从殷墟妇好墓中出土的青铜三联甗、西周时的奴隶守门鬲、青铜托盘夔足鼎，都说明熟食加工技术提高到了更高水平。在诸多的炊煮器中，我们仅选择甗来说明熟食方式的改进。在远古人的饮食生活中，除了直接生食，难以咀嚼的食品主要是烧烤，自从有了陶容器后，煮食让人们吃到松软可口的食物，例如，在随葬品中所见的夹砂的罐、釜、盆等，往往都有相配的盖，炊煮时可以

---

① 高蒙河：《先秦陶灶的初步研究》，《考古》1991年第11期。

节约时间。但仅用煮的方式也会有弊端，或太稀或干糊，于是人们发明制作了甗这种器形，即制作瘦长的罐形器，中间内收成束腰状，在底部加上三个足以便于受火，另外再制作一个带孔的圆饼——箅子，放到束腰处，下部盛入水，箅子上放食品，口部加盖，生火后热气通过箅孔，把食品蒸熟，现在的蒸锅就由甗发展而来。自新石器时代晚期甗就快速发展起来，而且形式也多有变化，除了上面所说的样式外，还有一种分体甗，即一件底部有若干小孔的平底罐叫甑，放到一个鼎或鬲上组合成一件分体甗，新石器时代晚期主要是陶甗，进入青铜时代，一般平民仍用陶甗，而贵族则用青铜甗，这在墓葬随葬品中已多有发现。完整的甗主要见于墓内，使我们对先秦时代的饮食生活有了更直观的了解。

图5-34　小口尖底瓶

资料来源：中华人民共和国科学技术部、国家文物局《早期中国——中华文明起源》，第70页。

进入新石器时代的一个重要标志是发明了制陶术。在陶器家族，有的器类对生活及科学知识等方面有特殊的意义。例如，与裴李岗文化中的双耳壶有渊源关系的小口尖底瓶是仰韶文化的典型器物，其突出特征是小口、细领、深腹、尖底，是一种汲水器，用绳子吊系取水，使用时当器体触到水面，由于空腹状态重心偏上，器身自然倾倒，水便缓缓注入腹中，当腹中注满水，深腹的尖底瓶重心下移，器体又呈口向上的垂直状态（图5-34）。这一汲水过程非常符合物理学中的重心原理，我们虽然不能说距今6000年前人们就掌握重力学理论，但小口尖底瓶的使用却说明这时的人们已经利用这一原理并运用于陶器制作中。小口尖底瓶看似简单但制作难度很大，不仅方便了人们的取水，也是当时制陶技术提高的表现，更是人们积累科学知识的见证。又如在大汶口文化墓葬中常见的高柄杯，是一种杯体体积较小，下接一个可手握柄座的陶器，到龙山文化时期演变为薄胎黑陶高柄杯，因为器胎尤其是盘口部位薄如蛋壳，故被称为蛋壳黑陶高柄杯，以"黑如漆、亮如镜、薄如纸"而名享海内外。这种陶器体高近20厘米，体态最轻盈的重量不足50克，被认为是制陶史上空前绝后的佳品，多见于墓中，是一种礼仪性器皿。究其制作过程和制作工艺，在制陶史上也占有非常显赫的地位。据研究，制作这种器物，首先要经过精心选料，选择黏性大的黏土最为理想，选好的原料，需经过多次漂洗、沉淀、过滤，取得细腻无杂质的细泥，称为洗泥；把洗好的泥阴放一段时间叫作养泥；使用时先把养好的泥进行摔打、压揉，使胎泥无空隙，叫作练泥；制作高柄杯一般是杯体与柄座分别制作，在轮盘（陶车）上制作杯体的技术要求最高，要使杯体口沿薄如蛋壳，模拟实验表明稍有不慎就会变形而失败，拉坯时要屏住呼吸一气呵成，有人戏称能拉蛋壳陶高柄杯的人要会气功，总之没有长期拉坯经验者不可为之；器体合成后经修整，锥刺或镂空纹饰后再把器胎放在无阳光、无风吹的环境下阴干，避免器体不均衡的蒸发水分而导致破裂；阴干好的器胎要先用鹅卵石、再用毛皮反复打磨，达到表面光滑圆润；入窑烧制也是技术要求很高的环节，由于器胎薄，点火后升温要缓慢，器体受热要均匀，最高温度要控制在800℃以内，整个烧制过程必须一丝不苟，稍有失误就会使器体爆裂；熄火后还要在火膛内放入松柏木炭，关闭火门，让浓烟在窑室循环，渗入器体称为渗碳，致使器表器胎透黑，出窑后经过擦拭，一件"黑光亮"、轻盈美观的高柄杯呈现出来。整个制作过程从选料到成品，每道工序都要精益求精，在制陶工艺研究中，蛋壳黑陶高柄杯被认为代表了制陶史上的最高水平，有人称为"空前绝后"的陶艺精品，这一伟大的工艺成就大都出于墓葬随葬品中。

铜镜是一种照面器皿，最早见于距今约4000年前的齐家文化墓葬内，是随着冶铜业的产生而出现。铜镜是在人们利用河水，或盆类器在静水时可以照面启发下出现的，在青海省贵南尕马台M25中发现的铜镜，厚0.4厘米，直径8.9厘米，一面光平，另一面边缘饰弦纹，主体纹饰为七星纹，各星间饰斜线纹，边缘有并列的两个小圆孔系绳，中央为桥形小钮（图5-35）。齐家文化是我国最早发现铜镜的时代，到商代制作铜镜的技术已经成熟，"妇好墓"中有制作精良的铜镜4面。铜镜是一种日常生活用品，但它在产生之初是奢侈品，在整个夏商周时期发现也很少，只见于少数贵族墓中。究其原因，那就是看似简单的铜镜制作起

图5-35 齐家文化铜镜

资料来源：中国青铜器全集编辑委员会《中国青铜器全集·铜镜》，文物出版社，1998，第1页。

来却不容易，铜镜用范铸法中的双合范技术铸成，镜面光洁，背面多有装饰纹样和镜钮，最关键是镜面，不仅要光洁平滑能映出人的面容，而且要控制镜面的平、凸，使映出的面容不变形，并不是只靠精心打磨，而且要有特殊的工艺才行，所以直到汉代铜镜才逐渐多起来。齐家文化铜镜的出现开中国古代铜镜之先河，为中国铜镜文化之初创，当年古代佳人的面容在铜镜上虽已逝去，但当时青铜铸造工艺，人们照容妆饰已成为历史上的永恒记录。

笛、哨、号、埙都是古代的吹奏乐器。音乐和乐器源于生活的劳作。最早是传递信息协调行动，逐渐发展为祭祀及娱乐器皿。在这些原始器乐中，河南舞阳贾湖距今约8000年的骨笛最具有代表性和典型性。在这里发现的近20件骨笛均出土于墓葬，是用鹰类的腿骨为原料制作的，一般长约20厘米，直径1.2～1.5厘米，光洁的骨笛上钻有多孔。其中M282∶20骨笛保存最好，长22.2厘米，上有七孔（图5-36）。包括贾湖骨笛，以及大汶口文化的陶牛角号、河姆渡文化的骨哨、龙山文化的陶埙、马家窑文化的陶腰鼓以及夏商周贵族葬墓中出土的编钟、编磬，还有琴、瑟等，仿佛为我们演奏出一曲曲或优雅欢快或肃静庄重的历史乐章，由此也让人们从"孔子闻韶乐，三月不知肉味"中体会到礼乐的魅力。这一时代的乐器，不管是吹奏乐器、敲（打）击乐器还是弹拨乐器，都是要经过反复实验才能在音响、音调方面达到要求的效果。经专家测试，贾湖墓葬中出土的骨笛是竖吹的，可以吹出六七个音阶，音质优

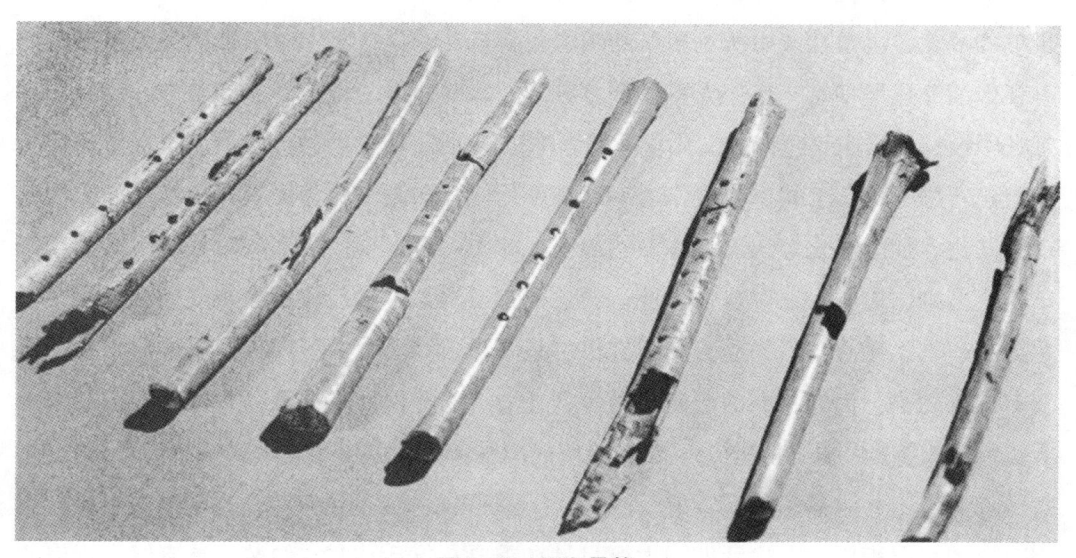

图5-36　贾湖骨笛

资料来源：陈高华、徐吉军主编，宋兆麟著《中国风俗通史原始卷》，彩版第24页。

美动听，是研究古代乐器和古代音乐的珍贵实物资料。同样其他乐器如青铜钟、石磬等，也都有试音、调音的方法，如青铜钟的调音，主要是在钟体的下角（铣）内侧，通过磨、锉，控制音响，达到合适的程度。最原始的"乐器"是方便人们相互联系的信号，逐渐发展为劳作之余的娱乐工具，再发展到礼仪活动时增加肃穆气氛的用器，商周时期发展为体现等级制度的礼器。与乐器联系在一起的音乐，丰富了人们的生活，专门从事乐器制作、专职从事乐器伴奏的人群，也使社会结构、人们之间的相互联系发生了变化，而且还要把这些乐器作为随葬品的一个重要组成部分，人世间的生活与阴间世界在这些随葬品中得到有机的统一。

爱美之心，人皆有之，爱美之心，自古有之。"人靠衣服马靠鞍"，"三分靠长相，七分靠打扮"，说明古今的人们都注重外表之美。人类自从有了衣着，就开始对衣物（服装鞋帽）进行美化修饰。把织品染上不同的颜色或用不同颜色的织线纺织出有花纹的布料，或在衣物上进行刺绣，使人们的衣着更富有美感。当生产能力所及之时，制作各种佩戴饰品也是美化方式，如套在胳膊上的臂镯，戴在手指上的指环，夹在耳朵上的耳坠、玉玦，佩戴于腰带上的带钩，也使人更加潇洒。这其中用加工的玉、石、陶、蚌、骨及金叶做串饰挂在身上的装饰方法，是发现的年代最早，制作最复杂也最有代表性的饰品。这些主要发现于墓葬的装饰品，让我们窥视到古人的爱美心理和表现。提及串饰（项链），首先想到的是在北京周口店山顶洞旧石器时代晚期葬墓中随葬的串饰，用穿孔的小砾石、海蚶壳、兽牙做成串饰放在死者身上，即是我国发现的最早的葬墓，也是在墓中所见最早的串饰。新石器时代墓葬中有串饰的就更多了，在姜寨仰韶文化早期有一座小女孩的葬墓，用石珠、兽牙、骨珠制作的串饰，仅骨珠就有数千枚；元君庙一座仰韶文化墓葬的串饰也有骨珠1000多枚。随着制玉工艺的提高和成熟，用玉珠、玉管、玉璜作为串饰构件，使串饰制作更为美观，质量更高。这在良绪文化、红山文化等玉器制作发达地区墓葬中均有发现。夏商周时代，串饰不仅用于美化装饰，也成为一种身份、地位的象征，虽然大中型墓葬多已被盗或被扰乱，但在死者尸骨上多有玉石饰品，其中有很多是串饰。许多大中型葬墓发掘报告中也都提及有串饰随葬，例如，在山西曲沃晋侯墓地清理的晋侯及夫人墓，多座墓葬棺室内都有被称为组佩的串饰。这类上层贵族使用的串饰，往往以玉璧或玉璜把串饰分为几组，每组都用玉石、水晶、玛瑙穿成一圈，若干圈组成一套完整的串饰，所以叫组佩。商周时代的组佩串饰，在生活期间大概只是在重要礼仪活动时才佩戴。具有佩戴资格的贵族才用来随葬，成为留给今天的实物见证。串饰的构件分别以骨、陶、石、玉、蚌、兽牙为原料。玉璧、玉璜制作工艺复杂，经过选料、切割、琢打、钻孔（镂空）、雕刻、修整、磨光等多道工序，制作出当时最高水平的玉质佳品；组佩中的珠、管类饰品，要经过制坯、钻孔、磨光等工序，特别是在个体较小、但质地坚硬的玉石小件上钻孔绝非易事，反映出当时制造工艺、加工技术的精湛水平，令数千年之后的我们不得不咂舌称赞。

除此之外，绘画、舞蹈、雕塑品也都属原始艺术的范畴。这类艺术成就，也集中遗留于当时的墓葬中。新石器时代的彩陶是原始绘画的集中代表，在彩陶装饰纹样中有几何形纹样如直线纹、斜线纹、三角形纹、S形纹、圆圈纹等，反映了当时人们的理性思维，表达出一种严谨、规范、整齐的审美观念。而动物、植物、人物纹样，则是生动写实的形象思维表现。在仰韶文化墓葬中的鱼纹、人面鱼身纹彩陶器，把人们对鱼的细致观察，借喻鱼旺盛的繁殖能力的心理跃然于黑红相见的画面（图 5-37）。在彩陶绘画艺术中，舞蹈图案以多人集体舞为主题，把当时人们在喜庆时节欢快起舞的热闹场景表现得活灵活现。在河南濮阳仰韶文化早期墓葬中，清理出用贝壳堆塑的龙虎图，是绘画与堆塑有机结合的珍贵画面，死者居中，龙、虎分置两侧（图5-38），形象生动逼真，有人认为是表现墓主人生前的地位和权力，有人认为是表现墓主人降龙伏虎的力量，我们认为这还是出于一种虔诚的敬仰心理，期盼神勇的龙、虎带来福佑。雕塑是捏塑和雕刻的合称，墓葬中出土了丰富的雕塑艺术品。捏塑是主要以黏土为原料，经过塑形、修整、

图5-37　人面鱼身纹

资料来源：陈高华、徐吉军主编，宋兆麟著《中国风俗通史原始卷》，彩版第4页。

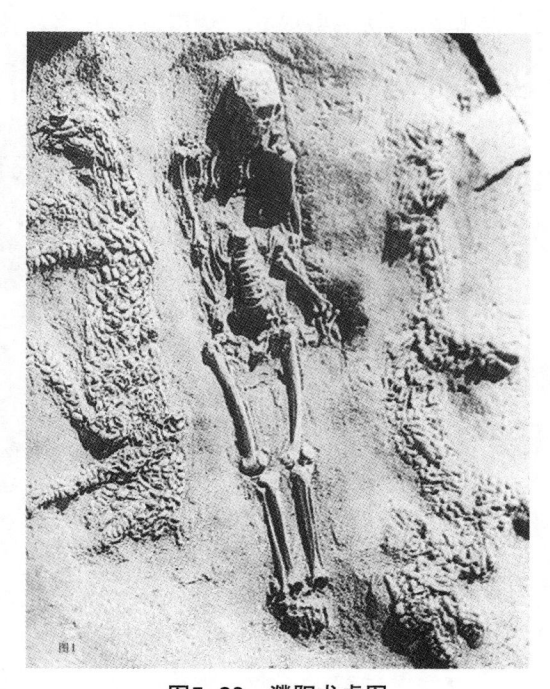

图5-38　濮阳龙虎图

资料来源：陈高华、徐吉军主编，宋兆麟著《中国风俗通史原始卷》，彩版第1页。

装饰（着色或镶嵌）、入窑烧制而成，多以人、神、动物的肖像为主。雕刻则是以木、石、玉、兽骨（如象牙）为原材料，经切割、凿刻、镂空、钻孔、修整、抛光等工序完成的造型工艺品，有的也辅以镶嵌。雕刻对象丰富多样，有人神形象、动物禽兽形象及礼玉器皿、武器、乐器、工具装饰等。在此我们仅以玉器雕刻品为例，距今8000年前的辽宁查海新石器时代早期遗址已有玉器，开启了中国玉文化的始端，之后在中国多处地点墓葬内发现玉制品，其中以东北地区的红山文化、江南地区的良绪文化为中国两大玉器集中产地，不仅发现的数量多，而且玉器制作工艺精湛，在诸多的玉制品类别中，以玉璧、玉琮、玉璜为最高水平的代表。商周时期人物、动物造型的玉制品发现更多，从商代妇好墓到战国曾侯乙墓出土的玉制品，都反映出制玉工艺的先进与高超，器物造型逼真，边缘圆润，器表花纹细腻，有许多至今仍为难得的艺术佳品（图5-39）。

图5-39 商代凤鸟玉佩、殷墟玉人雕
资料来源：古方《中国古玉器图典》，第166、151页。

图5-40 河姆渡文化木胎朱漆碗
资料来源：陈高华、徐吉军主编，宋兆麟著《中国风俗通史原始卷》，彩版第4页。

漆器以其器体轻盈，表面光洁，花纹典雅而人见人爱，史前漆器更被视为珍贵文物。考古资料证明，至少在河姆渡文化时期，古代先民已掌握从漆树上取漆胶，经过提炼、配色为人类服务。河姆渡文化中的木胎朱漆碗作为最早的漆器实物，开启了中国漆制品和漆器工艺的先河（图5-40）。随之在江苏吴江、辽宁敖汉旗大甸子的新石器时代墓葬中，出土了表面涂漆的器物，漆器工艺也成为中国先秦时代制作工艺宝库中的一枝奇葩。漆制品与木、竹、皮、麻、陶及金属相伴，大大提高了美感。河南偃师二里头文化遗址中，发现的唯一一座较大型墓葬，虽然被盗，但出土了一件漆匣，里面有一具犬骨架，引起了人们的关注。商周时期不仅在大江南北发现的漆器数量渐多，而且在多座墓葬的木质棺椁上发现绘有图案的漆皮、漆片。在商代王陵中发现漆绘雕花木器上还有蚌壳、蚌泡、玉、石的镶嵌物，使贵重的漆制品更锦上添花。到西周时期，在湖北、陕西、河南等地的贵族墓葬中都发现螺钿漆器，即用加工的蚌片制成人物、花卉、禽兽图案的漆器镶嵌制品，是漆器工艺的新成就。战国时期是中国漆器工艺突飞猛进的发展阶段，许多新的漆器工艺相继出现，如代表漆器工艺成熟的夹纻漆器，即在事先做好的器物内模上，用丝麻等织物和漆逐层累加，达到所需厚度，去掉内模即成为漆器；以及在漆器表面描金、针刻、镶口等工艺；商代已出现的平脱工艺到战国时达到更高的水平。战国时还出现把涂漆与绘画相结合，如在山东临淄郎家庄墓葬发现的有人物、屋宇、花草、禽鸟为题材的漆画残片，把漆器带进到具有浓厚生活气息的环境中（图5-41）。

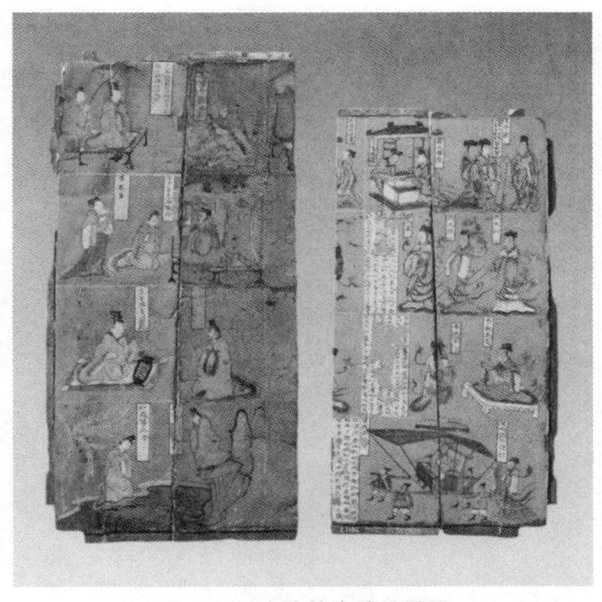

图5-41 人物故事漆绘屏风

资料来源：张飞龙《中国髹漆工艺与漆器保护》，科学出版社，2010，第5页，图版34。

　　从史前到夏商周时代的变化，青铜冶铸技术的出现是一重要的界点，具有划时代的意义。在新石器时代末期开始有金属器具，例如，在马家窑文化、龙山文化中发现有红铜小件，经测定多为用富含铜矿石经锻打而成，这个时期也被称为铜石并用时代。从熔化的铜矿石（孔雀石）中取得纯铜，并与用同样方法取得的锡或铅合成，铸造青铜器大致是在夏代。从二里头文化、齐家文化、岳石文化中都发现了青铜制品，尤其是在二里头文化墓葬内还发现铸造的青铜容器，说明这时已正式步入了青铜时代。如果说夏代是青铜时代的初始期，那么商代是青铜文化的快速发展期，西周时期则进入青铜文明的鼎盛期，而东周时期是由青铜时代向铁器时代的转变期。夏商周时代的青铜器，除一部分出土于青铜窖藏外，绝大多数都出自墓葬中。对青铜工艺的研究方法，首先是对器体的观察，还要依据铜矿址、铸铜作坊的发掘资料，另外参考、利用现代科技手段进行微观观察、金相测定得出结论。青铜铸造是一个复杂的过程，要经过多道工艺流程，其中采矿、冶炼和浇注仅是原料的加工；浇注前还要把要铸

图5-42　战国曾侯乙冰鉴酒缶

资料来源：陈绍棣《中国风俗通史两周卷》，上海文艺出版社，2003，彩版第9页。

造的器物做出模型，或称为母范，用陶模（母范）翻制出内范和外范，把内范和外范合成，内外范之间的空腔是要铸造的器体，为控制好铸体的厚度，内外范之间要合理地摆放垫片，并设计好浇注口和排气口，浇注才能成功。夏商周时期的青铜器上大多带有纹饰，有的还铸有铭文，就要在模和范上进行绘画、雕刻纹样、刻写文字。根据器物的使用功能，人们对铸造出的青铜器在色泽和硬度上要求是不同的，如工具、武器类要求硬度大，容器则要求色泽亮丽，这要通过铜、锡合成的比例调剂来实现，战国成书的《周礼·考古记》就有"六齐（剂）"即六种铜、锡配比方法的记载。在夏商周时期，青铜铸造工艺和技术在不断进步和提高，夏商时期铸器只能一模翻一范，一范铸一次，对于器体大或型制复杂的器用，则用浑铸的方法，即把耳、足部分铸好嵌入主体范中，一次浇铸成型；而在西周中期以后则出现一模可几次翻范，即一个制出的模可用数次，明显提高了工效；东周时出现了分铸法，即器身与附件分别浇铸，但要留出接口，用焊接方式连接起来。春秋时对模体上的繁细纹饰还采用方块印模的方法，即制作出质量较好的花纹范块，可以反复使用，大大节约了凿刻花纹的时间，也保证了质量。春秋战国时期青铜铸造技术取得多方面新成就，在浇铸方式上对细小复杂的器物用失蜡法，就是用蜡为模，内外包范，浇注时铜液熔化低温易熔的蜡模，蜡液从气孔流出，从而铸成器物，例如，战国的冰鉴酒缶则用失蜡法铸造（图5-42）；还有镶嵌工艺，是把细小的玉、石之类镶嵌在青铜器上用以装饰，金银错工艺是把金、银线、片嵌入阴刻出的花纹中，再磨锉整平；包金银工艺，即把金、银箔片包裹在青铜器上；贴金工艺是把金箔粘贴在青铜器上；鎏金工艺是把金汞液体涂刷在器表；以及在青铜器上髹漆等多种装饰手段，使本来就庄重、典雅的青铜制品更加华丽，反映了我国古代金属制作、加工、装饰工艺的伟大成就。进入青铜时代，社会发生了深刻变化，首先制作青铜器要经过采矿、冶炼、制模、翻范、熔铸等几大主要工序，需要庞大的队伍，是社会生产的一大产业，从社会生产管理方面必须与之适应。另外，青铜器制作是一种塑形生产，可以根据人们的需要生产出各种各样的产品，在造型、装饰等方面随心所欲地进行创作，由此而产生出丰富绚丽的青铜文化，并很快为统治阶级所垄断，青铜礼乐器、武器、车马器具的使用，也极大地改变了生活，并成为包括殡葬制度在内的礼仪规范的主要标志物。

由上所述可以清楚地看到，史前、先秦墓葬中出土的随葬品，不仅数量多、内容丰富，全面反映出殡葬文化的面貌，而且在生产技术、制作工艺方面也是当时最高水平的集中体现。实际上，除上面提及的内容外，其他几乎所有随葬品类别也都有独特的价值。例如，在纺织工艺方面，1926年在山西华县西阴村仰韶文化遗址中出土的蚕茧，提示人们这时是否已出现丝织业，在新石器时代诸多墓葬内都发现纺织品的印痕。商周时期随葬的青铜器表面也多见丝织物包裹遗留的痕迹；在许多玉、石、青铜、陶、漆、木质人物造型上，也多有表现穿着华丽的服饰，让我们对目睹当时纺织衣物充满渴望，希望一见当时衣物的风采。可喜的是，在江南地区东周时代的贵族墓葬中，出土了多件保存完好的衣着（如绵袍）实物，满足了世人的奢望（图5-43）。又如商代以降，多座贵族墓葬随葬车马，车的主体多以木材为原料，但我们如果细察、细思，要制作经得住剧烈颠簸的车轮、稳定车轮的细长车辐、连接两轮的车轴、车体与驾马（或牛、羊）的车辕，在制作工艺上也都绝非容易，而且还要根据战车、乘车、运输车的不同要求要灵活调剂，所以在墓道或车马坑中的车是木器加工工艺的结晶。

图5-43 绵袍

资料来源：陈绍棣《中国风俗通史两周卷》，彩版第1页。

二　发掘和弘扬传统工艺的实物证据

各类文化遗产在历史的长河中不断发展变化，有的能长时期得到继承，有的在发展过程中演变或派生为新的表现形式，也有的在"吐故纳新"中退出了历史舞台，同时也不断有新的发明创造加入文化遗产队伍。例如，最古老的石器制作技术，从单纯的打制再进行磨制加工是一个工艺的发展，从新石器时代一直到夏商周时代还仍在延续，直到冶铁术出现，用石材制作生产工具才逐渐淡化。但石器制作技术派生出的玉器工艺，却依其独特的魅力生机勃勃，表现出旺盛的生命力，在礼仪、艺术、生产、生活等领域大放光芒，至今仍受到人们的青睐。在数千年的发展中，制玉工艺也不断提高、创新。又如自从制陶技术发明后，在人们的生活、生产中成为不可或缺的东西，在墓葬中是存在数量最多的随葬品，从炊食器具到饮食器皿，从物品盛储到部分生产工具，陶制品都长盛不衰；同时在制陶技术的发展过程中，又派生出瓷器制作工艺，瓷器和制瓷工艺成为中国传统文化工艺中的一枝奇葩。随着陶瓷工艺和烧窑技术的提高，催生了另一项具有重大意义的发明，即金属冶铸，首先是铜器，矿石冶炼、铜液熔化浇注都与烧制技术密切相关，而且浇注青铜器长期使用的范铸法，不管是制模、翻范还是雕刻装饰，也都是以制陶工艺为基础的。铁器的发明又是以铸铜技术为基础，随着可以使窑炉温度升高，使铁矿资源远比铜矿丰富的铁器制作，反而步铜器的后尘而产生。历史就这样一步步走到今天，创造出丰富多彩的文化遗产，随着星移斗转，曾经辉煌的历史文化遗产，有的以静态的方式沉睡在地下，伴随着当年的主人在墓中长眠，等待着考古工作者让它们重见天日，这就是古墓和随葬品，属于物质文化遗产；而也有的则以动态的方法，经历朝历代的口耳相传，有些流传到今日，这就是传统的技术、工艺，现今被称为非物质文化遗产，物质的和非物质的文化遗产构成文化遗产的基本框架。在今天对文化遗产的保护、研究中，我们可以把二者视为（或者说它们本来就是）一双孪生兄弟，在研究有形的文物古迹即物质文化遗产的同时，也在揭秘古代的非物质文化遗产，在探寻今日尚存的非物质文化遗产中，也可以在古老的物质文化遗产中寻找它当年的状态，这就是本节所涉及的传统工艺和技术、技能。

例如，被列为世界非物质文化遗产的古琴技术，传承历史非常悠久。古琴艺术主要包含三个要素，即古琴制作工艺、琴曲创作成就和古琴弹拨艺术。单就古琴而言，早在两周时期的贵族墓葬中就有发现，如在山东长清春秋时代的郝国贵族墓中就随葬着古琴,在湖北随县战国时代的曾侯乙墓中也有琴、瑟出土,虽然当年的琴曲和弹拨技术已不可再现,但古琴样式、结构却是今日"古琴"的祖型,启示今日之研究,传承至今日的琴曲和弹拨技术与古琴艺术相得益彰,使中国非物质文化遗产古琴底蕴更加深厚。

又如书法、篆刻艺术是具有中国民族特色的非物质文化遗产,在联合国教科文组织颁布的世界非物质文化遗产名录中也榜上有名。究其渊源,人们首先会想到商周时代的甲骨文、青铜铭文的书写、篆刻文物。实际上在年代更早的新石器时代的陶器上就有书写、刻划的符号,其中有的还被古文字学界著名学者认定为文字,如大汶口文化墓葬中出土的大口尊或陶缸的"刻符"(图5-44)。如果说商代甲骨文主要发现于坑穴(灰

图5-44 莒县大口尊
资料来源:山东文物精品大展编辑委员会《山东文物精品大展》,第22页。

坑)遗迹中,那么商周时期的青铜铭文则主要见于墓葬中。从文字本身来说,不管是甲骨文还是金文,都是先写后刻,在殷墟发现的墨书和朱书的陶文、甲骨文,学界认为是用毛笔在甲、骨片上把写好的文字再行刻写,在陶模上书写的文字进行契刻,所以说,自古以来书法(书写)与篆刻是同源一体。在此暂不讨论中国古文字的造字方法和字体结构方面的成就,单从书法、篆刻艺术来说,商代文字的雄浑有力、西周文字的凝重端庄、东周文字的清新秀丽,被近代书法、篆刻界称为的鸟虫体、玉著体,是商周时代书法艺术的结晶体现。如果再从甲骨文、金文文体来说,右起竖行的书写惯例流传至今,其中有诸多的书写习惯、阅读惯例、整体布局的奥妙隐于其中。在书体发展中,至今在书法界流行的甲骨文、金文,以及隶、篆、行、楷、草,甲骨文、金文盛行于商周,隶书、篆书在东周已萌芽,到秦汉时盛行。在这里要特别说明的是,篆刻艺术专指的内涵是在玉石(也包括金属)材料上凿刻印章,它与书法虽是同源而又不同类的艺术方式,在这里我们所以把书法、篆刻并列相提,还是着重说明先秦时代许多雕、刻、篆工艺都为印章篆刻奠定了基础。

根据近年全国性普查,在我国流传至今的非物质文化遗产名录多达87万项,对这些非遗项目的历史渊源,有直接传承资料的,大多只有数百年,而它们实际产生、

发展、传承的历史应该更长、更久，有许多都可追寻到先秦时代，尤其是先秦殡葬表现中寻找到根据和实物证据。这种有机的联系、探索，对传统文化的理解会更加深刻，尤其是对研究现今存在的非物质文化遗产的内涵、价值以及要如何进行保护、弘扬和传承都是很有意义的。

结　语

　　中国的殡葬文化犹如一条长河，这条河流在航行中所经过的上游、中游、下游的景色各有特色，有的河段风景秀丽，有的地方景色雄伟壮观，有的区段陡峭险峻，让人们目不暇接。河流有源头，殡葬文化有起点，山顶洞埋葬死者的遗存是中国至今所见殡葬长河的起点；河流每相邻的两个码头间的航程为一段，自山顶洞埋葬遗存之后至秦王朝建立是中国殡葬发展史上的一个漫长阶段。自此，每出现一个新的丧葬现象，都是中国殡葬文化的创新。而且这些殡葬因素自出现后，有的被长期继承、延续，有的也随时代的变化而变化，变化就是发展、就是创新。综观史前和先秦殡葬，不仅在当代是传统文化的重要组成部分，对后世也有着重要影响。首先表现为逐渐形成的殡葬观念的流传，如前文所述，灵魂不灭的观念、亲族观念和等级观念，在人们的头脑意识中可谓根深蒂固，源远流长，直到今天仍挥之不去。有的发展为中华民族的传统美德，如尊长护幼、节葬、心哀为主的殡葬思想，直到现在仍是人们心目中的道德标准。在先秦殡葬观念的影响下，殡葬表现也影响深远，由于时代的变迁，殡葬文化不断在发展变化和丰富更新，奠定了中国殡葬文化的基本框架。历经数千年，不管是土葬还是其他葬法，亲族集团相聚而葬、厚葬和祭祖的传统相沿不息，至今远居海外的炎黄游子，认祖归宗、祭奠先人也仍然是生活中的大事。

一　中国殡葬观念及表现的源头

1. 殡葬观念的主要内容

　　所谓源头，是指事物的起源、开始时的表现，并在流传过程中被认为是首创、开端的现象。史前和先秦时代的殡葬表现是中国殡葬的最早遗存，而且是在当时殡葬观念的影响下而产生的，对后世有根深蒂固的影响，是中国殡葬思想的源头，主要表现在如下几个方面。

第一，灵魂不灭观念。"灵魂"是近现代借用的名词（概念），中国古代文献记载"人死为鬼"，并认为鬼魂可以游离于尸体之外，至今仍对遇到不可思议的事、特别吓人的幻觉称为"遇见鬼了"。愚昧时代古人在梦境中、生病昏迷时的幻觉，误导人们产生人死鬼魂还在的信念，先人死亡但灵魂有知，是催生对死者进行安葬的直接和重要的原因。同时，人死后鬼魂不死的信念，引导人们认为死者是到另一个世界去生活，所以也就萌发了"事死如事生"的观念。灵魂有知，对生者还有福佑或惩罚的威力，就要虔诚地安置死者，以期盼得到福佑。对死者定期进行祭祀，也是祭祖敬神活动的一个重要组成部分。所以，自从殡葬现象产生，在凡经过科学发掘的文化地点，绝大多数都发现了安置死者的遗存，而且安置死者成为社会生活的一件大事，这首先是"灵魂不灭"观念的影响。在安葬死者的同时，力所能及地为死者准备随葬品，为死去的先人在另一个世界提供较好的生活条件，即"事死如事生"观念的重要体现。随葬品的类别、数量虽然各有不同，但都是为"讨"得死者满意、欢心的理念是相同的，这是中国殡葬历程在各阶段普遍使用随葬品的主要原因。祭祀亡灵是殡葬文化中的重要组成部分，20世纪20~30年代在安阳殷墟王陵区发现了大片排列整齐的祭祀场，引起人们对祭祖现象的关注。在后来的考古发现中，属于史前时期的许多文化如仰韶文化、大汶口文化、良渚文化、红山文化、龙山文化、齐家文化等遗址或墓地旁，都发现祭祀坑、祭坛遗迹。其中多为对祖先的墓祭遗留，例如，在良渚文化的余杭瑶山、汇观山、武进寺墩等地点发现的祭坛，有圆形、有方形，其近旁都有包括若干座大墓在内的墓群，显然是对死亡的先人进行祭祀的场所。夏商周时代，除如殷墟王陵区祭祀场的墓祭方式，还有如殷墟妇好墓的墓上建筑。如果说多座大墓的祭祀场可能是对数代祖先的祭祀，那么墓上建筑显然是对该座墓主人专设的祭祀设施。春秋战国时期墓上有封（封土）、树（植树）为标志，到战国时还建造陵园，同样是针对某个墓主人进行祭祀的标志和设施。祭品包括人或牲畜，可能还有其他食品，祭祀活动结束后，有的把祭品挖坑埋入，成为今天发现祭祀行为的直接证据。这种祭祖的礼俗到后世仍长期延续，只不过除在墓地外，还可在家庙或家中进行。

第二，聚族而葬的殡葬观念，是以血缘关系为纽带维系社会组织关系的重要体现。从山顶洞墓地诞生后，在新石器时代、夏商周时代的居住区近旁，几乎都有集中安置死者的墓地，少则数十座、多则数百座，甚至上千座墓葬组成的墓地，可谓气势非凡。考古发掘证实,在一个墓地中的墓葬排列有序,同一墓地特别是同一墓区,很少有互相打破的现象,说明是经过规划有秩序埋葬而形成的。在同一个墓地(或墓区)往往有大致相同的葬俗,如埋葬方向、死者头向、死者姿态等方面,这是同一社会集团(如氏族、胞部、部落)有共同的信仰、习俗所致。聚族而葬的观念由来已久,墓地也长期存在。在史前时期以氏族公共墓地为主要表现形式,虽然在不同地区、不同时段有单人葬、多人合葬之别,有一次葬与二次葬之不同,有仰身、俯身、屈肢的差异,在埋葬方向上各有自己的主向,但在同一墓地或同一墓区(一个墓地可分为几个相对集中区)却有基本相同的表现,在氏族公共墓地中,有少数女性死者被优待的现象,成为氏族公共墓地的共同特点。到新石器时代后期,氏族公共墓地习俗依然盛行,但在同一墓地或同一墓区中却出现墓室规模有明显不同,随葬品的多少也差别很大,特别是礼仪性器物仅在一部分墓葬中存在,而且男性墓在埋葬中占优的新特征。夏商和西周时代的墓地,血缘关系为纽带还在维系,但因阶级关系、等级制度的渗透,导致出现了"公墓"、"邦墓"的族坟墓制度。周王和诸侯集中在公墓地,"万民"则以宗族为单位各有其位,所以许多墓地明显有分区、分组的布局,每个区或每个组中都有少量规格较高的墓葬,其周围则是中、小型墓,学界多认为血缘关系在这时只是外壳和形式,等级地位是实质。至东周时期,随着生产力水平的提高,奴隶制社会的"礼制"遭到冲击,越礼现象普遍,尤其是到战国,铁工具的普遍使用,彻底摧垮了旧体制维持的平衡,促成了个体家庭为生产单位,家族墓地成为族葬制的新形式,有人认为这时的血缘关系淡化了,实质上并非如此,只是表现的范围小了,但更紧密了,所以这种现象在后世仍长期地存在。

第三,先秦时代的孝道观念。孝道观念由习俗到制度,发展为"礼"的范畴,从敬老爱幼到君臣上下,在殡葬观念的表现则与"事死如事生"的观念相结合,这一发展过程在史前和先秦时代各阶段的表现是非常清楚的。例如,在使用随葬品方面,从对死者的亲情、骨肉之情,演变为等级制度的规范,从富有程度、身份地位的标志,发展到厚葬成为殡葬礼俗的主流,从数量多少的差别到质量优劣的悬殊。在埋葬现象产生之初,使用随葬品没有质量的差别,甚至有无随葬品的观念也很淡薄,例如,在新石器时代的后李文化墓葬中,多数墓葬没有随葬品,个别墓内只用一件蚌壳为象征,即使后来普遍使用随葬品,也只是用数件日常使用的生产工具、生活用器。在新石器时代早期,虽然也有个别墓葬规格稍高,那也是对少数贡献大、倍受尊重和爱戴的死者,或对少数女性的待遇与其他成员稍有不同而已,还是一种纯真情感的表现。

但到新石器时代晚期，由于贫富分化加剧，军事首领的权威与贪欲扩大，在埋葬中也因墓主人之间身份地位的不同而在是否有礼仪性器皿、有无葬具等方面出现了明显差异。进入夏商周时代，贵族特别是高级贵族墓中的随葬品少则数百、多者数千，甚至多达上万件，成为当时社会各类最上乘物品的仓库，显示出他们生前和死后的奢华。在东周时代，也有思想家对"孝道"、"礼制"、"死亡观"做出新的解释，反对厚葬、倡导薄葬，发出了"正义"的呐喊，但终究因历史时代的原因，抵挡不住厚葬的"邪恶"之风，两种思想的斗争继续于后世。

第四，共同生活劳作产生的亲情观念，与血缘关系融合在一起，在殡葬表现中也有明显的反映。如果说氏族公共墓地、族坟墓制度、家族墓地制度是规范的亲情观念实施，那么对夭折早亡的婴幼儿用瓮棺，并埋在居所近旁的做法，则是亲情观、护幼意识的生动体现。有人对这种现象解释为未成年死者不能进入氏族公共墓地是值得商榷的，主要还是爱子护幼的亲情感所致，是尊老爱幼观念的殡葬体现。新石器时代中后期出现的成年异性二人合葬或一男二女合葬，或成年男性与幼儿合葬，或成年异性与幼儿合葬，被视为夫妻合葬墓。虽然在学术界人们更多关注这类墓葬"男性为主，女性从属"的特点，或者还解读出带有殉葬的性质。我们认为不能忽视这是"对偶"家庭为背景的埋葬习俗，更不能忽视夫妻（包括孩子）由亲情而埋入一墓的事实。这类墓葬存在的数量比较少，主要原因还是夫妻死亡的时间不同。也正因为如此，到夏商周之时，则发现成年异性并穴埋葬的现象，即一对成年男女或一男二女虽各为单人葬（有殉人者除外），但两墓或三墓相邻并列，则是解决因死亡时间不同而同穴埋葬的新方式。这种现象到两周时代更为多见，比较清楚的如在陕西宝鸡茹家庄弡国墓地、山东临淄的齐国墓地、山东曲阜的鲁国墓地都发现一定数量的夫妻异穴合葬，这种观念及由此影响的殡葬表现在后世仍继续流传。

如上所述，虽然把殡葬观念归纳为独立的几个方面，这只是从叙述的方便所做的分析，而在殡葬实践中，这几个方面是相互影响的，如墓地习俗，是血缘关系、灵魂观、孝道观的综合体现；又如使用随葬品的习俗，也同样是对事死如生、孝道等理念的综合反映。这是某一时代文化的整体，是社会发展过程中殡葬礼俗的综合现象。

2. 殡葬实践的主要表现

在上述分析的基础上，可以认为不同时代的殡葬观念，催生出历史悠久、丰富多样的殡葬表现，漫长的殡葬过程和内容，为人们带来了许多令人可以理解和暂时不可理解的思考。以血缘关系为基础的新石器时代殡葬和以等级关系为核心的夏商周时代殡葬，在时间上紧密相连，两大阶段的殡葬表现有着许多的相同和诸多的不同，从殡葬史研究来看，如果说是用殡葬观念来探寻、解读殡葬现象，倒不如说是以殡葬实例来寻求、梳理殡葬观念更为合适和准确，尤其在新石器时代的殡葬研究方面更为明显和突出。在此基础上，对比两个阶段的殡葬资料，它们之间的继承与变化也可清楚地反映出来，由此对先秦时代殡葬文化的基本面貌和主要特征，也就有了进行分析、归纳的基础条件，其表现主要为以下几点。

第一是确立了以土葬为主流的规制。中国殡葬从诞生之时就选择了土葬方式，使用土葬不仅对安置死者比较便捷，而且也符合原始死亡观。土葬法在发展过程中，也发生了许多变化，如无穴与有穴、直穴与洞室、有无墓道、有无封树、墓地的位置与布局方式等。虽然在各历史时段或不同地域各有特点，但这种以土葬安置死者的方式始终是一种世代沿袭的习俗，即便是还伴随有火葬、悬崖葬的葬法，但都不能替代土葬法的主流地位。例如，先秦时代的火葬，一方面是数量少，只是某种特殊条件下的产物，而且火葬后往往还要把骨灰残骸埋入土中，没有彻底脱离土葬的体系。又如悬崖葬法，固然很有特色，但我们发现在实行悬崖葬的地区，同时代也并行土葬，这或许在启示我们使用悬崖葬法的地区，是否只对某些人使用悬崖葬法，并非本族团的人死后都用这种葬法。

第二是使用随葬品的葬俗。与使用土葬法相同，从埋葬现象诞生，就有给死者放置随葬品的习俗。在长期的殡葬实践中也被格外重视。不仅在死者下葬时准备随葬品，而且在追祭祖先时还要使用祭品。虽然使用的随葬品（包括祭品）的类别、数量在不同时段、不同地域（不同族属、国别）互有不同，甚至有很大差别，但是随葬品则普遍存在。细究之，为死者放置随葬品是多种思想观念的综合体现。灵魂不灭观要求生者主动为死者提供随葬品，博得死者鬼魂得到满足，达到灵魂给以福佑的期盼。亲情观也是为死者准备随葬品的重要原因，与死者曾经共同生活、患难相处而结成的感情，加上"血浓于水"的血缘纽带，为死去的亲人准备随葬品也是生者的心理满足和感情表达。特别是等级观念，成为精心准备随葬品的责任和义务，按等级身份准备什么，使用多少是社会制度的规范。所以在先秦时代的不同时期，使用随葬品的差别是某种思想观念或几种思想观念在殡葬实施中的体现。

另外，在实际发现中，也存在没有任何随葬品的现象。究其原因，有的是生产水平的限制，实在没有为死者提供随葬品的能力，特别是在新石器时代早期，有的墓内仅用几片陶片、残断石器，或者用一件蚌壳为象征。另一方面是非正常死者，如暴死、因违背族规被处死者，更多的则是被作为人殉、人祭的部分死者（当然这些人由于身份、地位以及与墓主人的关系不同所受待遇也有很大差别）。其中战俘、奴隶是无人管或管不起的死者，被处死后不可能有随葬品。除类似特殊情况之外，为死者放置随葬品也是一种定制，即使提倡薄葬者，反对的也仅是葬俗的奢华，只是"厚"与"薄"的差别。

第三是在殡葬期间对遗体的保护措施。在殡葬文化中，葬具被界定为放置死者遗体的器具，通常理解为棺椁。所以在殡葬仪程中，把死者尸体放入棺内叫大殓。在考古发现中，有的尸骨是用编织的席子裹尸埋葬的（发现有席痕），有的尸骨下有垫板（发现板灰痕），被称为葬具或葬具的原始形态。在遗体大殓之前，还有"袭"（给死者穿衣，也叫小殓），"掩"（用布裹头）、"填"（填耳塞）、"瞑目"（用布掩盖面部）、"覆衾"（给死者盖被子）等仪式，其目的都是"不欲使为物所毁伤，故裹以衣衾，盛以棺椁，深藏之于地下"（《书议》）。在下葬时不管是穿着原来的衣服，还是换上专门的"寿衣"，都有护尸的作用。由此说在安置死者时要保护遗体"不欲使物所毁伤"，要有"软包装"，葬具则是"硬包装"，而且硬质葬具出现之前和之后，软质衣物也仍然存在，只是在发掘实践中，衣物类难以保存，加之发掘技术因素发现较少而已。按照上面的分析，在史前和先秦殡葬中，首先是使用软质衣物，当垫板、苇席、陶棺、木棺椁、金属棺及石棺椁出现后，则是"软硬兼施"。在许多考古报告中，对发现的墓葬资料报道时，多注重"硬包装"，而近来随着考古技术和方法的改进，如实验室考古的使用，死者"软包装"的问题也有望得以解决。

至于在殡葬礼俗方面其他的表现，如埋葬方向、死者葬式等方面，同样也在某种思想观念制约下，但我们强调的是为什么各墓地分别朝特定的方向，普遍使用某种葬式，其目的是由此而总结其规律、特点，从而发现各地区之间，或者不同时段的共性和差异，从而探寻其信仰、观念的内涵。

二　对后世的影响继承

如同其他文化现象一样，殡葬文化也是在发展过程中不断吐故纳新、摒弃或淘汰不合时宜的内容，增加社会需求的新因素。殡葬文化就是在这样的发展中，不仅构成了自身的特点，对后世也产生了许多重要的影响。史前、先秦时代形成的殡葬观念是长期以来中国殡葬思想的基础，奠定了中国殡葬文化的基本规制，这在前文已有论及，下面就某些主要殡葬因素对后世的影响进行阐述和梳理。

结 语

　　陵园制是墓地制度发展中重要的里程碑。自从殡葬诞生，聚族而葬就成为史前社会的核心葬俗。到夏商周时代，由于社会关系的变化，墓地制度表现为"公墓"和"邦墓"形式，被称为族坟墓制度。而到东国时代，各诸侯国各自为政的趋势增强，中央政权的权威骤减，各诸侯国的实力大增，陵园在族坟墓的公墓中开始萌发，这是君主权位至高无上，社会财富高度集中在殡葬制度上的突出体现，是秦汉帝陵的前奏。

　　例如，山东临淄战国田齐陵区的"四王冢"，四座高大土冢至今仍高高耸立，已具有陵园的初型。[①]河南省辉县固围村的魏王墓，坐落在2万平方米的茔地中，发掘时仍存在高2米的夯土台。[②]最具典型性的是陕西凤翔雍城秦公陵园，在凤翔西南部的古三畤原上，占地36平方千米的秦公陵园区，分为14个陵园，内、外隍壕沟长达35千米，共有49座大墓，每个陵区中有2～8座大墓不等。其中规模最大的为1号陵园，主墓长59.4米、宽38.4～38.8米、深24米，东墓道长156.1米，西墓道长84.5米，总面积达5334平方米，该墓没有封土，但发现享堂痕迹，是所见秦墓规模之最。[③]地处江南的浙江绍兴印山越王陵园的发现，也让人刮目相看，陵园占地面积为8.5万平方米，由隍壕围绕，封土为长72米，最宽36米的椭圆形，存高9.8米；墓葬结构颇有特色，并用船椁为葬具。陵园在东周尚不普遍，但上述几例，尤其是秦王陵园的气势恢宏，开后世帝王陵园制度之先河。

　　近年来每得到依山凿石为墓的报道，总给人以振奋。中国传统葬法是以土葬为主体葬俗，主要是在土质地面，或挖坑或不挖坑，都要用土掩埋死者遗体的葬法。但发展到夏商周时代，厚葬之风导致倾国精华于贵族墓中，显示了他们的奢华和富有；同时带来的副作用是人们对这些"价值连城"国宝的垂涎，盗墓也由此开始，殷墟王陵墓就有埋葬不久的盗洞，这对统治集团来说，如何采取措施防止被盗，于是凿岩为墓就成为高级贵族加强墓室安全的选择。至迟到春秋中晚期，依山凿石、凿岩为墓悄然兴起。例如，前面提及的浙江绍兴印山1号墓，即是凿岩为墓的，能承担庞大的人力物力建造这种墓，主要还是墓主人的地位权力和经济实力，印山1号墓的墓主人是越王勾践之父允常，所以能有这样的基础和背景。又如江苏丹徒谏壁乡新竹村的青龙山墓，是春秋中期一任吴王墓，甲字形墓也是依山凿石建成的，墓室长12米、宽7米，

[①] 山东省文物考古研究所：《文物考古工作十年》，文物出版社，1999，第240～241页。
[②] 中国科学院考古所：《辉县发掘报告》，科学出版社，1956。
[③] 焦南烽等：《陕西秦汉考古四十年纪要》，《考古与文物》1988年第5期。

深5.5米，斜坡墓道长13米、宽4.3米，馒头状封土高6米。虽早年间被盗，仍出土青铜、玉石、印纹硬陶等高质量器物多件。①另外江苏苏州浒关镇西北的真山，发现东周时代贵族墓地，其中几座规模最大的如D9M1、D1M1和D3M1均是凿石为穴，D9M1有7棺2椁的豪华葬具，是甲字形大墓，出土各种随葬品12573件（套），被认为是第一代吴王寿梦之墓；D1M1也为甲字形大墓，是一位吴国国君墓；D3M1为长方形竖穴墓，墓主是一位国君之子。②倍引世人关注的湖北曾侯乙墓所在的擂鼓墩也是一座石山，该墓即凿山为墓的岩坑竖穴形制。这大概是当时舍得在墓中放置大量的无比豪华精美重器的一个原因吧。流行于江南地区的土墩墓，原本主要是堆土夯筑，到东周时大墓也多采用先凿岩建墓穴，再在墓穴上夯筑成墩。

凿山建墓固然是保护墓内财产的好方法，但实在是费力费时，在东周时有条件采用这种方法的还只占少数。但聪明的古代人还有其他的保护措施——积石、积炭、填充膏泥，在保护尸体和防盗方面有双重作用。选用细腻的黏土，经漂洗、过滤、沉淀、阴干后放入墓中，经夯打成为坚固细密的保护层，防止水的渗入；木炭具有较强的吸水作用，有较好的吸湿防潮功能；积石（或沉沙）多用鹅卵石和小石块，首先是加固墓室，一旦有盗墓者遇到积石层，积石会源源不断地填充空隙，使盗墓者难以进入。积石、积炭、填充膏泥三位一体，对遗体形成一个强有力的保护体系，并延缓人骨、葬具的腐朽，实在是明智之举。最早采用这种措施的是在北京琉璃燕国贵族墓地，考古发现有部分墓中在接近墓室处有整齐的青膏泥层，说明至迟在西周晚期已采用这种方法。③进入东周采用这种方式的也逐渐增多，如绍兴印山1号墓，不仅是一座陵园大墓让人惊讶，而且在安全措施方面，用140层树皮包裹为葬具的外壳，上填夯筑的青膏泥，其下填木炭，而且在甬道底部还铺了厚2.1米的木炭。④在湖北当阳、襄阳、江陵，湖南澧陵、常德等地的春战之际的楚国贵族墓中，椁室周围或棺椁间多有填充白膏泥的现象。⑤特别是要提及的是河北中山国国王之墓，该墓不仅因出土重达32.1千克的"兆域图"铜版而举世闻名，墓上有占地上万平方米、高15米的巨大封土、其上有回廊的享堂遗存都让人惊叹，而且在石砌椁室内积石积炭，成为战国时

---

① 肖梦龙：《丹徒县青龙山春秋大墓》，《中国考古学年鉴（1988年）》，文物出版社，1988。
② 江苏省博物馆：《真山东周墓地——吴楚贵族墓地的发掘与研究》，文物出版社，1999。
③ 北京市文物考古研究所：《1995年琉璃遗址墓葬区发掘简报》，《文物》1996年第6期。
④ 浙江省文物考古研究所：《浙江绍兴印山大墓发掘简报》，《文物》1999年第1期。
⑤ 湖北宜昌地区博物馆等：《当阳赵家湖楚墓》，文物出版社。1992。

期有多项研究价值的重要实物资料。① 战国早期的曾侯乙墓不仅凿岩为墓为加固措施，而且在墓室内的椁室顶部，棺椁之间都铺垫木炭，椁顶木炭层之上还有青膏泥层和石板层层设防，可谓在安全措施上用尽心机。再如年代为战国晚期的河南辉县山彪镇M1，是魏国贵公子墓，该墓室底部铺一层木炭，木炭之上铺一层石块，再铺上椁室底板，墓壁四周用成段的木炭叠砌成方墙，而且在木椁外与木炭墙之间填充卵石，成为东周时期有多种特点的贵族葬墓实例。②

贵族葬墓使用多层棺椁，有的还用积石、积炭、加封膏泥，不管是从实用效果还是显示威严，都已经足够气派，但贵族统治阶级的欲望是永无止境的，还要在棺椁之外的墓壁四周构建黄肠题凑（用柏木枋垒砌成大木质框架，木枋一端向墓室），如果我们形象比喻，黄肠题凑犹如宫殿院墙，椁室为堂殿，内棺便是床，这是何等气派的地下宫殿。根据考古发现，黄肠题凑因最早见于西汉，曾被认为是西汉殡葬礼俗，后来的发现证实，在凤翔秦宫1号陵园的1号墓中，葬具有主椁、副椁和棺，在主椁的两端有用柏木枋垒砌的木墙，被认为是最早见到的黄肠题凑实例，把黄肠题凑的年代提前到春秋中晚期，但在这座墓内只有两面木墙，还没构成"四壁合围"的黄肠题凑；而在河南辉县山彪镇1号墓内，发现靠近墓室四壁用成段的木炭叠垒成方墙，其中内置棺椁，完全符合黄肠题凑的构建方式，只不过不是"黄肠"而是"黑肠"，也说明战国晚期已用方木（或木炭）围砌地下宫殿的院墙了，这又是传至后世的一大壮举。

为死者装殓玉衣是具有明显时代特点的葬制，河北西汉中山靖王夫妇墓中出土的金缕玉衣，银缕玉衣震惊了世界。但汉代玉衣葬制绝不是突然产生的，可以在商周时期追寻其渊源。早期文献有对三代殡葬仪程的描述中，人初死后要经过一系列的丧葬仪式后才能下葬，其中就包括给死者穿上多套衣服（裘尸）、用布裹头（掩）、用丝绵锦或者小玉块塞耳（瑱）、覆盖面部（瞑目），给死者盖被子（覆衾），并指出"瞑目用缁"，即用玉、石片缀于绢帛盖在脸部（《仪礼·士丧礼》）。在考古中发现，周代已有实证，在河南三门峡陕上村岭虢国墓地的2001号墓虢季墓，该墓规模大、规格高，特别是在死者面部，发现有玉片制成的人面各器官的形象，每个小片的边缘都钻有小孔，用丝线连缀在丝织物上，而且每个穿孔处都有一颗细小的玛瑙珠，与文献

---

① 河北省文物考古研究所：《厝墓——战国中山国国王之墓》，文物出版社，1995。
② 郭宝均：《山彪镇与琉璃阁》，科学出版社，1959。

记载基本一致。这是目前所见年代最早的（西周晚期）的瞑目实物，也称为玉覆面。①无独有偶，在河南洛阳中州路发现的1316号墓，死者头顶处有一石璧，面部有眉、眼、鼻、口形石片，组成五官面罩，两耳处各有一圆形石片，两颊处排列六件兽型石片，两侧下面还排列10件长方形石片及两件兽型石片，每件石片边缘分别钻1～4个小孔。这虽然是石片制作的头部装饰，但比玉覆面更复杂。②检索有关资料，东周时代其他贵族墓中也有发现"玉衣玉片"的，但都因为破碎无法视其全貌，但至少说周代特别是东周时代的类似遗存，是汉代玉衣产生的初型。

近期，新闻媒体报道在秦始皇陵墓区又发现"铠甲坑"，使本来就轰动世界的始皇陵兵马俑又锦上添花，再次引起了人们的关注，数千件铠甲于一坑，可谓蔚蔚壮观。但追溯铠甲的历史，至少可到西周晚期。例如在河南应国墓地，其中38号墓内出土的随葬品中，有青铜礼器、乐器、玉器、陶器、车马器等，其中就有铠甲。③

另外，自东周以来，很多诸侯国的高级贵族墓多加筑高大的封土（秦国陵区不用封土，但建有享堂）；在湖南、湖北、河南的楚墓中，出现陶、木质的镇墓兽；特别是"俑"类遗物也逐渐出现，如洛阳西周墓中出土被认为是奴隶形象的玉质俑；陕西铜川枣庙村春秋晚期墓中出土八件陶俑；山东临淄郎家庄春秋战国之际的1号墓中，殉人与兵马俑并存；④山西长治分水岭战国时期的14号墓，出土18个陶制男俑、女俑、奴仆俑；其他地点如湖北、湖南等地东周墓中也有俑的出土。除陶俑、木俑外还有泥俑；有的全身涂有漆彩，有的仅装饰头部，塑造的形象则有婢仆、武士、乐舞人、司厨以及装饰华丽的富人形象。结合东周以来，殉人多见于高级贵族墓内，用人殉葬已呈退减之势，这时俑的出现被认为是代替殉人的文明表现。当然我们也不能一看到人物造型随葬品就看作代替殉人的俑，在新石器时代、夏商周都有各类人物造型的随葬品，有些是作为艺术品欣赏或财富象征，不能一概而论。但镇墓兽，人俑的出现对后世确实起到了先导作用。

以上列举出先秦时代，特别是两周时期新出现的殡葬元素，反映出殡葬文化的生动和多样性，而且这些新元素多在后世继续发展，甚至成为新时代的主要表现。

史前和先秦时代的殡葬礼俗，在中国殡葬发展史上占有重要的位置。在这一漫长的历史时期，无论是无文字的史前阶段，还是文献资料比较匮乏的夏商周时期，在梳

---

① 河南省文物考古研究所：《三门峡虢国墓》第1卷，文物出版社，1999。
② 中国科学院考古研究所：《洛阳中州路》，科学出版社，1959。
③ 河南省文物考古研究所：《河南省文物考古工作五十年》，《新中国考古五十年》，文物出版社，1999。
④ 山东博物馆：《临淄郎家庄一号东周殉人墓》，《考古学报》1977年第1期。

理社会面貌及殡葬文化概况方面，考古学撑起了这片天地，并生动地解读出这段历史的光彩与灿烂。当年在山顶洞埋葬的死者重见天日，让我们见到了中国殡葬文化的起点。新石器时代的墓葬虽说在各地有不同的表现，但依靠血缘纽带构建的社会组织，在氏族公共墓地中得以充分地体现，生相聚是依靠氏族集体的力量而存在，死相迫是同氏族集团死者的灵魂仍相聚在一起。通过这种殡葬方式，把血缘关系的传统延续给世人和后代。在新石器时代早期，虽然各地因文化不同而产生的葬俗有一定差别，但在同一墓地各墓之间基本上无明显的不同，说明人们之间平等的关系和共同的信仰。历史进入距今5000年左右的新石器时代后期，人们之间的和谐关系出现裂痕，原来共同劳动、共同享有的局面动荡起来，逐渐被部分人的指挥权和占有欲所撼动，在殡葬方面的反映就是大墓、富墓与小墓、穷墓的明显差别；男性占优，女性处于从属地位，成为这一时期墓葬的显著变化。在相对豪华的墓中，精美的玉器，华丽的彩陶，让人羡慕的蛋壳陶，说明了生产力水平的提高，并随之带来的生产关系变化在事死方面也有明显的表现。而大小不等的城址一个个被发现，是社会面貌变化在活人世界的体现。这种社会现实说明"天要变了"。大禹传子家天下则成为原始社会解体、阶级社会登上历史舞台的时间（事件）界标点。

阶级对抗、等级分明是夏商周时期社会关系的主要表现。尽管夏代的墓葬发现不多，特别是高级贵族大墓极少且被破坏，尽管西周的王陵还没有发现，但是以殷墟商王陵区、曲沃两周晋侯墓地、凤翔东周秦公陵为代表的公墓地，与在各诸侯国辖区发掘的多个包括部分贵族墓在内的墓地，普遍存在同一墓地可分为若干区、若干组群的布局，是万民之"邦墓"。例如，在山西侯马上马墓地累计发掘了共1383座西周到战国时代的墓葬，则可作为"邦墓"地的典型代表。①公墓和邦墓并存，则是该时代族坟墓制度的基本体现。族坟墓制度中，在公墓和邦墓地，都有两座或三座并列相依的墓葬，这是家族墓地的重要表现形式，即夫妻、夫妻妾异穴合葬。家族墓地是族坟墓制度的一种表现，是更小的生产单位——家族作为社会细胞在殡葬方面的表现。这也预示封建制代替奴隶制生产关系的新时代即将到来。

审视史前和先秦殡葬，首先是让人们大开眼界。墓葬带领我们穿越时空，目睹深藏于地下幽灵世界的真实场景，内容丰富，底蕴深厚。同时也给我们带来惊叹，例如，由数百座、上千座墓葬连成一片，似乎是氏族集团成员的大聚会；各有象征意义

---

① 山西文物考古研究所：《上马墓地》，文物出版社，1994，第288页。

的葬式，有的单人独处，有的多人聚集，或仰身或俯卧，有的悠然自得，有的身首异处备受煎熬，好像在向后人诉说他们各自的身世、处境。又如有的墓葬规模宏大，还有高大的封土，显示墓主人的高贵，与身首异处、被捆绑活埋的死者形成天壤之别；再如墓中那些精美的玉器、庄重的青铜器、金光灿烂的金器、高雅的漆器等等，让人们为当时高超的工艺赞叹。

同时，这些殡葬现象又给我们带来许多思考，作为今天的无神论者，把当年灵魂不灭信徒视为无知，把相信鬼神可以降临祸福的虔诚认为可笑，对阶级压榨的种种不公平现象进行批判。然而历史存在是客观的，在生产力水平低下的岁月，生者在吃穿用都很困难的条件下，还要真心实意地倾尽全力筹办丧事，让人同情并心酸；在阶级对抗的年代，统治者为了建造庞大的墓室，强迫面黄肌瘦的被统治者夜以继日的挖、挖、挖，有的昏倒在他人的墓里面，让我们感到愤慨；墓内的随葬品，特别是上乘精品，是积多年经验的工匠精心制作出来的，但做好后却放在墓中陪伴死者，无法实现其实用的功能，也实在可惜。投入巨大的人力财力建造出的庞大的墓室，放入大量的礼仪重器，置于其中的死者与一般小墓中的死者，其地下"生活"何其不同；用他人为自己陪葬，有的殉人是被残酷致死后埋入的，当年的墓主人和主葬者于心何忍。如此等等。人们最后得出结论：这是陈规陋习，是历史光环阴影中的沉渣。

然而我们又不能用今日的道德标准去衡量古代社会的礼俗，不能用今天的人权思想去规范当时的社会制度和人际关系。我们没有必要去指责先人烦琐的葬仪、惊人的厚葬、残酷的人牲。但是我们可以从先秦殡葬观念和殡葬表现中去发掘积极的因素，为寻求文明葬俗之路进行探究。陈规陋习总是与文明行为结伴而行，真知灼见总是在鉴别比较中发亮。在殡葬发展的历程中搜寻文明的火花，是研究殡葬文化的重要任务。

东周时期厚葬观与薄葬观的不同见解，是守旧思想与进步意识在殡葬思想领域中交锋的重要表现。薄葬论者主张丧事以心哀为主，"生者见爱，死者见哀"，一贯体谅下层民众的墨子还"勤生薄死，以赴天下之急"，认为这样才会利国利民。孔子实际上也是主张"心哀"的，但是他把治丧纳入"礼"的规范，终究摆脱不了厚葬的羁绊。尽管薄葬思想在殡葬发展中始终没有占据主流地位，但当年"有识之士"的见解值得重视，而且在当今社会有许多可取之处。

浩繁的殡葬礼俗，也有许多至今让人称道的现象。例如，从新石器时代已出现使用明器的做法，专门为死者制作明器，代替有实用价值的器皿，终究在使用材料、制作工艺、质量要求等方面都有所简化，为生者减轻了负担，节约了社会（家庭）财富，达到或满足了丧者的心理平衡。又如在使用葬具方面，以瓮为葬具是一种节俭、便捷和卫生的方式，虽然在当时还不存在用地紧张的问题，而少占地毕竟是好事。但这种做法只是昙花一现，被后来越来越复杂的葬具所代替，可谓是历史的误会。火葬法虽然只在局部地区部分人群中实行，这种文明程度很高的置尸方式有良好的前景，随着后来宗教死亡观的发展，火葬法遇到了延续的条件和土壤，时至今日，火葬成为当今世界最流行的置尸方式。与火葬法关系密切的盛放骨灰的器皿，在新石器时代和夏商周时期使用的骨灰罐，发展到今天，火化后的死者骨灰存放于骨灰盒中，只占据极小的空间，供亲人追念、祭奠。当年用陶罐盛放骨灰，完全是偶尔所为，但它为后世的殡葬开辟出了一条再方便不过的捷径，也可以说是文明殡葬中的超前意识的表现，是古人留给今天的"宝贵经验"。除土葬、火葬外，先秦时代有实证的另一种葬法，就是悬崖葬，也是文化多样性的体现。最后要提及的是俑的使用，其意义实在非凡。从新石器时代晚期就开始用人牲去殉葬、去祭祀，夏商周时期这种现象愈加泛滥，使用人牲的数量骤增，到东周时，在高级墓葬中仍很普遍，特别是采用残酷致死的手段令人发指，实实在在是人吃人，是人类历史的一大悲剧。随着社会文明的推进，人——包括社会最下层的人——的生命价值和劳动价值受到重视，杀戮、生殉的趋势受到限制，以俑来代替人牲，这是社会向文明化、思想向理性化、行为向人情化的改进与变化。

三 存在的问题

通过考古调查和发掘，发现了大量史前和先秦时代的墓地，也发掘清理了大量墓葬，不仅取得了丰富的实物资料，而且在学术研究中也取得了累累硕果。但是不可否认，在取得成绩的同时，也还存在许多有待探索的不解之谜。

例如，在20世纪50年代，发掘西安半坡仰韶文化墓地时，对几座只有女性的合葬墓就曾引起学者的关注。[①] 无独有偶，20世纪末在山东潍坊前埠下遗址的发掘中，也有类似的发现。这处大汶口文化中期的墓地，似乎是男性的世界，发掘报告对这一墓地资料有详尽的报道，并附有墓葬登记表。[②] 该墓地的26座墓葬中共有人骨57具，

---

① 中国科学院考古研究所、陕西省西安半坡博物馆:《西安半坡：原始氏族公社聚落遗址》。
② 山东省文物考古研究所:《山东潍坊前埠下遗址发掘报告》,《山东省高速公路考古报告集（1997年）》,科学出版社,2000。

经专家鉴定，其中 M14 可能为女性，M31 可能为男性，另有 17 人性别不明，其余所有人骨均为男性；而且 23 座单人一次葬有人骨的均为男性，特别是该墓地的两座多人合葬墓，M3 为 19 人合葬，除 6 具性别不明外，13 具为男性，M12 为 14 人合葬，除 1 具性别不明外，其余 13 具也全为男性。也就是说在这处墓地中，除 M14 可能是女性墓外，其余可确定性别的都是男性死者埋在这里，似乎是一个"男人王国"的墓地，是一种什么样的社会环境和组织状况会出现这种让人费解的奇特现象，至今也是未解之谜。

又如在商周时代的昭穆制度，在文献中有明确的记载和形象的说明，学术界也深信不疑，但在商周时代的墓地制度中如何体现昭穆制度，也仍然是有待解决的问题。尽管有学者根据有的墓地试图用昭穆制度进行对比，如对安阳殷墟王陵区的商王墓的排列，对长安县西周墓地个别组别的"规律"，对山西晋侯墓地的分布特点，这几处所谓"典型"地点，仅就个案来说，其"左为昭、右为穆"、"上为昭、下为穆"似乎有一定道理，但都不具普遍性。如何理解昭穆制度在贵族墓地中的表现，仍需要继续探究。

关于史前、先秦时代墓地的选择是殡葬研究中的薄弱环节。自从有意识的安葬死者的习俗产生以来，就有了墓地埋葬的葬俗。史前时代实行氏族公共墓地制度，通过大量的考古发现，对墓地的墓葬排列、墓葬方向、葬式及随葬品等方面，已积累了丰富的资料；对夏商周时代实行的族坟墓制度的内涵和特点，如公墓地由"冢人掌公墓之地，辨其北域而为之图"（《周礼·春官·冢人》），邦墓地由"墓大夫掌凡邦墓之地域，为之图，令国民族葬，而掌其禁令"（《周礼·春官·墓大夫》），也有考古发现与文献史料相印证。然而当时特别是夏商周时代是根据什么理念选定墓地的问题，尚缺乏更深入的研究。有学者根据商代甲骨卜辞资料，发现有关王室成员卜问墓位的内容，现摘录于下：

"贞余于商葬？"（《甲骨文合集》21375）

"丙子卜穷贞：令吴葬我于右阜，骨告不死？"（《甲骨文合集》17168）

"贞：吴不其告骨，其死？十一月"（《甲骨文合集》17170）

"巳卯卜穷贞：今日祈吴令葬我于右阜，乃归右。"（《甲骨文合集》10048）

"乙亥卜争贞：车邑，并令葬我于右阜？一月"（《甲骨文合集》17171）

"丙子贞，王车吴令葬我"（《甲骨文合集》32829–32831）

"[　]卯卜争贞：卤葬[　]亡楚……"（《甲骨文合集》17173）

"[　][　]卜争[贞]，……侚（殉）……死"（《甲骨文合集》17167）①

卜者为王室成员，反复卜问死后要葬于墓地的右阜，即右边的高埠地上，由此说来，墓地的选定原则还是有线索可循，这也可能是后世勘舆学的萌芽。

还有如对"厚葬"与"薄葬"的讨论。东周时代的思想家对"厚葬"、"薄葬"有不同的见解，近现代学者称为"厚葬观"和"薄葬观"。这一方面说明当时存在着"厚葬"与"薄葬"不同的殡葬观念，另外也反映出不同社会阶层对此的各自态度。现今多数学者在论及"厚葬观"和"薄葬观"时，多注重对厚葬弊端的谴责和对薄葬的褒奖。也有学者认为在中国古代，统治者是一贯倡导薄葬，反对厚葬的②。实际上包括夏商周在内的古代社会，厚葬隆丧主要是存在于上层社会死者的丧葬行为，而且对当时社会来说，有其必然性与时代性的一面，主张厚葬的正是统治集团，他们有条件更有必要通过厚葬隆丧来表达他们的尊贵，是巩固政权、树立权威的需要。所以对厚葬与薄葬的讨论，更要将这一殡葬理念和行为放在当时社会环境中去考察，才会得出符合历史原貌的认识。

---

① 王贵民：《商周制度考信》，河北教育出版社，2014。
② 王娟：《中国历史上的薄葬观及其对当代殡葬改革的现实意义》，《中国殡葬事业发展报告 2014~2015》，社会科学文献出版社，2015。

参考文献

一 考古发掘报告

安徽省博物馆:《寿县蔡侯墓出土遗物》,科学出版社,1956。

半坡博物馆、陕西省考古研究所、临潼县博物馆:《姜寨——新石器时代遗址发掘报告》,文物出版社,1988。

北京大学历史系考古教研室、中国社会科学院考古研究所编辑《元君庙仰韶墓地》,文物出版社,1983。

北京市文物研究所:《琉璃河西周燕国墓地1973~1977》,文物出版社,1995。

甘肃省文物考古研究所:《秦安大地湾新石器时代遗址发掘报告》,文物出版社,2006。

广东省博物馆、佛山市博物馆:《佛山河宕遗址——1977年冬至1978年夏发掘报告》,广东人民出版社,2006。

郭宝钧:《浚县辛村》,科学出版社,1964。

河北省文物研究所:《藁城台西商代遗址》,文物出版社,1985。

河北省文物研究所:《䥴墓——战国中山国国王之墓》,文物出版社,1996。

河北省文物研究所:《燕下都》,文物出版社,1996。

河北省文物研究所:《战国中山国灵寿城——1975~1993年考古发掘报告》,文物出版社,2005。

河南省考古研究所:《新蔡葛陵楚墓》,大象出版社,2003。

河南省文物考古研究所、三门峡市文物工作队:《三门峡虢国墓》第1卷,文物出版社，1999。

河南省文物考古研究所:《舞阳贾湖》，科学出版社，1999。

河南省文物考古研究所:《郑州商城》（上），文物出版社，2001。

河南省文物考古研究所编著《郑州商城1953～1985年考古发掘报告》，文物出版社，2001。

河南省文物考古研究所等:《鹿邑太清宫长子口墓》，中州古籍出版社，2000。

河南省文物考古研究所等:《淅川下王岗》，文物出版社，1989。

河南省文物研究所:《信阳楚墓》，文物出版社，1986。

河南省文物研究所等:《淅川下寺春秋楚墓》，文物出版社，1991。

湖北省博物馆:《随县曾侯乙墓》，文物出版社，1980。

湖北省博物馆:《曾侯乙墓》，文物出版社，1989。

湖北省荆沙铁路考古队:《包山楚墓》，文物出版社，1991。

湖北省荆州地区博物馆:《江陵雨台山楚墓》，文物出版社，1984。

湖北省荆州地区博物馆:《江陵马山一号楚墓》，文物出版社，1985。

湖北省文物考古研究所:《江陵九店东周墓》，科学出版社，1995。

湖北省文物考古研究所:《江陵望山沙冢楚墓》，文物出版社，1996。

湖北省文物考古研究所:《盘龙城一九六三～一九九四年考古发掘报告》，文物出版社，2001。

湖北省宜昌地区博物馆、北京大学考古系:《当阳赵家湖楚墓》，文物出版社，1992。

湖南省博物馆:《长沙楚墓》，文物出版社，2000。

黄万波、方其仁:《巫山猿人遗址》，海洋出版社，1991。

贾兰坡、王建:《西侯度——山西更新世早期古文化遗址》，文物出版社，1978。

江西省文物考古研究所、江西省博物馆、新干县博物馆:《新干商代大墓》，文物出版社，1997。

金昌柱、刘金毅:《安徽繁昌人字洞——早期人类活动遗址》，科学出版社，2009。

梁思永、高去寻:《侯家庄:河南安阳侯家庄殷代墓地第二本1001号大墓》，中研院历史语言研究所，1962。

梁思永、高去寻:《侯家庄:河南安阳侯家庄殷代墓地第七本1500号大墓》，中

· 443 ·

研院历史语言研究所，1974。

卢连成、胡智生:《宝鸡强国墓地》，文物出版社，1988。

洛阳市文物工作队:《洛阳北窑西周墓》，文物出版社，1999。

南京博物院编著:《花厅——新石器时代墓地发掘报告》，文物出版社，2003。

南京博物院:《赵陵山:1990~1995年度发掘报告》，文物出版社，2012。

青海省文物管理处考古队等:《青海柳湾——乐都柳湾原始社会墓地》，文物出版社，1984。

山东大学考古专业教研室:《泗水尹家城》，文物出版社，1990。

山东省博物馆、山东省文物考古研究所:《邹县野店》，文物出版社，1985。

山东省文物管理处等:《大汶口:新石器时代墓葬发掘报告》，文物出版社，1974。

山东省文物考古研究所:《大汶口续集:大汶口遗址第二、三次发掘报告》，科学出版社，1997。

山东省文物考古研究所:《临淄齐故城》，文物出版社，2013。

山东省文物考古研究所:《临淄齐墓》，文物出版社，2007。

山东省文物考古研究所等:《曲阜鲁国故城》，齐鲁书社，1982。

山东兖石铁路文物考古工作队:《临沂凤凰岭东周墓》，齐鲁书社，1988。

山西省考古所、太原市文物管理委员会:《太原晋国赵卿墓》，文物出版社，1996。

山西省考古研究所等:《长治分水岭东周墓地》，文物出版社，2010。

山西省考古研究所:《上马墓地》，文物出版社，1994。

陕西省考古研究所:《龙岗寺:新石器时代遗址发掘报告》，文物出版社，1990。

陕西省考古研究院:《少陵原西周墓地》，科学出版社，2009。

上海市文物保管委员会:《崧泽:新石器时代遗址发掘报告》，文物出版社，1987。

四川省博物馆:《四川船棺葬发掘报告》，文物出版社，1960。

苏秉琦:《斗鸡台沟东区墓葬》，国立北平研究院史学研究所，1948。

苏秉琦:《斗鸡台沟东区墓葬图说》，中国科学院，1954。

苏州博物馆:《真山东周墓地——吴楚贵族墓地的发掘与研究》，文物出版社，1999。

云梦睡虎地秦墓编写组:《云梦睡虎地秦墓》,文物出版社,1981年。

浙江省文物考古研究所、绍兴县文物保护管理局:《印山越王陵》,文物出版社,2002。

浙江省文物考古研究所:《河姆渡——新石器时代遗址考古发掘报告》,文物出版社,2003。

中国科学院考古研究所:《长沙发掘报告》,科学出版社,1958。

中国科学院考古研究所:《沣西发掘报告》,文物出版社,1963。

中国科学院考古研究所:《辉县发掘报告》,科学出版社,1956。

中国科学院考古研究所:《洛阳中州路（西工段）》,科学出版社,1959。

中国科学院考古研究所:《上村岭虢国墓地》,科学出版社,1959。

中国科学院考古研究所编著:《上村岭虢国墓地》,科学出版社,1959。

中国科学院考古研究所等编《西安半坡:原始氏族公社聚落遗址》,文物出版社,1963。

中国历史博物馆考古部、山西省考古研究所、垣曲县博物馆:《垣曲商城1985~1986年度勘察报告》,科学出版社,1996。

中国社会科学院考古研究所:《安阳殷墟郭家庄商代墓葬——1982~1992考古发掘报告》,中国大百科全书出版社,1998。

中国社会科学院考古研究所:《二里头（1999~2006）》,文物出版社,2014。

中国社会科学院考古研究所:《黄梅塞墩》,文物出版社,2010。

中国社会科学院考古研究所:《胶县三里河》,文物出版社,1988。

中国社会科学院考古研究所:《庙底沟与三里桥》,文物出版社,2011。

中国社会科学院考古研究所:《滕州前掌大墓地》,文物出版社,2005

中国社会科学院考古研究所:《殷墟发掘报告（1958~1961）》,文物出版社,1987。

中国社会科学院考古研究所:《殷墟妇好墓》,文物出版社,1980。

中国社会科学院考古研究所:《张家坡西周墓地》,中国大百科全书出版社,1999。

中国社会科学院考古研究所:《大甸子－夏家店下层文化遗址与墓地发掘报告》,科学出版社,1998。

中国社会科学院考古研究所编《洛阳发掘报告:1955~1960年洛阳涧滨考古发

掘资料》，北京燕山出版社，1989。

中国社会科学院考古研究所编《偃师二里头：1959～1978年考古发掘报告》，中国大百科全书出版社，1999。

中国社会科学院考古研究所编著《宝鸡北首岭》，文物出版社，1983。

中国社会科学院考古研究所编著《安阳殷墟花园庄东地商代墓葬》，科学出版社，2007。

中国社会科学院考古研究所等：《夏县东下冯》，文物出版社，1988。

二　古代文献

班固：《汉书》，中华书局，1962。

杜预注、孔颖达正义《春秋左传正义》，阮元校刻《十三经注疏》，中华书局，1980。

段玉裁注《说文解字注》，浙江古籍出版社，1998。

房玄龄等：《晋书》，中华书局，1974。

管子著、耿振东译注《管子译注》，上海三联书店，2014。

韩婴著、许维遹校释《韩诗外传集释》，中华书局，1980。

何休解诂、徐彦疏《春秋公羊传注疏》，阮元校刻《十三经注疏》，中华书局，1980。

何晏集解、刑昺疏《论语注疏》，阮元校刻《十三经注疏》，中华书局，1980。

桓宽著、王利器校注《盐铁论校注》，中华书局，1992。

孔安国传、孔颖达正义《尚书正义》，阮元校刻《十三经注疏》，中华书局，1980。

列御寇著、杨伯峻集释《列子集释》，中华书局，1979。

刘向辑、何建章注《战国策注释》，中华书局，1990。

刘向辑、林家骊译注《楚辞》，中华书局，2009。

吕不韦著、高诱注《吕氏春秋》，上海古籍出版社，1989。

毛亨传、郑玄笺、孔颖达正义《毛诗正义》，阮元校刻《十三经注疏》，中华书局，1980。

墨子著，谭家健、孙中原注译《墨子今注今译》，商务印书馆，2009。

商鞅著、石磊译注《商君书》，中华书局，2011。

司马迁:《史记》,中华书局,1959。

唐玄宗注、邢昺疏《孝经注疏》,阮元校刻《十三经注疏》,中华书局,1980。

王弼注、孔颖达正义《周易正义》,阮元校刻《十三经注疏》,中华书局,1980。

王充:《论衡》,上海古籍出版社,1990。

许慎撰、徐铉校定《说文解字》,中华书局,1963。

荀子著、张绝译注《荀子译注》,上海古籍出版社,1995。

赵岐注、孙奭疏《孟子注疏》,阮元校刻《十三经注疏》,中华书局,1980。

郑玄注、贾公彦疏《仪礼注疏》,阮元校刻《十三经注疏》,中华书局,1980。

郑玄注、贾公彦疏《周礼注疏》,阮元校刻《十三经注疏》,中华书局,1980。

郑玄注、孔颖达正义《礼记正义》,阮元校刻《十三经注疏》,中华书局,1980。

庄子著、王先谦集解《庄子集解》,《诸子集成》第3册,中华书局,1954。

左丘明著、陈桐生译注《国语》,中华书局,2013。

三 专著

爱德华·泰勒:《原始文化》,连树声译,上海文艺出版社,1992。

保罗·拉法格:《宗教与资本》,王子野译,三联书店,1963。

北京大学历史系考古教研室商周组:《商周考古》,文物出版社,1979。

晁福林等:《中国民俗史·先秦卷》,人民出版社,2008。

陈国钧:《台湾土著社会婚丧制度》,台北:雄狮书局,1961。

陈华文:《丧葬史》,上海文艺出版社,2007。

陈梦家:《殷墟卜辞综述》,科学出版社,1956。

陈梦家:《殷墟卜辞综述》,中华书局,1988。

陈绍棣:《中国通史图说·春秋战国卷》,九洲图书出版社,1994。

楚文化研究会编《楚文化研究论集》,湖北人民出版社,1991。

丁山:《中国古代宗教与神话考》,龙门联合书局,1961。

杜金鹏编《中国早期青铜文化——二里头文化专题研究》,科学出版社,2008。

段渝、邹一清:《日落船棺》,巴蜀书社,2007。

邰向平:《商系墓葬研究》,科学出版社,2011。

龚书铎总主编、李瑞兰主编《中国社会通史·先秦卷》,山西教育出版社,1996。

郭宝钧:《山彪镇与琉璃阁》,科学出版社,1959。

郭宝钧:《商周铜器群综合研究》,文物出版社,1981。

郭宝钧《浚县辛村》,科学出版社,1964。

郭德维:《楚系墓葬研究》,湖北教育出版社,1995。

何宏波:《先秦玉礼研究》,线装书局,2007。

河南博物馆、台北历史博物馆:《新郑郑公大墓青铜器》,大象出版社,2001。

河南省文物考古研究所、周口市文化局:《鹿邑太清宫长子口墓》,中州古籍出版社,2000。

胡厚宣:《殷墟发掘》,学习生活出版社,1955。

黄展岳:《古代人牲人殉通论》,文物出版社,2004。

霍巍、黄伟:《四川丧葬文化》,四川人民出版社,1992。

贾兰坡:《山顶洞人》,龙门联合书局,1951。

贾兰坡:《中国大陆的远古居民》,天津人民出版社,1978。

柯斯文:《原始文化史纲》,张锡彤译,人民出版社,1955。

梁云:《战国时代的东西差别——考古学的视野》,文物出版社,2008。

林富士《汉代的巫者·引言》,稻乡出版社,1999。

林耀华主编《原始社会史》,中华书局,1984。

刘莉:《中国新石器时代——迈向早期国家之路》,文物出版社,2007。

罗开玉:《丧葬与中国文化》,三环出版社,1990。

《马克思恩格斯选集》,人民出版社,1972。

孟慧英:《中国原始信仰研究》,中国社会科学出版社,2010。

摩尔根:《古代社会》,杨东莼等译,三联书店,1957。

内蒙古文物考古研究所:《内蒙古文物考古文集》,大百科全书出版社,1994。

彭林:《中国古代礼仪文明》,中华书局,2004。

《庆祝苏秉琦考古五十五年论文集》,文物出版社,1989。

山东省文物考古研究所主编《海岱考古》,山东大学出版社,1995。

陕西省考古学会编《庆祝武伯纶先生九十华诞论文集》,三秦出版社,1991。

石兴邦:《半坡氏族公社》,陕西人民出版社,1979。

宋公文、张君:《楚国风俗志·巫觋篇》,湖北教育出版社,1995。

宋建忠:《龙现中国——陶寺考古与华夏文明之根》,陕西人民出版社,2006。

宋兆麟:《中国风俗通史》(原始社会卷),上海文艺出版社,2001。

宋兆麟:《中国原始社会史》,文物出版社,1983。

苏秉琦:《中国文明起源新探》,商务印书馆,1997。

孙庆伟:《周代用玉制度研究》,上海古籍出版社,2008。

田昌五、石兴邦主编《中国原始文化论集》,文物出版社,1989。

田昌五、臧知非:《周秦社会结构研究》,西北大学出版社,1996。

王贵民:《商周制度考信》,河北教育出版社,2014。

王治国:《殡葬文化学:死亡文化的全方位解读》,中国社会出版社,1998。

项阳、陶正刚:《中国音乐文物大系·山西卷》,大象出版社,2000。

徐吉军、贺云翱:《中国丧葬礼俗》,浙江人民出版社,1991。

徐吉军:《中国丧葬史》,武汉大学出版社,2012。

杨鸿勋:《杨鸿勋建筑考古学论文集》,清华大学出版社,2008。

杨建华:《春秋战国时代中国北方文化带的形成》,文物出版社,2004。

杨宽:《西周史》,上海人民出版社,2002。

杨天宇:《礼记译注》,上海古籍出版社,2004。

杨天宇:《仪礼译注》,上海古籍出版社,1994。

殷海光:《中国文化的展望》,中国和平出版社,1988。

印群:《黄河中下游地区的东周墓葬制度》,社会科学文献出版社,2001。

张弛:《社会权力的起源——中国史前葬仪中的社会与观察》,文物出版社,2015。

张舜徽:《周秦道论发微》,中华书局,1982。

张政烺先生九十华诞纪念文集编委会编《揖芬集——张政烺先生九十华诞纪念文集》,社会科学文献出版社,2002。

张之恒:《中国新石器时代文化》,南京大学出版社,1992。

章景明:《先秦丧服制度考》,台北中华书局,1971。

郑杰祥编《夏文化论集》,文物出版社,2002。

郑振香、陈志达:《近年来殷墟新出土的玉器》,《殷墟玉器》,文物出版社,1982。

《中国大百科全书·考古学》,中国大百科全书出版社,1986。

《中国商文化国际讨论会论文集》,中国大百科全书出版社,1998。

中国社会科学院考古研究所:《中国考古学·新石器时代卷》,中国社会科学出版社,2010。

中国社会科学院考古研究所编《中国考古学卷·夏商卷》,中国社会科学出版社,2003。

中国社会科学院考古研究所编著《殷墟的发现与研究》,科学出版社,1994。

周昌富、温增源:《中国音乐文物大系·山东卷》,大象出版社,2001。

朱凤瀚:《商周家族形态研究》(增订本),天津古籍出版社,2004。

朱凤瀚:《中国青铜器综论》,上海古籍出版社,2009。

朱金龙编著:《殡葬学导论》,中国社会出版社,2008。

朱天顺:《中国古代宗教初探》,上海人民出版社,1982。

邹衡:《商周考古》,文物出版社,1979。

索 引

B

邦墓地　12，217，278，280，288，291，293，295，301~303，313，437，440
贝丘墓　111
壁龛　6，9，228，341，380
薄葬观　78，79，89，91，94，95，438，441
半地穴式房址　9，112
白膏泥　369，370，434
北辛文化　17，57，99，161，192，194，413
半坡墓地　56，57，185，206
北首岭墓地　176

C

长方形墓　107，127，195，209，220，375，379
船棺　190，371~374
车马制度　72，73，313，349，394

D

大宗　29，63，294，304，319，359
嫡长子继承制　29，278
独木棺　188，189，190，191，373，380
单人葬　8，10，13，113，124，134，158，159，161，166，173，176，198，302，429，430
多人合葬　4，21，67，134，136，159，161，163，189，198，377，429，440
等级观　18，68，78，223，224，427，431
嫡庶　216，223，227
大汶口墓地　116，122，143，166，186
斗鸡台墓地　66，228，294

E

二层台　6，20，68，126，127，129，186~188，195，202，203，220，222，225~228，231，239~243，260~262，264，349，356，358，379，380，391，393，396，399
二人合葬　148，169，398，430
二次葬　20，105，118，126，136，141，142，158~162，168，169，173，181，185，192，377，378，380，429
二里头文化　197~203，207~209，211，239，245，246，248~250，255，256，259，260，332，367，390，420，421
二里岗文化　250

· 451 ·

F

父系氏族　125，166，207

服丧　38～40，77，78，85，95，274～276

俯身葬　57，125，158，159，171，176，177，198，200，201，202，217

G

公墓地　12，29，65，220，278～282，284，286，287，295，296，298，300，301，303，308，309，329，429，437，440

割体葬仪　138，139

虢国墓地　73，296，297，300，306，307，316，317，321，322，324，335，337，341，346，348，371，388，390，395，400，435

H

火葬　7，9，10，17，54，59，60，90，123，126，127，135～137，159，199，200，202，372，374，376～378，394，431，439

合葬　4，10，11，13，20，21，55，57，59，65，67，68，104，106，116，117，120，124，125，128，130，134～136，141，143，148，158～161，163，164，166～172，183，189，192，198，207，225，250，286，301，304，305，309，376，377，380，398，429，430，437，439，440

魂魄　42，43，45，46，50，271，367

毁器　381

厚葬观　78，79，82，85，86，89，438，441

后李文化　6，13，17，56，99，124，159，429

河姆渡文化　8，39，99，107，119，390，391，414，417，420

红山文化　3，99，108～111，149～151，193，194，247，250，390，407，408，411，418，420，428

横阵墓地　118，206

J

祭祀坑　29，65，68，151，214～216，223，224，233～238，241，250，253，263，285，296，337，359～363，408，411，428

祭祀场　3，14，149，150，224，232，235，236，428

旧石器时代　1，3～5，8，15～17，23～25，32，33，41，50，55，56，59，66，97，100～104，106，112，141，153，163，174，227，406，413，418

积石墓　108，110，297，375

甲字形墓　68，216，217，220，264，283～285，299，310，433

家族墓地　12，64，125，218～220，267，288，289，294，295，301，303，304，306，312，313，340，353，429，430，437

姜寨墓地　206

晋侯墓地　12，65，282，285，286，300，303，306，316，317，321，322，333，337，341，360，361，369～371，387，395，407，418，437，440

L

老官台文化　99，128，159

良渚文化　3，20，99，107，118，119，123，126，131，132，133，136，145，148，150，152，153，173，176，187，188，247，250，254，258，366，390，407，411，412，428

龙山文化 5，6，9，11，17，39，58，70，74，98，99，114，116，118，119，123，125，126，130，136，137，140，143，151，152，156，166，172，176，179，180，194，203，207，232，255，258，259，384，385，391～394，399，403，406～409，415，417，421，428

M

墓大夫 65，69，279，280，302，440

墓上建筑 7，9，238，239，274，306～308，381，428

母系氏族 116，125，166，168，207

明器 7，84，88，196，245，267，273，302，323，339，364，391，438

马家窑文化 57，99，114，118，119，130，133，136，145，172，174，188，194，417，421

P

铺朱（砂）习俗 243，259，298

裴李岗文化 5，6，13，95，119，122～124，159，172，176，398，402，413，415

Q

屈肢葬 57，125，135，158～160，169，171，174～176，198～201，212，217，302，372，380

亲情观 13，23，31，32，34，36，38，97，113，430，431

青膏泥 370，434，435

齐家文化 57，99，114，115，118～120，123，130，134，135，145，148，150，153，155，166，173，174，176，188～190，194，207，225，231，392，405，407，416，417，421，428

R

人殉 6，14，28，30，80，81，125，146～148，204，224～226，231，232，235，280，349，351～357，360，362～367，432，436

人牲 20，52，80，138，151，152，204，225，226，231～235，237，238，241，359～364，366，407，438，439

人祭 14，15，28，30，48，125，147，151，224，231～235，238，359，360，363，366，367，432

S

氏族公共墓地 9～11，13，15，19～21，23，25，27，29，30，34，54～58，61，63～67，98，112～119，124，125，141，163，183，206，207，209，223，224，429，430，437，440

竖穴墓 6，9，124，125，127，130，133，134，141，148，169，187，204，214，217，263，264，284，289，302，304，321，341，344，380，434

石室墓 192，372，375，376，379

碎器 31，148，161

牲祭 52，224，231～233，235，238，359～363，366，367

生死观 42，94，96，224，349，366，374

事死如生 37，53，82～84，87，348，430

三年之丧 15，35，37，38，91，274，275

山顶洞人 1，4，5，17，32，54，102～104，112，124，127，141

T

土坑墓　9, 66, 67, 106, 107, 113, 115, 125, 127~130, 132, 133, 142, 161, 185, 192, 194, 195, 198~200, 202, 203, 209, 212, 217, 219, 221, 222, 235, 241, 242, 262, 264, 283, 292, 304, 323, 358, 360, 375

土洞墓　127, 133, 134, 344, 379, 380

土墩墓　9, 26, 31, 108, 307, 372, 379, 434

土葬　7~10, 17, 20, 26, 54, 59, 98, 106~108, 120, 123, 126, 127, 135, 160, 197, 201, 376, 377, 427, 431, 433, 439

图腾　56, 58, 141

陶寺墓地　11, 125, 145, 150, 207

W

瓮棺　9, 10, 38, 39, 50, 57, 61, 107, 115, 116, 136, 146, 160, 173, 178~181, 183~185, 197~200, 206, 232, 393, 430

X

小宗　29, 63, 281, 304

悬崖葬　7, 9, 10, 17, 20, 30, 59, 60, 195, 372, 431, 439

孝道观　87, 89, 429, 430

新石器时代　3, 5~11, 13, 15~17, 20, 23~27, 30, 38, 39, 50, 55~58, 60, 61, 63, 66, 70, 74, 78, 80, 97~100, 104~108, 112, 114~120, 122, 124, 125, 127, 128, 130, 131, 136~142, 144, 145, 148, 149, 153, 154, 158, 160, 161, 163, 164, 166~169, 174, 175, 177~179, 181, 186, 192~195, 206, 207, 209~211, 216, 223, 224, 245, 250, 255, 258, 259, 269, 367, 369, 376, 378, 384, 388~390, 393, 397, 398, 403~407, 413~415, 418~421, 423~425, 428~431, 436~439

兴隆洼文化　9, 99, 112, 113

兴隆洼遗址　112, 143

Y

腰坑　6, 9, 68, 145, 146, 199, 202~204, 219, 222, 226~228, 235, 239~245, 248, 261, 262, 283, 350, 354, 356, 357, 380, 381

崖墓　372

亚字形墓　68, 310,

用器制度　14, 245, 313, 335

用鼎制度　71, 73, 245, 247, 313~319

乐器制度　73, 255, 256, 295, 351, 372, 373, 376, 377, 387

一次葬　20, 134, 158~163, 167, 173, 183, 185, 374, 429, 440

异性合葬　125, 148, 161, 164, 166

仰身葬　166, 176, 200, 201, 217

仰韶文化　3, 5, 9~11, 34, 39, 56, 57, 60, 70, 74, 98, 99, 114, 116~119, 121~123, 125, 128, 130, 137, 138, 141, 143, 147, 148, 160, 163, 167, 168, 170, 172~176, 178, 179, 181, 185, 205, 206, 231, 258, 381, 388~393, 397, 398, 403, 406, 408~411, 413~415, 418, 419, 423, 428, 439

殷墟文化　247, 395

殷墟王陵区　14, 215, 218, 223, 226, 232, 235~237, 286, 390, 396, 428, 440

元君庙墓地　10, 57, 119, 195, 206

Z

族坟墓　12，21，30，54，61，63，64，66，67，212，217～219，223，277，278，281，287，288，295，296，304，306，312，313，429，430，433，437，440

冢人　64，65，69，270，274，278～280，440

宗法制　27～29，61～64，66，79，216，267，274，277，278，281，282，295，296，301～304，308，312，313，340

昭穆制　64，279，286～288，290，298，301，305，440

中字形墓　65，68，216，284，292，308～310

直肢葬　57，64，112，120，124，125，158，159，171～174，176，193，198～201，209，212，225，358，368，375，377，380，406

张家坡　72，288～291，304，320～322，334，335，340，341，349，371

后　记

　　本卷的修订稿文本已经提交，几年来的一块重石将搬运至终点，除压力得以减轻，也尚有些许感慨。

　　自从接到《中国殡葬史》课题组之邀，就认为这是一项很有意义的研究课题，编著中国殡葬史书，评述殡葬文化的古往和今来，弘扬传统文化，总结历史经验，推进殡葬改革，是很有见地的构想和计划，自己能够参与其中，尽点微薄之力，实为一件幸事。

　　编写工作进行的几年间，结识了课题专家组各位先生和各卷负责人，他们都是学界精英，有的是国内、国际权威学者，有了这个平台，数次与他们同室研讨，倾听他们的高论，确实是受益匪浅。

　　我们承担的是《史前·先秦卷》（最初定名《先秦卷》）的撰写任务，本卷课题组还有三位博士。领导小组和专家组在提及要求时，都强调要充分吸收考古资料及研究成果，我们撰写组成员都有考古学背景，加上我在学校多次讲授"先秦墓葬史"课程，可算作这一任务的先期积累和铺垫，所以对完成这一任务还是有信心的。

　　说着容易做起来难。几年来，从编写提纲、收集资料、分类梳理、讨论写作、文稿修改，几易其稿，每个环节都投入了不少精力和心血。特别是三位青年学者都是各自单位的学术骨干和带头人，工作、科研任务繁重，都还有家庭负担。本项课题每个阶段都有时间要求，为了按时（或基本按时）向课题组交差，我不断给他们施加压力，着实让他们为难不少，出于对工作的负责，也碍于我的面子，他们都克服了许多困难，尽心尽力完成了任务。

　　另外，我们承担的《史前·先秦卷》，因为是这套史书的首卷，所以备受关注，除专家组的审阅意见外,也不断有指导性意见传来,我们始终认为写作期间能听到多种意见是好事,对提高质量会有帮助,所以对各种意见都非常重视。当然,这中间也有前后相悖、甚至变更写作大纲的意见,让我们感到被动和为难,有形无形中增加了许多疑惑,甚至无所适从。当然今天看来,都是写作进程中的花絮和插曲。

这样一件大的工程,几经磨砺,总算接近尾声。本卷各章节的分工,陈以凤博士负责第一章,李慧竹博士负责第二章,钱益汇博士负责第三、四章,其他各章由我负责,中间数次修改初稿和最后定稿,也由我负责。其中有少数章节内容有所调整,但总体分工基本如此。特别是李慧竹在文件往来、稿件校对、图表准备等方面,多代我处理,付出了更多辛劳。由于我们的水平所限,加之是几个人合作完成,定会存在这样或那样的问题,敬请读者赐教。

另外,书中所使用的照片和线图,分别源自考古报告或其他研究成果中,在书中都已注明来源、出处,感谢原作者的辛劳及为本书的增色。

感谢课题领导小组的支持,感谢专家组的指教,也感谢各卷同人的协助和互勉。

于海广

2016 年 7 月 8 日